Hermann Schiller

Sammlung von Abhandlungen aus dem Gebiete

der Pädagogischen Psychologie und Physiologie

Hermann Schiller

Sammlung von Abhandlungen aus dem Gebiete
der Pädagogischen Psychologie und Physiologie

ISBN/EAN: 9783742811929

Hergestellt in Europa, USA, Kanada, Australien, Japan

Cover: Foto ©berggeist007 / pixelio.de

Manufactured and distributed by brebook publishing software (www.brebook.com)

Hermann Schiller

Sammlung von Abhandlungen aus dem Gebiete

SAMMLUNG VON ABHANDLUNGEN

AUS DEM GEBIETE DER

PÄDAGOGISCHEN PSYCHOLOGIE

UND

PHYSIOLOGIE.

HERAUSGEGEBEN VON

H. SCHILLER UND **TH. ZIEHEN**
GEH. OBERSCHULRAT UND PROFESSOR   PROFESSOR AN DER UNIVERSITÄT
IN GIESSEN.   JENA.

I. BAND.

BERLIN,
VERLAG VON REUTHER & REICHARD
1898

Inhalt.

1. Der Stundenplan. Ein Kapitel aus der pädagogischen Psychologie und Physiologie von Prof. H. Schiller.
2. Die praktische Anwendung der Sprachphysiologie beim ersten Leseunterricht von Dr. med. H. Gutzmann. Mit einer Tafel.
3. Über Willens- und Charakterbildung auf physiologisch-psychologischer Grundlage. Von Prof. Dr. Julius Baumann.
4. Unterricht und Ermüdung. Ermüdungsmessungen an Schülern des Neuen Gymnasiums in Darmstadt von Dr. Ludwig Wagner. Mit zahlreichen Tabellen.
5. Das Gedächtnis. Von Prof. Dr. F. Farth.
6. Die Ideenassoziation des Kindes. 1. Abhandlung von Prof. Th. Ziehen.

SAMMLUNG VON ABHANDLUNGEN AUS DEM GEBIETE DER
PÄDAGOGISCHEN PSYCHOLOGIE UND PHYSIOLOGIE

HERAUSGEGEBEN VON

H. SCHILLER   UND   TH. ZIEHEN.

I. Band. 1. Heft.

DER STUNDENPLAN.

EIN KAPITEL
AUS DER PÄDAGOGISCHEN PSYCHOLOGIE
UND PHYSIOLOGIE.

VON

H. SCHILLER.

BERLIN,
VERLAG VON REUTHER & REICHARD
1897.

Der Stundenplan.[1]

Ein Kapitel aus der pädagogischen Psychologie und Physiologie.

HERBART hat einmal gesagt, alles Wissen habe nur Wert, wenn es aufs Handeln bezogen werde. Ich weiss, dass dies in einem anderen Sinne gemeint ist, trage aber kein Bedenken, den Satz zu verallgemeinern und ihn auf die praktische Pädagogik anzuwenden. Was nützen uns die schönsten Ergebnisse, die die theoretischen und die Hülfswissenschaften der Pädagogik bieten, wenn das Edelmetall, das sie aus der Tiefe des menschlichen Geistes schaffen, nicht für den gewöhnlichen Gebrauch, für die tägliche Lehrthätigkeit ausgemünzt wird? Es lässt sich erwarten, dass gar mancher Leser des Titels dieser Arbeit kopfschüttelnd fragen wird: Wie? der Stundenplan soll ein Kapitel aus der pädagogischen Psychologie und Physiologie sein? Eine Einrichtung, die man schon hat, so lange es Schulen giebt, und der man meist kein weiteres Nachdenken widmet, als wie man die lehrplanmässigen Stunden mit den vorhandenen Lehrkräften, so gut es geht, besetzt? Hat doch sogar schon die Technik sich der Frage bemächtigt und preist namentlich den Leitern vielklassiger Schulen allerlei mehr oder minder unfehlbare Hülfsmittel in Form von farbigen Stiften, Kugeln, Plättchen, so oder anders liniierten Bogen etc. an, um die mechanische Arbeit möglichst zu erleichtern und ihren Erfolg nach Kräften zu sichern, und um die nötige Symmetrie zu bekommen, erhält da und dort der Mathematiker den Auftrag, die unbequeme Sache möglichst mathematisch zu erledigen. Und eine solch mechanische Arbeit soll ein Kapitel aus der pädagogischen Psychologie und Physiologie

[1] Vergl. meinen Aufsatz: Entsprechen unsere Stundenpläne den Anforderungen pädagogischer Psychologie? In FRICK u. MEIER, Lehrpr. u. Lehrg., Heft 14, S. 32—44.

bilden! Ich nehme das Resultat der nachfolgenden Untersuchung voraus und antworte: Ja, und nicht bloss ein beliebiges Kapitel, sondern eines der allerwichtigsten, ein fundamentales. Ich gebe gern zu, dass wir zur Zeit noch von einer Verwirklichung des idealen Stundenplans weit entfernt sind; auch ist es meine Absicht durchaus nicht, einen solchen zu entwerfen. Solche Ideale haben für die praktische Thätigkeit gewöhnlich nur den zweifelhaften Erfolg, dass man sich damit tröstet, sie ja doch nicht erreichen zu können, da sie eben sonst keine Ideale sein könnten, wobei das Mass und die Möglichkeit der Annäherung an sie individuell sehr verschieden und leider meist nicht im günstigsten Sinne bestimmt wird. Meine Erörterungen werden nirgends den konkreten Boden verlassen; sie sind sämtlich ausführbar und schon viele Jahre lang ausgeführt; ja ich bin überzeugt, dass nicht wenige Leser sich selbst schon von ihrer Ausführbarkeit in eigener Thätigkeit mehr oder weniger überzeugt haben. Zugegeben sei auch auf der anderen Seite, dass Lehrerverhältnisse, speziell in den höheren Schulen, manchmal nicht die Ausführung aller Vorschläge gestatten mögen, die hier vorgebracht werden. Aber dies sind Ausnahmen, die sogar meist bei gutem Willen leicht zu beseitigen, sicher unschädlich zu machen sind; an der Giltigkeit der gewonnenen Ergebnisse vermögen sie nichts zu ändern.

Bei dem Stundenplane kommen folgende Fragen in Betracht: 1) der Schulanfang und der Schulschluss sowie die dazwischen liegenden Unterbrechungen der Unterrichtsthätigkeit; 2. die Verteilung der Unterrichtszeit auf die einzelnen Lehrgegenstände bezw. Unterrichtsthätigkeiten.

1. Der Schulanfang und der Schulschluss sowie die dazwischen liegenden Unterbrechungen der Unterrichtsthätigkeit.

Unter den schulhygienischen und den die Schule unmittelbar betr. psycho-physiologischen Materien hat in den letzten Jahren kaum eine so verhältnismässig ausgedehnte Behandlung gefunden wie die Ermüdungsfrage. Im Jahre 1891 veröffentlichte der Professor der Physiologie A. Mosso an der Universität Turin sein bekanntes Buch über die Ermüdung (Deu. von J Glinzer). Obgleich das Buch 333 S. enthält, schliesst doch der Verf. dasselbe mit der Bemerkung, dass er noch sehr vieles über Gehirn- und Muskelermüdung zu sagen habe und solches auch s. Z. zu thun gedenke.

Bis jetzt ist es freilich noch nicht geschehen. Dann haben die Heidelberger Professoren ERB[1]) u. KRAEPELIN die Frage weiterbehandelt, letzterer namentlich eine Reihe von experimentellen Untersuchungen angestellt,[2]) deren Ergebnisse in seinen beiden Schriften Über geistige Arbeit (Jena 1894) und Zur Hygiene der Arbeit (Jena 1896) gemeinfasslich und kurz dargestellt sind. Während die hier mitgeteilten Versuchsergebnisse meist durch Kontrole von rechnenden oder lesenden Erwachsenen gefunden sind, haben Professor BURGERSTEIN in Wien (Zeitschr. f. Schulgesundheitspflege 4, 543—609), der russische Irrenarzt SIKORSKY (Annales d'hygiène publique 1879, II, p. 458), HÖPFNER (Z. f. Psychol. u. Physiol. der Sinnesorgane) u. a. ähnliche Versuche mit Schulkindern angestellt und deren Ergebnisse veröffentlicht. Andere Beobachtungen hatte bereits 1888 FRANCIS GALTON (Journ. of the Anthrop. Inst.) mitgeteilt. Auch in den Breslauer Schulen sind in der letzten Zeit Versuche über Ermüdung angestellt worden, wobei wieder andere Untersuchungsmethoden in Anwendung gekommen sind, auf die ich später zurückkommen werde. Ich habe über diese Versuche — mit Ausnahme der Breslauer — in den Rhein. Bl. f. Erz. u. Unterr. 69, 53 berichtet und meine Bedenken gegen ihre Ergebnisse dargelegt.[3]) Es sei mir gestattet, dieselben hier kurz zu wiederholen. Alle diese Versuche leiden an dem gemeinsamen Fehler, dass sie dem gewöhnlichen Schulunterricht durchaus nicht entsprechen; jeder auf ihre Ergebnisse begründete und daraus ohne bedeutende Einschränkung und Korrektur auf die Thätigkeit in der Schule gezogene Schluss widerstreitet durchaus der Wirklichkeit. Assistenten und Studenten, die einfache Zahlenreihen stundenlang addieren, in bestimmter Weise lesen, Buchstaben zählen, Zahlen- und Silbenreihen auswendig lernen, üben dabei geradesogut eine ihnen fremde und ungewohnte, also besondere Thätigkeit, wie wenn eine Versuchsklasse eine Stunde lang Rechenaufgaben fertigt, die jedesmal eingesammelt und durch neue ersetzt werden, oder wie wenn eine solche 2 Stunden lang einfache Sätze diktiert

---

[1]) Über d. zunehm. Nervosität unserer Zeit. Universitätsschrift Heidelberg 1894.
[2]) Dieselben sind teilweise veröffentlicht in den Psychol. Arbeiten. Herausg. von E. KRAEPELIN. 1. Bd. Leipzig 1896.
[3]) Vgl. auch GUST. RICHTER in FRIES u. MEIER's Lehrprob. u. Lehrg. H. 45, 1—37 u. dagegen G. ASCHAFFENBURG, Welch. Nutzen kann d. experiment. Psychol. d. Pädagog. bringen? Die Kinderfehler. Z. f. Pathol. u. Therap. 1, 37—41. 1896.

bekommt. Jede besondere, ungewohnte Thätigkeit, die auch nur einige Zeit geübt wird, wirkt aber psychisch spannend und mit Naturnotwendigkeit im weiteren Verlaufe auch abspannend. Beide Wirkungen steigern sich, wenn der die Thätigkeit Übende sich dabei kontroliert weiss: ob durch sich selbst oder von anderen, macht nur insofern einen Unterschied, als im ersteren Fall ein grösseres Mass von Willensenergie gefordert wird. Dieses Mass wird aber im zweiten Falle durch stärkere psychische Wirkungen anderer Art ersetzt (Befangenheit, Furcht etc.), die überwunden werden müssen, wenn sie nicht zu bedeutende Hemmungen hervorrufen sollen. Die psychische Aktion wird demnach in beiden Fällen gleich intensiv und die Reaktion gleich stark sein.[1]) Das 2. Moment bildet die grosse Einförmigkeit der Aufgaben.[2]) Diese fordern die gleiche, längere Zeit hindurch in ganz scharfer Richtung auf ein vorgestecktes Ziel fortgesetzte psychische Thätigkeit, wie sie in einer gewöhnlichen Schulstunde nie vorkommt, da eine solche, teils mit, teils ohne Absicht, zahlreiche Abwechslung herbeiführt. Nun wissen wir aber längst, dass Kindern die Fortsetzung derselben einförmigen Thätigkeit auch nur ganz kurze Zeit hindurch sehr schwer fällt, selbst wenn diese Thätigkeit in ihrem Interessenkreise liegt; es wird ein Gefühl des Überdrusses erzeugt, selbst wenn diese Arbeit an und für sich nicht besonders ermüdend wirkt. Auch der Erwachsene kann an sich täglich die Erfahrung machen, dass zur Fortsetzung ihn nicht interessierender Arbeiten nur die Anspannung der durch Denkprozesse und Gefühle gesteigerten Willensenergie befähigt, also wiederum eine erhebliche Steigerung seiner Gehirnthätigkeit erforderlich und damit auch eine grössere Abspannung herbeigeführt wird. Dass aber Schüler im Alter von 11—12 Jahren durch stundenlanges Rechnen einfacher, also in ihrem jetzigen Interessenkreise nicht mehr liegender Aufgaben oder durch zweistündiges Diktieren von Sätzen, von denen dasselbe gilt, besonders angeregt werden, wird wohl niemand im Ernst behaupten. Wenn sie also diese Thätigkeit doch ausführen, so thun sie es unter mehr oder minder starkem Zwange, unter intensiver Willensspannung, die natürlich sehr rasch zur Abspannung und Ermüdung führen muss. Kraepelin[3]) führt in

---

[1]) Zu ähnlichen Ergebnissen gelangte auch Richter, so weit ich sehe, ganz unabhängig von meinen Ausführungen.
[2]) So auch Richter a. a. O. S. 10 f., u. Uhlig, Humanist. Gymn. 5, 184.
[3]) Hyg. d. Arbeit S. 13.

dieser Beziehung die lehrreiche Thatsache an, dass beim Lernen sinnloser Silbenreihen die Ermüdung vielfach schon nach 15—20 Minuten sehr in die Augen falle; ist dies bei Erwachsenen der Fall, warum sollen denn in den Augen der Schüler als ebenso sinnlos geltende Rechenaufgaben eine bessere Wirkung üben? Endlich ist es die verhältnismässig lange Dauer dieser einförmigen, interesselosen Thätigkeiten, die in Wirklichkeit in der gewöhnlichen Unterrichtsstunde nicht eintritt. Auch hier lässt sich unschwer durch Selbstbeobachtung feststellen, dass die Abnahme der Geistesenergie durchaus nicht in einfacher Proportion zur aufgewandten Zeit erfolgt. Vielmehr kann man, sobald die erste Regung des Widerwillens eintritt, dessen Steigerung von Minute zu Minute verfolgen. Der willenskräftige Mensch mit starken Verstandes- und Gefühlsmotiven kann diese Regung kürzere oder längere Zeit überwinden; aber das Ergebnis seiner Arbeit ist häufig genug in quantitativ und qualitativ nachweisbarem Masse unbefriedigend. Wenn ich auf diese Weise die Verwertung solcher Versuche zu einfachen Rückschlüssen auf den Unterricht ablehnen muss, wofür sich übrigens noch eine Reihe anderer Gründe geltend machen lässt, so will ich doch nicht bestreiten, dass sie in anderer Hinsicht nützlich und wertvoll sind. Im Grunde erfahren wir allerdings daraus nicht viel mehr, als was wir bis jetzt auch schon wussten, dass nämlich der Schüler nach mehrstündiger Schularbeit nicht mehr so leistungsfähig ist, wie am Anfang. Freilich beschränkt sich diese Thatsache nicht auf die Schüler, sondern sie gilt ebenso gut für die Lehrer und für jede leibliche und geistige Thätigkeit. Aber ihr Nutzen besteht vor allem darin, dass hier Versuche gemacht worden sind, Methoden zu finden, welche geeignet sein können, die Ermüdungsfrage aus dem Gebiete der einfachen Behauptung und Gegenbehauptung auf das der Untersuchung und Beobachtung durch Messung und Zählung auf streng experimentellem Wege zu bringen und so die Grundlagen für eine wirkliche Hygiene der Arbeit zu schaffen; was wir daraus zu lernen haben, wird später zu entwickeln sein. Von grösster Wichtigkeit sind auch die zuerst von Mosso eingehender nachgewiesenen nahen Beziehungen zwischen körperlicher und geistiger Ermüdung. Starke geistige Anstrengung setzt auch die Grösse der Muskelleistung herab, und umgekehrt lässt sich zeigen, dass längere körperliche Arbeit ein sehr deutliches Sinken der geistigen Leistungsfähigkeit zur Folge hat. Diese Thatsachen lassen sich

nicht bestreiten, wenn auch die Erklärungsversuche noch vieles
zu wünschen übrig lassen; auf diese einzugehen, ist hier um so
weniger der Ort,[1]) als sie meist nur Hypothesen sind.
Dass also im Schulunterricht, wie bei jeder körperlichen und
geistigen Arbeit, Ermüdung stattfindet, lässt sich füglich nicht bestreiten, wenn auch über das Mass derselben noch grosse Ungewissheit besteht. Das wichtigste Zeichen der Ermüdung ist
aber ein fortschreitendes Sinken der Arbeitsleistung.[2]) Freilich
ist auch hier die grösste Vorsicht in der Beurteilung geboten.
„Einfache Herabsetzung der Leistungsfähigkeit berechtigt noch
nicht dazu, Ermüdungswirkungen anzunehmen; sie kann durch
körperliches Unbehagen, Gefühlsvorgänge, Ablenkung von innen
oder von aussen veranlasst sein. Ebensowenig kann jedes vorübergehende Sinken der Arbeitswerte schon als Ermüdungszeichen
gelten, da auch hier sehr verschiedene Störungen eintreten können.
Wo aber die Leistungsfähigkeit bei fortgesetzter Thätigkeit dauernd
und in immer verstärktem Grade abnimmt, handelt es sich jedenfalls neben anderen Einflüssen auch um die Wirkungen der Ermüdung." Mit der Herabsetzung der Arbeitsmenge ist häufig auch
Verschlechterung der Leistungen verbunden; der Grund dafür
liegt wohl regelmässig in der Herabsetzung der Aufmerksamkeitsspannung, welche die Ermüdung begleitet. Man wird zerstreut,
kann seine Gedanken nicht mehr sammeln, schweift ab und selbst
im verhältnismässig einfachen Arbeiten machen sich deutliche
Störungen bemerkbar, die auf eine Verflachung des Gedankenganges hinweisen. Als ein vollkommenes Ausgleichsmittel der
Ermüdung erscheint allein der Schlaf; nach einem ausreichenden
Schlafe ist daher im allgemeinen unsere Leistungsfähigkeit auf
geistigem und auf körperlichem Gebiete völlig wieder hergestellt.

Halten wir diese verhältnissmässig gesicherten Thatsachen
fest, so wird sich der Anfang der Unterrichtszeit leicht feststellen
lassen. Dass die althergebrachte Regel, wonach 7 Stunden Schlaf
für den Menschen genügen sollen, falsch ist, braucht man heute
nicht mehr zu erweisen. Für die völlig erwachsenen, normalen
und gesunden Menschen mag diese Schlafzeit oft ausreichen; mehr
kann man aber selbst bei diesen nicht zugeben, denn selbst unter
den normalen und gesunden Menschen giebt es sehr zahlreiche
Ausnahmen; für die kränklichen, schwachen, nervösen reicht sie

---

[1]) Kurz gefasst bei KRAEPELIN, Hyg. der Arb. S. S.
[2]) KRAEPELIN, Zur Hyg. d. Arb. S. 9 ff.

ebenso sicher nicht aus. Vollends für Kinder von 6—11 Jahren darf man sie mit AXEL KEY getrost auf 10—12 Stunden erhöhen, und man wird eher des Guten zu wenig als zu viel thun; aber auch 17 und 18jährige sollten nicht unter 9—10 Stunden schlafen. Danach muss sich der Schulanfang am Morgen bemessen. Indes würde man auch hier einen Missgriff begehen, wenn man einfach generalisieren wollte. In der kleinen, ja selbst in den meisten Teilen der Mittelstadt und erst recht auf dem Lande verstummt der Tageslärm mit dem Erlöschen des Tageslichtes, während in der Grossstadt er sich um diese Zeit wieder recht intensiv bemerkbar zu machen beginnt, weil hier das geschäftige Treiben fortdauert, und die Sinne nun weniger als am Tage durch andere Reize abgelenkt werden. Die Schüler der kleinen und mittleren Städte, sowie die auf dem Lande, können auch im Sommer um 8, 9, 10 Uhr schlafen, in der Grossstadt wird sich dagegen diese Frage nicht überall in gleicher Weise entscheiden lassen. Hier muss also im Sommer im allgemeinen der Schulanfang weiter hinaufgeschoben werden als dort. Im allgemeinen: denn auch in dieser Frage lässt sich noch nicht generalisieren. So würden Volksschulen, welche ihre Schüler meist oder ausschliesslich aus Arbeitervierteln erhalten, sehr verkehrt handeln, wenn sie die Schule erheblich später anfangen und endigen liessen, als die Arbeitszeit in den Fabriken etc. beginnt und endigt. Denn in nicht wenigen Fällen wird für die Familien eine Verlegenheit entstehen, wenn beide Elternteile oder auch nur der eine der Arbeit nachgehen müssen, was mit den Kindern in diesem Falle anzufangen sei.

Nicht minder natürlich ist es, dass die verschiedenen Alter verschieden behandelt werden; denn der Zwölfjährige braucht nicht mehr dieselbe Menge Schlaf wie der Sechsjährige. Im allgemeinen sollte für die 3 ersten Schulklassen der Unterricht nicht vor 9 Uhr beginnen; in den höheren müssen die lokalen Verhältnisse für früheren oder späteren Anfang massgebend sein. In vielen Kreisen gilt es für Verweichlichung, wenn z. B. mit dem Sommersemester nicht der Unterricht sofort um 7 Uhr begonnen wird; in Schulkreisen pflegt man diese unverständige Massregel dadurch zu rechtfertigen oder wenigstens zu entschuldigen, dass man behauptet, wenn im Laufe des Semesters Änderungen einträten, so führe dies zu Unträglichkeiten und beirre leicht die Schüler. Aber man muss sich doch vor allem fragen: was soll denn der frühe Anfang bewirken? Die Antwort kann nur lauten: er ist zur Vermeidung der erschlaffenden Tageshitze bestimmt. Nun schwankt aber der Anfang des Sommersemesters, je nachdem Ostern fällt, zwischen Anfang und Ende April, im ersteren Falle ist es morgens und abends oft noch bitter kalt, mittags mindestens kühl, und der frühe Anfang hat gar keine Berechtigung, weil es sich ja noch lange nicht um Hitze handelt. Einer Schablone und einem Phantom zuliebe wird hier also eine gänzlich unzweckmässige, ja gesundheitswidrige Massregel aufrecht erhalten; denn es ist nichts weiter als ein Phantom, wenn man behauptet, Änderungen am Stundenplane während des Semesters beirrten die Schüler. Am hiesigen Gymnasium beginnt der Sommerstundenplan, der übrigens erst 7¼ den Unterrichtsanfang ansetzt, seit langen Jahren erst um, gewöhnlich nach Pfingsten, und Irrtümer der Schüler bezüglich des Eintrittes der Änderung sind meines Wissens noch nicht vorgekommen.

Nicht so einfach wie die Frage des Schulanfangs lässt sich die des Schulschlusses[1]) entscheiden. Hier tritt uns zunächst die Möglichkeit entgegen, den wesentlich geistige Thätigkeit, also Gehirnarbeit, fordernden Unterricht in der Hauptsache auf den Vormittag zu verlegen, oder ihn auf Vor- und Nachmittag zu verteilen. Gewöhnlich wird, wenn diese Frage erörtert wird, kurzweg von der Beseitigung des Nachmittagsunterrichts geredet; aber daran kann im Ernste nicht gedacht werden, da unsere herkömmliche Essenszeit — einige Grossstädte ausgenommen — zwischen 12 und 2 Uhr liegt. Die meisten deutschen Lehrpläne — die unteren Klassen der Volks- und höheren Schulen etwa ausgenommen — haben eine so hohe Stundenzahl, dass es unmöglich ist, den Gesamtunterricht auf den Vormittag zu verlegen. Überhaupt besteht dabei auch gar nicht die Absicht, den Nachmittag von jeder Schulthätigkeit zu befreien, wie man in weiten Kreisen irrtümlich annimmt, sondern nur die, ihn vorwiegend den körperlichen Übungen zuzuwenden, die Zeit für Schwimmen, Schlittschuhlaufen, Spaziergänge und Spiele zu finden und die Arbeit bei künstlicher oder unzureichender Beleuchtung in den Schulen fast gänzlich und zuhause in erheblichem Masse zu beseitigen. Daneben werden Stunden wie Gesang oder fakultative Lehrstunden in den oberen Klassen der höheren Lehranstalten, endlich Hand-

---
[1]) Ich verweise für das folgende auch auf meine Schrift: Die schulhygienischen Bestrebungen der Neuzeit, Frankfurt a. M. 1891 S. 39 ff.

arbeitsunterricht stets den Nachmittag in Anspruch nehmen müssen. Aber wenn der Nachmittag überwiegend körperlichen Übungen aller Art oder dem Verkehr mit der Familie gewidmet werden kann, so lässt sich auch erwarten und verlangen, dass der Schüler für die etwa nötige Hausarbeit die erforderliche Frische erhalte, diese aus demselben Grunde leichter und rascher erledige und so vor neuer Übermüdung behütet werde. Es handelt sich also bei der Frage der Beseitigung des Nachmittagsunterrichtes nur um die Zusammenlegung der Stunden, die geistige oder Gehirnarbeit in höherem Masse erfordern, auf den Vormittag. Als diese Frage zuerst auftauchte, fasste man sie kurz in das Schlagwort zusammen: Kann der junge Mensch ohne Gefahr für seine Gehirnentwicklung und die damit zusammenhängenden Funktionen 5 Stunden hintereinander Unterricht erhalten oder nicht? Die Frage wurde von ärztlicher Seite allgemein verneint, und es scheint, als würden auch heute noch viele Vertreter der medizinischen Wissenschaft zu einer solchen Beantwortung neigen, wenn die Frage an sie heranträte. Bewiesen ist nun allerdings noch nicht worden, dass ein vormittägiger 5 stündiger Unterricht die Ermüdung der Schüler in höherem Masse herbeiführte als zum Beispiel ein 4 stündiger, der nach einer 2 stündigen Mittagspause in ähnlicher Richtung wie am Vormittage wieder aufgenommen wird. Ja, man kann eher sagen, dass wenigstens in der Lehrerwelt und an Orten, wo ein solcher Unterricht durchgeführt ist, auch unter sehr angesehenen Vertretern der ärztlichen Wissenschaft die entgegengesetzte Anschauung den Sieg errungen hat, nicht auf Grund theoretischer Erwägungen und Spekulationen, sondern auf Grund des Experiments und der Beobachtung an den eigenen und fremden Kindern. Nun werden zwar weder die Eltern, noch die Lehrer, noch die ärztlichen Vertreter dabei die Absicht haben, zu bestreiten, dass die Kinder nicht auch durch den Vormittagsunterricht ermüdet würden; aber sie wissen, dass es sich hier nie um höhere, die Gesundheit schädigende oder auch nur die Arbeitsfähigkeit erheblich und merkbar herabsetzende Grade der Ermüdung handelt, dass durch die Nachmittagsruhe oder -thätigkeit wieder eine ausreichende Ausgleichung herbeigeführt wird, und dass ihre Kinder und sie selbst sich besser dabei befinden als zu der Zeit, da noch der Nachmittagsunterricht regelmässig den am Vormittag erteilten fortsetzte. Nun muss allerdings zugegeben werden, dass die Einwirkung einer 5 stündigen Schulzeit thatsächlich noch nie beobachtet worden ist, da dieselbe überall mehr oder minder durch Pausen verkürzt wird. Und wenn, wie z. B. im Grossherzogtum Hessen, diese Pausen an einem Vormittage 1 Stunde ausmachen, so ist der Streit, ob 5 Stunden zu viel sind, eigentlich gegenstandslos, da thatsächlich nur 4 erteilt werden, und gegen die 4 Stunden des früheren Vormittagsunterrichtes nie begründete Klagen erhoben worden sind. In der That ist aber die heutige Einrichtung der früheren weit vorzuziehen. Damals gab es meist nur eine Pause zwischen den 4 Stunden, die in der Regel 15—20 Minuten betrug. Heute wird nach jeder Stunde eine kürzere oder längere Pause gefordert. Am Gymnasium in Giessen wird seit 1883 folgende Pausenordnung gehandhabt: Die Vorschulen und die Klassen VI und V nach der ersten Stunde 10 Min., alle Klassen nach der 2. Stunde 15 Min., nach der 3. Stunde 10, nach der 4. ebensoviel. Dabei mindert sich die Dauer der Stunden, je weiter der Vormittag vorrückt: bei dem Schulanfang um 8 Uhr ist die erste Stunde nur für die Schüler von IV aufwärts voll, für die übrigen beträgt sie 55 Min., die 2. beträgt für die kleineren Schüler 48 Min., für die grösseren 53, die 3. für alle Schüler 47 Min., die 4. 50, die 5. 40 Minuten; der Unterricht schliesst um $12^{3}/_{4}$, so dass um 1 Uhr, der hier gewöhnlichen Essenszeit, alle Schüler zuhause sind. Im Winter, d. h. vom 1. Nov. bis zum Schlusse des Wintersemesters, beginnt der Unterricht um $8^{1}/_{2}$ Uhr. Dabei währt die 1. St. für die Schüler bis V einschl. 50 Min., für die übrigen 55, die 2. für alle Schüler 50, die 3. ebensolange, die 4. nur 45 und die 5. nur 40 Minuten. Der Unterricht schliesst präzis 1 Uhr. Diese Einrichtung der nach oben abnehmenden Arbeitsdauer und der vierbezw. dreimal eingeschobenen Ruhepausen ist allein richtig. Denn Personen in jugendlichem Alter ermüden leichter; für sie sind deshalb häufigere, nicht zu kurze Pausen angezeigt, wenn sie ihre Arbeitskraft mit möglichstem Nutzen verwenden sollen. Dem Gange der Ermüdung entsprechend müssen die Arbeitspausen entweder fortdauernd wachsen oder die Arbeit muss leichter werden; natürlich wäre es am besten, wenn beides zu verbinden wäre. Wie dies qualitativ zu berücksichtigen ist, wird später zu erörtern sein; quantitativ muss die letzte Stunde, die nach ihrem Arbeitswerte zweifellos am niedrigsten steht, auch die kürzeste sein. Dies ist viel richtiger als etwa die beiden letzten Pausen zu verlängern und die 3 letzten Stunden in ihrer Dauer gleichzustellen.

Leider sind die Beziehungen zwischen der Ermüdungsgrösse und dem Erholungsgewinn fast gänzlich unbekannt. Bei angestellten Versuchen mit halbstündigem Wechsel zwischen Arbeit und Ruhe[1]) genügte die Pause das erste Mal, um die Ermüdung fast vollständig zu beseitigen, in den folgenden Arbeitsabschnitten sank die Leistung trotz gleichbleibender Pause zuerst um 5, dann um 15 Prozent. Mosso erklärt diese Erscheinung dadurch, dass im Zustande der Ermüdung sich die Kräfte weniger schnell wieder ersetzen, da durch die Ermüdung die Erregbarkeit der Nerven und des Muskels geringer geworden sei. Für die Schule ist auch diese Wahrnehmung, wenn sie selbst durch zahlreiche Beobachtungen bestätigt werden sollte, nicht unmittelbar zu verwerten, da hier, abgesehen von den einmal nicht wegzuschaffenden individuellen Besonderheiten, in den einzelnen Stunden eine ganz verschiedenartige Arbeit mit ganz verschiedener Wirkung bezüglich der Ermüdung geleistet wird. Mit dem Ästhesiometer angestellte Versuche, auf die wir später zurückkommen werden, haben ergeben, dass nach manchen als wenig anstrengend bekannten Stunden, wie Zeichnen, Schreiben, Geographie, Naturbeschreibung regelmässig keine Zunahme, sondern sogar Abnahme der Ermüdung nachzuweisen war. Dadurch wird hinlänglich bewiesen, dass jene Beobachtung für den Unterricht nicht ohne Einschränkung zutrifft. Weiter hat sich bei denselben Versuchen ergeben, dass allerdings durch den Unterricht eine Ermüdung herbeigeführt wird, dass aber, im Mittel genommen, die einzelnen Stunden bezüglich ihrer Aufeinanderfolge, also die 1., 2., 3. etc. eine nennenswerte Steigerung der Ermüdung nicht erkennen lassen. So ergaben z. B. bei 200 Einzelmessungen die Mittelwerte: vor dem Unterrichte 10 mm, nach der 1.—5. Stunde 14 mm. Dagegen sind die Ergebnisse der Messungen nach den einzelnen Lehrgegenständen wiederum sehr verschieden, und die Resultate steigen namentlich erheblich, wenn nach geistig anstrengenden Stunden, wie z. B. Extemporalestunden, die Messungen vorgenommen werden. Bestätigt wird dies durch das von dem Begründer dieser Messmethode Dr. Griesbach zu Mülhausen gefundene Ergebnis, dass bei Mangel anstrengender Geistesarbeit die Empfindlichkeit während des Tages fast unverändert den Empfindungswert vom Morgen beibehält. Langjährige Beobachtungen am Giessener Gymnasium haben bezüglich der

---

[1]) Kraepelin, Hyg. d. Arb. S. 23.

Wirkung der Pausen folgende Ergebnisse gehabt:[1] Nach der Pause von 15 Minuten, die nach der 2. Lehrstunde eintritt, war der Arbeitswert, an schriftlichen Arbeiten in der Weise gemessen, die unten noch näher erörtert werden wird, meist völlig übereinstimmend mit dem der ersten Frühstunde, so dass also angenommen werden darf, dass die 15 Minuten währende Pause nach der 2. Stunde die in dieser eingetretene Ermüdung kompensiert. In der 4. Stunde werden schriftliche Arbeiten nur höchst selten, in der 5. nie gefertigt; es konnten hier also auch dieselben Vergleiche mit den früheren Stunden bezüglich der Arbeitskraft und des Arbeitswertes nicht angestellt werden. Wohl aber konnten Versuche gemacht werden bezüglich der Raschheit und der Richtigkeit der auf bestimmte Fragen erfolgenden Antworten; sie haben sich leider aber nur auf die beiden Primen beschränkt, da ich sie selbst anstellen musste. Dabei ergab sich folgendes: In der 4. Stunde erfolgten die Antworten auf rasch gestellte Fragen, wenn sie nur einen oder zwei Begriffe gedächtnismässig voraussetzten, so rasch wie in den 3 ersten Stunden; dagegen kamen alle Kombinationen langsamer und häufiger unrichtig zustande; schwächere Individuen zeigten dies besonders auffällig, kräftige, normale Naturen liessen immer Zweifel, ob bei einem Irrtum nur einer der gewöhnlichen Gründe obwalte, oder ob an Ermüdung zu denken sei. Ähnlich waren die Ergebnisse der 5. Stunde, vermutlich, weil hier psychische Vorgänge, so z. B. das freudige Gefühl, welches die letzte Stunde stets erweckt, die Wirkung der vorhandenen Ermüdung aufhoben oder wenigstens abschwächten. Bei kleineren Schülern zeigte sich in der 5. Stunde Gähnen ungefähr noch einmal so oft als in der 4.; ob dies aber die Folge der Magenleere und des Verlangens nach dem bevorstehenden Mittagessen oder der Ermüdung war, konnte um so weniger entschieden oder betont werden, als eben in diesem früheren Alter auch gerade in der ersten Stunde diese Erscheinungen des Gähnens ausserordentlich häufig und intensiv hervortreten. Nun hat Mosso[2] zwar das Gähnen als ein charakteristisches Merkmal für die Ermüdung der Aufmerksamkeit bezeichnet, und an einer anderen Stelle sagt er, dass es als ein

---

[1] Die von Ebbinghaus u. König herausgegeb. Zeitschr. f. Psychol. u. Physiol. der Sinnesorg. wird demnächst Untersuchungen über die Wirkung der Pausen von Friedrich veröffentlichen.
[2] Die Ermüdung S. 202.

Zeichen von Schwäche und Müdigkeit aufzufassen sei. Es ist aber doch fraglich, ob diese Zustände die alleinigen Quellen des Gähnens sind, und die von ihm selbst angeführte Erscheinung, dass kleine Kinder, wenn sie ausgewickelt werden, schon in den ersten Lebenstagen gähnen, scheint für die Annahme zu sprechen, dass hierbei auch andere innere Reize mitwirken. Wäre Ermüdung die alleinige oder auch eine mitwirkende Ursache, so müsste das Gähnen in den folgenden Stunden stärker hervortreten als in der ersten; und das gilt jedenfalls für die 2. und 3. nicht. Bei den kleineren Schülern gerade kann regelmässig an eine besondere vorhergegangene Anstrengung nicht gedacht werden, und von einer Ermüdung und einer Verminderung des Kraftvorrates kann also keine Rede sein. Kraepelin[1]) führt die Thatsache an, dass bei sehr vielen Menschen unmittelbar nach dem Aufstehen das deutliche Gefühl der Abspannung und Ruhebedürftigkeit bestehe, dem auch eine Herabsetzung wenigstens der geistigen Leistungsfähigkeit zu entsprechen pflege. Während aber bei wirklicher Ermüdung durch fortgesetzte Thätigkeit die Arbeitsleistung rasch immer tiefer sinkt, stellt sich hier im Gegenteil ein allmähliches Steigen der Arbeitswerte ein, zugleich verschwindet die Müdigkeit. Vielleicht erklärt diese Thatsache das Gähnen in der ersten Stunde; für die letzte müssen erst die Gründe noch gefunden werden, wenn sie überhaupt zu finden sind.

Es bliebe noch die Frage zu erörtern, ob für unsere Stundenpläne nicht eine andere Verteilung der Pausen sich empfiehlt, wonach etwa in die Mitte des Vormittags eine längere Pause, mindestens von einer halben Stunde, gelegt würde. Auch hier fehlt es durchaus an exakten Beobachtungen. Bei den von Kraepelin[2]) vorgenommenen Versuchen mit dem Addieren etc. einstelliger Zahlen hat sich ergeben, dass, wenn zwischen die einzelnen Arbeitsabschnitte halb- oder ganzstündige Pausen eingeschoben wurden, dieselben höchstens einmal genügten, um die Ermüdungswirkungen vollständig auszugleichen. Nach der zweiten Pause sank die Leistung fortschreitend, schneller bei halbstündiger als bei einstündiger Ruhe. Er sucht den Grund für dieses ungünstige Resultat in dem Umstande, dass die Pausen für unser Seelenleben keineswegs wirkliche Ruhe bedeuten. Ich meine, es

---
[1]) Hyg. d. Arbeit S. 12.
[2]) Hyg. d. Arbeit S. 17 und Emil Amberg, Üb. d. Einfluss von Arbeitspausen auf die geistige Leistungsfähigkeit in Kraepelins Psychol. Stud. 1, 300 ff.

läge näher, dieses Ergebnis in erster Reihe durch die Art der Thätigkeit zu erklären. Die ungewohnte und unangenehme, nur durch die Vorstellung des Zweckes künstlich interessierende Thätigkeit erzeugt Gefühle des Widerwillens, der Langweile, die sich bei der Wiederaufnahme der Arbeit stets steigern und nur durch ein grösseres Aufgebot von Willensenergie ausgeglichen werden können, bis auch diese erschöpft ist. Aber angenommen, man könnte hier wieder einfach die Beobachtung für die Ansetzung der Pausen in dem Schulunterrichte übertragen, so würde, fürchte ich, ein grösseres Übel herbeigeführt werden, als der Gewinn betrüge. Selbstverständlich könnten die 3., 4. und 5. Stunde nicht ohne Pausen von 10—15 Minuten angesetzt werden; auch müsste rationeller Weise, wie oben dargelegt wurde, die Dauer der letzten Stunden immer geringer werden. Wir würden aber selbst in diesem Falle bei dem Normalaufange um 8 Uhr und bei einer Stundendauer von 55, 50, 50, 45, 40 Minuten mit Pausen von $1/4$ Stunde nach der 3. und 4. Stunde den Unterricht erst um 1 Uhr schliessen können, während er sich in den Wintermonaten, wo die Tageszeit ohnehin kurz ist, auf $1\frac{1}{2}$ Uhr hinausschieben würde. Es lässt sich vermuten, dass in diesem Falle der Widerstand der Eltern gegen eine Zusammenlegung des wissenschaftlichen Unterrichtes auf den Vormittag sehr lebhaft werden und diese Zusammenlegung dadurch unmöglich gemacht werden würde. Der Nachteil wäre aber dann, meiner Überzeugung nach, weit grösser als der etwa zu erreichende Vorteil, dessen wirkliche Erreichung ohnedies noch gar nicht erwiesen ist. Jetzt haben am Giessener Gymnasium die Vorschulen alle Nachmittage, und die Klassen VI und V ebenfalls alle Nachmittage frei, mit Ausnahme von 2 Tagen, an denen je 1 Gesangstunde fällt. Die Klassen IV—II haben alle Nachmittage frei, mit Ausnahme von 2 Tagen, an denen 1 Gesang- und 1 Turnstunde fallen; auf die Turnstunde folgt kein Unterricht mehr. Dasselbe gilt von den Primanern, die nicht den fakultativen Unterricht in Englisch, Hebräisch oder Zeichnen besuchen, der der Natur der Sache nach nur auf den Nachmittag verlegt werden kann. Wenn also die Frage so steht, dass durch die Ansetzung einer halbstündigen Pause nach der 2. oder 3. Stunde die Zusammenlegung des eigentlich geistig etwas mehr anstrengenden Unterrichtes auf den Vormittag unmöglich wird, so dürfen wir kein Bedenken tragen, das geringere Übel zu wählen. Und es ist in der That das geringere; denn bei der Beseitigung des Nachmittagsunterrichtes wird es bei unserer einmal bestehenden Tageseinteilung, welche die Hauptmahlzeit in die Mitte des Tages verlegt, den Schülern ermöglicht, die der Verdauungsthätigkeit förderliche Ruhe nach dem Essen zu gewinnen. Nun beseitigt die Nahrungsaufnahme selbst schon zum Teil die Ermüdung, und die nächsten Stunden bis zum Abend bringen eine neue Steigerung der Arbeitsfähigkeit, die nun der notwendigen Hausarbeit zugutekommt. Wird diese in mässigen Grenzen gehalten, für die Schüler der unteren Klassen im wesentlichen nur auf Wiederholung der Schulleistungen und kleinere Übungen der Selbstthätigkeit beschränkt, wie ich dies in meiner Schrift „die Hausarbeit"[1]) als ausführbar erwiesen habe, so werden die Spuren der neuen Ermüdung durch den Schlaf regelmässig völlig beseitigt werden.

Nicht unwesentlich ist die Frage, wie die Ruhepausen ausgefüllt werden. Selbstverständlich muss jede Fortsetzung der in den Schulstunden geübten geistigen Thätigkeit darin ausgeschlossen werden, und eine wirksame Aufsicht der Lehrer hat dafür zu sorgen, dass die Schulzimmer verlassen und keinerlei Arbeitsmittel in den Pausen benutzt werden. Leider wird dies sehr häufig nicht beachtet, und man darf nur in den Pausen die Schulhöfe besuchen, so wird man stets eine grössere Anzahl von Schülern finden, die Hefte, Bücher, Notizen u. a. in den Händen haben. An anderen Orten hat man Marschierübungen, Freiübungen u. a. Dinge in die Pausen verlegt, um eine schönere Ordnung zu erhalten. Auch diese Einrichtungen, so wohl sie gemeint sind, müssen als verfehlt bezeichnet werden. Denn eine wirkliche Erholung wird in erster Linie durch völlige körperliche und geistige Ruhe gewährleistet, sodann aber durch leichte Beschäftigungen, die annähernd einen Ausgleich der Ermüdungswirkungen ermöglichen. An erster Stelle werden hier für Schulen die Spiele zu nennen sein, welche die Schüler spontan und ohne irgend welche Einmischung des Lehrpersonals untereinander veranstalten. Doch ebenso gut mögen andere sich mit einander unterhalten, langsam in dem Schulhofe herumschlendern; wer aber ruhig stehen oder sich setzen will, darf auch daran nicht gehindert werden. Auch hier muss der Individualität die weiteste Rücksicht getragen werden, und das pädagogische Gewissen mag

---

[1]) Berlin, Weidmannsche Buchhandl, 1892.

sich damit beruhigen, dass in der Regel die Schüler selbst die beste Wahl dessen treffen, was für ihre besonderen Verhältnisse am meisten passt. Sobald diese Beschäftigungen erheblichere Anforderungen an die Leistungsfähigkeit stellen, verhindern sie nicht bloss das Schwinden der Ermüdung, sondern sie steigern dieselbe, oft genug, ohne dass man sich dessen bewusst wird. In diesem Zusammenhange mag auch gleich die Thatsache erwähnt werden, dass in den beiden untersten Gymnasialklassen und in den Vorschulen zwischen die Schulstunden eingeschobener $^1\!/_2$ stündiger sog. Turn-, in Wahrheit Spielunterricht sich sehr wohlthätig erwiesen hat. Die hier geübte Thätigkeit ist im wesentlichen den Schülern unter Leitung des Lehrers überlassen; letzterer hindert nur zu wilde Spiele, zu starkes und zu langes Laufen u. dergl.; in VI und in V werden auch kurze Zeit (5 Minuten) einfache Ordnungsübungen vorgenommen. Obgleich man der Einrichtung anfangs misstrauisch gegenübertrat, kann man heute — nach dreijähriger Erfahrung — behaupten, dass die Schüler dabei viel frischer bleiben als früher.

Wenn sich in dieser Weise die Zusammenlegung des eine angestrengtere geistige Thätigkeit erfordernden Unterrichts auf den Vormittag als Regel empfiehlt, so wird dieselbe doch an den örtlichen Verhältnissen oft genug unüberwindliche Schwierigkeiten finden. Und man kann sie auch ohne jede Einschränkung gar nicht empfehlen. Die Volksschule wird diese Frage nur mit grosser Vorsicht entscheiden dürfen. Bei einem Teile der Kinder, die sie besuchen — leider ist es kein kleiner — wird der Aufenthalt im Elternhause nach der Mittagsmahlzeit oft genug nicht möglich und wiederum oft genug, wo er möglich ist, keine Wohlthat sein. So richtig nun prinzipiell auch für sie die regelmässige Zusammenlegung auf den Vormittag ist, so wird sie an der harten Wirklichkeit oft genug ein Hindernis finden. Dies ist aber tief bedauerlich. Denn gerade diese Kinder bedürfen in der Regel weit mehr einer intensiveren Körperpflege und eines Ausgleichs durch zweckmässige Beschäftigung, als die der besser situierten Bevölkerungsteile. Für sie müsste von der Schule bezw. den Gemeinden ausgiebige Fürsorge getroffen werden, dass sie am Nachmittage durch Spiele, Spaziergänge, Baden und Schwimmen, Eislauf u. dgl. in möglichst günstige Luftverhältnisse und zu mässiger Bewegung oder Körperarbeit gebracht werden könnten. Da aber dazu Vermehrung des Lehrpersonals, Herabminderung des Lehr- oder richtiger Lernstoffes, namentlich im Religionsunterricht, Herstellung der nötigen Einrichtungen und Plätze, auch bisweilen die Beschaffung einer zweckmässigen Ernährung erforderlich werden, so ist in absehbarer Zeit nicht an die Durchführung zu denken. Anders steht es bei den höheren Schulen an kleineren Orten. Man thut hier geradeso, als beständen für diese Ausnahmezustände des menschlichen Seelenlebens. In der That ist aber meist nur das Hängen am Hergebrachten neben der Sorge massgebend, was man mit den Kindern anfangen solle, wenn sie nicht auch einige Stunden des Nachmittags die Schule in Aufsicht und Verwahr nähme. Der Unterricht beginnt um 2 Uhr, also zu einer Zeit, wo die Verdauung noch nicht beendet ist; die Wirkung der Mahlzeit bezüglich der Ermüdung wird durch zweistündigen Unterricht völlig aufgehoben, und nach dem Unterricht müssen die Schüler alsbald wieder — und gerade im Winter — an ihre Hausarbeiten gehen. Diese physiologisch und psychologisch verkehrten Verhältnisse werden zwar einigermassen durch die guten Luftverhältnisse, die einfachere Lebensweise und die ländliche Ruhe dieser kleinen Städte kompensiert; aber sie erklären zum Teil, warum auch hier bereits die Zeitkrankheiten der Neurasthenie, Bleichsucht und Skrophulose in grosser Ausdehnung auftreten.

Wichtiger noch als die Anordnung der Unterrichtszeit ist

II. Die Verteilung dieser Zeit auf die einzelnen Lehrgegenstände bezw. Unterrichtsthätigkeiten.

Der Staat hat für die einzelnen Schulgattungen Lehrpläne aufgestellt, in denen die den einzelnen Lehrgegenständen zu widmende Zeit und die in dieser zu erreichenden Ziele festgestellt sind. Um die Verteilung dieser Zeit in dem sog. Stundenplane kümmert er sich im allgemeinen nicht; er begnügt sich höchstens mit einzelnen Empfehlungen, die allerdings dann meist die Kraft einer Verordnung gewinnen, indem er z. B. bestimmt, dass die Religionsstunden an den Anfang oder den Schluss der Schulzeit gelegt werden sollen, oder dass vor einer bestimmten Stunde der Unterricht nicht beginnen, über eine andere nicht ausgedehnt werden solle. Die Ausführung jener allgemeinen Bestimmungen bleibt den einzelnen Lehranstalten überlassen, doch bedarf sie meist der Genehmigung der vorgesetzten Behörden. Man könnte nun glauben, dass dadurch völlig ausreichend für die zweckmässigste, hygienisch und psychologisch richtigste Art der Ausführung gesorgt sei, und dass unsere sog. Stundenpläne kleine physio-psychologische Meisterwerke wären. Dass indessen diese Ansicht zu optimistisch ist, weiss jeder Kundige. Die vorgesetzten Behörden sind meist in diesen Fragen nicht besser orientiert, als diejenigen, welchen die Aufstellung der Stundenpläne zunächst obliegt. Sind sie es aber, so werden sie meist gar nicht die Zeit haben, die Fragen jedes einzelnen Stundenplanes so genau zu prüfen, wie dies nötig wäre, und sie tragen auch mit Recht Bedenken, vom grünen Tische aus Korrekturen vorzunehmen, die oft eine sehr eingehende Kenntnis der lokalen Verhältnisse erfordern, und die sie bei dem redlichsten Willen sich nicht verschaffen können. Hier kann die Besserung nur von den einzelnen Schulen bezw. deren Lehrern und Leitern herbeigeführt werden, die an den vorgesetzten Behörden kein Hindernis, sondern, wo es erforderlich ist, zweifellos Unterstützung und Förderung finden werden. Sie aber können für diesen Zweck nur Hülfe erwarten von der denkenden Verwertung der Ergebnisse der Psychologie, Physiologie und Hygiene. In dieser Richtung möchte diese Schrift eine kleine Handreichung leisten.

Ehe wir an die Bestimmung der Verwendung der einzelnen Stunden gehen, mögen einige Bemerkungen grundlegender Art vorausgeschickt werden. Dr. GRIESBACH in Mülhausen hat die Behauptung aufgestellt,[1]) dass das Empfindungsvermögen, speziell des Tastsinns durch geistige Ermüdung verringert werde. Diese Behauptung wird heute in physiologischen Kreisen meist für richtig gehalten, obgleich bei diesem Verfahren die nähere Beziehung zwischen der Hautempfindlichkeit und der geistigen Leistungsfähigkeit dunkel bleibt, und man ist der Ansicht, dass damit eine brauchbare Methode zu exakten vergleichenden Messungen über den Grad geistiger Ermüdung gegeben sei. Dabei werden an einer empfindlichen Stelle der Haut, wegen ganz besonderer Empfindlichkeit gewöhnlich über dem Jochbein, zwei Spitzen eines Zirkels (Aesthesiometers) aufgesetzt. Diese zwei Spitzen werden im allgemeinen als solche deutlich empfunden; nur wenn der Spitzenabstand sehr klein wird, fühlt man unter Umständen nur eine Spitze, wenn auch zwei aufgesetzt sind. Man erklärt dies so, dass das Gehirn zwei örtlich oder zeitlich sehr nahe Ein-

---

[1]) Vgl. die Ermüdungsmessungen an Schülern. Von Dr. med. Ludw. WAGNER. Darmstädt. Zeit. 1896 Nr. 179, 237 und 239.

drücke nicht mehr zu unterscheiden vermöge, sondern beide Eindrücke zu einer Empfindung verschmolzen werden. Die Fähigkeit, zwei Spitzen als getrennt zu empfinden, wechselt nun mit dem Ermüdungsgrade; so werden vor dem Schulanfange meist schon bei viel kleinerem Spitzenabstande zwei Spitzen empfunden als nach einer Unterrichtsstunde. Nach dieser Methode hat nun Dr. Ludwig Wagner an dem Neuen Gymnasium zu Darmstadt, — früher Assistent am hiesigen physiologischen Institut, was besonders wertvoll ist, — Ermüdungsmessungen angestellt, die vielfach interessante Resultate ergaben. Die grösste Ermüdung trat im Durchschnitt nach der ersten Stunde ein, in der eine Klassenarbeit geschrieben worden war, und die entstandene Ermüdung blieb bis zum Ende des Unterrichts, unter geringer Abnahme, bestehen. Besonders hohe Ermüdungsgrade brachten Mathematik und Latein hervor; im übrigen ergab sich bei den Messungen deutlich, dass die Persönlichkeit des Lehrers mehr für die Wirkung bedeutet als der Stoff. Turnen führte durchaus keine Abnahme der Ermüdung herbei, sondern steigerte dieselbe vielfach, und zwar um so mehr, je intensiver der Unterricht im Turnen erteilt wurde. Sehr interessant waren die Ergebnisse bezüglich des wissenschaftlichen Nachmittagsunterrichts. „Von den am Nachmittage wieder gemessenen Schülern zeigten nur 16% eine deutliche Verringerung der Ermüdung und von diesen wieder nur 10% eine Abnahme bis zur Anfangszahl am Morgen, d. h. vollkommene Erholung. Dies war nachmittags 4 Uhr gefunden worden; selbst zu dieser Zeit, also 3 Stunden nachher, war die durch den Vormittagsunterricht erzeugte Ermüdung bei 84% noch nicht ausgeglichen." Dies spricht sehr gegen den Nachmittagsunterricht, namentlich, wenn man dabei in Betracht zieht, dass, wie schon oben bemerkt wurde, bei einem fünfstündigen Vormittagsunterrichte die Ermüdung am Ende der letzten Stunde im Mittel nicht grösser gefunden wurde, als nach der ersten.[1]) Die Aufeinanderfolge von 5 Stunden, mit den genügenden Pausen, ist also gesundheitlich unbedenklich. Ein Zustand dauernd herabgesetzter Sensibilität wäre ein Symptom der Übermüdung: aber solche Fälle sind — abgesehen von auswärtigen Schülern, die schon am Anfang infolge zu frühen Aufstehens, der Eisenbahnfahrt oder des Marsches übermüdet waren — bei den von

---

[1]) Zu ähnlichen Ergebnissen gelangte Richter a. a. O. S. 24 f.

Dr. Wagner angestellten Messungen nicht beobachtet worden. Lehren uns diese Messungen etwas Neues? Ich darf statt einer Beantwortung der Frage auf meinen Aufsatz „Entsprechen unsere Stundenpläne den Anforderungen pädagogischer Psychologie?" und auf meine Schrift über die hygienischen Bestrebungen der Neuzeit verweisen. Dort finden sich die hier durch Messungen exakt gefundenen Thatsachen sämtlich schon als auf dem Wege der Beobachtung gefunden verwertet, und ich halte diese Übereinstimmung für ein sehr erfreuliches Ergebnis, um so erfreulicher, als diese Messungen noch lange nicht in dem Umfange angestellt sind, um für sich allein beweiskräftig zu sein. Vor allem wissen wir aber noch nichts über die psycho-physiologischen Zusammenhänge, die dabei zwischen der geistigen Thätigkeit und der Herabsetzung der Sensibilität bestehen. Ich versuche mir die Thatsache in erster Linie durch die Verminderung der Aufmerksamkeit zu erklären; aber die physiologische Psychologie wird zu finden haben, wie diese durch die Unterrichtsthätigkeit herbeigeführt wird.

Auch in Breslau sind auf Anregung der hygienischen Sektion der schles. Gesellsch. Versuche unternommen worden, die geistige Leistungsfähigkeit von Kindern in exakter Weise zu prüfen. Dieselben wurden von Prof. H. EBBINGHAUS vorgeschlagen und geleitet, dessen gütigen und dankenswerten Mitteilungen[1]) ich hier folge. Man verwandte dabei die von BURGERSTEIN eingeführten einfachen Additions- und Multiplikationsaufgaben und zwar so, dass die Schüler am Ende jeder Schulstunde und ausserdem am Beginne des ganzen Unterrichts je 10 Min. lang mit Rechnen beschäftigt wurden. Weiter versuchte man eine Prüfung des Gedächtnisses, wobei den Kindern eine Anzahl einzelner Ziffern in einem bestimmten Tempo einmal vorgesagt wurde, und sie sogleich nach dem Anhören niederzuschreiben hatten, was sie davon behalten konnten. EBBINGHAUS ging dabei von der Ansicht aus, dass 6 ziffrige Reihen dieser Art fast jedes Kind über 8 Jahren fehlerfrei zustande bringe, was die Erfahrung der Rechenlehrer jedoch nicht bestätigen wird.[2]) Er schloss nun weiter, dass, wenn man

---

[1]) Ausführliche Mitteilungen wird die von ihm herausgeg. Zeitschr. f. Psychol. u. Physiol. d. Sinnesorgane bringen.
[2]) Ich habe durch die Herren HARTMANN und LEVY am hiesigen Gymnasium Versuche anstellen lassen mit 6, 7, 8, 9 ziffrigen Reihen in den Klassen Vorschule II — Gymnasium V (Alter 8—9 — 11—12 Jahre), deren Ergebnisse ich

6—10ziffrige Reihen benutze, so habe man voraussichtlich überall die Grenze der Leistungsfähigkeit eingeschlossen und könne aus der Verschiebung dieser Grenze, aus der verschiedenen Fehlerzahl zu verschiedenen Zeiten u. s. w. seine Schlüsse ziehen. Besonderes Gewicht legte er aber auf eine Prüfung der freieren und in gewissem Sinne neuschöpferischen geistigen Thätigkeit, wie sie überall bei höheren intellektuellen Leistungen ins Spiel komme, auf eine Prüfung der Fähigkeit, aus verschiedenen und zunächst zusammenhangslosen Daten möglichst rasch ein sinnvolles Ganzes zu kombinieren. Als Mittel hierzu brachte er in Vorschlag, den Kindern Prosatexte vorzulegen, in denen bald hier, bald dort einzelne Worte, Silben, Buchstabengruppen ausgelassen seien. Einen solchen durchlöcherten Text sollten sie je 5 Minuten lang bearbeiten, d. h. möglichst viele der Lücken mit Rücksicht auf den Zusammenhang, die dastehenden Buchstaben und die

nachstehend mitteile. Sie zeigen, dass die Übungsversuche, die EBBINGHAUS angestellt hat, durchgehends für die Kräfte der Schüler zu hoch bemessen waren. Von den 8jährigen Jungen, denen 6ziffrige Reihen langsam vorgesprochen wurden, — stets von dem Rechenlehrer — lösten die Aufgaben an 7 aufeinanderfolgenden Tagen ohne Fehler: 11%, 48%, 44%, 30%, 48%, 44%, 77%, also im Durchschnitt 43,28%. Man sieht, wie sich der Übungsgewinn hier ziemlich rasch geltend machte, aber im ganzen war das Resultat doch ungünstig; man darf also mit Recht schliessen, dass die Aufgaben zu schwierig waren; denn sie wurden noch dazu in der 1., eine Aufgabe — die zweite — auch in der 3. Stunde gegeben. Und dazu kam noch, dass die Schüler sehr bald selbst eine Erleichterung ausfindig machten, indem sie die vorgesprochenen Ziffern sofort zu 2 oder 3stelligen Zahlen verbanden und sie auf diese Weise leichter festhielten. Noch schlimmer gestalteten sich die Resultate mit jeder Steigerung der Ziffernzahl. In der I. Vorschulklasse (9—10 Jahre) wurden in gleicher Folge 8 Arbeiten (7ziffrige Reihen) mit folgenden Ergebnissen gefertigt: Ohne Fehler: 4. St. 14%; 2. St. 33%; 4. St. 24%; 3. St. 14%; 3. St. 13%; 3. St. 47%; 4. St. 46%; 2. St. 25%. Man sieht, der Übungsgewinn machte sich auch hier geltend; die Lage der Stunde blieb dabei ziemlich gleichgültig. Aber wenn man das Gesamtresultat (Durchschnitt: 27%) betrachtet, so ist es viel ungünstiger; auch hier war die Aufgabe zu schwierig. In VI (Alter 10—11 Jahre) wurden 7 Arbeiten (8ziffrige Reihen) angefertigt mit folgenden Ergebnissen: Ohne Fehler: 2. St. 30%; 3. St. 24%; 1. St. 37%; 4. St. 14%; 5. St. 9%; 5. St. 16%; 2. St. 19%. Da der Durchschnitt hier nur 21% ergiebt, so zeigt das Resultat sich noch ungünstiger; der Einfluss der Stundenlage ist nicht von besonderem Einflusse gewesen; denn den 9% der einen 5. Stunde stehen 16 in der anderen gegenüber, ein günstigeres Resultat also als in der 4. und beinahe so günstig wie in einer 2. Stunde. Am schlechtesten sind die Ergebnisse in der V. (10—12 Jahre) mit 9ziffrigen Reihen. Hier fanden sich fehlerfreie Arbeiten: 5. St. 3%; 5. St. 0%; 2. St. 35%; 1. St. 55%; 4. St. 45%; 5. St. 22%; im Durchschnitt 10%. Auch hier lässt sich der Einfluss des Übungsgewinnes deutlich erkennen, wenn man die 3 fünften Stunden vergleicht; von 3 und 0% in den beiden ersten erhebt sich die Leistung in der 6. Stunde auf 22%. Aber zweifellos ist auch hier, dass die Aufgaben für die Kräfte der Schüler viel zu hoch bemessen waren; denn nur 10% im Durchschnitt konnten sie fehlerfrei lösen.

vorgeschriebene Silbenzahl wieder ausfüllen. Die jedesmalige Anzahl der ergänzten Silben, unter angemessener Berücksichtigung der gemachten Fehler und der etwa übersprungenen Schwierigkeiten sollte dann das Mass ihrer Leistungsfähigkeit bilden. Ehe ich zu den Resultaten komme, möchte ich nur bemerken, dass es sich auch bei diesem Versuche um ganz ungewohnte Thätigkeiten handelt, bei denen der grosse Einfluss der Übung und Gewöhnung nicht wirken konnte; ich halte sie deshalb als Unterlage für Schlüsse auf den Unterricht für nicht minder bedenklich, als die übrigen S. 3 ff. erwähnten Versuche, so geistreich der Gedanke ist. Bekanntlich hatte man früher eine ähnliche Übung in den Aufsatzstunden der mittleren Klassen: der Lehrer diktierte eine Anzahl Schlagwörter, über die eine Erzählung gefunden werden musste. Es wird vielleicht nicht uninteressant sein, hier zu betonen, dass diese Übungen wegen gänzlicher Erfolglosigkeit untersagt wurden, weil sie die Leistungsfähigkeit des Durchschnittsschülers weit übersteigen.

Was nun die Resultate betr., soweit das Material bis jetzt durchgearbeitet werden konnte, so hat die Gedächtnismethode die wenigst gleichmässigen Resultate geliefert. EBBINGHAUS will dies zum Teil durch die Intervention des Lehrers, schnelleres, deutlicheres Vorsprechen, zum Teil durch Abschreiben und Notizenmachen der Schüler erklären. Sollte nicht ein weit wichtigerer Teil in der die Kräfte des Durchschnittsschülers übersteigenden Schwierigkeit der geforderten Thätigkeit zu suchen sein? Gerade darauf weisen die Abschreib- und Notizenversuche zunächst hin, und die Erfahrungen im Rechenunterrichte bestätigen es. Interessant ist bei diesen Versuchen auch folgendes. „Das Interesse der Schüler an solchen Untersuchungen", sagt EBBINGHAUS, „obgleich zuerst ausserordentlich rege, lässt bei ihrer häufigeren Wiederkehr stark nach. Bei der am ersten Versuchstage vorgenommenen Rechenprobe zeigen alle Schüler den besten Willen, der gestellten Forderung möglichst gut zu entsprechen. Am dritten Versuchstage dagegen, bei der an sich interessanteren Kombinationsprobe, unterliegen mehrere, namentlich in den mittleren Klassen, der Versuchung, die Sache nicht mehr ganz ernst zu nehmen und sich über entgegentretende Schwierigkeiten durch absichtlichen Unsinn hinwegzuhelfen." EBBINGHAUS meint, „bei ausgedehnteren Untersuchungen an Schülern vieler Klassen werde man also irgendwie darauf Bedacht nehmen müssen, sich des andauernden guten

Willens aller Beteiligten zu versichern." Wie das seiner Meinung nach geschehen könne, hat er leider nicht mitgeteilt. Was die Beziehung zur geistigen Leistungsfähigkeit betrifft, so kommt die grössere geistige Reife bei jeder Methode zum Ausdruck, d. h. die Schüler der oberen Klassen rechnen im ganzen besser, haben ein besseres Gedächtnis und kombinieren besser als die Schüler der niederen Klassen. Dabei bestehen aber doch Unterschiede in der Art, wie das Niveau der einzelnen Klassen in den verschiedenen Methoden zum Ausdruck kommt. Die Kombinationsmethode lieferte viel grössere Differenzen als z. B. die Rechenmethode. EBBINGHAUS hat alsdann die Beziehung der einzelnen Methoden zu der verschiedenen geistigen Tüchtigkeit der Schüler innerhalb einer einzelnen Klasse festzustellen gesucht, wobei er die Rangordnung (Lokation) zugrunde legte. Er selbst hat sich das Bedenkliche einer solchen Unterlage nicht verhehlt: sie ist aber thatsächlich noch weniger wert, als er meint. Dabei ergab sich, dass die Gedächtnisprobe so gut wie gar keine Unterschiede zwischen besseren und schlechteren Schülern zeigte: ja, so weit sich ein geringer Unterschied geltend machte, geschah es zugunsten der schwächeren Schüler; in der einfachen starren Gedächtnisleistung sind sie den anderen etwas überlegen. Allerdings — in der einfachen; ganz anders würde die Proben ausfallen, wenn sie sich auf Komplexe von Vorstellungen erstreckt hätten, wie sie täglich im Unterricht gefordert werden müssen. Bei der Rechenprobe ergab sich ein gewisser Abfall von oben nach unten; aber er war an sich nicht sehr bedeutend und wurde dadurch beeinträchtigt, dass mehrfach nicht die untersten Schüler, sondern die mittleren die schwächsten Leistungen ergaben. Dagegen kam bei der Kombinationsmethode die Rangordnung sehr deutlich zum Ausdruck: die Zahl der ausgefüllten Silben nimmt von oben nach unten stark ab und zugleich die verhältnismässige Zahl der gemachten Fehler in derselben Richtung stark zu. EBBINGHAUS meint deshalb, mit dieser Methode treffe man in der That einigermassen das, was man unter geistiger Thätigkeit im allgemeinen verstehe.

Was endlich die Ermüdung angeht, so stimmten die Ergebnisse der Rechenmethode im ganzen mit den Ermittelungen BURGERSTEIN's überein. In den ersten Unterrichtsstunden nimmt die Anzahl der gerechneten Ziffernpaare beträchtlich zu, erreicht etwa in der dritten Stunde ihr Maximum und fällt dann etwas ab, um bisweilen bei der letzten Probe noch einmal aufzusteigen. Gleichzeitig steigt aber die Anzahl der verhältnismässigen Fehler vom Einfachen etwa auf das Doppelte. Durch dieses entgegengesetzte Verhalten von Quantität und Güte der Leistung wird nach Ebbinghaus eine Diskussion der Resultate sehr erschwert, zumal wenn man noch bedenke, dass die Zunahme der Fehler teilweise gewiss der grossen Langweiligkeit des anhaltenden Rechnens zuzuschreiben sei. Ich freue mich, hierin ganz mit ihm übereinzustimmen, wie ich dies bereits 1895 in den Rhein. Blätt. für Erzieh. u. Unterr. (69, 53 ff.) dargethan habe. Die Kombinationsmethode erlaubt ein bestimmteres Urteil. Der Übungswert ist hier nicht von grossem Einfluss, da die auszufüllenden Silben in den verschiedenen Leistungen immer wechseln; man kann wohl hinzusetzen, auch weil die Schüler an diese Art von Thätigkeit nicht gewöhnt sind. Dementsprechend fällt die überhaupt erreichte beste Leistung vielfach auf das allererste Experiment, also auf den Beginn des Schultages. Wieviel macht aber hierbei der Reiz der Neuheit aus? — Bei den später erreichten Silbenzahlen ist dann ein charakteristischer Unterschied zu beobachten. In den mittleren Klassen schwanken sie im grossen und ganzen um ihren Mittelwert und erheben sich zuweilen am Ende der letzten Stunde noch zu einem relativ hohen Betrag. Die Fehlerprozente nehmen dabei im ganzen etwa von dem Einfachen auf das Doppelte zu, aber eine besonders starke Schädigung der geistigen Leistungsfähigkeit durch den fortdauernden Unterricht will Ebbinghaus aus diesen Ergebnissen nicht folgern. Dagegen meint er, bei den unteren Klassen erscheine die Frage berechtigt, ob bei der gegenwärtigen Art des Unterrichts der etwaige Nutzen der späteren Stunden nicht mit zu grossen Opfern erkauft werde, da bis zum Ende der vierten Stunde Quantität und Güte der Leistung zugleich abnehmen. Ich halte jetzt noch diesen Schluss für zu weitgehend, da ich die Versuche selbst in der vorsichtigen Art, wie sie angestellt wurden, nicht für geeignet ansehen kann, den wirklichen Einfluss des Schulunterrichtes festzustellen, gerade weil hier der grosse Übungseinfluss, der dort überall besteht, so gut wie in Wegfall kommt, wenn dieselben Proben nicht längere Zeit angestellt werden. Geschieht dies aber, so ist die Unterrichtseinbusse zu bedeutend. Auch aus diesem Grunde müssen Proben gefunden werden, die dem wirklichen Unterricht entnommen und in ihm ohne Schädigung des Unterrichtes durchzuführen sind.

Wenn man die körperlichen Ermüdungserscheinungen misst,[1]) so stösst man stets auf einen Einfluss, der besonders wirksam der Schädigung durch die Ermüdung entgegenarbeitet, nämlich die Übung. Und zwar ist deren Einwirkung so erheblich, dass der stetige Übungsfortschritt lange Zeit hindurch die allmählich erwachsende Ermüdung vollständig verdecken kann. Nur bei sehr langer Fortsetzung der Arbeit wird er schliesslich immer von jener überwunden. Auf körperlichem Gebiete kann die Übung zu nachweisbaren Veränderungen im arbeitenden Gewebe führen; liegt es nicht nahe anzunehmen, dass auch die geistige Arbeit ihre Spuren in unseren Nervenbahnen und in dem Zentralorgane einprägt? Je eingeübter ein Vorgang in unserem Nervenapparate ist, desto leichter geht er vor sich, und desto unbedeutender sind die durch ihn hervorgerufenen Ermüdungserscheinungen; die Übung beschränkt also die Entstehungsbedingungen der Ermüdung. Hat man diese wichtige Thatsache bei den ärztlichen Beurteilungen und Angriffen auf den Unterricht, namentlich der höheren Schulen, stets gebührend gewürdigt? Es wird nicht zu bestreiten sein, dass diese Thatsache auch im Seelenleben der Schüler ihre Wirkung übt. Die Gedankenverbindungen, die anfänglich nur mühsam und unter grosser Anstrengung zustandekommen, erlangen durch die massenhafte Übung Geläufigkeit, es bilden sich zahllose mehr oder minder feste Begriffsverbindungen, logische Operationen, Kombinationen, die allmählich mit mechanischer Sicherheit ablaufen. Man denke nur an die Erlernung der Sprachen, wo der Gedanke der sog. Parallelgrammatiken eben nichts anderes ist als die Anerkennung und Verwertung dieser weitverbreiteten und im Seelenleben äusserst wichtigen und wertvollen Erscheinung.

Es wurde oben die Vermutung ausgesprochen, dass der Zusammenhang zwischen der geistigen Arbeit bezw. der Ermüdung und der Sensibilität hauptsächlich oder vielleicht ausschliesslich dem Verhalten der Aufmerksamkeit zuzuschreiben sei. Die Fähigkeit, unermüdet mit gleichmässig gespannter Aufmerksamkeit einem und demselben Gedankenkomplexe sich hinzugeben, kann erfahrungsmässig nicht über eine gewisse, individuell und nach der Qualität und dem Umfange des betreffenden Komplexes verschiedene, deshalb auch nicht absolut bestimmbare Grenze aus-

---
*) KRAEPELIN. Hyg. d. Arb. S. 19.

gedehnt, auch nicht durch Gewöhnung über ein ebenso wechselndes, aber durch genaue Selbstbeobachtung doch von dem Individuum mit annähernder Richtigkeit bestimmbares Mass gesteigert werden. Beobachtet man Kinder, so sieht man, dass sie ihre Beschäftigung öfter und ziemlich rasch wechseln, weil sie durch die einseitige Erregung der gereizten Leitungs- und zentralen Gebiete rasch ermüden, zum Teil wohl auch deshalb, weil die anfänglich vorhandenen, das Suchen begleitenden Lustgefühle abnehmen und nicht mehr stark genug den Willen beeinflussen. Selbst der Erwachsene bemerkt, wenn er sich etwa $1/2-3/4$ Stunde mit demselben Gegenstande beschäftigt, gleichviel ob dies lesend, hörend oder schreibend geschieht, dass seine Aufmerksamkeit abnimmt. Nach $2-2\frac{1}{2}$ Stunden, auch hier natürlich wieder mit bedeutenden individuellen Schwankungen, tritt meist eine Abspannung ein, die auch einer angestrengten Willensthätigkeit nicht mehr weicht, ja die es zu keiner solchen mehr kommen lässt. Ich möchte betonen, dass es sich hier um intensive Aufmerksamkeit handelt, die dadurch zustande kommt, dass alle störenden sinnlichen Erregungen und Vorstellungsverbindungen durch festen Willen ferngehalten werden, und nur solchen Aufnahme gewährt wird, die mit bestimmten vorhandenen Vorstellungskomplexen innige und feste, mehr oder minder leichte, weil mehr oder weniger ungezwungene Assoziationen einzugehen fähig sind. Diese Art der Aufmerksamkeit wird an unseren Schulen im allgemeinen nicht geleistet, und wenn die Lehrer ein klein wenig die Seele im Kindes- und Jünglingsalter kennen, auch nicht gefordert, aus dem einfachen Grunde, weil sie im Massenunterrichte nicht zu erreichen ist. Die Ermüdungsmessungen bestätigen dies. Nur bei schriftlichen Klassenarbeiten, wo also die Spannung der Aufmerksamkeit annähernd gleich ist, stimmen auch die Resultate ziemlich überein; bei dem mündlichen Unterrichte, geht die Aufmerksamkeit der Schüler ihre sehr verschiedenen Wege. Wäre es möglich, sie im Unterrichte allgemein in gleichem Masse zu schaffen, so würde sich die Unterrichtsthätigkeit erheblich vereinfachen. Denn ein grosser Teil der Erklärungen, Wiederholungen und Übungen wird eben dadurch erforderlich, dass es nicht möglich ist, alle Schüler in dem gegebenen Augenblicke in gleicher Aufmerksamkeit zu erhalten, teils weil die Menge der vorhandenen assoziationsfähigen Seelengebilde zu verschieden an Stärke, Zahl und Klarheitsgraden ist, teils weil die Assoziation der neuen Vorstellungen und ihre Verschmelzung mit

dem schon vorhandenen Bewusstseinsinhalte in hohem Masse von
der Beanlagung, d. h. der Eindrucksfähigkeit des Nervenapparats
und der Zentralorgane abhängig ist. Diese Thatsachen übersehen
aber die ärztlichen Gutachten über die geistige Anspannung beim
Unterrichte durchgängig. Sie nehmen die angespannte Aufmerksamkeit und energische, konsequente Denkthätigkeit des erwachsenen Einzeldenkers zur Grundlage ihrer Erwägungen, lassen
dabei aber die notwendig eintretende Ausspannung und Erleichterung ausser acht, die das Massendenken von Schülern mit
sich bringt, und die durchaus nicht proportional der geringeren
geistigen Kraft und Übung ist. Durch die gleichmässige Thätigkeit und die successive ev. gleichzeitige Äusserung von mehreren
erfolgt notwendig eine Ausspannung des einzelnen, und während
der Einzeldenker sich, wie wir sagen, den Kopf zerbricht, um die
angespannte Denkthätigkeit fort- und bis zum Ende zu führen,
geschieht dies nur selten, wenn viele den gleichen Faden spinnen.
Was überhaupt ermüdet, ist das Denken, das Schluss an Schluss
reiht zu einem festen Ziele hin. Denn hier muss nicht nur der
Vorstellungsvorrat, so weit er geeignet ist, reproduziert, er muss
auch ausgewählt, geordnet, stets übersehen und seine Verknüpfungen
auf ihre Richtigkeit und Haltbarkeit hin geprüft werden. Die
Menge von verschiedenen Assoziationsthätigkeiten und ihre stete
Kontrole verursachen hierbei die Anstrengung und bilden dasjenige Element, das Ermüdung herbeiführt. Bei dem Schüler
der unteren und mittleren Klassen kommt solche Thätigkeit nie
vor, d. h. das eigentlich anstrengende Element der stetigen Übersicht und Kontrole wird teils durch die Mitschüler, hauptsächlich
aber durch die Lehrer den Schülern abgenommen. Rechnet nun
nun das vorher besprochene Moment der Übung hinzu, so wird
man zu dem Schlusse kommen, dass es mit der Ermüdung im
Unterricht nicht so schlimm sein kann, wie der dem Unterrichte
fernstehende nur zu häufig annimmt.

Endlich wurde noch von Preyer ein weiterer Vorwurf erhoben:
wenn auch zwischen früh und mittag der Lehrgegenstand 4—5mal
wechsele, so sei es doch meist Lesen, Schreiben und Auf- Gesprochenes — hören, was die geistige Thätigkeit des Schülers in
Anspruch nehme. Ob dies je anders gewesen ist und erheblich
anders werden kann, so lange weitaus der grösste Teil der Unterrichtszeit dem Sprachunterricht gewidmet wird, kann füglich um
so mehr unerörtert bleiben, als auch die neuesten, oft schranken-

und uferlosen Reformpläne z. B. OHLERTS immer noch dem Sprachunterricht eine bedeutende Aufgabe und damit auch eine erhebliche Stundenzahl zuweisen. Aber wie soll der Unterricht ausser in Naturwissenschaften, Geographie, Zeichnen ohne Lesen und Schreiben und wie soll er in den letzteren Fächern ohne Auf-Gesprochenes — hören auskommen? Ja, wie soll er überhaupt möglich werden? Ich bin sogar der Meinung, dass in unserem Unterricht das Hören, d. h. der Unterricht von Mund zu Ohr, eine viel grössere Ausdehnung gewinnen müsste, da er das Auge nicht schädigt und den jungen Menschen im Erfassen des Gesprochenen und in seiner raschen Verarbeitung übt, eine Übung, die für das Leben von dem grössten Werte ist. Und wenn wir die Weise unserer Altvorderen beobachten, so sehen wir, dass bei ihnen eben der Unterricht von Mund zu Ohr in der grössten Ausdehnung vorhanden war, ohne dass ein Schaden dadurch angerichtet wurde. PREYER hat wohl selbst das Gefühl gehabt, dass diese Beweisführung einen sehr schwachen Punkt enthalte, und er hat die Position dadurch zu verstärken gesucht, dass er behauptete, der Inhalt spiele bei der „geistigen Gymnastik" ebenso wie die Vergleichung der antiken mit den jetzigen Begriffen eine ganz untergeordnete Rolle. Zweifellos hat er solchen Unterricht irgendwo einmal kennen gelernt und vielleicht gehört, dass es auch heute noch mannigfach sich so verhalte. Aber das glaube ich doch eben so bestimmt behaupten zu können, dass ein solches Unterrichtsverfahren nicht mehr die Regel ist, und ebenso sicher, dass es durch die Behörden weder gestützt noch gefördert wird. Unsere neueren Lehrpläne, selbst die sehr konservativen sächsischen, bayerischen und württembergischen nicht ausgenommen, verlangen gerade die Betonung des Inhalts, und dass der Vergleich von einst und jetzt auch nicht fehlt, das lässt sich aus zahlreichen methodischen Arbeiten zur Genüge erweisen; freilich muss man sich die Mühe nehmen, diese und den heutigen Unterricht wirklich auch kennen zu lernen.

Nun hat KRAEPELIN[1]) auf Grund der von BURGERSTEIN u. a. angestellten, oben (S. 5) gewürdigten Untersuchungen ein erschreckendes Bild von dem Zustande der Schulkinder während des Unterrichtes entworfen. Nach seiner Ansicht muss ein mehrstündiger und durch keine Pausen unterbrochener Unterricht, da bei

[1] Üb. geist. Arbeit. S. 157.

12jährigen Schülern schon eine einfache Arbeit von kaum viertelstündiger Dauer die ersten Anzeichen der Ermüdung erzeugt, sehr bald zu völliger geistiger Erschöpfung führen. Die Anspannung der Aufmerksamkeit dauert nach seiner Meinung viel zu lange, die Erholungszeiten sind viel zu kurz, als dass auch nur entfernt die gesunde Leistungsfähigkeit aufrecht erhalten werden könnte. „Abgesehen von dem ersten Teil der ersten Stunde befindet sich der Schüler dauernd in einer Ermüdungsnarkose, welche ihn unfähig macht, seine natürlichen Kräfte zur Erfassung des Unterrichtsstoffes auszunützen. Selbstverständlich tritt dieser Zustand bei verschiedenen Schülern und Altersstufen mit verschiedener Schnelligkeit ein, aber von den jüngeren ist nahezu die Hälfte gegen das Ende der ersten Stunde bereits derartig geistig erschöpft, dass auch die mächtigen Übungseinflüsse nicht mehr imstande sind, die fortschreitende Abnahme ihrer Leistungsfähigkeit zu verdecken." Doch Kraepelin spendet uns einigen Trost, indem er hinzusetzt, so, wie er das Bild gezeichnet habe, wäre es nur, wenn die Schule wirklich erreichen würde, was sie mit allen Mitteln erstrebt. Zum Glück habe die Natur der Jugend in der Unaufmerksamkeit ein Sicherheitsventil gegeben. „Dass thatsächlich nur verhältnismässig Wenige durch die Überbürdung in der Schule geistig schwer geschädigt werden, haben wir lediglich jenen Lehrgegenständen und Lehrkräften zu verdanken, welche dem Schüler die segensreiche Gelegenheit geben, seiner ermatteten Aufmerksamkeit die Zügel zu lockern und die rauhe Gegenwart zu vergessen." Daraus wird geschlossen, dass langweilige Lehrer bei der heutigen Ausdehnung des Unterrichts eine Notwendigkeit sind. „Würden alle Lehrer verstehen, bei ihren Schülern ein hinreichendes Interesse für ihren Unterrichtsgegenstand zu erwecken und wach zu halten, so würden die Kinder trotz rasch wachsender Ermüdung zu dauernden geistigen Kraftanstrengungen geführt, deren Folgen wir gar nicht zu übersehen vermögen."

Die positiven Vorschläge, die er macht, um durch geeignete Massregeln die Schüler während der Unterrichtszeit im Zustande geistiger Frische zu erhalten, sind Kürzung der einzelnen Lehrstunden für die jüngeren Lebensalter auf etwa 30—40 Min., fortschreitende Ausdehnung der späteren Erholungspausen, die durch leichte, aber nicht anstrengende körperliche Beschäftigungen, Zeichnen, vielleicht auch Singen und vor allem durch „den nicht hoch genug zu schätzenden Handfertigkeitsunterricht" ausgefüllt werden sollen. „Möglichste Ausnutzung der Zeit, Vermeidung müssigen Bänkedrückens im Zustande geistiger Ermüdung, endlich höchste Steigerung der Arbeitsfähigkeit während des Unterrichts durch zweckmässigen Wechsel von Anspannung und Erholung würden die Ziele des Lehrplans, genaue Untersuchungen über die thatsächliche Wirkung der einzelnen Anordnungen würden seine Richtschnur sein." Wahrlich das Paradies der Lehrer und Schüler wird hier gemalt, aber leider der Wirklichkeit so fern, wie jedes Paradies. Die Schulbehörden und die Lehrerwelt hätten ja gar nichts Eiligeres zu thun, als diese wenigen Voraussetzungen zu verwirklichen, und dann wäre alles gut. Aber ob es mit diesem Mittel nicht etwa ebenso ginge, wie mit dem berühmten Tuberkulin, das auch mit gewaltigem Raketenfeuer von der ärztlichen in die Laienwelt geworfen wurde — um das Schicksal so vieler angeblich unfehlbarer Mittel der Medizin zu teilen? Zum Glück ist zunächst die Gefahr, welche die Menschheit bedroht, noch nicht so gross, wie man nach diesen grausigen Schilderungen befürchten müsste. Worauf beruhen denn die angeblichen Beweise für diese teils foudroyante, teils schleichende Wirkung der Ermüdung? Es wurde oben (S. 5 ff.) gezeigt, dass die Messungen mittels Additionen einfacher Zahlreihen etc. für das Verhalten der Schüler aus dem einfachen Grunde nicht beweiskräftig sind, weil sie, allerlei schriftliche Probearbeiten ausgenommen — und auch hier wieder unter Abzug der durch die Übung erlangten Erleichterung — den thatsächlichen Vorgängen in der Schule nicht entsprechen; auf ihnen werden aber die folgenden Schlüsse aufgebaut. Nun haben auch die ästhesiometrischen Untersuchungen Wagner's ergeben, dass im Mittel die Ermüdung nach der ersten Stunde nicht weiter oder nur unbedeutend steigt; worauf wird also von einem exakten Forscher der Schluss begründet, dass ein mehrstündiger, durch Pausen unterbrochener Unterricht „sehr bald zu völliger geistiger Erschöpfung" führen müsse? Wo ist ferner auch nur der Schatten eines Beweises für die Annahme erbracht, dass der Schüler „abgesehen von dem ersten Teil der ersten Stunde" sich „dauernd in einer Ermüdungsnarkose" befinde? Könnte sich denn ein solcher Zustand so vielen, doch auch nicht stumpfsinnig ihrer Thätigkeit obliegenden Lehrern und sonstigen unterrichtenden Menschen entzogen haben? Können vielleicht Psychiater allein diese Ermüdungsnarkose beobachten und feststellen? Dann hätten sie doch die Pflicht, in erster Linie die Lehrer in diese Kunst einzuweihen. Sollten sich diese wirklich alle einbilden, geistig thätige Schüler vor sich zu haben, während sie in der That nur schlafsüchtige Individuen vor sich hatten und haben? Kraepelin giebt selbst zu, dass in der That „nur verhältnismässig wenige durch die Übermüdung in der Schule geistig schwer geschädigt werden", und er glaubt diese „Thatsache" durch die Unaufmerksamkeit der Schüler und durch die Langweile vieler Lehrer erklären zu können. So wenig an der ersteren zu zweifeln ist, so wenig wird dem zweiten Umstande eine grosse Wirkung zugeschrieben werden dürfen. Denn auch der langweilige Lehrer hat Mittel genug, um die Aufmerksamkeit der Schüler doch während eines Teiles der Stunde zu erzwingen. Gerade in diesem Falle ist aber bei den Schülern ein viel höheres Mass von Willensenergie erforderlich, als da, wo sie, wie man zu sagen pflegt, mit Interesse dem Unterrichte folgen. Aus diesem Grunde hat Herbart gemeint, und sein Wort wird auch heute noch als richtig angesehn, dass Langweile der Tod jedes Unterrichtes sei. Und es ist ja doch charakteristisch, dass, wie Kraepelin selbst sagt (S. 12), „die Langeweile so häufig mit der Ermüdung verwechselt werden kann." Nun soll zwar, wenn wir Kraepelin weiter folgen, die Langweile bei einförmiger Arbeit auftreten, auch wenn sie nicht anstrengend ist, ja wir können sie sogar häufig dann beobachten, wenn wir gar keine Arbeit leisten. Aber der viel häufigere Fall wird gar nicht erwähnt, wo die Langweile auch bei durchaus nicht einförmiger Arbeit auftritt. Dies ist überall da der Fall, wo neu herantretende Vorstellungen keine Associationen finden. Und dies dürfte auch bei einförmigen Arbeiten der Fall sein, sowie dann, wenn wir garnicht arbeiten. Kraepelin behauptet zwar, die Arbeitsfähigkeit sei bei der Langweile keineswegs herabgesetzt, und namentlich, wenn wir aus irgend einem Grunde Geschmack an der langweiligen Arbeit finden oder die Thätigkeit wechseln, zeige sich trotz fortgesetzter Anstrengung vielfach ein Ansteigen der Leistung im Gegensatz zu dem Verhalten bei der Ermüdung, die unter allen Umständen nur durch Ruhe wieder beseitigt werden könne. Sind diese Zustände in der That so genau untersucht, dass man mit verhältnismässiger Sicherheit darüber entscheiden kann? Wenn wir Geschmack an einer Arbeit finden, so gehen die Associationen in befriedigender Weise vorwärts, und wenn dies der Fall ist, werden diese Vorstellungsabläufe von Lustgefühlen begleitet; dass aber ein Lustgefühl auch die seelische Ermüdung, wenn sie wirklich vorhanden ist, mindestens herabmindert, können wir durch Selbstbeobachtung täglich feststellen, wie wir umgekehrt bei Unlustgefühlen alles schwerer tragen und empfinden, wie also auch eine etwaige Ermüdung sich viel intensiver geltend machen muss. Und wenn wir uns an einer einförmigen Arbeit gelangweilt haben, oder, wie ich glaube, wenn in der bestimmten Richtung unserer seelischen Thätigkeit eine Abspannung und Ermüdung eingetreten ist, weil die Lustgefühle des anfangs vorhandenen Erfolges allmählich schwächer werden, so wählen wir eben eine Thätigkeit, die in einer anderen Richtung liegt, welche die Associationen ändert. Lustgefühle erweckt und dadurch rasch das Gefühl der Ermüdung vermindert, vielleicht aufhebt. Auch KRAEPELIN giebt zu, dass gemütliche Erregungen und Willensanstrengungen die Arbeitsleistung wieder zu steigern vermögen, aber er setzt hinzu „stets nur ganz vorübergehend"; nach einer solchen Steigerung erfolge der Abfall nur um so schneller. Die Selbstbeobachtung und die anderer, insbesondere der Schüler, bestätigt diese !Behauptung nicht. Man findet, dass auch jüngere Schüler, die 40—50 Minuten tüchtig im Zuge gehalten ,werden und rasch und flott antworten müssen, wenn der Lehrer nur es versteht, ihre Aufmerksamkeit einmal dahin und einmal dorthin zu lenken, am Ende dieser Stunde durchaus nicht die Abspannung zeigen, wie nach einer Stunde, in der es lahm und schläfrig und ohne Abwechslung zugeht. Warum? Die Aufmerksamkeit kann im ersteren Falle bisweilen ruhen und dann gestärkt wieder auf das eigentliche Thema zurückkommen. Und wenn auf diese frische und anregende Stunde eine andere folgt, die einem andern Associationsgebiete angehört und ähnlich verläuft, so wird man auch ! in dieser nach kurzer Zeit irgend eine Abnahme der Arbeitskraft und der Leistungen nicht ohne weiteres feststellen können. Dagegen wird das stets der Fall sein, wenn auf die erste flott verlaufene Stunde bei jüngeren Schülern nun eine solche folgt, die dem gleichen Gebiete und der gleichen Richtung angehört. Der Grund leuchtet ein: es wird nur die Ausnahme sein, dass nicht der grösste Teil der Thätigkeiten, die vorher 40—50 Minuten geübt worden sind, wiederkehrt, und die Einförmigkeit der Arbeit, der Mangel an Abwechslung sind es wiederum, die Unlustgefühle hervorrufen und die Arbeitslust und damit die Willensenergie herabsetzen. Und nun giebt es noch ein Kriterium dafür, dass eine mit Lust und Liebe geübte Schulthätigkeit weniger zur Ermüdung führt, als ein lahmer und langweiliger Unterricht; dies ist das Urteil der Schüler selbst. Wohl wird es eine Anzahl geben, welche die letzteren Stunden vorziehen, teils aus Trägheit, teils aus Interesselosigkeit, die teils zu geringem Wissen, teils mangelhafter Beanlagung entspringt; aber darüber kann kein Zweifel bestehen, dass die grosse Mehrzahl der Schüler frische Lehrer und einen energischen, dabei aber an Abwechslung reichen Unterricht, wenn er ihnen auch ein viel grösseres Mass von Selbstthätigkeit zumutet, vorzieht. Die angeblich vorhandene Ermüdung, die „sehr bald zu völliger geistiger Erschöpfung führen muss", müsste sich doch irgend einmal geltend machen; in der That finden wir, wie KRAEPELIN selbst zugiebt, bei normalen Individuen so gut wie nichts davon. Zweifellos trägt die gerade in solchem Unterrichte eintretende intensivere Übung in den Gedankenabläufen und Vorstellungsassociationen sehr viel dazu bei, dass Schädigungen so selten festgestellt werden können; wenn dies aber der Fall ist, so kann nur ein frischer, anregender Unterricht heute, wie stets, das Richtige sein. KRAEPELIN selbst hält ja auch einen solchen energischen und frisch verlaufenden Unterricht für das Richtige und Wünschenswerte; er meint nur — und das ist bis auf weiteres Axiom — er sei nur bei kürzerer Unterrichtszeit und bei längeren Pausen möglich: die Hauptsache, die Lehrerfrage, hat er nicht weiter in Betracht gezogen.

Aber die Schule hat doch die Pflicht, wenn einmal diese Anklagen erhoben werden, sich nicht einfach darüber hinwegzusetzen, sondern auch ihrerseits nach Methoden zu suchen, die ihr eine annähernd richtige Beurteilung der Arbeitskraft und der Leistungen der Schüler während des Unterrichts ermöglichen. Ich bin bescheiden und sage annähernd richtig — denn davon kann gar keine Rede sein, dass wir so komplizierte psychische Vorgänge mit ihrer verwirrenden Fülle massgebender Bedingungen, die sich unserer Herrschaft so gut wie ganz entziehen und dazu beständig sich ändern, die zeitlich schnell vorübereilen und begrifflich schwer zu analysieren sind, einfach experimentell behandeln und klarstellen können; welche Einheit könnte dazu ausreichen, die geistigen Werte völlig auszudrücken? Nur die Kombination verschiedener Beobachtungsmethoden wird hier zu brauchbaren Ergebnissen führen können, und an dieser Aufgabe mögen alle mitarbeiten, die ein Interesse an der Jugend haben, gleichviel ob Pädagogen oder Ärzte.¹) So gewaltig sind die Einbussen, selbst wenn die von KRAEPELIN vorgeschlagenen Unterrichtszeiten und Ruhepausen durchgeführt werden, nicht, dass dabei der Unterricht nicht mehr bestehen kann. Es wird sich einzig darum handeln, ob das vorgeschlagene Heilmittel wirklich seinen Zweck erfüllt, und dies kann nur durch Versuche festgestellt werden. Da aber bis zu deren Beendigung noch lange Zeit verstreichen wird, so mögen hier einige Bemerkungen gegen jene Vorschläge gemacht werden, die man schon jetzt mit einiger Sicherheit vorbringen zu können glaubt. KRAEPELIN schlägt vor, die längeren Pausen unter anderem auch mit Zeichnen und dem „nicht hoch genug zu schätzenden Handfertigkeitsunterrichte" auszufüllen. Was das Zeichnen betrifft, so scheint er hier eine Thätigkeit im Auge zu haben, die pädagogisch mehr und mehr verurteilt und nur von den Zeichentechnikern noch als ein Ideal betrachtet wird, wobei man eben in erster Linie die Handfertigkeit auszubilden sucht. Ein pädagogischer Zeichenunterricht verlangt dagegen, dass der Schüler ebensoviel denke und spreche als zeichne, da es ihm darauf ankommt, an der Betrachtung der dem Schüler zum Zeichnen vorgelegten Körper seine Selbstthätigkeit zu erwecken, sie zu verwerten, um ihn sehen zu lehren und das Gesehene darlegen zu lassen; dann erst zeichnet er. Um dies aber zu erreichen, müssen beständig Verstand, Phantasie, Gedächtnis und innere Anschauung in Anspruch genommen werden. So ist der pädagogische Zeichenunterricht ebenfalls eine geistige Arbeit, und ich möchte mit Bestimmtheit behaupten, dass er sich zur Ausfüllung der Ruhepausen, die ja doch ein Ausruhen von geistiger Thätigkeit herbeiführen sollen, nicht eignen wird. In gewissem Sinne gilt das auch von dem hochgepriesenen Handfertigkeitsunterricht. Hier bin ich in der glücklichen Lage, die Erfahrungen vor 45 Jahren am eigenen Leibe gemacht zu haben; sie wurden mir durch spätere Beobachtungen und durch theoretische Erwägung nur bestätigt. Selbstverständlich kann es mir nicht in den Sinn kommen, den volkswirtschaftlichen Wert dieses Unterrichts antasten

---

¹) A. WIRENIUS (Journal russe d'Hyg. publique, de méd. légale et pratique 1894 Bd. 22, Heft 3 und ihm folgend S. BROIDO in der Revue d'Hygiène et de police sanitaire 1894, 826 ff. haben meine Auseinandersetzungen in der Schrift „Die schulhyg. Bestrebungen der Neuzeit" mannigfach missverstanden; ich habe überall die gemeinsame Thätigkeit von Schulmännern und Ärzten vertreten und suche sie seit langen Jahren auch thatsächlich herbeizuführen; ich habe mich nur, wie auch im folgenden, gegen die ärztliche Diktatur in der Schule ausgesprochen, wenn sie sich auf ein Feld begiebt, das ihr fremd ist.

zu wollen. Auch ist es möglich, dass er die Ausbildung der Geschicklichkeit der menschlichen Hand fördert. Obgleich aber zu der Zeit, da ich in einer badischen sog. Gewerbeschule diesen Unterricht in vortrefflicher Weise und im wesentlichen im Umfange des heute erteilten Unterrichts erhielt, noch eine Reihe von Schülern des Gymnasiums an demselben teilnahmen, habe ich doch weder an mir selbst, noch an anderen eine besondere manuelle Geschicklichkeit bemerkt, und diese Wahrnehmung hat mich gar nicht befremdet, als ich später darüber nachdachte. Denn die im Laufe von 2—3 Jahren erreichte Übung ist viel zu gering, als dass sie nachhaltig wirken könnte. Aber mag dies heute zu erreichen sein, so sehr ich daran zweifle, so bleiben doch der Aufenthalt in der Stubenluft, wenn die Ventilation auch noch so gut ist, die Anstrengung der Augen und der Aufmerksamkeit und in vielen Fällen die richtige Beurteilung der besonderen Verhältnisse auch noch heute übrig, und dass durch eine solche Thätigkeit eine körperliche und geistige Ausspannung herbeigeführt werde, kann ich, bis ich eines richtigeren belehrt werde, nicht annehmen. Ich erinnere mich noch sehr gut, dass ich regelmässig aus dem an Mittwoch- und Samstag-Nachmittagen liegenden zweistündigen Unterricht mit heissem Kopf und roten Ohren nachhause kam und später denselben aufgeben musste, weil ich an Kopfweh litt; dieses stellte sich fast regelmässig ein, wenn ich aus dem Unterricht kam, manchmal schon darin. Nun gebe ich gerne zu, dass heute die hygienischen Verhältnisse oft besser sind, als sie damals waren; aber im Sommer wenigstens war unser Schullokal tadellos; es enthielt zwei sehr grosse Säle für vielleicht 30 Jungen; man sah auf einen Garten und überhaupt ins Freie, es war kühl, also besondere Schädigungsquellen möchten schwer darin festzustellen gewesen sein. Und doch die Wirkung! Einstweilen möge mich diese Erfahrung entschuldigen, wenn ich nicht in den Tageslärm betreffs des Handfertigkeitsunterrichts einstimme, soweit dabei die Frage zur Erörterung steht, ob dadurch eine Ausgleichung der geistigen Ermüdung herbeigeführt werden könne.

So lange aber noch nicht die Versuche mit den von KRAEPELIN, EBBINGHAUS u. a. vorgeschlagenen Unterrichtszeiten und Pausen und mit der Feststellung der Arbeitsleistungen und der Ermüdung gemacht oder gar bis zu Ende geführt sind — und ich fürchte, es wird noch recht lange dauern — hat die Schule die Pflicht, ebenfalls Beobachtungsmaterial zu schaffen, und zwar ein solches, das der Wirklichkeit, den alltäglichen Verhältnissen entspricht. Dies muss sie selbst auf die Gefahr hin, dass ihre Versuche an „Exaktheit" von der Medizin nicht für gleichwertig anerkannt werden. Was diese bis jetzt in dieser Hinsicht gemacht hat, ist meist ebensowenig einwandfrei, und es würde jedenfalls der Sache förderlicher sein, wenn dabei weniger das Ross der Unfehlbarkeit geritten würde, wie dies oft, namentlich von jüngeren Vertretern jener Wissenschaft,[1]) geschieht, die von dem Betriebe der Schule in der Regel eine sehr unzureichende Kenntnis besitzen. Oben (S. 5 f.) wurde der Einfluss erwähnt, den alles Ungewohnte und alle Kontrole einer Thätigkeit übt; leider wird beides nicht vollständig beseitigt werden können. Aber es ist doch noch ein Unterschied, und zwar kein unbedeutender, bezüglich der Stärke dieses Einflusses. Dr. WAGNER hat in seinen Messungen gefunden, dass durch eine schriftliche Arbeit in der ersten Stunde die Ermüdungsziffer sich bedeutend erhöhte, und zwar bei allen Schülern. Er erklärt dies ganz richtig damit, dass hier alle Schüler mit intensiver Aufmerksamkeit sich beteiligen; natürlich finden sich auch dabei eine Menge individueller Besonderheiten. Aber es kommen doch auch allgemeine psychische Verhältnisse für den Ausfall der Messung in Betracht. Alle Schüler erblicken in den Schreibübungen eine Leistung, die für die Beurteilung ihrer Stellung in der Klasse (Lokation) und für ihr Gelingen aus ihr von bedeutendem Gewichte sind; ob dies mit Recht oder Unrecht geschieht, bleibe hier ununtersucht, die Hauptsache ist, dass der Glaube besteht und insbesondere auf schwache Schüler, auf ängstliche und nervöse Naturen seine Wirkung übt. Bei allen im folgenden vorgeschlagenen Beobachtungen wäre also stets dieser Faktor in Anschlag zu bringen. Aber auch die Dauer der Arbeit wird von grossem Gewichte sein. Ich habe in m. Handb. d. prakt. Pädag. empfohlen, für fremdsprachliche Extemporalien bei genau eingeprägtem und vorbereitetem Stoffe in den unteren und mittleren Klassen in der Regel höchstens 20—25 Minuten zu beanspruchen und auf keiner Stufe über 40 hinaufzugehen, eine Praxis, die seit langer Zeit am hiesigen Gymnasium beobachtet wird. Ferner giebt es bei uns keine sogenannte Rangordnung (Lokation), und nach einer Eltern und Schülern bekannten Verordnung des Ministeriums dürfen die Ergebnisse der Extemporalien,

---

[1]) Sie sollten beherzigen, was KRAEPELIN, Psychol. Arbeiten 1, S. 2 ff. und 85 ff. gesagt hat.

Probe- und Prüfungsaufgaben nie zum Nachteile eines Schülers bei Beurteilung seiner Reife verwendet werden. Mit diesen Einrichtungen sind die schlimmsten Einflüsse, die sich in dem Beobachtungsmateriale nachteilig zu erweisen pflegen, wenn auch nicht gänzlich, so doch in der Hauptsache beseitigt. Ich halte aus diesem Grunde die hier oder unter ähnlichen Voraussetzungen gemachten Beobachtungen für wertvoller als solche, die unter dem Einflusse entgegengesetzter Einrichtungen gemacht worden sind. Und wenn an einer Anzahl von Schülern unter diesen oder jenen Voraussetzungen Beobachtungen angestellt werden, so wird sich ja bald ergeben, ob meine Ansicht richtig ist. Wie vermögen wir nun eine Methode zu gewinnen, nach der einheitlich an einer Reihe von Schulen Versuche angestellt werden können?[1]) Einheitlich muss aber das Verfahren sein, wenn man seinerzeit das gewonnene Material übereinstimmend verwenden will. Als bestes Versuchsmaterial werden sich schriftliche Klassenarbeiten bieten. Ich will zunächst feststellen, was sich mir bei längeren Beobachtungen an Thatsachen ergeben hat, ohne dass systematische Versuche unternommen wurden. Die sprachlichen Arbeiten, die nach vorgesprochenem deutschen Texte des Lehrers sofort in der fremden Sprache niedergeschrieben werden (Extemporalien, über das Verfahren s. m. Handb. d. prakt. Pädagog. 3. Aufl. S. 433 ff.), ergeben in ihrem Gesamtausfalle gleichmässigere Resultate als diejenigen, die nach einer Vorlage gefertigt werden. Bei letzteren macht sich die Individualität des Schülers viel mehr geltend, und namentlich das Tempo der Arbeit ist ein sehr verschiedenes. Die Folge davon ist, dass sich in diesen Arbeiten die Fehler am Ende viel mehr häufen, nicht selten auch das Ende fehlt, weil die Schüler ihre Zeit noch nicht gehörig einzuteilen verstehen, und die Willensenergie, namentlich auf den unteren Stufen, noch gering ist. Bei weitem weniger ist dies der Fall bei den sogen. Extemporalien, in denen alle Schüler dem Masse der Arbeitsgeschwindigkeit sich mehr oder weniger anbequemen, welches von dem Lehrer für richtig erachtet wird, und das durch längere Beobachtung und Übung in der Regel annähernd richtig bestimmt werden kann. Störende Gedanken können sich hier viel weniger eindrängen, und der Ausfall wird sich meist nur nach dem Masse und der Sicherheit der Kenntnisse unterscheiden. Aus diesem

---

[1]) Anderes Verfahren bei RICHTER a. a. O. S. 16 ff. Aber auch seine Aufgaben sind nicht dem wirklichen Unterrichte entnommen.

Grunde dürften solche Arbeiten, um das Entstehen und Fortschreiten der Ermüdung festzustellen, am zweckmässigsten sein. Die Beobachtung könnte etwa folgendermassen angestellt werden: Bei jeder Arbeit wird die Dauer der gesamten Arbeitszeit angegeben, die für sie in Anspruch genommen wurde. Von 5 zu 5 Minuten giebt der Lehrer während der Anfertigung der Arbeit die abgelaufene Minutenzahl an, die von allen Schülern an die Stelle ihrer Niederschrift gesetzt wird, an der sie gerade in dem Augenblicke stehen, in dem die betreffende Zahl von dem Lehrer ausgesprochen wird. Bei den ersten derartig eingerichteten Arbeiten wird die Neugierde, was die neue Einrichtung bedeuten möge, störend einwirken, nachher wird die Gewöhnung vorhanden sein und keine weitere Beeinflussung mehr stattfinden; die ersten Arbeiten werden also nur mit Vorsicht bei der Gesamtbeobachtung zu verwerten sein. Durch die vorgeschlagene Einrichtung wird es dem Lehrer ermöglicht, die Geschwindigkeit der Arbeit, sowie die etwaige Thatsache der Abnahme der Arbeitskraft und ihrer Folgen zu bestimmen. Bei solchen Betrachtungen wird sich nun auch die Einrichtung von Klassenlehrern, in deren Händen die meisten Unterrichtsgegenstände derselben Klasse liegen, recht förderlich erweisen; denn derselbe Lehrer wird am ehesten und mit der annähernd grössten Sicherheit die Arbeitsgeschwindigkeit derselben und der verschiedenen Schüler für verschiedene Aufgaben (Sprachen, Geographie, Geschichte etc.) zu bemessen vermögen. Der Einfluss der Übung, die Übungsfähigkeit und die Festigkeit der Übung lassen sich bei dieser Gelegenheit ebenfalls annähernd feststellen und durch die Beobachtungen im mündlichen Unterrichte ergänzen und berichtigen. Die geistige Ermüdung wird an Fehlern besonderer Art, wie Auslassungen von Gedanken, Worten und Buchstaben, häufigeren Verstössen gegen die Rechtschreibung, sowie an dem Umfange und der Art der Verbesserungen um so eher annähernd richtig festgestellt werden können, als der Klassenlehrer, der seine Schüler einigermassen kennt, in den meisten Fällen mit einiger Sicherheit beurteilen wird können, was auf Ablenkung, Nichtwissen oder Nichtkönnen zu schieben ist. Ja, häufig wird er imstande sein, auffälligen Fällen der Ablenkung körperlicher oder seelischer Art nachzugehen und sie bei seiner Berechnung mit in Anschlag zu bringen. Und gerade dieser Zusammenhang wird psychologisch nicht selten von grösserem Werte sein als die Zahl, die in die Liste eingetragen wird. Steht demnach

nichts im Wege, die schriftlichen Schülerarbeiten, die mit den
bezeichneten oder ähnlichen Vorsichtsmassregeln umgeben sind,
als Beobachtungsmaterial für die berührten Fragen zu verwerten,
so wird sich auch im mündlichen Unterrichte die Sache ebensogut
einrichten lassen. Ich setze dabei immer voraus, dass wir Klassenlehrer haben, die mit einem ausgedehnten Stundensatze in ihrer
Klasse betraut sind. In diesem Falle lassen sich kurze Memorier-
versuche an mutter- und fremdsprachlichem Stoffe am Anfange,
in der Mitte und am Ende der Stunde, ferner in der ersten bis
vierten und fünften Stunde anstellen. Um zu einigermassen
brauchbaren Ergebnissen zu gelangen, müssen die Memorier-
aufgaben von annähernd gleicher Schwierigkeit sein, was bei
Gedichten, kleinen Lesestücken, Vokabeln, Regelbeispielen, Einprägung mathematischer Formeln und Lehrsätze, Jahreszahlen,
geographischen Einzelheiten und Zahlen verhältnismässig leicht
herbeizuführen ist, da es auf die Exaktheit eines naturwissenschaftlichen Versuchs dabei nicht ankommt. Kraepelin führt an,[1]) das
Auswendiglernen gehöre zu den anstrengendsten geistigen Arbeiten,
und von zehn erwachsenen Versuchspersonen hätten nicht weniger
als 6 bei dieser Aufgabe schon nach der ersten Viertelstunde die
Zeichen rasch wachsender Ermüdung gezeigt, trotz sehr bedeutender
Übungswirkungen. Ich bestreite diese Thatsache nicht; aber ich
glaube, dass auch hier wieder grosse Unterschiede bestehen, nicht
bloss unter den Individuen, sondern zwischen den Kindern und
den Erwachsenen und selbstverständlich bezüglich der gestellten
Aufgaben. Wir sehen die meisten Kinder ohne jede Spur von
Ermüdung täglich Aufgaben auswendig lernen, die im Wortlaute
festzuhalten die Schule gar nicht von ihnen verlangt. In den
unteren Klassen werden die meisten Gedichte von dem grössten
Teil der Schüler schon im Unterrichte bei der Besprechung und
Erklärung, der Einübung der richtigen Betonung durch Vor- und
Nachlesen, durch Chorsprechen im Wortlaute festgehalten; es
kann dies also keine grosse Anstrengung sein. Die Erklärung
liegt auch hier wieder auf dem Gebiete des Gefühlslebens. Der
Schüler findet Freude am wörtlichen Auswendiglernen, namentlich
wenn die Associationen, wie meist bei Gedichten, sich leicht vollziehen; der Erwachsene entschliesst sich dazu nur, wenn er muss;
denn er muss seine selbständige Denk- und Ausdrucksweise dabei

---

[1]) D. geist. Arb. S. 24.

aufgeben, überhaupt unselbständig werden, was dem Schüler natürlich viel leichter wird. Was sich also bei diesem unter Lustgefühlen vollzieht, erregt bei dem anderen Unlustgefühle; diese müssen durch Willensspannung überwunden werden, und dieser Umstand führt im letzteren Falle Ermüdung herbei, während im ersteren keine solche Wirkung beobachtet wird. Natürlich ermüdet auch der Schüler, und zwar bei seiner geringeren Übung in der Anspannung des Willens und bei den häufiger andringenden Störungen durch äussere und innere Reize rascher als der Erwachsene, wenn er widerwillig an das Auswendiglernen herantritt. Und dass dies oft genug bei häuslichen Aufgaben der Fall ist, soll nicht bestritten werden.

Absichtlich wurden an erste Stelle bei den Versuchen im mündlichen Unterrichtsverfahren Übungen gestellt, welche sich vorwiegend an das Gedächtnis wendeten; sie sind verhältnismässig am einfachsten, verlaufen am raschesten, und das Ergebnis ist meist klar und leicht zu erkennen. Aber die Versuche würden kein vollständiges Bild der Schulthätigkeit und ihrer Folgen zu zeichnen gestatten, wenn sie auf dieser niederen Stufe stehen blieben. Sie müssen vielmehr auch auf die eigentliche Denkarbeit ausgedehnt werden. Hierbei ist in erster Linie an Extemporierübungen im Übersetzen fremdsprachlicher Schriftsteller zu denken, weil sich auch hier am leichtesten annähernd gleichwertige Aufgaben stellen, und die Ergebnisse sich am leichtesten feststellen und buchen lassen. Ihnen zunächst könnten kurze zusammenziehende Referate über einen bekannten Gegenstand, einfache Beschreibungen, Dispositionen u. a. in Betracht kommen. Die zeitlichen Bedingungen könnten dieselben bleiben wie bei den schriftlichen Arbeiten. Endlich müssten eine besonders wichtige Rolle Übungen spielen, bei denen sich die Auffassungsfähigkeit und damit die Möglichkeit ungeminderter Aufmerksamkeit feststellen lässt für etwas, was der Lehrer ohne Benutzung eines Buches vorspricht, vorerzählt, erklärt, zeigt. Damit sind nicht alle möglichen Aufgaben erschöpft, aber es sollten hier nur solche gewählt werden, die von den Unterrichtsverwaltungen derzeit übereinstimmend angeordnet und gefordert werden und deshalb nicht aus dem Rahmen des alltäglichen Unterrichtsverfahrens heraustreten. Es bedarf kaum des Hinweises, dass sich das Kontroleverfahren bei schriftlichen Übungen nicht einfach auf die Versuche im mündlichen Unterricht übertragen lässt. Man könnte an das

Chorsprechen als ein rasches und allgemeines Kontrolemittel denken; aber jeder, der darüber schon Beobachtungen gemacht hat, wird zugestehen, dass es ein sehr unsicheres Mittel überall ist, wo nicht mechanische Wiederholungen und die Wiedergabe festgestellter Reihen gefordert werden. Vielmehr muss man hier von vornherein auf eine völlig gleichmässige Kontrole verzichten und den Ersatz in der Häufigkeit, Alltäglichkeit und Allstündlichkeit der Versuche suchen. Am zweckmässigsten wird von dem Lehrer für diesen Zweck die Klasse in eine Reihe von Schülerkategorieen — am besten nicht mehr als 5 — eingeteilt — und reihum bei je einem Schüler einer solchen stündlich, täglich das Ergebnis festgestellt. Übrigens lassen sich auch hier die sog. freien Arbeiten, die aus allen Fächern gefertigt werden, als ein gutes Beobachtungsmittel verwenden; das Verfahren wird mutatis mutandis dem bei den anderen schriftlichen Arbeiten gleichen. Die Masse der schon an einer Schule gemachten Beobachtungen wird trotz vielfacher Schwankungen und Ungenauigkeiten, die bei der nicht völligen Gleichartigkeit des Versuchsstoffes, sowie bei der individuellen Verschiedenheit der die Versuche machenden Lehrer und der dem Versuche unterworfenen Schüler nicht zu beseitigen sein werden, in ihrer Gesamtheit doch aller Wahrscheinlichkeit nach stetige Resultate ergeben, die dann zunächst mit den bei den schriftlichen Arbeiten gewonnenen in Vergleich gebracht werden. Auffällige Widersprüche der einen und der anderen Versuchsergebnisse werden erneute Prüfung und Beobachtung erfordern, und so wird allmählich eine gewisse, für den beabsichtigten Zweck hinreichende Zuverlässigkeit der Ergebnisse zu erreichen sein. Noch intensiver werden die Korrektur und der Antrieb zu erneuten, zuverlässigeren Versuchen werden, wenn solche von einer Reihe von Schulen angestellt werden. Freilich muss man sich von vornherein darüber keiner Täuschung hingeben, dass diese Experimente und Beobachtungen nicht auf Wochen und Monate beschränkt bleiben dürfen, sondern dass man am richtigsten sie auf eine Schülergeneration, also auf 6—9 Jahre ausdehnen muss.

Noch ein Wort über die Frage der Durchführung und Durchführbarkeit solcher Versuche im grossen durch die Lehrerschaft der höheren und niederen Schulen. Von den Behörden wird schwerlich zunächst eine Initiative zu erwarten sein; sie werden sich beobachtend verhalten, und man wird schon zufrieden sein können, wenn sie die Versuche nicht erschweren. Die Initiative muss hier durch die Lehrer selbst erfolgen, indem einzelne Schulen, von der Wichtigkeit der Sache überzeugt, sich zu solchen Beobachtungen vereinbaren. Sie mögen auch die Ausführung im einzelnen feststellen: Tabellen mit dem nötigen Vordruck und Vereinbarung der Wertbezeichnungen werden die Arbeit des Lehrers innerhalb des Unterrichts und bei schriftlichen Arbeiten ausserhalb desselben auf je ein kurzes Zeichen, eine Zahl und dgl. beschränken, so dass aller Mehraufwand an Zeit wegfällt; auch wird die Heranziehung der Schüler zur Zählarbeit, insbesondere bei den schriftlichen Arbeiten, die Arbeit des Lehrers sehr vereinfachen können. Nur die Berechnung der grösseren Zeiträume, der Woche, des Monats wird grösseren Zeitaufwand beanspruchen; aber richtig verteilt, wird auch er nicht gross sein. Dass man bei der Ausführung auf Schwierigkeiten aller Art stösst, muss man bei ganz neuen Untersuchungsmethoden erwarten. Ein am Gymnasium in Giessen zunächst nur in einer Klasse für die schriftlichen Arbeiten unternommener Versuch, hat z. B. eine Reihe von Bedenken bei dem betreffenden Lehrer hervorgerufen, auf die beim Beginne keine Rücksicht genommen worden war. So wurde z. B. von ihm die Frage aufgeworfen, ob bei den Arbeiten nach schriftlicher Vorlage eines deutschen Textes (sog. Klassenarbeiten) die Zahl der übersetzten Worte als Mass der Arbeitsgeschwindigkeit gelten könne, oder ob man nicht richtiger Subst. und zugehöriges Adjektiv etc. als einen Begriff betrachten müsse. Habe der Schüler das erstere richtig konstruiert, so bereite ihm das zweite keine weitere Schwierigkeit und keinen Aufenthalt mehr; die Zeit aber, die zum Niederschreiben erforderlich sei, komme im Vergleich zu der, die er zum Überlegen nötig habe, kaum in Betracht. Ähnlich stehe es mit einem Participium und esse oder im Französischen mit Artikel und Substantiv oder mit zusammengesetzten Verbalformen. Derselbe Lehrer fand auch eine Schwierigkeit in der Erwägung, ob ein Fehler als Folge des Nichtwissens oder der Ermüdung anzusehen sei; er hielt es für das Beste, einfach alle Fehler zu zählen, da ihm, wenn man erst anfange auszuscheiden, der Willkür Thür und Thor geöffnet zu werden schien. Er zählte die Fehler und die Verbesserungen, jede für sich, um in der Vergleichung eine Art von Probe auf die Zuverlässigkeit zu haben. Ich teile diese Einzelheiten mit, da sich vermutlich andererwärts ähnliche Bedenken geltend machen werden. Noch eine andere Schwierigkeit wird sich anfangs ergeben; die Zeit, welche die Lehrer zu den Korrekturen und Bearbeitungen der schriftlichen Arbeiten notwendig haben, wird sich anfangs und auch noch eine Zeitlang gegenüber den gewöhnlichen Korrekturen erhöhen; der am hiesigen Gymnasium mit einem Versuche betraute Lehrer schlug sie dreimal so hoch an. Aber er fand bald, dass man durch passend mit Vordruck versehene Tabellen und durch Heranziehung der Schüler diesen Mehraufwand erheblich reduzieren könne. Er schlug zu diesem Zwecke vor, für die verschiedenen Arten von dem Lehrer wertvollen Beobachtungen bestimmte Zeichen einzuführen und diese durch die Schüler zuhause zählen und sie etwa folgendermassen aufschreiben zu lassen:

Name: ...

Zeiteinheit	Fehler	Zeichen ∞	Zeichen Γ	etc.
1 te				
2 te				
3 te				
etc.				

∞ = Verbesserung.
Γ = Lücke eines Wortes etc.

Diese hätte dann der Lehrer in eine grössere Tabelle einzutragen etwa folgender Art:

Lateinische Klassenarbeit.

Datum: ...

Namen	1. Zeiteinheit.			2. Zeiteinheit.			Summe Minuten
	Fehler	∞	Γ etc.	Fehler	∞	Γ etc.	

Leider mussten die Versuche nach ungefähr einem halben Jahre aufgegeben werden, da der betreffende Lehrer an eine andere Anstalt versetzt wurde; sie werden aber demnächst wieder aufgenommen werden. Es empfiehlt sich zunächst, die Versuche in kleinerem Massstabe zu machen, bis man feste Methoden gefunden hat, da hierzu viel Interesse, Zeitaufwand, Mühe und auch Geschick gehören, die man nicht ohne weiteres bei jedem, sonst ganz tüchtigen Lehrer voraussetzen kann. Ohne allen Zweifel wird man auch manche Enttäuschungen erleben, bis man ein befriedigendes Verfahren findet, und heute will die Welt rasch Resultate gewinnen. Darum muss die Anfangsarbeit von Männern gemacht werden, die Hingebung genug besitzen, um alle die Unannehmlichkeiten zu überwinden, die jeder Forscher mehr oder weniger durchmachen muss. Aller Anfang ist schwer; wird aber die Arbeit zunächst an einigen Schulen unternommen, so wird sie bald an mehreren Fortsetzung finden. Die Veröffentlichung der Ergebnisse würde am besten in Form einer Beilage zu den Programmen erfolgen, die dadurch ein grösseres Interesse in Elternkreisen finden würden. Wir könnten in diesem Falle im Laufe von 6—9 Jahren ein Material besitzen, das, weil es den wirklichen Schulverhältnissen entnommen ist, für die Wirkung der geistigen Arbeit auf die Schüler beweiskräftig und bei zweifellos vielen Fehlern und Irrtümern im einzelnen durch die Masse der sich ergänzenden und berichtigenden Beobachtungen zuverlässig ist. Und erst dann werden wir in der Lage sein, zu entscheiden, ob und in welcher Richtung namentlich in unserem höheren Schulwesen Änderungen nötig werden. Bis dahin hindert uns indessen nichts, alle die Massregeln wirklich durchzuführen, die zum Schutze der leiblichen und geistigen Gesundheit in Form von ausreichenden Pausen, psychologisch richtig angelegten Stundenplänen, richtigem Schulanfang und -schluss, richtiger Verteilung der Unterrichtszeit, verständiger Einrichtung der Hausarbeit, zweckentsprechender Abwechslung von Arbeit und Erholung u. dgl. getroffen werden können.

Für die vorliegende Arbeit ist nur noch die psychologisch richtige Anlage des Stundenplanes selbst in Erwägung zu ziehen. Um mit dem frühesten schulpflichtigen Alter zu beginnen, so wird wohl dort am meisten gesündigt. Der Übergang von dem bisher wesentlich in Spiel, Bewegung, Lernen ohne Zwang und Phantasiethätigkeit verlaufenen Leben des Kindes zu der Thätigkeit des Lesens, Schreibens, Zählens, richtigen Sitzens, Aufmerkens und Aufnehmens erfolgt zu unvermittelt, zu schroff. Nun ist es ja richtig, dass die Kinder das im allgemeinen aushalten und unter dem Drucke nicht erliegen; aber ebenso sicher ist, dass in dieser

Zeit nicht selten der Grund zu nervöser Überreizung gelegt wird, und wenn hiezu der Unterricht vielleicht nur bei nervöser Disposition der Kinder in deutlich erkennbarer Weise beiträgt, so darf man doch wohl schliessen, dass er auch bei den übrigen mindestens keine vorteilhaften Wirkungen auf die geistige Arbeit übt. In dieser Hinsicht könnten gut geleitete und gut gelegene Kindergärten — leider ist beides noch selten — eine zweckmässige Überleitung zu dem eigentlichen Unterrichte bilden, indem sie durch Verbindung von Bild, Lied und Erzählung die Phantasie pflegen und anregen und durch stete Vereinigung von körperlicher und geistiger Thätigkeit eine Wechselwirkung von Körper und Geist herbeiführen. So lange aber die Kindergärten noch nicht die Vorstufe der Volks- oder Vorschule bilden, sollte mindestens im ersten Vierteljahr des Unterrichts von Lesen und Schreiben gar keine Rede sein. Sondern das Erzählen von Geschichten und Märchen durch den Lehrer und Übungen im Nacherzählen durch die Schüler, rationelle Sprachübungen auf einfachen phonetischen Grundlagen, Erlernen von kleinen Gedichten und Liedern, Fragen der Kinder nach allem, was ihren Wissenstrieb erregt, also der Unterricht vom Mund zum Ohr, ferner die Entwicklung der Sinne durch einen gut gestalteten Anschauungsunterricht, dabei systematische Gewöhnung an richtiges Sitzen, was ich nicht mit ruhigem Sitzen identifiziere, ein wenig Orientierung in der Heimat durch tägliche Spaziergänge, Singen, Freiübungen und ähnliche Beschäftigungen und Thätigkeiten müssten die Überleitung zum eigentlichen Unterrichte bilden. Die Hausarbeit, welche gewöhnlich in Schreibübungen besteht, fiele am besten noch längere Zeit gänzlich weg; denn der vermeintliche Gewinn wird meist gar nicht erzielt, da die guten Gewöhnungen der Schule in Haltung und Bewegung, insbesondere bei Steilschrift, gar nicht selten im Elternhause beeinträchtigt werden, weil hier eben andere Gewöhnungen bestehen. Zudem wird eine der schlimmsten Fehlerquellen, die Befestigung eines falschen Wortbildes im Auge und im Zentralorgane, durch die häusliche Thätigkeit am häufigsten herbeigeführt, und die Bemühung des Unterrichts wird dadurch geschädigt. Endlich dürfte im Elementarunterrichte nicht so lange bei den nichtssagenden Sätzchen der Fibel verweilt werden, weil dabei das Kind die Lust am Lesen verliert, ein Verlust, der durch den Reiz der neuen Thätigkeit, wenn diese schon einige Zeit besteht, nicht mehr ausgeglichen wird. Das ausdrucksvolle Lesen entwickelt sich von selbst, wenn das Kind nur an solchen Lesestückchen sich übt, die es ganz versteht, und für die es sich deshalb interessiert, und wenn es im Elternhause oft gut vorlesen hört. Dass die Unterrichtsstunden eines Vormittags oder die eines Vormittags und des daran sich anschliessenden Nachmittags nicht sämtlich gleichwertig sind, was die Arbeitsfähigkeit der Schüler anbetrifft, ist eine längst bekannte und neuerdings auch durch die oben erwähnten Ermüdungsmessungen bestätigte Thatsache. Immerhin haben diese ganz in Übereinstimmung mit den sonstigen Beobachtungen gezeigt, dass die Besorgnisse bezüglich der sich beständig steigernden Abnahme der Arbeitskraft übertrieben waren: die Ermüdung steigert sich nach der ersten Stunde unerheblich. Auf der anderen Seite ist aber doch auch bei derselben Gelegenheit gefunden worden, dass die Stunden, in denen schriftliche Klassenarbeiten angefertigt werden, die Ermüdungsziffer am beträchtlichsten erhöhten. Ähnlich, ja noch schlimmer, weil jedes anregende Moment fehlt und der Selbstzwang der Schüler zur Beteiligung das mangelnde Interesse ersetzen muss, scheinen nach langjährigen Beobachtungen Stunden mit vorwiegend grammatischer, also abstrakter Thätigkeit zu wirken. Sie werden also in die erste Morgenstunde zu verlegen sein, weil das durch den Nachtschlaf regenerierte Gehirn am meisten leistungs- und widerstandsfähig ist. Freilich wird ja auch bei manchen Schülern gerade in dieser Zeit das Gefühl der Abgespanntheit und des Ruhebedürfnisses sich geltend machen; aber dies sind Ausnahmen, und dann wirkt der Weg zur Schule in dieser Hinsicht durchaus günstig. Nach der ersten Stunde müssen aus dem Grunde, weil hier die stärkste Ermüdung eintritt, solche Gegenstände folgen, welche mehr die Ergebnisse des gesamten Unterrichts inhaltlich verwerten, wie Religion, Deutsch, Geschichte, Geographie, und durch den Stoff schon an und für sich interessieren. Am leistungsfähigsten ist, ausser in der ersten Stunde, der Schüler in der Regel in der dritten, da diese nach der grössten Erholungspause liegt und die erste Erholung meist eine bedeutende Herabsetzung der Ermüdung herbeiführt. Darum werden in die dritte Stunde diejenigen Gegenstände zu verlegen sein, welche die Thätigkeit des abstrakten Denkens häufiger und intensiver in Anspruch zu nehmen haben. Am wenigsten leistungsfähig wird der Schüler in der fünften Vormittagsstunde sein; deshalb muss sie nicht nur die kürzeste Dauer erhalten, sondern es müssen auch Unterrichtsgegenstände in sie verlegt werden, welche durch eine grössere Zahl leicht reproduzierter, mit der erforderlichen Klarheit und Lebhaftigkeit ausgestatteter Vorstellungen die Verknüpfung neu hinzutretender rasch und leicht ermöglichen, ohne ihre Stärke und Dauerhaftigkeit zu beeinträchtigen, d. h. Disziplinen, die den Schüler besonders interessieren. Den gleichen Erfolg werden leichte körperliche Übungen, wie Spiele, haben oder rein mechanische Thätigkeiten, wie Schönschreiben. Ist die fünfte Stunde auf den Nachmittag verlegt, so werden der vierten Vormittagsstunde die minder anstrengenden und mechanischen Gegenstände zugewiesen, während dem allerdings recht geringwertigen Nachmittagsunterrichte hauptsächlich die zweiten Sprachstunden zufallen müssen, die eine vorwiegend befestigende und wiederholende Thätigkeit gestatten, sowie diejenigen Stunden, welche mehr das Fazit des Vormittagsunterrichtes ziehen und die gewonnenen Resultate mit den früheren verbinden. Sind für einen Gegenstand nur 2 Wochenstunden bestimmt, so empfiehlt es sich zur Erleichterung der Verknüpfung, diese auf zwei nacheinander folgende Tage zu legen, wenn man nicht vorzieht, sie unmittelbar hintereinander anzusetzen. Bekanntlich legt man in Frankreich diesem Zusammenlegen derselben Unterrichtsstunden eine so grosse Bedeutung bei, dass sogar in den amtlichen Lehrplänen obligatorisch die Stunden für Geschichte, Geographie, Zoologie, Zeichnen etc. statt in 2 getrennten Stunden in $1^1/_2$ zusammenhängenden erteilt werden. Unbedingt empfiehlt sich aus methodischen Gründen diese Einrichtung für die oberen Klassen der höheren Lehranstalten. In den obersten Klassen des Giessener Gymnasiums sind seit 4 Jahren derartige Zusammenlegungen versuchsweise durchgeführt und auf ihre Wirkung geprüft worden. Alle Schüler stimmten darin überein, dass die häusliche Arbeit dadurch erleichtert und die Thätigkeit in der Schule vereinfacht werde; nach dem ersten Jahre wurden die Versuche weiter ausgedehnt, und die meisten Lehrer sowie die Schüler dieser Klassen wünschen keine andere Einrichtung mehr.

Praktisch würde also die erste Stunde stets den schriftlichen Klassenarbeiten vorzubehalten sein, so dass alle diejenigen Fächer, welche regelmässig solche anfertigen lassen, je eine Anfangsstunde zur Verfügung erhielten. Die zweite Stunde würde dem vorwiegend konzentrierenden und beobachtenden Unterricht in Religion, Deutsch, Geschichte und Geographie, Zeichnen zufallen, die dritte dem mathematischen und fremdsprachlichen, die vierte hauptsächlich dem fremdsprachlichen, die fünfte dem naturwissenschaftlichen Unterricht, dem Zeichnen, Schreiben, Singen, Spielen. Die Besorgnis, dass die verschiedene Dauer der Stunden nicht hinlänglich bei diesen Vorschlägen berücksichtigt sei, ist unbegründet, wenn der Lehrer von vornherein seine Aufgaben so gestaltet, wie es die ihm zugemessene Zeit ermöglicht. Auch jetzt wird bei der Entwerfung der Stundenpläne auf diesen Umstand thatsächlich wenig Rücksicht genommen, und als in den 80er Jahren die Pausen in manchen Staaten auf 20 % der Unterrichtszeit ausgedehnt wurden, erachtete es niemand für nötig, zugleich die Lehrziele herabzusetzen. Man wird es dabei billigerweise vermeiden müssen, einem Unterricht, der nur zwei Wochenstunden zur Verfügung und erhebliche Aufgaben zu lösen hat, stets die kürzesten Stunden zuzuweisen. Im allgemeinen gilt jedoch der Grundsatz, dass $^3/_4$ Stunden mit frischer Unterrichtsthätigkeit mehr wert sind, als eine ganze Stunde bei körperlicher Abgespanntheit, geistiger Ermüdung oder Langweile der Schüler.

Aber diese Stundenanordnung bliebe eine halbe Massregel, wenn in der Methode nicht auch die Psychologie zu ihrem Rechte käme. In erster Linie muss verlangt und erreicht werden, dass in allen Stunden, den sprachlich-historischen so gut wie den mathematisch-naturwissenschaftlichen, die **Anschauung** die Grundlage oder wenigstens ein unentbehrliches Hilfsmittel des Unterrichts werde. Denn wie die Anschauung schliesslich das Fundament alles Wahrnehmens und des meisten Lernens ist, so bietet sie auch der sog. geistigen Arbeit eine bedeutende Erleichterung, weil sie diese zwischen den Sinnen und der zentralen Thätigkeit teilt. Man kann leicht die Probe machen. Dem kleinen Schüler schafft das Behalten einer Zahl, eines ungeläufigen Wortes schon Schwierigkeiten; soll er nun die Denkprozesse, die ihm zugemutet werden, an diesem schwer zu behaltenden Gegenstande vernehmen, so wird seine geistige Thätigkeit nach verschiedenen Richtungen in Anspruch genommen. Er muss beständig das unbekannte Wort, die betreffende Zahl zu reproduzieren suchen, ohne dass es ihm stets gelingt, die richtige Reproduktion herbeizuführen. Beirrende Bilder, Fehler, schleichen sich ein, und während er diese zu berichtigen sucht, vermag er den eigentlichen Assoziationsprozess, der ja doch seine Aufgabe ist, nicht mit der Hingebung durchzuführen, wie wenn das Wort oder die Zahl jeden Augenblick durch seinen Gesichtssinn von der Tafel wieder abgenommen werden können. Man kann stets beobachten, wie die kleinen Schüler dabei zu einer Reihe selbstgeschaffener Hülfen ihre Zuflucht nehmen, die nach ihrer Erfahrung dazu dienen, das Wort oder die Zahl zu fixieren; sie markieren die Schrift- und Zahlzeichen in der Luft, auf der Hand, auf dem Buche, auf dem Schultische. Hierin liegt eine der häufigsten Ermüdungserscheinungen begründet, die ihre seelische Grundlage in den Unlustgefühlen hat, die mit Notwendigkeit entstehen, wenn der Schüler eine Arbeit vollbringen soll, die ihm nicht oder nur unvollständig gelingen will. Für den Unterricht und die Gewöhnung (Erziehung) hat es nur einen eingebildeten Wert, wenn der Schüler genötigt werden soll, schwierige Wörter oder Zahlen zu behalten, die ihm entweder in keinen oder in nicht genügend befestigten Assoziationen dargeboten werden; er vergeudet hier lediglich Kraft, die besseren Dingen entzogen wird.

Doch es muss der Unterricht noch eine weitere Änderung vornehmen. Er wendet sich jetzt mehr als früher zu ausschliesslich an den Verstand, während Gefühl und Wille zu wenig berücksichtigt und befriedigt werden. Alle diese Ziele vermag nur ein vorwiegender Sachunterricht zu erreichen. An den höheren Schulen trägt das Phantom der sog. formalen Bildung die Hauptschuld an dieser Thatsache. Man denkt dabei in erster Linie an die sprachlichen Kategorien, mit einem Worte an die Grammatik, und versetzt den Schüler in die Notlage, sprachliche Operationen vorzunehmen, für die ihm oft genug nicht die Erleichterung geboten wird, die er naturgemäss erhalten muss und erhält, wenn man überall von seiner Muttersprache ausgeht. Diese ist ihm geläufig, in Fleisch und Blut eingegangen, der Stoff macht ihm nicht zu schaffen, und an dem bekannten Inhalt kann er mit der halben geistigen Arbeit dieselbe Erscheinung erfassen, die ihm an fremdem Stoffe die doppelte Mühe verursacht. Das Schlimmste jedoch ist die Einförmigkeit und Einseitigkeit der Denkthätigkeit, die ihm bei dieser grammatischen Thätigkeit zugemutet werden muss.[1]) Nichts ermüdet mehr als eine längere Zeit fortgesetzte einseitige Geistesthätigkeit, selbst wenn sie interessant ist, d. h. dem Arbeitenden eine Menge rasch und leicht sich vollziehender Assoziationen schafft und dadurch die Lust-

---

[1]) Darüber erzählt Mosso, d. Ermüd, S. 227, ein lehrreiches Beispiel.

gefühle des Gelingens und des Erfolges erweckt. Aus diesem Grunde müssten die Schulbehörden die neuerdings als eine pädagogisch-wertvolle Massregel empfohlene Zusammenlegung der grammatischen Thätigkeit auf besondere Stunden beseitigen, da sie den Schülern die grösste Ermüdung bereitet, weil Lustgefühle hier nur sehr selten und dann auch nicht intensiv sich bilden bezw., wenn sie anfänglich vorhanden sind, bald nachlassen und nicht mehr imstande sind, die Ermüdung und deren einflussreiche Mitursache, die Unlustgefühle, zu verdrängen. Dasselbe gilt von dem mathematischen Unterricht, der meist viel zu wenig darauf ausgeht, überall die abstrakte Denkthätigkeit, die bei der theoretischen Behandlung fast ausschliesslich gefordert wird, durch Übung und Anwendung abzulösen und auch hier den Formenunterricht möglichst durch einen Sachunterricht zu ergänzen. Nur dieser gestattet den angemessenen Wechsel von Aufnahme (Rezeption) und Selbstthätigkeit, von Fortschritt, Rückblick, Ruhe, von Assoziation und Abstraktion, von Vertiefung in das Einzelne und Zusammenfassung zum Ganzen; darin aber, dass die geistige Thätigkeit öfter wechselt, und desto öfter, je jünger der Schüler ist, liegt die einzige Garantie, soweit wir wissen, für die Verhütung von Abspannung und Erschlaffung. Man wird selten im Geschichtsunterricht, im Deutschen, in der Geographie, in der Naturgeschichte diesen Erscheinungen begegnen, weil hier, selbst wenn der Lehrer noch so wenig taugt, die im Stoffe selbst sich bietende Abwechslung nie völlig in Wegfall gebracht werden kann. Wird die Unterrichtsthätigkeit in dieser Weise gestaltet, so wird die der einseitigen Thätigkeit stets anhaftende Ermüdung nicht leicht eintreten, und die mannigfaltige Arbeit wird doch nicht zur Zerstreuung führen, da in jeder Stunde feste Mittelpunkte vorhanden sein werden, in denen die Strahlen der Einzelthätigkeit aufgefangen und vereinigt werden. Es wurde bereits oben bemerkt, dass dazu noch Abwechslung in der Art der Thätigkeit treten kann: Stunden, in denen geschrieben oder gezeichnet wird, müssen mit solchen wechseln, in denen eine ruhige Sitzlage möglich ist, oder in denen eine leichte körperliche Bewegung und Thätigkeit eintritt. Man darf diesen Umstand nicht gering achten; denn wir wissen, in welch' engem Zusammenhange körperliche und geistige Ermüdung stehen; namentlich bei jüngeren Schülern erwecken die Unlustgefühle, die zunächst aus körperlicher Ermüdung bei einförmiger Sitzweise entspringen, auch bald eine Abnahme der geistigen Spannkraft, indem sich das Unlustgefühl fortgesetzt störend geltend macht und die Aufmerksamkeit bald ganz auf sich konzentriert. Endlich trugen auch regelmässige, ausreichend lange Pausen von der 2. Stunde ab dazu bei, die Abwechslung zu sichern. Bei Einführung der häufigeren Pausen wurde rein theoretisch behauptet, diese brächten die Gefahr einer zu grossen Zerstreuung mit sich. Bestände diese in der That, so müsste sie mit in den Kauf genommen werden, wenn, wie nicht zu bezweifeln ist, durch Einschiebung von Ruhepausen im allgemeinen die geistige Leistungsfähigkeit gesteigert wird. Aber jene Gefahr ist nicht eingetreten, bezw. sie konnte nicht beobachtet werden. Und auch die experimentelle Beobachtung[1]) bestätigt diese Wahrnehmung. Es hat sich hier ergeben, dass bei leichter und nicht zu lange fortgesetzter Thätigkeit kurze Pausen, wie es scheint, günstiger sich erweisen als längere. Die Pause wirkt nämlich nicht nur als Ruhe, sondern zugleich als Unterbrechung der Arbeit. Nun vollziehen sich in unserem Seelenleben fortwährend eine Menge von Vorgängen: wollen wir daher eine einseitige Arbeitsrichtung bevorzugen, so bedarf es stets einiger Zeit, bis entgegenstehende Regungen in den Hintergrund gedrängt sind. Diese Anregung, welche durch die Arbeit selbst entsteht, geht in der Ruhe rasch wieder verloren, und die zurückgedrängten psychischen Gebilde und Vorgänge machen ihr Recht wieder geltend. Nach kurzer Pause ist noch ein grosser Teil jener Anregung vorhanden; dauert aber die Arbeitsunterbrechung länger als 10—15 Minuten, so müssen wir uns von neuem in die Arbeit hineinfinden. War die Arbeit nur kurz und wenig anstrengend, so wird der Ausgleich der geringfügigen Ermüdungswirkungen nur einen unbedeutenden Ausschlag geben. So kann es geschehen, dass die Verbesserung der Leistung durch die Erholung mehr als überwogen wird durch den Verlust der Anregung. Dieser Verlust ist aber zunächst in unteren Klassen so gut wie nicht zu fürchten, da eben hier ohnedies jede Stunde die Thätigkeit wechselt, und ohnedies stets erst wieder die geistige Maschine von neuem angelassen werden muss. In den oberen Klassen, wo die Zusammenlegung der ähnlichen Stunden sich, wie schon oben (S. 49) teilweise erörtert wurde, sehr empfiehlt, ist aber ebenfalls ein Ausfall nicht zu konstatieren. Ich

---

[1]) KRAEPELIN, Hyg. d. Arb. S. 16.

habe in dieser Hinsicht seit 4 Jahren sorgfältige Beobachtungen angestellt und nirgends konstatieren können, dass es erst wieder kürzeren oder längeren Zurechtfindens und Zurechtsetzens bedurft hätte. Zum Teil mag dies auch dadurch herbeigeführt werden, dass die Schüler in den Pausen über einzelne Thatsachen der vorausgehenden Stunden sprechen; oder dass vor der in wenigstens 2 Pausen sich vollziehenden Frühstücksthätigkeit nur wenige seelische Vorgänge entschieden in den Vordergrund treten und das Übergewicht zu erlangen vermögen.

So wertvoll nun die bis jetzt geschilderte Hygiene des Vorstellungslebens ist, so ist hiermit noch nicht die Möglichkeit der Heranziehung der verschiedenen Seelenthätigkeiten im Unterrichte erschöpft. Länger als $^1/_4$—$^1/_2$ Stunde fortgesetzte Denkprozesse, namentlich gleicher Richtung (grammatisch-stilistische, mathematische) ermüden nicht bloss wegen ihrer Einförmigkeit, sondern auch wegen der starken Spannung der Aufmerksamkeit, die durch Unlustgefühle beeinträchtigt wird, mögen dieselben nun dem Mangel an Verständnis oder der Abneigung der Jugend gegen dasjenige Lernen entspringen, an dem der Inhalt nicht anziehend wirkt. Der Schüler muss, will er nicht gänzlich sich von dem Unterrichte ausschliessen, durch Willensenergie die Unlustgefühle zurückdrängen, und in dieser starken Spannung geht viel Kraft verloren. Erheblich leichter wird die Arbeit, wenn durch sie andere seelische Gebiete, das Gemüt, die Phantasie, der Wille zur Thätigkeit veranlasst werden; sie bieten der einseitigen logischen Vorstellungsverbindung ein entspannendes Gegengewicht. Besonders gefährlich kann auch, wie jede einseitige Thätigkeit, die zu lange und einförmig fortgesetzte Thätigkeit des Übens werden; ein verständiger Lehrer wird also die 3 Grundthätigkeiten jedes Unterrichts, Anschauen, Denken und Üben, in richtige Abwechslung zu bringen suchen. Ein Kriterium verfehlten Verfahrens würde sich meist finden, wenn im Unterrichte darauf die nötige Aufmerksamkeit verwandt würde. Ist nämlich bei einer Reihe sonst teilnehmender Schüler die passive (unwillkürliche) Aufmerksamkeit nicht mehr zu erlangen und die aktive (willkürliche) nur durch beständige Steigerung der Reiz-, Droh- und Strafmittel zu sichern, dann ist der Beweis gegeben, dass das Lehrverfahren geändert oder die Stunde abgebrochen werden muss. In ersterer Beziehung wird hier namentlich Abwechslung geschaffen werden können durch Mitteilungen des Lehrers, die durch Fragen und Antworten ab-

gelöst werden: hierin besitzen wir ein ausgezeichnetes Mittel, um
Eintönigkeit, Ermüdung und Langweile zu verhüten bezw. zu
vermindern. Es wurde in den vorhergehenden Erwägungen wiederholt der
Konzentration Erwähnung gethan. Man versteht darunter die
innere Verknüpfung derjenigen Unterrichtsgegenstände untereinander, welche durch die Art ihres Gehaltes eine solche ermöglichen. Infolge der Menge und Verschiedenheit der Lehrfächer
tritt fast in jeder Unterrichtsstunde ein Wechsel derselben ein,
mit dem häufig genug sogar ein solcher des Lehrers verbunden
wird. Aber selbst wenn die Verbindung der verschiedenen Fächer
durch den einheitlichen Geist des Lehrers hergestellt wird, ist die
Schwierigkeit der Verknüpfung immer noch gross genug. Denn
die in der einen Stunde gewonnenen Vorstellungen finden oft
genug in der anderen keine Verknüpfung, Erhaltung und Befestigung, sondern die in jeder Stunde ohne gegenseitige Beziehungen
zuströmenden Vorstellungen stören, schwächen und verdunkeln sich
gegenseitig. Recht sichtbar wird dies bei dem Neben- und Nacheinander des fremdsprachlichen Unterrichts. Beginnt eine 2. fremde
Sprache, ehe die Eingewöhnung in die erste sich vollzogen hat,
so werden die gegenseitigen Querungen, Verwischungen und Ver-
mischungen erheblich häufiger und intensiver werden müssen.
Jede einzelne Vorstellung ist zunächst an die Vorstellungsgruppe
gebunden, zu der sie gehört; innerhalb dieser kann sie leicht ins
Bewusstsein gerufen werden, weil es sich hier nur um verwandte,
in sich zusammenhängende Vorstellungen handelt, bei denen sich
der Übergang von einer zur anderen ungehindert vollzieht. Innerhalb einer ganz anderen, aus ihr nicht ähnlichen Vorstellungen
bestehenden Gruppe kann eine Vorstellung deshalb nicht ohne
weiteres hervorgerufen werden, weil sie sich gar nicht darin
befindet, sondern in einer anderen, eben der ihrigen; folglich
müssen wir erst zu dieser anderen übergehen, um die Vorstellung
zu finden. Soll dies aber mühelos und rasch geschehen, man sich
nicht den Kopf zerbrechen müssen, so muss die Überleitung von
einer Gruppe zur andern leicht möglich sein. Dies wird eben
nur der Fall sein können, wenn jede Vorstellungsgruppe mit jeder
anderen in Verbindung steht. Daraus ergiebt sich die pädagogische Forderung, sämtliche Vorstellungsgruppen zu einer wohl-
gegliederten Einheit zu verweben. Eine richtig betriebene Konzentration des Unterrichts hat also einen hohen intellektuellen Wert,

sofern dadurch der Lehr- und Lernstoff in dem Gedächtnis — und zwar nicht durch Auswendiglernen — befestigt, das Verständnis befördert und vertieft und eine einheitliche zusammenhängende Bildung im Laufe der Schulzeit herbeigeführt wird. Das einfachste Mittel, die zerstreuende Wirkung des Unterrichts abzuschwächen, findet sich in der zusammenfassenden und verknüpfenden Thätigkeit, welche in der Person eines und desselben Lehrers sich vollzieht. Die Volksschule besitzt diesen Vorzug, und zum Teil beruhen ihre Leistungen darauf. An den höheren Schulen hat man aber lange Zeit vergessen, dass sie nur die Elemente des Wissens zu überliefern haben, und so sind aus ihnen Universitäten im Kleinen geworden, in denen sich der eine Fachlehrer um die Thätigkeit der anderen nicht weiter zu kümmern brauchte. Man kann nicht sagen, dass die Schulverwaltung die hier lauernde Gefahr übersehen habe; aber trotzdem stieg sie beständig, und erst die neuen preussischen Lehrpläne von 1892 verlangen, freilich noch immer etwas zaghaft, die Beschränkung des Fachlehrertums. Denn noch immer spielt auch in den Augen der Schulbehörden der gleissende Schein der Wissenschaftlichkeit eine zu grosse Rolle. Man missverstehe dies nicht: Die Lehrer an höheren Schulen sollen und können so wissenschaftlich sein, als sie nur immer Bedürfnis und Vermögen haben, aber in die Schule gehört die Wissenschaft als solche nicht. In dem Volksschullehrerstande giebt es, vielleicht relativ mehr als in irgend einem andern, eine grosse Anzahl strebsamer Männer, die hoch über dem Niveau dessen stehen, was sie in der Schule zu lehren haben; sie suchen unablässig und unter oft schwierigen Verhältnissen sich wissenschaftlich weiterzubilden. Aber alle verständigen unter ihnen verzichten darauf, ihre Schüler alles das zu lehren, was sie selbst wissen, und die Versuchung liegt doch für sie noch näher. Also wissenschaftliche Arbeit sollen die Lehrer höherer Schulen stets pflegen, sie mögen auch litterarisch produzieren, so viel sie können und Lust haben; aber in der Schule müsste man von jedem verlangen, dass er auf einem der beiden grossen Wissensgebiete, dem sprachlich-geschichtlichen oder dem mathematisch-naturwissenschaftlichen sich im Laufe seiner Unterrichtsthätigkeit soweit orientiert habe, dass er den Unterricht einer Klasse in einen oder anderen Gebiete vollständig und auf allen Stufen erteilen könnte. Die Frage der lebenden Fremdsprachen wird dabei in den Schulen, die den modernen Bildungselementen das Übergewicht oder die Alleinherrschaft einräumen, keine

Schwierigkeiten bereiten, an den Gymnasien aber keine unüberwindlichen. Freilich werden bei einer solchen Auffassung des Unterrichts künftig nicht mehr die durch eine Prüfung am Ende des Universitätsstudiums erworbenen Lehrbefähigungen über die Verwendung eines Lehrers entscheiden dürfen, sondern lediglich seine Entwicklung im Lehramte. Dies ist in allen übrigen Berufen der Fall, und die Lehrer der höheren Schulen fordern mit Recht eine gleiche Behandlung. Was hier verlangt wird, ist weder neu noch unerhört, neu ist vielmehr die hier bekämpfte Einrichtung, die nichts anderes ist als ein Zugeständnis an die Entwicklung des Universitätsunterrichts. Denn bei unseren bedeutenderen Pädagogen und Schulmännern ist die Lehrthätigkeit so gut wie nie durch die in der Prüfung erworbenen Lehrbefähigungen bedingt, speziell gehemmt worden; auch die Schulbehörden haben sich regelmässig durch das Bedenken einer s. Z. nicht erworbenen Lehrbefähigung von der Verwendung tüchtiger Schulmänner nicht abhalten lassen, wenn sie nur die Überzeugung gewonnen hatten, dass diese durch ihre eigene Fortbildungsarbeit das entsprechende Kennen und Können erworben hatten. Ein Mann wie der verstorbene H. v. TREITSCHKE, dem man gewiss nicht „Unwissenschaftlichkeit und Verflachung", die in diesem Streite oft gebrauchten Schlagwörter, vorwerfen kann, meinte durchaus in diesem Sinne: „Ein tüchtiger Gymnasiallehrer muss imstande sein, den grösseren Teil des Unterrichts oder doch mindestens des humanistischen Unterrichts in seiner Klasse selbst zu erteilen und also die einzelnen Fächer im Einklang zu erhalten."

Für die untere und mittlere Stufe wird auch von den neuen Lehrplänen die Konzentration in der Person des Lehrers gefordert. Aber sie ist nicht minder wichtig, ja in gewissem Sinne noch wichtiger auf der oberen, und speziell auf der obersten Stufe, in der Klasse, die den Abschluss und sozusagen die Gesamtzusammenfassung des Unterrichtes mit der Richtung auf das eigene Volkstum und die eigene Zeit bildet, in Ober-Prima. Denn nur durch sie wird diesen Schülern ruhigeres Arbeiten und ruhigere Sammlung ermöglicht werden. Der Schüler soll hier an die Durchführung eines zusammenhängenden Nachdenkens (Meditation) über einen Gegenstand herangeführt und gewöhnt werden. Dabei muss er die Lehre erhalten, vielmehr selbst zu der Erkenntnis gelangen, dass man eine angefangene Meditation nicht ohne Schaden beliebig unterbrechen und wiederaufnehmen kann, sondern dass eine gewisse Zeit und wiederholte Übung eintreten muss, wenn ein neues Interesse mit den schon gesammelten Kenntnissen, Vorstellungen und Gedankenreihen, mit unseren Gefühlen und Bestrebungen verknüpft werden soll. Nun kann man allerdings auf der oberen Stufe auf die spontane Thätigkeit der Schüler eher und in grösserem Umfange rechnen; der Übergang von einem Vorstellungskreise zu einem andern vollzieht sich leichter, weil der Wille stärker und die Übung und Verbindungsfähigkeit der einzelnen Vorstellungsgruppen grösser ist; die Folge davon zeigt sich darin, dass, wie man zu sagen pflegt, der Stoff an sich schon das Interesse weckt. Aber das Lehrgeschäft wird dadurch nicht erleichtert, eher erschwert; denn nun muss der Lehrer dafür sorgen, dass der Lehrstoff seine bestimmte und beabsichtigte Wirkung übe trotz der Neigung der Schüler, ihre eigenen Wege zu gehen. Sind diese die für die bestimmten Zwecke geeigneten, so müssen sie seinem überlegten Verfahren und seiner Leitung begegnen, sind sie dagegen, wie leider häufig, die falschen, so liegt die Gefahr nahe, dass der Lehrstoff seine pädagogische Bedeutung und Wirkung nicht erziele. Es liegt in der Natur der Sache, dass nicht an jedem Tage und nicht in jedem Unterrichte solche Meditationen mit längerem Verlaufe eintreten. Wohl aber wird der Fall fast täglich in Prima sich ergeben, dass eine methodische Einheit durch den Stundenschlag zerrissen wird, weil nun an Stelle des Deutschen Mathematik tritt, und ein Lehrer dem anderen Platz machen muss. Das angefangene Thema wird abgebrochen, von dem homerischen Leben, von römischen Staatseinrichtungen, von Goethes Iphigenie muss sich der Schüler in ein so weit abliegendes Gebiet, wie die Stereometrie, versetzen. Man hat nun allerdings als einen Vorteil dieses wechselnden Stundenganges bezeichnet, er biete ein Bild des wirklichen Lebens; auch dieses zwinge uns in jedem Augenblicke andere Gedankenreihen an Stelle eben festgehaltener und vielleicht noch nicht abgelaufener zu setzen. Ganz richtig, nur mit dem kleinen Unterschiede, dass es sich in solchen raschen Wechseln im täglichen Leben nicht um zusammenhängende Gedankenkomplexe, um die Glieder einer Gedankenkette handelt sondern dass man es hier mit rasch ablaufenden, wenig verflochtenen seelischen Gebilden zu thun hat. Aber z. B. die Zusammenfassung der Ergebnisse irgend einer Dichtung oder eines anderen Schriftwerkes, die Zusammenstellung einer historischen oder anti-

quarischen Gedankenreihe, ihre Verflechtung mit schon aus dem
Unterrichte erwachsenen Gebilden brauchen längere Zeit, um zur
Festigkeit gebracht zu werden, und diese Befestigung wird ganz erheblich erschwert, wenn sich störende Komplexe dazwischen drängen;
denn die gleiche Arbeit muss öfter wiederholt werden, und
jedesmal bedarf es nach dem oben (S. 53) Gesagten einige Zeit,
ehe die Thätigkeit die Hindernisse überwunden hat und wieder
im frischen Zuge ist. Erheblich günstiger wird diese Sachlage, wenn
z. B. die sprachlich-historischen Fächer in einer, die mathematisch-naturwissenschaftlichen in einer andern Hand liegen. Am meisten
wird der Lehrer der ersteren in die Lage kommen, solche angefangene Gedankenarbeit durch 2—3 Stunden fortzusetzen. Er
muss also in der Lage sein, dies auszuführen, und dies wird ihm
ermöglicht, wenn die Stunden des sprachlich-historischen Gebietes
hintereinander liegen. Derselbe Vorteil soll natürlich auch den
mathematisch-naturwissenschaftlichen zu teil werden. Und um
Luft und Sonne ganz gleich zu verteilen, mögen etwa an
4 Wochentagen die sprachlich-historischen Disziplinen die ersten
Frühstunden erhalten, während an den 2 übrigen für die mathematisch-naturwissenschaftlichen das gleiche Verhältnis eintritt;
das Verhältnis der Stunden wird damit ungefähr richtig getroffen
sein. Auf dem Stundenplane wird die lehrplanmässige Stundenzahl angesetzt; es kann auch bestimmt werden, dass in der ersten
Stunde normal Griechisch, in der 2. Deutsch oder Französisch, in
der 3. Lateinisch erteilt werde. Aber dem Lehrer muss es überlassen bleiben, diese Stunden nach den Bedürfnissen seines Unterrichts zu verwenden, wenn er nur im ganzen die lehrplanmässigen
Stundendeputate der einzelnen Fächer festhält. Fordert ihn also
die griechische Lektüre zur Vornahme einer Meditation auf, die
in die nächste Stunde hineinreichen muss, so mag er dies unbedenklich thun, wenn nur bei nächster Gelegenheit im deutschen
Unterricht dasselbe geschieht; hat eine physikalische Lehrstunde
zum Abschluss der unterrichtlichen Behandlung eine zweite Stunde
notwendig, so entziehe man diese ohne Bedenken der Mathematik,
um sie ihr bei anderer Gelegenheit in gleicher Weise zu ersetzen.
Dazu sind oft die Grenzthemen hier so geartet, dass man gar
nicht entscheiden kann, ob man nun überwiegend Mathematik
oder Physik, Griechisch oder Deutsch in der Stunde getrieben
hat. Ja man kann noch einen Schritt weitergehen. Es ist in
der Prima durchaus unbedenklich, ab und zu zu einer zusammen-

hängenden Behandlung auch noch die 3. Stunde zu ziehen, etwa bis zur Hälfte der Stunde den Gegenstand zu Ende zu führen und dann den Schülern eine Pause von 25—30 Min. zu gewähren, ehe sie an die nachfolgende mathematisch-naturwissenschaftliche Behandlung herantreten. Der Gewinn ist dabei sofort zu konstatieren und ganz zweifellos. Die kleinlichen Bedenken, es könnten dadurch im Schulgebäude Störungen entstehen, oder es würde einmal 5 Min. zu wenig auf der Schulbank gesessen, haben sich nicht einmal als zutreffend erwiesen. Das erstere lässt sich gerade leicht vermeiden, wenn diese Praxis öfter durchgeführt wird, da sich dann das Hinausgehen in aller Stille vollzieht, und was das letztere Bedenken betrifft, so wird eine frische, in einem Zuge fortgeführte und intensive Geistesthätigkeit von 2 Stunden für die geistige Entwicklung des Schülers bessere Früchte bringen, als die Tagelöhnerarbeit von dreien, und eine halbstündige Pause in dem Alter des Primaners, dem $2^1/_2$ stündige Arbeit nicht mehr schadet, erfrischt mehr bezw. gleicht die Ermüdung wirksamer aus als 2 Pausen von 15 und 10 Minuten, wenn, wie die Voraussetzung ist, nachher andere, neue Gedankenkomplexe beschafft, und neue, anfangs oft widerwillig sich einstellende Assoziationen durchgeführt werden müssen. Ich weiss wohl, dass eine solche Einrichtung der herkömmlichen Schablone sich nicht zu fügen scheint, zu der die Grösse unserer Anstalten und die immer weiter gehende Spezialisierung der Lehrfächer mit einer gewissen Notwendigkeit geführt haben. Aber aus Erfahrung weiss ich auch hier, dass die hier empfohlenen Abweichungen mit der straffsten und besten Ordnung vereinbar sind, und dass nicht die geringste Störung daraus zu erwachsen braucht. Die Vorteile für die Erleichterung der notwendigen intensiven Denkarbeit sind einleuchtend. Zusammengehöriges bleibt beisammen und vermag dadurch um so rascher und zugleich um so energischer zu wirken. Zeit und Kraft werden gespart, weil nicht in jeder Stunde die abgebrochene Arbeit erst wieder aufgenommen werden muss. Aber auch nichts Neues wird damit gefordert, wie die Praxis der französischen Schulen zeigt: wir kehren damit vielmehr zu den Einrichtungen früherer Jahrhunderte zurück, als der bureaukratische Mechanismus noch nicht die freie Bewegung der einzelnen Schulen erstickt hatte. Wurde doch auf der Berliner Schulkonferenz gerade diese wieder in höherem Masse gefordert und von dem Minister Bosse, wenigstens in bescheidenen Anfängen, bewilligt.

Noch erheblichere Wirkung für die Vereinfachung und Einheitlichkeit des Unterrichts als die Durchführung des Klassenlehrertums wird aber die innerliche Verknüpfung des Lehrstoffes ausüben. Denn sie wird nicht nur die Erfassung und Erhaltung der sprachlichen Thatsachen bedeutend erleichtern, indem sie im gesamten Sprachunterrichte das Verwandte einheitlich zusammenfasst, sondern sie wird vor allem die Aneignung des Inhaltes des Unterrichts erheblich vereinfachen, da nach bestimmten Gesichtspunkten die Vereinigung der zerstreuten und wertlosen Einzelkenntnisse herbeigeführt werden wird. Der natürliche Erkenntnistrieb der Jugend richtet sich ohne Frage nicht auf die Formen der Sprache und der Mathematik, sondern auf die Dinge der Geschichte und der Natur. Der junge Mensch — und auf je höherer Altersstufe, desto mehr — hat aber das Bedürfnis, nicht vereinzelte Notizen von Thatsachen und Zuständen zu erarbeiten, sondern diese in grössere Zusammenhänge einzugliedern. Er ahnt vielleicht, einstweilen noch unklar, dass dieser rohe didaktische Materialismus, der ihm Massen von Stoff bietet, für seine Bildung keinen Wert hat, wenn es dem einzelnen nicht gelingt, sie zu verbinden und unter umfassende Gesichtspunkte zu bringen. Diese wichtigste Frage der sog. Konzentration ist kaum noch behandelt, und auch die neuen preuss. Lehrpläne sind ihr nicht näher getreten; gleichwohl wird sie die wichtigste Aufgabe der Zukunft sein. Denn sie hat eine völlig veränderte, nach Prinzipien vorzunehmende Auswahl des Lehrstoffes zur Voraussetzung, die bis jetzt nach einer in jeder Hinsicht prinziplosen Tradition getroffen wird. Der Lehrstoff in allem Sprachunterricht, in Geschichte, Geographie, Naturwissenschaft und Zeichenunterricht muss sich auf einander beziehen. Lehrbücher und Hausaufgaben werden dabei erheblich zurücktreten: denn diese Verknüpfungsarbeit wird sich im mündlichen Verkehr in der Schulstunde vollziehen müssen. Und wenn auch die Unterrichtsarbeit stets vorzugsweise der intellektuellen Entwicklung gelten wird, so dürfen doch daneben die übrigen Seiten des psychischen Lebens, Phantasie, Gemüt und Wille nicht zu kurz kommen; ebenso müssen die Sinne die ihnen gebührende Pflege erhalten.

Eine äusserlich verstandene Konzentration hat den Vorschlag gemacht, an Anstalten, die z. B. mehrere fremde Sprachen betreiben, die eine in die erste, die andere in die zweite Hälfte der Woche zu verlegen. Psychologisch wäre dagegen auf der oberen Stufe nichts einzuwenden, während sie auf der unteren und mittleren durch die notwendig damit verbundene Einförmigkeit der Thätigkeit nicht unbedenklich erscheint. Aber pädagogisch ist der Vorschlag auf keiner Stufe zu billigen. Denn ihm liegt die Anschauung zugrunde, dass die einzelnen Unterrichtsfächer als in sich abgeschlossene Gebiete angesehen werden, die selbständig neben einander stehen. Gerade diese Auffassung aber sucht die neuere Pädagogik zu bekämpfen. Aus allem Unterricht, der verwandte Stoffe behandelt, sind die gemeinsamen Fäden in einander zu schlingen und zu einem festen Gewebe zu verbinden. Und dies geschieht ohne allen Zweifel häufiger und infolgedessen auch fester, wenn täglich die verschiedenen Disziplinen solche Verknüpfungen finden. Voraussetzung dabei ist natürlich, dass die Gedankenkreise des Lehrstoffes einander parallel laufen, so dass z. B. in Obertertia Xenophon, etwa Charles Douze oder ein ähnlicher Stoff, und Schillers 30jähriger oder Archenholtz 7jähriger Krieg neben einander behandelt werden. In diesem Falle wird täglich jede Stunde solche Fäden zur Verknüpfung liefern, und dadurch wird die so oft von der Pädagogik geforderte innere Verwandtschaft der Lektionen in ganz anderer Weise hergestellt, als wenn man z. B. diese innere Verwandtschaft darin sucht, dass man Griechisch und Lateinisch, Deutsch und Französisch, Lateinisch und Französisch auf einander folgen lässt. Denn die innere Verwandtschaft besteht hier nur in äusseren Dingen, im Wortschatze und in den Formen und Satzverbindungen; gerade darin liegt aber das Ermüdende und Einförmige, dessen Wirkung auf die Schüler so sehr gefürchtet wird. Wenn dagegen unablässig und systematisch an der Bildung des Gedankenkreises der Schüler gearbeitet wird, und der Schüler das Gefühl des Besitzes einer festen Herrschaft über den Lehrstoff erhält, wenn seine verschiedenen Interessen aufgerufen, seine Selbstthätigkeit für die Verarbeitung des ihm Gebotenen gewonnen wird, wenn er das Bewusstsein erhält, dass alle die Einzeldinge, die ihm zugeführt werden, sich zu wertvollen Ganzen verbinden, dann ist der Kampf, den Bequemlichkeit und bisweilen körperliche und geistige Ermüdung ihm aufnötigen, leichter zu führen, und der Sieg eher gesichert.

Manche anderen, neuerdings aufgetauchten Vorschläge sind hier nicht berücksichtigt. Sehr beherzigenswert und den besten Absichten entsprungen scheint mir der Gedanke KRAEPELINS.[1])

---

[1] Üb. geist. Arbeit S. 14 u. Psychol. Arbeiten S. 36 ff.

die Schüler nach ihrer Arbeitsfähigkeit in Gruppen zu trennen. Aber er selbst hat schon hervorgehoben, dass sich einer Bildung kleinerer Schülergruppen praktisch grosse Schwierigkeiten in den Weg stellen, die auch dann nur schwer überwunden werden können, wenn sich die Unterrichtszeit der Schulen wesentlich verkürzen und diese Arbeitsfähigkeit sich mit einiger Sicherheit feststellen lässt. Ich halte die Diskussion dieser Frage unter den heutigen Verhältnissen für so gänzlich unfruchtbar, wie etwa das Verlangen, die auch von den Universitätslehrern zugestandene Überbürdung der Studierenden der Medizin kurzweg zu beseitigen, obgleich hier schreiendere Missstände vorliegen dürften, als in unseren Schulen. Solange wir noch Klassen von 40—50 Schülern unterrichten müssen, liegen dringendere Aufgaben der Abhilfe vor. Ich will nur durch ein der Praxis entnommenes Beispiel andeuten, welche Schwierigkeiten hierbei in den Weg treten würden. Vor einer Reihe von Jahren wurde hier einmal eine Untersekunda, die geteilt werden musste, so zu teilen versucht, wie eine rationelle Pädagogik es mir an die Hand gab. Ungefähr die kleinere Hälfte der Schüler wollte die Klasse mit dem Einjährigenzeugnisse verlassen. Ich beabsichtigte nun, den Unterricht der aus diesen Schülern gebildeten Abteilung so zu gestalten, dass diese einen gewissen Abschluss ihrer Bildung erhielten, der ihren künftigen Bedürfnissen mehr und besser entsprochen hätte, als wenn sie genau den Unterricht bekamen, der auf weiteres Fortarbeiten im Gymnasium berechnet war. Die vorgesetzte Behörde erhob aber dagegen — wie ich glaube, nicht gerne — Einsprache, weil dies mit den allgemeinen deutschen Abmachungen nicht übereinstimme und „sie sich der Befürchtung nicht verschliessen könne, dass eine derartige Einrichtung seitens der Reichsschulkommission beanstandet werden würde." Wie würde sich die Sache bei der dermaligen Lage der Gesetzgebung gestalten, wenn innerhalb der einzelnen Klassen nun gar verschiedene Gruppen mit ganz verschiedenen Aufgaben und schliesslichen Zielen hergestellt würden? Wie sollten die Berechtigungen in diesem Falle normiert und abgestuft werden? Was würden die Eltern dazu für eine Stellung nehmen? Aber man darf doch auch nicht übersehen, dass unser bestehendes Schulwesen wohl imstande wäre, in einem gewissen, ich gebe zu, allerdings noch bescheidenen Masse, die Last der Lernarbeit nach den Kräften zu verteilen. Freilich gehörte einerseits dazu die

Einsicht der Eltern, die ihre Kinder den Schulen zuführten, welche für deren geistige Kraft die richtigen wären. Andererseits müssten die Schulbehörden, namentlich der kleineren Staaten, sich der öffentlichen Meinung, die doch auch auf sehr irrigen Wegen wandeln kann, entschiedener in dieser Richtung widersetzen. Dies könnte geschehen dadurch, dass die Zahl der Gymnasien vermindert, die der Realschulen und der niederen Fachschulen mit einer fremden Sprache vermehrt würde. Auch die Kriegsverwaltung müsste die durch nichts als berechtigt zu erweisende Forderung aufgeben, die Einjährigenberechtigung an die Erlernung von zwei fremden Sprachen zu knüpfen. Statt dessen wird, wenigstens im Süden unseres Vaterlandes, die Vermehrung der Gymnasien noch beständig angestrebt, auch wo kein anderes Bedürfnis als das lokalen Ehrgeizes und weniger Beamten- und Honoratiorenfamilien nachgewiesen ist. Und diese Schulen, die aus den Gegenden, für die sie doch angeblich als durch ein „unabweisbares Bedürfnis" gefordert, errichtet sind, nicht die nötige Schülerzahl finden, sehen sich dann genötigt, durch möglichst geringe Forderungen Schüler anzulocken, die sonst in der Regel richtigeren Bildungswegen zugeführt werden müssten. So lange diese Missstände nicht beseitigt werden, kann von einer Besserung keine Rede sein. Denn so lange wird wider besseres Wissen eine Last Schultern aufgebürdet, die sie nicht tragen können.

Praktisch würden sich die hier gemachten Vorschläge unter Zugrundelegung der meisten deutschen Lehrpläne folgendermassen gestalten, wobei Schulen mit und ohne Nachmittagsunterricht geschieden werden.[1]) Der preussische Lehrplan von 1892 wurde nicht zugrunde gelegt, weil er meist geringere Stundensätze hat, und deshalb hier noch leichter eine Unterbringung der vorgeschriebenen Stundenzahl ausführbar ist. Auch von Stundenplänen für die Volksschulen wurde Abstand genommen, da hier seit lange eine meist befriedigende Praxis besteht, und auch die Zahl und Art der Lehrgegenstände bei weitem nicht die Schwierigkeiten bereitet, wie an den höheren Lehranstalten. Voraussetzung bei diesen Entwürfen ist, dass die Lehrer für Schreiben, für Zeichnen, für die Naturbeschreibung, für Gesang, Hebräisch und

---

[1]) Ich habe Normalpläne schon im Jahre 1888 in Frick u. Meier's Lehrprob. u. Lehrg. Heft 11, S. 331. veröffentlicht; hier sind eine Reihe von Änderungen getroffen, die sich seitdem bewährt haben oder durch Umgestaltungen der Lehrpläne gefordert wurden.

Englisch den gesamten in Rechnung kommenden Unterricht erteilen, und dass nur ein Turnlokal vorhanden ist. Änderungen, die dadurch erforderlich werden, dass die Lehrer des Französischen, der Mathematik und der Naturwissenschaft in der Regel in mehreren Klassen unterrichten müssen, lassen sich leicht durch Umstellungen in derselben Tagesstunde oder in einer dieser gleichwertigen herbeiführen. Der Wunsch der Lehrer, Musse zu wissenschaftlicher Arbeit zu erhalten, ist berechtigt; er lässt sich bei dem Wegfall des Nachmittagsunterrichtes in einer Weise erfüllen, die für Lehrer und Schüler gleich vorteilhaft ist. Aber auch bei Beibehaltung des Nachmittagsunterrichtes war es stets möglich, den meisten Lehrern ausser den zwei herkömmlichen freien Nachmittagen noch zwei weitere durch richtige Ordnung des Stundenplanes zu verschaffen. Überall konnte dies- für ältere Lehrer erzielt werden, während jüngere sich mitunter mit einem weiteren freien Nachmittage begnügen mussten.

a) Normalstundenpläne bei Nachmittagsunterricht.

1. Sexta und Quinta.

Stunde	Montag	Dienstag	Mittwoch	Donners- tag	Freitag	Sonn- abend
8–9	Fremdsprachen		V Fremd- sprachen VI Rel.	V Religion VI Fremdsprachen	V Religion VI Fremdsprachen	V Fremd- sprachen VI Rel.
9–10	½ Deutsch ½ Spiel	½ Deutsch ½ Spiel	Deutsch	½ Deutsch ½ Spiel	½ Deutsch ½ Spiel	Deutsch
10–11	Rechnen	Rechnen	Fremdspr.	Rechnen	ev. VI Schreib. Rechnen	Fremdspr.
11–12	V Nat. VI Zeichn.	V Nat. VI Zeichn.	VI Nat. V Schreib.	VI Nat. V Schreib.	V Zeichn. VI frei	V Zeichn. VI frei
2–3	VI Deutsch Fremdspr.			V frei Fremdspr. VI Schrei- ben		
3–4	Gesang.	Singen (Alt)			Singen (Sopran)	
4–5	Chor- stunde					

Anmerkung. Für V fallen die Spiel- und Turnstunden (2 in je 1 halben Stunden) so, dass keine Kollision mit VI entsteht, indem die beiden halben Stunden für Turnen und Spiel um- gekehrt folgen.

2. Quarta.

Stunde	Montag	Dienstag	Mittwoch	Donners- tag	Freitag	Sonn- abend
8–9	Religion	Religion	Fremdsprachen	Fremdsprachen	Rechnen	Fremdspr.
9–10	Fremdspr.	Deutsch	Geo.	Geo.	Gesch.	Gesch.
10–11	Fremdsprachen	Fremdsprachen	Rechnen	Fremdsprachen	Fremdsprachen	Rechnen
11–12	Deutsch	Fremdspr.	Zeichnen	Zeichnen	Nat.	Nat.
2–3	Rechnen	Fremdspr.			Rechnen Fremdspr.	
3–4	Fremdspr.	Singen (Alt)		Deutsch	Singen (Sopran)	
4–5	Chor- stunde	Turnen		Turnen		

Die in IV etc. für Fremdsprachen angesetzten Stunden fallen an den Realschulen teilweise dem Rechnen, der Mathematik und der Naturlehre zu.

a) Normalstundenpläne der Nachmittagsunterricht.

3. Tertia.

Stunde	Montag	Dienstag	Mittwoch	Donnerstag	Freitag	Sonnabend
8—9			Fremdsprachen			Math.
9—10	Deutsch	Deutsch	Religion	Religion	U III Zeichnen O III (Geschichte)	O III Zeichnen U III Geschichte
10—11	Math.		Fremdsprachen		Math.	Fremdspr.
11—12	Fremdspr.	Math.	Gesch.	Gesch.	Fremdsprachen	
2—3			Fremdsprachen			
3—4	Nat.	Singen (Alt)		Nat.	Singen (Sopran)	
4—5	Chorstunde			Turnen	Turnen	
5—6						

4. Secunda und Prima.

Stunde	Montag	Dienstag	Mittwoch	Donnerstag	Freitag	Sonnabend
8—9		Fremdsprachen	Math.	Fremdsprachen	Fremdsprachen	Math.
9—10	Deutsch	Fremdsprachen		Deutsch	Gesch.	Fremdspr.
10—11	Fremdspr.	Math.	Fremdsprachen		Math.	Fremdspr.
11—12	II Rel. I Fremdsprachen	Physik	I Rel. II Fremdspr. I Fremdsprachen	II Rel. I Fremdsprachen	Physik	I Rel. II Fremdsprachen
2—3		Fremdsprachen		Fremdsprachen		
3—4	Singen (Bass)	Gesch.		Singen (Tenor)	Deutsch	
4—5	Chorstunde	II Hebr. Englisch		II Hebr. Englisch	I Hebr. Englisch	
5—6	II Hebr. Englisch	I Turnen		II Turnen	I Turnen	
6—7	II Turnen					

Anmerkung. In III ist nur 1 St. Zeichnen angesetzt, dem hess. Lehrpl. entsprechend; eine 2. St. kann leicht auf Kosten der fremdsprachl. Stunden geschaffen werden.

Bemerkung. In allen Klassen sind nur 2 Turnstunden angesetzt, da sich gegen die Vermehrung der Stundenzahl in Preussen eine starke Strömung geltend gemacht hat, und in den übrigen deutschen Staaten dies meist die geltende Zahl ist.

b) Normalstundenpläne bei Beseitigung des Nachmittagsunterrichts.

1. Sexta und Quinta.

Stunde	Montag	Dienstag	Mittwoch	Donnerstag	Freitag	Sonnabend
8–9	Fremdsprachen		V Fremdsprachen VI Rel.	V Religion VI Fremdsprachen	V Religion VI Fremdsprachen	V Fremdsprachen VI Rel.
9–10	½ Deutsch ½ Spiel	½ Deutsch ½ Spiel	Deutsch	½ Deutsch ½ Spiel	½ Deutsch ½ Spiel	Geo.
10–11	Rechnen	Rechnen	Fremdspr.	Rechnen	Schreiben (V, VI) Rechnen	Fremdspr.
11–12	VI Nat. V Schreib.	Fremdspr.	Fremdspr.	Fremdsprachen	Fremdsprachen	Deutsch
12–1	VI Zeichnen V Geo.	VI Schreiben V Nat.	VI Schreiben V Zeichnen	V Zeichnen VI frei	V Geo. VI frei	
3–4				Singen (Alt)	Singen (Sopran)	
4–5	Chorstunde					

2. Quarta.

Stunde	Montag	Dienstag	Mittwoch	Donnerstag	Freitag	Sonnabend
8–9	Religion	Religion	Fremdsprachen	Fremdsprachen	Rechnen	Fremdspr.
9–10	Fremdspr.	Rechnen	Geo.	Geo.	Gesch.	Gesch.
10–11				Fremdsprachen		
11–12	Rechnen	Deutsch	Deutsch	Geometr.	Fremdsprachen	
12–1	Deutsch	Fremdspr.	Zeichnen	Zeichnen	Nat.	Nat.
3–4		Singen (Alt)			Singen (Sopran)	
4–5	Chorstunden	Turnen			Turnen	
5–6						

b) Normalstundenpläne bei Beseitigung des Nachmittagsunterrichts.

3. Tertia.

Stunde	Montag	Dienstag	Mittwoch	Donnerstag	Freitag	Sonnabend
8–9			Fremdsprachen			Math.
9–10	Deutsch		Religion		I III Zeichnen O II Geschichte	O III Zeichnen U III Geschichte
10–11	Math.		Fremdsprachen		Math.	Fremdspr.
11–12	Fremdspr.	Math.	Nat.	Nat.	Fremdsprachen	
12–1	Fremdsprachen		Gesch.	Gesch.	Fremdsprachen	
3–4	Singen (Bass)	Singen (Alt)		Singen Tenore (Sopran)		
4–5	Oberstunde					
5–6	Turnen			Turnen		

4. Secunda und Prima.

Stunde	Montag	Dienstag	Mittwoch	Donnerstag	Freitag	Sonnabend
8–9	Fremdsprachen	Fremdsprachen	Math.	Fremdsprachen	Fremdsprachen	Math.
9–10	Deutsch	Fremdsprachen	Fremdsprachen	Deutsch	Gesch.	Fremdspr.
10–11	Fremdspr.	Math.	Math.	Math.	Math.	Fremdspr.
11–12	Fremdspr.	I Physik II Rel.	Gesch.	I Physik II Rel.	Fremdspr.	Deutsch
12–1	I Rel. II Physik	Fremdspr.	I Rel. II Physik	Fremdspr.	Fremdsprachen	
3–4	Singen (Bass)			Singen (Tenor)	I–4 Hebräisch II Französisch	
4–5	Chorstunde	IHebr.(fac.) IIEngl.(fac.)		IHebr.(fac.) IIEngl.(fac.)		
5–6	IHebr.(fac.) IEngl.(fac.)	Turnen		Turnen	Turnen	
6–7					Turnen	

SAMMLUNG VON ABHANDLUNGEN AUS DEM GEBIETE DER
PÄDAGOGISCHEN PSYCHOLOGIE UND PHYSIOLOGIE

HERAUSGEGEBEN VON

H. SCHILLER   UND   TH. ZIEHEN.

I. Band. 2. Heft.

DIE PRAKTISCHE
ANWENDUNG DER SPRACHPHYSIOLOGIE

BEIM

ERSTEN LESEUNTERRICHT

VON

HERMANN GUTZMANN.

(MIT EINER TAFEL.)

BERLIN,
VERLAG VON REUTHER & REICHARD
1897.

Alle Rechte, auch das der Übersetzung vorbehalten.

Druck von Paul Schettler's Erben in Cöthen.

Einleitung.

Was mich als Arzt dazu veranlasst, meine Anschauungen über einen Gegenstand niederzuschreiben, der scheinbar ganz im Gebiete des Pädagogischen liegt, darüber werde ich mich in dem dritten Absatz dieser Schrift näher auslassen. Hier nur soviel: Das Lesenlernen bietet mit dem Sprechenlernen eine Reihe von psychologisch wichtigen und interessanten Anknüpfungspunkten. Daher müssen Sprechenlernen und Lesenlernen die Aufmerksamkeit jedes praktischen Psychologen — und dazu zähle ich mich — auf das Lebhafteste erregen. Beim Lesenlernen wie beim Sprechenlernen handelt es sich aber nicht nur um psychologische Beobachtungen, sondern auch um rein physiologische Thatsachen, die dem praktischen Sprachphysiologen wichtige Aufgaben von jeher gestellt haben. Den Spracharzt endlich interessiert der erste Leseunterricht insofern, als ein falsch geleiteter erster Leseunterricht viel Unheil in sprachhygienischer Beziehung anrichten kann und leider sehr oft schon angerichtet hat. Andrerseits kann ein guter Leseunterricht segensreich auch auf sprachpathologische Verhältnisse wirken, wie wohl allgemein bekannt sein dürfte. Von jeher habe ich daher aus sprachhygienischen Gründen meine Aufmerksamkeit auf den ersten Leseunterricht gerichtet und mehr als einmal betont, welche hohen Aufgaben er in dieser Beziehung zu erfüllen hat. Wenn ich mich daher im Folgenden der Aufgabe unterziehe, meine Ansichten über einen richtigen sprachphysiologischen Leseunterricht darzulegen und somit die praktische Anwendung der Sprachphysiologie im ersten Leseunterricht zu empfehlen, so ist es wohl nur naturgemäss, wenn ich mich auf das stütze, was von pädagogischer Seite in dieser

Hinsicht bereits geleistet worden ist. Ich teile demnach meine Arbeit in folgende vier Abschnitte:

    I. Geschichtliches über die Verwendung der Sprachphysiologie beim ersten Leseunterricht.

   II. Psychologische Begründung des sprachphysiologischen Leseunterrichtes, Durchführbarkeit desselben.

  III. Gesundheitlicher Wert des sprachphysiologischen Leseunterrichtes.

  IV. Praktische Anwendung der Sprachphysiologie im ersten Leseunterricht.

I.

Geschichtliches über die Verwendung der Sprachphysiologie beim ersten Leseunterricht.

Der Gedanke, die Sprachphysiologie beim ersten Leseunterrichte eine wesentliche und beeinflussende Rolle spielen zu lassen, ist nicht neu. Wenn wir die Geschichte der Methoden des ersten Leseunterrichts durchblättern, so treffen wir fast in allen wichtigen Epochen dieser Geschichte auf einen oder mehrere Autoren, die teils bewusst, teils unbewusst dem richtigen Gefühl Ausdruck gaben, dass sprachphysiologische Vorstellungen mit dem Lesenlernen verbunden sein müssten. Freilich zeigt sich bei einzelnen die fehlerhafte Vorstellung, dass die Form der Buchstaben mit den Begrenzungslinien der Sprachorgane bei den betreffenden Lauten in Einklang gebracht werden müsste und auch zu bringen sei. Zweifellos lässt sich dies durch neue Buchstabenzeichen erringen (s. u. a. BELL's „visible speach"), den von altersher vorhandenen Zeichen muss aber bei solchen Vereinigungsversuchen mehr oder weniger immer Zwang angethan werden.

Der erste, welcher nach diesem (fehlerhaften) Prinzip den Leseunterricht eingerichtet wissen wollte, war GRASER, der offenbar durch seine genaue Kenntnis des Taubstummenbildungswesens von den Ausführungen des Spaniers JUAN PABLO BONET angeregt worden ist. Vor allem ist der Gedanke, dass die lateinischen Buchstaben als die besten Abzeichen der Mundstellungen bei den einzelnen Lauten anzusehen sind, der Grundzug in den Ausführungen des gelehrten Spaniers. Dass er daher die lateinische Antiqua auch als am besten geeignet für den ersten Leseunterricht empfiehlt, ist nur folgerichtig. Die Art und Weise, wie er in der Form der Buchstaben die Mundform nachweist, ist höchst charakteristisch, und zeigt, mit welchem Aufwand von Geistesschärfe der Gelehrte seine Aufgabe durchführte. Sein Buch: „Reduction de las letras y arte para enseñar a ablar los mudos" stammt aus dem Jahr 1620 und zeigt sich in jeder Beziehung dem in gleicher Absicht zu Gunsten der hebräischen Buchstaben geschriebenen des F. M. B ab Helmont überlegen: „Alphabeti vere naturalis hebraici brevissima delineatio, quae simul methodum suppeditat, juxta quam, qui surdi nati sunt, sie informari possunt, ut non alios solum loquentes intelligant sed et ipsi ad sermonis usum perveniant" 1667. Ich glaube es schon dem Interesse der Geschichte des Leseunterrichtes schuldig zu sein, wenn ich einiges aus den Darlegungen des Juan Pablo Bonet, der, soviel ich sehen kann, in keiner der geschichtlichen Darlegungen auch nur erwähnt wird, hier nach der vortrefflichen Übersetzung des Taubstummenlehrers Friedrich Werner (Stade 1895) wiedergebe. Es wird sich auf diese Weise auch am leichtesten ein Vergleich mit den Graser'schen Anschauungen ergeben. Juan Pablo Bonet sagt über das A folgendes:

„Wenn die Erfindung der Schriftzeichen nicht der Willkür anheimgegeben war, sondern wenn man dabei nach einer gewissen Methode verfuhr, so scheint es, dass man bestrebt war, die Schriftzeichen in etwas den Figuren ähnlich zu gestalten, welche der Mund, die Lippen, die Zähne und die Zunge bilden, wenn der betreffende Buchstabe ausgesprochen wird. Da nun das A für seine Aussprache eine weite Mundöffnung erfordert, so gab man ihm als Schriftzeichen die Form einer Trompete: ◁; der offene Teil deutet die Mundöffnung an, die durch das Zusammentreten der beiden Schenkel gebildete Spitze die Gurgel, von wo der tönende Luftstrom ausgeht. Die kleine Linie, welche sich zwischen den beiden Schenkeln befindet, damit sie sich nicht schliessen, soll anzeigen, dass es so auch im Munde sein muss, welcher sich nicht schliessen darf. Obgleich die Erklärung bei einigen Buchstaben leichter wird, wenn man sie niederlegt, wie bei A, so werden sie dennoch alle aufrecht stehend verwandt, damit sie im Verhältnis mit den übrigen bleiben." Einige von seinen Erklärungen der sonstigen Lautzeichen gebe ich kürzer wieder.

Das B — Die beiden Halbkreise, welche sich in der Mitte der senkrechten Linie sanft berühren, bedeuten die geschlossenen Lippen.

D — Die Figur dieses Buchstaben ist die, welche die Zunge zeigt, wenn sie den Mund verschliesst. Der Bogen derselben ist der des D. Die Figur zeigt wie [beim B keine Öffnung, dies deutet an, dass die Respiration nicht entweichen darf.

H — Das Schriftzeichen ist sehr passend gewählt: denn wenn wir dasselbe niederlegen: ⊢, so zeigt es, dass H nicht tonhaft ist wie das A; denn das H ist an beiden Seiten gleichmässig geöffnet; das A dagegen hat die Form einer Trompete, weil es tonhaft ist. Die kleine Linie in der Mitte deutet bei beiden an, dass der Mund sich nicht schliessen darf.

I — Die Figur dieses Buchstaben ist eine gerade Linie: ⊢, weil der Luftstrom direkt nach der Zunge nur so dünn und zusammengepresst herausgeht, dass die Zähne ihm kaum den nöthigen Raum gestatten.

Anderen Erklärungen des spanischen Gelehrten jedoch können wir nicht so grosse Gedankenschärfe nachrühmen, so:

M — Versucht man das M möglichst kurz zu sprechen, so tritt allemal hervor, dass es sich verdoppelt und zweimal so lang wird wie ein N, das auch nach oben steigt und wieder fällt, das jedoch um die Hälfte kürzer ist als das M. Wenn wir uns die lange Aussprache des M vorstellen und die erforderliche Respiration durch eine Linie anzeigen: , und alsdann dieselbe zusammenfalten, so erhalten wir ein M; letzteres ist nöthig, damit das M in Form und Aussehen den übrigen Buchstaben ähnlich wird.

Wie man aus den angeführten Beispielen ersieht, dürfte es schwer werden, in dieser doch immerhin gekünstelten Weise den Kindern das Gedächtnis für die Buchstabenform zu schärfen. Dessen ungeachtet dokumentiert sich BONET auch schon hierdurch als einer der ersten Vorkämpfer der Lautiermethode, und wenn es noch eines weiteren Beweises bedürfte, so führe ich nur die Überschrift des 10. Kapitels des ersten Buches an, welche lautet: „Die Ursache, welche den hörenden Kindern das Lesenlernen so erschwert, liegt in der bei ihrem Unterricht gebräuchlichen Benennung der Buchstaben."

Vergleichen wir nun hiermit GRASERS Praxis.

Er führt das Kind darauf, dass es ein vorgesprochenes Wort genau am Munde des Sprechers beobachtet und auf Grund dieser Beobachtung in seine Elemente zerlegt. Gleichzeitig wird die Form der Elemente mit den Buchstabenzeichen in logischen Zusammenhang gebracht. GRASER hält, wie JUAN PABLO BONET die lateinische Schrift zur ersten Schriftsprache im Unterrichte am passendsten, weil sie von Verzierungen am freiesten blieb und deshalb die alten Züge der Urschrift, die nach GRASER notwendig in den einzelnen Buchstabenzeichen ein Bild der Mundformation gegeben haben müsse, noch am unveränderlichsten zeige. Die Art und Weise wie GRASER praktisch seine Anschauungen durchführt, möchte ich hier wörtlich schildern, weil wir später noch darauf zurückkommen müssen. Ich zitiere die beiden Beispiele aus FECHNER (Methoden des ersten Leseunterrichtes) und aus A. BÖHME (Anleitung zum Leseunterricht):

„Lehrer: Ich setze den Fall, ich rufe dich in mein Zimmer. Wie würde ich rufen?

Schüler: Komm in mein Zimmer.

L.: Das erste Wort kennen wir, also das zweite: in. Sag, wie viele Bewegungen macht der Mund, und folglich, wie viele Stellungen nimmt er an, um dieses kurze Wort auszusprechen? — Gieb Obacht, ich spreche dirs vor, ohne etwas hören zu lassen, sondern du sollst nur auf den Mund sehen. (Der Lehrer macht nun bloss die Bewegungen und wiederholt die Frage.)

Sch.: Zwei.

L.: Aber nun mache mirs nach und bemerke, welche Bewegungen der Mund macht. Sieh, anfangs drückt er die Zunge in gerader Linie vorwärts zusammen und stösst gleichsam mit einem geraden Luftstrom den Laut i heraus, nicht wahr?

Sch.: Ja.

L.: Dann schliesst er die Zunge gegen den oberen Gaumen hinauf und lässt sie schnell wieder herabfallen, und da endigt das i mit einem etwas summenden Schall. Versuche es nur jetzt selbst! (Der Schüler versucht es und überzeugt sich.) Wie viele Teile hat also das Wort in?

Sch.: Zwei.

L.: Welcher davon ist deutlich vernehmbar und lautend?

Sch.: Der erste i.

L.: Sieh, wenn du diese Mundstellung vom i beibehältst und einen Laut von dir geben willst, so wird immer i herauskommen u. s. w. u. s. w." —

Um die Buchstabenform (die lateinische) des i mit der Lautstellung in Einklang zu bringen und die Kinder zu überzeugen, dass sie in dem Zeichen ein Abbild des Lautes erblicken, verfährt GRASER folgendermassen:

„Wie zeichnen wir wohl die Stellung des Mundes ab, mit welcher i gesprochen wird? Der Lehrer lässt i sprechen; er macht dann auf die Form des Gesichtes aufmerksam und fragt, ob es wohl nicht schwer sei, diese Form des Gesichtes abzuzeichnen.

Auf die Bejahung macht der Lehrer den Schüler erst darauf aufmerksam, dass mit dieser Stellung allein das i nicht einmal hervorgebracht werde, sondern dass der Mensch erst mit der im hohlen Munde emporgehobenen Zunge das i gleichsam hervorstosse. Diese Beobachtung, welche der Schüler selbst machen muss, leitet ihn auf den Gedanken, das Bild der Zunge abzubilden. Der Lehrer zeichnet das Bild der Zunge auf die Tafel. Er fährt fort: Die Zeichnung der ganzen Zunge ist schwierig. Er fragt: Habt ihr bei der Zeichnung des Hauses auch die ganze Wand gezeichnet oder nur mit einer Linie?

Sch.: Mit einer Linie!

L.: Gut, so zeichnen wir denn die Zunge auch mit einer Linie! Zeichnet sie in die gleichlaufenden Linien! — Glaubt ihr nun, die Zunge schon ganz gezeichnet zu haben, wie sie das i hervorbringt?

Sch.: Ja!

L.: Gebt acht, ihr werdet noch eine Beobachtung machen. Stellt nun noch einmal euren Mund so, wie ihr i sprechen wollt, sprecht es aber nicht, haltet euren Finger an die Zähne, und nun sprecht i. Was habt ihr bemerkt?

Sch.: Die Zunge düpfte an den Finger!

L.: Soll denn dieses Düpfen nicht in der Zeichnung bemerkt werden?

Sch.: Ja!

L.: Gut, so setzen wir denn den Düpfer mit einem Punkt obenhin!" —

„Bei n sollen die Kinder wahrnehmen, dass die Backen auf- und abzucken. Das Nachbilden der sich bewegenden Backen findet GRASER selbst schwierig. Er gesteht dies den Kindern zu und sagt ihnen: „Denkt, wenn ihr n sprecht, an euch selbst und merkt auf das, was in eurem Innern vorgeht, wenn ihr das i nachsummen macht und dabei eure Wangen äusserlich auf- und abfallen bewirkt. Ist es nicht eure Zunge, welche gegen den Gaumen aufschlägt und schnell wieder herabfällt? — Sch.: Ja, die ist es. — L.: Was hätten wir also hierfür abzuzeichnen? — Sch.: Das Auf- und Abschlagen der Zunge. — L.: Richtig. Aber könnt ihr dieses nicht leicht? Seht, die Zunge macht diese Bewegung! (Zeigt den umgebogenen Zeigefinger.) Daraus wird nun gefolgert, dass n als auf- und abschlagende Zunge durch zwei oben verbundene Zungenstriche gezeichnet werden müsse. Um nun anzudeuten, dass i n zusammenhängend zu sprechen seien, muss dies auch im Schreiben durch einen Verbindungsstrich angedeutet werden." (Nach Böhme zitiert.)

GRASER's vorzügliche Bedeutung besteht ja darin, dass er mit aller Energie darauf drang, dass erster Schreib- und Leseunterricht zusammenfallen müsse. Seine physiologischen Vorstellungen sind zum Teil direkt falsch, so z. B. seine Anschauung, dass bei dem Lippenschluss des m die Lippen nicht fest schliessen, sondern dass Zwischenräume vorhanden sein müssen, durch welche die Luft entweichen könne. Er erklärt das m so, dass er nur drei Stellen der Mundöffnung als festschliessend ansieht, die Mitte und die beiden Winkel, deshalb sei das m auch durch drei nebeneinander stehende Striche zu schreiben. Wir müssen gestehen, dass uns die oben erwähnte Erklärung BONET's immer noch besser gefällt. Zum Teil thut GRASER den Buchstabenzeichen Zwang an, zum Teil der physiologischen Lautbildung. Eine „Wiedererfindung der Buchstabenschrift" in diesem Sinne ist stets als Verirrung zu bezeichnen.

Immerhin sehen wir bei BONET wie bei GRASER einen ernstlichen Versuch, durch die Anschauung eine praktische Verwendung der Sprachphysiologie beim ersten Leseunterricht zu vermitteln. Bei beiden herrscht das richtige Gefühl vor, dass sprachphysiologische Vorstellungen das Erlernen der ersten Schriftzeichen begleiten sollten. Nur die Art der Ausführung ist als gänzlich verfehlt zu bezeichnen.

Einen weit richtigeren Weg schlug OLIVIER ein, und nach ihm besonders JOHANN FRIEDRICH ADOLF KRUG. OLIVIER's Verfahren ist zwar sehr logisch und sorgfältig aufgebaut, aber sicherlich viel zu weitläufig und für den kindlichen Verstand zu hoch, um praktisch Anwendung finden zu können. Auch KRUG stellt an die Verstandesfähigkeiten des 6jährigen Kindes noch sehr hohe Anforderungen, wie wir gleich sehen werden, allein sein Verfahren hat doch nach meiner Meinung so viel wertvolle praktische Einzelheiten, die wir auch heute noch mit gutem Gewissen übernehmen können, dass ich etwas näher darauf eingehen will. Dies ist auch besonders deshalb nötig, damit klar ersichtlich wird, in welchen wesentlichen Dingen sich die Methode, die ich selbst als praktisch durchführbar vorschlagen möchte, von KRUG's Verfahren unterscheidet. Ich folge bei dieser Darstellung FECHNER und SCHÜTZE.

Krug beginnt mit Vorübungen, die zum Zwecke haben, das Kind zur Aufmerksamkeit auf seine Organbewegungen im Allgemeinen zu gewöhnen. Sie müssen gemeinschaftlich und pünktlich eine Bewegung machen, die der Lehrer von ihnen verlangt. z. B.: Rechte Hand hebt! — Rechte Hand senkt! u. a. m. Sie sollen stets genau wissen und bedenken, was sie thun. Sodann wurde zur Übung der Sprachwerkzeuge übergegangen. Auf vollkommenes Sprechen wurde mit der grössten Sorgfalt gehalten, alles rein und klar, nicht zu schnell, nicht zu langsam, taktmässig. Die einzelnen Gesichtsteile mussten gezeigt und benannt werden, von jedem Teile musste etwas ausgesagt werden. Schliesslich wurden der Mund und die Sprachorgane durchgenommen und auf die einzelnen Mundstellungen eingegangen. Krug nimmt vier Mundstellungen an: spitz, rund, weit und breit. Die in der hörbaren Sprache diesen Stellungen entsprechenden „Grundtöne" sind: u, o, a, e. Diese Grundtöne werden nun kurz oder lang je nach Kommando geübt. Von den vier Grundtönen gelangt K. zu den abgeleiteten Übungen, zu denen er richtig: ü, ö, ä, aber auch fälschlich i zählt. Die Kinder sollen alle Laute und Lautverbindungen (aou, aöü, üöü, aei, üei u. s. f.) in möglichster Reinheit aussprechen und sie durch das Ohr unterscheiden lernen.

Während es sich bis hierher nur um die Tonbildung handelt, geht Krug nunmehr zu der Artikulationsbildung über. Um die Kinder zum richtigen Sprechen der Artikulationen (Krug nennt sie „Bestimmungen") zu führen, giebt es nach K. zwei Wege:

„Der eine ist dem ersten Anscheine nach sehr kurz und leicht, indem man nur die Bestimmungen dem Sprachschüler einzeln richtig und vernehmlich vormachen darf und sie von ihm nach der Bezeichnung durch ihren Namen oder ihr Schriftzeichen so lange nachahmen lässt, bis der Lehrer sie für richtig erkennt." Krug verwirft diesen Weg als unzweckmässig.

„Ein anderer, bei flüchtigem Anblicke für sehr kunstvoll, mühsam und zeitraubend gehaltener Weg ist in der That weit einfacher, sicherer und kürzer. Er hat überdies vor jenem noch das voraus, dass er nicht ein Schleich- und Nebenweg ist, der sich mit seinem Wanderer durch blumige Gefilde hindurch spielt und schlängelt und ihn zu dem alleinigen Ziele: schnell lesen zu können führt, sondern es ist die gerade und unfehlbare

Strasse der allgemeinen Menschen- und Kunstbildung selbst, und diese heisst: allmähliges Fortschreiten in stetig aufsteigenden Übungen der Organe bei steter Besonnenheit und Richtung des Bewusstseins auf die jedesmalige Übung, bis die Organe hinlängliche mechanische Fertigkeit erlangt haben, um mit willkürlicher Beweglichkeit der ihnen inne wohnenden und stärker gewordenen Kraft schnell zu Gebote zu stehn."

„Diesem sicheren Wege gemäss führt auch hier der Lehrer seinen Sprach- und Leseschüler von Übung zu Übung bei ungestörter Aufmerksamkeit auf die Bewegungen der Organe, zu denen der Schüler nach sicheren festen Regeln mit Bewusstsein derselben sich selbst bestimmt.

Hierbei findet stets nur folgender Gang statt:

1. Der Lehrer sagt: thue das auf die und die Weise.
2. Der Schüler hört und thut aus innerer Vorstellung, was der Lehrer befiehlt, und ist bei erlangter Fertigkeit der Organe jedesmal im stande, zu bestimmen, was, wie und womit er es thut.

Damit aber der Schüler schnell vernehmen könne, welche zu einem Worte nötigen Sprachelemente er hinter einander bilden solle, muss der Lehrer sich gewisser bedeutender Zeichen bedienen, und dieses sind anfangs die hörbaren Namen der Sprachelemente, und nach erlangter Fertigkeit an diesen die sichtbaren Buchstaben. Der Aufeinanderfolge der einen wie der andern Art von Bezeichnung der Sprachoperationen gemäss bildet nun der Schüler nach einem bestimmten Zeitmasse die verlangten Töne und Bestimmungen, und so entsteht ein kunst- und regelmässiges Sprechen, welches man, wenn es nach den angenommenen Schriftzeichen geschieht, Lesen heisst."

Um es kurz zusammenzufassen, so verlangt Krug, dass die Kinder jeden Sprachlaut mit klarem Bewusstsein von der Lage der Sprachorgane bilden. Diese Fertigkeit muss dem eigentlichen Lesen vorausgehen. Über die erste Forderung werden wir uns noch weiter unten des näheren auszusprechen haben, die zweite Forderung jedoch möchte ich gleich hier auch als die meinige insofern anerkennen, als eine gehörige lautreine Sprache nach Möglichkeit vor dem praktischen Leseunterricht erreicht werden soll. Übrigens sind sich über diese Forderung auch wohl die meisten Pädagogen einig, nur über die Art und Weise, wie ihr entsprochen werden soll, sind die Meinungen geteilt. Leider muss ich gestehen, dass meine persönlichen Erfahrungen an zahlreichen Kindern der Berliner Volksschulen mir bewiesen haben, dass derartige vorbereitende Übungen entweder gar nicht oder nur sehr unvollkommen gemacht werden. Ich will zwar nicht so weit gehen wie DIESTERWEG und verlangen, dass die Kinder sich unter dem Vorbilde des Lehrers erst ein halbes Jahr in lautreiner Sprache üben sollten, aber etwas gründlicher sollte dieser Vorbereitungsunterricht doch wohl getrieben werden. Weiter unten werde ich zahlenmässig nachzuweisen versuchen, welche Nachteile für die soziale Wertigkeit der Jugend die Nichtbeachtung der Vorschrift ergeben kann und zum Teil schon ergeben hat. Kehren wir nach dieser kurzen Abschweifung wieder zu KRRO zurück.

Er teilt die Konsonanten in folgender Weise ein:

I. Verschlüsse.

A. Der Lippenschluss, und zwar:
  a) der scharfe Lippenschluss: p, pp;
  b) der sanfte Lippenschluss: b, bb.
B. Der Zahnschluss, und zwar:
  a) der scharfe Zahnschluss: t, th, tt, dt;
  b) der sanfte Zahnschluss: d, dd.
C. Der Gaumenschluss, und zwar:
  a) der scharfe Gaumenschluss: k, c, ck;
  b) der sanfte Gaumenschluss: g, gg.

II. Tonlaute.

A. Nasenlaute:
  a) der Lippenlaut: m, mm;
  b) der Zahnlaut: n, nn;
  c) der Gaumenlaut:
    α) mit scharfem Abstoss: nk;
    β) mit sanftem Abstoss: ng.
B. Mündungslaute:
  a) der Windlaut: w;
  b) der Zungenlaut: l, ll;
  c) der Schnurrlaut: r, rr.

III. Reine Laute.
A. Der Blaselaut, und zwar:
a) der scharfe Blaselaut: f, ff;
b) der sanfte Blaselaut: f, v, ph. (Hier müsste eigentlich das w stehen.)

B. Der Säusellaut, und zwar:
a) der scharfe Säusellaut: s, fs, ss, st, sp;
b) der sanfte Säusellaut: f.

C. Der Zischlaut, und zwar:
a) der scharfe Zischlaut: sch;
b) der sanfte Zischlaut: sch (= französischem j).

IV. Hauche.
A. Der Zungenhauch, und zwar:
a) der scharfe Zungenhauch: ch
b) der sanfte Zungenhauch: g

(sogen. vorderes ch und vorderes g nach hellen Vokalen).

B. Der Gaumenhauch, und zwar:
a) der scharfe Gaumenhauch: ch
b) der sanfte Gaumenhauch: g

(sogen. hinteres ch und hinteres g nach dunklen Vokalen).

C. Der Tonhauchlaut: j.

D. Der Kehlhauch, und zwar:
a) der scharfe Kehlhauch: h;
b) der sanfte Kehlhauch — unhörbar.

Wie man aus dieser Zusammenstellung leicht ersehen kann, liegt zwar sehr viel praktischer Blick in einem derartigen sprachphysiologischen System, aber es sind doch der Mängel genug vorhanden: das w ist vom f getrennt, ebenso das j vom ch u. a. m. Das Beispiel der praktischen Anwendung dieses Systems zitiere ich ebenfalls nach Fechner. Es handelt von der Bildung des Lippenschlusses.

„Vorbereitung: Dritte Stellung weit! — Angefasst die Unterlippe, die Oberlippe! Hand herab!

Bildung: Dritte Stellung weit: . . . Kehlhauch (ohne Ton)!

1. Unterlippe an die Oberlippe! — Lippen geschlossen! Fest gehalten!

2. Luft durch die Nase, keine durch den Mund! (Bei verschlossenem Munde ohne allen Ton stossen die Kinder den Athem in einem gleichen Zuge durch die Nase, oder wie man es auch wohl nennt, sie schnieben; jedoch ohne dabei einen gewaltsamen Vorstoss zu thun, was man hier und da schniechern nennt.)
3. Keine Luft durch die Nase, keine durch den Mund! — Luft gedrückt! (Manche Kinder halten sich hierbei vielleicht mit den Fingern die Nase zu, ehe sie merken, dass sie dasselbe bequemer im Munde selbst verrichten können. Indes wählen sie dieses Bequemere bald sogleich von selbst. — Die Luft lasse man nicht länger als höchstens einige Sekunden lang im Munde zusammengedrückt halten, damit manche Kinder sich nicht zu sehr anstrengen.)
4. Luft herausgestossen! — Mund auf! Die Kinder insgesamt stossen auf einen Wink die eingepresste Luft ohne einen Ton scharf hervor und bemerken zugleich den Eindruck hiervon auf ihr Gehör. Sollten manche den Ausdruck scharf gestossen nicht verstehen, so darf man nur sagen: Kehlhauch scharf herausgedrückt! gehaucht! —"

Wir wollen hier die Bemerkung einschieben, dass KRUG offenbar deutlich erkannt hat, dass die Tenues im Deutschen mehr oder weniger immer Aspiratae sind, demnach auch immer mit offener Stimmritze artikuliert werden. Ich halte diese Erkenntnis praktisch für ausserordentlich wichtig und verweise gleich hier auf den entsprechenden Abschnitt im letzten Teile dieses Aufsatzes. KRUG führt weiter fort:

„Nach drei- bis viermaliger Wiederholung heisst der Befehl kürzer also:
1. Unterlippe an Oberlippe!
2. Luft gedrückt! — Luft gestossen!

Man sage nun den Kindern: Wenn ihr die Lippen schliesst und nachher Luft hervorstosst, so heisst das: Lippenschluss. — Diese Benennung sprechen dann die Kinder taktmässig mit, bis sie ihnen bekannt ist. Haben die Kinder nun diese, wie künftig jede andere neue Bestimmung mehrmals mit Geläufigkeit richtig gebildet, dann vergesse der Lehrer niemals folgende zwei Fragen zu thun: 1. Wie macht ihr es? 2. Wie klingt es? — Hier also:

1. Wie macht ihr den Lippenschluss? — Die Kinder wiederholen wörtlich den abgekürzten Befehl: Unterlippe an die Oberlippe! Luft gedrückt! Luft gestossen!
2. Wie klingt der Lippenschluss? — Die Kinder bilden ihn auf gegebenen Wink ohne allen Ton."[1])

Nachdem alle Laute in dieser überaus gründlichen Weise zu sprachphysiologischem Bewusstsein erweckt sind, geht Krug an den Leseunterricht heran, bei dem die Kinder nun erst die Buchstabenzeichen kennen lernen u. zw. unter ihrem lautlichen Namen: a-Zeichen = a, i-Zeichen = i. Windlautzeichen = w, Schnurrlautzeichen = r u. s. f. Da das Verbinden der Laute zu Wörtern schon vorher genug geübt worden ist, so macht das Lesen keine besonderen Schwierigkeiten mehr. Derartige Verbindungsübungen lauten z. B.:

Lehrer: Lippenlaut! oh! — Kinder: mo! — L.: Sanfter Zahnschluss! e! — K.: de! — L.: Zusammen! — K.: mode.
L.: Scharfer Gaumenschluss! u! — K.: ku! — L.: Scharfer Zahnschluss! e! — K.: te! — L.: Zusammen! — K.: Kute. —

Es ist ganz natürlich, dass Krug mannigfachen Widerspruch erfuhr, da er in dem ersten Leseunterricht ein neues und wie er selbst ja oben zugiebt, bei flüchtigem Anblick für sehr kunstvoll, mühsam und zeitraubend gehaltenes Prinzip einführte (s. o. S. 11). Sicherlich gehört zur erfolgreichen Anwendung dieses Prinzips eine sehr genaue Kenntnis der Sprachphysiologie seitens des Lehrers. Das würde ich aber nie für einen Nachteil halten. Im Gegenteil sollte jeder Volksschullehrer auf dem Seminar eine gründliche praktische und theoretische Ausbildung in der Sprachphysiologie erhalten, und zwar wie das Albert Gutzmann bereits vorschlug, bei der Besprechung des ersten Leseunterrichtes. Doch kommen wir später noch auf diesen Punkt zurück.

Die absprechenden Urteile über Krug's Methode lassen sich fast alle leicht widerlegen. A. H. Niemeyer erkennt das hervorragende Verdienst Krug's um die Sprachphysiologie an, fügt aber hinzu: „Nur die Vermengung des Wissenschaftlichen mit dem Praktischen ist ein Fehlgriff . . . ." Ja, warum denn? Mir scheint im Gegenteil die Anknüpfung des Wissenschaftlichen an das Praktische von ganz ausserordentlichem Werte, jedenfalls ist

---
[1]) Man vergleiche mit dieser ganzen Auseinandersetzung die Seiten 25—27 im II. Teil dieses Aufsatzes.

die Scheu vor einem solchen Verfahren durch nichts begründet, nicht einmal durch die Erfahrung. Wenn Otto Schulz sagt: „Beispiel und Übung müssen bei jeglicher Fertigkeit das Beste thun," so kann man ihm ohne weiteres zustimmen. Wenn er aber diesen Satz dadurch einleitet, dass er die Behauptung aufstellt: „Überall, wo Fertigkeit erzielt werden soll, ist Reflexion an unrechter Stelle" — so vermisse ich dafür den Nachweis, oder soll das wirklich ein unbestreitbares Axiom sein? Ebenso ist es, wie die Erfahrung täglich lehrt, nicht immer richtig, wenn O. Schulz sagt: „Eine richtige Aussprache der Laute kann nicht leichter und nicht sicherer bewirkt werden, als durch ein gutes Beispiel des Lehrers und durch stete Aufmerksamkeit auf fehlerhafte Angewöhnungen der Schüler."[1]) Es giebt in der untersten Volksschulklasse Kinder genug, bei denen das nicht genügt und bei denen eine Nachahmung des Krug'schen Verfahrens zweckdienlich wäre und leicht und sicher zum Ziele führen müsste. Endlich ist ein scheinbar sehr gewichtiger Einwurf von Jetting erhoben worden: „Es war natürlich, dass die Krug'sche Methode bei vielen Theoretikern und Praktikern in Misskredit geriet. Denn es ist durchaus unpsychologisch, zu verlangen, dass das Kind sich bei jedem Laute jeder Muskelbewegung[2]) in seinem Sprachorgan bewusst werde und bleibe. Lernt es auch gehen, sehen, hören und fühlen mit Bewusstsein von der Thätigkeit der dazu nötigen Organe? Und wozu sollte dieses Bewusstsein dienen? Kann nicht ein Mensch durch einfache Nachahmung die Laute deutlich genug hervorbringen." Dagegen ist folgendes zu sagen. Wozu eine derartige Bewusstseinsthätigkeit dient, werden wir weiter unten sehen. Es ist aber sicherlich unpsychologisch, sprechen und gehen (was gut zusammengehört) mit sehen, hören und fühlen in einen Topf zu werfen. Dass es durchaus psychologisch ist, das Bewusstsein von Muskelbewegungen zu erwecken und zu stärken, ja dass dies Bewusstsein in stärkerem oder geringerem Grade jedem Menschen eigentümlich ist, dürfte wohl kein Psychologe bezweifeln wollen.

Diesen Urteilen gegenüber möchte ich eine Bemerkung anführen, die ein hervorragender und bewährter Pädagoge, A. Böhme, über den strittigen Punkt macht: „Wenn auch die Beobachtungsgabe des Kindes nicht kräftig genug sein wird, alle Feinheiten,

---

[1]) Man vergleiche damit die weiter unten angeführte Meinung A. Böhme's.
[2]) Das wird ja gar nicht verlangt.

die bei der Hervorbringung eines Lautes in Betracht kommen, wahrzunehmen, und wenn auch noch weniger die Fähigkeit vorhanden sein wird, sich darüber verständlich zu äussern, so werden die Beobachtungen, schon, weil sie ein feines Mittel sind, das Kind zum Aufmerken anzuleiten, doch nicht ganz verworfen werden: jeder Lehrer, der den ersten Leseunterricht erteilt hat, wird ja auch in den Fall gekommen sein, auf die Stellung der Lippen, der Zunge, der Zähne etc. aufmerksam zu machen; namentlich wenn es galt, einen mangelhaft hervorgebrachten Laut zu korrigieren, wird der Lehrer die Wahrnehmung gemacht haben, dass Vorsprechen des Lautes allein die Korrektur nicht bewerkstelligte; er hat angeben müssen, welche Lage Zunge, Zähne etc. einzunehmen haben, um den Laut richtig hervorzubringen."

Ich selbst halte das Krug'sche Verfahren für zu weit gehend und glaube, dass es an die Fassungskraft und auch an die Aufmerksamkeit der Kinder zu hohe Anforderungen stellt. Im Prinzip jedoch halte ich es psychologisch und praktisch für richtig.

II.

Psychologische Begründung des sprachphysiologischen Leseunterrichtes, Durchführbarkeit desselben.

Schon aus den im vorigen Abschnitt mitgeteilten Einwürfen geht hervor, dass es besonders zwei Punkte waren, die man angriff: man bezweifelte die praktische Durchführbarkeit und sprach dem Verfahren die psychologische Berechtigung ab. Wir gehen zunächst auf den letztgenannten Einwurf näher ein.

Um das Sprechenlernen mit dem Lesenlernen vergleichen zu können, müssen wir auf die psychologischen Grundlagen der Sprache etwas ausführlicher eingehen. Wir nehmen für das Sprechen, Lesen und Schreiben 5 Centra an, die durch mannigfache Verbindungsfäden unter einander verknüpft sind: Assoziationsbahnen. Das Centrum I, in der ersten Windung des Schläfelappens liegend (WERNICKE) wird beim Kinde zuerst ausgebildet, denn das Kind lernt früher die Sprache verstehen, als selbst sprechen. Das Centrum I ist demnach das Perzeptionscentrum und ist als solches ein Teil des Hörcentrums. Die Perzeptionsbahn (1) führt dazu durch das Ohr. Von dem Perzeptionscentrum wird unter

Beihülfe des angeborenen Muskeltriebes der Nachahmung das Centrum II, das motorische Centrum der Sprache ausgebildet, von dem aus die peripher-expressive Bahn 2 zu den peripheren Sprachwerkzeugen: Athmungs-, Stimm- und Artikulationsorganen führt und diese zur gemeinsamen, harmonischen Thätigkeit leitet. Dieses Centrum bildet sich beim Kinde erst sehr allmählich aus, der Beginn seiner Entwicklung fällt meistens bereits in das erste Lebensjahr, das Ende in gewissem Sinne erst in die Zeit der Pubertätsjahre. Man kann dies daraus schliessen, dass Kinder die Taubheit erworben, noch zu Taubstummen werden können, also die Sprache verlieren können, wenn die Ertaubung vor den Pubertätsjahren eintritt. (Kussmaul.) Freilich ist es meistens nur so, dass der Verlust der Sprache nur bei 4 bis 5jährigen Kindern eintritt. Ertauben Kinder nach dem 6. Jahre, so bleibt in den meisten Fällen ein grosser Teil der einmal erworbenen Sprache für den späteren Unterricht benutzbar. Das III. Centrum ist wieder ein Perzeptionscentrum, es konstatiert die sichtbaren Bewegungen der Sprache und beim Losen die Schriftzeichen. Die Perzeptionsbahn 3 geht durch das Auge. Ebenso ist das kinästhetische Centrum IV perzeptorisch thätig, es vermittelt die Wahrnehmung der Sprachbewegungen beim Sprechen und der Schreibbewegungen beim Schreiben. Die Bahn 4 führt von den Muskeln und der Oberfläche der Sprachorgane resp. der Hand aus. Das IV. Centrum ist also dasjenige, welches uns unsere Sprachbewegungen und Organstellungen bei den einzelnen Lauten zum Bewusstsein bringt. Das Centrum V endlich ist das sogen. Schreibcentrum, es dirigiert durch die Bahn 5 die Schreibbewegungen der Hand. Die Centra I, II, III, IV, V haben demnach die peripheren Bahnen 1, 2, 3, 4, 5, von denen die Bahnen 1, 3, 4 von der Peripherie zum Centrum führen; also perzeptive Bahnen darstellen, während die Bahnen 2 und 5 motorische sind.

Dr. Christfried Jacob stellt in seinem Atlas des Nervensystems die Centra und Bahnen in übersichtliche Beziehung zu einander, indem er die Assoziationsbahnen zwischen den einzelnen Centra mit a, die Begriffsbildung, die er demnach nicht als an ein besonderes Centrum auffasst, sondern als den Effekt der gesamten assoziativen Thätigkeit, mit x bezeichnet. So findet er folgende Formeln, die in der That vollständig übersichtlich den Gesamtverlauf der peripheren und centralen (psychischen) Thätigkeit darstellen:

Sprechen lernen: $1 + 3$ . . $\overbrace{\text{I (a III)} - \text{II (a IV)}}^{x}$ . . 2

Lesen lernen: 3 . $\overbrace{\text{III} - \text{I (a IV)} - \text{II}}^{x}$ . . 2

Schreiben lernen: 3 . . $\overbrace{\text{III} - \text{I (a IV, a II)} - \text{V}}^{x}$. 5
Spontanes Sprechen: x . II (a IV, a I, a III) 2

Spontanes Lesen: 3 . . $\overbrace{\text{III} - \text{I (a IV)} - \text{II}}^{x}$. 2
Spontanes Schreiben: x . . I (II) — III — V (a IV) . . 5
Nachsprechen: 1 . . I — II (a IV, a III) . . 2⎫
Nachschreiben: 3 . III — V (a IV) . . 5⎬[¹)
Diktatschreiben: 1 . . I (a III) — V (a IV) . . 5⎭

Sehen wir uns nun die Entwicklung der einzelnen Thätigkeiten näher an, so beginnen wir naturgemäss zunächst bei dem Sprechenlernen, um erst dann auf die Psychologie des Lesenlernens überzugehen.

Das Kind lernt das Sprechen von seiner Umgebung durch **Nachahmung**. Diese Nachahmung wird hauptsächlich durch das **Gehör** vermittelt, hauptsächlich, aber nicht etwa allein. Alle Psychologen, die sich sorgfältig mit der sprachlichen Entwicklung der Kinder beschäftigt haben, betonen, dass auch das Auge beim Erlernen der Sprachbewegungen eine gewichtige Rolle spielt. Daher kommt es, dass **blindgeborene** Kinder im allgemeinen später sprechen lernen, als vollsinnige unter den gleichen sonstigen Umständen. PREYER u. v. A. sowie ich selbst haben beobachtet, wie die Kinder bei der Nachahmung konstant das Auge als Hülfsmittel verwandten. So sah ich bei meinem zweiten Kinde (einem Mädchen) im achten Monat, dass es mein Gesicht, während ich zu ihm sprach, aufmerksam betrachtete und diese Betrachtung auf die sich bewegenden Lippen lenkte. Als ich ihm hierbei das Auf- und Zumachen der Lippen bei der Silbe ba tonlos vormachte, ahmte es die gleiche Bewegung tonlos nach (s. „des Kindes Sprache und Sprachfehler" 1894 S. 16). Den Er-

---

¹) Bei den letzten drei Thätigkeiten fehlt natürlich das x, wenn sie ohne Begriffsassoziation entstehen, also rein mechanisch. Beim Sprechenlernen habe ich statt 1 (a 3), wie Jacob will, 1 + 3 gesetzt, da die Assoziation wohl im Centrum stattfindet. Daher habe ich zu I auch (a III) gesetzt und ebenso beim spontanen Sprechen, wie beim Nachsprechen. Allerdings verstehe ich da unter III nicht nur das Centrum für die Schriftzeichen, sondern auch für die sichtbaren Sprachbewegungen. Das Nähere geht aus dem Folgenden hervor.

wachsenen ist es meist nicht bewusst, dass sie ein Centrum für die sichtbaren Sprachbewegungen überhaupt besitzen, und doch lässt es sich durch ein einfaches Experiment, das wohl jeder schon versucht hat, direkt nachweisen. Sitzt man in der Oper und versteht einen Sänger nicht, so kann man sich das Verständnis verschaffen, wenn man sein Gesicht mittelst des Opernglases sich nähert. Auf diese Weise vermittelt das Auge den zum Verständnis fehlenden Rest der Perzeption, wir sehen die Artikulationsbewegungen und hören nun besser! Wir verstehen einen Redner besser, wenn wir sein Gesicht genau erkennen, wenn wir also die Artikulationsbewegungen zur Apperzeption benutzen können. Das Centrum für die Erkennung und Deutung der Artikulationsbewegungen mittelst des Auges ist also vorhanden, wir sind uns seiner nur nicht bewusst. Freilich ist das Centrum bei verschiedenen Menschen auffallend verschieden ausgebildet. Das kann man recht klar erkennen, wenn ein Mensch durch irgend eine Krankheit plötzlich sein Gehör verliert. Ich habe Patienten gesehen, die fast von selbst in sehr kurzer Zeit das Ablesen vom Munde so gut erlernten, dass sie es mit jedem Taubstummen, der sein ganzes Leben in dieser Kunst praktisch geübt wird, hätten aufnehmen können. Andere wieder zeigten bei sorgfältiger Anleitung und ausgiebiger Übung nur wenig Verständnis für die optische Perzeption der Sprache. Beides sind natürlich Extreme; im Mittel sind die Menschen für das Centrum III gleichmässig beanlagt. Auch bei völlig normalen Menschen kann man manchmal eine sonderbare Unfähigkeit des Centrum III erkennen. Wenn man die Figurentafel dieser Arbeit ansieht und das sch betrachtet, so wird man sicherlich erstaunen, wenn man hört, dass jemand diese charakteristische Mundstellung für f erklärt, und doch habe ich dies bei einem bekannten Berliner Ohrenarzt erlebt.

Wie ich in der letzten Anmerkung bereits sagte, nehme ich das Centrum III nicht nur für die Schriftzeichen, sondern auch für die sichtbaren Sprachbewegungen in Anspruch, und es ist aus dem soeben Gesagten klar, dass das Zentrum fortwährend von Kindheit an mehr oder weniger benutzt wird. Da wir aber wissen, dass die frühzeitige Benutzung und Ausnutzung solcher Fähigkeiten nicht nur eine grosse Vervollkommnung für die Fähigkeit selbst, sondern, da schliesslich das gesamte Begriffsvermögen sich doch aus lauter solchen einzelnen Fähigkeiten oder Centren und ihren Verbindungen zusammensetzt, auch für die gesamte Geistesbildung ein Vorteil geschaffen wird, — so liegt es doch nahe, auch beim ersten Leseunterricht analog dem Sprechenlernen dieses Centrum möglichst vollkommen auszubilden. Daher führte Krug auch die Kinder zu der Erkenntnis der Sprachorgane, darum liess er sie die Thätigkeit der Sprachorgane nach dem sichtbaren Sprachvorbild des Lehrers beschreiben. Er erweckte das Verständnis für die sichtbaren Sprachlautstellungen systematisch und zwar, wie hieraus hervorgehen dürfte, durchaus entsprechend der Psychologie der Sprache. Dasselbe Gefühl für das psychologisch Richtige bewegte auch schon Graser, wie wir oben sahen. Und doch zeigt schon viel früher, im Jahre 1650, Johannes Buxo in seinem Abc- und Lesebüchlein die ersten Anfänge zur Ausbildung des optischen Sprachcentrums, denn das o stellte er in der für o charakteristischen Mundstellung dar.

Beim Sprechenlernen tritt nun aber noch die Assoziation des kinästhetischen Centrums hinzu, d. h. es muss uns über die Lage und Bewegungen unserer Artikulationsorgane bei jedem einzelnen Laute fortwährend richtig Kunde zugehen, damit wir imstande sind, die normalen Bewegungen als normale zu konstatieren und so eine Kontrolle auszuüben. Bei dem Taubstummen, der in der deutschen Taubstummenschule seit Samuel Heinicke die Lautsprache erlernt, giebt es nur dieses Mittel, um die eigene Sprachthätigkeit unter Aufsicht zu halten. Das ist der Muskelsinn der Sprachwerkzeuge. Ja, bei denen, die das Unglück haben, taub und blind geboren zu sein, muss die fühlende Hand die Perzeption des sie Ansprechenden vermitteln, während der antwortende Taubstummblinde seine eigene Sprache durch den Muskelsinn seiner Sprachorgane kontrolliert. Wenn wir ein derartiges Centrum demgemäss als notwendig vorhanden annehmen müssen, so ist damit durchaus noch nicht gesagt, dass wir uns jeder Zeit die Thätigkeit des Centrums zum Bewusstsein bringen müssten. Wir können es aber thun, und wenn uns eine solche Bewusstseinsthätigkeit zuerst auch fremd anmutet: allmählich geht diese Thätigkeit leichter vor sich und wickelt sich schliesslich ganz glatt und ohne Stocken bei fortwährender bewusster Vorstellung ab. Warum sollen wir aber solche Bahnen und Centra, die schon beim Sprechenlernen erworben wurden, nicht einer systematischen Weiterentwicklung zuführen, warum sollte das unpsychologisch sein?

Sehen wir dagegen nun die Psychologie des Lesenlernens wie des spontanen Lesens an, so finden wir hier selbstverständlich das Centrum III als Hauptcentrum vorangestellt, wobei ich aber wieder daran erinnere, dass wir diesem Centrum auch die sichtbaren Sprachbewegungen zuteilen müssen. Aber auch das kinästestische Centrum ist in den Formeln nicht übersehen worden, es muss aus den gleichen Gründen wie beim Sprechenlernen und beim spontanen Sprechen vorhanden sein. Durch Hervorhebung der betreffenden Formeln wollte ich auch noch die Aufmerksamkeit auf den Parallelismus zwischen Lesenlernen und Schreibenlernen hinleiten, die Formeln stimmen fast genau überein. GRASER erkannte auch diese psychologische Gleichheit mit grosser Deutlichkeit an und zog daraus die bekannten Schlüsse, die zu seiner Schreib-Lesemethode führten.

Das Centrum IV wurde in seiner psychologisch richtigen Assoziation von KRUG systematisch ausgebildet. Er wollte die Kinder in dem bewusst physiologischen Sprechen soweit ausbilden, dass sie die Assoziation (a IV) beim Lesen von selbst energisch innervierten.

Nach alledem dürfte der Einwand, dass die ausführliche Verwendung der Sprachphysiologie im ersten Leseunterricht in Krug'schem Sinne unpsychologisch sei, sich durch nichts mehr rechtfertigen lassen.

Wie ist es aber mit der praktischen Durchführung? Ist es überhaupt möglich, 6jährigen Kindern sprachphysiologische Vorstellungen und Begriffe beizubringen, ohne dass man sie verwirrt und ihrer Aufmerksamkeit und Verstandesanstrengung zu viel zumutet? Wird nicht ein derartiges Vorgehen bei minder begabten Kindern geradezu unübersteigbaren Hindernissen gegenüberstehen?

Dieser Einwurf ist zweifellos berechtigt, wenn man die Krug'schen Übungen durchliest. Die übermässige Anforderung, die ein solches Verfahren an die konzentrierte Aufmerksamkeit der Kinder stellt, muss notgedrungen eine fehlerhafte Reaktion in Gestalt von Übermüdungserscheinungen sichtbar machen, es sei denn, dass diese Übungen immer nur sehr kurze Zeit durchgenommen werden. Ferner fragt man sich mit Recht, ob es bei einem Klassenunterricht möglich ist, den Kindern die innere Stellung der Sprachorgane klar zu machen. Nimmt man sich ein 6jähriges Kind einzeln vor, so geht es allerdings ganz leicht, davon habe ich mich selbst mehr als einmal überzeugt. Sind aber

40—50 Kinder in einer Klasse, so kostet das Verfahren mindestens einen ungeheuren Zeitaufwand, und es ist doch fraglich, ob dieser in gerechtem Verhältnis zu dem Nutzen der Arbeit steht. Trotzdem beweisen unsere Taubstummenlehrer tagtäglich (allerdings in bedeutend kleineren Klassen), dass es sehr wohl möglich ist. Ja, Piper in Dalldorf hat sogar nachgewiesen, dass auf diese Weise idiotische Aphasische zu einer Art Lesen gebracht werden können. Seine Ausführungen sind so sehr für unsere Aufgabe von Interesse, dass ich einzelnes aus seiner Arbeit hier etwas ausführlicher wiedergeben will. Die Arbeit: „Der grundlegende Sprachunterricht bei stammelnden schwachsinnigen Kindern" ist in der „Monatsschrift für Sprachheilkunde" Januar 1896 nachzulesen.

Piper benutzt zu seinen Übungen — wie wir das stets dringend empfohlen haben — den Spiegel. Beim Vokal a werden vor dem Spiegel erkannt:
a) Heruntergehen des Unterkiefers d. h. Öffnen des Mundes;
b) ruhige Lage der Zunge;
c) die Zungenspitze berührt leise die untere Zahnreihe;
d) Anschlagen der Stimme bei a, das sichtbar wird durch das Beschlagen der Spiegelfläche;
e) das Kind fährt mit dem Zeigefinger über die Lippenränder des geöffneten Mundes und beschreibt einen Kreis.

Piper benuzt allerdings diese Übungen nicht, um den Kindern das Lesen, sondern um ihnen das Sprechen beizubringen. Wenn aber — wie Piper bewiesen hat, und wie ich und zahlreiche Ärzte und Pädagogen sich überzeugt haben — wenn mittelst dieses Verfahrens bei einem idiotischen Kinde die Sprache erzeugt werden kann, warum soll nicht ein vollsinniges, normales, sprechendes Kind ohne jede Schwierigkeit auf solche Art sein Gesichtscentrum der Sprache III (siehe oben Absatz a) und sein kinästhetisches Centrum IV (siehe Absatz e) zu üben im stande sein? Um das einmal Gewonnene festzuhalten, benutzt Piper die Photographie des Lautes. Da der Vokal a am Lippenrande einen Kreis darstellt, so ist ein einfacher Kreis O die graphische Darstellung des a. Ich selbst habe gesehen, wie idiotische sprachlose Kinder beim Vorzeichnen des Kreises mit dem Finger an ihren Lippen entlang glitten und a sprachen. Der Einwand, dass idiotische Kinder nicht im stande seien, aus einem solchen Symbol den Laut zu folgern, ist demnach hinfällig.

Auf das a folgt die Einübung des u, für welches analog ein ganz kleiner Kreis gewählt wird, dann folgt o, das als Oval dargestellt ist u. s. f. Wie man sieht, konstruiert PIPER sich auf diese Weise eine neue Schrift und das ist in seinem speziellen Falle allerdings notwendig. Wir würden bei den Kindern der Volksschule dagegen jeden Gedanken an eine kausale Verknüpfung von Form der gewöhnlichen Buchstaben und Laute aufgeben müssen.

Als zweiten Beweis für die Möglichkeit, sechsjährigen normalen Kindern einfache sprachphysiologische Vorstellungen mit Erfolg beizubringen, führe ich die jahrelangen Erfahrungen an, die ich mit meinem Vater ALBERT GUTZMANN gemeinsam an stotternden und stammelnden Volksschulkindern gesammelt habe. Bekanntlich werden zu den Lehrkursen von seiten der Regierungen und Gemeinden Lehrer geschickt, um die Behandlung der sprachgebrechlichen Kinder zu erlernen. Von den jetzt bald 400 Lehrern, die bei uns ausgebildet worden sind, haben eine grosse Anzahl die praktische Verwertung der Sprachphysiologie, die wir zur Heilung der Sprachübel anwenden, auch auf den ersten Leseunterricht in ihrem bez. Wirkungskreise übertragen. Häufig waren dies gerade ältere Lehrer; das, was sie später berichteten, lautete stets überaus günstig. Damit man selbst ein Urteil gewinne und Lehrer, die diese Arbeit lesen, auch praktische Versuche machen können, gebe ich hier eine Anzahl Entwicklungen der Sprachbewegungsvorstellungen wieder, wie sie in dem kleinen Übungsbüchlein für Stotterer enthalten sind. Gleich von vornherein bemerke ich, dass naturgemäss bei diesen praktischen Beispielen eine grosse Ähnlichkeit mit dem KATE'schen Verfahren sich zeigen muss. Es ist aber deswegen besonders interessant, beide praktische Belüge mit einander vergleichen zu können, weil die Autoren ihre Anweisungen zu ganz anderen Zwecken gegeben haben.

Zunächst beginnen die Fragen mit allgemeinen Regeln des Sprechens und besonders der richtigen Sprechathmung:

F.: Wie musst du sprechen? — A.: Langsam und ruhig. — F.: Also so: .... (der Lehrer spricht nun recht langsam irgend einen Satz). Wie musst du aber nicht sprechen? — A.: Ich muss nicht zu laut und nicht zu leise sprechen. (Auch dies muss der Lehrer an einem Beispiel zeigen.) — F.: Was musst du wissen, wenn du sprechen willst? — A.: Ich muss wissen, was ich sagen will. — F.: Wie sollst du beim Sprechen sitzen oder stehen? — A.: Ich soll still sitzen, still stehen. — F.: Wie noch? — A.: Ich soll gerade sitzen, gerade stehen. — F.: Was sollst du thun, bevor du den Sprechsatz anfängst? — A.: Ich soll kurz und tief Athem holen. — F.: Durch die Nase? — A.: Nein, durch den Mund. — F.: Wann athmen wir durch die Nase? — A.: Wenn wir nicht sprechen. — F.: Wodurch athmen wir aber beim Sprechen? — A.: Durch den Mund. — F.: Hole einmal durch die Nase, einmal durch den Mund Athem! Was geht schneller? — A.: Durch den Mund. — F.: Wie sind Einathmung und Ausathmung beim Schlafen und Nichtsprechen? — A.: Sie sind beinahe gleich lang. — F.: Wie sind Ein- und Ausathmungszug beim Sprechen? — A.: Die Einathmung ist kurz und tief, die Ausathmung langsam und lang. — F.: Zeige, wo du die Stimme bildest! — A.: Hier, am Kehlkopf. — F.: Lege den Finger dort an, wo du den Einschnitt fühlst! Was bemerkst du, wenn du a sagst? — A.: Ich bemerke ein Zittern. —

Auf diese Weise sind Athmung und Stimme — zwei der drei grossen peripheren Komponenten der Sprache — mit den Kindern so durchgenommen, dass ihnen diese Thätigkeiten durch Gesicht und Gefühl zum Bewusstsein gekommen sind. Nunmehr folgt die dritte Komponente: das Artikulationssystem. Ich führe hier die Durchnahme einiger Konsonanten als Beispiele an:

b: F.: Womit machst du den Verschluss bei b? — A.: Mit den Lippen. — F.: Wo fühlst du das am meisten? — A.: Hier in der Mitte der Lippen. — F.: Was machst du dann? — A.: Dann öffne ich die Lippen wieder. — F.: Also was geschieht zuerst? — A.: Zuerst schliesse ich die Lippen. — F.: Dann? — A.: Dann öffne ich sie. — F.: Was kommt bei der Öffnung der Lippen aus dem Munde heraus? — A.: Luft. — F.: Fühle das mit dem Finger! Was wird mit dem Öffnen der Lippen verbunden? — A.: Die Stimme. — F.: Wo fühlst du sie? — A.: Hier am Kehlkopf. — F.: Lege deinen Finger an den Kehlkopf! Wobei wird das b noch nicht hörbar? — A.: Wenn ich die Lippen schliesse. — F.: Wann wird es hörbar? — A.: Wenn ich sie öffne.

p: Womit machst du den Verschluss bei p? — Was folgt nach dem Verschluss? (Aufhebung desselben.) Was geschieht also zuerst? Was dann? Zeigen! Was kommt bei der Aufhebung des Verschlusses aus dem Munde heraus? — Zeige, wie weit du diesen

Luftstrom auf der vorgehaltenen Hand fühlen kannst! u. s. w. Wie unterscheidet sich p vom b?
f und w: Wo liegen die Oberzähne bei f auf? (Unterlippe.) Wo kommt der Luftstrom heraus? (Mitte.) Fühle es! Lege die Hand an den Kehlkopf! Fühlst du die Stimme? (Nein.) Das f ist also ton- oder stimmlos. Nun sprich: fw. Wann fühlst du das Zittern der Stimme? Wenn das w beginnt. W ist also stimmhaft. —

Bei den praktischen Übungen wird ebenso ungefähr kommandiert, wie Krco es gethan hat. Ich glaube, dass beim ersten Leseunterricht eine so genaue und sorgfältige sprachphysiologische Deduktion allerdings nicht gut mit einer ganzen Klasse vorgenommen werden kann. Dass aber jedes normale sechsjährige Kind diese Dinge mit Leichtigkeit begreift, dass es niemals dadurch gelangweilt wird, sondern im Gegentheil durch die fortwährende Anleitung zur Selbstbeobachtung in reger Aufmerksamkeit erhalten bleibt, dass endlich diese Art des Unterrichts einem wirklichen einfachen Anschauungsunterricht an Schwierigkeit nicht übertrifft, das alles habe ich in jahrelanger sprachärztlicher Thätigkeit praktisch erprobt und erfahren.

III.
Gesundheitlicher Wert eines sprachphysiologischen Leseunterrichtes.

Den Hauptvorzug des lautierenden Leseunterrichtes vor dem buchstabierenden sah man von jeher darin, dass er den Kindern das Lesenlernen sehr erleichterte und somit viel schneller eine Lesefertigkeit eintrat. Diesen Vorzug würde ich direkt als einen Nachteil der Lautiermethode bezeichnen, wenn er nicht vorzüglich ergänzt würde dadurch, dass die Lautiermethode eine rein physiologische, natürliche ist. Phonetiker haben diesen Charakter der Lautiermethode wohl erkannt und ihn mit vollem Recht in den Vordergrund gerückt, so besonders FECHNER. Die Gefahren eines zu schnellen Lesenlernens aber sollte man soviel wie möglich durch möglichst langsames Entwickeln zu besiegen suchen. Statt dessen ist auf einigen Schulen ein wahres Wettrennen im schnellen Lesenlernen eingetreten. Es kommt aber gar nicht darauf an, wie schnell ein Kind lesen lernt, sondern wie es lesen lernt.

In einer kleinen vor acht Jahren erschienenen Schrift: „Die Verhütung und Bekämpfung des Stotterns in der Schule," stellte ich am Schlusse zwei Forderungen: I. die **Ausbildung der Lehrer auf dem Seminar soll auf die Kenntnis der Sprachstörungen ausgedehnt werden**; II. **der Leseunterricht in der untersten Klasse hat die mit Sprachgebrechen oder der Anlage zu solchen behafteten Kinder besonders zu berücksichtigen**. Heute möchte ich noch die These hinzufügen: **ein sprachphysiologisch richtig erteilter Leseunterricht in der untersten Volksschulklasse ist im stande, eine grosse Reihe von schon vorhandenen Sprachgebrechen zu unterdrücken oder zu beseitigen und eine noch grössere Zahl zu verhüten**.

Für den weniger mit den Verhältnissen Vertrauten ist vielleicht die besondere Berücksichtigung der Sprachstörungen ein Anstoss. Vielleicht glauben viele gar nicht an eine so grosse Ausbreitung der Sprachstörungen. Und doch lässt sich sehr leicht an der Statistik beweisen, dass Deutschland mindestens die erschreckliche Anzahl von 80 000 stotternden Schulkindern aufweist. Darauf aber brauche ich wohl nicht besonders aufmerksam zu machen, dass in den heutigen schwierigen Erwerbsverhältnissen jede, auch die geringste Minderwertigkeit die Schwierigkeiten im Kampf ums Dasein erhöht.

Leider kann man aber auch noch nachweisen, dass die grösste Steigerung der Prozentziffern stotternder Kinder in der Schule selbst stattfindet, dass also Schulverhältnisse irgend welcher Art als störende Einflüsse vorhanden sind, dass die Schule an der grossen Zunahme der Sprachstörungen einen Teil der Schuld trägt.

Nicht ohne Absicht habe ich oben die Kuuo'schen Fragen und Antworten, mit den Fragen und Antworten, die zur Heilung stotternder Kinder benutzt werden, in Vergleichung gesetzt. Zeigt sich doch daraus ganz klar und deutlich, dass entsprechende Anwendung der Sprachphysiologie beim ersten Leseunterricht notwendig zu dem gleichen Erfolge der Unterdrückung und Verhütung von Sprachstörungen führen muss. Denn die dort geschilderte Methode der Stotterheilung hat sich durch Jahre hindurch bereits bewährt.

Die Statistik der Berliner Lehrer vom Jahre 1887, die in ganz vorzüglicher Weise durchgearbeitet worden ist, zeigt sehr deutlich eine erhebliche Zunahme des Stotterns in der Schule selbst. Es befanden sich nämlich von je 100 Stotterern

im Alter von	6—7 Jahren	5,2
„ „	7—8 „	11,7
„ „	8—9 „	11,1
„ „	9—10 „	13,5
„ „	10—11 „	14,2
„ „	11—12 „	13,8
„ „	12—13 „	14,4
„ „	13—14 „	16,1
		100,0

Es stotterten demnach von den im letzten Schuljahr befindlichen über dreimal soviel als von den Neueingeschulten. Zweifellos hatte demnach das Stottern in der Schule erheblich zugenommen. Dabei muss bemerkt werden, dass sich die Zählung der Berliner Schulen auf ein sehr grosses Material stützt: es fanden sich unter den 150 000 Volksschülern 1550 Stotterer, d. h. 1%. Zählungen, die nur über kleinere Zahlen verfügen, werden demnach leicht mehr oder weniger Abweichungen vorzeigen. Trotzdem führe ich zum Vergleich hier die Zahlen aus dem Fürstentum Waldeck-Pyrmont und aus der Stadt Braunschweig an. In ersterem fanden sich unter im Ganzen 108 Stotterern, dass

im Alter von	7 Jahren	4
„ „	8 „	11
„ „	9 „	17
„ „	10 „	15
„ „	11 „	17
„ „	12 „	17
„ „	13 „	15
„ „ 14 + 15	„	12 Stotterer vorhanden waren.
		108

In Braunschweig stammt die Statistik von Dr. Berkhan und erstreckt sich auf 153 Stotterer. Es fanden sich

im Alter von 6 Jahren . . 7 Stotterer
" " 7 " . . 17 "
" " 8 " . . 22 "
" " 9 " . . 17 "
" " 10 " . . 19 "
" " 11 " . . 15 "
" " 12 " . . 19 "
" " 13+14 " . . 37 "
153 Stotterer

Ich habe, um die Vergleichung zu ermöglichen, stets die betr. Alterstufen nach den 8 Schuljahren zusammengestellt. Es zeigt sich also ganz gleichmässig die oben in der Berliner Statistik nachgewiesene Vermehrung der stotternden Schulkinder. Genau die gleichen Verhältnisse bieten diejenigen Statistiken, die die Prozentzahlen in Bezug auf die Gesamtzahl der Schüler ihrer Berechnung zugrunde legen. Als ein Beispiel derartiger Zählung führe ich die Statistik an, die Dr. Schellenberg in Wiesbaden aufgenommen hat. Er fand in den sieben städtischen Mittel- und Elementarschulen:

im Alter von 6—7 Jahren unter 897 Schülern 11 Stotterer = 1,2 %
" " 7—8 " " 834 " 13 " = 1,5 "
" " 8—9 " " 953 " 13 " = 1,4 "
" " 9—10 " " 913 " 11 " = 1,2 "
" " 10—11 " " 899 " 10 " = 1,1 "
" " 11—12 " " 889 " 20 " = 2,2 "
" " 12—13 " " 866 " 18 " = 2,0 "
" " 13—14 " " 639 " 15 " = 2,3 "

Auch hierbei findet sich demnach eine Steigerung auf das doppelte. Freilich tritt die exquisite Steigerung des Übels im zweiten Schuljahr nicht so stark hervor, wie bei den anderen Zahlen, indes ist das hier nur Zufall, wie die folgende Statistik aus Görlitz (1893), von Herrn Lehrer Hanke aufgenommen, beweist. Die Zählung umfasst 7301 Kinder. Es fanden sich

im Alter von 6—7 Jahren unter 1004 Schülern 5 Stotterer = 0,50%.
" 7—8 " " 968 " 21 " = 2,17 "
" 8—9 " " 963 " 21 " = 2,17 "
" 9—10 " " 949 " 20 " = 2,11 "
" 10—11 " " 839 " 8 " = 0,95 "
" 11—12 " " 790 " 14 " = 1,77 "
" 12—13 " " 851 " 18 " = 2,12 "
" 13—14 " " 937 " 12 " = 1,28 "

Die Schlüsse, zu denen ich aus diesen und ähnlichen Statistiken gekommen bin, die mir zum grossen Teil von den Schulbehörden bereitwilligst zur Verfügung gestellt wurden (die Zählungen erstrecken sich, soweit ich sie besitze, auf ca. 500000 Schulkinder), habe ich oben bereits angeführt. Nur die Frage nach der auffallenden Steigerung des Stotterns im 2. Schuljahre, also unmittelbar nach dem ersten Leseunterricht, möchte ich noch kurz zu beantworten suchen. Ich folge dabei schon a. a. O. von mir Gesagtem.

Unstreitig sind unter den Kindern im ersten Jahrgang ausser den gezählten wirklichen Stotterern noch ein gutes Teil von solchen, die zwar nicht direkt stottern, aber doch Anlage dazu haben. Ein aufmerksamer Lehrer wird genug unter den kleinen Menschen herausfinden, welche nicht normal sprechen, ohne dass man gerade sagen könnte, sie stottern. Die Anfänge des Stotterns sind eben schwer zu erkennen. Aus dem gewöhnlichen Stocken und vielfachen Ansetzen beim Verlegenheitsantworten wird ganz allmählich ein wirklicher Sprachfehler und eine recht unangenehme Sprachstörung sich herausbilden können. Je schwerer aber solche Anfänge des Stotterns zu erkennen sind, um so schärfer und eifriger muss der Lehrer darauf vigilieren, sie zu entdecken. Der Lehrer kann dies am allerleichtesten, da er den Jungen — es handelt sich ja vorwiegend um das männliche Geschlecht — vorher noch nicht kennt und ihm eine Abnormität in der Sprache, sei es in der Art der Atmung, sei es durch fortwährende Wiederholung der Anfangssilben oder -Laute, eher auffallen wird, als den Angehörigen, die das Kind stets um sich sehen und sich nur allzuleicht an vorhandene Fehler so gewöhnen konnten, dass sie nicht mehr bemerkt wurden. Auch ist der kleine Schüler in der Schule in einer so exponierten, ungewohnten Stellung, dass die dadurch entstehende Verlegenheit dazu beiträgt, auch kleine Abnormitäten stark hervortreten zu lassen. Hat der Lehrer einen solchen Stotterkandidaten entdeckt, so wird er, wenn er Sachkenntnis besitzt, das Übel im Keime ersticken können.

Ein anderer Teil der kleinen Schüler hat vielleicht bis zu seinem Schuleintritt normal gesprochen. Charakteranlage aber, Ängstlichkeit, Schüchternheit giebt eine starke Prädisposition zur Erwerbung von Sprachfehlern. Ein Mensch, der von Natur ängstlich und zaghaft ist, wird niemals so schön sprechen wie derjenige, der Mut und Selbstvertrauen besitzt. Wenn es auch unzweifelhaft richtig ist, dass durch einen vorhandenen Sprachfehler dergleichen Charaktereigenschaften erzeugt werden, so kann es andererseits doch kaum bestritten werden, dass die Sprachstörung häufig auch das Sekundäre ist. Die Behandlung solcher Kinder in der Schule wird natürlich darauf gerichtet sein müssen, ihnen Mut und Selbstvertrauen einzuflössen.

Schliesslich ist ja bekannt, dass Stottern ansteckend ist. Die Nachahmungskraft ist bei Kindern des ersten Schuljahres noch so ausserordentlich gross, dass mir mehrere Lehrer berichten konnten, wie die Zahl ihrer stotternden Schüler sich im Laufe eines halben Jahres von einem auf drei bis vier, ja sogar auf fünf vermehrte, das ist eine Steigerung um 400 %, die allein auf die sogen. psychische Ansteckung zu setzen ist. BAGINSKY will deshalb auch, dass stotternde Kinder aus der Schule entfernt und gesondert unterrichtet werden sollen, weil sie eine Gefahr für ihre Mitschüler bilden. So berechtigt eine solche Forderung auch scheinen mag, so liegt sie doch sicherlich nicht im Interesse der stotternden oder zum Stottern neigenden Schüler.

Gehen wir nun auf die in den vorhergehenden drei Absätzen niedergelegten Gründe für jene oben hervorgehobene befremdliche Erscheinung näher ein und berücksichtigen dabei, ob der erste Leseunterricht diese pathologische Erscheinung hervorrufen kann und ob ein sprachphysiologischer Leseunterricht die Erscheinung erfolgreich zu bekämpfen imstande ist.

Gerade beim ersten Leseunterricht kann ein Mangel an Einsicht in die psychischen Erscheinungen das Schlimmste versehen. Nur Sachkenntnis andererseits kann dazu führen, dass Fehler oder die Neigung zu Fehlern entdeckt und beseitigt werden. Hier giebt es aber nur einen Weg und das ist die genaue Kenntnis der praktischen Sprachphysiologie und die Anwendung derselben bei dem ersten Sprach-, Anschauungs- und Leseunterricht. In einer kleinen Arbeit in der Zeitschrift für Schulgesundheitspflege 1892 habe ich darauf hingewiesen, dass die Lautiermethode beim ersten Leseunterricht, wenn sie sprachphysiologisch betrieben wird, eine hervorragend hygienische Bedeutung hat. DIESTERWEG hebt folgende Vorteile des Lautierunterrichtes vor dem Buchstabierunterricht hervor. Die Vorzüge bestehen:

1. in der methodischeren Richtigkeit des Lautierunterrichtes; von der Sache zum Zeichen, nicht umgekehrt;

2. darin, dass die Sprachwerkzeuge des Schülers in der vorzüglichsten Weise geübt werden;
3. in der dadurch gewonnenen Grundlage für den übrigen Sprachunterricht, denn die Laute sind die Elemente der Sprache;
4. in der genauen Unterscheidung der Laute von den Zeichen oder Buchstaben, also in der dadurch ermöglichten klaren Einsicht in die Art und Weise, wie das Gesprochene geschrieben wird, d. h. in das Wesen der Rechtschreibung. Statt dass es also, wie man behauptet hat, wahr sein sollte, dass die Rechtschreibung durch den Lautierunterricht erschwert würde, steht die Behauptung fest, dass eine auf Einsicht beruhende Rechtschreibung auf keinem andern Grunde als auf dem der klaren Kenntnis der Laute erbaut werden könne;
5. in der Zeitersparnis. Nach der Lautiermethode lernt ein Kind, zum wenigsten in der halben, oft in dem dritten Teile der Zeit, den das Buchstabieren in Anspruch nimmt, lesen.

Ich habe in diesem Zitat diejenigen Punkte durch gesperrten Druck hervorgehoben, die für die in Rede stehende Frage von Wichtigkeit sind. Es ist klar, dass die von DIESTERWEG hier registrierten Vorzüge nur in ihrer vollen Wichtigkeit hervortreten können, wenn der Lehrer Sachkenntnis besitzt, d. h. wenn er die praktische Sprachphysiologie beherrscht, und dass dies im allgemeinen nicht der Fall ist, weiss ich aus unsern Kursen. Bis jetzt ist auch die Sprachphysiologie als Appendix bei der Lehre vom ersten Leseunterricht auf Seminaren meines Wissens noch nicht eingeführt. DIESTERWEG hat in Punkt 2 und 3 die sprachhygienische Bedeutung des physiologischen (s. Punkt 1) ersten lautierenden Leseunterrichtes klar erkannt. Um so mehr hätte er sich hüten müssen, den fünften Punkt in dieser Form auszusprechen. Er setzt allerdings hinzu: „übrigens legen wir auf diese Zeitersparnis nicht den höchsten Wert" — und fügt ausserdem noch einen Ausspruch GRASSMANNS bei, dem er sich vollständig anschliesst und auf den wir gleich noch zurückkommen werden. Allein schon diese zunächst uneingeschränkte und hierdurch den übrigen koordinierte Erwähnung der Zeitersparnis ist gefährlich. Es liegt nur zu nahe, dass der Lehrer gerade diesen Punkt besonders sich zu eigen macht, weil er am ersten geeignet ist, ihn in den Augen der seine Resultate Beurteilenden, seien es nun Vorgesetzte oder Eltern der Schüler, in besonderem Ansehen zu setzen. In der That hat sich denn auch noch heute, besonders in den konkurrierenden Privatschulen, ein wahres Wettlesenlernen etabliert. Dass dies im höchsten Grade Sprachabnormitäten fördert und direkt neue Übel hervorruft, bedarf wohl keines Beweises. Ich will aber hier hervorheben, dass in dieser Beziehung unsere Volksschulen mir besseres zu leisten scheinen als die Privatschulen und die Vorschulen der Gymnasien. Die praktische Verwendung der Sprachphysiologie beim ersten Leseunterrichte im Sinne von OLIVIER und KRUG, wenn auch nicht in dieser Ausführlichkeit ‚und Umständlichkeit, zwingt den Lehrer dazu, langsam, aber im Sinne der oben hervorgehobenen Punkte 2, 3 und 4 sehr gründlich vorzugehen. Die sprachhygienische Wirkung ist dann einfache Folgeerscheinung und diese Wirkung wiegt bei weitem die fehlende Zeitersparnis auf. Die von DIESTERWEG zitierten Worte GRASSMANN's, die auch wir uns zu eigen machen möchten, lauten:

„Ich kann keineswegs die Ansicht vieler neuerer Schriftsteller teilen, dass man über den Lese- und Schreibunterricht, weil sie bloss auf Erwerbung mechanischer Fertigkeit hinzielten, so bald als möglich hinwegzukommen suchen müsse, um Zeit für andere Lehrgegenstände, die mehr eigentliche Geistesbildung bezwecken, zu gewinnen. Je mehr ich überzeugt bin, dass gerade diese vorzüglich geeignet sind, auf eine dem Kindesalter angemessene Art die geistige Entwicklung zu fördern, um desto mehr Sorgfalt und Fleiss möchte ich auf sie verwandt wissen, und ich bestimme den Wert einer neuen Leselehrart nicht nach der Zeitdauer, in welcher sie zur Fertigkeit im Lesen hinführt, sondern nach der höheren oder minderen Entwicklung und Ausbildung der Geisteskräfte, zu welcher sie dem Schüler Gelegenheit und Anregung giebt. Wenn der Lehrgang und die Lehrmethode nur der Natur des Gegenstandes und der stufenweisen Entwicklung des kindlichen Geistes gemäss ist, so bin ich darüber unbesorgt, dass die Fertigkeit im Lesen und Schreiben bedeutend später eintritt; denn für die allseitige Bildung des Geistes, die nur auf diesem Wege der Natur folgen kann, ist dabei gewiss viel gewonnen." Wie man hieraus sieht, war es ganz natürlich, dass GRASSMANN sich in seinen Anschauungen über den ersten Leseunterricht sehr den KRUG'schen Vorstellungen nähern musste. Wir stimmen diesen Anschauungen aber besonders deshalb bei, weil sie einer hygienischen Verwendung des physiologischen Leseunterrichts förderlich sind.

Noch weiter geht Albert Gutzmann und zwar allein unter Berücksichtigung der mangelhaften sprachlichen Verhältnisse. Er sagt, nachdem er den letzten Satz der obigen Worte Grassmanns zitiert hat: „Dieser Ansicht können wir uns nur durchaus anschliessen, ja wir würden es als einen grossen Fortschritt betrachten, wenn das neu eingeschulte Kind während des ersten Halbjahres seines Schullebens mit Leseübungen verschont bliebe und dagegen auf die Pflege des Sprechens und die geistige Kraftbildung des kleinen Zöglings das Hauptgewicht gelegt würde." Sicher ist nun ein derartiges Verfahren naturgemäss; denn da die Hälfte der neu eingeschulten Kinder für gewöhnlich noch nicht richtig zu sprechen vermögen, so wäre es eigentlich unnatürlich, sie bevor sie lautrein sprechen, lesen zu lehren. Wer aber weiss, wie schnell die gewöhnlichen Aussprachefehler unter dem Einfluss des Lesenlernens verschwinden, wird es lieber sehen und auch für leichter durchführbar halten, derartig hygienische Massnahmen gleich mit dem Lesenlernen zu verbinden. Aus diesem Grunde kommt auch A. Gutzmann zu Vorschlägen, wie mit dem ersten Leseunterricht physiologische und hygienische Einwirkungen verknüpft werden können. Wir kommen weiter unten auf diese Vorschläge noch ausführlich zurück. —

Wir hoben oben als zweiten Grund für die Entstehung des Stotterns in der Schule hervor, dass die Kleinen oft sehr ängstlich und zaghaft seien, und dass diese Eigenschaften eine gute Prädisposition für die Erwerbung des Stotterns bildeten, dass das Bestreben des Lehrers daher darauf gerichtet sein müsse, den Kindern Mut und Selbstvertrauen einzuflössen.

Nun habe ich direkt nachgewiesen, dass die bewusstphysiologische Übung der Artikulation zur psychischen Wirkung erhöhtes Sicherheitsgefühl im Sprechen hat. Wenn der erste Leseunterricht daher sprachphysiologisch erteilt wird, so ist die im eigentlichen Sinne des Wortes suggestive Wirkung auf Mut und Selbstvertrauen gewiss.

Was endlich die Nachahmung anbetrifft, so wird sie ja durch nichts mehr, als durch die physiologische Übung in die richtigen Bahnen gelenkt. Freilich muss der Lehrer sich dabei stets bewusst sein, dass er das Vorbild für normale Sprache sein soll und zwar nicht allein für das Ohr, sondern auch für das Auge. Diesterweg erzählt in seinem „Wegweiser", dass die alten Lehrer ihren Schülern gern Geschichten vorlasen und fügt hinzu, auch die neueren sollten dies nicht unterlassen. Wenn schön, mit Ausdruck und volltönender, deutlich artikulierter Sprache jungen Kindern vorgelesen wird, so gewöhnen sich dieselben nicht nur „an stille Sammlung des Gemüts, an Vertiefung in einem zusammenhängenden Vortrag", sondern tragen auch unberechenbaren Vorteil für ihre artikulatorische Sprachbildung davon. Dass in neuerer Zeit bei Zulassung zum Seminar resp. bei der Anstellung der Lehrer scharf darauf gesehen wird, dass kein Sprachfehler vorhanden sei, ist als wohlthätige und sprachhygienische Einrichtung freudig zu begrüssen. Sogar Lispler wurden gezwungen vor der Zulassung den Nachweis zu liefern, dass sie ihr Übel beherrschen gelernt haben. Nicht weniger als auf dieser ersten Stufe des Leseunterrichts, dem mechanischen Lesen, ist der Lehrer auf der zweiten Stufe, beim logischen Lesen, das Vorbild der Kinder. Hier gerade kommt es darauf an, die richtige Atemverteilung u. a. m. zu zeigen. Gerade hier haben aber auch viele Autoren die Notwendigkeit und das Bedürfnis einer gewissen Sprachhygiene empfunden.

So weist schon Quintilian sehr energisch auf eine sprachhygienische Einwirkung der Lektüre hin. Hermann Niemeyer (Grundsätze der Erziehung und des Unterrichts) ist zwar ein entschiedener Gegner von Olivier, trotzdem giebt er zu, dass unter diesen Prinzipien eine gedeihliche Entwickelung der Sprache sehr befördert werde. Er sagt: „Obwohl Erlernen der Buchstaben, Syllabieren und Aussprechen einzelner Wörter gemeiniglich für die Anfangspunkte des Sprachunterrichts gehalten werden: so sind doch noch mancherlei Übungen gedenkbar, welche diesen vorhergehen können. Sie beziehen sich vornehmlich auf die Bildung der Sprachorgane, um sie fähig zu machen, die Elemente der menschlichen Sprache, welche aus einer bestimmten Anzahl einfacher Laute, die vermittelst jener Organe gebildet werden, bestehen, auf das reinste und vollkommenste auszudrücken. Durch das Lehren des Alphabets, womit man gewöhnlich anfängt, kann dieser Zweck nicht erreicht werden; und wer wirklich den Laut und die Namen der Buchstaben für einerlei hielte etc. . . . . . Es scheint also, ein vollständiger Unterricht müsse davon ausgehen, mit der ganzen Reihe von hörbaren Lauten, deren sichtbare Zeichen die Buchstaben sind, und allen ihren möglichen Modifikationen bekannt zu machen, und die Lehrlinge selbst mit Bewusstsein ihre Sprachorgane so gebrauchen zu lehren, dass sie den jedesmaligen Laut aufs vollkommenste hervorzubringen im stande wären. Indes lehrt die Erfahrung täglich, dass auch ohne eine solche kunstmässige Bildung derselbe Zweck erreicht werden kann; dass unzählige Menschen ohne alle solche Übungen und Belehrungen, wenn sie nicht stumm geboren sind, vollkommen richtig und gut sprechen lernen, und dass die gemeinen Fehler weit mehr, wo nicht in einer fast unabänderlichen Organisation, doch in dem übelwirkenden Beispiel der Umgebung liegen. Hierdurch soll gleichwohl nicht jede Organenbildung, besonders nicht jede methodische Übung für überflüssig erklärt werden; da einzelne Laute für manches Organ nicht ohne grosse Schwierigkeiten sind. Sie hat vielmehr, wenn man die Künsteleien an dem, was die Natur schon selbst lehrt, vermeidet, ihren entschiedenen Nutzen."

Ich führe diese Äusserung so ausführlich an, weil sie beweist, dass selbst die Gegner eines systematischen physiologischen Leseunterrichts die hygienische Bedeutung eines solchen voll anerkannt haben. Einer der ersten, die phonetische Grundsätze in ihren Fibeln zur Anwendung brachten, war FECHNER. Wenn er nun auch, wie mir aus seiner Darstellung der Leselehrmethoden hervorzugehen scheint, durchaus nicht auf dem Standpunkte KRUO's steht, so tritt er doch energisch für Sprachhygiene beim Leseunterricht ein. Er weist den Lehrer ausdrücklich an, auf Fehler, welche der Ungeübtheit der Sprachorgane entspriessen, beim ersten Leseunterricht aufmerksam zu sein. Vorkommende Fehler seien mit unnachsichtiger Strenge zu korrigieren, nicht indem der Lehrer in bequemer Weise das falsch gesprochene Wort richtig ausspreche, und der Schüler es in ebenso bequemer Weise wiederhole, sondern indem dieser angehalten werde, Silbe für Silbe selbst aufzubauen, bis endlich das ganze Wort richtig erfasst und gesprochen sei. (FECHNER, Artikel Leseunterricht in SCHMID's Encycl. d. ges. Erz.-Wesen.) Mir scheint auch hier wieder die Anwendung der Sprachphysiologie in KRUO's Sinne die erfolgreichste und sogar bequemste Methode zu sein. In demselben Sinne sind auch die Ratschläge, die C. RICHTER in seiner berühmten „Anleitung zum Gebrauch des Lesebuches im Schulunterricht" giebt: „An die Lautbildung beim Lesen sind zwei Anforderungen zu machen: erstens die, dass jeder Laut mit dem ihm eigentümlichen Klange, also **lautrichtig** oder **lautrein** gesprochen wird; zweitens die, dass jeder Laut mit der erforderlichen Kraft, also **vernehmbar** oder **deutlich** gesprochen wird. Diese beiden Eigenschaften sind für den lautlichen Ausdruck ebenso notwendig, wie für die schriftliche Darstellung die Richtigkeit und die Deutlichkeit in der Bildung der Buchstabenformen notwendig ist." Er fügt dann hinzu, wie die Erfüllung jener Anforderungen oft sehr mangelhaft sei. Die Kinder brächten in Beziehung auf die Aussprache der Laute viel üble Angewöhnungen mit in die Schule. Die Stellungen, welche die Sprachorgane bei der Erzeugung derselben einnähmen, und die Bewegungen, welche sie dabei zu vollziehen hätten, würden so ungenau ausgeführt, dass die Aussprache in vielen Fällen eine unrichtige werde. „Da klingt z. B. a wie ein Laut, der zwischen a und o steht, e ertönt mit einem Anklange von a, ö wie ä, ü wie i, äu und eu wie ei. Das m am Schlusse schwach betonter Silben wird nachlässig ausgesprochen, das r undeutlich. Das g nähert sich in seiner Aussprache dem j, das d dem t, das b dem p und umgekehrt. Bei Häufungen der Konsonanten kommen einzelne derselben garnicht oder sehr unvollkommen zum Ausdruck u. s. w. Ebenso geben sich in Beziehung auf die Vernehmbarkeit oder Deutlichkeit Mängel in der Lautbildung zu erkennen. Sei es, dass hierbei sich an den Kindern **Verwöhnung**, oder **Ängstlichkeit** und **Scheu**, oder endlich Mangel an Energie in ihrer geistigen Thätigkeit geltend macht: jedenfalls ist die Erscheinung vorhanden, dass dem lautlichen Ausdruck ebenso oft die nötige Kraft, wie die erforderliche Reinheit fehlt." Vergleicht man hiermit, was ich oben auf S. 31 sagte, so zeigt sich deutlich, dass das Urteil des erfahrenen Pädagogen mit dem dort angeführten übereinstimmt, besonders im letzten Satze. Die Schlussfolgerung, dass die Schule hier helfend eingreifen müsse, auch durch besondere, auf diesen Zweck abzielende Übungen im Bereiche des Leseunterrichts" wird von C. RICHTER deutlich und klar ausgesprochen.

In neuerer Zeit hat besonders ALBERT GUTZMANN auf die hohe sprachhygienische Bedeutung des sprachphysiologischen Leseunterrichts hingewiesen. Die praktischen Regeln, die er für den ersten Leseunterricht gab, sind kurz folgende:

1. Die Vokale müssen in der von ihnen bedingten Mundstellung scharf und klar, aber natürlich und mit Brustton gesprochen werden.
2. Schöne Klangfarbe und Reinheit der Laute müssen erzielt werden.
3. Die Schüler müssen die Vokale nach Höhe und Tiefe, Stärke und Schwäche, Länge und Kürze durch das Ohr unterscheiden und dann sprechen lernen.
4. Die Artikulation der Konsonanten, sowohl einzeln als in ihren Verbindungen unter einander und mit Vokalen, muss eine ganz korrekte und gewandte werden.
5. Soweit als der deutlichen Aussprache dadurch nicht geschadet wird, lasse man schon hier in Wörtern und Sätzen die Konsonanten gegen die Vokale zurücktreten, damit möglichst viel Vokalisation und wenig Konsonantengeräusch in der Aussprache hörbar ist.

(Wir erinnern hier daran, dass bereits Pestalozzi in seiner Anweisung des ersten Leseunterrichts ähnliches wollte. Er empfahl bekanntlich kleine Täfelchen mit einzelnen Buchstaben, liess aber die Konsonanten schwarz, die Vokale rot drucken.)

6. Man entwickle und übe die Atmungskraft und die richtige Verteilung des Atmens beim Sprechen und Lesen.

Ausführlich hat dann ALBERT GUTZMANN in seiner „Gesundheitspflege der Sprache" diesen Gegenstand behandelt. Er empfiehlt beim ersten Leseunterricht systematische Übungen der Sprachwerkzeuge und zwar nicht nur der Artikulation, sondern wie es völlig richtig ist, der drei Komponenten der peripheren Sprache: Atmung, Stimme und Artikulation.

I. Atmung. Die Kinder sollen am Anfange oder auch in der Mitte der Stunde sprachphysiologische Atmungsübungen machen, vielleicht fünf Minuten. Der Zeitverlust wird reichlich wieder eingebracht durch die körperliche Auffrischung, die die Kinder durch die Übungen erhalten. „Diese Atemübungen sind zwar im ersten Leseunterricht besonders zweckmässig, sie sind aber auch für die folgenden Stufen recht empfehlenswert." In welcher Weise sprachphysiologische Atmung, die sich bekanntlich sehr wesentlich von der Atmung ausserhalb des Sprechens unterscheidet, geübt werden muss, möge in jenem Werkchen nachgelesen werden. Ich verweise hier auf das oben S. 26 Gesagte.

II. Stimme.[1)]

a) **Flüstern** des Vokals, gehaucht und ungehaucht, schwach flüstern, starkflüstern (feststellen, wie weit man letzteres hören kann).

b) Den stark gehauchten Vokal mit leisem und mässig starkem Tone sprechen (z. B. hu mit leiser Stimme, hu mit mässig starker Stimme).

c) Alle Vokale mit gehauchtem und leisem Stimmansatze sprechen [d. i. der von Sievers genauer beschriebene Vokalansatz, der geschieht, ohne dass, wie beim festen Stimmansatz, die Stimmritze sich schliesst. Seine hygienische Bedeutung ist ganz ausserordentlich gross, da spastische Stimmstörungen durch ihn leicht vermieden werden. Wir bezeichnen ihn stets mit einer allmählig stärker werdenden Linie: ━━━━].

z. B. ha━━━━ a━━━━

bu━━━━ u━━━ ━ u. s. w.

d) Jeden Vokal aus der Höhe des individuellen Sprechtones sprechen, dann tiefer, tiefer, tiefer. (Erscheint der Sprechton dem Lehrer bei einem oder dem anderen Kinde zu hoch, so muss er ihn herabzustimmen suchen; das Kind wird einen Massstab dafür leichter aus dem Sprechton eines anderen Kindes gewinnen, als aus dem des Lehrers). Sprechton und tieferer Ton sind, auch verbindend auszusprechen, z. B.:

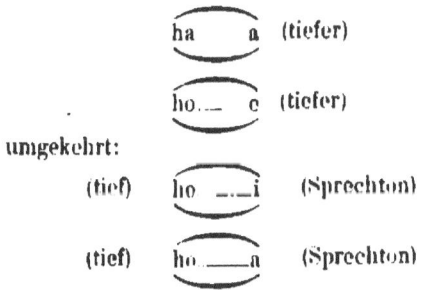

umgekehrt:

[1)] Meine Ausführungen, Erklärungen und Bemerkungen zu den Vorschriften Albert Gutzmann's habe ich in eckige Klammern gestellt.

[Dazu ist zu bemerken, dass das übermässig laute Sprechen, das oft in der Schule gepflegt wird, direkte Schädigungen der Stimme mit sich bringen kann, ganz abgesehen davon, dass es zu spastischen Stimmstörungen, wie z. B. Stottern verführt. Das tiefe Sprechen führt zur Entspannung der Stimmbänder und somit stets leichter zum individuellen Sprechen.]

e) Vokalverbindungen, z. B.:

Die Übung der Vokalverbindungen, ohne erst in den Stimmritzenschluss zurückzugehen, ist wichtig [s. oben unter c)], auch kommt diese Verbindung thatsächlich in der Sprache vor, z. B. in da‿oben, du irrst, bei‿alten Leuten.

f) Alle Vokale werden aus der Höhe des Sprechtons (Brustton) nach einer Tiefathmung ganz lang gesprochen, und zwar die geschärften wie die gedehnten, sowohl o in Osten als o in Ostern, sowohl e in Ende, als e in Ehre.

g) Bei Silben und Wörtern mit offenen Vokalen ist zuerst der leise (auch tiefe) Stimmeinsatz anzuwenden: Affe, Ort, und, Ende, ist u. s. w. [Die offenen Vokale sind im Deutschen stets auch kurz und werden daher leicht mit dem festen Stimmeinsatz gesprochen, was hier eben vermieden werden soll.]

Als Regel für die Aussprache der Vokale gilt:
Die dem Vokal eigentümliche Organstellung ist bei seiner Aussprache stets **scharf einzunehmen**.

Als fernere Regel möge noch gelten, in der ersten Zeit des Lautierens den Vokal in einsilbigen Wörtern und in der betonten Silbe mehrsilbiger Wörter lang zu sprechen.

III. Artikulation.

a) Die Verschlusslaute, besonders die scharfen — p, t, k — sind möglichst zum Munde hinaus zu lautieren, d. h. also so, dass der durch die Explosion verstärkte Exspirationsstrom vor dem Munde wahrgenommen werden kann. (Es ist bei den kleinen Leseschülern überhaupt zu begünstigen, dass sie mehr zum Munde hinaus, als im Munde sprechen.) Dass Tenuis und Media scharf von einander zu unterscheiden und nicht, wie im sächsischen Dialekt, zu verwechseln sind, ist selbstverständlich.

b) Die Reibegeräusche zeigen in der Aussprache sehr verschiedene individuelle Nüancen, von denen die am wenigsten schönen den betreffenden Laut meist schon als fehlerhaft erscheinen lassen. Die in der Regel grössere Anzahl der Kinder in einer Lautierklasse bietet dem Lehrer Gelegenheit, die am besten gesprochenen Geräusche als mustergiltig hinzustellen, denen eventuell nachzustreben sei. In der Aussprache des z und anderer dieser Laute macht sich manchmal ein schnalzendes Nebengeräusch bemerkbar. — Zur Übung der Organe sind die Reibegeräusche anfangs den Vokalen, mit denen sie verbunden werden, recht scharf vor- oder nachzulauten; auch können dieselben zweckmässig mit einander verbunden geübt werden, z. B.: f 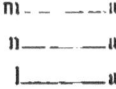 ch, ffs, ffsch, ffschsch u. s. w.

c) Die Stimmkonsonanten (m, n, l, r, w, f, s) sind in der Einzelaussprache sehr lang zu ziehen, in Verbindung mit Vokalen lang vor- oder nachzulauten (besonders vor) z. B.

m— — ——a

n———— —a

l————a

d) Die Konsonanten-Verbindungen sind besonders zu pflegen: die Aussprache muss nicht schwerfällig sein und jeder Laut muss deutlich gehört werden.

Bezüglich der weiteren Einzelheiten muss ich auf das angeführte Buch meines Vaters verweisen. Wie aus dem Mitgeteilten deutlich hervorgeht, ist hier ein sprachhygienischer Leseunterricht in ganz engem Anschlusse an die Sprachphysiologie bezweckt. Dass auf diese Weise wirklich Sprachstörungen verhütet und Sprachfehler beseitigt werden können, unterliegt für den, der die Sprachphysiologie und die Ätiologie der Sprachstörungen kennt, kaum einem Zweifel. Ein Aufenthalt, irgend ein wesentlicher Zeitverlust, kann dadurch wohl kaum eintreten und wird jedenfalls reichlich durch den hygienischen Gewinn ausgeglichen.

IV.
Die praktische Anwendung der Sprachphysiologie im ersten Leseunterricht.

Wenn wir nun, nachdem wir alle bis jetzt in der Litteratur vorhandenen Gesichtspunkte erschöpft haben, an die Frage herantreten: in welcher Weise soll also die Sprachphysiologie praktisch beim ersten Leseunterricht angewendet werden? — so kommen wir wieder auf die Psychologie der Sprache zurück. Sie allein kann uns die Mittel zeigen, die bei Durchschnittskindern im Alter von 6 Jahren soweit vorhanden sind, dass wir mittelst ihrer Anwendung sprachphysiologische Vorstellungen beim Kinde erwecken können. Dies darf aber nur in so leichter Form geschehen, dass die Kinder nicht geistig zu sehr angestrengt werden, denn sonst könnte die Aufmerksamkeit, deren wir dazu dringend bedürfen, und die gerade bei den Abc-Schützen am leichtesten versagt, verloren gehen. Wie wir im zweiten Abschnitt sehen, stehen uns zur Erfassung und Kontrolle der Sprache besonders drei Sinne zu Gebote: Gehör, Gefühl und Gesicht. Diese drei Perzeptions- und gleichzeitig Kontrollwege müssen durch systematische Übung so fest und glatt gefahren werden, dass es späterhin keiner besonderen Aufmerksamkeit bedarf, um ihre Funktion ungestört sich vollziehen zu lassen. Dabei betone ich ausdrücklich, dass ich die bisherige Form des Schreibleseunterrichts in keiner Weise antasten möchte. Nach meiner Meinung lässt sich da zur Zeit kaum noch etwas bessern, wenngleich die Güte der gebrauchten Fibeln, sowohl nach der hier in Rede stehenden Rücksicht, wie auch nach rein pädagogischen Gesichtspunkten beurteilt, sehr verschiedenartig ist. Wir haben aber weit verbreitete vorzügliche Fibeln, die, wie man weiter unten sehen wird, sich sehr leicht den hier zu erörternden Änderungen anschmiegen könnten, so u. a. die von Fechner und von Wichmann und Lampe. Ich verlange auch nicht, dass diese Massnahmen vor dem eigentlichen Leseunterricht stattfinden sollen, da sie voraussichtlich Kinder und Lehrer zu sehr langweilen würden und dadurch schliesslich ihren Zweck verfehlten. Nur der besseren Übersichtlichkeit halber teile ich die Aufgaben dieses Abschnittes in drei Teile: 1. Welche Mittel bietet uns die Psychologie der Sprache, um beim Kinde sprachphysiologische Vorstellungen erwecken zu können? — 2. In welcher Weise werden die einzelnen Sprachorgane hiermit physiologisch geübt? — 3. Wie muss sich der Leselehrgang dementsprechend gestalten? — Die Mittel haben wir bereits kurz genannt: Gehör, Gefühl, Gesicht. Das wichtigste oder wenigstens am meisten angewandte ist ohne Zweifel das Gehör. Richtig hören und aufmerksam hören thut schon die Hauptarbeit beim Erfassen physiologischer Vorgänge der Sprache. Das Gehör ist aber auch bei 6jährigen Kindern — NB. ohne dass sie irgendwie schwerhörig wären — oft noch nicht so geübt, dass es Laute und Töne richtig von einander differenzieren könnte, die häufige Verwechselung von ähnlich klingenden Lauten weist deutlich darauf hin. Der Lehrer soll daher die Differenzierungskraft dieses Sinnes dadurch zu stärken suchen, dass er zunächst Differenzpunkte einzelner Laute so exakt wie möglich wiedergiebt, nur muss er sich dabei vor Mitbewegungen (Gesichterschneiden) hüten. In Bezug auf den lautlichen Eindruck bleibt es sich gleich, ob er etwas übertreibt. Das Gehör wird auch im allgemeinen beim ersten Leseunterricht fleissig angewandt.

Anders ist es mit dem Gefühl. Wir müssen zweierlei Arten desselben, die beim Sprechen und Lesen in Betracht kommen, unterscheiden, einmal das allgemeine Hautgefühl und andererseits das Muskelgefühl. Das Kind soll fühlen, wie es den Mund auf- und zumacht, es soll fühlen wie die Stimme angeschlagen und wie die Atmung reguliert wird. Ob das Muskelgefühl der Sprachwerkzeuge gerade an sich von vornherein gross genug ist, um viel zur sprachphysiologischen Ausbildung beizutragen, muss bisher etwas fraglich erscheinen. Um so wichtiger ist seine sorgfältige Ausbildung.

Endlich das Gesicht. Das Auge spielt nächst dem Ohr die grösste Rolle beim Sprechenlernen, warum sollte es also beim Lesenlernen zurückstehen? Aber das Gesicht erfordert zunächst Gegenstände, die es betrachten und in sprachphysiologische Vorstellungen verwandeln kann. Da ist nun zunächst der Lehrer selbst oder vielmehr seine Sprachthätigkeit das beste Vorbild, oder sollte es wenigstens sein. Besser wäre es aber noch oder doch wenigstens vollständiger, wenn die Fibel selbst derartige Vorbilder enthielte, die den Gesichtssinn für die Sprache anregen. Bei den enormen Fortschritten, die heute die Photographie gemacht hat, kann es nicht schwer fallen, normale Sprachstellungen zu fixieren und den Bildern der Lesefibel beizugeben. In der

That hat mein Vater, ALBERT GUTZMANN, an ähnliches gedacht und hat die Absicht, eine Fibel, die diesen Gesichtspunkt aufnimmt, herauszugeben. Die Photographien, die ich zu diesem Zwecke angewendet sehen möchte, müssen besonders die charakteristischen Stellungen der Vokale, dann aber auch diejenigen Konsonanten wiedergeben, die besonderer Berücksichtigung bedürfen, so z. B. die Reibelaute. In der beistehenden Tafel (s. Tafel) sind die Stellungen der Vokale und einiger Konsonanten scharf und klar zum sichtbaren Ausdruck gebracht (mit Rücksicht auf den Raum habe ich die Photographieen etwas verkleinert und aus dem ganzen Bilde nur die charakteristische Mundpartie herausgenommen. Für die Kinder muss selbstverständlich der ganze Kopf als Bild gegeben werden), die hier gegebenen Photographieen sind vollständig aus dem Leben gegriffen und zu stroboskopischen Zwecken von mir aufgenommen worden. Vereinigt man eine Anzahl derartiger Photographieen in bestimmter Folge im Schnellseher, so entstehen ganz normale Sprachbewegungen, die von Taubstummen, die gut vom Munde ablesen können, sofort erkannt werden. Endlich würde zur Kontrolle der eigenen Sprache mittelst des Gesichtes das alte Mittel, der Spiegel, mit hervorragendem Nutzen Verwendung finden können.

Mit diesen Hilfmitteln können die einzelnen Teile des gesamten Sprachorganismus vollständig geübt werden und in ihren einzelnen Thätigkeiten auch zum Bewusstsein gebracht werden, ohne dass allzugrosse geistige Anstrengung vorausgesetzt werden müsste.

Die Atmung sollte nicht erst beim Leseunterricht geübt werden, sondern schon bei den ersten Sätzen, die das Kind in der Schule spricht, in die richtigen Bahnen gewiesen werden. Das Gehör muss darüber belehren, dass das Kind geräuschlos einatmet. Jedes Schlürfen (mit Lippen, Zähnen, zwischen Zungenmitte und Gaumen) sowohl wie inspiratorisches Stöhnen (man hört bei der Inspiration manchmal sogar Stimme) ist zu vermeiden. Das Gesicht soll darüber belehren, dass bei dem Sprechatmen der Mund geöffnet wird. Das Gefühl (Hände an den Brustkasten) soll zeigen, dass die Einatmung beim Sprechen kurz, die Ausatmung lang ist. All dies soll zuerst vor Beginn des Leseunterrichts vorgenommen werden, dann aber auch auf der zweiten Stufe des Leseunterrichts beim sogen. logischen Lesen.

Die Stimme lässt sich ausser durch das Gehör auch durch das Gefühl zum Bewusstsein bringen. Das Kind hat die Hand flach mit den Fingerspitzen an den Kehlkopf zu legen und fühlt jedesmal, wenn die Stimme angeschlagen wird, ein deutliches Zittern. Hier hat das Kind also ein Mittel, um zu kontrollieren, ob ein Konsonant mit oder ohne Stimme gebildet wird, ob die Stimme im Worte unterbrochen wird oder nicht. Auch Höhe und Tiefe, Stärke und Schwäche der Stimme kann am Kehlkopf leicht gefühlt werden. Dem Kinde kommt so allmählich zum Bewusstsein, wo es seine Stimme macht, und wann es sie gebraucht. Diese Selbstkontrolle kann sofort beim Beginn des Leseunterrichts geübt werden.

Die Artikulation endlich wird ausser durch das Gehör auch besonders durch das Gefühl und Gesicht zu kontrollieren sein. Gefühl wie Gesicht bringen die einzelnen Stellungen sehr leicht zum Bewusstsein, ohne dass man gerade ausführlich-wissenschaftliche Sprachphysiologie zu treiben braucht. Schon die Vokalstellungen sind Artikulation. Die Tafel zeigt, wie dieselben den Kindern zu zeigen sind. Die Kinder sollen diese Stellungen beschreiben und miteinander vergleichen. Dabei sollen sie durch das Gefühl constatieren, dass sie für den Vokal die Stimme gebrauchen. Behufs der weiteren praktischen Anwendung wird es nötig sein, die Kinder über Lippen, Zähne, Gaumen, Zunge zu befragen, damit die Begriffe bereits bekannt sind, wenn von ihnen die Rede ist. Dann werden die drei Stellen der Artikulation: Lippen, Zungenspitze, Zungenrücken zu zeigen sein und zugleich werden Fragen gestellt werden, wie: Womit mache ich b? mit den Lippen — Fühlst du dabei die Stimme? — Ja! womit mache ich m? Mit den Lippen! — Wo fühlst du dabei die Stimme? — Am Kehlkopf und auch an der Nase. — M ist also ein Nasenlaut. — Womit mache ich p? — Mit den Lippen. — Fühlst du dabei die Stimme? — Nein. — P ist also ein stimmloser Laut. Womit mache ich f? — Mit oberer Zahnreihe und Unterlippe. — Wo fühlst du den Luftstrom. — In der Mitte. — Fühlst du dabei auch Stimme? — Nein. — Sprich mir nach: fw und fühle dabei deine Stimme. Wann fühlst du sie? — Wenn das w beginnt. — Das w wird also auch mit oberer Zahnreihe und Unterlippe gemacht, wie das f. Was ist aber der Unterschied? — f ist stimmlos, w aber ist stimmhaft. — Damit wäre das ganze erste Artikulationssystem abgehandelt, zwar nicht wissenschaftlich, aber

praktisch physiologisch doch genügend, um den Kindern die Artikulationsthätigkeit zum Bewusstsein zu bringen. Die Fragen können natürlich noch sehr vervollständigt werden, indem man das Auge heranzieht und beim Vorsprechen beim Hinweis auf die Figurentafel fragt, was siehst du?
In ebenso einfacher sinnfälliger Weise lassen sich die anderen Artikulationsgebiete der Anschauung näher führen. Die Verschluss- und Nasallaute: d, t, n, g, k, ng, erstere drei durch Verschluss mit der Zungenspitze und Zähnen, letztere durch Verschluss mit Zungenrücken und Gaumen gemacht, sind sehr leicht den Kindern so darzustellen, dass sie die physiologische Bildung erkennen. Schwieriger sind die Reibelaute, aber auch hier hilft der Gebrauch der drei Sinne über alle Schwierigkeiten hinweg. Ich gebe als Beispiele die Laute: s, f, sch, französisch j, ch, j.

s und f: Was siehst du am Munde? — Der Mund ist breit. — Was siehst du an den Zähnen? — Die Zähne stehen scharf aufeinander — (s. Tafel). Wo kommt der Luftstrom heraus? — Aus der Mitte — (das kann man mittelst eines hohlen Schlüssels sehr leicht demonstrieren). Wo liegt die Zunge? — hinter den Zähnen. — Wir wollen jetzt langsam s—f sprechen und dabei die Hand an den Kehlkopf legen. Wann fühlt man die Stimme? — Wenn f beginnt. — s ist also stimmlos, f dagegen stimmhaft. Bei welchen Lauten war es ebenso? — Bei f und w. —

sch und franz. j: Wie sieht der Mund aus? — Die Lippen sind vorgeschoben, die Mundöffnung ist rund. — Wie stehen die Zähne? — Die Zähne stehen scharf aufeinander wie beim s. — Wo liegt die Zunge? — Die Zunge liegt hinter den Zähnen. — Kommt der Luftstrom hier auch nur aus der Mitte heraus? — Nein, er kommt zwischen allen Zähnen heraus — (das lässt sich wieder mit einem hohlen Schlüssel leicht zeigen). — Der Unterschied zwischen sch und französischem j ist wiederum nur die Stimme; das kann man in den höhern Schulen beim französischen Unterricht ebenfalls recht gut benutzen.

ch und j: Der Mund ist breit. — Der Luftstrom tritt in der Mitte heraus. — Die Zahnreihen sind nicht geschlossen, sondern ein wenig geöffnet. — (Bei Kindern, die statt ich — is, statt ja — sa sprechen, kann man leicht den richtigen Laut hervorbringen, wenn man den kleinen Finger zwischen die Zahnreihen legen lässt, dann wird aus s sofort das vordere ch, aus f das j) Unterschied zwischen ch und j ist die Stimme bei j. — Der

Unterschied zwischen vordern und hintern ch muss an Beispielen klar gemacht werden.

Kommen wir nun zu der dritten Frage: wie muss sich der Lehrgang dementsprechend gestalten? — so betone ich hier nochmals, dass ich einer wesentlichen Abweichung von den von FECHNER und besonders von WICHMANN und LAMPE gegebenen Fibeln nicht das Wort reden möchte. Ich glaube, dass sich z. B. an die genannten Fibeln eine praktische Verwertung der Sprachphysiologie in oben gedachtem Sinne leicht anschliessen lässt. Haben doch die Autoren selbst das Bedürfnis gefühlt, den Stufengang sprachphysiologisch zu machen. So enthalten bei beiden Autoren die ersten Worte „nur solche Konsonanten, welche sich beim Sprechen beliebig lange aushalten lassen, was sowohl das Heraushören, als auch das Verbinden mit Vokalen wesentlich erleichtert." Ich habe hier nicht die Absicht, eine neue Fibel zu entwerfen oder wenigstens neue Normalwörter auszudenken, mir liegt nur daran, in Anknüpfung an die Physiologie eine rationelle Folge der Laute beim ersten Leseunterricht festzustellen. Die obigen sprachphysiologischen Fragen und Antworten lassen sich dann in derselben Reihenfolge an die neugelernten Laute anknüpfen, sie sollen also keine besondere Vorübung für das Lesen bilden.

Wenn wir auf das Sprechenlernen des Kindes noch einmal zurückgehen, so entstehen zweifellos zuerst einige Vokale und darauf die Konsonanten in der Reihenfolge, dass die tönenden Konsonanten des ersten und zweiten Artikulationssystems (mit Ausnahme der Zischlaute) zuerst erscheinen, also: m, n, b, d, w, s, l, die tonlosen Verschlusslaute p, t kommen meist erst später. WICHMANN-LAMPE gehen daher ganz richtig von den Vokalen aus, denen sie Bilder beigeben, deren Namen mit dem entsprechenden Vokale beginnt: igel, uhr, esel, ei, ofen, adler.[1]) Ich würde den sprachphysiologischen Vorstellungen entsprechend folgende Reihenfolge vorschlagen: a, u, i, ei, au, o, e. Dabei sollte das Hauchzeichen auch gleich vorweggenommen werden, da es doch nicht als eigentlicher Konsonant angesehen werden kann. Neben den Bildern müssten dann die Photographien der Vokalstellungen (s. Tafel) Platz finden. So würde sich also die Vokal- und Bilderfolge in dieser Weise gestalten:

---

[1]) Offenbar aus Rücksicht auf das Schreiblesen so angeordnet, das aber doch nicht die einzige Rücksichtnahme sein darf.

I. a: — Bild: Adler — Photographie des a — ha: Bild: Haar.
u: — Bild: Uhr — Photographie des u — hu: Bild: Hut.
i: — Bild: Igel — Photographie des i — hi —
ei: — Bild: Ei — Photographie a + i nebeneinander.
au: — Bild: Auge — Photographie a + u nebeneinander.
o: — Bild: Ohr — Photographie o — ho: Bild: Hose.
e: — Bild: Esel — Photographie des e — he. —

Die ersten gelernten Vokale sollen natürlich nur als lange in den Wörtern vorkommen, eine von allen Pädagogen gleichmässig gestellte Forderung. Selbstverständlich kann man die Bilder und Vokale auch ohne Schaden der Schreiblesemethode entsprechend anordnen, ebenso könnte sprachphysiologisch vielleicht die Anordnung: a, u, au — i, ei — o, e vorgezogen werden. Ebenso könnte man aus verschiedenen Rücksichten das Hauchzeichen doch für später aufschieben wollen, es müsste dann aber unter allen Umständen vor den nichttönenden Verschluss- und Reibelauten genommen werden, damit die Verbindung dieser Laute mit den Vokalen in einfachster Weise verständlich wird, doch darüber weiter unten mehr.

Wenn wir nun zu den Konsonanten übergehen, so werden wir sie der Sprachphysiologie sowohl wie der Sprachentwicklung entsprechend in tönende und nichttönende einteilen und erstere voranzustellen haben. Die beistehende Tafel soll die Einteilung der Konsonanten nach diesem praktischen Prinzip anzeigen.

Konsonantentafel für den ersten Leseunterricht.

Artikulationssystem:	Nasallaute			Reibelaute			R-Laut II oder III	L-Laut II	Verschlusslaute		
	I	II	III	I	II	III			I	II	III
Tönend:	m	n	(ng)	w	l und französisch j	j	r	l	b	d	g
Nichttönend:				f = v	s = fs sch	ch			p	t	k

H. Gutzmann: Prakt. Anwdg. d. Sprachphysiol. b. erst. Leseunterricht. 4

II. Als Beginn der Konsonanten nehmen wir die tönenden Dauerlaute, wie schon Stephani vorschlug. Fechner nimmt wie Wichmann und Lampe auch tonlose Dauerlaute wie f, sch u. a. auf, das halte ich aus sprachphysiologischen Gründen nicht für richtig, und wenn Wichmann-Lampe sagen: „Zuerst treten die langtönenden Laute auf, weil sie das Zusammenziehen, das den Kindern anfangs sehr schwer fällt, am bequemsten zulassen" — so widersprechen sie sich selbst, wenn sie das f und das sch gleich zu Anfang bringen, denn diese Laute sind nicht langtönend, und die Erfahrung lehrt in der That, dass ihre Zusammenziehung mit dem Vokal manchmal Schwierigkeiten hat. Diese Laute gehören eben zu den tonlosen Reibegeräuschen und dürfen noch nicht so früh an die Stelle vor dem Vokal gebracht werden. Es bleiben uns also die Laute: m, n, w, s, j, r, l. Das ng, als einheitlicher Laut, das auch hierher gehört, bleibt aus Rücksichten der Schreiblesemethode für später aufgehoben. Die Leseverbindung m—a wird sehr leicht dadurch bewerkstelligt, dass das Kind die Hand an den Kehlkopf legt und so mittelst des Gefühls kontrolliert, dass die Stimme zwischen m und a nicht unterbrochen wird. Selbst schwachsinnige Kinder lernen auf diese Weise die Verbindung spielend. Der Gang würde folgender sein: 1. Physiologische Entwicklung des Lautes wie oben angegeben mit Hülfe aller bekannten Hülfsmittel. 2. Verknüpfung des Lautes mit dem Lautzeichen durch Lesen und Schreiben. 3. Verbindung des Lautes mit Vokalen.

III. Die tönenden Verschlusslaute b, d, g aber nur am Anfange von Silben, weil sie sonst in der Aussprache ihren Ton verlieren. Damit die Kinder die Stimme deutlich bei diesen Lauten fühlen, kann man bei der sprachphysiologischen Entwicklung ganz unbeschadet den entsprechenden Nasallaut davor sprechen lassen, also mb, nd, ng. In dieser Weise macht sich dann die Verbindung mit dem Vokal auch wieder unter der Kontrolle des Gefühls sehr leicht.

Wenn man will, kann man auf dieser Stufe schon einige nichttönende Reibelaute an den Schluss von Silben stellen, z. B. s und f, die Verbindung ist dabei bekanntlich sehr leicht.

Hat man den gehauchten Vokaleinsatz bisher noch nicht gewonnen, so ist jetzt die Zeit dazu, da wir nunmehr zu den tonlosen Konsonanten übergehen. Der Hauch bildet die natürliche Verbindung des folgenden Vokals mit einem vorhergehenden tonlosen Konsonanten, wie: (f—ha, sch—ha, sch—hu — p—ha — t—hu — k—hau u. s. w. Kennt das Kind den gehauchten Vokaleinsatz erst genügend, dann machen diese Zusammenziehungen durchaus keine Schwierigkeiten mehr.

IV. Die nichttönenden Reibelaute: f = v, s = ſs, sch, ch (vorderes und hinteres). Im Deutschen handelt es sich ja nur um die Konsonanten f = v und sch, die am Anfang einer Silbe stehen können. Die Verbindung wird sprachphysiologisch zum Bewusstsein gebracht, wenn man zunächst den Hauch der einzelnen Konsonanten konstatiren lässt (vorgehaltene Hand) und dann diesen Hauch mit dem schon bekannten gehauchten Vokaleinsatz verknüpft. Wenn man den gehauchten Vokaleinsatz genügend hervorhebt, geht die Verbindung stets glatt von statten.

V. Auf dieser Stufe folgen dann die tonlosen Vorschlusslaute p, t, k (b, d, g oft am Ende).

VI. Schliesslich folgt der missliche Laut ng, misslich deswegen, weil er in unserer Schrift mit zwei Lautzeichen wiedergegeben wird. Erst wenn die Einheitlichkeit dieses Lautes genügend zum Bewusstsein gebracht ist, kann auf die Verbindung nk übergegangen werden.

VII. Doppelkonsonanten: ts = z, ks = x = chs.

Die Vokale eu = äu, ä, ö, ü können schon inzwischen angebracht werden. Bei eu und äu befinden wir uns, wie schon ganz im Anfang bei ei, in einem Widerspruch zwischen Lautzeichen und Schrift, der dem ng ähnlich ist. Wir thun hierbei am besten das, was alle Pädagogen jetzt thun, wir betrachten ei, eu, äu, ng immer nur als ein Lautzeichen, nicht als die Zusammensetzung von mehreren. Die kurzen Vokale folgen erst später. Bei dem Unterschiede des offenen und geschlossenen o und e sind wieder die Photographie und Bilder zu benutzen:
o — Orden, e — Ente u. s. w.

Ich hoffe durch meine Darlegungen gezeigt zu haben, dass es mir durchaus nicht daran liegt, den modernen Leseunterricht radikal umzustossen, sondern dass die praktische Verwendung der Sprachphysiologie beim ersten Leseunterricht sich den bestehenden Methoden sehr leicht einfügen lässt. In ähnlicher Weise lässt sie sich später bei der Erlernung der Aussprache von fremden Sprachen verwenden.

Der spätere Leseunterricht erfordert natürlich besondere sprachphysiologische Massnahmen, die wir jedoch einerseits schon genügend angedeutet haben und die andererseits nicht so zu unserer Aufgabe gehören, als dass wir sie hier ausführlicher besprechen sollten. Es ist meine feste Überzeugung, dass in dieser Weise eine überaus segensreiche sprachhygienische Wirksamkeit vom ersten Leseunterrichte ausgehen könnte, und dass diese Sprachhygiene dringend notwendig ist, glaube ich zur Evidenz im III. Abschnitte bewiesen zu haben.

zu Gutzmann, Sprachphysiologie.

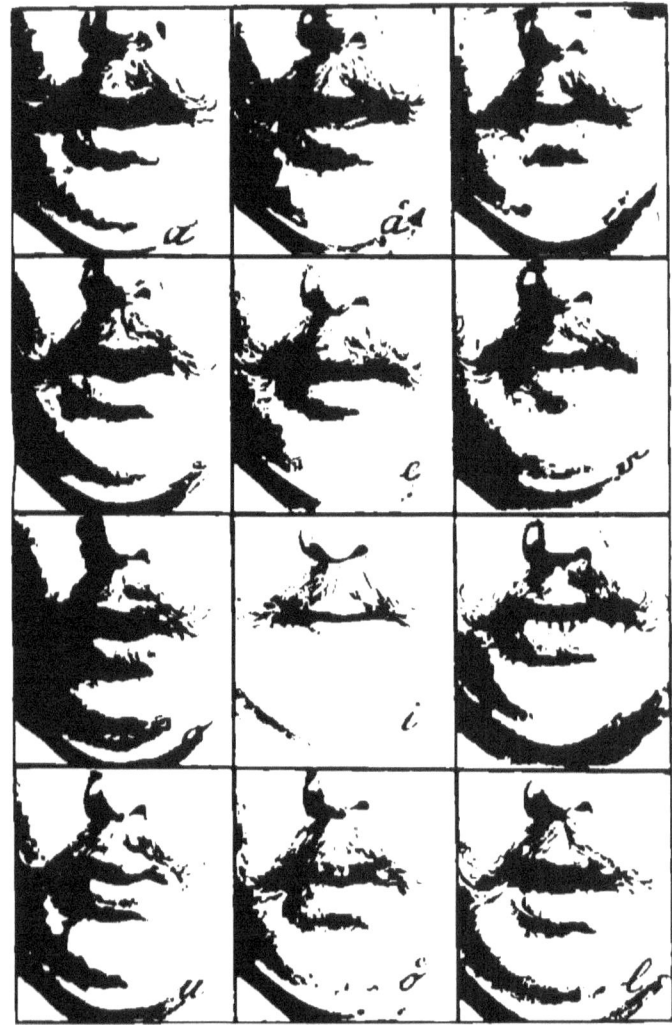

Verlag von Reuther & Reichard in Berlin

SAMMLUNG VON ABHANDLUNGEN AUS DEM GEBIETE DER
PÄDAGOGISCHEN PSYCHOLOGIE UND PHYSIOLOGIE

HERAUSGEGEBEN VON

H. SCHILLER   UND   TH. ZIEHEN.

I. Band. 3. Heft.

ÜBER
WILLENS- UND CHARAKTERBILDUNG

AUF

PHYSIOLOGISCH-PSYCHOLOGISCHER GRUNDLAGE

VON

DR. JULIUS BAUMANN,

ORDENTLICHEM PROFESSOR DER PHILOSOPHIE AN DER UNIVERSITÄT GÖTTINGEN,
GEHEIMEM REGIERUNGSRAT.

BERLIN,
VERLAG VON REUTHER & REICHARD
1897.

Alle Rechte, auch das der Übersetzung vorbehalten.

Druck von Paul Schettler's Erben in Cöthen.

Vorwort.

Diese Lehre von der Willens- und Charakterbildung ist mir ursprünglich aus der Praxis erwachsen, da ich, schon als Schüler auf Unterricht und erziehende Einwirkung gewiesen, später 10 Jahre Gymnasiallehrer gewesen bin, 5 am Joachimsthal'schen Gymnasium und Alumnat zu Berlin, 5 an dem damals einzigen Gymnasium meiner Vaterstadt Frankfurt a. M.; in beiden Stellungen wurden auch an erziehlichen Einfluss Anforderungen gemacht. Wie diese Lehre aus der Praxis erwuchs, so empfahl sie sich mir durch den Erfolg in derselben: wenn ich nach ihr verfuhr, erreichte ich immer etwas; wenn ich der gewöhnlichen Art folgte, oft nichts. Hinzukam die Übereinstimmung der Lehre mit der damals gerade mehr aufkommenden physiologischen Psychologie. Die Lehre habe ich zuerst dargelegt, in grösserem Zusammenhang, in dem Handbuch der Moral nebst Abriss der Rechtsphilosophie 1879; in kürzerer Form, gleichfalls in weiterem Zusammenhang, in der Einführung in die Pädagogik 1890 (Abschnitt: Pädagogische Psychologie) und in den Elementen der Philosophie 1891 (Abschnitt: Moral). Der jetzigen Darstellung habe ich alles das zu Grunde gelegt, was die physiologische und pathologische Psychologie seitdem von immer neuen Bestätigungen dieser Willensauffassung gebracht hat. Die Detailregeln selbst sind so gefasst, dass stets zugleich sowohl ihre Bedeutung für das Verständnis des Lebens der Erwachsenen erhellt als ihre Verwendung für die Entwicklung des jugendlichen Lebens. Für meine Gesamtansicht vom Schulwesen verweise ich auf meine Schrift von 1893: Volksschulen, höhere Schulen und Universitäten, wie sie heutzutage eingerichtet sein sollten.

Göttingen, Ende April 1897.

Baumann.

Inhalt.

	Seite
Die Bedeutung des Physiologischen für das Moralische und Geistige überhaupt	5
Der Wille in seiner physiologischen Bedingtheit	9
Die Entwicklung des Willens	19
Die Bildbarkeit des Willens	26
Die Hauptgesetze der Willensbildung	31
Die Hauptgesetze der Charakterbildung	45
Die Ausbildung der moralischen Haupteigenschaften	55
Zum Moralisch- und überhaupt Geistig-Pathologischen	79
Beneke und Herbart über Willensbildung	84

Die Bedeutung des Physiologischen für das Moralische und Geistige überhaupt.

Es giebt eine Stelle in Schleiermachers philosophischen Schriften, welche über die Rätselhaftigkeit des sittlichen Lebens im erwachsenen und durchgebildeten Menschen sich so auslässt: „Wenn wir das Leben in seinem Verlauf betrachten und besonders hier, wo es im Maximum seiner Kräftigkeit steht, so ist die Aufgabe, den Zusammenhang des Einzelnen aufzufassen und unter allgemeine Formeln zu bringen, eine solche, die gar nicht zu lösen ist. Jeder Tag bildet eigentlich für einen jeden ein solches Rätsel, indem bald die psychischen Thätigkeiten rascher, kräftiger, richtiger vor sich gehen, bald schlaffer erscheinen und mehr zurückgedrängt, und ihre Kraft durch den störenden Einfluss durchgehender Vorstellungen gehemmt wird, in manchen Fällen ein sinnlicher Reiz obsiegt, der in anderen mit Leichtigkeit überwunden wird, und das zu begreifen und in Formeln zu bringen, scheint unmöglich."[1]) So drückt sich der grosse Ethiker aus, der eine unmittelbare Anschauung des sittlichen Lebens hatte, wie wenige je, und dazu im Besitz der moralwissenschaftlichen Bildung des Altertums und der neueren Zeit war mit einem durchdringenden Verständnis, wie neben ihm kaum ein anderer. Man kann sich dabei erinnern, dass es diese Rätselhaftigkeiten des sittlichen Lebens waren, welche die Romantiker dazu führten, dunkle Tiefen und Nachtseiten im menschlichen Geistesleben halb und halb verehrend zu bewundern und ihnen einen dämonischen Hintergrund zu entwerfen.

Der physiologisch-psychologisch Gebildete von heute wird dagegen z. B. bei der Lebensbeschreibung der Saling von Varnhagen einfach urteilen, dass sie eine sehr hysterische Dame war, d. h. eine Frau von abnormer Reizbarkeit (Erregbarkeit durch

---

[1]) Psychologie, aus Schleiermachers Nachlass, herausgegeben von GEORGE. 1862. S. 302.

äussere Reize) und jähem Stimmungswechsel, und der Schleiermacherschen Rätselhaftigkeit auch des durchgebildeten sittlichen Lebens wird er die Aufklärung entgegenhalten, dass alles geistige Leben als stets bedingt durch die Nervenkraft eben von der ungemeinen Veränderlichkeit dieser mitbetroffen wird.

Diese körperliche Bedingtheit des geistigen Lebens ist durch die physiologische Psychologie erst umfassender festgestellt worden, welche eben Psychologie ist, die mit physiologischen, also auch experimentellen Hilfsmitteln arbeitet und den Beziehungen der seelischen zu den leiblichen Vorgängen nachspürt. Diese körperliche Bedingtheit des Geistes drückt das „Gesundheitsbüchlein, Gemeinfassliche Anleitung zur Gesundheitspflege, bearbeitet vom Kaiserlichen Gesundheitsamt, 1894", S. 25, 26 so aus: „Die Ganglienzellen des Gehirns und Rückenmarks sind der Sitz des Bewusstseins, in ihnen bilden sich unsere Vorstellungen, und in ihnen entsteht der Wille, welcher unsere Handlungen lenkt. — So büsst der Mensch nach Zerstörung einer bestimmten Stelle des linken Stirnlappens des Grosshirns die Fähigkeit ein, Worte zu bilden. Schädigungen anderer benachbarter Hirngegenden haben Lähmungen der Gliedmassen zur Folge; auch kann das Seh- und Hörvermögen nach Verletzung gewisser Hirnteile verloren gehen." Die Thatsachen sind nicht zu leugnen, über die Ausdrucksweise werde ich nachher ein Wort sagen. Sehr anschaulich wird die körperliche Bedingtheit des geistigen Lebens dadurch, dass bei der geistigen Arbeit ebensowohl die Muskeln ermüden (Mosso). Die Ermüdung des Gehirns, zweifellos ein chemischer Vorgang, beeinflusst die Zusammensetzung des Blutes und wird daher durch den Blutkreislauf auch auf die übrigen Organe übertragen. Am meisten Einfluss auf die Veränderungen des Blutdrucks beim Menschen haben aber nicht die geistigen Anstrengungen oder die Spannung der Aufmerksamkeit oder der Empfindung als solcher, sondern die Gefühle und Affekte, wie teils durch den Sphygmomanometer (Instrument zur Messung des Blutdrucks in den Arterien), teils durch direkte Beobachtungen am Gehirn bei Schädelbrüchen festgestellt worden ist.

Vielleicht scheint es manchem gut, gegenüber solcher Bedingtheit des Geistigen durch das Körperliche sich das Göthesche Wort zurückzurufen: „Alles, was uns aufklärt, ohne uns die Herrschaft über uns selbst zu geben, ist verderblich." Hat dies Wort hier Anwendung? Für Schleiermacher war das sittliche Leben auch das reife, ein Rätsel, weil er Seelenthätigkeiten annahm, welche, wie er sich ausdrückte, ohne deren Identität mit dem Leib gedacht werden können. Dahin gehören nach ihm die Ideen (leitende Begriffe) und das Sittliche; „denn die Handlung wird zwar durch den Leib verrichtet und die Gegenstände durch den Leib wahrgenommen, aber der Willensakt, der Entschluss nicht, und die Begriffe auch nicht." Was aber die physiologische Psychologie behaupten muss, ist die Bedingtheit auch des höheren Geistigen in uns bei seiner Bethätigung eben durch Leib- und Nervenkraft. Keineswegs folgt daraus die Einerleiheit des Geistigen mit dem Leib. Eine Änderung der früheren Ansichten hierüber, auch der Schleiermacherschen, ist unweigerlich, aber ein Aufgeben der Ansicht, welche im Geistigen etwas Unvergleichbares mit dem Körperlichen sieht, wird durchaus nicht gefordert. Indem die Naturwissenschaft das Quantitative an den Erscheinungen, d. h. dem unmittelbar Wahrgenommenen, unseren Leib miteingerechnet, immer mehr als das Wesentliche festgestellt hat, ist von daher das Geistige, selbst die minimalste Empfindung, als ein Qualitatives und Intensives erst recht trotz aller leiblichen und körperlichen Bedingtheit etwas sui generis geworden, nur uns nicht an sich selbst erkennbar, sondern eben in seinem Zusammenhang mit dem Leiblichen und den darin waltenden Gesetzen erfassbar und beeinflussbar, und so würde man auch gut thun, sich etwa auszudrücken; denn selbst die Vorstellung der Grösse ist an sich nicht gross, die Vorstellung von drei Meter Länge nicht drei Meter lang u. s. f. Aber nicht nur Aufklärung, sondern auch vermehrte Herrschaft über uns selbst kann sich von diesem Thatbestand aus ergeben. Wenn z. B. die Affekte mehr Kraft verbrauchen, so müssen sie eben um so mehr gemässigt werden — schon im Kinde ist hierauf zu achten —, und ist die leichte Erregbarkeit derselben ein physiologisch-psychologisches Übel, dem mit physiologisch-psychologischen Mitteln allerdings ab- oder wenigstens nachgeholfen werden kann. Freilich sind der Einwirkungen auf den Menschen so viele und mannigfache, und ist das Spiel seiner innerphysiologischen Kräfte ein so verwickeltes, dass der Wechsel selbst in der Leichtigkeit und Gleichmässigkeit des sittlichen Lebens, von dem Schleiermacher redet, nie ganz beseitigt werden kann durch menschliche Kunst, aber es ist ein Grosses gewonnen, wenn man weiss, wo die Gründe der ungleichen Tage liegen, und im allgemeinen die Richtung gezeigt ist, Gleichmässigkeit zu sichern. Man wird so vor phantastischen Vorstellungen bewahrt, in welche die Romantik nicht bloss der schönen Litteratur, sondern auch der Philosophie und der Seelenkunde verfiel. „Wenn wir aus irgend einem Grunde, etwa wegen einer Herz- oder Lungenkrankheit, nicht gut atmen können, so haben wir nicht bloss Lufthunger, sondern auch Begleitvorstellungen ängstlicher Natur, Ahnungen von Gefahren unbekannter Art, schwermütige Erinnerungen u. s. w., d. h. Vorstellungen von Erscheinungen, die atemraubend oder beklemmend zu wirken pflegen." Analoges findet sich in der Breite leiblich-geistiger Gesundheit, und vor schweren Missdeutungen und Missgriffen werden wir bewahrt durch diese Kenntnis, dass unser geistig-sittliches Leben auch bei der grössten Durchbildung und stetem Bemühen kleinen Schwankungen ausgesetzt ist. Wir brauchen uns darum von denselben weder als Stimmungen, noch als Einfällen forttragen zu lassen, sondern können ihnen teils vorbeugen, teils in geeigneter Weise abhelfen. Freilich vermögen wir nicht uns Lagen zu entziehen, wo wir z. B. überglücklich sind; es kann zum ganzen Verhältnis mitgehören, dass wir so fühlen müssen und Unrecht hätten, es nicht zu thun, aber wir werden uns dann nicht wundern, wenn ein gewisser Rückschlag in der Stimmung eintritt, und brauchen den Grund nicht in der Sache oder ausser uns zu suchen, sondern wir wissen eben, dass auf grosse Freude Abspannung eintreten wird aus innerphysiologischen Gründen. Wir können auch im allgemeinen unsere Freuden und Thätigkeiten so leiten, dass Schwankungen vermieden werden, damit uns das Leben immer in mehr gleichmässiger Kraft und Frische finde. Nicht bloss auf das Einzelleben haben diese Betrachtungen Anwendung, sondern auch auf das Leben ganzer Gemeinschaften, welche ja schliesslich aus einzelnen bestehen und bei welchen gerade durch die Gemeinschaft die Erregung sich noch zu steigern pflegt. Nach Zeiten grosser Anspannung eines Volkes pflegt eine Zeit der Abspannung einzutreten auf den Gebieten der angespannten Kräfte, sei die Anspannung kriegerisch, geistig, religiös, merkantil u. s. w. gewesen; selbst die höchsten Äusserungen menschlicher Bestrebung waren davon nicht frei. Es ist daher zur Erhaltung der Volkskraft erforderlich, dieselbe nicht stets in aussergewöhnlichen Anstrengungen zu erhalten, sondern nach einer solchen womöglich mindestens verhältnismässige Ruhe herbeizuführen, damit die erforderliche Erholung von selbst eintrete.

Der Wille in seiner physiologischen Bedingtheit.

Es ist zu erwarten und in Obigem schon mitenthalten, dass der Wille viel mehr körperlich bedingt ist, als man früher wusste. Sehr lehrreich für die körperliche Bedingtheit des Willens sind die krankhaften Erscheinungen der Abulie einerseits, des Automatismus andererseits. Bei der krankhaften Willensschwäche ist die Intelligenz ganz unversehrt, es fehlt aber, dass aus Wunsch Handlung werde. Dabei fühlen die Kranken sich oft höchst unglücklich, dass sie nicht (wirksam) wollen können. Bei dem unwiderstehlichen Antrieb dagegen steigen Impulse im Menschen auf, die dieser nicht will, d. h. mit Gefühl und Verstand verwirft, oft lange gegen sie als Versuchungen ankämpft, dann aber automatisch, von innen getrieben, die Handlung vollbringt. Öfter besteht diese Handlung auch in sehr unschuldigen Dingen, etwa alle vorkommenden Papierschnitzel aufzuheben und zu sammeln, gesehene Gesten nachzumachen. Auch die krankhafte Willenlosigkeit ist oft nicht schlimm; sie zeigt sich etwa als Platzfurcht, dass jemand sich nicht innerlich abgewinnen kann, über einen freien Platz zu gehen, sondern um denselben herum der Häuserreihe entlang wandelt, statt quer hinüberzuschreiten. Ein Analogon der krankhaften Willenlosigkeit findet sich im gesunden Leben in der physischen Depression, welche besonders durch die Seekrankheit hervorgerufen wird. Eine sehr häufige Erfahrung der Art ist der sog. Instrumentalistenkrampf, d. h. dass z. B. das Blasen bei der Übung auf dem Zimmer ganz gut ausgeführt wird, aber im Orchester bei dem Wink des Kapellmeisters versagt.

Darf man aber von solchen krankhaften Erscheinungen des Willens auf den Gesunden überhaupt schliessen? Der nicht naturwissenschaftlich Gebildete ist zunächst geneigt, das abzulehnen, indem er meint, da sei eben das Geistige in uns in abnormer Weise behindert, und es folge daraus für die normale geistige Thätigkeit nichts. Aber geringe Überlegung zeigt, dass man so nicht deuten darf. Wenn die Körpertemperatur über 37,5° C. oder unter 36,5 anormal ist, d. h. körperliches und geistiges Wohlbefinden stört, so folgt daraus nicht, dass die normale Temperatur keine Bedingung unseres Wohlbefindens ist, sondern vielmehr, dass sie es gerade ist, von welcher dies Wohlbefinden abhängt. Wenn es ein Zuviel und ein Zuwenig in der Nahrungsaufnahme für uns giebt, so ist dies ein Beweis, dass ein richtiges Mass derselben statt hat, und dass dies Mass gerade unsere körperlichen und körperlich-geistigen Kräfte herstellt und zu erhalten geeignet ist. Wenn es, wie in obigen Fällen vorliegt, ein Zuwenig von Impuls zu Handlungen und ein Zuviel giebt, und dies unzweifelhaft körperlich bedingt ist — denn durch Nervenkräftigung kann versucht werden der Abulie abzuhelfen, durch Nervenberuhigung dem Automatismus —, so muss der richtige Impuls, d. h. dass aus Wunsch oder Vorsatz wirksamer Wille werde, von einem mittleren körperlichen Zustand zwischen dem Zuwenig der Willenschwäche und dem Zuviel des unwiderstehlichen Antriebs abhängen. Sehr deutlich kann man sich die Bedingtheit des Willens am Schlucken eines Bissens machen, das wir meist für einen ganz freiwilligen Akt halten, und das dies doch nur zum Teil ist. Das Schlucken wird eingeleitet durch einen Willkürakt, durch welchen wir den Bissen mittels Bewegungen der Zunge an die Zungenwurzel bringen. Dort verursacht der Bissen eine (uns unbewusst bleibende) sensorische Einwirkung auf diese, und erst darauf wird durch einen Reflexakt, d. h. durch Auslösung einer Bewegung auf einen Empfindungsreiz hin, ob wir wollen oder nicht, der Bissen geschluckt. Durch Einpinselung der Mund- und Rachenhöhle mit Cocain fallen infolge der Giftwirkung diese unbewussten Empfindungsreize weg, es läuft dann aber auch der Reflex nicht ab, und man kann den Bissen nicht verschlucken (EXNER). Wenn ich mit einer Axt aushole, um einen kräftigen Schlag zu führen, so ist die bewusste Aktion auf die Bewegungen der oberen Extremitäten gerichtet. Gleichzeitig aber und in gewissem Sinne unbewusst werden in zweckmässiger Weise viele anderen Muskeln des Körpers innerviert (zur Bewegung von innen angeregt). Der Rumpf muss festgestellt werden, muss seine richtige Drehung ausführen, jeder Muskel des Beines hat seinen bestimmten Tonus (Spannung) und wechselt ihn mit der Aktion. Wenn einer dieser Muskeln nicht korrekt innerviert ist, so geht der Hieb fehl (EXNER).

Solche sensomotorische Handlungen, wie die eben angeführten, und die wir meist für ganz willkürlich halten, giebt es viele. Bei Beeinträchtigung der Sensibilität in den Händen vermag der Kranke nur unter beständiger Kontrole der Augen feinere Gegenstände zu ergreifen und festzuhalten. Bei ausgedehnter Anästhesie sind solche in Gefahr, kleine Kinder, die sie tragen, fallen zu lassen, ohne es zu merken, wenn sie nicht ständig auf dieselben ihre Augen richten. Annäherungen an geminderte Empfindlichkeit der

Art kommen uns allen vor an Tagen, wo wir öfter Stock oder Schirm fallen lassen, während uns das sonst nicht begegnet, und wir darum eine besondere Aufmerksamkeit auf ihre Führung richten müssen. Dienstboten haben „Unglückstage", wo sie alles zerbrechen. Es ist sehr rätlich, wenn sie ein paar Proben davon an einem Tag gegeben haben, an selbigem sie nicht mit zerbrechlichen Gegenständen weiter umgehen zu lassen. Bei Anästhesie der Fusssohlen vermag der Kranke nur unter Beihülfe des Gesichtssinnes zu gehen oder festzustehen; der Gesunde erhält auch bei geschlossenen Augen vermittels des Tastsinnes der Fusssohlen sein Gleichgewicht.

Dass bei den Bewegungen die körperlichen Bedingungen im Centralorgan, dem Gehirn, verlängerten Mark, Rückenmark, sehr mannichfach und sehr detailliert sind, ist durch pathologische Thatsachen festgestellt. Es giebt centrale Lähmungen, welche nur auf bestimmte Funktionen der Muskeln sich beziehen, sodass z. B. die Muskeln der unteren Extremitäten zum Stehen und Gehen unbrauchbar sind, sonst aber durch den Willen noch beliebig zur Kontraktion gebracht werden können. Es kommt vor, dass bei centraler Lähmung des Gesichtsnerven die Muskulatur nicht mehr willkürlich zur Kontraktion gebracht werden kann, aber bei Gemütsbewegungen noch an der Mimik teilnimmt. Schreibkrampf besteht darin, dass alle anderen Bewegungen der Hand ungestört vor sich gehen, und die Hand auch zu anderen komplizierten und sehr schwierigen Verrichtungen tauglich ist, sobald der Kranke aber die Absicht zu schreiben hat, der störende Krampf sich einstellt, bei den ausgebildeten Fällen sofort, bei den leichteren erst, nachdem er einige Zeit geschrieben hat. Es kommen auch Nähkrämpfe vor, Strick-, Schuster-, Maler-, Schneider-, Schriftsetzer-, Telegraphen-, Klavierspiel-, Violinspielkrämpfe. Verstärkung des Willensimpulses bringt bloss unzweckmässige Bewegungen in solchen Fällen hervor. Manche an Schreibkrampf Leidende können noch mit der Feder zwischen dem dritten und vierten oder dem vierten und fünften Finger schreiben oder mit der linken Hand.

Die Sprachverrichtungen haben ihr Centrum bei der Mehrzahl der Menschen in der linken Hirnhemisphäre. Bei allen rechtshändigen, d. h. c. 98% aller Menschen, wird nämlich nur die dritte linke Stirnwindung auf das Sprechen eingeübt, während bei Linkshändern der entsprechende Teil der rechten Hirnhälfte hierfür eintritt. Wie detailliert aber auch innerhalb eines so kleinen

Bezirkes hier alles ist, erhellt aus den bunten Erscheinungen der Aphasie, des Sprachverlustes. Ein Mann hatte das Begriffsvermögen für gesprochene Worte verloren, aber er verstand sehr wohl die geschriebenen. Das Gedächtnis für die Bedeutung der gesprochenen Worte ist also ein besonderes, das besonders verloren gehen kann. Eine andere Art des Gedächtnisses ist wieder, die Worte für die Vorstellungen oder Gegenstände zu finden; sie kann auch besonders verloren gehen und sogar nur zum Teil. Ein Amnestischer wird vergebens beim Vorfahren einer Lokomotive nach dem Worte suchen, aber auf die Frage: „Ist es ein Pferd", ohne Zögern nein antworten, und sofort beim Hören des Wortes Lokomotive sich desselben erinnern; manchmal hat ein Kranker bloss die Fähigkeit eingebüsst, irgend welche Hauptwörter zu finden, ein solcher sagte statt „Scheere" „das, womit man schneidet", statt „Fenster" „das, wohindurch man sieht". Unter der Herrschaft des Zornes oder einer lebhaften Erregung finden manche Aphasische Worte wieder, welche sie unter gewöhnlichen Umständen wiederzufinden nicht vermögen. Ein im Wachen aphasischer Arzt erlangte im Traum die Sprache wieder. Einzelne Aphasische sprechen im Singen Worte aus, die sie im Gesprächston nicht hervorzubringen imstande sind. Wieder ein besonderes Gedächtnis ist das des Lesens, d. h. dass die Bedeutung der gesehenen Buchstaben und Wörter uns einfällt. Der Verlust desselben, die sog. Wortblindheit, erstreckt sich bald auf die Buchstaben, bald nur auf die Worte. Sie zieht die Unfähigkeit nach sich, die römischen Zahlen, die algebraischen und chemischen Formeln zu lesen, dagegen können solche Kranken Figuren erkennen, auch Rebusse auflösen, Dame, Domino, Trictrac und selbst Karten spielen. Es giebt auch einen besonderen Verlust des Schreibgedächtnisses. „Ich weiss sehr wohl, sagte ein solcher Kranke, wie das Wort Bordeaux geschrieben wird, aber wenn ich mit der rechten Hand schreiben will, weiss ich nicht mehr, was ich machen soll." Der Verlust des Schreibgedächtnisses entspricht dem Verlorengehen anderer Bewegungsgedächtnisse, wie derjenigen, welche die Fähigkeit des Rauchens, des Nähens und des Strickens beherrschen, auch des Spielens eines besonderen musikalischen Instrumentes. Die Musik hat wieder ihre besonderen Gedächtnisse: es kann die Fähigkeit Noten zu lesen verloren gegangen sein, während die Fähigkeit auswendig zu spielen erhalten ist. Die Fähigkeit Noten zu schreiben kann fortbestehen, während das Gedächtnis für gewöhnliche Schrift verloren ist. So detailliert ist hier alles, dass nach einem Schlaganfall der Patient beim Abschreiben nur dann richtig schreiben konnte, wenn er, ohne die Vorlage zu lesen, die Buchstaben zeichnend abmalte; las er die Vorlage, so schrieb er falsch. Dagegen schrieb er sowohl spontan und nach Diktat, als auch die Namen gesehener Objekte richtig. Es fand also bei ihm eine Störung des richtigen Wortlesens statt, mit Folgen bloss von da aus. Es kommt sogar vor, dass einzig und allein die Wahrnehmungsvorstellungen von Wörtern und Melodien ausgefallen sind, während Vokale und Konsonanten für sich richtig verstanden werden und das übrige Hörvermögen vollkommen intakt ist, woraus man schliesst, dass das sensorische Silben- und Wortcentrum zu trennen ist von dem Lautcentrum (Klang- und Geräuschcentrum). Es kommen auch bloss vorübergehende, sogen. funktionelle, aphasische Störungen vor. Ein Student der Medizin konnte in der Aufregung, auch im Examen, keine Frage mündlich beantworten, während er schriftlich sofort die richtige Antwort gab. Nicht selten ist es, dass wir ein Wort, nicht bloss den Namen eines Menschen, nicht gleich finden können, namentlich nach angestrengter geistiger Thätigkeit oder aufregenden Gemütszuständen kommt das vor. Es hat dann wohl eine momentane mangelhafte Blutversorgung der betreffenden Centren statt. Auch bei den aphasischen Erscheinungen ist die Kenntnis der Vorgänge zugleich ein Mittel der Abhülfe. Gutzmann heilt centromotorische und centrosensorische Aphasie durch Hervorrufung und Einübung eines neuen motorischen Sprachcentrums. Die Laute werden zuerst einzeln durch Nachahmung der charakteristischen Artikulationsstellungen, dann in Verbindung geübt. Daneben gehen linkshändige Schreibübungen. Neben den einzuübenden Worten werden die entsprechenden Sachzeichnungen gewiesen.

Von all dieser Bedingtheit des Handelns und damit des Willens weiss das unmittelbare Bewusstsein nichts. Manchmal ist für das Bewusstsein nur die Vorstellung einer Handlung erfordert, dass sie eintritt (sog. ideomotorische Handlung), manchmal kommt dazu noch ein bewusstes Element in der Form eines fiat, Geheisses oder ausdrücklicher Zustimmung (James). Aber auch dieser willkürliche motorische Impuls geht stets nur auf die Erreichung eines gewissen Effektes (Ziehen). Wollen ist die Art Aufmerksamkeit, welche gerichtet ist auf Vorstellungen, beim Wollen nach aussen auf motorische Vorstellungen, beim inneren

Wollen auf die Vorstellung einer in einem psychischen Zustand zu bewirkenden Änderung (JAMES). Von all der Bedingtheit, wie sie oben zumeist für Wollen nach aussen ist aufgezeigt worden, weiss man nur teils durch pathologische Erfahrungen, in denen gewissermassen die Natur die körperliche Bedingtheit von Handeln und Wollen selber aufgedeckt hat, teils durch Experimente. Experimente hat man besonders auch über Willensermüdung angestellt, indem man zugleich auch die Thätigkeit der Muskeln auf elektrische Reizung von aussen damit verglich (Mosso). Danach können wir mittels des Willens eine grössere Kraft ausüben und Maximalgewichte heben, aber die Arbeitsfähigkeit erschöpft sich bald und der Willensreiz wird unwirksam, während man durch elektrische Nervenreizung die Muskeln lange in Thätigkeit hält. Der ermüdete Muskel ist deshalb weniger leistungsfähig, weil die Muskeln sich leichter ausdehnen und folglich, um dasselbe Gewicht zu heben, sich stärker kontrahieren müssen. Nach angestrengter Muskelthätigkeit sind giftige Stoffe im Blut enthalten: das Blut eines solchen Hundes, einem andern injiziert, ergab Symptome von Müdigkeit, Niedergeschlagenheit, oft auch Erbrechen. Durch unmittelbar vorhergehende angestrengte Geistesthätigkeit wird die Kraft, welche die Muskeln bei gegebenem Reiz entwickeln, geschwächt, mag der Reiz ein Willensimpuls oder ein die motorischen Nerven oder den Muskel selbst treffender elektrischer Reiz sein. Eine analoge Ermüdung hat übrigens auch bei dem Gefühl statt: nach dauerndem Kummer stellt sich eine gewisse Gefühlsleere ein, in der sich sogar manche Menschen den Vorwurf machen, kein Gefühl zu haben; man wird stumpf. Damit hängt zusammen, dass nach mehreren Trauertagen junge Leute in einen wahren Lachkrampf bei unpassender Gelegenheit ausbrechen können (EXNER).

Wenn der Wille durch Herbeiführung einer langen Reihe von Bewegungen bestimmter Art ermüdet ist, alsdann bezieht sich diese Willensermüdung zunächst nur auf die Ausführung von Bewegungen dieser Art, nicht aber auf die Bewegungen, bei denen andere Muskeln beteiligt sind. Aber durch angestrengte Muskelthätigkeit verlieren auch noch andere Muskeln, durch Marschieren z. B. die Arme, stark an Leistungsfähigkeit; diese Ermüdung ist wesentlich eine Ermüdung der Muskeln selbst (MAGGIORA). Die Schwäche, welche das Fasten bewirkt, beruht in der Hauptsache auf einer Schwäche der Muskeln selbst. Schon

¼ Stunden nach der Mahlzeit aber, durch welche ein 24 stündiges Fasten beendet wurde, waren die Muskeln wieder erholt (Ders.). Das Eintreten der Willensermüdung wird durch allgemeine und lokale Ermüdung, sowie durch Hunger beschleunigt. Hohe Temperatur wirkte schwächend auf die Leistungsfähigkeit des Willens, namentlich dann, wenn zugleich der Feuchtigkeitsgehalt der Luft ein hoher war. Doch musste zur vollen Wirkung heisses Wetter 2—3 Tage andauern, ebensolang zur vollen Erholung des Leistungsvermögens des Willens kühles Wetter. Nahrungsaufnahme, Ruhe und insbesondere Schlaf erholten die Leistungsfähigkeit des Willens. Der Einfluss der Nahrungsaufnahme zeigte sich nach Verlauf von etwa 10 Minuten, erreichte nach 30—45 M. sein Maximum und war nach ungefähr 60—65 M. ganz vorüber. Alkohol in geringer Dosis bewirkte eine deutliche Zunahme der Leistungsfähigkeit des Willens, während Tabak im gegenteiligen Sinne wirkte. Doch erstreckte sich der Einfluss beider Substanzen nur über einen Zeitraum von 1—2 Stunden. Wurden die Muskeln nicht durch den Willen, sondern durch elektrische Reizung erregt, so zeigten sich beide Substanzen wirkungslos. Durch die Übung wird die Leistungsfähigkeit des Willens sehr gesteigert. Eine Zunahme des Luftdrucks wirkte förderlich, eine Abnahme desselben schwächend (LOMBARD).

Wenn die Willenshandlungen so stets körperlich bedingt sind durch Muskeln, Nerven, Rückenmark, Gehirn, sogar bis ins Einzelste, so ist zu erwarten, dass im Kinde vieles von dem, was im Erwachsenen da ist, fehlt, dass erst mit dem Wachsen nicht bloss der Muskeln, sondern auch des Gehirns vieles sich einstellen wird. In der That ist dem so. Die grosse Nervenbahn, welche von der sog. motorischen Region der Hirnrinde zu den Vorderhörnern des Rückenmarks und aus diesen zur Körpermuskulatur zieht, und welche nachweislich die Innervationserregungen bei den Willenshandlungen den Muskeln zuleitet, entbehrt bei den Neugeborenen noch der Markscheiden. Elektrische Reizung einer bestimmten Stelle der motorischen Rindenregion löst beim Erwachsenen stets Bewegungen des gegenüberliegenden Armes aus, Reizung einer anderen solche des Beines, Reizung einer dritten solche der Gesichtsmuskeln der anderen Seite; alle diese Reizungen bleiben beim Neugeborenen erfolglos (SOLTMANN). Damit stimmen die genaueren Beobachtungen z. B. über das Sehenlernen der Kinder, die RÜHLMANN gegeben hat. Durchschnittlich innerhalb der

5. Lebenswoche, bei einigen Kindern etwas früher, bei anderen später, entsteht die Fähigkeit, einen Gegenstand, der sich in der Richtung der Sehlinie befindet, zu fixieren, d. h. von einem in dem gelben Fleck des Auges zufällig entworfenen Netzhautbild Notiz zu nehmen. Gleichzeitig werden die Augenbewegungen geregelt, indem assoziierte Seitenwendungen, sowie Hebungen und Senkungen der Blicklinie, letztere etwas später als erstere, auftreten. Erst sehr spät, etwa vom 6.—7. Monat an, wird vom Kind die Hand beim Greifen auf dem kürzesten Wege zum Gegenstand hingeführt. Um diese Zeit ist dann die kompliziertere Reaktion zwischen Netzhautbild, Augenbewegungen und dem Bewegungsapparat der oberen Extremitäten erworben. An der Hand der Erfahrung dieser Tastversuche entwickelt sich die Kenntnis der Tiefendimension und der Entfernungen, vorläufig aber nur mit Rücksicht auf die allernächste, d. h. mit den Händen kontrolierbare Distanz. Die Vorstellung des weiteren Raumes wird erst gewonnen auf Grund der Eigenbewegungen des Körpers, wenn das Kind sich selbst fortzubewegen, d. h. sich selbst im Raum zu verschieben gelernt hat. Für Kinder ist dabei die Farbe solange eine untergeordnete Eigenschaft der Objekte, als die Wahrnehmung von deren Form und Gestalt für die Unterscheidung derselben ausreicht. Der Zeitraum zwischen der Geburt und der 5. Woche, sodann der Zeitraum zwischen der 5. Woche und dem 5. Monat dienen der Erwerbung derjenigen Sinneseindrücke, welche in ihrer Gesamtheit auf das Organ (Auge) zurückwirken, und dessen anfänglich ungeregelte, zu weite Funktion an bestimmte Zweckmässigkeitsgesetze knüpfen. So werden auf Grund der gemachten Erfahrung von den Augenbewegungen die atypischen (regellosen) allmählich ausgeschlossen, und nur diejenigen beibehalten, welche der genauen Kongruenz der beiden Netzhäute während der Augenbewegungen am besten dienen. Nach PREYER verhält es sich mit den häufig asymmetrischen und unkoordinierten Augenbewegungen der Neugeborenen ebenso wie mit den Bewegungen der Beine zur Zeit des Gehenlernens. Die ungeordneten Bewegungen werden allmählich immer seltener und von den koordinierten werden schliesslich die brauchbarsten, welche mit dem Minimum von Anstrengung am meisten leisten, beibehalten. Gleiches gilt von der Sprachentwicklung, von der man ganz wohl beim Kinde beobachten kann (EXNER), dass das richtige Treffen der Lautkombinationen tastend gesucht wird, dass es immer besser und

besser gelingt, dieselben aufzufinden, und dass einzelne Kombinationen (sowie auch einzelne Successionen) oft erst spät gefunden werden. Als Kontrole bei diesem Tasten nach dem Richtigen dient in natürlicher Weise das Ohr; denn ein Kind unterscheidet mit dem Ohr schon lange einzelne Laute und Worte, die es noch nicht aussprechen oder doch nicht korrekt aussprechen kann. Beim Taubgeborenen fällt die Kontrole durch das Ohr weg und deshalb lernt er nicht sprechen (obwohl er auch Töne spontan hervorbringt). Erst wenn ihm auf künstliche Weise eine andere Kontrole seiner Bewegungen beigebracht wird, die er in den taktilen Eindrücken seiner Sprachorgane finden kann (Mundstellung, Zungenbewegung u. s. w.), ist er in die Lage gesetzt, die richtigen Innervationskombinationen zu treffen, und wenn sie ihm dann als richtige bezeichnet worden sind, auf Grund seiner sensorischen Kontrole wiederzufinden.

Nach alle dem sind beim neugeborenen Menschen nur die vegetativen Funktionen in Thätigkeit, die höheren animalen erst im Werden begriffen. Die Thätigkeit des Nervensystems beschränkt sich auf die Funktion des verlängerten Marks und des Rückenmarks. Alle Bewegungen der Neugeborenen entspringen darum vorläufig entweder aus vegetativen Bedürfnissen, die reflektorisch (innerer Reiz — Bewegung) erfüllt werden, oder sie sind unwillkürliche Haut- und Sinnesreflexe (RÜHLMANN). Die niederen (vegetativen) Triebe sind in erster Linie physikalisch-chemische Vorgänge, welche zunächst jedes psychischen Charakters entbehren (Abgangsbedürfnis, Hunger, Durst). Die Triebe erlangen einen psychischen Charakter erst dadurch, dass sie im Bewusstsein als Gefühle auftauchen. Aus Trieben entwickeln sich die Willenshandlungen dann durch Assoziation der Triebgefühle mit anderen körperlichen Gefühlen (der Sättigung u. s. w.) und Sinneswahrnehmungen (der die Triebgefühle beseitigenden, d. h. stillenden Geschmäcke, Bewegungen u. s. w.). Erst wenn diese Assoziation zustande gekommen ist, wandelt sich der zunächst nur ein Leiden andeutende Schrei des Neugeborenen in eine aktive, zielbewusste Äusserung um. Erst der durch Erinnerungsbilder beeinflusste (bzw. ausgelöste) Trieb sollte daher als Wille bezeichnet werden, insbesondere jedes Wählen setzt Erinnerungsvorgänge voraus (FLECHSIG).

Als automatisch bezeichnet man dabei diejenigen Bewegungen, auch in Erwachsenen, welche in den Nervenzellen selbst entstehen; für sie sind Zustände der Veränderung des Blutes (Oxydationsprodukte z. B. der Kohlensäure) der erregende Reiz. Automatisch sind die Erregungen des Atemcentrums, des Hemmungscentrums für das Herz, des Druckcentrums für die Blutgefässe u. s. w. Nahe stehen ihnen die Reflexbewegungen, wo auf einen sensorischen Reiz ohne erforderliches Dazwischentreten des Bewusstseins eine Bewegung erfolgt, wie bei Husten, Niesen, Blinzeln u. s. w. Zu den automatischen Bewegungen rechnet daher ZIEHEN die Reaktionsbewegungen auf interkurrent wirkende Reize, wie beim spontanen Ausweichen auf der Strasse; wesentlich ist ihnen Anpassungsvermögen für einen bestimmten Zweck und die Fähigkeit, entgegenstehende Hindernisse zu überwinden. Instinktbewegungen haben ein Ziel, sind aber als solche, ehe und während sie stattfinden, unbewusst; sie entstehen nur, nachdem zuerst eine Empfindung und dann ein Gefühl, das den motorischen Impuls lieferte, vorausging (PREYER). So ist Instinkt die Quelle der Gehversuche; Kinder, kaum einige Wochen alt, machten bereits in völlig coordinierter Weise etliche Schritte, wenn sie unter der Achsel gefasst und so gehalten wurden, dass die Fusssohlen die Unterlage berührten. Letzteres war von wesentlicher Bedeutung. Beispiele von Instinkt beim erwachsenen Menschen sind der mit den Jahreszeiten und den physiologischen Zuständen des Körpers wechselnde Appetit nach diesem und jenem, die Einwirkung der Geschlechter auf einander (PFLÜGER).

Aus solchen Anfängen (Trieben u. s. f.) bildet sich allmählich heraus, was wir Wunsch, Begehren, Wille u. s. w. nennen, die wir mit MÜNSTERBERG so beschreiben können: „Wunsch ist die von Lustgefühlen begleitete Vorstellung eines künftigen Geschehens ohne Erwägung, ob der gewünschte Vorgang auch möglich ist; in der Begierde tritt zum Wunsch hinzu eine allgemeine, freilich oft undeutliche und ungeordnete Vorstellung von dieser Geschehensmöglichkeit und ihrer Mittel und Wege. Damit nun aber aus der Begierde nach dem Erreichbaren die entsprechende Willenshandlung werde, muss nicht mehr und nicht weniger hinzutreten als eben die Ausführung, damit die Vorstellung des Zieles durch die Wahrnehmung seiner Erreichung ergänzt werde. Entschluss enthält die Überzeugung davon, dass, wenn bestimmte äussere Bedingungen eintreten werden, speziell wenn die Zeit gekommen sein wird, wir etwas Bestimmtes wollen werden. Vorsatz enthält mehr allgemein die Überzeugung, dass wir unter bestimmten Bedingungen, so oft sie auch eintreten mögen, immer in bestimmter Richtung wollen werden." Gemeinsam all diesen Bewusstseinszuständen endlich ist das, was man Streben nennt, wenn bloss Drang nach Veränderung damit gemeint ist, der auch ziellos sein kann, eine Unruhe erzeugt und Missbehagen mit einem vorhandenen Zustand.

Litteratur zu den beiden voraufgehenden und dem nächstfolgenden Abschnitt:

Huxley, Grundzüge der Physiologie.
Liebermeister, Krankheiten des Nervensystems.
Schuele, Klinische Psychiatrie.
Flechsig, Gehirn und Seele.
Ziehen, Leitfaden der physiologischen Psychologie.
Bain, The Senses and the Intellect; the Emotions and the Will.
James, Principles of Psychology.
Exner, Entwurf zu einer physiologischen Erklärung der psychischen Erscheinungen.
Rinot, les maladies de la volonté.
Münsterberg, die Willenshandlung.
Mosso, die Ermüdung.
Mosso, die körperliche Erziehung der Jugend.
Preyer, die Seele des Kindes.
Kussmaul, die Störungen der Sprache.
v. Krafft-Ebing, Nervosität und Neurasthenie.
Ebbinghaus und Koenig, Zeitschrift für Psychologie und Physiologie der Sinnesorgane.
Wundt, Grundzüge der physiologischen Psychologie und
Wundt, Grundriss der Psychologie (kommen unten besonders vor).
Baumann, die grundlegenden Thatsachen zu einer wissenschaftlichen Welt- und Lebensansicht. (Eine Zusammenstellung hier einschlagender allgemeiner Ergebnisse der realen Wissenschaften.)

Die Entwicklung des Willens.

Es ist nunmehr ersichtlich, dass Wille, nicht nur, wenn man Wahl darunter versteht, sondern auch, wenn nur ein bewusstes Ziel damit gemeint ist, zu den am meisten zusammengesetzten und abgeleiteten seelischen Äusserungen gehört. Diese Entwicklung des Willens aus elementaren physiologischen und psychologischen Kräften lässt sich den Grundzügen nach klar angeben. Sehr viele Bethätigungen im Menschen sind auch später nur teilweise vom Willen abhängig. Dahin gehören nicht nur die vegetativen Funktionen (Verdauung, Blutumlauf, Atmung u. s. w.), sondern auch die elementaren Bethätigungen alles geistigen Lebens, wie

Sinnesempfindung, Gedächtnis, Verstand, Vernunft u. s. w., alles, was man als die natürliche, von Anfang an mitgegebene Grundlage unseres entwickelten geistigen Lebens ansieht. Nichtsdestoweniger hat auch hier der Wille als bewusste Richtung auf ein Ziel bald einen mehr oder weniger grossen Einfluss. Unsere natürliche Verdauungskraft, Sinnesempfindung, Gedächtnis u. s. w. wirken nämlich nicht immer gleich. Die Fälle, in denen sie sehr günstig wirken, heben sich für Vorstellung und Gefühl stärker hervor, werden dadurch besser behalten und können darum leicht wieder in das Bewusstsein zurückkehren und von da aus die vorhandenen Dispositionen zu gleicher Bethätigung wieder anregen. So kommt unsere Verdauungskraft, unser Gedächtnis u. s. w. unter den Einfluss unseres Willens, desto mehr, je mehr die besonders günstige Funktionierung uns bemerkbar geworden ist. So gehen wir etwa nach dem Essen eine kurze Strecke spazieren oder ruhen eine Weile, so prägen wir uns etwas ein, indem wir es in einen logischen Zusammenhang bringen (manche Menschen können nichts isoliertes behalten), oder sagen uns das zu behaltende laut auf, so betrachten wir ein Bild aus der für unser deutliches Sehen gerade nötigen Entfernung, um jederzeit über eine lebhafte Erinnerung an dasselbe zu verfügen.

Auf einen gleichen Ursprung führen die willkürlichen Körperbewegungen. Diese kommen nach der Ermittelung der Wissenschaft dadurch zu Stande, dass die Muskeln auf Anregung motorischer Nerven sich kontrahieren, und diese motorischen Nerven selbst ihre Anregung im Zentralorgan, dem Gehirn, erhalten haben. Von all diesen Zwischenapparaten wissen wir aber von Haus aus nichts. Die Wissenschaft hat zwar allmählich gezeigt, dass sie im Spiel sind, aber sie lehrt nicht, wie das Psychische in uns es anfängt, auf sie überhaupt und wie gerade auf die einzelnen zu wirken. Eine absolute Macht über Nerven und Muskeln hat das Psychische in uns aber gar nicht. Bei diesem Thatbestand bietet sich nun die Beobachtung dar, dass es ausser den vegetativen unwillkürlichen Bewegungen zeitlebens auch noch sonstige unwillkürliche Bewegungen unseres Körpers giebt, wie die sog. Reflexbewegungen (Husten, Niesen, Blinzeln u. s. w.), dass auch die sog. Ausdrucksbewegungen (Lachen, Mienenspiel und Verwandtes) ursprünglich unwillkürlich sind und es meist bleiben, dass Bewegungen, welche gewöhnlich willkürliche sind, unter besonderen Umständen, z. B. in Krämpfen, unwillkürlich auftreten. Diese Thatsachen führen zu der Vorstellung, dass auch diejenigen Bewegungen, welche bald meist vom Willen abhängen, d. h. nur auf Vorstellung der Bewegungen als wünschenswerter eintreten, ursprünglich auf bloss physiologische Erregungen in den Nervenzellen eintreten mit nur begleitendem Bewusstsein. Das Bewusstsein behält dann allmählich den Vorstellungs- und Gefühlszustand, welcher mit diesen Bewegungen verbunden war, und kann nachher bei Erweckung dieses inneren Zustandes, d. h. der betr. Vorstellungen und Gefühle, die damit verbunden gewesenen Körperbewegungen von sich aus anregen, falls und soweit die Dispositionen zu denselben im Zentralorgan und weiterhin abwärts noch vorhanden sind. In der That haben anfänglich die Bewegungen, die auf Gehörs- und Gesichtseindrücke beim Kinde eintreten, ganz den Charakter reflektorischer Bewegungen, die bei denselben Reizen in genau derselben Weise wiederkehren u. s. w., erst später wird der Zusammenhang zwischen den Sinnesempfindungen und der motorischen Äusserung auf dieselben ein freierer. Die Bewegungen der Arme, der Beine, bald auch der Sprachorgane zeigen sich in der Kindheit und noch in der Jugend in bedeutendem Reichtum und vielfacher Regellosigkeit. Bei Gesundheit und reichlicher Ernährung ist die Bewegung im Wachen fast unablässig; wird sie zeitweilig gehemmt, so flutet sie nachher um so stürmischer aus; der blosse Überschuss an Muskelkraft drängt zu irgendwelcher Entladung. Für unser Bewusstsein treten aus diesem Vorgang klar heraus die Vorstellung der Handlung und das damit verbundene Gefühl, welches sie uns als wünschenswert erscheinen lässt, öfter auch der Impuls, d. h. ein Sichanschicken oder inneres Vorbereiten, was man als Innervationsempfindung bezeichnet oder als kinästhetische Empfindung. Diese besteht aus Druck-, Muskel-, Bänderempfindung und den Bewegungsbildern, aber sie kommt uns als Empfindung nur in unbestimmter Weise zum Bewusstsein, als „ein Zu-Mute-sein", wie es LOTZE ausgedrückt hat.

Nicht zweifelhaft ist, dass diese kinästhetische Empfindung nicht bei allen Menschen die gleiche ist. Der eine setzt seinen Arm durch Muskelbilder in Bewegung, der andere durch Gesichtsbilder (Vorstellung der gesehenen Bewegung). Es kommt nämlich (bei Hysterischen) vor, dass, wenn sie ihre gewohnten Bewegungsbilder verlieren, sie die Beine u. s. w. nicht mehr bewegen können. Es ist das ähnlich wie die Verschiedenheit inbezug auf das Wortgedächtnis. Es giebt ein Gedächtnis für das Wortklangbild, das sog. verbo-auditive oder akustische Gedächtnis; ein Gedächtnis für das gesehene Wortbild, das verbo-visuelle Gedächtnis; ein Gedächtnis für das Sprechbild, das Artikulationsgedächtnis; endlich ein Gedächtnis für das Schreibbild des Wortes. Gewöhnlich setzt sich beim normalen Menschen das Sprachgedächtnis aus allen vier Stücken mehr oder weniger zusammen, aber häufig hat ein Überwiegen des einen oder andern statt. Wer ein mehr verbo-visuelles Gedächtnis hat, prägt sich leicht die Orthographie ein, die solchen mit verbo-auditivem Gedächtnis schwer fällt, weil sie nach dem Gehör schreiben, was zumal im Französischen und Englischen die Orthographie sehr erschwert, dagegen lernt der Verbo-auditive die Sprache schneller sprechen. Wer ein Artikulationsgedächtnis hat, sagt sich unwillkürlich, was er lernen soll, halblaut vor und, wo er nicht mindestens die Lippenbewegungen machen kann, behält er nichts. Manche Menschen müssen sich alles schreiben, was sie behalten sollen; zu ihnen gehörte Washington. Es kommen sehr extreme Fälle vor, so konnte X. mit einem verbo-visuellen, aber ohne auditives Gedächtnis keine fremde Sprache sprechen. Es ist daher von Wichtigkeit, die verschiedenen Wortgedächtnisse zu üben, wenn man bemerkt, dass ein Kind eine Art zu ausschliesslich instinktiv bevorzugt; denn das sichert dagegen, bei etwaigem Verlust der bevorzugten Wortgedächtnisart die Sprache ganz zu verlieren. — Das muskuläre Gedächtnis ist besonderer Art selbst für verschiedene Muskelpartieen; wer ein schlechtes muskuläres Gedächtnis hat, kann kein Instrument spielen und körperliche Exerzitien nicht mit Erfolg treiben. Es ist daran zu erkennen, dass solche die ganz richtige Auffassung dessen, was zu thun ist, haben und sogar sehr feine Kritiker der Leistungen anderer sein können, aber trotz allem Bemühen nichts Einschlagendes fertig bringen. Man kann bei besserer muskulärer Anlage daher bei manchem gut lernen, der selber die Sache nur sehr mangelhaft vormacht.

Wegen der Verschiedenheit der ursprünglichen Bewegungsanlagen in den einzelnen Menschen ist auch die willkürliche Bethätigung verschieden. So kann der eine besser zu stossweisen Kraftkombinationen befähigt sein, der andere mehr Ausdauer entfalten; bei ganzen Nationen ist dieser Unterschied hervorgetreten. So kann bei dem einen sich ein grösserer Teil der aufgebrauchten Spannkraft (potentiellen Energie) in mechanische Arbeit (Handlung nach aussen) umsetzen, bei dem andern wird mehr Wärme

(Körperwärme) produziert; wem nicht warm wird bei der Arbeit, hat einen Vorteil in der Leistung. Ja, es kommt wegen der Ungleichheit der Bewegungsanlagen vor, dass einzelnen Menschen willkürlich möglich ist, was anderen versagt bleibt. Ein Patient hatte es in der Gewalt, je nachdem er gerade simulieren wollte, sich in den Zustand der Paralyse, Konvulsion oder Starrheit zu versetzen.[1]) Oberst T. besass die Fähigkeit, sich nach Gefallen in einen vollkommen todähnlichen Zustand zu versetzen und stundenlang darin zu verharren, worauf dann die merkwürdigen Symptome verschwanden, und er in seinen gewohnten Zustand zurückkehrte.[1]) Über einen Priester, der sich willkürlich in einen todtenähnlichen Zustand versetzen konnte, berichtet Augustin.[1]) In Verbindung hiermit stehen Thatsachen von längerer Aufhebung der aktiven Lebenserscheinungen bei den Fakiren.[1]) Jemand konnte willkürlich anfangen wiederzukäuen (ebendaselbst). Manche Menschen können bei der ersten darauf gerichteten Bestrebung die Zahl der Kontraktionen ihres Herzens beträchtlich vermehren durch die alleinige direkte Einwirkung ihres Willens. Eine der untersuchten Personen brachte ihre Pulsfrequenz von 72 auf 93 in der Minute (Pflügers Archiv). Ich selbst habe einen Gelehrten gekannt, der, um einzuschlafen, sich nur hinzusetzen brauchte mit dem Vorsatz einzuschlafen. Wenn er müde war von der Arbeit, so schlief er in dieser Weise etwa 10 Minuten und war dann wieder frisch. Ab und an kommt es vor, dass jemand die Ohren willkürlich bewegen kann, oder ein äusserstes Fingerglied bewegen, ohne den ganzen Finger mitzubewegen. In all solchen Fällen kommt meist die Fähigkeit ursprünglich mehr zufällig zum Bewusstsein und wird dann gerade im Unterschied von Anderen, die sie nicht haben, um so mehr geübt.

Ganz allgemein sind danach die ursprünglichen Grundlagen des menschlichen Willens unwillkürliche elementare Bethätigungen. Diese nennt die Sprache vielfach Triebe. Solche sind teils körperlicher Art in der Weise von S. 17, spontane Bethätigungen automatischer oder reflektorischer Art, aber auch zu den automatischen Bethätigungen ist (nach Experimenten) ein peripheres Sinnesorgan, ein peripherer Sinnenreiz erforderlich. Zum andern Teil sind Triebe dunkle Bewusstseinszustände (oft auch Gefühle genannt) mit unmittelbarer Tendenz zur Handlung, die sich erst durch

---

[1]) Hack Tuke, Geist und Körper. Studien über die Wirkung der Einbildungskraft. Übersetzt von Kornfeld, 1888.

ihre unwillkürlich ausbrechende Bethätigung über sich selbst klar werden: Wissenstrieb, Ehrtrieb, künstlerischer Gestaltungstrieb; alles, was man natürliche Neigung, Hang, Art eines Menschen nennt, gehört hierher. Andere Ausdrücke für ursprünglich unwillkürliche Bethätigungen sind: Interesse (wissenschaftliches, künstlerisches Interesse), Sinn (religiöser Sinn, moralischer Sinn, Sinn für Anstand, Sinn für Sprachen), Regungen (Regungen der Ehre, des Gewissens, der Pflicht u. s. w.). Aus allen solchen unwillkürlichen Bethätigungen bildet sich Wille dadurch heraus, dass die darauf bezüglichen Vorstellungen und Wertschätzungen, die sich gleich oder allmählich damit verbunden haben, das Antecedens werden und darauf hin Entschluss u. s. w. zu innerer oder zugleich auch äusserer Realisierung der vorgestellten Inhalte eintritt. Beispiel eines immanenten Willens ist der Wille, jetzt einem Thema seine Gedanken zuzuwenden, an einer angenommenen Überzeugung festzuhalten; Beispiele eines zugleich transienten Willens sind der Wille, jetzt einen Freund zu besuchen, einen Brief zu schreiben.

Diese Triebe, Regungen u. s. w. sind nicht selbst schon Wille, und sie so zu nennen, verwirrt den Sprachgebrauch von Wissenschaft und gebildetem Leben; denn Wille ist appetitus rationalis, vernunftgemässe Thätigkeit, Vorwegnahme einer Handlung in Gedanken mit Lustgefühl an derselben. Wer Triebe, Regungen u. s. w. schon Wille nennt, schiebt in dieselben leicht etwas ein, was erst von dem aus ihnen entwickelten Willen gilt. So gebraucht Schopenhauer Wille für Aktivität überhaupt, für das, was man sonst in der unorganischen und der organischen Natur mit Kraft meint. Aber selbst die Grundlagen des Willens in uns sind nichts Einfaches und durchaus nichts den Körper Schaffendes, wie Schopenhauer gemeint hat, dem Wille das Ding an sich ist zu seiner Erscheinung im Raume. Gerade die Triebe sind in uns körperlich bedingt, z. B. Hunger, Durst, die sexuellen Empfindungen, Lichtbedürfnis, Bewegungsbedürfnis. Es sind dabei überaus komplizierte körperliche Einrichtungen im Spiel. Alles das zu streichen und doch Triebe, dumpfen Drang oder Streben beizubehalten, ist, wissenschaftlich betrachtet, nichts als Willkür. Der Trieb schafft das Körperliche so wenig, dass er fehlt, wo grosse Mängel der körperlichen Ausbildung vorhanden sind, es giebt Idioten, die verhungern würden aus Mangel an Nahrungstrieb, wenn sie nicht von den körperlich Normalen und damit auch geistig Gesunden gepflegt würden.

Nach WUNDT (Grundzüge der physiologischen Psychologie) ist Wille alle innere Thätigkeit, besonders innere verstärkende Thätigkeit, als deren Typus ihm die Aufmerksamkeit gilt. Aber mit Recht unterscheidet man seit Langem die Aufmerksamkeit selbst in eine willkürliche und in eine unwillkürliche, welche letztere im Interesse als einer ursprünglichen Aufgelegtheit für dieses oder jenes wurzelt. Die Apperception, die Zuwendung des Bewusstseins ist oft genug gar nicht eine gewollte, das Unangenehme und Unerwünschte presst sie uns nur zu sehr ab. Auch in dem „Grundriss der Psychologie" nennt WUNDT „durch einen Affekt vorbereitete und ihn plötzlich beendende Veränderungen der Vorstellungs- und Gefühlslage Willenshandlungen", und es sind ihm „die Affekte, die aus sinnlichen Gefühlen entstehen, sowie nicht minder die allverbreiteten sozialen Affekte, wie Liebe, Hass, Zorn, Rache, die dem Menschen mit den Tieren gemeinsamen ursprünglichen Quellen des Willens." Was man sonst Triebe nennt, nennt so WUNDT schon Wille. Er ist sich dessen bewusst und macht dafür dies geltend: „Besonders die Rückverwandlung komplexer Willensvorgänge in Triebvorgänge ist es, die die oben erwähnte Beschränkung des Begriffes Trieb auf die aus sinnlichen Gefühlen entspringenden Willenshandlungen völlig ungeeignet erscheinen lässt. Infolge jener allmählichen Elimination der unterlegenen Motive giebt es ebensowohl intellektuelle, sittliche, ästhetische und dergleichen, wie einfache sinnliche Triebe." Danach würden intellektuelle, sittliche, ästhetische und dergleichen Triebe immer nur allmählich sich im Menschen bilden, also ein sekundär-automatisches sein, wie vieles, was wir erst mühsam eingeübt haben, allmählich uns von der Hand oder vom Munde geht, als wäre es ein Primär-automatisches. Es giebt aber auch ursprünglichen Wissenstrieb, sittlichen, ästhetischen Trieb u. s. w. (S. 24), ganz in derselben Weise, wie es ursprüngliche sinnliche Gefühle giebt. Selbst die sinnlichen Triebe treten auch von vornherein in individuell wechselnder Intensität und Qualität auf, da mit Rohheit, dort mit Zartheit (FLECHSIG). Natürlich setzt das Hervortreten von Wissenstrieb, Ehrtrieb u. s. w. schon eine gewisse körperliche und geistige Entwicklung voraus. Aber ein ursprünglich ganz Spontanes ist da sehr zu bemerken, wie das eine Kind auf manches achtet, was dem anderen völlig entgeht, wie das eine Kind geborener Anführer ist und sich dazu macht, als müsste das so sein, alles lange, ehe sie von alle dem reflektierend die leisesten Begriffe oder Beurteilungen haben. Auch der Ausdruck „voluntaristische Psychologie", den Wundt mit für sich acceptiert, erweckt die irrige Vorstellung, als ob der Mensch in Bezug auf seine ursprünglichen elementaren Bethätigungen eine Art selbstschöpferischer Kraft hätte, die ihm doch sogar nach Seiten der produktiven Phantasie fehlt. Denn keine Phantasie, z. B. des Blindgeborenen, ist im Stande, ihm auf Beschreibung Sehender hin die mit dem fehlenden Sinn auch fehlende Farbenvorstellung zu geben, dagegen empfindet der Blinde Farben und Licht auf Grund der Äusserungen der Sehenden lebhaft ihrem Gefühlswert nach, eben weil die elementaren Gefühlsbethätigungen ihm nicht fehlen. Soll aber „voluntaristische Psychologie" nur heissen, dass „das Wollen einen ebenso unveräusserlichen Bestandteil der psychologischen Erfahrung ausmache wie die Empfindungen und Vorstellungen", so wird man erstaunt fragen: wozu ein neuer Name? Denn recht vielfach hat man Fühlen und Wollen (das letztere zunächst in elementarer Form) als eigentümliche seelische Bethätigungen mit und neben Empfindung und Vorstellung angesehen. Doch entstehen in der Grosshirnrinde die motorischen Bahnen der Sinnessphären ausnahmslos erst nach Fertigstellung der sensiblen (FLECHSIG).

Die Bildbarkeit des Willens.

Da im Bewusstsein der Erwachsenen Wille eine innere oder zugleich auch äussere Bethätigung ist, welche auf Vorstellung eines Inhalts und Wertschätzung desselben zu folgen pflegt, und sich die vielfache Bedingtheit des ganzen Vorgangs und seine ursprüngliche Genesis dem Bewusstsein nicht von selbst darbietet, so hat man seit alten Zeiten die Vorstellung und das Gefühl beim Willen für die Hauptsache gehalten, ja den Geist als Vorstellung und Wertschätzung, d. h. als zwecksetzend, für die unmittelbare Bewegungsursache des Leibes selbst angesehen, wie dies Plato und Aristoteles thaten und ihnen folgend die Scholastik, welcher der Wille als primus motor in regno animae galt, während die moderne Wissenschaft festgestellt hat (S. 9 ff.), dass unser Geist als Vorstellung und Wertschätzung nicht unmittelbar, sondern sehr vermittelt wirkt, und dass bei diesen Vermittlungen die organischen unwillkürlichen Bethätigungen auch da den Vortritt haben, wo wir später überwiegend willkürlich zu handeln lernen. Da man aber Vorstellung und Gefühl als die Hauptstücke im

Willen ansah, so sah man auch, wo sie da waren, wo man weiss, was man will, und warum man es will (als angenehm, löblich, gut u. s. w.), es als selbstverständlich an, dass die Handlung, auf welche der Wille geht, erfolge, falls nur, wo die Handlung nicht ohne Körperbewegung vollziehbar ist, die Körperorgane in normalem Zustande sind, also z. B. nicht dauernd oder zeitweilig gelähmt. Und wo dann doch die Handlung nicht recht von statten geht, da hält man nur für nötig, entweder dem Inhalt des Willens zu grösserer Klarheit zu verhelfen oder dem Wertgefühl mehr Stärke zu geben, damit der Wille zu einem effektiven, d. h. in Handlung übergehenden werde. Im gemeinen Leben fordert man von einem Menschen, dass er Kopf und Herz auf dem rechten Fleck habe: mit Kopf ist gemeint Klarheit des Vorstellens, mit Herz Stärke des Werturteils. Bei dem einen Menschen hält man es ferner, um seinen Willen zu heben, für nötiger, seinen Verstand aufzuhellen, bei dem anderen, seine Gefühle zu beleben. Selbst in ganzen Zeitaltern hat sich die Bemühung bald mehr nach der einen, bald mehr nach der anderen Seite gerichtet. Die Aufklärung des vorigen Jahrhunderts glaubte durch Aufhellung des Verstandes unmittelbar auch den effektiven Willen herbeizuführen, die Periode der Empfindsamkeit, welche darauf folgte, suchte das Herz zu rühren im Vertrauen, dass dann die That unfehlbar eintreten werde. In der Regel also, d. h. wo nicht ein besonderes Hindernis vom Körper aus entgegenwirkt, sieht man den Willen als effektiv an, sobald Klarheit der Vorstellung über das Ziel und Stärke des Werturteils zusammen da sind.

Nichtsdestoweniger ist es seit alten Zeiten, besonders im Sittlichen, Erfahrungsthatsache, dass jene beiden Stücke sehr oft zum effektiven Willen nicht genügen. Griechen und Römer haben diese Erfahrung an sich konstatiert, sie ist niedergelegt in den Worten der Medea bei Ovid: ich sehe das Bessere und billige es, und doch folge ich dem Schlechteren. Nach der indischen Lehre vermag die Betrachtung sich rein zu erhalten, aber alles Handeln ist mit Sünde befleckt. Soviel Zutrauen die Schule des Confucius zu den Keimen der Tugend im Menschen hat, so verbreitet ist es nach Mencius „sein ursprüngliches Herz zu verlieren", und dass effektives Wollen selten sei, drückt das chinesische Sprüchwort aus: „Grosse Seelen wollen, andere wollen nur wollen." Rein weltmännisch ist dieser Zug menschlicher Natur gekennzeichnet bei Diderot in Jaques le fataliste: „Wir bringen drei

Viertel unseres Lebens damit zu, etwas zu wollen und es nicht zu thun, und zu thun, was wir nicht wollen." Übrigens beschränkt sich diese Erfahrung nicht auf das Sittliche im engeren Sinne, sondern zieht sich durch alle Seiten unseres Lebens hindurch. Manche Speise wollen wir nicht, obwohl wir einräumen, dass, wenn sie uns vorgesetzt wird, sie uns ganz gut schmeckt und auch ganz gut bekömmt. In künstlerischer oder wissenschaftlicher Bethätigung sind wir oft körperlich und geistig wohl aufgelegt, und doch will es nicht recht vorwärts gehen u. s. w. Man hat in dieser Erfahrung eben darum eine Rätselhaftigkeit menschlicher Natur gesehen (S. 5) und sich meist damit begnügt.

Für uns hat eine Rätselhaftigkeit menschlicher Natur hier nicht statt; denn nach obigem (S. 19 ff.) ist die ursprüngliche Genesis des Willens so zu fassen: mit zuerst spontaner Bethätigung war allmählich verbunden darauf bezügliche Vorstellung und Wertschätzung, diese Vorstellung und Wertschätzung regt dann wieder die bez. Bethätigung an. Der Grund der Möglichkeit dieser Umkehrung ist, dass beide Zustände irgendwie mit einander verknüpft waren, eine Verknüpfung von a mit b immer aber auch eine von b mit a ist. Es hat also das Gleiche statt, wie bei der Assoziation und Reproduktion der Vorstellungen und der geistigen Zustände überhaupt, wo nicht bloss eine Vorstellung eine andere damit verbunden gewesene ins Bewusstsein bringt (an einem Haus vorübergehend, denken wir an die darin einst gesehenen Bewohner), sondern auch eine Objektvorstellung die damit verbundenen gewesenen Gefühle wieder anregt und umgekehrt: so ruft uns der Anblick eines Jugendfreundes das Glück jener Tage zurück, eine trübe Stimmung macht, dass wir an früheres Unglück in unserem Leben denken; und endlich werden auch Begehrungen durch wiedergeweckte Vorstellungen und Gefühle hervorgerufen: die Erinnerung an eine Fusstour weckt die Lust zu einer neuen u. s. f. Ein Vorgang, wo auf Vorstellung und Wertschätzung geistige oder geistig-leibliche Bethätigung eintritt, nennen wir Wille und willkürliche Handlung, sie hat aber nicht mit Erfolg statt, wo nicht die unwillkürliche Bethätigung voraufging.

Aus dieser richtigen Theorie verstehen wir auch, wie die gewöhnliche falsche überhaupt aufkommen konnte. Sie ist eine Abstraktion aus den nicht wenigen Fällen, wo auf Vorstellung eines Inhaltes und Wertschätzung desselben Handlung eintritt, aber in diesen Fällen bloss darum eintritt, weil die organischen und psychischen Elementarereignisse, auf welche Vorstellung und Wertschätzung sich bezieht, vorhergingen und so vorhergingen, dass sich eine feste Verknüpfung zwischen diesen Elementarereignissen und den betr. Vorstellungen und Wertschätzungen auch rückwärts bildete. Wo die organischen und psychischen Anknüpfungspunkte des effektiven Willens nicht sind, oder aus Mangel an Ausbildung so gut wie verloren sind, da tritt daher der effektive Wille nicht ein. Der Unmusikalische kann sich durch keinen Willensentschluss in die Freude des Musikliebhabers versetzen, er kann diesem nur glauben, dass es eine solche Freude für ihn giebt; rein praktische Naturen können sich nicht durch Willensentschluss in reine Theoretiker verwandeln, sie können diesen nur glauben, dass es eine Freude des blossen Forschens, wie etwas ist oder geschieht, für sie giebt, ohne alle Nebengedanken daran, ob dabei auch etwas Nützliches abfalle. Wo jene Anknüpfungspunkte fehlen, da kann sogar die Vorstellung und Wertschätzung oft nicht gebildet werden. So hat der von Natur Beherzte gewöhnlich gar keine Vorstellung davon, wie einer feig sein könne, und man kann ihm das Gruseln nur beibringen, wie im Märchen, dass man ihn in irgend eine Lage versetzt, wo er es plötzlich fühlt. Der von Natur Mässige begreift nicht, wie ein Mensch an Lüderlichkeit Gefallen finden möge, der von Natur Gütige kann sich in eine boshafte That gar nicht versetzen. Umgekehrt legt der Mensch von gemeiner oder egoistischer Gesinnung alles nach sich aus, weil ihm eine uninteressierte und edle Denkungsart ganz unfassbar ist. Hier verschlagen daher blosse Vorstellungen und Gemütsbestürmungen, alles sog. Moralisieren, gar nichts. Wo die elementaren organischen und psychischen Anknüpfungspunkte des effektiven Willens zwar vorhanden sind, aber schwach, da werden die darauf bezüglichen Vorstellungen und Werturteile leicht gebildet, aber sie bringen, sobald sie als antecedens auftreten, natürlich nur ein schwaches consequens hervor. Hier ist das Gebiet, wo die falsche Willenstheorie am üppigsten zu grassieren pflegt; weil doch Vorstellung und Wertschätzung da ist, glaubt man der Effektivität des Willens dadurch aufhelfen zu können, dass man die Vorstellung klarer, die Wertschätzung stärker macht, indem man auf beide einwirkt durch verständiges oder anfeuerndes Zureden. Der Erfolg, wenn nicht unbewusst die richtigen Mittel der Willensbildung mit angewendet werden, ist kein anderer, als er sein würde, wenn jemand ein

Gedächtnis, das schwach ist, aber doch etwas vorhanden, dadurch zu stärken gedächte, dass er dem Besitzer eine Rede über Beschaffenheit und Vorzüge eines guten Gedächtnisses hielte. Aber welches sind diese richtigen Mittel der Willensbildung? Ist der Wille in dem gefundenen Sinne überhaupt bildbar? Im allgemeinen ist zu sagen, dass ROUSSEAU's Grundgedanke auch hier richtig ist, alle Bildung sei Entwicklung der Natur, man müsse dem, was sich im Menschen von selbst regt, nur Gelegenheit geben, sich zu befestigen zur Gewohnheit. Aber nicht hat ROUSSEAU darin Recht, dass alles, was sich im Menschen von selbst regt, gut sei; auch ist manches im Menschen angelegt, was sich doch nicht von selbst regt. Es ist bei ROUSSEAU neben einem richtigen Grundgedanken so viel Mangelhaftes damit vermischt, dass wir nach diesem allgemeinen Hinweis auf ihn gut thun werden, unseren eigenen Weg in der eingeschlagenen Richtung fort zu gehen.

Der in seinem Ursprung in der oben angegebenen Weise verstandene Wille ist nämlich bildbar, d. h. zunächst rein formal der Verstärkung und analogen Erweiterung fähig, sofern unzweifelhaft die organischen und psychischen elementaren Grundlagen desselben bildbar, d. h. zunächst wieder rein formal der Verstärkung und analogen Erweiterung fähig sind, wobei die inhaltliche Art dieser Bildung und der ursprünglichen Anlagen selbst sehr mannichfach sein kann. An jene elementaren Grundlagen des Willens muss sich aber die Willensbildung primär wenden, weil die Vorstellung und Wertschätzung, welche beim Willen eine Rolle spielen, sich aus jenen erst heraus entwickelt haben, also nicht für sich, sondern nur im Zusammenhang mit jenen elementaren Grundlagen von Wirkung sind und daher nur erfolgreich sein können, wo die zum effektiven Willen mit gehörigen organischen und psychischen Elementarvorgänge, welche durch Vorstellung und Wertschätzung nur angeregt werden, schon da sind und vielleicht instinktiv sich mannigfach bethätigt und geübt haben.

Die Hauptgesetze der effektiven Willensbildung zu kennen, ist wichtig, nicht bloss, um sie bei der später zu behandelnden sittlichen Willensbildung zu benützen, sondern auch um die Menschheit, wie sie wirklich ist, richtig zu verstehen; denn nach diesen Gesetzen hat sich der effektive, in Handlung übergehende Wille stets gebildet, und alle erfolgreiche Einwirkung auf Menschen musste stets bewusst oder instinktiv an sie anknüpfen.

Die Hauptgesetze der Willensbildung.

Das erste Gesetz der Willensbildung, das der Verstärkung, leitet sich daraus ab, dass nach S. 28 der Wille mit einer umgekehrten Assoziation vergleichbar ist. Nun herrscht bei den Assoziationen das Gesetz, das der ungekehrte Gang zwar möglich, aber nicht so leicht ist. Das Abc kann man daher nur sehr schwer von z nach a rückwärts aufsagen, da sich die Umkehrungen hier häufen. Bei den Assoziationen erreicht man die Leichtigkeit der Umkehrung durch Übung, d. h. Wiederholung, z. B. beim Einmaleins. Das Gleiche gilt vom Willen, er ist abhängig von der Übung. Ist z. B. dem Kinde etwas instinktiv geglückt oder hat sich instinktiv in ihm geregt, und war augenscheinlich Bewusstsein damit verbunden, so gilt es, die Aufforderung zur Wiederholung an sein Bewusstsein zu bringen, damit so an Vorstellung und Wertschätzung die vorhandenen Dispositionen zur Bethätigung sich anschliessen. Vielfach übt das Kind die effective Bethätigung sich selbst ein, eben von dem freudigen Bewusstseinszustand aus, der mit der instinktiven Bethätigung des gelungenen Greifens, Aufrichtens zum Sitzen, Laufens, Hervorbringens artikulierter Laute verbunden war. Sehr vorteilhaft ist es, wenn die ursprüngliche Bethätigung auf Lob und Aufmunterung der Umgebung trifft; denn das lässt das Bewusstsein bei dem ganzen Zustand verweilen und erleichtert eben dadurch die Reproduktion. Absichtliche derartige Übungen muss man aber nur anstellen, wenn voraussichtlich die betreffenden Muskelgruppen oder geistigen Elemente sich annähernd in gleichem Zustand befinden, wie bei der früheren gelungenen Bethätigung; denn ein Misslingen, z. B. beim Üben willkürlich zu laufen, oder etwas aufzusagen, oder auch nur nachzusprechen, wirkt auf längere Zeit abschreckend. Ebenso müssen im späteren Knaben- und Mädchenalter die Einzelvorstellungen und mancherlei Kombinationen derselben geläufig geworden und dadurch leicht erweckbar sein, wenn eine zusammenhängende Verknüpfung derselben in einem Aufsatz z. B. auf Vorsatz hin gelingen soll, weshalb eine vorhergehende mehr freie Überdenkung etwa auf einem Spaziergang die Sache so erleichtert.

Selbst bei den Erwachsenen sind zum effektiven Wollen stets günstige Bedingungen der bez. organischen oder psychischen Elemente der Bethätigung (des Impulses) unerlässlich. Aus dem

Fehlen solcher günstigen Bedingungen erklärt es sich, dass bei leiblicher oder geistiger Erschöpfung Vorstellung und Wertschätzung, die sonst effektiv waren, gar nichts mehr vermögen, dass bei geistiger oder leiblicher Ermüdung, z. B. in Schlaftrunkenheit, schwer fällt und nur unsicher gelingt, was sonst leicht und präzis ausgeführt wurde, dass durch blosse längere Unterlassung sonst geübter leiblicher oder geistiger Handlungen diese nicht mehr so von statten gehen wie früher. Darum ist z. B. eine Reihe von guten Tagen so schwer zu ertragen; denn da wir im Glück nicht von selbst Gelegenheit haben, uns in Geduld, Anstrengungen, Enthaltsamkeit zu üben, so müssen wir erwarten, dass jene Tugenden aus Mangel an Übung verloren gehen, und dafür andere Gewöhnungen sich einstellen, sehr verschieden von jenen. Darum müssen wir uns nach längerem Ausruhen z. B. in Ferien erst wieder „einschiessen"; selbst das Schreiben geht uns dann zuerst nur halb so schnell von der Hand, als da wir von unserem Schreibtisch Abschied nahmen.

Auf Grund des Dargelegten ergeben sich als Detailregeln: 1. Willkürliche Handlungen jeder Art erfordern für ihren Anfang günstige innere oder zugleich auch äussere Bedingungen, für deren Herstellung möglichst Sorge zu tragen ist, und werden nur durch Übung, d. h. Wiederholung fest und sicher (habituell, zur anderen Natur); 2. was stets unter der Herrschaft unseres Willens stehen soll, dürfen wir nie ganz ausser Übung setzen. Man darf sich darum nicht zu sehr darauf verlassen, dass oft geübte geistige und leibliche Bethätigungen secundär-automatisch würden, d. h. in ähnlicher Weise stets zu unserer Verfügung ständen, wie vegetative und animalische Verrichtungen, die, wie wir sagen, von selbst ablaufen. Erstens sind diese selbst mehr bedingt, als man früher wusste (S. 17), und wenn eine ihrer Bedingungen fehlt, so versagen sie; zweitens erleben wir alle, wie selbst das Gehen, wenn wir es in Folge von Krankheit, gar nicht in den Gehwerkzeugen selbst, längere Zeit nicht geübt haben, gleichsam erst wieder ins „alte Geschick" muss gebracht werden.

Die Bedeutung der Übung und Gewöhnung für die Willensbildung ist früh erkannt worden; in der Wissenschaft ist sie besonders von Aristoteles ans Licht gestellt, nur das höhere Denken, den νοῦς, nimmt er aus; was das Denken einmal hat, das bleibt ihm; ein Satz, der ein Wunsch, aber keine Wahrheit ist: denn ohne alle Übung, absichtliche oder unabsichtliche, schwinden auch die geistigsten Gedanken. Allgemeine Grundforderung ist ausserdem, stets für einen Vorrat von Muskel- und Nervenkraft zu sorgen durch Erholung nach starken Anstrengungen und durch zweckmässige leibliche Pflege. Durch Übung mit Ausruhen und mit Ersatz über den Verbrauch werden die leiblichen und geistigen Kräfte dann nicht bloss erhalten, sondern auch verstärkt, obwohl nicht ins Unendliche. Die leibliche Pflege muss nicht bloss Erregungsmittel, sondern auch plastische, d. h. substanzerhaltende Mittel den Muskeln und Nerven zuführen. Für Muskelkraft wird bei uns gesorgt, freilich nicht immer in zweckmässiger Weise. Nach Virchow sind Schwimmen und Dauerlauf die einzigen allseitig wirkenden turnerischen Übungen. Die plastischen Stoffe werden überdies über den blossen Erregungsmitteln oft vernachlässigt; für jene ist nach der Physiologie stickstoffhaltiges Material (Fleisch, Eier, Brot) erforderlich, für diese kohlenstoffreiches (Fett, Stärkemehl). Dagegen für Nervenkraft wird bei uns noch wenig gesorgt; daher die gelegentlich schrecklichen Zustände von Nervenerschöpfung, als Unfähigkeit etwas zu denken, plötzliches Abreissen einer Gedankenreihe, Schlafsucht schon bei unserer Jugend. Sehr oft werden die Nerven bei uns ernährt auf Kosten der übrigen Systeme, der Muskeln, des vegetativen Systems, also der Verdauung und was damit zusammenhängt. Dies wirkt auf die Nerven schliesslich selbst zurück; daher die Sensibilität und Erregbarkeit nicht mehr bloss bei Gelehrten und Frauen der gebildeten Stände — die letzteren brauchen für das Gefühlsleben sehr viel Nervenkraft —, sondern schon in viel weiteren Kreisen. Schlimm, wo durch blosse Erregungsmittel den Nerven nachgeholfen wird, durch Kaffee, Thee, Spirituosen, kalte Abwaschungen. Am besten sind Ruhe, Aufenthalt in frischer Luft, leichte Gesellschaftsspiele. HELMHOLTZ lobt die englischen Spiele auf den dortigen Universitäten und setzt hinzu: „Man darf nicht vergessen, dass junge Männer, je mehr man sie von frischer Luft und der Gelegenheit zu kräftiger Bewegung absperrt, um so geneigter werden, eine scheinbare Erfrischung im Missbrauch des Tabaks und der berauschenden Getränke zu suchen." Die erste Anlage an einer Universität müssten daher Plätze für körperliche Bewegungsspiele in freier Luft sein, und man wird sich in künftigen Jahrhunderten nicht wenig wundern, wie anders es noch bei uns zugegangen ist. —

Bei mangelhafter Ernährung bleibt auch die Willensenergie gering: es ist durchaus verständlich, was von Wien und London aus berichtet wird, dass, seitdem armen Kindern in der Schule Frühstück und Mittagessen um ein Geringes konnte verabreicht werden, Lernkraft und gutes Betragen bedeutend zunahmen. Selbst von Erwachsenen gilt das Gleiche: bei andauernden Strapazen und unzureichender Verpflegung verlieren kriegsgeübte Armeen Elan und Disziplin (werden demoralisiert).

Mit unserer Auffassung der Entstehung der willkürlichen Bethätigungen könnte nicht zu stimmen scheinen, was man bei Kindern den Nachahmungstrieb, bei Erwachsenen die Macht des Beispiels nennt. Denn hier ist das Antecedens Vorstellung eines wahrgenommenen Thuns und damit verbunden Wertschätzung (wozu auch Staunen, Verwunderung gehören), das Consequens ist dann sofort oder allgemach die bez. Bethätigung. Kinder lernen so durch Nachahmung eine bestimmte Sprache sprechen, auch etwa zwei neben einander, wenn dieselben in ihrer Umgebung gesprochen werden; in ihren Spielen agieren sie alles, was sie durch die Sinne aufgefasst haben; hat der Schieferdecker auf dem Dach gearbeitet, so „spielen sie Schieferdecker eine ganze Woche lang" (O. Ludwig). Im späteren Knabenalter werden die Schlachten zwischen Griechen und Persern, zwischen Römern und Puniern, die der Freiheitskriege in den Spielen agiert. Aus dem reiferen Leben gehört hierher z. B. die Macht der Mode, die Gewalt der Gesellschaft über den einzelnen, der in ihr lebt (point d'honneur). In der Jugend am stärksten, ist der Nachahmungstrieb im Mannesalter auch da: ein Volk will eine Verfassung, weil das andere sich eine gegeben hat: bricht in einem Lande Revolution aus, so wirkt das leicht ansteckend auf die angrenzenden Länder. Tarde (les lois de l'imitation) will die ganze Geschichte auf Erfindung und Nachahmung zurückführen. Alles Lernen von aussen beruht in letzter Instanz auf Nachahmung eines zufällig oder absichtlich Vorgemachten.

Bei näherem Zusehen entdeckt sich indes leicht, dass Nachahmung oder Nachbildung nur eintritt, wo im Menschen die zu gleichen Effekten erforderten Vorstellungs- oder Bewegungsdispositionen bereits da waren, entweder ganz von Natur oder auf Grund der bereits geschehenen Entwicklung der Natur. Vieles können wir daher nicht nachahmen, vieles sehr ungenau, sowohl qualitativ wie quantitativ. Die nationale Pronuntiation und

Accentuation einer fremden Sprache erreichen wir selten. Die Engländer sprechen mehr mit dem Vordermund, die südlichen Völker mit dem ganzen runden Mund; manche finden sich rasch darein, bei anderen will es nie recht gehen. Menschen von sehr verschiedener Art verstehen sich nicht, wie man sich ausdrückt, d. h. vermögen einander nicht ihre Art mit den Wertgefühlen derselben nachzuempfinden. Von den Chinesen, die in Europa reisen, erzählt man, dass meist alles, was sie dort anders antreffen, an ihnen wirkungslos abgleite; die eingelebte Art macht sie unempfindlich für anderes. Erfahrungen anderer nützen uns im allgemeinen sehr wenig, weil wir dieselben, wenn wir nicht bereits ähnliches erlebt haben, nicht ganz nachzubilden vermögen; daher findet die ältere Generation mit ihren Ansichten und Mahnungen oft so wenig Boden bei der jüngeren; ein Student hat leicht mehr Einfluss auf Primaner als seine noch so verehrten Lehrer. Die Nachahmung reicht daher nur soweit, als verwandte unwillkürliche Bethätigungen der Anlage nach stark da sind. Diese werden durch das Beispiel bloss geweckt.

Da im Durchschnitt alle Elemente menschlicher Natur in jedem vorhanden sind, können wir menschliches Denken, Fühlen, Streben überhaupt auffassen und verstehen. Da aber diese Elemente in sehr verschiedenem Grade der Qualität und Stärke in uns sind, so werden wir so ungleich durch Vorbilder zu entsprechender Bethätigung geweckt. Die meisten Menschen haben so viel natürliche Anlage, dass sie Poesie verstehen und sich daran erfreuen können; andere haben so viel, dass sie auch Gedichte machen, aber es sind Kopien; andere, geweckt durch grosse Muster, zeigen ein bedeutendes Talent; einige sind Genies, die auch ohne alle Weckung Musterdichter geworden wären. In den übrigen Künsten ist es ebenso; mit Wissenschaften und ihren verschiedenen Arten, mit den anderen Berufsarten gleichfalls. Goethe besass ein sehr scharfes Auffassungs- und Eindrucksvermögen. Ihm schrieb er es zu, dass er seine Gestalten so lebendig und scharf individualisiert hervorbringen konnte. Diese Deutlichkeit und Präzision der Auffassung hatte ihn seiner eigenen Angabe nach lange Jahre hindurch zu dem Wahne verführt, er hätte Beruf und Talent zum Zeichnen und Malen. Die Übertragung des geistig Geschauten auf Papier und Leinwand durch die Hand gelang ihm aber nie in irgend bedeutendem Grade. Ebenso war ihm alle Anlage zur Mathematik fremd. Die Aussonderung bloss der Grösse und Zahl aus den konkreten Gestaltungen und ihre Festhaltung und vergleichende Betrachtung für sich brachte er nie fertig, weshalb er sich in die Newtonsche Physik nie zu finden vermochte. Die Grundlagen unserer willkürlichen Bethätigungen sind sonach teils völlig spontan (S. 31 ff.), teils rezeptiv-spontan. Daher suchen wir instinktiv nicht bloss Verstärkung unserer Art durch Anschluss an Gleiche, sondern auch Ergänzung derselben durch Anschluss an solche, welche das, was als spontane Bethätigung in uns nur schwach, aber wertvoll ist, in starken Zügen an sich tragen, so z. B. in Umgang, Liebe, Lektüre, Kunst. Manche gehen besonders mit Berufsgenossen um, denn sie sind anregend für ihre Hauptbeschäftigung, andere suchen gerade Umgang, der sie von der Hauptrichtung ihrer Thätigkeit mehr abzieht u. s. w. Weit entfernt also, dass der Nachahmungstrieb und die Macht des Beispiels unserer Auffassung der Entstehung willkürlicher Bethätigungen entgegen sind, geben sie vielmehr, recht gedeutet, eine Bestätigung derselben und lehren uns den Menschen zugleich von nun an immer so auffassen, wie er wirklich gegeben ist, d. h. nicht allein und bloss auf Wechselwirkung mit der Natur angewiesen, sondern immer unter Menschen und in Wechselwirkung mit ihnen, teils so, dass er für sie anregend wird, teils so, dass sie es für ihn sind.

Wie jede unwillkürliche Bethätigung des Menschen, so ist auch jede daraus entspringende willkürliche zunächst ein ganz konkreter Akt, bei dem das und das voraufging, das und das folgte, die Umgebung die und die war, die Stimmung so oder so u. s. f. Der Wille entwickelt sich ursprünglich in lauter Einzelakten mit ganz besonderen circumstantiis, durchaus nicht als Art oder Gattung. Ein Kind kann damit, dass ihm das Gehen geglückt ist, nicht überhaupt gehen, sondern an seinem Stuhl gehen, oder von der Ecke seines Zimmers in die andere gehen, oder aus Mutters Arm in die Arme seiner Schwester laufen u. dgl. Ein Kind kann damit, dass es vor der Mutter etwas aufsagt, noch nicht überhaupt aufsagen; es stockt damit vielleicht schon vor dem Vater; die andere Umgebung stört es. Da die äusseren und inneren Umstände zwar öfter dieselben sind, öfter aber auch wechseln, so ist es nicht auffallend, wofür es gewöhnlich im höchsten Grade gilt, sondern es ist genau das zu Erwartende, dass der Mensch vielfach ungleich ist mit sich selber nach den verschiedenen Umgebungen, Relationen und Stimmungen. Derselbe Knabe kann zu Haus ungezogen, in der Schule brav sein und umgekehrt, munter draussen, daheim still und umgekehrt. Einem Kind musste das Kratzen durch Schläge auf die Hände abgewöhnt werden, erstens vom Vater ihm selbst gegenüber, dann von der Mutter ihr gegenüber, dann von der Schwester, dann von der Kinderfrau; da es dann keine Übung mehr hatte in dieser Bethätigung, so erlosch sie bald ganz oder konnte, wo sie im Zorn wieder einmal hervorbrach, rasch gedämpft werden. Ebenso gehört hierher, dass Mädchen Knaben gegenüber allein meist verzagt sind, in Menge aber um so dreister. Die Moral der meisten Menschen und ihre Religion hängt ab von der ganzen Umgebung, mit der sie zusammengelebt, und den ganzen Verhältnissen, in denen sie sich gebildet hat; wo diese daher ganz aufhören, werden auch Moral und Religion schwankend. Beispiele sind die grossen Pesten von Thucydides an durch das Mittelalter hindurch; sie lockerten den ganzen moralisch-religiösen Bestand, die meisten wurden gesinnt nach dem Spruch: lasst uns essen und trinken, denn morgen sind wir tot, während andere, bis dahin Leichtfertige, z. B. Lustdirnen, aufopfernd in allgemeiner Pflege wurden und ihr Leben nicht schonten. Berührung mit fremder Kultur und fremden Sitten hat ähnlich lockernde Erfolge; dies wurde sehr bemerkt vom Altertum in Bezug auf die Sitten in den Seestädten, wo verschiedene Nationen zusammentrafen; im Mittelalter gleichfalls, besonders bei Gelegenheit der Kreuzzüge. Die Ritter nahmen viel orientalische Sitten an, im schlechten Sinne nicht bloss, sondern es bildete sich auch ein Begriff gemeinsamer Ritter- und Waffenehre unabhängig von der Religion. Bei dem Wiedererwachen der Wissenschaften in den Zeiten des Humanismus machte man dieselbe Erfahrung; Erasmus eifert gegen das neue Heidentum der Gelehrten, das besonders stark war in Italien. Unsere Missionäre klagen sehr, wie die europäischen Handelsleute in den fremden Ländern, z. B. China und Japan, heidnisch lebten, besonders in Bezug auf Geschlechtsverhältnisse. Es empfiehlt sich daher allerdings, in unsere Kolonien nur starke moralische Charaktere zu senden. Dies sind Beispiele aus der grösseren Geschichte. Beispiele aus dem täglichen Leben sind: Burschen und Mädchen, die im Dorf fleissig und brav waren, werden oft in der weiteren Welt träge und leichtsinnig; nur die Rückführung in ähnliche Verhältnisse wie früher, etwa durch Heirat oder Anschluss an einen besonderen Kreis, macht sie wieder der alten

Art teilhaftig. Eine Dame kann auf dem Ball vier Meilen in einer Nacht zurücklegen, welche keine Stunde zusammenhängend zu gehen imstande ist. Kinder, die den ganzen Tag im Garten sich tummeln, sind oft, auch wenn sie nicht müde sind, sehr unlustig zum eigentlichen Spazierengehen: dort wechseln die Bewegungen jeden Augenblick, hier sind dieselben Muskeln in gleichförmiger Weise dauernd in Funktion. Es giebt Menschen, die glänzend in der Unterhaltung sind, trocken im zusammenhängenden Denken, kühn in Projekten, zaghaft im Handeln u. s. f.

Grössere Gleichmässigkeit in der Bethätigung, auch in der willkürlichen, wird meist bloss erlangt durch Zucht, ursprünglich durch andere, später durch uns selbst. Wenn nämlich eine willkürliche Bethätigung unter bestimmten Umständen durch Übung fest und leicht gemacht ist, so müssen die Umstände variiert werden, zuerst wenig, dann immer mehr. Dadurch werden die einzelnen Willensbethätigungen allmählich unabhängig von Ort, Zeit, Umgebung, Stimmung u. s. w. So lernt das Kind zuerst arbeiten nach den Forderungen der Schule unter steter Aufsicht der Eltern, dann auf bloss allgemeine Überwachung durch dieselben, weiter auf blosse Erinnerung durch sie, ferner auf den blossen Antrieb der Schule, endlich aus selbständigem inneren Antrieb. Bei uns lernen viele nie selbständig arbeiten, weil Lernen mit ihnen bloss geübt wurde unter Anleitung oder mit direkten Aufgaben von der Schule aus; sobald diese Umstände aufhören, wissen sie nicht recht, was sie eigentlich machen sollen, sie nehmen allerlei in sich auf, aber sie lernen nicht, bis das Examen mit seinen bestimmten Forderungen, durch seine Ähnlichkeit mit dem Aufgabestellen der Schule, sie wieder zum eigentlichen Lernen zurückbringt. Es ist daher schlechterdings in den höheren Klassen Zeit zu lassen für eine frei gewählte Beschäftigung, über welche sich der Schüler von Zeit zu Zeit nur auszuweisen hat, damit er gelernt habe, sich mit Erfolg selbst zu beschäftigen.

Da solche Zucht Zeit, Musse und verständnisvolle Leitung braucht, so ist die grössere Unabhängigkeit des Willens von äusseren und inneren besonderen Bedingungen meist der Vorzug ernster und planmässiger Bildung. Der Ungebildete hat eine gewisse Steifigkeit und Festgefahrenheit: in einer gewissen Art und von gewissen Punkten aus kann er willkürlich seine Kräfte in Bewegung setzen, jede Abweichung von der gewohnten Art stört ihn. Wer daher will, dass Ungebildete gern unter ihm arbeiten, der muss sich in ihre Art, die Sache anzufangen und zu betreiben, hineinversetzen, dann kann er viel mit ihnen aufstellen; anderenfalls wird er wenig ausrichten und noch dazu lauter Verdruss machen und haben. Oft gelingt es auch nicht, die Unabhängigkeit des Willens von besonderen Umständen überhaupt herzustellen. Viele Menschen bedürfen, um in einer gewissen Weise zu sein, gewisser Umgebung, der steten Anregung und des weckenden Beispiels (S. 36). Die moderne Lehre, jeden auf sich selbst zu stellen, ist für nicht wenige heilsam, die der hohen Art von Selbständigkeit fähig sind, für andere ganz verderblich, mindestens die Gelegenheit zum Anschluss müssen die letzteren haben, wenn sie gedeihen sollen. Daher sind freie und doch feste Vereinigungen von Berufsgenossen z. B. durchaus wünschenswert. Aber auch in demselben Individuum ist jene Unabhängigkeit des Willens nicht überall gleich sehr erreichbar: manche Bethätigung hängt ihrer Natur nach von Stimmungen ab, d. h. körperlichen und geistigen Dispositionen, deren Elemente sehr kompliziert und meist noch dunkel sind. Es kann einer ein wirklicher Dichter sein und kommandiert doch nicht die Poesie jeden Augenblick. Justinus Kerner konnte nur dichten in trüber Stimmung.

Es ist nicht selten, dass gewisse Bethätigungen weder spontan, noch auf Vorbild sich merklich regen, dass also auch inbezug auf sie ein direkter effektiver Wille fehlt. In solchen Fällen kann ein indirekter Wille supplierend eintreten. Manchem Menschen gelingt es, namentlich in der Jugend, nicht, nach Willkür ernst dreinzuschauen, dagegen gelingt es ihnen, sich willkürlich an ein ernstes Erlebnis zu erinnern, infolge dessen sich bei ihnen sofort die damit verbundene gewesene ernste Haltung einstellt. Goethe und seine Schwester fanden als Kinder nicht den effektiven Willen, im Dunkeln einzuschlafen. Der Vater suchte ihre Schreckhaftigkeit zu überwinden, indem er sie selbst erschreckte und dann den Schrecken aufklärte. Diese Verstandesaufklärung brachte das Schreckgefühl nicht weg. Die Mutter versprach ihnen nun, wenn sie ruhig einschliefen, täglich von den gerade reifen Pfirsichen. Im Dunkeln kam jetzt jedesmal Vorstellung und Wertgefühl der Pfirsiche, die man durch ruhiges Einschlafen erhalten könne. Diese angenehmen Gefühle und Vorstellungen wirkten den schreckhaften entgegen, so starben diese allmählich weg, und das ruhige Einschlafen blieb als Gewohnheit übrig. Indirekter Wille sind alle Bethätigungen, welche nur auf dem Umwege durch Anschluss an Vorstellung und Wertschätzung mit bereits gelingender Bethätigung zustande gebracht werden. Alle Einwirkung auf Menschen durch Lohn und Strafe, Verheissung und Drohung, Schmeichelei und Schrecken gehören hierher. Sie setzen voraus, dass Bethätigung, geistige oder zugleich auch leibliche, in uns eintritt, sobald die Vorstellung oder die Aussicht auf gewisse Güter und Übel stark in uns erregt wird. Es erklärt sich dies dadurch, dass freudige Gefühle eine anregende, Unlustgefühle eine hemmende Wirkung auf unsere Kräfte ausüben. Freude regt überhaupt an, das Blut strömt lebhafter durch den Körper, die Gefässe erweitern sich; infolgedessen werden auch die Nerven und Muskeln angeregt, die bei der schwerfallenden Bethätigung besonders beteiligt sind, die Sache geht leichter. Daher die Wirkung des versprochenen Douceur, der Aussicht auf das der Ernte folgende Fest. So wirkten früher in den Kriegen die Feldherrn durch das Versprechen der Plünderung einer Stadt, so jetzt durch die Aussicht auf Beförderung, auf Ehrenzeichen.

Die indirekte Wirkung der Strafe oder Drohung auf den Willen ist womöglich noch grösser als die der Belohnung. Wie wir ein empfundenes Übel fliehen (ein gebranntes Kind scheut das Feuer), so hat auch das sicher erwartete Übel eine hemmende Wirkung. Wie stark auf viele Menschen die Gesetze mit ihren Strafandrohungen wirken, das haben alle Zeiten gezeigt, wo die Gesetze schwach gehandhabt wurden oder, wie in Revolutionen, zeitweilig gar nicht; die Übertretungen haben sich dann sehr gemehrt, und die schlimmsten Leidenschaften traten plötzlich wieder hervor. Eine wie grosse Rolle auch nur gefürchtete Missbilligung spielt, das geben genugsam zu erkennen die Erwägungen der Kinder über das, was Vater und Mutter sagen würden, die zarte Scheu, welche oft der Gedanke an die oder den Geliebten in Jüngling und Jungfrau behütend erregt, aber auch die verbreitete Rücksichtnahme auf guten Ruf u. s. w.

So benutzte Napoleon die Abspannung der Geister infolge der Stürme der Revolution, um von der Freiheit und Gleichheit, welche ihm mehr vorübergehende Neigungen gewesen zu sein schienen, an das seiner Ansicht nach eigentliche Grundgefühl der Franzosen, l'honneur, d. i. Auszeichnung vor Anderen, Fremden und Einheimischen, zu appellieren, und gab diesem mit Erfolg Nahrung durch Kriegsruhm und Neubildung von Klassen der

Gesellschaft, nur dass jetzt allen diese Ehren zugänglich waren. J. Möser hat in den Patriotischen Phantasien gelehrt, wie bei Landleuten Verbesserungen nicht anders eingeführt werden können als so, dass man selbst die Sache macht, sie dieselbe schon lässt und dadurch den Nachahmungstrieb in einigen weckt; wenn dann die anderen wahrnehmen, dass die, welche es neu machen, sich dabei besser stehen, so wirkt dies dahin, dass sie es auch so machen; denn der Bauer wird hauptsächlich vom materiellen Vorteil bestimmt. Die Güter oder Übel, an welche beim indirekten Willen appelliert wird, brauchen nicht immer sinnlicher Art zu sein; dass sie es so vielfach sind, kommt davon, dass unser leibliches Leben in seinen Steigerungen und Minderungen uns so lebhaft zum Bewusstsein kommt. Aber auch an unser Interesse für Wissenschaft, Kunst, Staat, Moral, Religion kann in derselben Weise appelliert werden. Was man gewöhnlich Macht des Willens nennt, ist fast alles von solch indirektem Willen zu verstehen. Befolgung des Rechtes, der Moral, der Religion soll alles durch Hinweis auf diesseitige oder jenseitige Wohlfahrt bewirkt werden. Viele Moralisten haben hiergegen geeifert, auch in der Religion hat man den amor dei filialis weit über den amor dei servilis gestellt, dieser ist Furcht vor der Hölle, jener Verehrung Gottes um seiner selbst willen. Der indirekte Wille hat auch nur eine begrenzte Macht: bei ihm ist stets vorausgesetzt, dass die Bethätigung, welche er anregen soll, irgendwie als Anlage vorhanden ist. Durch keine noch so grosse Anreizung kann man jemand Eigenschaften geben, die er nicht irgendwie schlummernd und entwickelbar in sich hat. Gewöhnlich muss sich beim indirekten Willen mit der Anreizung zugleich Beispiel, Vorbild verbinden, an welche es nicht zu schwer ist sich anzuschliessen. Überhaupt ist aber der indirekte Wille nur durch Anschluss an einen andern da; sobald daher dieser andere Wille oder der Anschluss an ihn gelockert ist, ist nicht mehr auf ihn zu rechnen. Darum muss man immer versuchen, bei sich oder anderen, was anfangs etwa indirekter Wille war, in einen direkten zu verwandeln. So thun wir vieles ursprünglich bloss, um anderen gefällig oder nicht missfällig zu sein; durch häufiges Thun kann aber das Wertgefühl der Sache selbst so in uns geweckt werden, dass ein direkter Wille daraus entsteht. Namentlich bei Kindern ist hierauf zu achten, dass sie nicht bloss lernen um der Schule willen, nicht bloss ordentlich sind den Eltern zu Liebe, sondern dass allmählich Freude am Lernen selbst entspringe und der Wert des rechten Handelns in sich gefühlt werde; aber ganz ist der indirekte Wille auch im späteren Leben nicht zu entbehren. Handelt es sich z. B. um Ablegung kleiner, aber eingewurzelter Gewohnheiten, so ist die Auferlegung einer geringen Geldbusse, so oft man wieder dabei ertappt wird oder sich selbst ertappt, oft von überraschender Wirkung, was natürlich unsere bürgerliche Gewöhnung voraussetzt, mit Geld sehr sparsam umzugehen.

Teils zur indirekten Herbeiführung eines Willens, teils zur Verstärkung eines direkten Willens dient die vorsätzliche Aufmerksamkeit. Von dieser hat man freilich in der gewöhnlichen Praxis eine sehr übertriebene Vorstellung, als ob sie die Zauberkraft sein könne, welche einen nicht vorhandenen Willen schafft oder einem schwachen Kraft verleihe. „Wenn du nur ernstlich wolltest", „wenn du nur Acht auf die Sache oder dich selbst gäbest", heisst es in diesem Sinne oft. Allein die Aufmerksamkeit kann weder schwache Sinne stark machen — jeder Kurzsichtige weiss das nur zu wohl —, noch geringe Begabung in ein grosses Talent verwandeln. Wenn den englischen Studenten so oft die Antwort vorgeführt wird, die Newton auf die Frage gab, wie er zu seinen grossen Entdeckungen gekommen sei, „dadurch, dass ich immer an die Sachen gedacht habe", so ist damit nur die unerlässliche Vorbedingung gekennzeichnet, und die Hauptsache fortgelassen, dass es nämlich Newtons früh hervorgetretene mathematisch-mechanische Begabung war, welche daran dachte. Wenn die blosse Aufmerksamkeit auf die Probleme die Lösungen brächte, so wären wir in allem weiter; an dieser hat es auch in den Zeiten irrtümlicher Lösungen nie gefehlt. Die vorsätzliche Aufmerksamkeit erfordert ausserdem, dass Aufmerksamkeit als unwillkürliche Bethätigung (ursprüngliches Interesse, spontane Beschäftigung mit etwas) oder als durch Vorbild geweckte Bethätigung (Sinn, Empfänglichkeit für etwas) schon mannigfach geübt und analog erweitert sei, so dass Aufmerksamkeit im bloss formalen Sinne als Richtung der beweglichen Kräfte des Geistes auf etwas mit momentanem Ausschluss von anderem entwickelt ist und auf Vorsatz sich merklich regt. Die vorsätzliche Aufmerksamkeit hat dann eine in Bezug auf das, dem sie sich zuwendet, anregende Wirkung, aber 1) sind die beweglichen Kräfte des Geistes, d. h. die Nervenkraft, welche dabei zur Verwendung kommt, selbst bei

verschiedenen Menschen sehr verschieden, es sind nicht alle
Menschen gleich intensiv und gleich andauernd der Aufmerksamkeit fähig, gerade wie die Ermüdbarkeit überhaupt individuell
verschieden ist, und 2) setzt die Aufmerksamkeit, wenn sie helfen
soll, stets voraus, dass eine gewisse Anlage für das, dem sie sich
zuwendet, da ist, und wenn diese Anlage gering ist, so kann man
wohl durch Aufmerksamkeit eine schrittweise Entwicklung derselben, nicht aber plötzlich eine grosse Entfaltung erwarten. Alle
Schwäche und alle Mängel der Menschheit mit manchen Moralisten
von ihrer Unfähigkeit zur Aufmerksamkeit abzuleiten, erhebt eine
Anklage, zu der kein Grund ist. Der Mensch vermag nichts als
vorhandene Aufgelegtheiten zu benutzen; allerdings muss man
auch solche Aufgelegtheiten zu wecken und intensiv und extensiv
auszubilden suchen, und das ist es, woran es oft fehlt, aber man
kann das immer nur in Anknüpfung an die vorhandenen Keime
und mit den uns zu Gebote stehenden Mitteln. Dagegen vermag
Aufmerksamkeit stets dazu mitzuwirken, dass eine irgendwie vorhandene Anlage allmählich mehr entwickelt wird, und ist stets
notwendig, um etwaiger Geneigtheit zur Abschweifung, zur Zerstreutheit, zur Unachtsamkeit nach den verschiedenen Seiten unseres
Lebens entgegenzuwirken.

Auf Grund der Willenstheorie (S. 19 ff.) und der damit
stimmenden Auffassung der Nachahmung (S. 34 ff.) wird die
grosse Bedeutung verständlich, welche Gelingen und Misslingen
für die Willensbildung haben. Ursprünglich gelingt uns willkürlich
zunächst bloss, was sich zuerst unwillkürlich einstellte von Vorstellungen, Fühlen, Bewegungen und Kombinationen davon, entweder ganz spontan einstellte oder durch Vorbild angeregt.
Bei dem Versuch, spontanes Thun wieder zu erzeugen, sowohl als
bei der Anregung durch Vorbild kommt es nun häufig vor, dass
ein gewisses Bestreben zur Hervorbringung des Gleichen eintritt,
aber nicht sofort zum Ziele führt. Fehlt zum Gelingen nur wenig,
so führt das überwiegende Gelingen zu immer neuen Versuchen,
bis es ganz erreicht ist; fehlt aber viel, so ist Gefahr, dass wir zu
früh Misstrauen in unsere Kräfte setzen, und durch dies Misstrauen und seine Reflexionen selbst wieder den Trieb der Bethätigung hemmen. Das lehrreichste Beispiel ist das Gehenlernen
der Kinder: haben sie Glück bei ihren ersten, mehr instinktiven
Versuchen, so sind sie bald sicher darin; fallen sie dabei, so
rutschen sie wieder wochenlang und versuchen erst von neuem

das Gehen, wenn sie ihr Misslingen vergessen haben. Nichts macht ein Kind so glücklich, als wenn ihm etwas, gewöhnlich ihm selbst überraschend, gelungen ist; sie verfehlen nicht, es strahlend mit dem Wort zu melden: „ich kann etwas". Ihr Misstrauen ist oft im Bewusstsein grösser als in der That; sie sind wohl imstande zu sagen, wenn sie aufgefordert werden „Onkel Ludwig" zu sagen, zu erwidern: „ich kann nicht Onkel Ludwig sagen". Im heranwachsenden Leben ist es nicht anders. Es kommt in vielen Lebensbeschreibungen bedeutender Männer vor, dass sie zwar Talent in sich verspürten, aber der erste Wurf gelang nicht nach Wunsch, und so hatten sie lange mit dem Misstrauen als dem ärgsten Feind ihrer Gaben zu kämpfen, bis dies auf einmal, vielleicht ganz zufällig, überwunden war, und sie nun siegesgewiss ihre reiche Natur entfalteten. Auf allen Gebieten des Lebens erzeugen so die Versuche, welche nicht gelingen wollen, meist sehr schnell jenen Unmut, den HERBART die Schwindsucht des Charakters genannt hat. Besserungsversuche, welche die Menschen mit sich selbst anstellen, geben sie oft genug auf, weil die Besserung nicht schnell genug eintritt; sie schliessen: könnten sie gelingen, so würden sie schon gelungen sein, also ist mir so und so zu sein nicht beschieden, und dann lassen sie sich gehen.

Aus dem Gesagten erhellt die Wichtigkeit, die es hat, das Gelingen mit der Jugend zu üben und das anfängliche Misslingen überwinden zu lehren. Zu diesem Behuf muss man stets anknüpfen an bereits gelingende Vorstellungsreihen, Gefühle, Bewegungen und diese durch Übung stärken, dann an das so erlangte sichere Können neue Glieder anfügen, welche sich leicht an jene anschliessen, und diese wieder üben u. s. f. Wer es so macht, dem folgen die Zöglinge mit Begeisterung. Denn nichts entzückt die junge Seele so sehr, als die Lust an immer weiter und weiter sich ausbreitendem Gelingen. Das anfängliche Misslingen hängt vielfach davon ab, dass das Eintreten des Gelingens eine grosse Reihe von Zwischengliedern voraussetzt, welche alle erst gelungen sein müssen, ehe das intendierte Gelingen sich einstellt. Daher die Wichtigkeit der Vorübungen nicht bloss zu intellektuellen Auffassungen, sondern auch etwa zur Abhärtung, zum Ertragen von Strapazen, zu Beweisen hohen Mutes u. a. Vielseitige Übung des Gelingens ist das beste, was die Erziehung zu geben imstande ist. Zweierlei ist die Hauptsache: 1) vielseitige

Ausbildung des Thuns, d. h. der verschiedenen Arten von Bewegungen, denn ohne diese bleibt es bald beim Wünschen und ergiebt keinen effektiven Willen; 2) vielseitige Ausbildung des Vorstellens, denn ohne diese bleibt der Geist dürftig und ungelenk. Auf diese Weise kann dem Misslingen vorgebeugt, dem Gelingen Leichtigkeit vorausbereitet werden. Da indes ein Misslingen oder ein geringes Gelingen auch wegen mangelhafter Anlage bleibend sein kann, so ist besondere Achtsamkeit auf diesen Punkt zu richten. Nicht massgebend z. B. für die Aussicht auf Erfolg ist die innere eigene Freude an einer Beschäftigung; denn diese Freude kann damit bestehen, dass alle übrigen Bedingungen eines erfolgreichen Betriebes fehlen. Es kann jemand viel Freude am Dichten, am Komponieren haben, aber was er hervorbringt, braucht darum noch nicht geeignet zu sein, in Anderen Freude hervorzurufen. Es ist nicht bloss in der Kunst so, auch sonst findet sich oft genug, dass jemand meint, seine Leistung sei gut, weil er an ihr mit Eifer und Anstrengung thätig war, während andere, denen bloss das Resultat seines Thuns vorliegt, wenig daran finden. Zum Beruf auch des Staatsmannes, des Feldherrn, des Mannes der Wissenschaft, gehört nicht bloss ein Inneres, sondern gar sehr auch ein Äusseres, eine äussere Technik und objektiv hervortretende Leistungen. Die alten Chirurgen unterschieden ihre Schüler in solche, die mit beiden Händen geschickt, die nur mit einer Hand geschickt, und die mit beiden Händen ungeschickt seien. Freilich, um Ausgezeichnetes zu leisten, muss zur Virtuosität im Äusseren innere Genialität oder Talent treten; aber wo die äussere Seite nicht in solchen Anfängen da ist, dass von ihnen ein bedeutender Fortschritt erreicht werden kann, ist von der Berufswahl eher abzuraten.

Die Hauptgesetze der Charakterbildung.

Der Höhepunkt der Willensbildung ist, dass der Mensch einen Charakter habe. Der Begriff des Charakters ist ein Zusammenwirken aller Hauptseiten menschlichen Wesens zu einer einheitlichen und dabei fest und grundsätzlich gewordenen Gesamtart. Bei der Kompliziertheit menschlichen Wesens, und da jede Seite an ihm wieder in besonderer Relation sehr verschieden entwickelt sein kann (S. 36), ist Charakter zu haben gar nicht etwas Selbstverständliches. Im Altertum und Mittelalter war es leichter,

Charakter zu haben; im Altertum war alle Bildung politisch, unter überwiegendem Einfluss der Staats(Stadt-)gemeinde stehend, im Mittelalter war sie Standesbildung (Ritter, Geistlicher, Bürger, Bauer). Der einzelne hatte also die Bürgerart oder Sitte, die Standesart oder Sitte (mores, ἦθη) fest in sich aufzunehmen und sich danach bleibend zu bethätigen, das war der Abschluss auch seiner Willensbildung. Seitdem mit der Renaissance die Individualität (eine besonders germanische Neigung) grösseren Spielraum erhielt, ist einen Charakter zu haben oder ein Charakter zu sein viel schwerer geworden; denn es ist nicht mehr eine von anderen im Voraus für uns mitbesorgte Aufgabe, sondern ist von jedem von neuem für sich zu lösen. Die hohe Bedeutung des Charakters erklärt sich daraus, dass er dem Menschen etwas in sich selbst Einstimmiges und relativ Fertiges giebt, was 1. überhaupt allein einer bedeutenden Wirkung fähig ist, 2. anderen die Gewähr der Zuverlässigkeit und Stetigkeit im Zusammenwirken bietet. Kindheit und Jugend haben noch keinen Charakter, da sie die Zeit der Entwicklung sind, wo die mannichfaltigen Seiten der Natur hervortreten und sich ausbilden, das gerade Hervortretende also immer etwas dominiert, und nur allmählich ein Einordnen und Zusammenwirken der verschiedenen Seiten angebahnt werden kann. Kindheit und Jugend sind aber darum, dass sie keinen Charakter haben, noch nicht charakterlos; sie können sehr wohl in Tendenz zu einem solchen begriffen sein, anfänglich mehr geleitet dabei, nach und nach mehr mitwirkend dazu.

Für die Bildung des Charakters sind ausser den bisherigen Regeln über die Willensbildung noch, sofern es sich um ein Ganzes dabei handelt, besonders wichtig: 1. Manche Menschen sind als Kinder oder im Knaben- und Mädchenalter schon geneigt, sich in einer festen Gesamtart abzuschliessen; sie machen alles in derselben Weise, gewöhnlich etwas altklug oder pedantisch, d. h. auf eine Art Ordnung peinlich haltend, welche gar nicht die einzige Art zu sein braucht. Sofern dies leicht zu einer gewissen Dürftigkeit des Wesens führt, ist dem unter Schonung der besonderen Neigungen doch durch mannichfache Anregung von aussen entgegenzuwirken. 2. Andere sind geneigt, sich in die jedesmaligen äusseren Verhältnisse ganz zu verlieren, immer andere und andere zu sein. Sie nehmen Manieren, Ausdrucksweisen, Aussprache anderer ganz unwillkürlich an, so dass man sie oft gar nicht wiedererkennt, wenn man sie 14 Tage nicht gesehen hat, und sie unterdessen neue Bekanntschaften gemacht haben, oder von einem kurzen Besuch auswärts zurückkommen. Dem ist entgegenzuwirken durch öftere Wiederzurückführung in dieselben Verhältnisse und Belebung einer mehr identischen Art zu sein. Wir müssen namentlich ihnen gegenüber immer dieselben bleiben, gelegentlich auch die Bemerkung machen: „wer wird denn alles immer gleich nachahmen?" u. s. f. 3. Phantasievollen Naturen fällt infolge ihrer starken und erregbaren Einbildungskraft immer anderes und anderes ein; daher ist ihnen leicht eigen Unentschiedenheit, wo es die Fassung bestimmter Entschlüsse gilt. Solche Naturen sind früh in Lagen zu versetzen, welche rasche Entschliessungen unausweichlich machen. Eine solche Natur war Halifax, der Staatsmann unter Jakob II. und Wilhelm von Oranien; er brachte mit seiner „akademischen" Manier, eine Sache immer wieder von neuen Gesichtspunkten zu betrachten, Wilhelm III., der früh an rasche Entschliessungen durch die holländischen und holländisch-französischen Verhältnisse sich hatte gewöhnen müssen, im Staatsrat zur Verzweiflung (MACAULAY). Zu diesen Naturen gehörte auch Goethe, und er selbst hat erklärt, dass ihm die Gelegenheit, früh sich zu entschiessen, gefehlt habe. Bei solchen Knaben thut es schon oft gute Wirkung, wenn sie gelegentlich auf mehrtägige Fusstouren geschickt werden ohne voraus festgesetzte Marschroute; sie lernen dann schon bald, sich irgendwo zum Mittagessen oder Nachtquartier zu entschliessen. 4. Gefühlsmenschen sind solche Naturen, welche überwiegend durch das affektive Moment in allen Verhältnissen, d. h. durch die Wertgefühle derselben in Erregung versetzt werden, so zwar, dass ein klares allseitiges gegenständliches Vorstellen und ein den bestimmten Verhältnissen angepasstes Thun davor zurücktritt. Der Zug ist in der Jugend sehr häufig, als Sturm- und Drangperiode in unserer Literatur vertreten. Ihm muss gleichfalls von früh an entgegengewirkt werden durch Belebung des klaren gegenständlichen Vorstellens und Gewöhnung an ein den Verhältnissen sich anpassendes Thun. Sehr nützlich ist es, von solchen öfter Bericht an Dritte erstatten zu lassen über gemeinsame Erlebnisse, wo man sie in ihren unwillkürlichen Streichungen und ihren instinktiven Färbungen kontrolieren kann. 5. Zur Festigkeit des Charakters gehört die Unabhängigkeit der Gesamtart des Menschen von Umgebung, besonderen Relationen, Stimmungen u. s. w.

Dieselbe ist allmählich zu erlangen nach den Regeln von S. 36 ff. Der Übergang in neue Verhältnisse ist ja im späteren Leben selbst immer eine Klippe für den Charakter, an der nicht wenige scheitern. 6) Zur Grundsätzlichkeit des Charakters gehört auch, dass er gegen Verlockungen zur Abweichung gesichert ist, dass er sich im Kampf mit solchen innerlich und äusserlich bewährt hat. Die instinktive Gesamtart muss eine von Reflexion, von Grundsätzen getragene geworden sein oder, wie Herbart es ausgedrückt hat, Charakter ist Wollen auf Grund des Nichtwollens. Daher muss man die eigne Art unterscheiden von anderen Arten und ihren Wert gegenüber anderen Arten erfasst haben. Aber stets muss erst die Gesamtart des Menschen in einem tüchtigen und doch nicht engen Familienleben Kraft in sich erlangt haben, ehe auf Widerstand gegen Verlockungen zur Abweichung gerechnet werden kann. Sehr wertvoll ist es, ehe man in die wirkliche Menschenwelt mit ihrer Mischung von Gut, Böse und Schwachheit eintritt, alles das im klaren Bilde kennen gelernt und sich in seiner Beurteilung geübt zu haben. Dies ist die Bedeutung einer klassischen, d. h. die Grundzüge menschlichen Wesens klar und doch edel darstellenden Literatur. 7. Die erworbene Grundsätzlichkeit des Charakters ist aber auch im späteren Leben keine absolute und bedarf in einzelnen Fällen noch der Behütung, etwa dass jemand Husardspielen, Trinkgelagen aus dem Wege geht. Manche haben die klare Überzeugung von der Verderblichkeit der Glücksspiele, aber sie haben daneben Empfänglichkeit für den Reiz momentanen Wagens und möglichen Gelingens oder der abwechselnden Erregungen von Furcht und Hoffnung; sofern durch Zusehen diese Empfänglichkeit so könnte geweckt werden, dass jene Überzeugung von der Verderblichkeit dadurch zurückgedrängt würde, ist ihnen zu raten, sich von dem Zusehen fern zu halten. Überhaupt aber können viele Menschen sich wohl einer Sache ganz enthalten, aber, sobald sie sich ihr einmal hingegeben, nicht darin masshalten. 8. Es ist eine alte Streitfrage, ob Eigensinn bei Kindern künftigen Charakter anzeige und also zu dulden sei. Zunächst deutet Eigensinn nichts weiter an, als eine gewisse Festigkeit des momentanen Vorstellens, Fühlens, Wollens. Dies kann sich bald wieder geben und so trotz seiner Stärke nicht dauernd sein und nicht in Bezug auf denselben Gegenstand wiederkehren. Eigensinn ist in diesem Fall nicht Stärke, sondern Schwäche, Unfähigkeit von einem Vorstellen, Fühlen, Wollen los zu kommen. Durch Anregung eines mehr mannichfaltigen und wechselnden Vorstellens, Fühlens, Thuns ist hier entgegenzuwirken. Eigensinn kann aber auch das sein, was Herbart Gedächtnis des Willens genannt hat, wo also unter gleichen Umständen derselbe Wille wiederkehrt. Dies ist zu schonen und zu begünstigen, jedoch darauf zu achten, dass nicht Pedanterie entsteht, eisernes Festhalten an einem zufällig einmal so oder so Stattgehabten, während anderes ebenso gut oder noch besser wäre.

Das Formale des Charakters ist mitbedingt durch das Temperament; daher bei gleichem inhaltlichen Charakter (gleichen Zielen und Bestrebungen) doch verschiedene Menschen sich oft noch sehr verschieden darstellen. Das Temperament hat eine physiologische Basis an der dem Organismus eigenen Reizempfänglichkeit oder Eindrucksfähigkeit, welche sowohl im Grade als in der Nachhaltigkeit bei verschiedenen Menschen sehr verschieden ist. Geringe Reizempfänglichkeit, aber mit Nachhaltigkeit des einmal gemachten Eindrucks ist das phlegmatische Temperament; viel Reizempfänglichkeit, aber ohne Nachhaltigkeit ist das sanguinische; viel Reizempfänglichkeit mit Nachhaltigkeit überwiegend nach Seiten äusserer Thätigkeit ist das cholerische, überwiegend nach Seiten des Gefühls das melancholische oder sentimentale Temperament. In Analogie mit der Spaltung bei den beiden letzteren Temperamenten kann man aber viel mehr Temperamente unterscheiden. In der That lassen sich diese vielen in der Wirklichkeit aufweisen. Geringe Reizempfänglichkeit ohne Nachhaltigkeit ist die stumpfe und dabei zugleich fahrige Geistesart, der wir öfter begegnen. Die geringe Reizempfänglichkeit des phlegmatischen Temperamentes samt der Nachhaltigkeit des einmal gemachten Eindrucks kann sich verschieden wenden: bald werden mehr die Vorstellungen festgehalten, das sind die Menschen, die schwer zu einem Gedanken zu bringen sind, aber auch schwer von demselben wieder loskommen; bald mehr das Gefühl. Phlegmatiker haben oft sehr tiefe Gefühle; bald mehr die Bewegung, manche Menschen sind schwer in Gang zu bringen, aber einmal darin, traben sie in demselben fest fort. Viel Reizempfänglichkeit, aber ohne Nachhaltigkeit besonders nach Seiten des Vorstellens giebt die momentan gute Auffassung, aber ohne Gedächtnis und Erinnerung und daher auch ohne Verarbeitung und Urteil. Derselbe Grundzug überwiegend nach Seiten des Gefühls ergiebt die Menschen, welche alle Augenblicke für etwas anderes schwärmen; überwiegend nach Seiten der

Bewegung (Handlung) die Naturen, welche immer neues anfangen und darum nichts recht zu Ende bringen. Endlich viel Reizempfänglichkeit mit Nachhaltigkeit überwiegend nach Seiten des Vorstellens ergiebt die lebhaften und ausdauernden Forscher, Denker, Künstler, je nach der Art des Vorstellens, welche jede von ihnen fesselt. Im späteren Leben, wenn diese verschiedenen Temperamente erst fest sich mit Inhalten des Vorstellens, Fühlens und Thuns verbunden haben, ist wenig an ihnen zu ändern, sie müssen dann selbst ihre guten und üblen Folgen tragen. In Kindheit und Jugend kann mehr geschehen. Da nämlich Temperament von Haus aus bloss einen Gradunterschied in der Eindrucksfähigkeit und Nachhaltigkeit des gemachten Eindrucks bedeutet, so liegt eben darin die Möglichkeit einer ergänzenden oder verstärkenden Einwirkung. Der stumpfen und fahrigen Geistesart insbesondere ist durch Hebung der Nervenkraft und Beachtung der Ernährungsverhältnisse des Körpers aufzuhelfen.

Für den Inhalt des Charakters, d. h. dafür, was der Grundzug in dem festen Zusammenwirken von Vorstellen, Fühlen, innerer und äusserer Bethätigung in uns wird, ist entscheidend, welche von den Hauptrichtungen menschlichen Lebens im einzelnen vorherrscht, was unzweifelhaft gerade wie das Temperament, seine physiologisch-psychologische Grundlage hat. Es giebt Menschen, deren Denken und Thun früh auf materielles Wohl im weiteren Sinne gerichtet ist, nicht notwendig bloss das eigene, und deren Denken und Thätigkeit von daher stets ihren Impuls erhalten. Bei Frauen erscheint diese Richtung oft in ihrem ganzen Wert: sie gehen früh auf das Nützliche, in diesem Sinne Praktische aus. Anderen erscheint praktische Bethätigung wie eine Art Selbstzweck: es sind die militärischen, technisch-künstlerischen, technisch-industriellen Naturen; sie bringen es gar nicht immer zu Vermögen, bringen vielmehr oft dabei materielle Opfer. Anderen ist Wissenschaft, Kunst, überhaupt geistiges Leben im engeren Sinne, oft in religiöser Form, das Höchste und von ihnen früh Gesuchte. Mit all diesen Hauptrichtungen verschmilzt von der Pubertät an noch das sexuelle Leben mit seinem Einfluss auf das ganze Denken, Fühlen, Streben. Es ist ein grosser Unterschied, ob jemand Erwerbsinn u. s. w. an sich hat, oder ob er erst freudig und mit ganzer Seele wirkt im Hinblick auf eine zu gründende oder gegründete Familie. Wie das sexuelle Leben unzweifelhaft physiologisch fundamentirt ist, so ist anzunehmen,

dass auch die anderen Hauptrichtungen menschlichen Lebens in
ihrer Verschiedenheit einen physiologisch-psychologischen Anknüpfungspunkt haben. Dies erscheint sehr deutlich bei den für
Charakterbildung so schwierigen Naturen, bei welchen mehrere
dieser Hauptrichtungen stark sind, aber nicht zusammenwirken,
sondern isoliert gegen einander auftreten. Aus solchen entstehen
die Kontrastnaturen, die bald Schlemmer, bald Asketen sind, bald
aussergewöhnliche Thätigkeit entfalten, bald ganz träge liegen.
Gegen solche etwa hervortretende Isolierung der Hauptsysteme
muss in Kindheit und Jugend nach allen Regeln der Willens-
und Charakterbildung versucht werden zu wirken. Saphir, der
Humorist, hat von sich bekannt: „Die Mischung von Güte, Gemüt,
Wohlthätigkeitssinn und Gastlichkeit mit Herbheit, Eigensinn,
Trotz und zorniger Unbändigkeit, die in meiner Individualität
Wand an Wand atmen und abwechselnd über meine Stunden und
Tage, über Schritte und Worte herrschen, habe ich wohl von
meinem Elternpaar." Ähnliche Gegensätze in abgeschwächtem
Grade sind weit verbreitet; es ist schon viel bei uns, wenn das
jemand von sich nur weiss und so eine Handhabe hat im erwachsenen Leben berichtigend inbezug auf sich selber zu verfahren.
Im allgemeinen ist die Mannichfaltigkeit von Charakteren nach
ihrem Inhalt an sich einer sittlichen Verwertung nicht fremd;
denn der Inhalt des Charakters lässt sich in einen Beruf bringen,
d. h. in ein überwiegendes Betreiben gerade dieses oder jenes
Zweiges von Bethätigung infolge der Teilung der Arbeit; es hat
also eine sittlich erlaubte Hingabe an den bestimmten Zug
a potiori statt. Nur besteht die Gefahr, dass bloss jedem seine
Art verständlich und sympathisch ist, wie denn ganz gewöhnlich
der Krieger Gelehrte, Handwerker und Bauern verachtete, der
Bauer und Handwerker in dem Gelehrten einen Müssiggänger
sah, der Gelehrte oft einen Ungelehrten kaum als vollen Menschen
gelten liess. Solche Einseitigkeit der Lebensauffassung kann verhütet werden dadurch, dass in der Jugendbildung der einzelnen alle
Hauptrichtungen menschlicher Natur etwas entwickelt werden, etwa
durch allgemeinen Unterricht bis zu einer gewissen Höhe, durch Betreiben von Gartenbau oder einer Technik im Knabenalter, durch
allgemeine Militärpflicht, damit jeder auch die ihm von Natur frem-
dere Art mindestens verstehen kann; ausserdem muss die Einsicht
geweckt werden, dass jede dieser Richtungen sittlich gewendet werden
kann, und für den Bestand der Menschheit alle erforderlich sind.

Selbst bei hoher Ausbildung des Charakters sind wegen der Kompliziertheit menschlichen Wesens und der Mannichfaltigkeit seiner Erregungen zeitweilige Schwankungen und die Gefahr der Abweichung nicht ausgeschlossen. Im Drang vieler und notwendiger Bethätigungen kann eine Seite unseres Wesens, von der wir wissen, dass sie, um wirksam zu sein, stets einer gewissen Übung bedarf, zeitweilig müssen vernachlässigt werden. Praktische Naturen z. B. bedürfen in ihrer Freizeit einer gewissen Beschäftigung der Intelligenz, sonst regen sich während der Musse bloss die animalischen Begehrungen; umgekehrt bedürfen theoretische Naturen in der Freizeit einer gewissen praktischen Bethätigung, sonst geht es ihnen ebenso. Es kann nun sehr wohl vorkommen, dass beide Naturen einige Zeit auf solche Ausfüllung der Musse nicht achten konnten, dann wird leicht ein Widerstreben gegen deren Wiederaufnahme sich fühlbar machen, oder sie werden sich plötzlich auch in der Musse sinnlichen Trieben von ungewohnter Heftigkeit gegenüber finden. Andere Seiten unseres Wesens bedürfen etwa stets einer gewissen Niederhaltung; wir haben geglaubt, diese fortwährend zu üben, da stellt sich plötzlich heraus, dass, vielleicht sehr indirekt, eine solche Seite sogar eine wie dafür gemachte Anregung durch die Umstände erhalten hat. Oft ist es auch Folge eines schwierigen Naturells oder mangelhaften Erziehung, dass solche Fälle nicht bloss gelegentlich, sondern mit einer gewissen Regelmässigkeit wiederkehren. Vorübergehende Abweichungen vom Zustand des im Charakter gewonnenen Ganzen und Festen stellen sich dar in den Affekten (Herbart), fest und stark gewordene verkehrte sinnliche oder auch geistige Begierden in den Leidenschaften (Ders.). Die alten Ratschläge für beide sind: 1. im Moment der Erregung und des Schwankens die Entscheidung, also auch die That aufzuschieben; 2. die Aufmerksamkeit von der Versuchung abzulenken. Diese Regeln haben einen physiologischen Anhalt daran, dass es Hemmungsnerven und Hemmungsnervenzellen giebt (Rosenthal, Allgemeine Physiologie der Nerven und Muskeln S. 263, 277 u. 8). Von da aus kann die Atembewegung gehemmt werden, die Reflexbewegung gehemmt und sogar unterdrückt werden (Niesen, Husten, Gähnen). Analoges findet sich durch das ganze geistige Leben. Der Hergang ist auch hier so, dass, wie die Bethätigungen, so auch die Hemmungen zuerst unwillkürlich auftreten; wir können uns aber den geistigen Zustand merken, wie er bei der Hemmung war, wenn auch nur in dunkler Weise. Durch Wiedererzeugung dieses Zustandes können wir rückwärts die Hemmung herbeiführen, zum Teil schon bei den automatischen Bewegungen (langsamer atmen), noch mehr bei den Reflexen (Husten, Gähnen). Auch im bewussten Geistesleben treten die Hemmungen früh unwillkürlich ein, oft sehr indirekt. Ein Kind schreit, wird aber abgelenkt durch einen neuen Anblick oder eine zufällig vorbeikommende Musik. Belohnung und Strafe sind oft Hemmungsmittel, Belohnung z. B. dafür, dass man etwas unterlässt, Strafe etwa, damit man der Naschlust nicht nachgebe. Vernünftige Motive im gewöhnlichen Sinne, also Erwägungen, welche die Zukunft und die Folgen auf Grund der Vergangenheit hereinziehen, gehören zu den Hemmungsmitteln.

Am leichtesten ist es, die äussere Bethätigung zu hemmen, so lange sie sich erst als blosse Tendenz regt; vielleicht, weil die Muskeln eine grössere Beharrungskraft haben als die Nerven, also langsamer in Aktion geraten (Rosenthal, S. 148); eben darum ist es aber auch schwierig, ein einmal begonnenes Thun anzuhalten. Zuckt es bloss in der Hand, so ist der Schlag noch leicht zu hemmen, und wir sind in solchen Hemmungen geringer Bewegungstendenzen sogar sehr geübt, aber die bereits zum Schlag erhobene Hand widerstrebt gewissermassen dem, sich wieder zu senken: „wir können uns nicht mehr halten; jetzt mag es geschehen; es ist zu weit, um zurückzugehen." Im Völkerleben ist es in dieser Hinsicht nicht anders. Sobald der erste Schuss gefallen, ist der Krieg, dessen Ausbruch vielleicht noch zu verhindern gewesen wäre, unvermeidlich geworden. Eine bereits begonnene Aktion zu hemmen ist Schmerz sehr wirksam, da er die Kräfte mindert. So bei Kindern und ihrer Unruhe, aber analog ist er auch bei Erwachsenen zu gebrauchen. Die Knaben dämpfen sich unter einander, indem sie sich balgen; viele Menschen verlieren bloss dadurch ihr Ungestüm, dass sie öfter, und nicht bloss im bildlichen Sinne, anrennen. Wer einmal zur Bethätigung erregt ist, dem ist zu raten, nicht schon zufrieden zu sein, wenn ihm die momentane Hemmung gelungen ist, sondern sich aus der Nähe des erregenden Gegenstandes wegzubegeben, ev. seinem Bewegungstrieb in anderer Weise Ableitung zu verschaffen, etwa durch eine saure körperliche Arbeit. Der Trieb, eine einmal in Affekt oder Leidenschaft begonnene Bethätigung zu vollführen, ist ja in aktiven Naturen so stark, dass, wo sie

nicht direkt beikommen konnten, sie mindestens in effigie den
Übelthäter hängten, verbrannten u. s. f.

Viel schwieriger ist es, den Gedankenlauf zu hemmen. Hier
gilt es, in ruhigen Zeiten grosse und wichtige Gedankenmassen
ausgebildet zu haben, so dass sie leicht und mit einer grossen
Stärke aufgeboten werden können: „Es geht gegen meine Grundsätze, im Zorn zu entscheiden". „Man muss auch die andere
Seite hören." Oft wird es nötig, um die Gedanken erfolgreich
abzulenken, noch Unterstützung durch ableitende Muskelbethätigung
zu suchen. Bei dem Manne ist ernste, alle Kräfte auf sich
ziehende Berufsarbeit hier wirksam; wo diese wenig Körperbewegung enthält, muss dieselbe besonders zugefügt werden. Bei
der Frau ist mehr Zerstreuung notwendig, weil sie bei der weiblichen Art von Arbeit noch viel Raum hat, ihren Gedanken nach-
zuhängen.

Am schwersten ist es, die Gefühle zu hemmen, da diese
durch ihre Einwirkung auf das vegetative System (Atmung,
Blutumlauf, Ernährung u. s. w.) sofort die ausgebreitetste physiologische Basis gewinnen. Selten hilft hier das blosse Aufbieten
von Vorstellungen. Das abc aufsagen, wenn man in Zorn
geraten ist, verliert schnell seine ableitende Kraft; man sagt es
auf, aber der Zorn bleibt. Mehr Hilfe bietet Ableitung durch
Gegengefühle. Zorn kühlt sich ab, wenn der, welcher ihn erregt
hat, dumm und albern erscheint. Sehr oft müssen Muskelbewegungen zuhilfe genommen werden; so verläuft man sich die
unbestimmte Niedergeschlagenheit, welche manchmal aus organischen dunklen Ursachen entspringt, leicht durch einige Stunden
spazierengehen in Feld und Wald. Da die Gefühle besonders
durch ihre physiologische Verbreitung haften, so sind besonders
solche Muskelbewegungen zu wählen, welche indirekt andere Vorstellungen und Gefühle erwecken und dadurch den gerade
wogenden und wallenden Abbruch thun. So richtet man den
Verzagten auf, indem man ihm Gelegenheit giebt, etwas zu thun,
was er gut kann, und was wertvoll ist; dadurch entsteht ihm
wieder Kraftgefühl. So dämpft man den Übermütigen, indem
man ihn zu etwas auffordert, worin er schwächer ist. Was andere
so an uns fertig bringen, das können wir analog auch an uns
selbst vollführen. Wo nichts helfen will, da bleibt nichts übrig
als die That, zu welcher die Gefühle etwa drängen, zu hemmen
und diese dann sich in sich selbst austoben zu lassen, was, je

heftiger sie sind, wegen der physiologischen Erschöpfung um so schneller gelingt.

Die Ausbildung der moralischen Haupteigenschaften.

Bisher ist von der Willensbildung im Allgemeinen gehandelt worden, von den Gesetzen des effektiven Willens, die da Geltung haben, welches auch der Inhalt des Willens ist. Nach ihnen hat sich auch die moralische Willensbildung zu richten. Wir nehmen dabei als allgemein zugestanden an, dass das Eigentümliche der moralischen Bildung ist, dass mit der Entwicklung der physiologisch-psychologischen Anlagen des Kindes das Kind zugleich lerne, alle anderen Menschen sich als gleich fühlen und darnach handeln. Das Erste sind auch hier unwillkürliche Bethätigungen, entweder ganz spontan, oder durch Vorbild angeregt. Solche moralische Anlagen hat man daher auch immer statuiert, und sie finden sich in weitem Umfang. Wo sie fehlen, ist eine eigentliche moralische Bildung nicht möglich. So kommt bei Idioten und Stumpfsinnigen (SOLLIER) der Wille überhaupt nicht zustande wegen der Verkümmerung der intellektuellen und affektiven Fähigkeit (Gefühle). Doch zeigen sich bei guter Behandlung, z. B. in den Idiotenanstalten, die meisten idiotischen Kinder gutmütig, folgsam, heiter und gesellig bei harter Behandlung werden sie erbittert und bösartig. Infolge der Anregung Lombroso's und zugleich im Widerspruch zu ihm sind die Psychiater und Gefängnisärzte darüber einig, dass ca. ein Drittel Verbrecher Gewohnheitsverbrecher sind, d. h. dass bei ihnen das für gewisse Handlungen von Seiten des Staates angedrohte Strafübel weder als Hemmung (präventiv), noch in seinem Vollzug als Umänderung (Besserung) wirkt, sie verfallen immer wieder in dieselben Vergehungen. Sie sind daher antisocial und unter besonderer Leitung in abgesonderten Anstalten zu halten, keineswegs immer von Neuem auf die rechtlich-moralische Gesellschaft loszulassen, gerade wie es auch Arbeitshäuser geben sollte für solche, welche, ohne verbrecherisch gesinnt zu sein, doch einer steten strammen Leitung bedürfen und dies auch wissen (Vagabunden). Doch dies kommt erst später zu Tage; im Allgemeinen darf, wo die gewöhnliche geistige Art vorliegt, auch zunächst für die gewöhnliche moralische Anlage vermutet werden. Aus den unmittelbaren Regungen, wie sie oben angesetzt sind, entwickelt sich dann erst bewusstes moralisches Handeln, d. h. Bethätigung auf Vorstellung und Wertschätzung hin (S. 26 ff.). Dieser moralische Wille bedarf zu seiner Kräftigung und Erhaltung fortwährender Übung (S. 31 ff.). Unabhängigkeit der moralischen Willensakte von Ort, Zeit, Stimmung, Umgebung u. s. w. muss angestrebt werden (S. 36 ff.). Wo nach irgend welcher Seite ein direkter moralischer Wille weder spontan noch auf Vorbild sich einstellt, kann ein indirekter versucht werden, ev. durch Strafe, Belohnung, Hoffnung, Furcht, muss aber womöglich in einen direkten verwandelt werden (S. 39 ff.). Moralische Aufmerksamkeit, helfende und behütende, muss geweckt werden (S. 42 ff.) Gelingen der moralischen Bethätigung ist zu üben, dem Misslingen vorzubeugen (S. 43 ff.). Ein moralischer Charakter muss gebildet werden (S. 45 ff.) und die Mittel gegen Abweichung von demselben bereitet sein (S. 52 ff.). Da es im Moralischen auf die Bethätigung ankommt, welche mit Vorstellung und Wertschätzung (beide zusammen machen als bleibend die Gesinnung aus) keineswegs von selbst gegeben ist (S. 26 ff.), so ist die richtige Methode der moralischen Erziehung die durch Beispiel, d. h. lebendiges, thätiges Vorbild der Umgebung unter Berücksichtigung der obigen Detailregeln. Insbesondere muss jedes neue „Soll" (Ideal, sittliche Forderung) die Kraft zu seiner Verwirklichung schon im Voraus bereitet finden (S. 43 ff.). Wegen der verstärkenden Wirkung des Gleichen, und weil niemand nach allen Seiten gleich sehr spontan ist (S. 34 ff.), bedarf aber auch der Erwachsene immer einer Gemeinsamkeit des moralischen Lebens (Familie, gesellschaftliche Sitte, Staat, Kirche oder verwandte Vereine). Die moralische Theorie ist nur ein Anregungsmittel neben anderen, sie kann aus sich die moralischen Kräfte nicht geben (S. 26 ff.), aber sie hat denselben hohen Wert wie eine Theorie des Denkens, der wissenschaftlichen Methode, der schönen Künste. Sie erhebt das Unmittelbare oder durch Vorbild Geweckte zu klarer Reflexion, vergleicht es mit Verwandtem, wird ein Wegweiser zu selbständiger Ausdehnung und analoger Erweiterung.

Die Haupteigenschaften, welche entwickelt werden müssen zur moralischen Lebensführung (S. 55) sind Thätigkeit, Wohlwollen und praktische Verständigkeit inbezug auf Ursache und Wirkung, Zweck und Mittel. Ohne Thätigkeit kann nicht einmal das eigene Leben erhalten oder gar entwickelt werden. Arbeit zusammen mit geeigneter Ernährung erreicht allein das Höchste im Menschen.

„Die höchste Leistungsfähigkeit ist nur bei reichstem Eiweissumsatz und bei dauernd arbeitenden und wieder ausgeruhten Männern zu finden. Ruhe und Ersparung der angesammelten Kraft schädigt die Leistungsfähigkeit" (Pflüger). „Geistige Anstrengung steigert bei geringer Dauer die Erregbarkeit des Nervensystems, bei längerer Dauer schwächt sie die Erregbarkeit der Nerven und Muskeln" (Mosso). Es ist daher bei geistiger Anstrengung stets ein gewisses Masshalten erforderlich. Wohlwollen macht, dass wir fremdes Sein innerlich nachbilden und seine Wertgefühle teilen; dies ist unerlässlich, um überhaupt mit Menschen zu leben und als uns gleichen zu verkehren. Praktische Verständigkeit geht darauf, dass wir die menschliche sowohl wie die äussere Natur nie anders als nach ihren sicher erkannten Gesetzen behandeln. Naturae non imperatur nisi parendo, gilt nicht nur von der technischen Naturbeherrschung, sondern auch von der erfolgreichen moralischen Bildung des Menschen (S. 56 ff.). Diese Eigenschaften müssen daher geweckt und durch Übung zur Sicherheit und Leichtigkeit gebracht werden, sowohl was Bethätigung als solche, wie was die dazu gehörigen Vorstellungen und Wertschätzungen betrifft. Vorgearbeitet kann einer solchen moralischen Erziehung schon sehr werden durch die Behandlung der kleinen Kinder. Es ist daher auf einige Punkte in derselben mit Nachdruck hinzuweisen, ehe wir zu den Detailregeln für Entwicklung jener drei Haupteigenschaften gehen.

Regel bei der Willensbildung des Kindes muss sein, aus dem mannigfaltigen, was sich unter der erforderlichen leiblichen Pflege von unmittelbaren Bethätigungen regt, das nach der Erfahrung der Erwachsenen beste zu begünstigen, damit es wiederkehre und sich Vorstellung und Wertschätzung anfangs dunkel, dann deutlich so daran anschliesse, dass auch rückwärts auf diese Vorstellung und Wertschätzung die bez. organische oder psychische Thätigkeit eintritt. So bringt man es dahin, dass z. B. die Kinder gut trinken lernen, auf Reinlichkeit halten, Bewegung, frische Luft wollen u. s. w. Wenn sich kleine Kinder verunreinigt haben, so ist dies für sie zunächst eine unangenehme Zustandsänderung in Bezug auf Hautempfindung. In Folge derselben schreien sie. Achtet man darauf und legt sie trocken, so beruhigen sie sich. Aus alledem bildet sich sehr bald heraus, dass sie jedesmal das Signal für Reinlichmachung geben. Überhört man ihr Geschrei gleich anfangs, so stumpft sich das Gefühl für diese Zustandsänderung in ihnen ab, und es wird ihnen sehr bald in der Unreinlichkeit sogar behaglich, wie es ja ganze Völker giebt, die sich in Schmutz wohlfühlen. Durch die Begünstigung des Besten und seine Herausbildung wird das Schlechtere von selbst geschwächt und eventuell verdrängt, oder auch es wird das Bessere von selbst herbeigeführt dadurch, dass man auf das Schlechtere nicht eingeht. Ein Kind soll etwa nach dem Arzt alle 2 Stunden Nahrung haben, es fängt aber nach 1½ Stunden an nach solcher zu schreien; dann lasse man es schreien bis zur festgesetzten Zeit. Ist das zwei-, dreimal geschehen, so wartet das Kind von selbst ruhig bis dahin. Giebt man dagegen nach, so bildet sich rasch in den Kleinen die Gewohnheit, erst bei Hunger, dann analog bei jeder körperlichen oder psychischen Unruhe so lange zu schreien, bis ihnen ihr Wille gethan ist, und giebt man da immer nach, so ist der Tyrann fürs Haus fertig und die Selbstbeherrschung im späteren Leben erschwert, wenn nicht von vornherein verloren. Jene Methode genügt aber nicht immer, sondern oft ist das Schlechtere auch durch positive Gegenwirkung zu unterdrücken. Kinder sind oft heftig, ungestüm, schlagen dabei um sich, kratzen u. s. f. Es ist das an sich eine blosse Erweiterung der Gefühls- und Bewegungsunruhe, welche bei Unbehagen leicht eintritt. Mangel z. B., so lange dabei die Natur noch kräftig genug ist, um lebhaft davon erregt zu werden, macht ungestüm und bei entgegentretenden Hindernissen böse; in einem Heer, das schlecht verpflegt wird, lockert sich die Disziplin und es wird räuberisch. Das Umsichschlagen, Kratzen u. s. w. der kleinen Kinder entsteht daher teils als eine Art der Mitbewegung bei lebhaftem inneren Gefühlszustand, teils als eine körperliche Ausgleichung inneren Unbehagens, wie ja auch Erwachsene ihren Unmut, ihre Verstimmung oft nicht verbergen können. Im Kinde ist solchem Thun entgegenzuwirken durch Liegenlassen in diesem Zustand, bis er sich ausgetobt hat; hilft das nicht, so sind müssige, aber empfindbare Schläge auf Hand, Fuss, Mund u. s. w. unerlässlich. Die Wirkung solchen Schmerzes beruht darauf, dass derselbe das Kraftgefühl überhaupt mindert und zugleich der Art von Bewegung, wie sie in Händen, Füssen u. s. w. gerade waltet, direkt entgegenwirkt.

Sehr zu verhüten ist bei Kindern nervöse Überreizung. Die Kleinen sind abends müde und würden, sich selbst überlassen, einschlafen. Wer sie dann aus dem Bette nimmt, herumträgt tanzen lässt, zum Licht führt, sonst allerlei Erregendes mit ihnen macht, dem widerstehen sie selten dadurch, dass sie trotzdem einschlafen, sondern wie die Erwachsenen, wenn sie müde sind, durch Reize auf die noch vorhandenen Kräfte, sich einige Zeit länger aufrecht erhalten können, so hat das Kind infolge des lebhaften Wachstumes hierfür stets einen starken Vorrat von mehr latenten Kräften. Freilich folgt dann nach einiger Zeit um so grössere Abspannung, verbunden mit der Schwierigkeit, Ruhe zu finden. Dieses Verfahren erzeugt künstlich im Kinde das nervöse Temperament, das nur bei heftigen Reizen sich wohl fühlt, dann aber jedesmal in eine um so grössere Prostration verfällt. Wem als Kind Heftigkeit auch bei dem kleinsten Unbehagen und das Ungestüm der ganzen Art nicht abgewöhnt ist, und wem Erregtheit zur Unzeit künstlich beigebracht wurde, dem hängt dies alles sein Lebenlang nach, es wird ein Teil seiner festen organischen und psychischen Grundstimmung, dem später meist nur durch Palliativmittel beizukommen ist.

Bei zweckmässiger und für Wachstum ausreichender Ernährung entstehen im Kinde bald mannichfache Muskelbewegungen und Sinnesbethätigungen; diese („Spiele") sind in geeigneter Weise zu begünstigen, aus ihnen entwickelt sich Lust an und Verlangen nach Thätigkeit und Wahrnehmung mit allen Folgen derselben. Zu vermeiden ist dabei 1) Überfütterung, weil sie durch übermässige Heranziehung des zirkulierenden Blutes für die Verdauung die übrige Muskel- und Nervenbethätigung beeinträchtigt, so an passives Geniessen gewöhnt und einen physiologischen Anknüpfungspunkt für Faulheit und Trägheit schafft. Wie der Erwachsene nach dem Essen zum Denken sowohl als zur anstrengenden Muskelarbeit nicht aufgelegt ist, wie solche Anstrengungen dann sogar schädlich sind für seine Gesundheit, so sind übermässig ernährte Kinder beständig in diesem Zustand und sträuben sich daher naturgemäss gegen alles, was die Verdauung stört, sie sind sowohl denk- als bewegungsfaul. 2) ist zu vermeiden ein Überwiegen von Erregungsmitteln in der Ernährung (Näschereien); dasselbe erzeugt einen physiologischen Hang zu solchen, und überdies oft durch analoge Ausdehnung sinnliche Lüsternheit überhaupt, namentlich die sexuellen Triebe werden bei solcher Gewöhnung früh und heftig geweckt. Locke hatte ganz recht, zu urteilen, dass, wer als Knabe an Näschereien gewöhnt sei, als 19jähriger Mensch es ganz selbstverständlich finden werde, nach Wein und Weibern zu verlangen.

Schmerz, körperlicher und geistiger, ist dem Kinde möglichst zu ersparen wegen der noch geringen Widerstandskraft seines organischen und psychischen Lebens. Dagegen sind aushaltbare natürliche oder sittlich unvermeidliche Leiden, z. B. Trauer über eine abgeschlagene Bitte, bis sie sich von selbst verliert, durchaus sogar wünschenswert. Geduld und Entsagung werden nicht anders gelernt als dadurch, dass sie erfahren und geübt werden. Hierin verwöhnten Kindern ist später jedes Leiden, jede Verfehlung eines Lieblingswunsches unerträglich, der körperliche und der geistige Organismus adaptieren sich dann nur schwer oder gar nicht. Gewaltskuren körperlicher oder geistiger Art an sich zu vollbringen, wie sie jedem Menschen Pflicht werden können, sind solche als Erwachsene meist unfähig. Es soll extreme Fälle gegeben haben, dass verwöhnte Kinder an Nichterfüllung eines Wunsches gestorben sind. Wie wenig die Menschen im allgemeinen für heftige Kuren vorbereitet sind, sieht man daran, dass nur die wenigsten es fertig bringen, eine Leidenschaft, deren Verderblichkeit sie einsehen, oder die zufällig entstandene Gewöhnung an Opium, an Morphium wegzubringen. Möglich sind solche Überwindungen wohl, aber es sind Gewaltskuren: es entsteht dabei einige Zeit eine völlige Revolution in Leib und Seele, alles strebt dagegen, sich die gewohnten Gefühle und Erregungen rauben zu lassen, sodass der Gedanke kommt: ich gehe über den Versuch des Verzichtes sofort zu Grunde, also lebe ich immer noch besser etwas länger mit Beibehaltung jener Gewohnheit. Hätten solche Menschen in früher Jugend gelernt, dass man ähnliche Zustände sehr wohl überdauern kann, so würden sie vor derartigen Kuren nicht so zurückschrecken, wie es überwiegend geschieht.

Wir knüpfen nunmehr die Ausführung davon, wie die Eigenschaften der Thätigkeit, des Wohlwollens und der praktischen Verständigkeit zur Entfaltung zu bringen sind, an die oben gemachte Bemerkung an, dass bei der gehörigen leiblichen Pflege sich im Kinde früh Muskel- und Sinnesbethätigungen mit einer gewissen Selbständigkeit regen. Zunächst zeigt sich dies als Spiel, d. h. als solche unwillkürlichen und bald auch willkürlichen Bethätigungen, von denen jeder Akt Lust ist. Die Spiele haben ganz überwiegend etwas von künstlerischer Bethätigung in sich: die aufgenommenen Empfindungseindrücke werden zu lustvollen Phantasievorstellungen, welche sich selbst wieder in freie Nachgestaltungen der Umgebung und des Thuns der Erwachsenen umsetzen, wobei fast alle Dinge als beseelt behandelt werden. Diese Grundzüge der Kinderspiele darf man nicht stören; man muss nur darauf achten, dass solche Spiele begünstigt werden, welche die Kräfte der Kinder am meisten entwickeln, und muss nach und nach ein Moment der Arbeit hineinbringen, d. h. solcher Bethätigung, die zu einem wertvollen Endergebnis führt, und bei der um des wertvollen Endgliedes willen ev. auch Mittelglieder gern übernommen werden, die mit Unannehmlichkeiten verbunden sind. Im früheren Kindesalter sind die Fröbelschen Kinderbeschäftigungen mit zu benutzen, im späteren der Handfertigkeitsunterricht.

Der Zug zur Arbeit entwickelt sich in gesunden und kräftigen Kindern unter solcher Hülfe der Erwachsenen meist von selber; er muss in aller Weise geübt werden (S. 31) und soweit er nur schwach auftritt, ist ihm nach den Regeln (S. 34 ff.) nachzuhelfen. Vielen wird so die Arbeit, geistige und körperliche, selbst Genuss und Lebensbedürfnis, vielen bleibt sie stets lästig, aber der Wert des Zieles und die Übung lässt sie die Mühseligkeit willig übernehmen. Es giebt an sich thätige Naturen, die immer etwas treiben müssen, oft ist ihnen gleichgültig, was. Es giebt sodann Naturen, die, sobald ihnen etwas als wertvoll erscheint, in Tendenz zur Realisierung geraten, geschehe die Realisierung durch überwiegend geistige oder überwiegend leibliche Thätigkeit. Es giebt andere, welchen zwar etwas sehr wertvoll dünkt, aber die Kräfte zur Realisierung regen sich in ihnen langsam. Diesen muss besonders von Seiten der Bethätigung nachgeholfen werden, damit das aus sich trägere Muskel- und Nervensystem viel geübt werde und so eine Leichtigkeit seiner Erregung erlange, welche von Natur nicht da ist. Sittlich können alle diese verschiedenen Naturen gleich sehr sein. Die letzteren scheinen zwar es schwerer zu haben, aber dafür sind die mittleren zur Übereilung geneigt; sobald ihnen etwas wertvoll dünkt, machen sie sich an die Verwirklichung, was bei verwickelten Fällen oft die mehrmalige Überlegung und ruhige Erwägung ausschliesst. Die ersteren aber glauben oft sittlich zu sein, bloss weil sie thätig sind, und versäumen die Hineinarbeitung der beiden anderen sittlichen Haupteigenschaften in ihre Thätigkeit.

Dass der Mensch Anstrengungen, sowohl geistige (genaues Denken) als körperliche (schwere Muskelarbeit), so oft scheut, kommt davon, dass beide soviel Nervenkraft und Muskelkraft verbrauchen, wie dies die Ermüdung des Gehirns beim Denken zeigt, die sich sogar den Muskelkräften mitteilt (S. 6), und die rasche Abnahme des Körpergewichts bei schwerer Muskelarbeit in der Hitze. Es ist also früh für Muskel- und für Nervenkräftigkeit zu sorgen, andernfalls ist der Mensch nur leichter körperlicher und geistiger Arbeit fähig, ermangelt des Mutes und der Selbständigkeit und neigt zu ängstlichen und schreckhaften Vorstellungen. Ebenso ist die Stetigkeit bei der Arbeit früh zu üben, d. h. ein Ausdauern bei einer bestimmten Thätigkeit mit einem bestimmten Ziel, denn sie allein ist von nützlichem Erfolge: auch hierfür ist die Nachhaltigkeit der Kräfte Voraussetzung. Schwere geistige und körperliche Arbeit gehen nicht nebeneinander. Ausserdem muss die Ermüdbarkeit berücksichtigt werden, welche individuell verschieden ist und in ihrer individuellen Art durch Übung nicht ganz zu beseitigen.

Dass Fleiss, Gewöhnung an nützliche Thätigkeit ein Hauptsegen der Erziehung sei, ist stets anerkannt worden. Wo dies versäumt worden ist, da kann sich vereinzelt doch später eine grosse Bethätigung einstellen, falls die Anlage zu einer solchen reichlich vorhanden ist, und es früher bloss an der geeigneten Anregung und Umgebung fehlte. Im allgemeinen ist aber das hier in der Erziehung Versäumte schwer einzubringen. Meist genügt nicht die allmählich gewonnene Einsicht, dass ein nützlicher Beruf allein den Menschen wertvoll macht; diese Einsicht ersetzt nicht die fehlende Übung. Gewöhnlich hilft hier nur der Anschluss an eine Gemeinschaft, die durch ihr Beispiel nützlicher Thätigkeit den Menschen mit fortzieht, indem sie seinen schwach gebliebenen Trieb zu nützlicher Thätigkeit immer wieder wachruft. Menschen, die ihren Unterhalt verdienen könnten, aber es aus Trägheit vorziehen, vom Bettel u. s. w. zu leben, sind event. durch Rechtszwang zur Nichtbelästigung anderer und also zur Arbeit anzuhalten (Arbeitshäuser).

Das Wohlwollen muss bei der Thätigkeit, damit sie eine sittliche sei (S. 57), immer schon mit dabei sein. Zu ihm gehört zuoberst, dass der Mensch sich als einen unter vielen in allen wesentlichen Stücken ihm Gleichen fühle, mit allen Folgerungen für Denken und Thun, die sich daraus ergeben. Die Möglichkeit hiervon erklärt sich nach S. 35. Es liegt darin nichts besonders Mysteriöses. Dass trotzdem im Menschen durchschnittlich die eigene Art überwiegt (naiver Egoismus), kommt davon, dass jeder unmittelbar nur sich selbst empfindet, bei anderen aber erst nach deren leiblichen Äusserungen, wozu auch die Worte gehören, ihre inneren Zustände in sich nachbilden muss. Daher ist nicht nur die unmittelbare Selbstempfindung meist stärker als das Mitfühlen mit anderen, sondern es ist auch die besondere Gefahr da, den anderen nach sich zu deuten, wodurch das Wohlwollen oft mehr störend als helfend wirkt. Es ist also auf die richtige Ausbildung des Wohlwollens das allergrösste Gewicht zu legen.

In einer wohlgeordneten Familie lernt das Kind unter Beachtung der Regeln S. 56 auf Grund gerade der Familienähnlichkeit dies ohne besondere Schwierigkeit. Die Familienähnlichkeit macht das Nachbilden von einander und das Ineinanderversetzen leicht, ausserdem sind die Gelegenheiten zu sehr vielen Nachbildungen und zu allen wesentlichen in der Familie gegeben. Es ist darum auch gar kein seltener Fall, dass der Mensch dahin gebracht wird, in sein Thun und Lassen ideell die Familie immer mit aufzunehmen, es ganz selbstverständlich zu finden, dass er sich immer fragt: „Was werden Vater und Mutter dazu sagen oder deine Geschwister?" Die Rücksicht auf die Eltern wirkt oft über das Grab hinaus, die Erinnerung an sie greift in verwickelten Fragen so durch, als wären sie noch da. Hauptsache dabei ist, dass das Kind nervenkräftig ist, welches letztere sich in der Fröhlichkeit des Kindes zeigt. Kinder, welche dauernd verstimmt sind, werden von da aus leicht neidisch, boshaft; denn die Munterkeit anderer stört sie. Bei ihnen ist zuerst für Gesundheit und grössere Nervenkräftigkeit zu sorgen. Mangelhafte Ernährung, Blutarmut sind oft die Ursachen der Unfröhlichkeit. Dauernd schwache Kinder sind zum Ersatz für das Viele, worin sie zurückstehen müssen, mit besonderer Rücksicht zu behandeln; man muss sich, so lange sie klein sind, mehr mit ihnen abgeben, die Geschwister müssen zur Gefälligkeit gegen sie eben durch das Beispiel der Eltern selbst gebracht werden; sobald es angeht, sind sie zu einer irgendwie in sich selbst freudigen Bethätigung leichter Art für sich und andere anzuleiten. Gesunde und kräftige Kinder dagegen neigen zur $ὕβρις$, d. h. sie meinen, alles, was ihnen eine erfreuliche Auslösung ihrer Spannkräfte (angesammelten Kraftvorrates) sei, sei auch den davon Betroffenen lustig (Misshandlung von Tieren und Menschen als Spass). Solche müssen in gleiche leidende Zustände versetzt werden, wenn Hinweise auf das offenbare Leiden der Betroffenen nicht verschlagen.

BENEKE war geneigt, alle Bosheit von Verstimmung ursprünglich abzuleiten, während die Griechen sie meist aus der ὕβρις ableiteten; vielleicht beide mit Recht, je nach den Klassen der Gesellschaft, die sie besonders im Auge hatten. Auf solche Weise kann das Kind Wohlwollen lernen in der Familie; eben darum aber, weil es so in der Familie lernt, lernt es Wohlwollen auch nur zunächst in dieser Beziehung (S. 36), also auch nur für die Familie. Damit sich der Familiensinn erweitere, müssen besondere Veranstaltungen getroffen werden. Er lässt sich leicht ausdehnen auf Bekannte und Nachbarn, wenn die Eltern in ihr Thun und Lassen diese mit aufnehmen. Bei uns lernt der junge Mann, das junge Mädchen gewöhnlich bloss Rücksicht nehmen auf die Standesgenossen oder die Gesellschaftsklasse der Eltern eben aus deren Beispiel; die anderen Menschen der örtlichen Umgebung existieren gewöhnlich für die Eltern und also auch bald für die Kinder nicht, allein in geeigneter Weise lässt sich das anders machen, so dass eine freundliche und, wo nötig, auch hülfreiche Beachtung statt hat. Im klassischen Altertum und in den Staaten der Neuzeit, welche besonders starkes Nationalgefühl zeigen (was bei uns erst jetzt nach der Reichsgründung mehr anfängt allgemeiner zu werden) lernte und lernt das Kind für das nationale Ganze mitempfinden, eben weil es ihm in der Familie, in der Schule, in all seiner Umgebung als ein Stück selbstverständlichen Interesses entgegentritt, und weil es sich in die nationale Art, zu der es selbst gehört, leicht versetzt. Daher die grosse Vaterlandsliebe bei den Alten und bei manchen neueren Völkern, welche aber eine mehr abstrakte und eine mehr konkrete sein kann. Die abstrakte will, das Land soll gross und mächtig sein im Vergleich mit anderen Ländern, während sie wenig darauf achtet, ob alle einzelnen lebenden Angehörigen desselben auch nur eine leidliche Existenz sich zu verschaffen imstande sind. In diesem Sinne glaubten Ludwig XIV. und Napoleon Frankreich zu lieben; im Altertum war es mit der Vaterlandsliebe oft ähnlich. Es muss daher früh darauf gewirkt werden, dass die Vaterlandsliebe nicht bloss auf das Ganze als solches, sondern zugleich konkret auf die lebenden Einzelnen und ihre Lage geht.

Dass aber der nicht allzuschwer erzeugbare Familiensinn und der ebenfalls nicht selten erzeugte Vaterlandssinn sich erweitere zum Menschheitssinn, dazu sind ganz besondere Veranstaltungen erforderlich. In fremde Volksart und fremde Rassenart versetzen wir uns von Haus aus nur schwer, und selbst die theoretische Anerkennung der Gleichheit aller Menschen in gewissen wesentlichen Grundzügen (Gleichheit vor Gott im Christentum) hat lange Zeit eine sehr ungleiche Behandlung der Menschheit in irdischen Dingen nicht ausgeschlossen; denn Sklaverei und Leibeigenschaft sind erst seit dem vorigen Jahrhundert in den europäischen und den davon abhängigen Ländern ganz oder mehr und mehr verschwunden. Um den Menschheitssinn offektiv zu wecken, muss Interesse für menschliche Art überhaupt gezeigt werden, nicht blos lebendig in der Familie, sondern auch durch Erzählung und Lektüre von fremden Völkern. Hier hat der geographisch-ethnologische und der Geschichtsunterricht seine Bedeutung. Die Jugend ist sehr bereit darauf einzugehen, sofern alle Elemente menschlicher Art in ihr sind und dadurch Anregung erhalten, und als insbesondere die wilden Völker durch ihr überwiegendes Muskelleben (Jäger, Krieger) und ihre Phantasie (Mythen, Sagen) starke Berührungspunkte mit dem späteren Knabenalter haben. Auch die Hauptzüge des Griechen- und Römertums können in Übersetzungen in die allgemeine Volksbildung aufgenommen werden. Dazu müssen treten Hauptmomente des Orients, nicht blos der Semiten (Altes Testament), sondern auch von Indien und China. Es könnte das in einem Lese- und Übungsbuch von mässigem Umfang geschehen. Am förderlichsten für Ausgleichung des Eindrucks der Verschiedenheit von Nationen und Rassen ist es, wenn zugleich ein lebhafter internationaler Verkehr statt hat. Völker mit Kolonien oder mit verschiedenen Rassen in ihrem Gebiete haben die Überwindung des fremdartigen Eindrucks beim wirklichen Zusammentreffen von Menschen, die ganz andere sind im Äusseren, in Sitten und Meinungen, viel leichter. Wie sehr die Grundlage effektiven Wohlwollens das Versetzenkönnen in Andere ist, zeigt die gewöhnliche Verachtung der Berufsstände unter einander innerhalb derselben Nation, von der und der Abhülfe dawider schon S. 51 die Rede gewesen ist.

Was die Art des zu erweckenden Interesses für Menschheit betrifft, so muss es früh geradezu auf das Wohl der Gesellschaft gerichtet werden, das materielle (wirtschaftliche) Gedeihen auf Grund der Arbeit als Fundament und Bedingung des geistigen ausdrücklich mit eingeschlossen. Das Verständnis dafür regt sich bei uns jetzt erst in den Kreisen der Gebildeten lebhafter. Dieser

Sinn ist auch praktisch zu üben in Haus, in Schule. Im Erwachsenen hat sich das thätige Wohlwollen zu zeigen: 1. darin, dass aus der Gleichheit menschlicher Natur Regeln für alle gezogen werden, unter welche ich dann mich selbst subsumire (sittliche Gerechtigkeit, welche die sittliche Selbstliebe einschliesst; denn ich bin auch einer gleich den anderen); 2. darin, dass von dem, was nach diesen Regeln für alle mir zukommt von Gütern, Musse u. s. w., ich gerne Opfer bringe, falls andere wegen besonderer Umstände einen besseren Gebrauch davon machen können (helfende Liebe). Menschen, welche sich leicht in die besondere Art anderer versetzen können, sind hierbei die „geborenen Helfer" (SCHLEIERMACHER); solche, die das mit Ungeschick thun, was der gewöhnliche Fall ist, stellen besser ihre helfende Liebe in den Dienst organisierter Gemeinschaften zu verständnisvoller Abhilfe der Not.

Sehr wichtig ist für Wohlwollen, und zwar als ein Teil der sittlichen Gerechtigkeit, die Wahrheitsliebe der Menschen unter einander. Ihre Heranbildung im Kinde geschieht am besten durch das Beispiel von Eltern und Lehrern. Die Sache hat aber auch dann ihre Schwierigkeit. Kinder unterscheiden vielfach Subjektives und Objektives nur langsam. Manche Kinder sprechen von ihren Träumen wie von wahren Erlebnissen. Die Erzählungen, an welchen Kinder zuerst Wohlgefallen haben, tragen, wie ihre Spiele (S. 60), das künstlerische Element in sich, d. h. wenden sich an Gefühl und Phantasie (Märchen). Am Ende des 8. Jahres pflegt das Verständnis für die Unwahrheiten der Märchen zu erwachen. Wie stark die Phantasie die Erinnerung des Wahrgenommenen beeinflussen kann, sieht man aus einer Mitteilung von SCHOLZ über sein 7jähriges Töchterchen. Bei demselben trat nach schlesischer Sitte in der Adventszeit ein Christkind ein. Eine sprachlose, heilige Scheu vor demselben erlaubte dem Kinde kaum seinen Spruch zu sagen. Zuerst erzählte das Kind noch richtig vom weissen Schleier mit goldenen Sternen. Zwei Stunden darauf war das Christkind schon ganz goldig geworden, und gar am Abend hatte man es schon leibhaftig vom Himmel kommen sehen. Derselbe erzählt von einem 10jährigen Knaben, der seinen Freund prügelte, weil dieser nicht mehr an das Christkind glaubte. Normaler Weise entwickelt sich unser Gedankenlauf stets unter dem Einfluss fortwährend zuströmender Empfindungen. Dadurch ist die Möglichkeit einer fortgesetzten Korrektur der Urteilsverbindungen gegeben, unrichtige werden im Entstehen unterdrückt. Phantasie und Urteile stehen damit unter der Kontrole der Aussenwelt. Es gilt also, verträumte Kinder in der Empfindungswelt soweit heimisch zu machen, dass nicht gefälschte Auffassungen vorherrschen. Aber selbst frisch nach aussen gewendete Kinder erzählen bis ins zweite Schuljahr alles Beobachtete in ungeordnetem Durcheinander, in regellosen Gedankensprüngen, ohne Verständnis für logische Disposition; die Beobachtungen selber sind scharf, die Bezeichnung oft schlagend. Dazu kommt noch, dass das naive Denken bildlich ist, indem es, statt zu beschreiben, vergleicht; es mischen sich von Haus aus fast immer Erinnerungen an Ähnliches ein, wie ja auch im späteren Leben unsere Wahrnehmungen nicht Perceptionen, sondern Apperceptionen sind, d. h. zu dem wirklich im Moment Wahrgenommenen wird hinzuergänzt aus früheren Wahrnehmungen; wir sehen nur die uns zugewandte Seite der Dinge, sprechen aber von den Dingen, als ob wir die Rückseite jetzt auch wahrnähmen u. s. f. Dazu kommt noch die Unbestimmtheit der Erinnerung auch bei Erwachsenen. Eine Frage an Studenten (Amerika), nach kurzem Besinnen schriftlich zu beantworten, was für Wetter heute vor 8 Tagen war, ergab überraschende Abweichungen. Schüler von durchschnittlich 10 bis 11 Jahren, im zweiten Jahr in je 2 wöchentlichen Stunden die Turnhalle besuchend, gaben über die Farben der Wände in einem Aufsatz 7—8 verschiedene Antworten. Bei der Prüfung der Fähigkeit von Studenten (Amerika), aus dem Gedächtnis Gewichte, Entfernungen, Zeiten zu schätzen, ergab sich eine auffallende Tendenz Gewichte zu überschätzen, Entfernungen mässig, Zeiten sehr stark zu überschätzen. Ein Grundriss eines sehr oft besuchten Raumes ergab nur aus der Zusammenstellung einer Reihe solcher Gedächtniszeichnungen ein annähernd richtiges Bild des Raumes. Indem man Kinder an objektive Auffassung mit Beachtung dieser Erfahrungen gewöhnt, macht man ihnen den grossen Wert der Wahrheit überhaupt klar. Was Kinderlügen betrifft, so hat Stanley Hall (Amerika) genaue Ermittlungen gemacht, die sich auf etwa 300 Stadtkinder, Knaben und Mädchen zwischen 12 bis 13 Jahren bezogen. Vollkommenes Nichtverständnis für den Begriff der Unwahrheit zeigte sich nirgends. Der niedrigste Grad moralischer Entwicklung wurde vielmehr durch diejenigen repräsentiert, welche wohl Wahr und Unwahr unterschieden, aber keinen Unterschied zwischen absichtlicher Unwahrheit und unabsichtlicher Unrichtigkeit zu fassen vermochten, was etwa ein Dutzendmal beobachtet wurde. Sehr viel gewöhnlicher war es, dass die Kinder die Lüge für berechtigt hielten, sobald sie guten Zwecken dient; die Knaben bewundern diejenigen, welche durch falsche Geständnisse die Schuld der schwächeren Spielgenossen auf sich nehmen u. ä. Bei den meisten Kindern war die Wahrheitsliebe durch persönliche Zuneigung und Abneigung beeinflusst. Es ist also 1. darauf zu achten, dass der Unterschied zwischen objektiver Unrichtigkeit und subjektiver Unwahrhaftigkeit überhaupt gefasst werde als ein Wichtiges; 2. dass die Versuchungen zur Unwahrhaftigkeit beseitigt werden. Diese liegen oft in der Notwehr. Zu grosse Anforderungen berechtigen nicht blos die Kinder, sondern auch Erwachsene ihrer Meinung nach zu Hinterziehungen. Dann muss das Gefühl geweckt werden, dass ein kräftiger, sich selbst vertrauender Mensch nicht lügt, sondern unter allen Umständen die Folgen seines eigenen Thuns auf sich nimmt, auch solchen gegenüber, die er nicht achtet, nicht mag, aber dass er allerdings ablehnen darf, andere durch seine Aussagen, wenn er nicht besondere Verpflichtungen in dieser Hinsicht übernommen hat, in Übel zu bringen.

Von dem Wohlwollen aus muss auch das starke Motiv zur sittlichen Regelung des Geschlechtstriebes bei der männlichen Jugend genommen werden, während bei der weiblichen die Selbstachtung zu dieser Regelung ausreichen kann. In Kindheit und Jugend ist zunächst Fürsorge zu hegen, dass die Geschlechtsfunktion nicht für sich thätig werde in Selbstbefleckung. Die Gefahr derselben ist bei Kindern und im Knaben- und Mädchenalter gross. Zufällige Reibung der Teile, zu grosse Wärme, reizende Speisen und Getränke können zu unwillkürlichem und wegen der Annehmlichkeit und infolge der arglosen Unwissenheit bald auch willkürlichen Sichzuthunmachen mit den Geschlechtsteilen führen. Daher ist hierin Behütung und Entgegenwirken durch Abhärtung notwendig. Das etwa eingerissene Laster kann überwunden werden; solche Menschen sind, wenn ihnen verständig begegnet wird, überwiegend zu retten. In der Zeit der Pubertät macht der Geschlechtstrieb uns mehr zu schaffen, besonders weil wir mit den vielen Fragen, die er wachruft, ganz auf uns angewiesen sind und auf unsere Altersgenossen. Ein verständiges Wort könnte in den Jahren viel helfen, es ist vergeblich, zu meinen, durch Totschweigen die Sache selbst totmachen zu können. Warum sollte nicht ein Buch, wie

Ribbing's „Sexuelle Hygiene" es für Studenten ist, sich für Gymnasiasten oder deren Eltern herstellen lassen, sodass ihnen gesagt werden könnte, jeder, der sich in dieser Beziehung irgendwie geniert fühlt oder Neugierde empfindet, vermöge sich in geeigneter Weise dort Belehrung zu verschaffen. Nicht wenige werden diese Regungen gern mit der Erkenntnis beschwichtigen, dass es zunächst gilt, diese Triebe so zu dämpfen und zu regeln, dass sie der kräftigen Ausbildung unseres Jugendlebens zugute kommen und damit indirekt einer künftigen Ehe selbst. Unterstützt wird ja bei der männlichen sowohl als der weiblichen Jugend dies Bestreben, den Gedanken der Aufschiebung der Ehe zu beleben, meist dadurch, dass in der Zeit der Pubertät gerade Jüngling an Jüngling, Mädchen an Mädchen sich fester anschliesst. Es beweist dies gerade, dass die Tendenz des betreffenden Individuallebens ist, sich in sich selbst und mit Verstärkung durch Gleiche auszubilden. Die Gefahr, dass aus Jünglingsfreundschaften, aus Mädchenfreundschaften Inversion des Triebes entstehe (Homosexualität), existiert nach der Angabe sachkundiger Gewährsmänner besonders in Erziehungsanstalten. Sollte sich die Beobachtung allgemeiner bestätigen, dann müssten solche Anstalten mehr und mehr in Wegfall kommen. Im Grossen und Ganzen muss jener Zug auf Jugendfreundschaften unter Gleichgeschlechtlichen erhalten werden, er ist selbst bei schwärmerischer Liebe mehr einer auf gleiche künftige männliche Ziele als eigentliche persönliche Anziehung wie zwischen Mann und Weib. Beim Jüngling ist noch indirekt dahin zu wirken, dass das Sperma selten durch nächtliche Ergüsse verloren geht. Dies wird erreicht durch angestrengte Arbeit, aber geschieht nur schwer durch blos geistige Arbeit; es muss Muskelbethätigung dazu kommen, angestrengte Märsche, am besten eine wirkliche Handarbeit, zu der ja die Jugend oft auch sonst Neigung hat. Dadurch wird auch die Phantasie und Begierde soweit beschwichtigt, dass sie mehr als leiser Wunsch und poetischer Traum künftiger Liebe fortbesteht. Bei mässiger Lebensweise und tüchtiger Arbeit ist der Trieb nach den Medizinern unschwer bis zur reifen Ehe beherrschbar. Gegen stürmische momentane Anwandlungen muss im Jüngling eine Gegenkraft geschaffen sein im Wohlwollen, im Bewusstsein, dass eine gelegentliche aussereheliche Erstickung des Triebes notwendig mit einer Degradierung des Weibes verbunden ist. Denn im Weib tritt es klar zutage, dass seine Geschlechtsfunktion nur sittlich ist, wenn sie Kind und Mann und Bethätigung für beide einschliesst. Seltene Fälle von Krankhaftigkeit des Triebes abgerechnet, bei denen dem Arzt die Behandlung zukommt, ist es Faulheit und Genusssucht, was die Dirnen zu lüderlichem Leben gebracht hat, gewöhnlich anfangs mit einem gewissen Widerstreben, sodass Verlockung durch andere oder Verführung seitens der Männer dazu erforderlich war, sie zum Äussersten zu bringen. Worüber jetzt soviel Erregung ist, als ob die männliche Jugend mehr als je der Versuchung freier Liebe (mindestens für einige Jahre) ausgesetzt sei, das geht in der Sache auf die alte laxe Praxis gerade unserer höheren Gesellschaft zurück, die nur jetzt in der Breite ausgesprochen und gedruckt wird; früher wurde das mehr geflüstert. Es war nicht ungewöhnlich, dass aus Adelsfamilien der Sohn, der Offizier wurde, mit den Worten aus dem elterlichen Hause verabschiedet ward: „Du brauchst nicht wie ein Kapuziner zu leben, aber schone deine Gesundheit." In Handelskreisen wurde wohl, wenn ein junger Mann aus denselben sich um die Hand eines Mädchens aus denselben bewarb, die Frage gestellt: „Hat er auch ausgetobt?"

Dadurch, dass das thätige Wohlwollen auf allgemeine Regeln gebracht werden kann, welche Bezug nehmen auf das, was von Mensch zu Mensch zu üben ist, was gegen Eltern, Freunde, Vaterland u. s. w., wird der Einwand beseitigt gegen die allgemeine Menschenliebe, welcher manchmal anklingt und am lebhaftesten in China ausgesprochen ist. In China hat man gegen die allgemeine Menschenliebe eingewandt (Mencius um 300 vor Chr.), sie schaffe ein Vorhältnis zu allen, welches notwendig leer sei, und hebe dadurch die inhaltsvollen näheren Verhältnisse (Eltern u. s. w.) auf: wenn man alle lieben solle, wisse man nicht, wem speziell Liebe erweisen. Der Einwand hängt wesentlich daran, dass die chinesische Moral ganz auf der Liebe der Kinder zu den Eltern erbaut ist und nach deren Analogie ausgedehnt auf das Verhältnis von Unterthan zu Obrigkeit, Frau zum Mann, des jüngeren Bruders zum älteren, des Freundes zum Freund. Es ist also der Familiensinn, und zwar mit den Eltern als Mittelpunkt, zum Prinzip gemacht. Dies ist gegen die Gleichheit. Von Pflichten der Kinder ist in der chinesischen Moral wohl die Rede, fast gar nicht umgekehrt von Pflichten der Eltern. Eben dadurch geht freilich ein Zug von Aufopferung durch die chinesische Moral, aber eben darum ist auch wohl die Praxis vielfach anders, Übertreibung ruft Rückschlag hervor.

Das Wohlwollen, sofern es mit Thätigkeit verbunden ist, wird ganz etwas Anderes als die Moral des blossen Mitleids. Der mitempfundene Schmerz hat, wie der mässige selbstgefühlte, etwas Hemmendes für die Bethätigung, ihm ist nur wie Schreien und Seufzen, Ausströmung in Worte oder Lied unmittelbar natürlich, daher meist müssiges Mitgefühl, welches zugleich die Erinnerung an ähnliche Leiden sonst hervorruft und sich daher gern zum Weltschmerz überhaupt ausbildet. So ist es in Indien und den buddhistischen Ländern, welche daher auch im Zusammentreffen mit anders gearteten Völkern an sich die Wahrheit des Tocquville'schen Wortes erfahren mussten: ce monde appartient à l'énergie. Die Thätigkeit, sofern sie mit Wohlwollen verbunden ist, ist eine höhere Tugend als das Mitleid, welches sich auf Enthaltung von Schmerzbereitung beschränkt, was weniger ist, als den Menschen zu vermögen verliehen ward.

Die dritte Haupteigenschaft, welche in der Erziehung entwickelt werden muss, ist praktische Verständigkeit in Bezug auf Ursache und Wirkung, Mittel und Zweck. Sie beruht auf Erkenntnis der Gesetze, der äusseren sowohl als der menschlichen Natur (S. 57). Wo sie nicht ist, da führen Thätigkeit und Wohlwollen auch in ihrer Durchdringung leicht aus Mangel an Erfolg zu Verstimmung und Missmut gegenüber der Welt, der Natur sowohl als der Menschenwelt, oder auch zu abergläubischen und phantastischen Vorstellungen, mit denen man sich, so gut es geht, hinhält, während andere, die, wenn auch nur instinktiv, jene Eigenschaft haben, weiter kommen. Die Schwierigkeit der Herausbildung praktischer Verständigkeit ist aber sehr gross, weil das Kind und der Mensch überhaupt von Haus aus alles mehr poetisch-animistisch auffasst, meist diese Auffassung sogar in eine religiöse Wendung aufnimmt. Gottes Macht sieht der nicht wissenschaftlich Gebildete viel mehr in der Regellosigkeit als in der Regelmässigkeit. Es ist aber nicht mehr zweifelhaft, dass die Natur unter allgemeinen Gesetzen steht und zwar unter exakten, d. h. mathematische Grössenbestimmungen an sich tragenden Gesetzen, und damit ist der Gedanke wohl vereinbar, dass der letzte Grund der Natur ein geistiger Gott sei, und dass dem Menschen Freiheit im Sinne einer Fähigkeit zur Änderung und Besserung in grossem Umfange zukomme, wie es die ganze Lehre von der Ausbildung des Willens bei aller physiologisch-psychologischen Bedingtheit desselben gezeigt hat. Es ist also bald nach dem Kindesalter die

Anschauung im modernen Sinne zu üben, d. h. die genaue, besonders auf die Grössenverhältnisse aufmerksame Beobachtung, und der Verstand, d. h. die Herausfindung der wesentlichen (unerlässlichen) Momente einer Sache oder eines Vorgangs. Diese praktische Verständigkeit kann mehr durch technische Übung und mehr in theoretischer Weise oder durch beides zugleich erworben werden, je nach Begabung und Umgebung. Die praktische Verständigkeit in Bezug auf menschliche Verhältnisse hat zu basieren auf der Erkenntnis des effektiven Willens und seiner Bildung (S. 9 ff.). Dies kann am Schluss der Erziehung in theoretischer Weise geschehen, von Haus aus aber muss es praktisch geschehen dadurch, dass der Mensch nach jenen Regeln in der Erziehung behandelt wird und ihren Segen an sich verspürt hat.

Die praktische Verständigkeit in Bezug auf die Natur erfordert also ein Eingehen auf das Verfahren der modernen Naturwissenschaft, die in der quantitativen Seite der Dinge das Wesentliche sieht, und über die nächste Wahrnehmung hinausdringt zur genauen Auffassung, oft mit künstlichen Hülfsmitteln. Wie in den nicht unmittelbar naturwissenschaftlich Beanlagten der mathematische und naturwissenschaftliche Sinn zu wecken ist, darüber gebe ich hier bloss Leitgedanken. Ich verweise auf Comenius' Mutterschule, auf Pestalozzi's Hervorhebung der Mass-, Zahl- und Formverhältnisse, auf die Art, wie Herbart z. B. und Spencer ohne Künstelei empfohlen haben, die Freude der Kinder am Qualitativen zur Herausstellung und Auffassung des Quantitativen zu benutzen. Ich verweise auf die Benutzung des in den Fröbel'schen Kinderbeschäftigungen liegenden Momentes des Machens, Gestaltens in derselben Richtung. Gräfe hat für den Elementarunterricht überhaupt das praktisch-theoretische Verfahren empfohlen: vormachen, nachmachen, eben wegen der Gestaltungsfreudigkeit des Kindes; daraus erst entsteht theoretisch-praktisches Interesse und dann rein theoretisches. Im Handfertigkeitsunterricht liegt ein Element der gleichen Art; derselbe kann sich über die ganze Schulzeit hinziehen; bei allen Beschäftigungen der Art, die sich einer wählt, ist ein Anknüpfungspunkt, das Machen zu fördern durch genaue Auffassung des dabei behandelten Stoffes und der dabei benutzten Werkzeuge. Naturwissenschaftliche einfache Apparate können ein Hauptteil des Handfertigkeitsunterrichts sein. Dass dem mathematischen Unterricht eine Vorübung in praktischer Mathematik, im einfachen geometrischen Zeichnen, im Modellanfertigen vorausgehe, sehe ich als selbstverständlich an. Wo die mathematische Phantasie nicht entwickelt ist, hört mit Beginn der Stereometrie das eigentlich verstehende Folgen auch bei bis dahin mitgekommenen Schülern meist auf. Dass der naturwissenschaftliche Unterricht an einen Schulgarten mit Pflanzen und Tieren anknüpft, deren Pflege den Schülern obliegt, ist an manchen Orten bereits der Fall. Dass bei diesem Unterricht auf Schulen nicht die wissenschaftliche Methode — die natürlich der Lehrer kennen muss — herrschen soll, sondern die des jugendlichen Interesses mit Leitung durch den Lehrer, ist wohl gleichfalls allgemein zugestanden, wenn auch nur wenig befolgt.

Göthe hat die Bemerkung gemacht, welche die Geschichte der Menschheit durchaus bestätigt, dass dem Menschen von Haus aus die nächste Wahrnehmung ein Anknüpfungspunkt praktischer Bedürfnisbefriedigungen ist, dass er darüber hinaus aber ein Leben in Gefühl und Einbildungskraft führe. Daher gilt es nach Göthe, die Einbildungskraft, welche gern einen Zug zum Absurden habe, zu regeln, ihr durch zeitig vorgeführte edle Bilder Lust am Schönen, Bedürfnis des Vortrefflichen zu geben. So entsteht die Aufgabe, der Kindheit und Jugend, wo Gefühl und Phantasie am lebhaftesten sich regen, eine Regelung Beider zu bieten, die mit der mathematisch-naturwissenschaftlichen Richtung des Unterrichts in Einklang bleibt. Diese hohe Aufgabe kann die humanistische Seite der Jugenderziehung lösen. Nach demselben Göthe hielten sich alle Alten am Nächsten, Wahren, Wirklichen fest, und selbst ihre Phantasiebilder haben Knochen und Mark. Hierzu kommt, dass, wie Goethe es ausgedrückt hat, die sittliche Bildung nahe verwandt ist mit der ästhetischen, ja ihr verkörpert und eine ohne die andere zu wechselseitiger Vollkommenheit nicht gedeihen. Selbst GUSTAV WERNER, der Gründer der Rettungsanstalten in Reutlingen, gestand, dass nach seiner Erfahrung arme Kinder, die aber zufällig in nicht ganz unschönen Räumen aufgewachsen waren, sich stets moralischen Einwirkungen viel zugänglicher erwiesen, als gleichalterige aus völlig verwahrlosten Hütten. Freilich ist die sittliche Bildung nur im Zusammenhang mit der mathematisch-naturwissenschaftlichen jetzt voll und gründlich zu gewinnen, und SCHLEIERMACHER hatte ganz Recht, als er von den Gymnasien die gleiche mathematisch-naturwissenschaftliche Bildung forderte, wie von der Realschule, für welche letztere er sehr kämpfte, und BAIN hat ganz Recht, wenn er von der Volks- oder Elementarschule soviel mathematisch-naturwissenschaftliche Bildung verlangt, als irgend dort nach Alter der Kinder und Dauer des Schulbesuchs erlangt werden kann, wozu die Fortbildungsschule der Lehrlinge noch vieles und ihrem besonderen Berufe Naheliegendes hinzufügen mag. Aber allen Schulen, auch den Fortbildungsschulen, sollte zugleich das Beste der alten Litteratur zugeführt werden in Übersetzungen, die mit ebensolcher Innigkeit durchzugehen und in sie einzuleben wäre, wie es mit Tell oder mit Hermann und Dorothea gemacht werden kann. Der Vorzug der Gymnasien wäre, dass ihnen mit Latein und Griechisch selbst das Beste der Römer und Griechen gleichsam tropfenweise und dadurch um so tiefer eingesenkt würde, aber 9 Stunden wöchentlicher Mathematik und Naturwissenschaft würden allerdings von der untersten bis obersten Gymnasialklasse zu fordern sein. Die klassische Philologie, für das Gymnasium ein Zweig der humanistischen, d. h. an menschlichen Verhältnissen menschliche Geisteskräfte anregenden Pädagogik, ist selbst heutzutage nicht mehr ohne sehr viel moderne und gerade auch mathematisch-naturwissenschaftliche Kenntnisse zu betreiben. V. Hehn, gewiss ein Kenner und Verehrer des klassischen Altertums, hat doch geurteilt: „Grundfehler der antiken Zivilisation war die Abwesenheit realistisch-technischen Sinnes bei den Menschen. Die Alten lebten im Traum religiöser Phantasie, in idealem Schein, befangen im Zauber des Schönen als ein adeliges Geschlecht. Die pompejanischen Geräte, Werkzeuge u. s. w. sind schön und edel, aber meistens kindlich. — Was die moderne Welt von der alten scheidet, ist Naturwissenschaft, Technik und Nationalökonomie." Diese Naturwissenschaft hat aber gerade für die ganze Fassung und Lösung der sittlichen Aufgaben die grösste Bedeutung. Um die Alten ganz würdigen zu können und aus ihnen auszuwählen, was noch heute von unübertroffenem bildenden Wert für die Jugend ist, muss man dies Moderne selbst kennen. Göthe hat bemerkt: „Jedes gute Buch und besonders die Alten versteht und geniesst niemand, als wer sie supplieren kann." Selbst ihre meisterhaften Bemerkungen über thatsächliche menschliche Art gewinnen durch die moderne, mit Naturwissenschaft verbundene Psychologie erst ihre volle Aufklärung. Die Kontrastseiten an einem und demselben Menschen notieren z. B. Polybius und Tacitus wahr und doch mit edlem Ausdruck, aber sie notieren sie staunend und wie Rätsel. Wir können dies jetzt dahin erläutern, dass die Verschiedenheit des Menschen von sich selbst das Gewöhnliche ist und ein mehr harmonisches Zusammenwirken seiner mannigfachen Seiten das sehr schwer und darum selten erreichte Ideal.¹) Dass die stoische psychologische und moralische Ansicht trotz des hohen Strebens irrig ist, und PLATO und auch ARISTOTELES grosse Modifikationen erfahren müssen, steht jedem, der moderne Psychologie kennt, fest, und es sollte sich niemand mit ihrer Auslegung abgeben, der nicht moderne Psychologie und Naturwissenschaft im Detail kennt. Dabei kann man selbst aus der Nationalökonomie der Alten wertvolles behalten. Nach ADAM SMITH haben sie nicht Steigerung der Produktion angestrebt, sondern Beschränkung der Begierden; wir werden gut thun, zur Ersteren tüchtig zu machen und das Letztere doch beizubehalten.

Zu der praktischen Verständigkeit, die von Schulen mitgenommen werden müsste, Gymnasien, Realschulen, Fortbildungsschulen, würden vor allem auch die Grundüberzeugungen gehören, über welche alle Nationalökonomen einig sind, und die durchaus mit 18, 19 Jahren können verstanden werden. Es sind im Wesentlichen diese: Ein wirtschaftliches Gut ist ein Gut, welches in geringerer Menge vorhanden ist, als dass es jedem von selbst sich in ausreichender Weise darbiete. Wo Wasser im Überfluss da ist zu allen Zeiten, da wird niemand besondere Veranstaltungen dafür treffen, dass er es zu einer bestimmten Zeit habe. Im Schlaraffenland würde es daher zwar Sachgüter geben, d. h. Mittel zur Bedürfnisbefriedigung, aber keine wirtschaftlichen, keine, zu deren Erlangung oder Besitz besondere Mühe aufgewendet würde. Diejenigen Güter sind wirtschaftliche Güter, deren Menge geringer ist als ihr Bedarf, Bedarf nicht etwa des Luxus, sondern auch der allerdringendsten Notwendigkeit. Hierauf gründet sich die Aufforderung der Nationalökonomie, produktiv zu sein. „Schlechthin produktiv sein heisst das Weltvermögen vermehren" (ROSCHER). Derjenige ist also produktiv, welcher mehr hervorbringt von Gütern, als er zum eigenen Unterhalt verbraucht, so dass ein Überschuss da ist, welcher nicht dagewesen wäre, wenn er, dieser Produzierende, nicht gewesen wäre. Indem ich die Güter gebrauche, um mehr, als sie selbst sind, damit hervorzubringen, vermehre ich durch meine Arbeit den Vorrat wirtschaftlicher Güter, so dass immer mehr Menschen sich solche aneignen können. Es hat das aber seine Schranken. Gerade die

---
¹) BAUMANN, Die grundlegenden Thatsachen zu einer wissenschaftlichen Welt- und Lebensansicht, S. 82 ff.

Ernährung des Menschen hängt ganz an der Urproduktion (Pflanzen, Tiere). So sehr der Faktor der Arbeit diese zu vermehren im stande ist, so ist diese Vermehrung doch begrenzt durch natürliche Bedingungen. Über ein gewisses Mass hinaus hilft Düngung und Bearbeitung des Bodens nicht mehr in einer dem Aufwand entsprechenden Weise. Über ein bestimmtes Mass hinaus hilft auch rationelle Viehfütterung nicht mehr, da das Plus nicht mehr angeeignet wird von den Tieren. Hier sind also der Produktion früh Schranken gesetzt, welche gebieten, den eigenen Genuss auf das für Erhaltung der eigenen Arbeitskräfte ausreichende Mass einzuschränken. Was ich darüber hinaus verwende, entziehe ich anderen. Arbeitsamkeit und Mässigkeit sind daher die beiden wirtschaftlichen Haupttugenden, und zwar Arbeitsamkeit als Muskel- und als Nervenkraft, weil nur beides zusammen die Güterqualität der Dinge vermehrt. Die Hand muss vom Geist geleitet werden, aber Geisteskraft ist bei uns Menschen durch Nervenkraft bedingt. Mässigkeit ist gemeint als Genuss zum Zweck produktiver Muskel- und Nervenkraft. Leitfaden für sie ist, dass der Einzelne darauf achte, ob bei seiner Lebensweise die Kräfte sowohl als die Geneigtheit zur Arbeit nachhaltig und frisch bleiben. Sittliche Pflicht der Reichen ist nach dem Dargelegten, sparsam für sich zu leben und ihre Ersparung zunächst für Unterhaltung sog. gemeiner Arbeit zu verwenden, d. h. solcher, welche die notwendigen Bedürfnisartikel für alle hervorbringt. Es ist nicht, vielleicht nie, zu fürchten, dass sobald hierin zuviel geschehe. „So lange wir Menschen sehen, die schlecht genährt, schlecht gekleidet sind u. s. w., so lange werden wir, streng genommen, kaum sagen können, dass zu viel Nahrungsmittel, Kleidungsstücke u. s. w. erzeugt werden" (Roscher). Es ist auch nicht zu besorgen, dass dann zu wenig für Pflege der anderen Seiten menschlichen Wesens (Kunst, Wissenschaft, Religion u. s. w.) übrig bliebe. Im Gegenteil werden diese, wo viel Unterhaltsmittel sind, das für ihr Bestehen Erforderliche erst recht finden. Dadurch dass die Reichen sittlich gehalten sind, ihre Güter vorab zur Unterhaltung produktiver Arbeit zu verwenden, fällt die Gefahr weg, dass Reichtum Genusssucht und Übermut werde. Es hängt das dem Reichtum nicht notwendig an, so wenig wie dem Wissen Verachtung der Nichtwissenden, der Religion die Intoleranz notwendig anhängt. „Wahre Milde setzt die fleissigen Arme in Thätigkeit und bringt Werke zur öffentlichen Zierde hervor"

(GOETHE). „Man soll für die Armen sich als Verwalter bezeigen" (Derselbe).

Ein Hauptstück praktischer Verständigkeit ist die Einsicht, dass es eine Veränderlichkeit der Natur giebt durch technische Einwirkung des Menschen, und eine Möglichkeit, bestimmte menschliche Verhältnisse umzuändern, dass beides aber nur unter Rücksichtnahme auf die natürlichen und psychologischen Gesetze geschehen kann. Der Mensch, der zu wenig auf diese Einsicht hingeleitet ist, wie z. B. die Bauern, früher mindestens, hängt daher zähe an dem einmal gelernten Gedanken- und Bewegungstrain fest, widerstrebt aller Neuerung und hegt gegen das objektive Gelingen derselben alles nur erdenkliche Misstrauen. Die Gebildeten bei uns dagegen, bei denen häufig blos das Vorstellen geübt worden ist, sind in Gefahr radikal zu werden, wenigstens in der Jugend, bis sie gelernt haben, dass die Umsetzung von Vorstellung in Handlung, d. h. entsprechende Bewegungen mit Umänderung äusserer Verhältnisse, gar nicht so leicht ist. Manchmal neigen auch die Ungebildeten zum Radikalismus, wenn unter heftigem Druck bestehender Verhältnisse das Gefühl, es müsse anders werden, in ihnen mächtig geworden ist. Dann greifen sie nach den dem Bestehenden möglichst unähnlichen Vorstellungen (zufolge des psychologischen Gesetzes des Kontrastes), und in der unruhigen Erregung des gegenwärtigen Unbehagens meinen sie, in einem Tag diese Vorstellungen in Wirklichkeit, d. h. entsprechende Bewegungen bleibender Art, umsetzen zu können. Ein Beispiel ist die französische Revolution, wo 1. die Gebildeten mit den Vorstellungen alles gethan glaubten (Aufklärung des Verstandes war ihnen Änderung des Menschen); 2. die Ungebildeten den mit ihrer Wirklichkeit kontrastierenden Vorstellungen ganz hingegeben waren, und sich aus Unbehagen mit jener aufbäumten gegen alles ihrem Ideal Widersprechende. Geblieben ist aus den stürmischen Bewegungen blos, was auch vorher im einzelnen von besonnenen Neuerungen bestand; nur wurde dies von einzelnen Teilen auf das Ganze übertragen (Tocqueville, l'ancien régime et la révolution). In unseren Tagen sind in Bezug auf die sozialen Verhältnisse ähnliche Zustände: die Fortschritte der Technik haben bewirkt, dass der Grossbetrieb nicht nur mehr und mehr alles an sich nimmt, sondern dass wegen der bedeutenden zu ihm erforderlichen Kapitalien auch nur wenige eigentlich selbständig werden in diesem Betrieb, und dass zugleich eine strenge Ein-

und Unterordnung aller dabei als dienende Glieder Betheiligten gefordert ist. Hiergegen sind Abhilfen allerdings erfordert, die besonders in ausreichendem und gesichertem Erwerb und in nicht allzulanger, d. h. nicht alle Körper- und Geisteskräfte abnützender Arbeitszeit werden bestehen müssen. Dass dies in friedlichem Wege erreicht werde, ist eine Hauptaufgabe, zu der eine Erziehung aller Klassen der Bevölkerung zu Thätigkeit, Wohlwollen und praktischer Verständigkeit wird beitragen können.

Da die praktische Verständigkeit die nächste Wahrnehmung durch die genaue Beobachtung ersetzt und Gefühl und Phantasie durch den Verstand regelt, so kann die Frage entstehen, ob sie nicht eine mehr männliche Tugend ist, und wie die weibliche Erziehung sich hier verhalten soll. Wendt („Die Seele des Weibes"), der sich viel und liebevoll mit Mädchen- und Frauenbildung abgegeben hat, drückt sich über die weibliche Eigentümlichkeit hier so aus: „Ganz besonders widerstrebt die weibliche Seele einer strengen lang andauernden Normierung des Vorstellungsverlaufs, nicht nur einem anhaltenden logischen, sondern auch einem sehr langen ästhetisch normierend wirkenden Zwange entzieht sich die Frauenseele. — Das Wesentliche vom Zufälligen zu unterscheiden fällt den Frauen schwer, namentlich sich anschliessende Gefühlsmomente haften mit Zähigkeit an einem Vorstellungskomplex, was seine Verwendung beim Denken beeinträchtigt [durch Sympathien und Antipathien]. Analogie- und Induktionsschlüsse ziehen Frauen gern und rasch auf dem Gebiete des Konkreten [d. h. sie gehen leicht von einem Fall auf einen anderen ähnlichen Fall über und von mehreren gleichen Fällen auf alle], scharfsinnige Deduktion [einen allgemeinen Satz sich zu erdenken und daraus Folgerungen zu ziehen, aber alles mit Bezug auf Gegebenes und zur Erklärung desselben] ist Sache weniger Frauen." Dass die Gefühlsseite bei den Frauen leichter erregt wird und die Blutgefässe leichter verengert und erweitert, was sich im Erröten, im Erblassen kund giebt, hat unzweifelhaft einen Grund in ihrer physiologischen Konstitution und lässt sich demgemäss nicht ganz beseitigen, sondern nur indirekt dagegen angehen. Schon Fenelon empfahl griechische und römische Geschichte zur Ausbildung des weiblichen Verstandes, und was Mdme Necker de Saussure in der éducation progressive über den mathematisch-naturwissenschaftlichen Unterricht der Mädchen sagt, ist noch heute zutreffend und erreichbar. Wie sehr das Physiologische hier hereinspielt, sieht man aus der feinen Bemerkung HERBARTS: „Eben weil der Mann mehr körperliche Kraft besitzt, hat er auch durchschnittlich mehr Charakter als das Weib. Der nur kann festen Charakter besitzen und fest wollen, der sich sagt, er werde, wenn die Zeit kommt, seine Pflicht auf seinem Posten versehen können." Dass im allgemeinen unseren Mädchen geistig etwas mehr zugemutet werden dürfte, darauf hat CONRAD hingewiesen: „In England und Amerika steht die Bildung der Frauen viel höher [als bei uns], auch gegenüber Dänemark, Schweden, Holland dürften unsere Frauen zurückstehen. Der Unterricht bricht in einem viel zu frühen Alter ab."

Zum Moralisch- und überhaupt Geistig-pathologischen.

Es ist S. 55 kurz bemerkt, dass bei Idiotie der eigentlich moralische Wille fehlt und ebenso beim Gewohnheitsverbrecher. Es setzt also die sittliche Ausbildung überhaupt die geistige Normalität im weiteren Sinne voraus. Nach EMMINGHAUS, „Die psychischen Störungen im Kindesalter, 1887" sind Vorstufen der Moral beim normalen Kinde 1. Freude oder Schmerz bei Lob und Tadel, 2. Fähigkeit, Grundsätze als Gebote und Verbote aufzunehmen und nach denselben sich nach und nach zu richten, 3. Fähigkeit zu Mitleid und Mitfreude, 4. Bethätigungen nach altruistischen Gefühlen (Gemüt, Gutmütigkeit). Fehltritte kommen lange Zeit vor auch bei begonnener bewusster moralischer Bildung. Derselbe Schriftsteller warnt vor zu harter Behandlung von Fehltritten: diese kann sogar Verzweiflung und rasch anwachsenden Lebensüberdruss hervorrufen. Selbst kleine Untugenden sind in frühem Alter oft schwer zu beseitigen. Ist das Lutschen (Ludeln) eingewurzelt, so nützt Güte viel mehr als Strenge. Man muss dadurch auf die Kinder wirken, dass man ihr Thun ihnen lächerlich macht oder ein Versprechen für den Fall des Unterlassens giebt (UFFELMANN, Handbuch der öffentlichen und privaten Hygiene des Kindes, 1881). Gewöhnlich sind solche Untugenden, die freilich nicht ganz unbeachtet bleiben dürfen, auf einmal fort. Wie sehr das Physiologische oft nach dem Pathologischen neigt und sich gerade im Geistigen bemerklich macht, zeigen die einfachen und so treffenden Schilderungen von SCHOLZ, „Die Charakterfehler des Kindes", 2. Auflage, 1895. „Empfindliche Kinder schwelgen gern in eingebildetem Unglück, gerade wie häufig auch Erwachsene es thun. Durch Beschäftigung mit realen Dingen schaffe man ihnen ein wirksames Gegengewicht gegen die Überschwänglichkeit eingebildeter Vorstellungen." „Das leidselige Kind hält den ihm widerfahrenen wirklichen oder eingebildeten Schmerz für verdient und freut sich dessen." „Es giebt Kinder mit ganz gegenstandloser Angst, die sie anhaltend peinigt, oder mit ganz unbegründeter Erwartungsangst vor bestimmt eintretenden und vorhergesehenen, dabei an sich ganz harmlosen Dingen." „Es kommt angeborene Frühreife bei Kindern vor: ein düsterer Ernst, eine Art von Weltschmerz beherrscht sie und lässt sie die Eitelkeit aller Dinge schon jetzt begreifen. Diese Frühreife ist gewöhnlich Vorbote von Geisteskrankheit." Bei dem aufgeweckt phantastischen Kind unterscheidet Scholz zwei Arten. „Bei niedergedrückter Stimmung und geschwächtem Selbstgefühl nehmen Inhalt und Färbung der Phantasie eine freudlose, düstere, entsetzliche Gestalt an; bei gehobenem Selbstgefühl, was der seltenere Fall ist, nehmen die Phantasien einen überschwänglichen, mitunter sublimen und ekstatischen Charakter an („lieben Engeln", Verkehr mit der Mutter Gottes). Sie sind hart an der Grenze zwischen Gesundheit und Krankheit."

Es giebt Fälle von moral insanity bei Kindern; von Emminghaus wird der Ausdruck Gemütsentartung vorgezogen. Symptome derselben sind ungewöhnliche Reizbarkeit, Neigung zu heftigen Zornparoxysmen mit tiefer nachheriger Erschöpfung, Fehlen von Anhänglichkeit und Zuthunlichkeit gegen Eltern und Geschwister. Im Spiel mit anderen Kindern sind solche Kinder hinterlistig, bösartig. Sie zeigen Lust am Obskönen, treiben schamlos an sich selbst Onanie. Strafen helfen nichts. Ist die moralische Krankheit von selbst ausgebrochen und haben die Kinder auch sonst Zeichen von erblicher Belastung, oder ist sie Folge einer Schädelverletzung, so hat sie sich bis jetzt einer erfolgreichen Behandlung unzugänglich erwiesen. Solche Kinder gehören dann in die Idiotenanstalt. Dass aber auch durch die Umgebung ein solcher moralischer Krankheitszustand hervorgerufen werden kann, ergiebt sich daraus, dass, wenn sonst nervengesunde Kinder von dem unsittlichen Einfluss entfernt werden, gewöhnlich bald Besserung eintritt und anhält. Scholz berichtet, dass schon Zubettelegen solcher Kinder und sie einige Zeit als krank behandeln wiederholt nach seiner Erfahrung geholfen habe.

Aber auch in der Entwicklung geistig normaler Kinder ist auf das Physiologische stets zu achten, wenn kein rechter Grund für besondere geistig auffallende Erscheinungen da ist. So ist eine traurige Stimmung immer ein krankhaftes Symptom, wenn sie spontan, ohne psychische Veranlassung auftritt und längere Zeit anhält (Emminghaus). Die Tonsillar- (Mandeln) Hypertrophie höheren Grades bringt leicht, hauptsächlich vermöge der Beeinträchtigung des Hörens, Hemmung der geistigen Entwicklung hervor (Ders.). Zehn Prozent der Kinder mindestens sind mit einem Geschwulst im Nasenschlundraum, in welchem die Eustachische Röhre (Ohrtrompete) mündet, behaftet. Folgen sind: sie atmen durch den Mund, sprechen näselnd und ausdruckslos, hören oft nicht gut. Der Geschwulst übt mechanischen Druck auf das Gehirn, schwächt so die Denkfähigkeit, veranlasst häufig Teilnahmlosigkeit am Unterricht. Das Übel ist nur durch Operation zu entfernen (Bresgen).

Bekannt sind die Erscheinungen in den sog. Flegeljahren der Knaben, die nicht selten zwischen 12 und 15 Jahren vorkommen und mit der Manie (der Kinder) viel Ähnlichkeit haben. Sie sind charakterisiert durch eine dauernd übermütige Stimmung, die unzweifelhaft mit der sich ankündigenden Pubertät zusammenhängt. Gegen Zucht und Sitte wird revoltiert, kleine Knaben und Mädchen, alte Leute, entstellte oder schwachsinnige Personen geneckt und verhöhnt: die Knaben werden zu Gassenjungen. Gewöhnlich hilft nicht Strafe, sondern eher ernstes Zureden, Appellation an das Selbstgefühl verbunden mit leichtem Spott. Nach der Aussage von Lehrerinnen finden sich bei Mädchen ganz ähnliche Jahre, wo sie einander stossen, sich gegenseitig von den Bänken schieben, zu sogen. Streichen gegen Lehrer und Lehrerinnen aufgelegt sind und dergl.

Nach den Nervenärzten ist heutzutage ungemein verbreitet Neurasthenie, d. h. abnorm leichte Erregbarkeit und ebenso leichte Erschöpfbarkeit der betr. Nervengebiete, indem das Leiden oft seinen Sitz wechselt. In den unteren Volksschichten kommt Neurasthenie überaus häufig vor, wenigstens in der Grossstadt (Krafft-Ebing). Dass die Schule einen Teil der Schuld trägt, darüber sind die Nervenärzte einig. „Das Kind arbeitet heute zu früh, zu viel" (Ders.). „Der Lernstoff muss in den Schulen auf das unbedingt nötige Mass beschränkt werden; in der Zahl und Aufeinanderfolge der Lehrstunden, in der qualitativen und quantitativen Steigerung des Lehrstoffes, in der Methodik des Unterrichts muss jede Überanstrengung des Nervensystems vermieden werden" (Erb). „Wer z. B. Gelegenheit hatte, die überbürdeten Kinder anzusehen, die bei uns in Würtemberg auf das Landexamen gedrillt werden, der möchte wünschen, dass dieses Examen aus der Welt draussen wäre" (Koch).

Kinder, die am Morgen ganz gut rechneten, machten Nachmittags etwa doppelt soviel Fehler und viel gröbere Fehler; ebenso war es mit Lesefehlern, Schreibfehlern. Speziell die Beschäftigung mit der Mathematik hat sich als ermüdend ergeben. Nach Griesbach setzt Hirnermüdung die Sensibilität der Haut herab, was Nachprüfung bestätigt hat. Als Empfindungsmesser diente der Zirkel: bei zunehmender Abspannung wurde an Hautstellen, die, wenn unermüdet, bei kleinem Abstand der Zirkelspitzen noch die zwei Spitzen unterschieden, blos ein Eindruck wahrgenommen. Das Empfindungsvermögen wird zufolge dieser Untersuchungen durch mechanische Thätigkeit weit weniger beeinträchtigt als durch geistige. Beim Beginn der Nachmittagsstunden hatte eine völlige Erholung (wie am Morgen vor dem Unterricht) nicht stattgefunden. Eine Überbürdung des jugendlichen Alters durch Schulunterricht kann nach Griesbach nicht geleugnet werden. Es ist auch immerhin beachtenswert, dass von den 6 ctm, welche Schulkinder durchschnittlich während des Jahres wachsen, 4 ctm auf die 10 Schulmonate und 2 ctm auf die 2 Ferienmonate fallen.

Ich stelle noch einige Ergebnisse zusammen, welche durch Beobachtung oder auf experimentellem Wege gewonnen sind, und zugleich Regeln abgeben, welche im Sinne der Nervenärzte behütend wirken.

„Rindsbraten und Kricket(spiel) machen Männer", heisst es in England (Brücke).

In den englischen Volksschulen hoben sich durch Einführung der Pennyschulküchen, welche eine bessere Ernährung der Kinder ermöglichen, die geistigen Leistungen der Schüler um durchschnittlich 45—60% und das Betragen der zuhause nach wie vor verwahrlosten Kinder besserte sich in überraschend kurzer Zeit über alle Erwartung (Löwenthal).

Wird übermässige Fleischnahrung dem Körper zugeführt, so kann dieselbe nicht vollständig peptonisiert (durch den Magen- und Bauchspeicheldrüsensaft verarbeitet) und assimiliert werden. Es bilden sich dann Zersetzungsprodukte, schädlich wirkende Ptomaine und Leukomaine. Gemüsekost ist notwendig zur Anregung für den Darm (Krafft-Ebing).

Jüngere Schüler haben 10—12 Stunden Schlaf nötig, ältere wenigstens 8—9 Stunden. Für die jüngeren Klassen soll der Beginn der Schule nicht vor 9 Uhr sein, damit das junge Gehirn ausschlafen kann. Jüngere Schüler sollen gar keine Hausaufgaben haben (Koch). Zweck der Pausen ist: 1. Streckung der Glieder, 2. andere Muskelgruppen zur Thätigkeit zu bringen, 3. das Gehirn zu entlasten, 4. die Lungen durch passende Bewegungen zu intensiver Thätigkeit in reiner Luft anzuregen. Aus den Schulpausen ist jeder Zwang (ausser gegen direkten Ungehorsam) auszuschliessen.

Mit oder nächst den Morgenstunden bietet die Zeit 3 bis 4 Stunden nach der Hauptmahlzeit für die geistige Arbeit die günstigsten Verhältnisse (KRÄPELIN).

Sobald ein gesunder Mensch geistige Arbeit zu leisten beginnt, erweitern sich seine Gehirngefässe aktiv, während seine Armarterien sich verengern, so dass das Volumen des Armes, wie der Plethysmograph erweist, abnimmt (Mosso).

Eine mühsame dreistündige geistige Arbeit verbraucht ebenso viel Blut, wie eine 12stündige physische (SCHIFF).

Eine Hauptsache für den geistigen Arbeiter (auch den Erwachsenen) ist Wechsel in der Thätigkeit (zur Vermeidung funktioneller Hyperhämie der betr. Rindengebiete). Länger als 2 Stunden sollte eine bestimmte Art geistiger Thätigkeit nicht dauern (KRAFFT-EDING).

Der Arbeits- (Handfertigkeits-) Unterricht übt die Sinnesapparate, die er, namentlich Auge, Muskelsinn, Tastsinn, in fortgesetzte kombinierte Thätigkeit setzt; er entlastet das Gehirn und lässt es zur Ruhe kommen.

„Beim deutschen Turnen wird zuviel Wert darauf gelegt, die Arme zu entwickeln, dagegen zu wenig auf das Kräftigmachen der Beine. Mein Vorschlag (für Italien) geht dahin, in den Schulen zunächst das Bogen- und Armbrustschiessen, höchstens wohl noch das Scheibenschiessen mit der Luftbüchse einzuführen" (Mosso).

Die Geschwindigkeit, mit der die Menschen arbeiten, ist auch bei Erwachsenen von gleichem Bildungszustand und gleichem Alter (Studenten) verschieden. Manche leisten in derselben Zeit zwei und ein halb mal so viel wie andere. Manche haben geringe Ermüdbarkeit; bei manchen zeigt sich von der 1. Viertelstunde an ein Sinken der Arbeitsfähigkeit (kleine Pausen erforderlich). Grosse Ermüdbarkeit hängt keineswegs mit besonderer Schnelligkeit des Arbeitens zusammen. Die Ermüdbarkeit ist eine Grundeigenschaft der Person. Daher empfiehlt sich Trennung der Schüler nach ihrer Leistungsfähigkeit (KRÄPELIN).

Ungenügender Schlaf in der Eisenbahn setzte die Addiergeschwindigkeit um $^1/_3$ herab (bei Erwachsenen). Eine zu Versuchszwecken durchwachte Nacht wirkte noch 4 volle Tage nach (Derselbe).

Menschen von sehr grosser Schlaftiefe kommen mit auffallend kurzer Schlafdauer aus (Derselbe).

Was den Alkohol betrifft, so war bei einem für heutige Begriffe mässigen Tagesquantum von 40—80 gr in stark verdünnter Lösung und in verteilten Dosen genommen teils schon am selben Tage, teils erst am folgenden eine bedeutende (geistige) Minderleistung experimentell zu konstatieren. Der Frührausch dehnte seine Wirkung noch über den ganzen folgenden Tag aus. Die Nachwirkung des Abendrausches war noch am Abend des folgenden Tages aufs deutlichste nachweisbar (KRÄPELIN). Hygieniker sind daher überhaupt dagegen, Kindern, ausser zu direkt arzneilichem Zwecke, Alkohol zu geben.

Was das Rauchen betrifft, so übertrafen nach Untersuchungen am Yate College, am Amherst College (Amerika) die Nichtraucher die Raucher entschieden an Körperkräften, Gewicht und Lungencapacität.

Beneke und Herbart über Willensbildung.

Unsere ganze Lehre von der Willensbildung ist auf den modernen physiologisch-psychologischen Grundlagen errichtet. Wie verhält sich dieselbe zu den in Lehrerkreisen bisher am verbreitetsten gewesenen psychologischen Systemen? Ihrem Grundgedanken nach ist BENEKE's Ansicht gerechtfertigt, wiewohl gerade vieles von seinen physiologisch-psychologischen Einzelansetzungen, zu ihrer Zeit schon verwunderlich, muss korrigiert werden. Nach BENEKE geht Unterricht beinahe ausschliesslich auf Vorstellungen und Fertigkeiten, während der Erziehung vorzugsweise die Gemüts- und Charakterbildung zur Aufgabe gestellt ist. Erziehung geht auf die Ausbildung der inneren Angelegtheiten des Subjekts: der Unterricht bezieht sich auf die Mitteilung und Aneignung von etwas Objektivem für die Kenntnis oder Geschicklichkeit (Fertigkeiten, sofern diese mit Vorstellungen — Bewegungs-

Vorstellungen — assoziiert sind). Im Ästhetischen, Moralischen und Religiösen kann es zwar Begriffe und Vorstellungen geben, aber die Lebendigkeit ästhetischer, moralischer Empfindungen und Triebe, die dadurch begründete Gesinnung, die tiefere religiöse Stimmung kann er an sich nicht geben. Von diesen Empfindungen geht nämlich ein sehr gebahnter und sicherer Weg zu den Begriffen oder Vorstellungen, aber keiner von diesen zu jenen. Denn das Lebendige und Frische liegt den tiefsten Grundverhältnissen der psychischen Entwicklung gemäss vor den Begriffen. Hierzu hilft kein Unterricht, sondern nur die Versetzung in Lebensverhältnisse, welche die geforderten Entwicklungen von vorn an mehr oder weniger bedingen. So Beneke.

Anders ist es bei Herbart, mindestens in seiner Theorie. Denn nach dieser ist Vorstellen die Grundäusserung der Seele, Gefühl und Streben sind bloss Zustände unter den Vorstellungen. Die Bildung des Gedankenlaufs ist daher der wesentlichste Teil der Erziehung; hat man den Gedankenkreis so wesentlich durchgebildet, dass ein reiner Geschmack das Handeln in der Phantasie durchaus beherrscht, alsdann fällt die Sorge wegen der Charakterbildung mitten im Leben beinah gänzlich weg. Wie des Züglings Gedankenkreis sich bestimme, das ist dem Erzieher alles; denn aus Gedanken werden Empfindungen und daraus Grundsätze und Handlungsweisen. Allein thatsächlich macht es Herbart nachher bei der „Zucht", der sittlichen Seite der Erziehung, anders. Da ist die Aufgabe, dass „das Objektive des Charakters, Temperament, Neigung, Gewohnheit, Begierden, Affekte, einstimmig werde mit dem Subjektiven, mit dem, was ein lauterer sittlicher Geschmack, durch Unterricht geweckt und unterstützt, urteilt". Vorausgesetzt sind also Temperament, Neigung, Gewohnheit, Begierden, Affekte als unabhängig von der subjektiven, der beurteilenden, Seite da, und natürlich nicht wild gewachsen, sondern mannichfach im Verkehr mit der Umgebung beeinflusst. „Der Gesunde fühlt seinen Körper nicht", in eben dem Sinne soll das sorglose Kind seine Existenz nicht fühlen, „damit es sie nicht zum Massstab der Wichtigkeit dessen mache, was ausser ihm ist." Hier ist die grosse Bedeutung des Physiologischen vorausgesetzt, sogar in einer idealisierenden Weise, denn nicht viele Kinder sind so gesund und so sorglos, dass sie dem Ansatz, der sie vor egoistischer Auffassung bewahren soll, ganz entsprechen. Weiter heisst es endlich: „Es ist notwendig, dass in dem Objektiven des Charakters sich ein reiches

Muss von Wohlwollen als Naturgefühl vorfinde, und ebenso notwendig, dass in dem Subjektiven die Idee des Wohlwollens als ein Gegenstand des sittlichen Geschmacks zur Reife gediehen sei." Stärker kann man die Naturseite der Moral nicht ansetzen, als es hier von HERBART geschehen ist, so stark, wie sie selten da sein wird, und bei ihrem Vorhandensein ist die Idee des Wohlwollens nicht mehr das aus sich Leitende, wie es bei HERBART theoretisch sein sollte.

SAMMLUNG VON ABHANDLUNGEN AUS DEM GEBIETE DER
PÄDAGOGISCHEN PSYCHOLOGIE UND PHYSIOLOGIE

HERAUSGEGEBEN VON

H. SCHILLER   UND   TH. ZIEHEN.

I. BAND. 4. HEFT.

Unterricht und Ermüdung.

ERMÜDUNGSMESSUNGEN
AN
SCHÜLERN DES NEUEN GYMNASIUMS IN DARMSTADT

VON

DR. LUDWIG WAGNER.

BERLIN,
VERLAG VON REUTHER & REICHARD
1898.

Alle Rechte, auch das der Übersetzung vorbehalten.

Druck von Paul Schettler's Erben in Cöthen.

Vorwort.

Vorliegende Arbeit ist entstanden während und infolge meiner Zugehörigkeit zum pädagogischen Seminar am Neuen Gymnasium zu Darmstadt. Für wohlwollende Anregung und Förderung fühle ich mich Herrn Direktor NODNAGEL zu grösstem Dank verpflichtet, den ich hiermit an erster Stelle aussprechen möchte.

Dem Verfasser musste als Lehrer und Arzt das gewählte Thema besonders nahe liegen. Die Messungen wurden Februar und März 1895/96, am Ende des Schuljahrs, im Neuen Gymnasium vorgenommen. Nachdem über die Hauptsache, die Brauchbarkeit der Griesbachschen Methode, ein Zweifel wohl nicht mehr bestehen kann, beabsichtige ich die Messungen nach besonderen Gesichtspunkten fortzusetzen. Abgesehen von den graphischen Darstellungen ist der Text im Wesentlichen Sommer 1896 festgestellt worden.

Darmstadt und Leipzig, Sommer 1897.

Dr. Wagner.
Städtisches Gymnasium, Greiz i. V.

Inhalt.

		Seite
§ 1.	Einleitung	5
§ 2.	Messungsmethode	6
§ 3.	Zulässigkeit der Methode	7
§ 4.	Physiologische Normalen	9
§ 5.	Messungen in Quarta	11
§ 6.	Übersicht	56
§ 7.	Messungen in Untertertia	59
§ 8.	Übersicht	94
§ 9.	Messungen in Obertertia	95

Allgemeiner Teil.

§ 10.	Kennzeichen von Überbürdung	113
§ 11.	Ursachen von Überbürdung	114
§ 12.	Mittel gegen Überbürdung	115
§ 13.	Unterrichtsmethode	115
§ 14.	Schlafzeit	116
§ 15.	Musikunterricht	117
§ 16.	Alkohol	117
§ 17.	Nervosität	117
§ 18.	Schulbeginn	119
§ 19.	Unterricht in Hygiene	120
§ 20.	Pädagogik und Physiologie	120
§ 21.	Pausenordnung	121
§ 22.	Turnunterricht	122
§ 23.	Einfluss des Spiels	127
§ 24.	Nachmittagsunterricht	128
§ 25.	Einfluss des Stoffes	130
§ 26.	Tabelle über Stoffwirkung	131
§ 27.	Schlussübersicht	132

§ 1. Einleitung.

Diese Messungen wurden nach der aesthesiometrischen Methode von Prof. Griesbach[1]) unter Benutzung des dazu besonders geeigneten Aesthesiometers von Eulenburg angestellt; an Exaktheit steht diese Methode der ergographischen von Prof. Mosso[2]) fast gleich, übertrifft sie aber an Einfachheit und Leichtigkeit der Ausführung. Die Griesbachsche Messungsmethode beruht bekanntlich im Wesentlichen auf folgenden Thatsachen: Setzt man über irgend einer Hautstelle, wegen besonderer Empfindlichkeit zweckmässig über dem Jochbein, zwei Spitzen eines Zirkels (bezw. Aesthesiometers) unter mässigem Druck auf, so werden im allgemeinen auch zwei Spitzen empfunden, bei relativ geringem Spitzenabstand unter Umständen aber auch nur eine, obwohl doch zwei Spitzen aufgesetzt sind; das Sensorium vermag örtlich oder zeitlich nahe Eindrücke nicht von einander zu trennen; es findet unter Umständen Verschmelzung von zwei Eindrücken zu einer Empfindung statt. Diese Thatsache ist längst bekannt; neu ist aber die von Prof. Griesbach gemachte Entdeckung, dass die Fähigkeit des Sensoriums zwei aufgesetzte Spitzen der Empfindung nach zu trennen, für die nämliche Hautpartie nicht von einem konstanten Spitzenabstand abhängig ist, sondern mit dem Ermüdungsgrad des Untersuchten abnimmt; ein ausgeruhter Mensch vermag zwei aufgesetzte Spitzen bei viel kleinerem Abstand getrennt zu empfinden, als ein ermüdetor; durch Ermüdung wird also die Empfindlichkeit des Tastsinns verringert. Die Ursache dieser Erscheinung muss im Sensorium liegen. Da erfahrungsgemäss durch Aufmerksamkeit das Empfindungsvermögen steigt,

---

[1]) Griesbach, Energetik und Hygieno des Nervensystems, München 1895.
[2]) Mosso, die Ermüdung, Leipzig 1892.

Ermüdung aber die Fähigkeit aufzumerken herabsetzt, darf man GRIESBACH zufolge das Empfindungsvermögen des Tastsinns als Mass für die Aufmerksamkeit bzw. Ermüdung des Untersuchten ansehen. Der Spitzenabstand (in Millimetern), bei dem zwei Spitzen gerade noch als getrennt empfunden werden, oder bei dem gerade die Verschmelzung der beiden Empfindungen anfängt, kann demnach als Mass für die Fähigkeit aufzumerken, also im wesentlichen als Ermüdungsmass, benutzt werden. Gegenüber allen anderen seither gebrauchten Methoden, Ermüdungsgrade zu messen, tritt als Hauptvorzug dieses Verfahrens die Möglichkeit hervor, die Schüler nach ihrer gewöhnlichen Arbeit untersuchen zu können.

§ 2. Messungsmethode.

Der Spitzenabstand, bei dem zwei Spitzen als eine empfunden werden, lässt sich auf drei Arten ermitteln: Entweder beginnt man mit kleiner Distanz und geht allmählich zu grösseren Abständen über, oder man verfährt, von grossem Abstand aus beginnend, gerade umgekehrt, oder man wendet alternierend grosse und kleine Distanzen an, indem man den Grenzwert von oben und unten immer mehr einengt. Beim ersten Verfahren erhält man die grössten, beim zweiten die kleinsten, beim dritten mittlere Zahlen.

Die Ursache dieser Erscheinung liegt vermutlich darin, dass bei sehr allmählicher Reizänderung das Sensorium die eingetretene Veränderung, also hier die Vergrösserung oder Verringerung des Spitzenabstandes, längere Zeit hindurch nicht wahrnimmt; das untersuchte Individuum glaubt gerade so viel Spitzen zu fühlen, als zu Anfang der Untersuchung. Hat man also mit kleinem Abstand begonnen, so wird die Empfindung von einer Spitze auch bei solchem Abstand noch angegeben, bei dem unter Anwendung der zweiten oder dritten Methode zwei Spitzen gefühlt würden. Schliesslich kommt ein Abstand, wo das Sensorium nicht länger mehr in Täuschung bleiben kann; dieses Erkennen der Empfindungstäuschung erfolgt meistens unter Erstaunen der Untersuchten.

Bei den ersten zwei Methoden ist also reichlich Gelegenheit für sensorielle Täuschung vorhanden.

Ohne diese Messungsarten als unbrauchbar bezeichnen zu wollen, habe ich der dritten Messungsart mit alternierenden Distanzen den Vorzug gegeben. Der stete Wechsel grosser und kleiner Abstände schliesst sensorielle Täuschung durch stetige

Reizänderung aus und zwingt das Sensorium zur gerade noch möglichen Aufmerksamkeitsspannung. Allerdings macht sich dabei wieder eine Fehlerquelle, die man auf Kontrasteffekt beziehen darf, bemerkbar; folgen auf grosse Abstände beträchtlich kleinere, so neigt das Sensorium zur Empfindungsverschmelzung und umgekehrt. Doch ist diese Fehlerquelle weniger belangreich.

Da durch Übung die Fähigkeit der Empfinduugsdifferenzierung rasch gesteigert wird, muss die Messung schnell vorgenommen werden; es gelingt so diesen Fehler möglichst auszuschliessen. Auch aus einem anderen Grund ist eine gewisse Raschheit und Sicherheit in Ausführung der Messung erforderlich; probiert man lange hin und her, so kommt, den Angaben Erwachsener zufolge, das Sensorium schliesslich in eine Art Verwirrung und wird unfähig zu jeglicher Unterscheidung.

In einer Pause konnten 6—8, später auch 10 Schüler gemessen werden. (Pausenordnung: cf. Gr. Hess. Verordnung vom 25. Mai 1883).

§ 3. Zulässigkeit der Methode.

Für die Entscheidung der Grundfrage, ob eine Beziehung zwischen Ermüdung und Empfindungsvermögen des Tastsinns besteht, dürften die arithmetischen Mittel der gefundenen Zahlen besonders wichtig sein. Denn die beobachteten Sensibilitätsänderungen könnte man als nur scheinbare, etwa durch Messungsfehler vorgetäuschte, ansehen wollen. Da nach den Gesetzen der Wahrscheinlichkeit der Messungsfehler in einer grösseren Zahl von Fällen gleich oft nach oben wie nach unten fällt, müsste sich bei einer nur scheinbaren Sensibilitätsänderung im Mittel Konstanz der Zahlen herausstellen, denn entgegengesetzte Änderungen würden sich kompensieren. Die Ergebnisse einer hiernach angestellten Berechnung, welche 200 Messungsreihen zu je 6 Zahlen, also ca. 1200 Einzelwerte umfasst, wurden seinerzeit in der Darmstädter Zeitung[1]) veröffentlicht. Als Hauptmittel stellte sich dabei heraus: Vor dem Unterricht 10 mm und nach der 1., 2., 3., 4., 5. Vm.-Stunde jedesmal 14 mm, eine ganz auffallende Regelmässigkeit!

Die Sensibilität hatte also während des Unterrichts zweifellos abgenommen. Es bleibt der Einwand, dass diese Änderung

---
[1]) 1896, Nr. 179, 237, 239.

Folge des Unterrichts bezw. der Ermüdung nicht zu sein brauche, sondern etwa Ausdruck einer zeitlichen Periode der Sensibilität während des Tages oder Folge der Luftveränderung sein könne etc. Alle diese Bedenken werden aber hinfällig durch folgende Thatsachen. Es zeigt sich eine deutliche Beziehung:

1. Zwischen der Grösse der Sensibilitätsänderung und dem Charakter des vorangegangenen Unterrichts: nach besonders anstrengenden Stunden (Lehrern), vor allem nach Exerzitien, treten hohe Zahlen auf.
2. Zwischen der Zahl der Schüler mit hohen Zahlen und dem Charakter des Unterrichts: nach anstrengenden Stunden zeigen sich viele hohe Zahlen.
3. Zwischen der Höhe der Zahlen und dem Charakter der einzelnen Schüler: notorisch sehr Aufmerksame weisen hohe, z. T. sehr hohe Zahlen auf, anerkannt Unaufmerksame erfreuen sich sehr mässiger Zahlen.
4. Zwischen der Höhe der Zahlen und der Art der Lehrer: (zu sagen: hohe Zahlen: gute Lehrer, niedrige Zahlen: schlechte Lehrer wäre natürlich einseitig geurteilt).
5. Zwischen der Höhe der Anfangszahlen und der Frische der Schüler am Schulbeginn: wegen frühen Aufstehens (Auswärtige) oder aus Nervosität müde Schüler haben erhöhte Zahlen.
6. Zwischen dem allgemeinen Gesundheitszustand eines Schülers und seiner Ermüdungskurve: aus irgend einem Grund (Katarrh, verdorbener Magen etc.) leicht indisponierte, abgespannte Schüler haben erhöhte Anfangszahlen und ganz abweichenden Kurvenverlauf, meistens völlige Konstanz der Zahlen von Stunde zu Stunde.

Auf Grund der erwähnten Thatsachen ist man nicht nur berechtigt, sondern sogar gezwungen, den Unterricht bezw. die Ermüdung als Ursache einer erfolgten Sensibilitätsabnahme anzusehen und nach dem Grad dieser Abnahme (bezw. Steigerung der aesthesiometrischen Distanzen) die Ermüdung zu messen. Selbstverständlich kann dabei nicht an eine direkte Proportionalität zwischen Distanzen- und Ermüdungs-Zunahme gedacht werden; man kann zunächst nur sagen, grosse aesthesiometrische Distanzen lassen auf grosse, mässige Abstände auf mässige Ermüdung schliessen. Die gesetzliche Beziehung zeigt vielleicht Analogien zum Weberschen Gesetz.

§ 4. Physiologische Normalen.

Wegen der hier besonders empfindlichen Reaktion wurden die Messungen über dem Jochbein angestellt, meistens über der hinteren, z. T. aber auch an der vorderen Jochbeingegend; die physiologische Normale für letztere Partie fand ich, noch etwas niedriger als Griesbach, gleich 2–5 mm; für die hintere Jochbeingegend ergaben sich 10 mm.[1]) Diese Zahlen sind beträchtlich, um mehr als die Hälfte, niedriger als die im Handbuch der Physiologie von Hermann angegebenen, was auch Griesbach hervorhebt und auf die Nichtbeachtung des Ermüdungseinflusses bezieht.

Wie schon bemerkt, wurde meistens die hintere Jochbeingegend benutzt; wo dies nicht geschah, ist es besonders angegeben, (v. J.) übrigens, abgesehen von Fällen mit abnormer Erhöhung der physiologischen Normale, auch leicht an den niedrigen Zahlen zu erkennen. Da es wesentlich auf die relativen Zahlenwerte in jeder einzelnen Messungsreihe vorkommt, ist diese Verschiedenheit für die zu ziehenden Schlüsse selbstverständlich ohne Belang. Weil die Empfindlichkeit der Haut von Gegend zu Gegend wechselt, wurde die Messungslinie bei jedem Schüler für den betreffenden Tag durch einen farbigen Strich markiert, um sicher zu sein, auf genau derselben Hautpartie immer wieder zu messen.

Benutzt wurde ein Aesthesiometer nach Eulenburg mit abgestumpften Spitzen. Die Spitzen wurden stets parallel einer Linie von der Ohröffnung zum äusseren Augenwinkel aufgesetzt.

Dass die physiologische Normale auch individuell etwas wechselt, braucht kaum besonders erwähnt zu werden.

Es sollen jetzt die einzelnen Messungsreihen, nach Klassen geordnet, vorgeführt werden; beigefügt ist jedesmal eine kurze Charakteristik des Schülers, unter Weglassung von allem Überflüssigen, z. B. dass die Gesichtsfarbe normal sei u. dergl.; nur Abweichungen von der Norm sind erwähnt. Zur besseren Veranschaulichung sind die Ermüdungsgrade, von der jeweiligen Anfangszahl als Grundlage ausgehend, durch Strecken von

---
[1]) Die Empfindlichkeit steigt vom Ohr gegen das Auge, von 10 mm auf ca. 1 mm; die hohe Sensibilität der Augengegend ist offenbar Schutzeinrichtung für das Auge.

verschiedener Länge, die der betreffenden Millimeterdistanz entsprechen, dargestellt. Voll ausgezeichnete Linien, von links nach rechts zu lesen, bedeuten dabei Ermüdung; punktierte Linien, von rechts nach links zu lesen, negative Ermüdung resp. Erholungsgrade. Zum Schluss folgt immer eine Übersichtstabelle, worin die Ergebnisse in Kurvenform verzeichnet sind. Beide Darstellungsarten haben ihre Vorzüge und ergänzen sich; die eine bringt mehr den absoluten, die andere den relativen Gang der Ermüdung nach den einzelnen Stunden zur Anschauung. Die Schüler sind in jeder Gruppe nur durch Nummern unterschieden, da Anführung unter Namen mit Rücksicht auf manche Charakteristik unthunlich erschien.

Zunächst teile ich die Ergebnisse in Quarta nach zeitlicher Anordnung mit.

Wie sich zeigen wird, sind die Ermüdungskurven der einzelnen Schüler nach der nämlichen Stunde im Allgemeinen ungleichartig, und zwar oft nicht nur dem Grad, sondern auch dem Sinn der Änderung nach; der eine Schüler zeigt vielleicht Ermüdungs-Zu-, der andere -Abnahme; auf den ersten Blick scheint ein gesetzloses Chaos von Änderungen vorzuliegen. Im arithmetischen Mittel, das den Faktor der Individualität ausmerzt, offenbart sich aber sofort das einfache Gesetz. Eingehendere Überlegung lässt auch leicht erkennen, dass ein gleichmässiger Gang der einzelnen Kurven im Allgemeinen nicht erwartet werden darf. Vorerst ist es schon eine absolute Unmöglichkeit, alle Schüler ganz gleichmässig zu beanspruchen. Aber selbst wenn es möglich wäre, alle Schüler ohne Ausnahme in lebhafte Thätigkeit zu bringen, wäre doch keine gleichmässige Ermüdung zu erwarten; denn der eine ermüdet bei gleicher Leistung rascher und intensiver, als der andere, auch wenn man von dem Faktor der Begabung noch ganz absieht.

Ein einigermassen gleichartiger Gang der Ermüdungskurven muss also viel merkwürdiger erscheinen als ein ungleichmässiger. Bemerkenswerter Weise hat sich eine solche Gleichartigkeit doch bis zu gewissem Grade nach manchen Stunden, hauptsächlich Anfertigung schriftlicher Klassenarbeiten, herausgestellt; vermutlich weil hier ein für alle Schüler zwingend wirksamer Grund vorliegt, energisch zu arbeiten und merkbar ermüdet zu werden.

§ 5. Messungen in Quarta.

I. Dienstag, den 11. Februar 1896.

Schüler	Vor dem Unterricht.	I. Nach Franzö. Exerzit.	II. " Zeichnen	III. " Religion	IV. " Geographie	V. " Phaedrus	Bemerkungen
1	5	10	11	10	11	10	V.[1]
2	10	14	14	14	15	13	
3	10	15	15	15	15	24	N.
4	11	14	14	15	12	16	A.
5	8	13	8	10	11	12	V., N.
6	11	13	12	8	8	5	V.

```
  | 1 2 3 4 5 6 7 8 9 10 11 12 13 14 15 16 17 18 19 20
I |  . . .    ─────────────  .   .  . . . . .   .
II|  . . . .  ─────────────  . .
III| . . . .  ───────────── .
IV| . . . .   ─────────────
V |  . . . .  ──────────     .
```

1. Begabung, Fleiss und Aufmerksamkeit des Schülers sind recht gut. Nach Zeichnen besteht starke Ermüdung (guter Zeichner).

---

[1]) V = Vordere-Jochbeingegend, A = Auswärtiger, N = Nervös.

Die Ermüdungskurve, im Ganzen dem Mittel entsprechend, kann als normal bezeichnet werden. Die Messung erfolgte über der vorderen Jochbeingegend (V.).

	1	2	3	4	5	6	7	8	9	10	11	12	13	14	15	16	17	18	19	20	21	22
I												———										
II												———										
III												———										
IV												———										
V													———									

2. Begabung recht gut, Fleiss ausreichend, Aufmerksamkeit gut. Kurve ähnelt der vorigen; ebenfalls normal.

	5	6	7	8	9	10	11	12	13	14	15	16	17	18	19	20	21	22	23	24
I							———													
II						———														
III						———														
IV							———													
V							———————													

3. Begabung gut, Fleiss und Aufmerksamkeit hervorragend; nervös, etwas anämisch, von zarter Konstitution. Bis zur vierten Stunde normale Ermüdungsgrade, dann Übermüdung, aus erwähnten Eigenschaften erklärlich.

	1	2	3	4	5	6	7	8	9	10	11	12	13	14	15	16	17	18	19	20	21	22
I							———															
II									———													
III							———															
IV									———													
V								———														

4. Auswärtiger Schüler. Begabung und Fleiss mässig, Aufmerksamkeit genügend.

```
   | 1  2  3  4  5  6  7  8  9  10 11 12 13 14 15 16 17 18 19 20 21 22
 I |  . .  . . . .     ─────────      . . . . . . . . . . .
 II|  . .  . . . *  .  . . . . . . . . . . . . . . .
III|  . .  . . . .     ───              . . . . . . . . . . . .
 IV|  . .  . . . .     ─────            . . . . . . . . . . .
  V|  . .  . . . .        ─────         . . . . . . . . .
```

5. Begabung mässig, Fleiss genügend, Aufmerksamkeit sehr gering. Andeutungen von Paraphasie, etwas abnormer geistiger Zustand, nervös. Bemerkenswert die erhöhte Anfangszahl (v. J.) Abfall nach Zeichnen (leistet darin gar nichts).

```
   | 1  2  3  4  5  6  7  8  9  10 11 12 13 14 15 16 17 18 19 20
 I |  . . . .            ─────
 II|  . . .              ───
III|  . . . . . . .    ..............
 IV|  . . . . . .  *
  V|  . . . .      ........ .                              . .
```

6. Begabung sehr gut, Fleiss und Aufmerksamkeit gut; etwas anämisch. Hohe Anfangszahl, starker Abfall nach der dritten Stunde; Nervosität ist sicher ausgeschlossen.

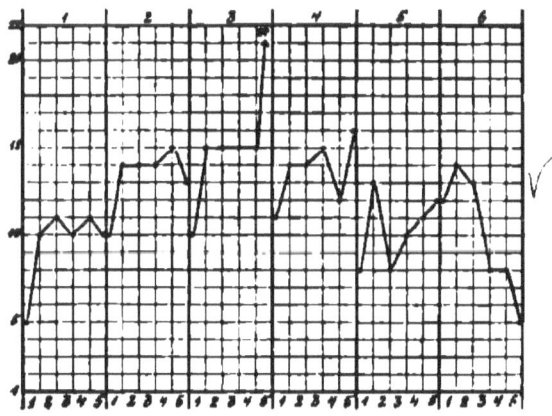

Wie nicht anders zu erwarten, ist die Gestalt der Ermüdungskurven äusserst mannigfaltig, entsprechend der so verschiedenen Individualität der gemessenen Schüler. Nach der ersten Stunde (Klassenarbeit) steigen alle Kurven an. Wenn auch noch nicht in vollkommenster Reinheit, sind hier doch schon eine Reihe von Kurvenformen zu beobachten, die immer wieder, mehr oder weniger ausgeprägt auftreten:

No. 1 und 2 sind Kurven von durchaus normalen Schülern.

No. 3 ist die schliesslich mit Übermüdung endigende Kurve eines sehr aufmerksamen und dabei etwas schwächlichen Schülers.

No. 4 ist eine Kurve mit hier allerdings nur sehr mässig erhöhter Anfangszahl, von einem Auswärtigen herrührend.

No. 5 eine aus Nervosität abzuleitende erhöhte Anfangszahl, geringe Steigerungen infolge geringer Aufmerksamkeit.

No. 6 stark erhöhte Anfangszahl und ganz abnormer Verlauf infolge Indisposition.

Um eine kurze Bezeichnung zu haben, könnte man hiernach Normal-, Übermüdungs-, Auswärtigen-, Nervositäts- und Indispositions-Kurven unterscheiden. Die wesentlichen Eigenschaften werden bei andern Kurven noch deutlicher hervortreten.

II. Freitag, 21. Februar.

8	7	6	5	4	3	2	1	Schüler
5	2	6	6	10	2	8	2	Vordem Unterricht
6	5	10	10	10	5	15	6	I. Nach Rechnen
5	5	10	10	10	6	6	6	II. Nach Französisch
5	3	6	3	14	6	5	10	III. Nach Turnen
10	6	10	13	12	10	16	8	IV. Nach Geschichte
9	8	10	16	11	8	21	7	V. Nach Latein
N.V.	V.	N.V.	V.	N.V.	V.	N.V.	V.	Bemerkungen

	1	2	3	4	5	6	7	8	9	10	11	12	13	14	15	16	17	18	19	20	21	22
I	.	——	——	.	.	.	.	.	.	.	.	.	.	.	.	.	.	.	.	.	.	.
II	.	——	——	.	.	.	.	.	.	.	.	.	.	.	.	.	.	.	.	.	.	.
III	.	——	——	——	——	.	.	.	.	.	.	.	.	.	.	.	.	.	.	.	.	.
IV	.	——	——	.	.	.	.	.	.	.	.	.	.	.	.	.	.	.	.	.	.	.
V	.	——	——	——	.	.	.	.	.	.	.	.	.	.	.	.	.	.	.	.	.	.

1. Begabung mässig, Fleiss und Aufmerksamkeit gut. Nach „Turnen", obwohl dies nur eine Spielstunde war, starke Ermüdung, (also selbst Spielen wirkt nicht immer erholend).

	1	2	3	4	5	6	7	8	9	10	11	12	13	14	15	16	17	18	19	20	21	22
I	.	.	.	.	.	.	.	.	——	——	——	——	——	.	.	.	.	.	.	.	.	.
II	.	.	.	.	.	.	.	……	.	.	.	.	.	.	.	.	.	.	.	.	.	.
III	.	.	.	.	.	.	.	.	.	.	.	.	.	.	.	.	.	.	.	.	.	.
IV	.	.	.	.	——	——	——	——	——	——	——	——	——	——	.	.	.	.	.	.	.	.
V	.	.	.	.	——	——	——	——	——	——	——	——	——	——	——	——	——	——	——	.	.	.

2. Begabung befriedigend, Fleiss und Aufmerksamkeit gut; anämisch, nervös, schwächlich; Kurve abnorm, besonders der starke Abfall nach Französisch. Der Schüler ist am Schulbeginn weniger frisch als 2 Stunden später, hier als Folge von Nervosität. Im Einklang damit die hohe Endzahl, die auf Erschöpfung deutet.

	1	2	3	4	5	6	7	8	9	10	11	12	13	14	15	16	17	18	19	20	21	22
I	.	——	——	——	.	.	.	.	.	.	.	.	.	.	.	.	.	.	.	.	.	.
II	.	——	——	.	.	.	.	.	.	.	.	.	.	.	.	.	.	.	.	.	.	.
III	.	——	——	——	.	.	.	.	.	.	.	.	.	.	.	.	.	.	.	.	.	.
IV	.	——	——	——	——	.	.	.	.	.	.	.	.	.	.	.	.	.	.	.	.	.
V	.	——	——	——	——	.	.	.	.	.	.	.	.	.	.	.	.	.	.	.	.	.

3. Bemerkungen bei I, 1. Im Ganzen keine besonders auffallende Erscheinung vorhanden.

	1 2 3 4 5 6 7 8 9 10 11 12 13 14 15 16 17 18 19 20 21 22
I	. . . . ✳ . . . .
II	. . . . ✳ . . . .
III	. . . . ————————
IV	. . . . ——— . .
V	. . . . ——— . . . .

4. Bemerkungen I, 2. Die Kurve ist abnorm, anscheinend infolge einer Indisposition.

	1 2 3 4 5 6 7 8 9 10 11 12 13 14 15 16 17 18 19 20 21 22
I	. . ————————— . . . .
II	. . . ————————— . . . .
III	.
IV	. . ———————————————— . . . .
V	. ———————————————————

5. Begabung befriedigend, Fleiss und Aufmerksamkeit im Ganzen gut; etwas anämisch und nervös. Nach der Spielstunde Erholung, nach Latein starke Ermüdung.

	1 2 3 4 5 6 7 8 9 10 11 12 13 14 15 16 17 18 19 20 21
I	——————— .
II	. . . ——————— . . . .
III	. . . ✳ . . . .
IV	. ——————— . . . .
V	. . . . ——————— . . . .

6. Bemerkungen I, 3. Normale Kurve. Nach der Spielstunde völlige Erholung.

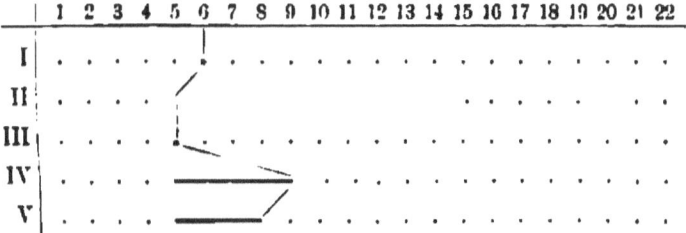

7. Bemerkungen I, 6. Normale Kurve. Nach der Spielstunde Erholung.

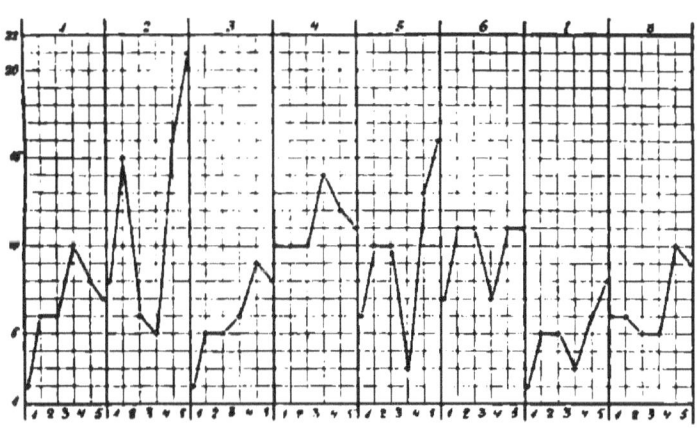

8. Begabung befriedigend, Fleiss und Aufmerksamkeit im Allgemeinen gering; anämisch, nervös, unruhig, leicht abgelenkt. Die anormale Kurve ist hiernach erklärlich.

Absolute Zahlenwerte kleiner als sonst, da, ausgenommen No. 4, vorn am Jochbein gemessen wurde. Um so auffallender erscheint die hohe Anfangszahl 8 von No. 2, die zweifellos eine Nervositäts-Kurve repräsentiert, wofür der Abfall unter die Anfangszahl charakteristisch ist; bei ausgesprochen nervösen Schülern tritt diese Erscheinung, wie sich zeigen wird, auffallend oft hervor. Es steht das im Einklang mit der Thatsache, dass Nervöse sich gerade Morgens nach dem Austehen erst recht müde und schlecht fühlen und dann allmählich munterer werden.

Die Kurven 2, 5, 8 stammen von ausgesprochen nervösen Schülern und zeigen untereinander eine gewisse Ähnlichkeit. hauptsächlich durch Rückgang unter die Anfangszahl bedingt; No. 2 und 5 haben auch hohe, auf Erschöpfung deutende Endzahl, (der raschen Erschöpfbarkeit der Nervösen entsprechend); die hohe Endzahl fehlt bei 8, da dieser Schüler durch Unaufmerksamkeit sich gegen Übermüdung zu schützen pflegt, während No. 2 und 5 eifrige, aufmerksame Schüler sind. No. 6 erreicht nach der dritten Stunde gerade die Anfangszahl und stammt merkwürdigerweise auch von einem nervösen Schüler. Ferner erscheint bemerkenswert, dass No. 2, 5, 6, 8 erhöhte Anfangszahlen haben, No. 2, 3, 7 dagegen nicht; (ob es Zufall ist, dass erstere 4 Kurven von ausgesprochen nervösen, letztere 3 von ebenso sicher nicht nervösen Schülern herrühren?)

Die Spielstunde hat in 4 Fällen Erholung bewirkt, darunter 3 Nervöse, einmal so geringe Ermüdung, dass man sie als Erholung rechnen darf und dreimal Ermüdung. Spielen wirkt also bei einem Schüler ermüdend, bei einem anderen erholend, was schon begreiflich erscheint, wenn man nur die so verschiedene Beteiligung am Spiel bedenkt. Die Ermüdeten sind gerade solche Schüler, die lebhaft zu spielen pflegen, die Erholten verhalten sich meistens passiv. Also nicht nach energischer Bewegung, sondern nur nach Ruhe oder mässiger Bewegung wird hier Erholung beobachtet. Dies steht ganz im Einklang mit physiologischen Thatsachen. Turnstunden, in denen ernstlich geturnt wird, können daher ebensowenig erholend wirken, als Spielstunden, in denen energisch gespielt wird; beides bringt vielmehr Ermüdung hervor. Von energischem Geräteturnen darf man im Allgemeinen gar nicht, von Spielstunden nur bedingt erholenden Einfluss erwarten.

III. Samstag, 22. Februar.

Schüler	Vor dem Unterricht	I. Nach Französisch	II. Nach Geschichte	III. Nach Geometrie	IV. Nach Phaedrus	V. Nach Deutsch	Bemerkungen
1	11	15	11	16	17	16	A.
2	12	17	10	18	17	17	N.
3	5	11	12	12	13	11	V.
4	13	14	17	13	14	14	N.
5	9	14	14	15	19	19	N.
6	13	13	16	16	14	13	N.
7	12	12	12	14	14	14	
8	11	12	13	13	17	16	

	1	2	3	4	5	6	7	8	9	10	11	12	13	14	15	16	17	18	19	20	21	22
I	.	.	.	.	.	.	.	.	.	.	──	──	──	──	.	.	.	.	.	.	.	.
II	.	.	.	.	.	.	.	.	.	*	.	.	.	.	.	.	.	.	.	.	.	.
III	.	.	.	.	.	.	.	.	.	.	.	──	──	──	──	.	.	.	.	.	.	.
IV	.	.	.	.	.	.	.	.	.	.	──	──	──	──	──	──	.	.	.	.	.	.
V	.	.	.	.	.	.	.	.	.	.	──	──	──	──	──	.	.	.	.	.	.	.

1. Begabung, Fleiss und Aufmerksamkeit gut; von kräftiger Konstitution; Auswärtiger. Abgesehen von der Erholung nach Geschichte nichts Auffallendes.

	1	2	3	4	5	6	7	8	9	10	11	12	13	14	15	16	17	18	19	20	21	22
I	.	.	.	.	.	.	.	.	.	.	.	▬	▬	▬	▬	.	.	.	.	.		
II	.	.	.	.	.	.	.	.	.	.	.	▬	▬	▬	▬	▬	.	.	.	.		
III	.	.	.	.	.	.	.	.	.	.	.	▬	▬	▬	▬	.	.	.	.	.		
IV	.	.	.	.	.	.	.	.	.	.	.	▬	▬	▬	▬	.	.	.	.	.		
V	.	.	.	.	.	.	.	.	.	.	.	▬	▬	▬	.	.	.	.	.	.		

2. Bemerkungen I, 3. Anfangszahl etwas erhöht (Nervosität), hohe Zahl nach Geschichte.

	1	2	3	4	5	6	7	8	9	10	11	12	13	14	15	16	17	18	19	20	21	22
I	.	.	.	.	▬	▬	▬	▬	▬	.	.	.	.	.	.	.	.	.	.	.		
II	.	.	.	.	▬	▬	▬	▬	▬	▬	.	.	.	.	.	.	.	.	.	.		
III	.	.	.	.	▬	▬	▬	▬	▬	▬	.	.	.	.	.	.	.	.	.	.		
IV	.	.	.	.	▬	▬	▬	▬	▬	.	.	.	.	.	.	.	.	.	.	.		
V	.	.	.	.	▬	▬	▬	▬	▬	.	.	.	.	.	.	.	.	.	.	.		

3. Wegen Messung am vorderen Jochbein absolut niedrigere Zahlenwerte als die anderen Kurven, im übrigen ganz normale Kurve. Bemerkungen I, 6.

	1	2	3	4	5	6	7	8	9	10	11	12	13	14	15	16	17	18	19	20	21	22
I	.	.	.	.	.	.	.	.	▬	.	.	.	.	.	.	.	.	.	.	.		
II	.	.	.	.	.	.	.	.	.	.	.	.	▬	▬	▬	.	.	.	.	.		
III	.	.	.	.	.	.	.	.	.	.	.	.	.	.	.	.	.	.	.	.		
IV	.	.	.	.	.	.	.	.	.	.	.	.	.	▬	.	.	.	.	.	.		
V	.	.	.	.	.	.	.	.	.	.	.	.	▬	.	.	.	.	.	.	.		

4. Bemerkungen II, 2. Anfangszahl erhöht, Abfall nach 3. Stunde auf Anfangszahl, (Nervosität).

	1	2	3	4	5	6	7	8	9	10	11	12	13	14	15	16	17	18	19	20	21	22
I										──	──	──										
II										──	──	──										
III										──	──	──										
IV										──	──	──	──	──								
V											──	──	──	──	──	──						

5. Hohe Endzahl, infolge nervöser Erschöpfbarkeit. Bemerkungen II, 5.

	1	2	3	4	5	6	7	8	9	10	11	12	13	14	15	16	17	18	19	20	21	22
I																						
II													──	──								
III													──	──								
IV													──									
V																						

6. Begabung mässig, Fleiss gross, Aufmerksamkeit befriedigend etwas anämisch und nervös, giebt an, vor Jahren Hirnhautentzündung überstanden zu haben. Anfangszahl erhöht.

	1	2	3	4	5	6	7	8	9	10	11	12	13	14	15	16	17	18	19	20	21	22
I																						
II																						
III												──	──	──								
IV												──	──									
V												──	──									

7. Bemerkungen II, 1. Indispositions-Kurve (erhöhte Anfangszahl, geringe Bewegung).

	1 2 3 4 5 6 7 8 9 10 11 12 13 14 15 16 17 18 19 20 21 22
I	. . . . — . . . .
II	. . . . — . . . .
III	. . . . — . . . .
IV	. . . . ——— . . . . .
V	. . . . ———— . . . . .

8. Bemerkungen I, 2. II, 4.

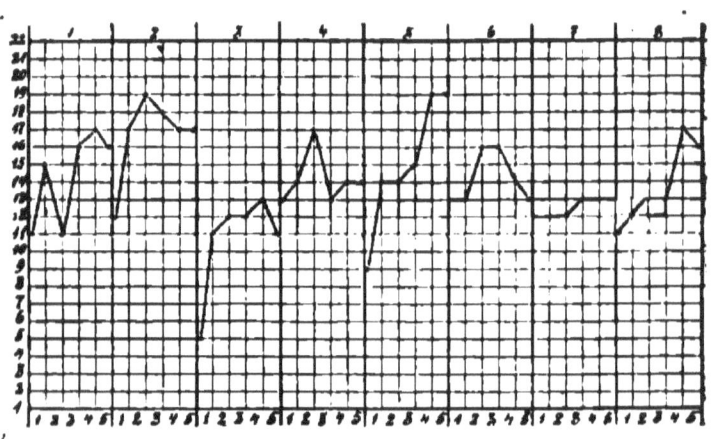

Die Bewegung der Kurven ist äusserst wechselnd und verschiedenartig, wie nicht anders zu erwarten.

Besonders auffallende Abweichungen von der Norm zeigen No. 2, 4, 5, 6, 7. No. 4 und 5 stammen von nervösen, No. 6 von einem nicht ganz normalen und nervösen, No. 7 von einem indisponierten Schüler. Anfangszahlen erhöht bei No. 2, 4, 6, 7; davon 2, 4, 6 nervös, 7 indisponiert; stärkster Anstieg bei 5 (nervös, schwächlich, aufmerksam).

IV. Montag, 24. Februar.

Schüler.	Vor dem Unterricht	I. Nach Deutsch	II. Nach Phaedrus	III. Nach Lat. Gramm.	IV. Nach Geographie	V. Nach Geometrie	Bemerkungen
1	6	16	20	12	15	21	V., A.
2	6	10	11	14	13	15	V., N.
3	6	10	12	13	11	16	V.
4	11	15	15	14	11	12	
5	12	14	14	16	16	23	N.
6	10	14	14	15	17	17	N.
7	15	17	18	16	16	16	A.
8	12	14	11	15	15	15	A.

```
    1 2 3 4 5 6 7 8 9 10 11 12 13 14 15 16 17 18 19 20 21 22
I   . . . . .    ─────────────────────    . . . . .
II  . . . . .    ───────────────────────────    . .
III . . . . .    ──────────────────    . . . . . . .
IV  . . . . .    ──────────────────────    . . . . .
V   . . . . .    ─────────────────────────────    .
```

1. Begabung mässig, Fleiss und Aufmerksamkeit gut; von kräftiger Konstitution, sehr gutem Ernährungszustand, phlegmatischem Temperament: Auswärtiger. Die hohen Ermüdungszahlen entsprechen dem grossen Eifer und der mässigen Begabung

des Schülers. Obwohl Auswärtiger ist die Anfangszahl ausnahmsweise kaum erhöht (Norm 2—5), wahrscheinlich weil dieser Schüler am vorhergehenden Tag (Sonntag) schon 6 Uhr Abends zu Bett gegangen war und 11 Stunden geschlafen hatte.

	1	2	3	4	5	6	7	8	9	10	11	12	13	14	15	16	17	18	19	20	21	22
I						━	━	━	━													
II							━	━	━	━												
III							━	━	━	━	━											
IV						━	━	━	━													
V							━	━	━	━	━											

2. Begabung gut, Fleiss und Aufmerksamkeit genügend; Konstitution zart, etwas anämisch, nervös. Im Ganzen normale Kurve; Endzahl etwas erhöht.

	1	2	3	4	5	6	7	8	9	10	11	12	13	14	15	16	17	18	19	20	21	22
I						━	━	━	━													
II							━	━	━	━												
III							━	━	━	━	━											
IV						━	━	━	━													
V							━	━	━	━	━	━										

3. Begabung gut, Fleiss und Aufmerksamkeit befriedigend; mittelkräftig, Panniculus gering, etwas anämisch und nervös. Ähnlichkeit mit No. 1.

	1	2	3	4	5	6	7	8	9	10	11	12	13	14	15	16	17	18	19	20	21	22
I									━	━	━	━										
II										━	━	━	━									
III										━	━	━										
IV									·													
V										━	━	━										

4. Begabung mässig, Fleiss gross, Aufmerksamkeit genügend; Ernährungszustand sehr gut, Phlegmatiker. Nach Geometrie auffallend geringe Ermüdung (leistet darin sehr wenig).

	1	2	3	4	5	6	7	8	9	10	11	12	13	14	15	16	17	18	19	20	21	22	23
I	.	.	.	.	.	.	.	.	.	.	.	▬▬	.	.	.	.	.	.	.	.	.	.	.
II	.	.	.	.	.	.	.	.	.	.	.	.	▬▬	.	.	.	.	.	.	.	.	.	.
III	.	.	.	.	.	.	.	.	.	.	.	.	.	▬▬▬▬▬		.	.	.	.	.	.	.	.
IV	.	.	.	.	.	.	.	.	.	.	.	.	▬▬▬▬▬		.	.	.	.	.	.	.	.	.
V	.	.	.	.	.	.	.	.	.	.	.	.	.	▬▬▬▬▬▬▬			.	.	.	.	.	.	.

5. Bemerkungen III, 5. Zeigt öfters hohe Endzahlen, den früher mitgeteilten Eigenschaften entsprechend.

	1	2	3	4	5	6	7	8	9	10	11	12	13	14	15	16	17	18	19	20	21	22
I	.	.	.	.	.	.	.	.	.	.	▬▬	.	.	.	.	.	.	.	.	.	.	.
II	.	.	.	.	.	.	.	.	.	.	.	▬▬▬		.	.	.	.	.	.	.	.	.
III	.	.	.	.	.	.	.	.	.	.	.	▬▬▬		.	.	.	.	.	.	.	.	.
IV	.	.	.	.	.	.	.	.	.	.	.	.	▬▬▬▬		.	.	.	.	.	.	.	.
V	.	.	.	.	.	.	.	.	.	.	.	▬▬▬▬		.	.	.	.	.	.	.	.	.

6. Bemerkungen I, 3. Endzahl etwas erhöht.

	1	2	3	4	5	6	7	8	9	10	11	12	13	14	15	16	17	18	19	20	21	22
I	.	.	.	.	.	.	.	.	.	.	.	.	.	.	.	▬▬	.	.	.	.	.	.
II	.	.	.	.	.	.	.	.	.	.	.	.	.	.	.	.	▬▬	.	.	.	.	.
III	.	.	.	.	.	.	.	.	.	.	.	.	.	.	.	▬	.	.	.	.	.	.
IV	.	.	.	.	.	.	.	.	.	.	.	.	.	.	.	.	▬	.	.	.	.	.
V	.	.	.	.	.	.	.	.	.	.	.	.	.	.	.	▬	.	.	.	.	.	.

7. Bemerkungen III, 1. Hohe Anfangszahl, also mangelhafte Frische am Schulbeginn, vermutlich weil der Schüler als Auswärtiger schon vor 6 Uhr aufstehen muss; wegen Müdigkeit geringe Teilnahme am Unterricht, daher geringer Ermüdungszuwachs, (ähnlich bei Indisposition).

	1	2	3	4	5	6	7	8	9	10	11	12	13	14	15	16	17	18	19	20	21	22
I													—									
II																.						
III													——			——						
IV													——		——							
V													——	——								

8. Bemerkungen I, 4. Nach zweiter Stunde Abfall unter Anfangszahl, also jetzt grössere Frische als am Schulbeginn; (Auswärtiger).

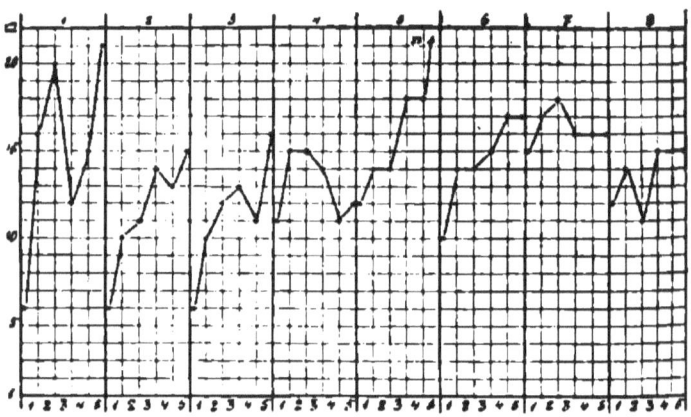

Wie schon das Niveau der Zahlen ersehen lässt, war bei No. 1, 2, 3 an der vorderen, bei 5—8 an der hinteren Jochbeingegend gemessen worden.

Die ausserordentlichen Ermüdungsgrade von No. 1 wurden schon oben zu erklären versucht. Die höchste Anfangszahl hat No. 7, von einem Auswärtigen. Starke Ermüdung am Schulschluss lassen 1, 2, 3, 5, 6 erkennen, was für No. 1 oben erklärt wurde, bei 2, 3, 5, 6 sehr wahrscheinlich Ausdruck nervöser Erschöpfbarkeit ist.

V. Mittwoch, 26. Februar.

Schüler	Vor dem Unterricht	Nach Geometrie (Ex.)	Nach Französisch	Nach Turnen	Nach Geographie	Nach Latein	Bemerkungen
1	13	25	22	24	24	24	N.
2	11	17	14	15	10	16	N.
3	14	25	18	18	24	19	N.
4	15	20	19	19	18	—	A.
5	11	21	20	20	18	16	N.
6	10	20	25	22	13	—	N.
7	9	15	12	15	15	13	
8	12	15	17	10	16	18	

```
     5 6 7 8 9 10 11 12 13 14 15 16 17 18 19 20 21 22 23 24 25
  I  . . . . . . .          ────────────────────────   ───
 II  . . . . . .            ──────────────────────  . . .
III  . . . . .              ────────────────────────    .
 IV  . . . . . .            ──────────────  ──────────  .
  V  . . . . . . .          ──────────────────────      .
```

1. Bemerkungen IV, 2. Starke Ermüdung nach der 1. Stunde, in der eine Klassenarbeit geschrieben worden war; hohe Anfangszahl (Nervosität).

28

	1	2	3	4	5	6	7	8	9	10	11	12	13	14	15	16	17	18	19	20	21	22
I	.	.	.	.		.	.			▬▬▬▬▬▬▬▬							.	.	.	.		
II	.	.	.	.	.	.	.	.		.	▬▬▬▬▬▬			.	.	.	.	.	.	.		
III	.	.	.	.			.	.		.	.	▬▬▬▬▬▬			.							
IV	.											.										
V	.				.	.	.	.		▬▬▬▬▬▬▬▬					.							

2. Bemerkungen IV, 3. Nach Geographie Erholung.

	5	6	7	8	9	10	11	12	13	14	15	16	17	18	19	20	21	22	23	24	25
I	.	.	.	.	.						▬▬▬▬▬▬▬▬▬▬▬▬▬▬▬										
II	.	.	.	.	.	.	.				▬▬▬▬▬▬▬▬				.	.	.	.	.	.	
III	.	.		.	.	.	.				▬▬▬▬▬▬			.	.	.	.	.	.	.	
IV	.	.		.	.	.	.	.			▬▬▬▬▬▬▬▬▬▬▬								.		
V	.	.	.	.	.	.	.	.			▬▬▬▬▬▬▬				.	.	.	.	.		

3. Bemerkungen IV, 6. Hohe Anfangszahl (nervös); starke Ermüdung (sehr aufmerksam).

	1	2	3	4	5	6	7	8	9	10	11	12	13	14	15	16	17	18	19	20	21	22
I	.	.	.	.	.	.	.	.		.	.	.			▬▬▬▬▬▬▬▬							
II	.	.	.	.	.	.	.	.	.	.	.	.	.		▬▬▬▬▬▬			.	.	.		
III	.	.	.	.	.	.	.	.	.	.	.	.	.		▬▬▬▬▬▬			.	.	.	.	
IV	.	.	.	.	.	.	.	.	.	.	.	.	.		▬▬▬▬		.	.	.	.		
V	.	.	.	.	.	.	.	.	.	.	.	.	.	.	.	.	.	.	.	.	.	.

4. Bemerkungen IV, 7. Hohe Anfangszahl: Auswärtiger.

```
    1  2  3  4  5  6  7  8  9 10 11 12 13 14 15 16 17 18 19 20 21 22
I   .  .  .  .  .  .  .  .  .  .  ──────────────────────  .
II  .  .  .  .  .  .  .  .  .  .  ──────────────────────  .  .
III .  .  .  .  .  .  .  .  .  .  ─────────────────────────
IV  .  .  .  .  .  .  .  .  .  .  ──────────────────  .  .
V   .  .  .  .  .  .  .  .  .  .  .  ─────────────── . . . .
```

5. Begabung mässig, Fleiss befriedigend, Aufmerksamkeit mässig; schwächlich, anämisch, nervös, abgespannt, den Anforderungen der Klasse nicht gewachsen.

```
    5  6  7  8  9 10 11 12 13 14 15 16 17 18 19 20 21 22 23 24 25
I   .  .  .  .  .  ─────────────────────────  .  .  .  .  .
II  .  .  .  .  . ────────────────────────────────────
III .  .  .  .  . ───────────────────────────────────── . . .
IV  .  .  .  .  . ──────────────────  .  .  .  .
V   .  .  .  .  .  .  .  .  .  .  .  .  .  .  .  .  .  .
```

6. Bemerkungen IV, 5. Wie oben hohe Zahlen (nervös).

```
    1  2  3  4  5  6  7  8  9 10 11 12 13 14 15 16 17 18 19 20 21 22
I   .  .  .  .  .  .  .  .  .  ──────────────  .  .  .  .  .  .
II  .  .  .  .  .  .  .  ───────────  .  .  .  .  .  .  .
III .  .  .  .  .  .  .  .  ──────────────  .  .  .  .  .  .
IV  .  .  .  .  .  .  .  .  . ──────────────  .  .  .  .  .
V   .  .  .  .  .  .  .  ─────────────────  .  .  .  .  .
```

7. Bemerkungen III, 3. Im Ganzen normale Kurve.

| | 1 | 2 | 3 | 4 | 5 | 6 | 7 | 8 | 9 | 10 | 11 | 12 | 13 | 14 | 15 | 16 | 17 | 18 | 19 | 20 | 21 | 22 |

I . . . . ▬▬▬▬ . . . .
II . . . . ▬▬▬▬▬▬ . . . . .
III . . . . ▬▬▬▬▬▬▬▬ . . .
IV . . . . ▬▬▬▬ . . . . . .
V . . . . ▬▬▬▬▬ . . . .

8. Bemerkungen IV, 4. Nach Geometrie geringe Ermüdung (leistet darin wenig).

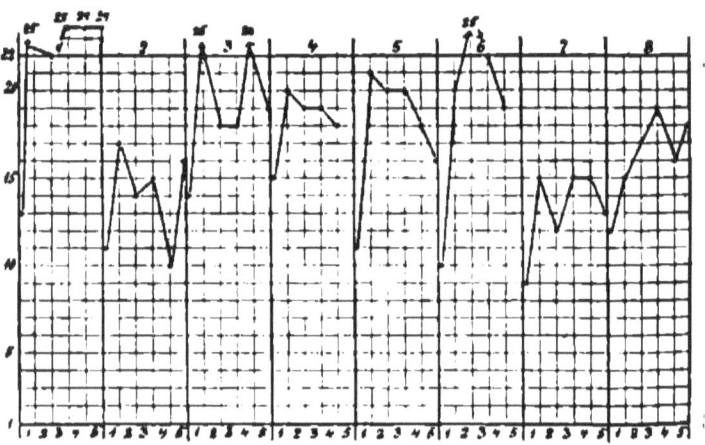

Die Zahlen dieses Tages sind im Allgemeinen recht hoch; die höchsten Ermüdungsgrade bei 1, 5, 6, wenig kräftigen, nervösen, aufmerksamen Schülern. Hohe Anfangszahlen bei No. 1 und 3 (beide nervös), höchste Anfangszahl bei S. 4 (Auswärtiger). Nach der ersten Stunde (Klassenarbeit) ausnahmslos Anstieg, z. T. von grossem Betrag. Turnen (keine Spielstunde) hat in keinem Fall erholend, vielmehr einigemal noch ermüdender gewirkt als Französisch; die Ermüdungsgrade (Differenzen zwischen Endzahl nach der betreffenden Stunde und den physiologischen Normalen des Tages) betragen für:

Französisch: 9, 3, 4, 4, 9, 15, 3, 5;
Turnen: 11, 4, 4, 4, 9, 12, 6, 7.

Von erholender Wirkung des Turnens kann also hier keine Rede sein.

VI. Freitag, 28. Februar.

Schüler	Vor dem Unterricht	Nach Rechnen	Nach Französisch	Nach Turnen	Nach Geschichte	Nach Latein	Bemerkungen
1	13	25	25	19	19	20	N.
2	7	10	16	18	20	18	A., V.
3	7	9	5	14	17	19	N., V.
4	3	9	10	11	10	14	V.
5	10	11	12	16	14	15	A.
6	5	9	7	11	10	11	N., V.
7	5	8	6	10	11	—	V., N.

```
   | 5 6 7 8 9 10 11 12 13 14 15 16 17 18 19 20 21 22 23 24 25
 I | . . . . . . . .          ─────────────────────────────
II | . . . . . . . .          ─────────────────────────────
III| .   . . . . .            ──────────────────  . . . . .
IV | . . . . . . . .          ──────────────      . . . . .
 V | . . . . . . . .          ──────────────            . .
```

1. Bemerkungen V, 1. Nach Turnen gleiche Ermüdung wie nach Geschichte und Latein.

```
     1 2 3 4 5 6 7 8 9 10 11 12 13 14 15 16 17 18 19 20 21 22
  I  . . . . .   ─────────────     . . . . . . . . .
  II . . . . .   ─────────────────     . . . . . .
  III. . . . .   ───────────────────────     . . . .
  IV . . . . .   ─────────────────────────────   . .
  V  . . . . . . ─────────────────────────────   . .
```

2. Bemerkungen IV, 1. (Auswärtig.)

```
     1 2 3 4 5 6 7 8 9 10 11 12 13 14 15 16 17 18 19 20 21 22
  I  . . . . . . ───── . . . . . . . . . . . . . .
  II . . . . . . . . . . . . . . . . . . . . .
  III. . . . ─────────────── . . . . . . . . . .
  IV . . . . ─────────────────────────── . . . .
  V  . . . . ─────────────────────────────── . . .
```

3. Bemerkungen V, 3. (Nervös).

```
     1 2 3 4 5 6 7 8 9 10 11 12 13 14 15 16 17 18 19 20
  I  . . ──────────── . . . . . . . . . . . .
  II . . ────────────── . . . . . . . . . . .
  III. . ─────────────────── . . . . . . . .
  IV . . ────────────── . . . . . . . . . . .
  V  . . ──────────────────── . . . . . . . .
```

4. Begabung gering, Fleiss und Aufmerksamkeit gross. Diesen Eigenschaften entspricht die starke Ermüdung.

```
     1 2 3 4 5 6 7 8 9 10 11 12 13 14 15 16 17 18 19 20
  I  . . . . . . . . . . . ───────── . . . . .
  II . . . . . . . . . . . ──── . . . . . . .
  III. . . . . . . . . . ─────────── . . . . .
  IV . . . . . . . . . ───────────── . . . . .
  V  . . . . . . . . . . . ─────────── . . . .
```

5. Bemerkungen V, 4. (Auswärtiger, ausnahmsweise ohne erhöhte Anfangszahl.)

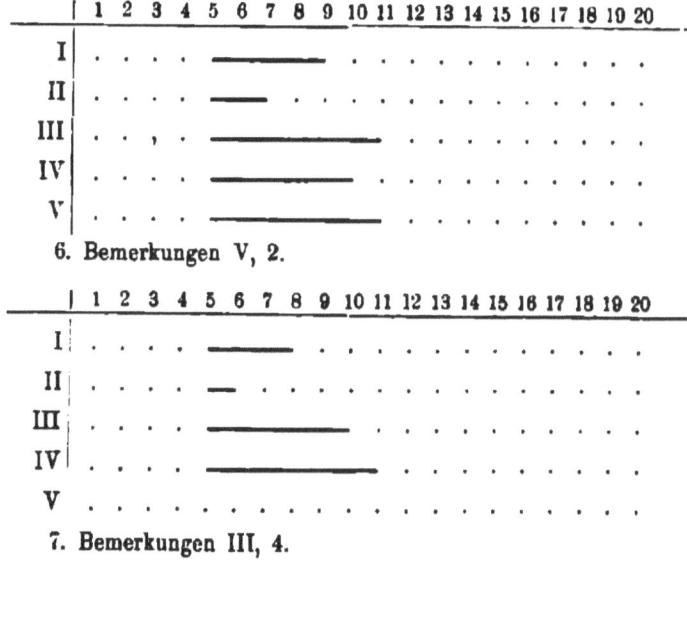

6. Bemerkungen V, 2.

7. Bemerkungen III, 4.

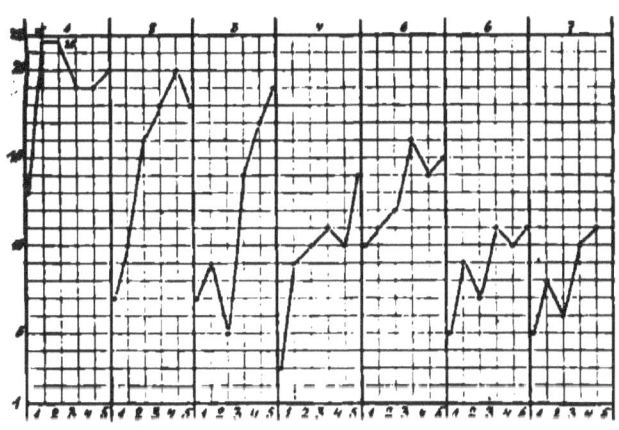

No. 2, 3, 4, 6, 7 an vorderer, 1,5 an hinterer Jochbeingegend gemessen. Erhöhte Anfangszahlen bei S. 1, 3 (nervös) und S. 2

(auswärtig). Wirkungen des Turnens durch folgende Ermüdungsgrade repräsentiert:

6, 11, 7, 8, 6, 6, 5, also in keinem Fall Erholung. Demgegenüber z. B. Französisch:

12, 9, —2, 7, 2, 2, 1. Turnen hat also in 6 Fällen stärker ermüdet als Französisch!

No. 3 ist eine typische Nervositäts-Kurve: Rückgang unter die erhöhte Anfangszahl, hohe Endzahl. Die hohen Endzahlen bei S. 2 und 4 sind vermutlich Folge von energischer Willensspannung bei mässiger Begabung.

VII. Freitag, 6. März.

Schüler	Vor dem Unterricht	Nach Rechnen	Nach Französisch (Ex.)	Nach Turnen	Nach Geschichte	Nach Latein	Bemerkungen
1	5	11	9	9	9	17	N., V.
2	6	16	15	21	17	16	V.
3	10	19	20	16	20	23	N.
4	11	11	16	11	19	21	A.
5	10	13	16	12	14	16	
6	13	17	19	17	21	24	A.
7	18	19	20	19	17	19	A.
8	16	18	20	16	16	—	

| 2 3 4 5 6 7 8 9 10 11 12 13 14 15 16 17 18 19 20 21 22 23

I
II
III
IV
V

1. Bemerkungen VI, 3. Hohe Endzahl, wie öfter bei diesem Schüler.

| 2 3 4 5 6 7 8 9 10 11 12 13 14 15 16 17 18 19 20 21 22 23

I
II
III
IV
V

2. Bemerkungen V, 7. Stärkste Ermüdung nach Turnen.

| 2 3 4 5 6 7 8 9 10 11 12 13 14 15 16 17 18 19 20 21 22 23

I
II
III
IV
V

3. Bemerkungen VI, 1. Starke Ermüdung am Schulschluss.

| 2 3 4 5 6 7 8 9 10 11 12 13 14 15 16 17 18 19 20 21 22 23

I
II
III
IV
V

4. Bemerkungen IV, 8. Anormale Kurve, Auswärtiger.

	2	3	4	5	6	7	8	9	10	11	12	13	14	15	16	17	18	19	20	21	22	23
I	.	.	.	.	.	.	.	.	.	.	▬	▬	▬	▬	.	.	.	.	.	.	.	.
II	.	.	.	.	.	.	.	.	.	.	▬	▬	▬	▬	▬	▬	.	.	.	.	.	.
III	.			.	.	.	.	.	.	.	▬	▬	.	.	.	.	.	.	.	.	.	.
IV	.	.	.	.	.	.	.	.	.	.	▬	▬	▬	▬	.	.	.	.	.	.	.	.
V	.	.	.	.	.	.	.	.	.	.	▬	▬	▬	▬	▬	.	.	.	.	.	.	.

5. Bemerkungen III, 8. Mässige Ermüdung trotz sehr guter Leistungen (grosse Begabung!).

	2	3	4	5	6	7	8	9	10	11	12	13	14	15	16	17	18	19	20	21	22	23	24
I	.	.	.	.	.	.	.	.	.	.	.	▬	▬	▬	▬	.	.	.	.	.	.	.	.
II	.	.	.	.	.	.	.	.	.	.	.	▬	▬	▬	▬	▬	▬	.	.	.	.	.	.
III	.	.	.	.	.	.	.	.	.	.	.	▬	▬	▬	▬	.	.	.	.	.	.	.	.
IV	.	.	.	.	.	.	.	.	.	.	.	▬	▬	▬	▬	▬	▬	▬	.	.	.	.	.
V	.	.	.	.	.	.	.	.	.	.	.	▬	▬	▬	▬	▬	▬	▬	▬	.	.	.	.

6. Bemerkungen VI, 2. Hohe Anfangs- und Endzahl. (Auswärtiger.)

	2	3	4	5	6	7	8	9	10	11	12	13	14	15	16	17	18	19	20	21	22	23
I	.	.	.	.	.	.	.	.	.	.	.	.	.	.	.	.	▬	.	.	.	.	.
II	.	.	.	.	.	.	.	.	.	.	.	.	.	.	.	.	▬	.	.	.	.	.
III	.	.	.	.	.	.	.	.	.	.	.	.	.	.	.	.	▬	.	.	.	.	.
IV	.	.	.	.	.	.	.	.	.	.	.	.	.	.	.	.	…	.	.	.	.	.
V	.	.	.	.	.	.	.	.	.	.	.	.	.	.	.	.	▬	▬	.	.	.	.

7. Bemerkungen VI, 5. Abnorm hohe Anfangszahl (Auswärtiger).

	2	3	4	5	6	7	8	9	10	11	12	13	14	15	16	17	18	19	20	21	22	23
I	.	.	.	.	.	.	.	.	.	.	.	.	.	——	——	.	.	.	.	.	.	
II	.	.	.	.	.	.	.	.	.	.	.	.	.	.	——	——	.	.	.	.	.	
III	.	.	.	.	.	.	.	.	.	.	.	.	.	.	.	*	.	.	.	.	.	
IV	.	.	.	.	.	.	.	.	.	,	.	.	.	.	.	*	.	.	.	.	.	
V	.	.	.	.	.	.	.	.	.	.	.	.	.	.	.	.	.	.	.	.	.	

8. Bemerkungen V, 8. Abnorm hohe Anfangszahl; (war vor 6 Uhr aufgestanden, um die Kirche zu besuchen!).

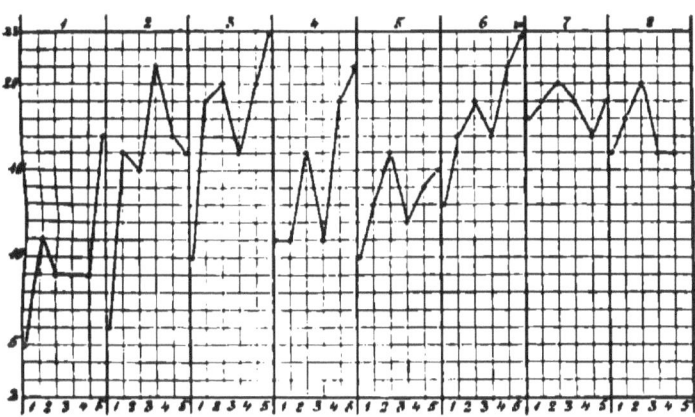

Wirkungen des französischen Exerzitiums:
4, 9, 10, 5, 6, 6, 2, 4.

Geringste Wirkung (2) bei einem schon müde und indisponiert zur Schule gekommenen Auswärtigen, der offenbar nicht viel mehr müde werden konnte, als er es schon anfänglich war. In allen Fällen ist aber Ermüdungszuwachs erfolgt.

Wirkungen des Turnens:

4, 15, 6, 0, 2, 4, 1, 0. In 3 resp. 4 Fällen (bei Mitrechnung von 2 mm als Erholung) hat demnach die Turnstunde, die zur zweiten Hälfte mit Spielen verbracht wurde, erholend gewirkt, doch sind gerade die erholten Schüler solche, die schon mit höheren Anfangszahlen zur Schule kamen und auch nach anderen Stunden solche mässigen Steigerungen aufweisen. Bei den übrigen 4 Schülern hat die Turnstunde Ermüdung erzeugt, in einem Fall noch mehr als das französische Exerzitium.

Dass gegenüber den meist hohen Zahlen des französischen Exerzitiums nach Turnen ein relativer Rückgang wahrzunehmen ist, erscheint selbstverständlich und wäre ebenso, unter Umständen noch ausgeprägter, bei irgend einer anderen Stunde eingetreten. Nach der letzten Stunde haben 1, 2, 3, 6 recht ansehnliche Ermüdungsgrade erreicht: diese Schüler sind alle durch Eifer und Aufmerksamkeit ausgezeichnet. Abgesehen von den abnormen Kurven 7 und 8, die von übermüdeten Schülern stammen, zeigt S. 5, ein sehr begabter und kräftiger Schüler, die geringste Steigerung.

Die Übermüdungskurven 7 und 8 zeigen geringen Anstieg, wohl nur darum, weil die von vornherein geringe Frische eine gespannte Aufmerksamkeit unmöglich machte und dadurch weiterer Ermüdungszuwachs ferngehalten wurde: Unaufmerksamkeit hat als Sicherheitsventil gewirkt.

VIII. Samstag, 7. März.

Vorbemerkung: Um über die Wirkung der Pause und der Klassenarbeiten mehr ins Klare zu kommen, als es die rein empirische Beobachtung gestattet, wurde einmal ausnahmsweise experimentell vorgegangen: es wurden in den ersten zwei Stunden ohne Zwischenpause zwei Klassenarbeiten angefertigt. Die gewonnenen Zahlen lassen ersehen, dass eine Folge von zwei Klassenarbeiten mit Wegfall der Pause äusserst stark und nachhaltig ermüdend einwirkt. Das Experiment ist ein deutlicher Beweis sowohl für die Empfindlichkeit der angewendeten Messungsmethode, als für die Wirksamkeit der Pausen.

Schüler	Vor dem Unterricht	Nach Französisch. Ex. Nach Deutsch. Aufs.	Nach Geometrie	Nach Geschichte	Nach Latein	Bemerkungen
1	12	21	20	19	21	A.
2	5	15	19	17	16	V.
3	6	21	20	23	16	V., N.
4	6	17	20	25	24	V., N.
5	7	21	19	20	18	V., N.
6	11	22	17	22	21	N.
7	9	14	16	17	15	
8	10	17	17	19	—	
9	16	22	24	22	23	A.
10	11	18	20	18	19	A.

```
   | 4 5 6 7 8 9 10 11 12 13 14 15 16 17 18 19 20 21 22 23 24 25
 I |   . . . . . .  .  .  .  .  .  .  .  .  .  .  .  .  .  .  .  .
II |   . . . . .    .           ━━━━━━━━━━━━━━━      .  .  .  .  .
III|   . . . . . .  .  .        ━━━━━━━━━━━━━━             .  .  .
IV |   . . . . . .  .           ━━━━━━━━━━━━━━━━      .  .  .  .  .
 V |   . . . . . . .  .         ━━━━━━━━━━━━━━━━━       .  .  .
```

1. Bemerkungen VII. 7. Erhöhte Anfangszahl: Auswärtiger.

```
     | 5  6  7  8  9 10 11 12 13 14 15 16 17 18 19 20 21 22 23 24 25
   I |  .  .  .  .  .  .  .  .  .  .  .  .  .  .  .  .  .  .  .  .  .
  II |  ─────────────────────────────  .  .  .  .  .  .  .  .  .  .
 III |  ───────────────────────────────────────────  .  .  .  .  .
  IV |  ─────────────────────────────────  .  .  .  .  .  .  .  .
   V |  ─────────────────────────  .  .  .  .  .  .  .  .  .  .  .
```

2. Bemerkungen VII, 2.

```
     | 5  6  7  8  9 10 11 12 13 14 15 16 17 18 19 20 21 22 23 24 25
   I |  .  .  .  .  .  .  .  .  .  .  .  .  .  .  .  .  .  .
  II |  .  ───────────────────────────────────────────  .  .  .
 III |  .  ───────────────────────────────────────────────  .  .
  IV |  .  ─────────────────────────────────────────────  .  .
   V |  .  ───────────────────────────────────────  .  .  .  .
```

3. Bemerkungen V, 6.

```
     | 5  6  7  8  9 10 11 12 13 14 15 16 17 18 19 20 21 22 23 24 25
   I |  .  .  .  .  .  .  .  .  .  .  .  .  .  .  .  .  .  .  .  .
  II |  .  ─────────────────────────────  .  .  .  .  .  .  .
 III |  .  ─────────────────────────────────────  .  .  .  .  .
  IV |  .  ─────────────────────────────────────────────  .  .
   V |  .  ───────────────────────────────────────────────  .
```

4. Sehr hohe Ermüdungsgrade, besonders nach 4. u. 5. Stunde (sehr aufmerksamer Schüler), Bemerkungen VII, 1.

```
     | 5  6  7  8  9 10 11 12 13 14 15 16 17 18 19 20 21 22 23 24 25
   I |  .  .  .  .  .  .  .  .  .  .  .  .  .  .  .  .  .  .  .  .
  II |  .  .  ─────────────────────────────────────  .  .  .  .
 III |  .  .  ───────────────────────────────  .  .  .  .  .
  IV |  .  .  ─────────────────────────  .  .  .  .  .  .  .
   V |  .  .  ───────────────────────────  .  .  .  .  .  .
```

5. Bemerkungen V, 5.

```
     | 5  6  7  8  9  10 11 12 13 14 15 16 17 18 19 20 21 22 23 24 25
  I  | . . . . . . . . . . . . . . . . . . . . .
  II | . . . . . ─────────────────────── . .
  III| . . . . . ─────────────────────── . .
  IV | . . . . . ─────────────────────── . .
  V  | . . . . . ───────────────── . . . . .
```

6. Bemerkungen VII, 3.

```
     | 5  6  7  8  9  10 11 12 13 14 15 16 17 18 19 20 21 22 23 24 25
  I  | . . . . . . . . . . . . . . . . . . . . .
  II | . . . . ─────── . . . . . . . . . . . . .
  III| . . . . ─────────────────── . . . . . . .
  IV | . . . . ─────────────── . . . . . . . . .
  V  | . . . ───────── . . . . . . . . . . . . .
```

7. Bemerkungen III, 7. Relativ mässige Ermüdung.

```
     | 5  6  7  8  9  10 11 12 13 14 15 16 17 18 19 20 21 22 23 24 25
  I  | . . . . . . . . . . . . . . . . . . . . .
  II | . . . . . ─────────────── . . . . . . . .
  III| . . . . . ─────────────── . . . . . . . .
  IV | . . . . . ─────────────────────── . . . .
  V  | . . . . . . * . . . . . . . . . . . . . .
```

8. Bemerkungen II, 3. Mässige Ermüdung, gute Leistungen (Begabung).

```
     | 5  6  7  8  9  10 11 12 13 14 15 16 17 18 19 20 21 22 23 24 25
  I  | . . . . . . . . . . . . . . . . . . . . .
  II | . . . . . . . . . . . ─────────────── . .
  III| . . . . . . . . . . . ─────────────────── 
  IV | . . . . . . . . . . ───────────────── . .
  V  | . . . . . . . . . . . ─────────────── . .
```

9. Bemerkungen VII, 6. Hohe Anfangszahl: Auswärtiger.

	5	6	7	8	9	10	11	12	13	14	15	16	17	18	19	20	21	22	23	24	25
I	.	.	.	.	.	.				.	.	.	.	.	.	.	.	.	.	.	.
II							———	————	————	————	————	————	————	————	——						
III							.	———	————	————	————	————	————	————	————	.	.	.	.	.	.
IV								———	————	————	————	————	————	————	——	.	.	.	.	.	.
V	.	.	.					———	————	————	————	————	————	————	——	.	.	.	.	.	.

10. Bemerkungen VII. 4. Etwas erhöhte Anfangszahl; Auswärtiger.

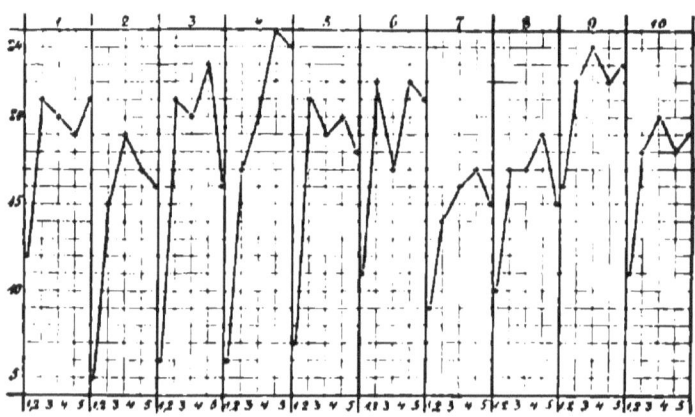

Nach der Doppelstunde durchweg ausserordentliche Ermüdungsgrade, am höchsten bei No. 3 und 4, am niedrigsten bei No. 7, ersterer sehr aufmerksam, nervös, schwächlich, letzterer mässig aufmerksam, kräftig. Zwischen Begabung und Leistungen einerseits, Ermüdung andererseits tritt hier keine deutliche Beziehung zu Tage: No. 1, 2, 3, 4, 8 sind gut, 5, 7, 9, 10 mässig beanlagt.

Erhöhte Anfangszahlen bei 1, 5, 6, 9, 10; davon 1, 9, 10 auswärtig, 5 und 6 nervös, schwächlich.

Höchste Endzahlen bei 4 und 9, beide sehr eifrig, der eine gut, der andere mässig beanlagt.

Von Bedeutung erscheint noch, dass das nach den ersten beiden Stunden erreichte hohe Niveau bei allen Kurven, abgesehen von relativ kleineren Schwankungen, weiterhin beibehalten wird. Daraus folgt, dass die abnorme, durch die Doppelstunde bedingte Ermüdung durch die folgenden Pausen nicht ausgeglichen worden ist.

IX. Dienstag, 10. März.

Schüler	Vor dem Unterricht	Nach Latein. Exerzit.	Nach Zeichnen	Nach Religion	Nach Geographie	Nach Deutsch	Bemerkungen
1	12	18	17	19	20	19	A.
2	11	21	20	22	22	20	N.
3	12	20	18	16	17	17	A.
4	14	20	19	19	20	19	A.
5	11	17	17	15	17	16	
6	12	23	20	20	25	20	N.
7	10	16	16	16	19	19	
8	8	16	16	16	19	17	V., N.
9	4	11	6	9	11	12	V.
10	10	16	18	16	16	16	

	1	2	3	4	5	6	7	8	9	10	11	12	13	14	15	16	17	18	19	20
I												――	――	――	――	――	――			
II												――	――	――	――	――	――	――		
III												――	――	――	――	――	――	――		
IV												――	――	――	――	――	――	――		
V												――	――	――	――	――	――			

1. Bemerkungen VIII, 9. Erhöhte Anfangszahl: Auswärtiger.

	1	2	3	4	5	6	7	8	9	10	11	12	13	14	15	16	17	18	19	20	21	22
I												――	――	――	――	――	――	――	――			
II												――	――	――	――	――	――	――	――	――		
III												――	――	――	――	――	――	――	――	――		
IV												――	――	――	――	――	――	――	――			
V												――	――	――	――	――	――	――				

2. Bemerkungen VIII, 6. Bedeutende Ermüdungsgrade: Nervosität).

	1	2	3	4	5	6	7	8	9	10	11	12	13	14	15	16	17	18	19	20
I													――	――	――	――	――			
II													――	――	――	――	――			
III													――	――	――	――	――			
IV													――	――	――	――	――			
V													――	――	――	――	――			

3. Bemerkungen VIII, 10. Erhöhte Anfangszahl: Auswärtiger.

	5	6	7	8	9	10	11	12	13	14	15	16	17	18	19	20	21	22	23	24	25
I	.	.	.	.	.	.	.	.	——	——	——	——	——				.	.	.	.	.
II	.	.	.	.	.	.			——	——	——	——	——								
III	.	.	.	.	.	.	.	.	——	——	——	——	——	.	.	.	.	.	.	.	.
IV	.	.	.	.	.	.	.	.	——	——	——	——	——	——	——	.	.	.	.	.	.
V	.	.	.	.	.	.	.	.	.	——	——	——	——	——	.	.	.	.	.	.	.

4. Bemerkungen VII, 7. Erhöhte Anfangszahl: Auswärtiger.

	5	6	7	8	9	10	11	12	13	14	15	16	17	18	19	20	21	22	23	24	25
I	.	.	.	.	.	.	.	——	——	——	——	——	.	.	.	.	.	.	.	.	.
II	.	.	.	.	.	.	.	——	——	——	——	——	——	.	.	.	.	.	.	.	.
III	.	.	.	.	.	.	.	——	——	——	——	.	.	.	.	.	.	.	.	.	.
IV	.	.	.	.	.	.	.	——	——	——	——	——	——	.	.	.	.	.	.	.	.
V	.	.	.	.	.	.	.	.	——	——	——	——	.	.	.	.	.	.	.	.	.

5. Bemerkungen VI, 6. Mässige Ermüdung.

	5	6	7	8	9	10	11	12	13	14	15	16	17	18	19	20	21	22	23	24	25
I	.	.	.	.	.	.	.	——	——	——	——	——	——	——	——	——	——	——	.	.	.
II	.	.	.	.	.	.	——	——	——	——	——	——	——	——	.	.	.	.	.	.	.
III	.	.	.	.	.	.	.	——	——	——	——	——	——	——	——	——	.	.	.	.	.
IV	.	.	.	.	.	.	.	——	——	——	——	——	——	——	——	——	——	——	.	.	.
V	.	.	.	.	.	.	——	——	——	——	——	——	——	——	.	.	.	.	.	.	.

6. Bemerkungen VI, 3. Starke Ermüdung (nervös, aufmerksam).

	5	6	7	8	9	10	11	12	13	14	15	16	17	18	19	20	21	22	23	24	25
I	.	.	.	.	.		——————————						.	.	.	.	.	.
II	.	.	.	.	.		——————————						.	.	.	.	.	.
III	.	.	.	.	.		——————————						.	.	.	.	.	.
IV	.	.	.	.	.		————————————————			.	.	.	.
V	.	.	.	.	.		—————————			.	.	.	.	.	.	.

7. Bemerkungen V, 7. Mittelstarke Ermüdung.

	5	6	7	8	9	10	11	12	13	14	15	16	17	18	19	20	21	22	23	24	25
I	.	.	.	——————————————————————		.	.	.	.	.	.	.	.	.
II	.	.	.	————————————————————————————		.	.	.	.	.	.	.
III	.	.	.	————————————————————————————		.	.	.	.	.	.	.
IV	.	.	.	——————————————————————————————————		.	.	.	.	.
V	.	.	.	————————————————————————————————		.	.	.	.	.	.

8. Bemerkungen V, 6. Stark erhöhte Anfangszahl (vordere Jochbeingegend, Norm 5), nervös, aufmerksam, schwächlich. Starke Ermüdung.

	4	5	6	7	8	9	10	11	12	13	14	15	16	17	18	19	20	21	22	23	24	25
I	———————————————		.	.	.	.	.	.	.	.	.	.	.	.	.
II	————		.	.	.	.	.	.	.	.	.	.	.	.	.	.	.	.	.
III	————————		.	.	.	.	.	.	.	.	.	.	.	.	.	.	.
IV	——————————		.	.	.	.	.	.	.	.	.	.	.	.	.
V	——————		.	.	.	.	.	.	.	.	.	.	.	.	.	.	.

9. Bemerkungen III, 6. Mässige Ermüdung.

	5	6	7	8	9	10	11	12	13	14	15	16	17	18	19	20	21	22	23	24	25
I	.	.		————————————————————————		.	.	.	.	.	.	.	.
II	.	.		——————————————————————————		.	.	.	.	.	.	.
III	.		————————————————————		.	.	.	.	.	.	.	.	.
IV	.	.	.	.	————————————————		.	.	.	.	.	.	.	.
V	.	.	.	.	.	————————————		.	.	.	.	.	.	.

10. Bemerkungen III, 8. Mässige Ermüdung.

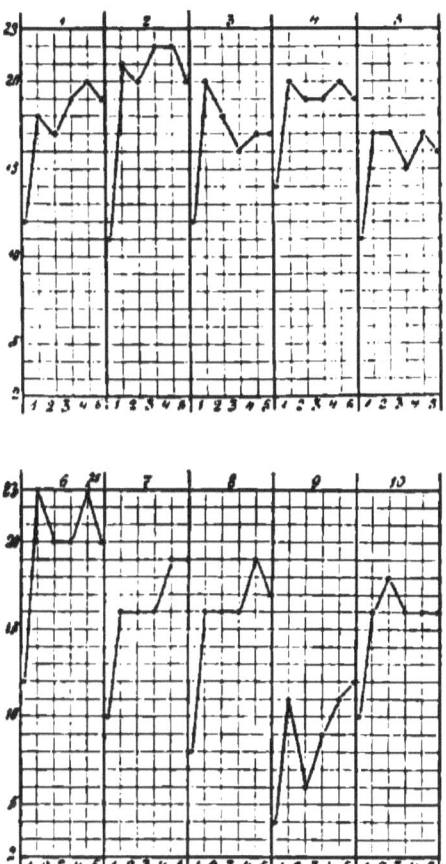

Die relativ höchsten Ermüdungsgrade zeigen 2, 6, 8, aufmerksame, wenig kräftige, stark nervöse Schüler. Erhöhte Anfangszahlen bei 1, 3, 4, 6; ausser S. 6 lauter Auswärtige. Nach dem lateinischen Exercitium überall beträchtlicher Anstieg; sodann fast überall dauernd erhöhtes Niveau, also ungenügende Ausgleichung der Exercitium-Ermüdung durch die Pausen. Nur Nr. 9 hat sich nach Zeichnen fast ganz erholt (schlechter Zeichner). In 8 Fällen ist durch Geographie die Ermüdung gesteigert worden.

X. Mittwoch, 11. März.

Schüler	Vor dem Unterricht	Nach Geometrie	Nach Französisch	Nach Turnen	Nach Naturkunde	Nach Latein	Bemerkungen
1	14	27	25	22	26	24	A.
2	12	19	24	22	21	21	N.
3	13	19	19	19	16	18	A.
4	13	17	15	17	18	17	N.
5	18	23	21	19	20	21	A.
6	11	16	15	15	13	14	
7	13	22	20	25	27	22	N.
8	12	19	17	19	16	17	N.
9	8	10	6	10	11	13	V.
10	13	16	9	13	13	13	

```
        5 6 7 8 9 10 11 12 13 14 15 16 17 18 19 20 21 22 23 24 25 26 27
 I   . . . . . . . . . ─────────────────────────
 II  . . . . . . . . .         ──────────────── . .
 III . . . . . . . . .         ─────────────      . . .
 IV  . . . . . . . . .         ─────────────────── .
 V   . . . . . . . . .         ──────────────       . . .
```

1. Bemerkung IX, 1. Auswärtiger (eifrig, mässig begabt), starke Ermüdung.

```
      5  6  7  8  9 10 11 12 13 14 15 16 17 18 19 20 21 22 23 24 25
 I    . . . . . . . ───────────── . . . . .
 II             ─────────────────
 III  . . . .    ─────────────────────
 IV   . . . . . .  ──────────── . . . .
 V    . . . . . . . ──────────────── . . . .
```

2. Bemerkung IX, 2.   Starke Ermüdung; aufmerksam.

```
      5  6  7  8  9 10 11 12 13 14 15 16 17 18 19 20 21 22 23 24 25
 I    . . . . . . .   ──────────  . . . . .
 II   . . . . . .    ──────────   . . . . . .
 III  . . . . . . .   ──────────  . . . . . .
 IV   . . . . . . . .  ──────     . . . . . .
 V    . . . . . . . .  ─────────  . . . . . . .
```

3. Bemerkung IX, 3.   Auswärtiger.

```
      5  6  7  8  9 10 11 12 13 14 15 16 17 18 19 20 21 22 23 24 25
 I    . .          ──────
 II                 ────
 III                ─────
 IV   . .           ─────
 V    . . . . . . .  ──────── . . . .
```

4. Bemerkungen II, 8.

```
      5  6  7  8  9 10 11 12 13 14 15 16 17 18 19 20 21 22 23 24 25
 I    . . . . . . . . . . .  ──────────── . .
 II   . . . . . . . . . .    ─────────    . . . .
 III  . . . . . . . . .       ──          . . . .
 IV   . . . . .               ───         . . . .
 V    . . . . . . . . .       ────        . . . .
```

5. Bemerkungen IX, 4.   Auswärtiger.

Wagner: Unterricht und Ermüdung.   4

50

	5 6 7 8 9 10 11 12 13 14 15 16 17 18 19 20 21 22 23 24 25
I	
II	
III	
IV	
V	

6. Bemerkungen IX, 5.

	5 6 7 8 9 10 11 12 13 14 15 16 17 18 19 20 21 22 23 24 25 26 27
I	
II	
III	
IV	
V	

7. Bemerkungen IX, 6. Hohe Anfangszahl, starke Ermüdung. (nervös, aufmerksam).

	5 6 7 8 9 10 11 12 13 14 15 16 17 18 19 20 21 22 23 24 25
I	
II	
III	
IV	
V	

8. Bemerkungen VIII, 3.

	5 6 7 8 9 10 11 12 13 14 15 16 17 18 19 20 21 22 23 24 25
I	
II	
III	
IV	
V	

9. Bemerkungen III, 6. Anfangszahl erhöht, dann Abfall unter dieselbe.

	5 6 7 8 9 10 11 12 13 14 15 16 17 18 19 20 21 22 23 24 25
I	. . . . ——————— . . . .
II	. . . .
III	. . . . ——————— . . . .
IV	. . . . • . . . .
V	. . . . • . . . .

10. Cf. IV, 10. (Indisposition.)

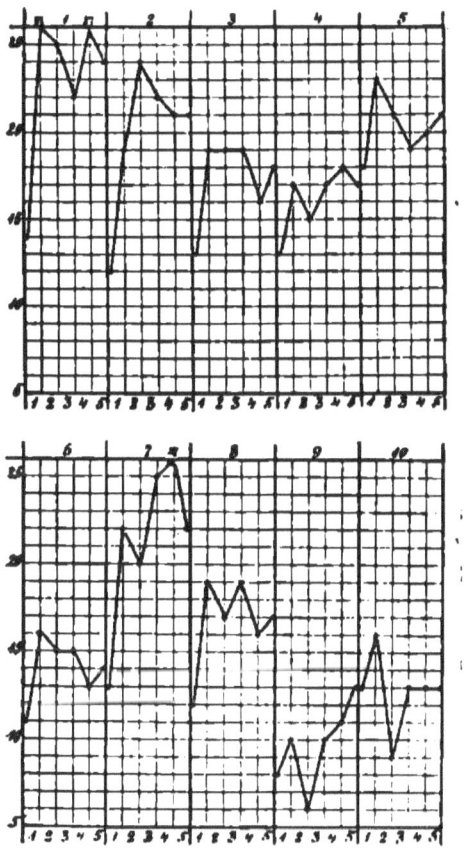

Höchste Ermüdungsgrade bei 1, 2, 7, alle durch Aufmerksamkeit ausgezeichnet, geringste Ermüdung bei dem sehr wenig aufmerksamen Schüler No. 4.

Bei 1, 2, 7 wiederum Verharren auf höherem Niveau, also ungenügende Ausgleichung. Stark erhöhte Anfangszahlen bei 1, 5, zwei Auswärtigen, mässiger erhöhte bei 3, 4, 7, 9, 10, davon No. 3 auswärtig, 4 und 7 nervös, 9 und 10 Ursache fraglich, (vermutlich leichter Indispositionszustand). Im Allgemeinen ein gehäuftes Auftreten hoher Anfangszahlen, vielleicht infolge der gesteigerten Thätigkeit der Schüler, die am Endo des Schuljahres einzutreten pflegt.

VI. Freitag, 13. März.

Schüler	Vor dem Unterricht	Nach Rechnen	Nach Französich	Nach Turnen	Nach Geschichte	Bemerkungen
1	12	20	19	19	18	N.
2	13	14	16	16	18	A.
3	11	13	11	13	12	
4	14	19	16	23	19	A.
5	10	12	16	14	16	
6	12	20	24	21	17	N.
7	10	19	18	18	18	
8	11	18	16	16	19	
9	11	13	14	14	16	
10	10	12	17	16	14	

```
  | 5 6 7 8 9 10 11 12 13 14 15 16 17 18 19 20 21 22 23 24 25
I |  . . . . . . .   ─────────────      . . . .
II|  . . . . . . .   ─────────────────  . . .
III|  . . . . . . .  ─────────────────  . . .
IV|  . . . . . .     ──────────────     . . . . .
```

1. Bemerkungen IV 2, V 1, VI 1, VII 3, VIII 6, IX 2, X 2.

```
  | 5 6 7 8 9 10 11 12 13 14 15 16 17 18 19 20 21 22 23 24 25
I |  . . . . . . . .   ──   . . . . . . . . .
II|  . . . . . . . . .  ─────  . . . . . . . .
III|  . . . . . . . .  ─────  . . . . . . . . .
IV|  . . . . . . .    ──────  . . . . . . . . .
```

2. Bemerkungen I 4, IV 8, VII 4, VIII 10, IX 3, X 3.

```
  | 5 6 7 8 9 10 11 12 13 14 15 16 17 18 19 20 21 22 23 24 25
I |  . . . . . . .   ────────  . . . . . . . .
II|  . . . . . *  . . . . . . . . . . . . .
III|  . . . . .  ────  . . . . . . . . . . .
IV|  . . . . . .  ──  . . . . . . . . . . .
```

3. Bemerkungen II 8, X 4.

```
  | 5 6 7 8 9 10 11 12 13 14 15 16 17 18 19 20 21 22 23 24 25
I |  . . . . . . . .  ──────────  . . . . . .
II|  . . . . . . . .  ────────  . . . . . . ,
III|  . .  ────────────────────  . .
IV|  . . . . . . .  ──────────  . . . . . . .
```

4. Bemerkungen III 1, IV 7, V 4, V 6, VII 7, VIII 1, IX 6, X 5.

	5 6 7 8 9 10 11 12 13 14 15 16 17 18 19 20 21 22 23 24 25
I	. . . . . ———— . . . .
II	. . . . . ———————— . . . .
III	. . . . . ———————— . . . .
IV	. . . . . ———————— . . . .

5. Bemerkungen IV 3, V 2, VI 6, IX 5, X 6.

	5 6 7 8 9 10 11 12 13 14 15 16 17 18 19 20 21 22 23 24 25
I	. . . . ——————————— . . . . .
II	. . . . ————————————————— .
III	. . . . ——————————— . . . . .
IV	. . . . ——————— . . . .

6. Bemerkungen I 3, II 6, III 2, IV 6, V 3, VI 3, VII 1, VIII 4, IX 6, X 7.

	5 6 7 8 9 10 11 12 13 14 15 16 17 18 19 20 21 22 23 24 25
I	. . . . . ———————————————— . . . . .
II	. . . . . ————————————— . . . .
III	. . . . . ———————————————— . . . . .
IV	. . . . . ———————————————— . . . . .

7. Bemerkungen I 6, II 7, III 3, V 7, VII 2, VIII 2, IX 7.

	5 6 7 8 9 10 11 12 13 14 15 16 17 18 19 20 21 22 23 24 25
I	. . . . . . ————————— . ———— . . . .
II	. . . . . . ———————— . . . .
III	. . . . . . ————————— . . . .
IV	. . . . . . ——————————— . . . .

8. Bemerkungen II 7, III 5, IV 5, V 6, VIII 3, IX 7, X 7.

	5 6 7 8 9 10 11 12 13 14 15 16 17 18 19 20 21 22 23 24 25
I	. . . . ——— . . . .
II	. . . . ——— . . . .
III	. . . . ✦ . . . .
IV	. . . . ——— . . . .

9. Bemerkungen II 2, III 4, VI 7.

	5 6 7 8 9 10 11 12 13 14 15 16 17 18 19 20 21 22 23 24 25
I	. . . . . ——— . . . .
II	. . . . . ——————— . . . .
III	. . . . . ——————— . . . .
IV	. . . . . ————— . . . .

10. Bemerkungen I 2, II 4, III 8, VII 5, IX 10, X 10.

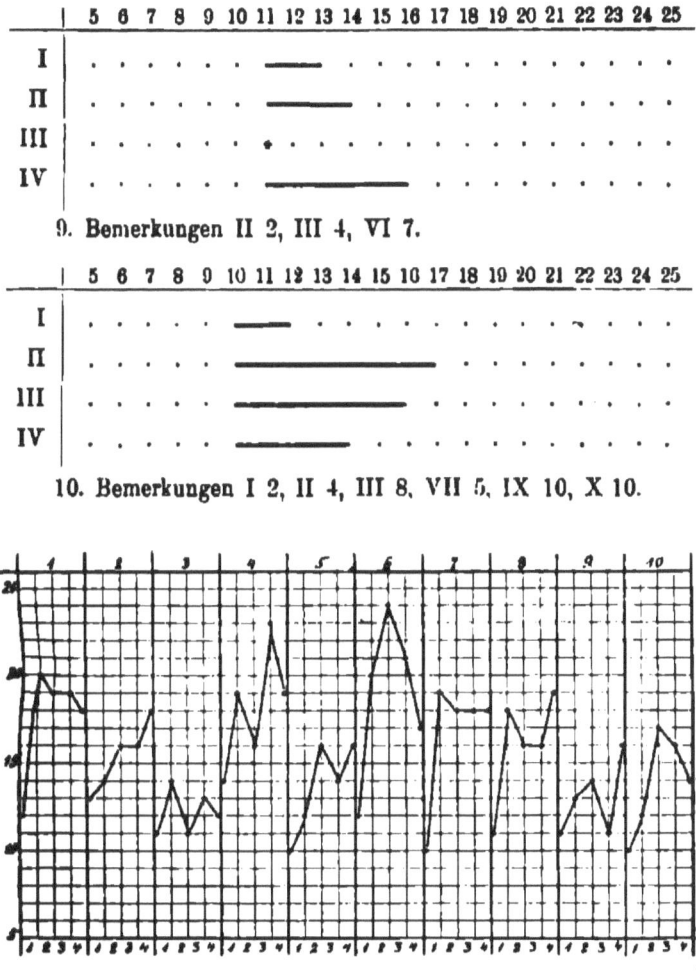

Hohe Ermüdungsgrade bei 1, 4, 6, 7, 8, 10, mässige bei 2, 9, geringster Grad bei No. 3; die erste Gruppe besteht aus durchweg aufmerksamen Schülern, No. 2 und 9 sind nicht immer bei der Sache, 3 ist sehr zerstreut. Höchste Ermüdung bei No. 6, einem gespannt aufmerkenden Schüler. Erhöhte Anfangszahlen bei 2 und 4 (Auswärtige), sowie 1 und 6 (Nervöse).

§ 6. Übersicht der Messungen in Quarta.

Bei einer Vergleichung der 11 Übersichtstabellen ergiebt sich gegen Ende Februar und Anfang März ein häufigeres Auftreten hoher Zahlen. Die Erklärung ist wohl darin zu suchen, dass diese Periode das Ende des Schuljahres umfasst, eine Zeit gesteigerter Thätigkeit der Schüler. Daraus dürfte auch die gleichzeitige Erhöhung vieler Anfangszahlen herzuleiten sein; vielfach mag dabei eine gewisse Erregung bezüglich der Noten u. s. w. mitwirken, welche die Schlaftiefe verringert. Es ist dabei vorausgesetzt, dass erhöhte Anfangszahlen ein Müdigkeitssymptom sind, also Folge mangelhaften Schlafes. Dieser Mangel kann bedingt sein durch zu geringe Dauer, wie bei vielen Auswärtigen, z. B. IV 7, 8; V 4; VII 6, 7; VIII 1, 9; IX 1, 3, 4; X 1, 3, 5; XI 2, 4; oder durch zu geringe Tiefe: Nervöse. Hierher dürften gehören z. B. II 2; III 4; V 1, 3; VI 1; IX 6; X 2, 4, 7, 8 u. s. w., womit nur ganz prägnante Fälle erwähnt sind.

Durch hohe Endzahlen, also starke am Schluss des Unterrichts vorhandene Ermüdung sind auch gerade auswärtige oder nervöse Schüler besonders ausgezeichnet, z. B. I 3; II 2, 5; IV, 5; V 1; VI 3; VII 1, 3; VIII 4, 6; IX 2, 6; X 2, 7 u. s. w. Auch dies erklärt sich leicht: ein auswärtiger Schüler, der schon müde zur Schule kommt, kann leicht zu hohen Ermüdungsgraden gelangen; bei Nervösen aber ist leichte Erschöpfbarkeit, also eventuell starke Ermüdung, eine häufige Erscheinung. Dass die hohen Endzahlen gegen Schluss des Schuljahres häufiger werden, ist wohl auch kein Zufall.

Als normale Kurven können bezeichnet werden z. B.: I 1, 2; II 1, 3, 7; III 2, 3, 5; IV 2, 3, 6; V 3, 5, 7, 8 u. s. w. Jedoch rühren diese Kurven nicht ausschliesslich von sicher nicht nervösen Schülern her, mit anderen Worten: nervöse Schüler haben nicht immer abnorme Kurven, so wenig wie bei normalen Schülern ein gelegentliches Auftreten anormaler Kurven vermisst wird. Beispiele finden sich oben hinreichend und sind im Einzelnen erwähnt. Es hat jeder gesunde Mensch Tage, an denen er sich nicht ganz normal befindet, und umgekehrt haben Nervöse gute und schlimme Tage. Auf diese kleineren Wechsel im Befinden ist das Wetter bekanntlich nicht ganz ohne Einfluss.

Daraus mag es sich vielleicht erklären, dass die Höhe der Anfangszahlen auch vom Wetter etwas abhängig zu sein scheint: bei hellem, heiterem, trocknem Wetter schienen normale Zahlen etwas häufiger sein, als an trüben, nebligen, feuchten Tagen, die eine Erhöhung der Anfangszahlen anscheinend begünstigen. Immerhin traten bei ausgesprochen nervösen Schülern erhöhte Anfangszahlen mit ziemlicher Regelmässigkeit auf; auch war ein durchgehender und bedeutender Einfluss des Wetters nicht wahrzunehmen. Eine merkwürdige Anomalie mancher Kurven ist Abfall unter die Anfangszahl, was natürlich nicht als Erholung durch die Schule gedeutet werden darf, da die Erscheinung nach allen möglichen Stunden (Exerzitien ausgenommen) vorkam, sondern dahin aufzufassen ist: dass die betreffenden Schüler schon am Schulanfang über die Norm hinaus übermüdet waren. Diese Erscheinung ist auch ein häufiges Symptom von Nervosität: gerade nach dem Aufstehen fühlen ja Nervöse sich oft besonders unbehaglich. (Beispiele: II 2, 5, 8; VI 3 u. s. w.). Auf die Verringerung der anfänglich vorhandenen Schläfrigkeit hat natürlich der Charakter des Unterrichts einen gewissen Einfluss; allzusehr anstrengend dürfen die Stunden nicht sein. Die Erscheinung ist in Untertertia häufiger als in Quarta aufgetreten; es wird sich zeigen, dass durch die Messungen in Untertertia die bis jetzt gewonnenen allgemeinen Resultate durchweg Bestätigung finden.

Zunächst folgt eine Zusammenstellung aller an jedem einzelnen Schüler in Quarta gemachten Messungen, die 18 Schüler, fast die ganze Klasse, betreffen. Dass nicht alle Schüler gemessen wurden, liegt darin, dass nicht Jeder hierfür zu gebrauchen ist: einzelne vermögen über ihre Empfindungen keine genaue Rechenschaft zu geben oder haben wirklich ganz abnorme Empfindungszustände; selbstverständlich wurde von der Messung solcher Schüler nach Vorversuchen abgesehen.

Von den gemessenen 18 Schülern sind sicher nervös 8; unter diesen sind wiederum 5, bei denen bestimmte Ursachen hierfür erkennbar sind, nämlich 2 mal ererbte konstitutionelle Anlage, 1 mal chronische Verdauungsstörung und Anämie (Bandwurm), 1 mal frühere schwere Erkrankung, gefolgt von Schwäche (vereint mit geringer Beanlagung und grossem Fleiss), 1 mal ungeeignete Ernährung (regelmässiger abendlicher Weingenuss) sowie relativ zu früher Schulbesuch. Die 3 restierenden Fälle betroffen relativ zarte, gracil gebaute Schüler. die alle durch grossen Eifer ausgezeichnet sind und sich sämtlich etwas unter dem Durchschnittsalter der Klasse befinden. In keinem dieser 8 Fälle wäre man berechtigt zu sagen, die Schule sei an der Nervosität schuld. Unter den Gemessenen befinden sich ferner 3 Auswärtige; keinen von diesen kann man als nervös bezeichnen, obwohl alle drei oft genug unausgeschlafen in die Schule kommen und dort zum Teil recht müde werden; vielleicht dass der günstige Einfluss des Landaufenthaltes diese Schädigung hier kompensiert. Bemerkenswert erscheint noch, dass auch die 3 am besten begabten Schüler dieser Klasse sämtlich frei von Nervosität sind.

Übersicht über die in Quarta gemessenen Schüler.

1) I, 1. II, 3. VIII, 7.
2) I, 2. II, 4. III, 8. VII, 5. IX, 10. X, 10. XI, 10.
3) I, 3. II, 6. III, 2. IV, 6. V, 3. VI, 3. VII, 1. VIII, 4. IX, 6. X, 7. XI, 6.
4) I, 4. IV, 8. VII, 4. VIII, 10. IX, 3. X, 3. XI, 2.
5) I, 5.
6) I, 6. II, 7. III, 3. V, 7. VII, 2. VIII, 2. IX, 7. XI, 7.
7) II, 1. III, 7. VIII, 7.
8) II, 2. III, 4. VI, 7. XI, 9.
9) II, 7. III, 5. IV, 5. V, 6. VIII, 3. IX, 7. X, 7. XI, 7.
10) II, 8. X, 4. XI, 3.
11) III, 1. IV, 7. V, 4. V, 6. VII, 7. VIII, 1. IX, 4. X, 5. XI, 4.
12) III, 6. IX, 9. X, 9.
13) IV, 1. VI, 2. VII, 6. VIII, 7. IX, 1. X, 1.
14) IV, 2. V, 1. VI, 1. VII, 3. VIII, 6. IX, 2. X, 2. XI, 1.
15) IV, 3. V, 2. VI, 6. IX, 5. X, 6. XI, 5.
16) IV, 4. V, 8. VII, 8.
17) V, 4. VIII, 5.
18) VI, 4.

Mit Hülfe dieser Tabelle ist es leicht, Kurven des nämlichen Schülers an verschiedenen Tagen mit gleichem Stundenplan zu vergleichen; es ergiebt sich dabei im Allgemeinen nicht die Übereinstimmung, die man vielleicht im ersten Augenblick erwarten könnte. Es ist das begreiflich, wenn man nur bedenkt, dass keine Stunde, auch bei gleichem Stoff, genau der anderen gleicht und

dass auch der Mensch an jedem Tag eigentlich ein etwas anderer ist.
Genaue Übereinstimmung muss also viel merkwürdiger sein als
das Gegenteil. Einigemal ist solche zu beobachten, jedoch zu
vereinzelt, um darauf Gewicht zu legen.

§ 7. Messungen in Untertertia.

I. Donnerstag, 6. Februar 1876.

Schüler	Vor dem Unterricht	Nach Latein	Nach Zeichnen	Nach Algebra	Nach Ovid	Nach Geographie	Nachmittags 4 Uhr	Bemerkungen
1	11	13	13	15	13	13	13	
2	5	8	10	13	10	12	12	V.
3	7	9	11	9	12	11	10	V.
4	4	5	10	9	8	8	7	V.

1 2 3 4 5 6 7 8 9 10 11 12 13 14 15 16 17 18 19 20 21 22

I . . . . ——— . . . .
II . . . . ——— . . . .
III . . . . ——————— . . . .
IV . . . . ————— . . . .
V . . . . ——— . . . .
VI . . . . ——— . . . .

1. Begabung gut, Fleiss und Aufmerksamkeit genügend; von
kräftiger Konstitution. etwas nervös.

	1	2	3	4	5	6	7	8	9	10	11	12	13	14	15	16	17	18	19	20	21	22
I					━	━	━	━	━	━	━											
II					━	━	━	━	━													
III					━	━	━	━	━	━	━	━	━									
IV					━	━	━	━	━	━												
V					━	━	━	━	━	━	━	━										
VI					━	━	━	━	━	━	━											

2. Begabung befriedigend, Fleiss hinreichend, Aufmerksamkeit befriedigend, mittelkräftig, etwas nervös.

	1	2	3	4	5	6	7	8	9	10	11	12	13	14	15	16	17	18	19	20	21	22
I							━	━														
II							━	━	━													
III							━	━														
IV							━	━	━	━												
V							━	━	━													
VI							━	━	━													

3. Begabung, Fleiss, Aufmerksamkeit gut, lebhaftes Temperament.

	1	2	3	4	5	6	7	8	9	10	11	12	13	14	15	16	17	18	19	20	21	22
I				━																		
II				━	━	━	━	━	━	━												
III				━	━	━	━	━	━													
IV				━	━	━	━	━														
V				━	━	━	━	━														
VI				━	━	━																

4. Begabung befriedigend, Fleiss gross, Aufmerksamkeit genügend; anämisch und nervös.

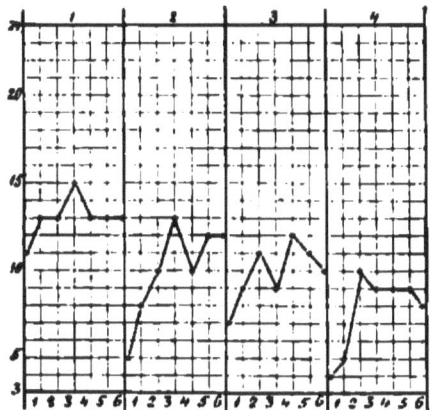

Keine der 4 Kurven bietet besonders auffallende Erscheinungen. Nachmittags 4 Uhr ist die Ermüdung fast durchweg noch dieselbe wie am Schluss des Vormittags.

II. Freitag, 7. Februar.

Schüler	Vor dem Unterricht	Nach Griechisch	Nach Geometrie	Nach Französisch	Nach Latein	Bemerkungen
1	10	11	7	10	10	
2	10	13	12	11	10	
3	12	13	12	14	12	
4	15	14	14	14	11	A.

	5	6	7	8	9	10	11	12	13	14	15	16	17	18	19	20	21	22	23	24	25
I	.	.	.	.	.	—	.	.	.	.	.	.	.	.	.	.	.	.	.	.	.
II	.	.			.	.	.	.	.	.	.	.	.	.	.	.	.	.	.	.	.
III	.	.		——	.	.	.	.	.	.	.	.	.	.	.	.	.	.	.	.	.
IV	.	.		———	.	.	.	.	.	.	.	.	.	.	.	.	.	.	.	.	.

1. Begabung, Fleiss, Aufmerksamkeit befriedigend. Sinken unter die Anfangszahl kann hier nur Folge des wenig anstrengenden Unterrichts sein, da dieser Schüler sicher nicht nervös ist.

	5	6	7	8	9	10	11	12	13	14	15	16	17	18	19	20	21	22	23	24	25
I	.	.	.	.	.	.	————	.	.	.	.	.	.	.	.	.	.	.	.	.	.
II	.	.	.	.	.	.	—	.	.	.	.	.	.	.	.	.	.	.	.	.	.
III	.	.	.	.	.	.	—	.	.	.	.	.	.	.	.	.	.	.	.	.	.
IV	.	.	.	.	.	*	.	.	.	.	.	.	.	.	.	.	.	.	.	.	.

2. Begabung, Fleiss, Aufmerksamkeit genügend, etwas anämisch und nervös.

	5	6	7	8	9	10	11	12	13	14	15	16	17	18	19	20	21	22	23	24	25
I	.	.	.	.	.	—	.	.	.	.	.	.	.	.	.	.	.	.	.	.	.
II	.	.	.	.	.	*	.	.	.	.	.	.	.	.	.	.	.	.	.	.	.
III	.	.	.	.	.	.	.	——	.	.	.	.	.	.	.	.	.	.	.	.	.
IV	.	.	.	.	.	*	.	.	.	.	.	.	.	.	.	.	.	.	.	.	.

3. Begabung, Fleiss, Aufmerksamkeit befriedigend; Gesichtsfarbe grau, anämisch, Ernährungsstand mässig, etwas nervös.

| | 5 6 7 8 9 10 11 12 13 14 15 16 17 18 19 20 21 22 23 24 25
|----|
| I | . . . .
| II | . . . .
| III| . . . .
| IV | . . . . . .

4. Begabung, Fleiss, Aufmerksamkeit mässig; etwas anämisch, macht fast immer schläfrigen Eindruck; Auswärtiger.

Die Kurven dieses Tages bieten ein recht sonderbares Bild: kaum merkliche Erhebungen, bei No. 1 und 4 Abfall unter die Anfangszahl. Man möchte schliessen, dass entweder fast keine Ermüdung eingetreten oder dass am Ende gar die Beziehung zwischen Sensibilität und Ermüdung doch fraglich sei. Aber alles Erstaunen verschwindet und die Theorie erhält gerade hier eine interessante Bestätigung, sobald man erfährt,

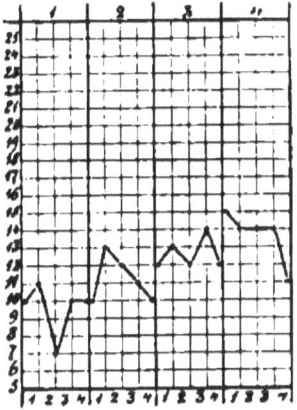

dass alle 4 Stunden dieses Tages von angehenden Accessisten gehalten wurden: recht deutlich zeigt sich dabei, dass nicht der Stoff, sondern die Person des Lehrers ausschlaggebend ist: Geometrie z. B. hat besonders erholend gewirkt. Es fallen ferner die erhöhten Anfangszahlen von No. 3 und 4 auf; S. 3 (katholisch) war schon vor 6 Uhr aufgestanden, um die Kirche zu besuchen; S. 4 musste als Auswärtiger sehr früh (5 Uhr) aufstehen.

Wie die letzte Kurve erkennen lässt, hat sich dieser Schüler während des Unterrichts ersichtlich recht gut ausgeruht und verlässt mit einer der Anfangsnorm sehr nahen Zahl die Schule.

III. Samstag. 8. Februar.

Schüler	Vor dem Unterricht	Nach Griech. Ex.	Nach Französisch	Nach Turnen	Nach Geometrie	Nach Religion	Bemerkungen
1	7	13	11	10	10	—	V.
2	10	15	9	8	9	—	
3	10	13	12	13	15	—	
4	10	14	12	11	12	11	
5	12	14	12	10	11	12	
6	6	8	10	8	8	7	V.

	5 6 7 8 9 10 11 12 13 14 15 16 17 18 19 20 21 22 23 24 25
I	. . ———————— . . . .
II	. . ——————— . . . .
III	. . —————— . . . .
IV	. . ——————— . . . .
V	. . . .

1. Begabung mässig, Fleiss und Aufmerksamkeit befriedigend; Temperament sehr phlegmatisch. Fehlt in der letzten Stunde, weil katholisch, ebenso S. 2, 3.

```
    | 5  6  7  8  9  10 11 12 13 14 15 16 17 18 19 20 21 22 23 24 25
  I   . . . . .  ―――――――――――― . . .       . . . .
 II   . . . . . ......  . .
III   . . .
 IV   . . .  ―
  V   . . . . . . . . . . . . . . . . . . . . .
```

2. Begabung gut, Fleiss und Aufmerksamkeit im allgemeinen befriedigend, aber leicht abgelenkt; lebhaft, nervös.

```
    | 5  6  7  8  9  10 11 12 13 14 15 16 17 18 19 20 21 22 23 24 25
  I   . . . . . . .  ――――― . . . . . . . . . . . .
 II   . . . . . . .  ――――― . . . . . . . . . . . .
III   . . . . . . .  ――――― . . . . . . . . . . . .
 IV   . . . . . . .  ――――― . . . . . . . . . . . .
  V   . . . . . . . . . . . . . . . . . . . . .
```

3. Bemerkungen I 1.

```
    | 5  6  7  8  9  10 11 12 13 14 15 16 17 18 19 20 21 22 23 24 25
  I   . . . . .  ―――――――― . . . . . . . . . . .
 II   . . . . . . . . . . . . . . . . . . . . .
III   . . . . . ― . . . . . . . . . . . . . . .
 IV   . . . . .  ―― . . . . . . . . . . . . . .
  V   . . . . . ― . . . . . . . . . . . . . . .
```

4. Bemerkungen I 3.

```
    | 5  6  7  8  9  10 11 12 13 14 15 16 17 18 19 20 21 22 23 24 25
  I   . . . . . .  ――― . . . . . . . . . . . . .
 II   . . . . . . * . . . . . . . . . . . . . .
III   . . . . . . ...... . . . . . . . . . . . . .
 IV   . . . . . . ― . . . . . . . . . . . . . .
  V   . . . . .  ――― . . . . . . . . . . . . . .
```

5. Begabung befriedigend, Fleiss und Aufmerksamkeit genügend: schwächlich, Ernährungszustand gering; Gesichtsfarbe graugelb;

anämisch; ausgesprochen nervös; Zeichen früherer Rhachitis. Hohe Anfangszahl, dann Abfall nach der Spielstunde.

```
       | 5 6 7 8 9 10 11 12 13 14 15 16 17 18 19 20 21 22 23 24 25
     I | . ___  . . . . . . . . . . . . . . . . . .
    II | . ___  . . . . . . . . . . . . . . . . . .
   III | . ___  . . . . . . . .         . . . . . .
    IV | . ___  . .               . . . . . . .
     V | . ___  . .               . . . . . . .
```
6. Cf. I 4.

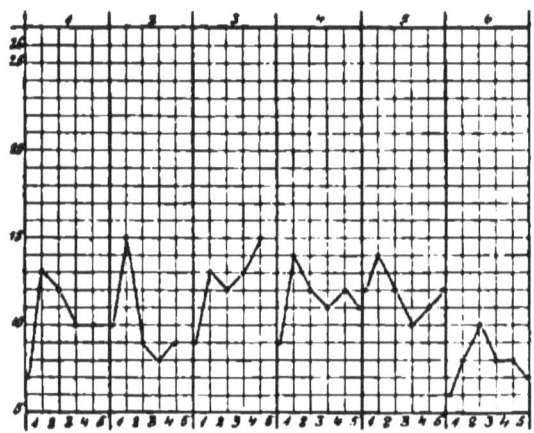

Nach dem griechischen Exerzitium Anstieg aller Kurven; nach der zweiten Stunde, von einem Accessisten gehalten, ausser bei S. 6 durchweg geringere Ermüdung als nach der ersten, bei S. 2 und 5 sogar Abfall bis zur Anfangszahl und darunter; die Turnstunde, überwiegend mit Spielen ausgefüllt, erzeugt noch geringere Ermüdung als die vorige.

Geometrie war zur Hälfte von einem Accessisten gehalten und hat auch nur geringe Ermüdung bewirkt. Am meisten fallen die Kurven 2 und 5 auf, die beide unter die Anfangszahl herabgehen; sie stammen von zwei nervösen Schülern.

IV. Freitag, 14. Februar.

Schüler	Vor dem Unterricht	Nach Deutsch	Nach Geometrie	Nach Französisch	Nach Griechisch	Nach Geschichte	Bemerkungen
1	15	15	15	13	16	14	
2	10	11	11	11	13	14	
3	11	16	16	16	14	14	
4	11	12	9	10	10	7	V.
5	10	12	13	16	13	10	
6	10	17	15	15	13	13	
7	15	16	13	18	14	13	
8	11	15	15	16	16	14	

```
     5  6  7  8  9 10 11 12 13 14 15 16 17 18 19 20 21 22 23 24 25
 I   .  .  .  .  .  .  .  .  .  *  .  .  .  .  .  .  .  .  .  .  .
 II  .  .  .  .  .  .  .  .  .  *  .  .  .  .  .  .  .  .  .  .  .
 III .  .  .  .  .  .......... .  .  .  .  .  .  .  .  .  .  .
 IV  .  .  .  .  .  ─────── .  .  .  .  .  .  .  .  .  .  .
 V   .  .  .  .  .  ──     .  .  .  .  .  .  .  .  .  .  .  .
```

1. Bemerkungen III 5. Anfangszahl erhöht, dann Abfall: Nervosität.

	5 6 7 8 9 10 11 12 13 14 15 16 17 18 19 20 21 22 23 24 25
I	. . . . . — . . . .
II	. . . . . — . . . . . .
III	. . . . . — . . . .
IV	. . . . . —— . . . .
V	. . . . . —— . . . . . .

2. Bemerkungen III 2.

	5 6 7 8 9 10 11 12 13 14 15 16 17 18 19 20 21 22 23 24 25
I	. . . . . . ———— . . . . . .
II	. . . . . . ———— . . . . . .
III	. . . . . . ———— . . . . . .
IV	. . . . . . ——— . . . .
V	. . . . . . —— . . . .

3. Bemerkungen III 3.

	5 6 7 8 9 10 11 12 13 14 15 16 17 18 19 20 21 22 23 24 25
I	. . . . . — . . . .
II	. . . .
III	. . . . — . . . .
IV	. . . . — . . . .
V	. . . .

4. Anfangszahl stark erhöht, dann Abfall: Nervosität. Bemerkungen 3 6.

	5 6 7 8 9 10 11 12 13 14 15 16 17 18 19 20 21 22 23 24 25
I	. . . . . —— . . . .
II	. . . . . —— . . . .
III	. . . . . ———— . . . .
	. . . . . ——— . . . .
V	. . . . —— . . . .

5. Begabung, Fleiss, Aufmerksamkeit gut. Normale Kurve.

	5	6	7	8	9	10	11	12	13	14	15	16	17	18	19	20	21	22	23	24	25
I	.	.	.	.	.	——————————						.	.	.	.	.	.	.	.	.	.
II	.	.	.	.	.	——————————						.	.	.	.	.	.	.	.	.	.
III	.	.	.	.	.	——————————						.	.	.	.	.	.	.	.	.	.
IV	.	.	.	.	.	—————			.	.	.	.	.	.	.	.	.	.	.	.	.
V	.	.	.	.	.	—————			.	.	.	.	.	.	.	.	.	.	.	.	.

6. Begabung und Fleiss gut; Aufmerksamkeit sehr gross. War in der 1. Stunde sehr oft gefragt worden.

	5	6	7	8	9	10	11	12	13	14	15	16	17	18	19	20	21	22	23	24	25
I	.	.	.	.	.	.	.	—	.	.	.	.	.	.	.	.	.	.	.	.	.
II	.	.	.	.	.	.	.	....	.	.	.	.	.	.	.	.	.	.	.	.	.
III	.	.	.	.	.	.	.	.	—————————				.	.	.	.	.	.	.	.	.
IV	.	.	.	.	.	.	.	.	—————————				.	.	.	.	.	.	.	.	.
V	.	.	.	.	.	.	.	—	.	.	.	.	.	.	.	.	.	.	.	.	.

7. Bemerkungen II 3. Hohe Anfangszahl, dann Abfall. Der Schüler war schon vor 6 Uhr aufgestanden, um die Kirche zu besuchen.

	5	6	7	8	9	10	11	12	13	14	15	16	17	18	19	20	21	22	23	24	25
I	.	.	.	.	.	————————				.	.	.	.	.	.	.	.	.	.	.	.
II	.	.	.	.	.	————————				.	.	.	.	.	.	.	.	.	.	.	.
III	.	.	.	.	.	————————				.	.	.	.	.	.	.	.	.	.	.	.
IV	.	.	.	.	.	————————				.	.	.	.	.	.	.	.	.	.	.	.
V	.	.	.	.	.	—————			.	.	.	.	.	.	.	.	.	.	.	.	.

8. Bemerkungen II 2.

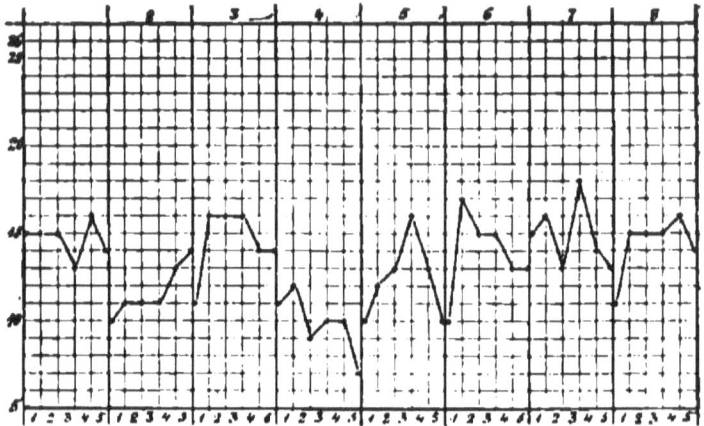

Bei S. 1, 4, 7 Anfangszahl erhöht, dann Erniedrigung, also grössere Frische, bei S. 1 u. 4 als Ursache Nervosität, bei S. 7 zu frühes Aufstehen. Geringste Ermüdung bei S. 1, 2 (wenig aufmerksam) grösste bei S. 6 (sehr aufmerksam)

V. Samstag, 15. Februar.

Schüler	Vor dem Unterricht	Nach Griechisch	Nach Französisch	Nach Turnen	Nach Geometrie	Nach Religion	Bemerkungen
1	12	10	10	14	14	16	N.
2	10	10	13	10	13	12	
3	10	15	15	15	15	—	
4	10	15	15	16	16	—	
5	15	15	15	15	15	17	A.

```
  | 5 6 7 8 9 10 11 12 13 14 15 16 17 18 19 20 21 22 23 24 25
I |              . . . . . . . . . . .
II|        —   . . . . .
III|        .  ————————
IV|   . . . . .   ————
V |      . . .   ——————————           . . . . . . . .
```

1. Bemerkungen III 5, IV 1. Nervositäts-Kurve.

```
  | 5 6 7 8 9 10 11 12 13 14 15 16 17 18 19 20 21 22 23 24 25
I |   . . . .  *  . . . . . . .   . . . . .
II|   . . . .  ———— . . . .
III|  . . . .  * . . . . . . .
IV|   . . . .  ———— . . . .
V |   . . . .  ——
```

2. Bemerkungen IV 5.

```
  | 5 6 7 8 9 10 11 12 13 14 15 16 17 18 19 20 21 22 23 24 25
I |     . . . .  ————————————  . . . . . . .
II|         . .  ————————————  . . . . .
III|      . . .  ————————————  . . . . .
IV|      . . . . ————————————  . . . . .
V |      . . . . . . . . . . . . . . . . . . . . .
```

3. Bemerkungen II 31; V 7. Normal-Kurve. (Kathol.)

```
  | 5 6 7 8 9 10 11 12 13 14 15 16 17 18 19 20 21 22 23 24 25
I |     . . . . ——————————— . . . . . . .
II|     . . . . ——————————— . . . . . . .
III|          ————————————— . . . . . .
IV|        . ——————————————   . . . . .
V |     . . . . . . . . . . . . . . . . . .
```

4. Bemerkungen I 1; IV 3. Normal-Kurve. (Kathol.)

	5 6 7 8 9 10 11 12 13 14 15 16 17 18 19 20 21 22 23 24 25
I	. . . . * . . . .
II	. . . . * . . . .
III	. . . . * . . . .
IV	. . . . * . . . .
V	. . . . ___ . . . .

5. Bemerkungen II 4.

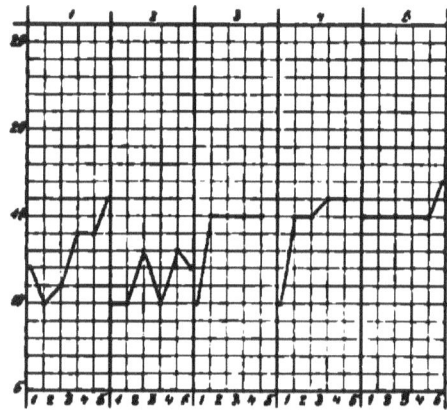

No. 1 typische Nervositäts-Kurve: erhöhte Anfangszahl, dann Abfall, hohe Endzahl. No. 5: hohe Anfangszahl, Mangel an Bewegung; diese Kurve stammt von einem Auswärtigen, ist Ausdruck starker Übermüdung, bedingt durch zu frühes Aufstehen. Ausgesprochene Erholung nach Turnen bei No. 2, als Seltenheit bemerkenswert (ist schlechter Turner, also wohl Wirkung der Ruhe).

VI. Dienstag, 25. Februar.

Schüler	Vor dem Unterricht	Nach Griech.-Ex.	Nach Ovid	Nach Latein. Synon.	Nach Religion	Nach Naturkunde	Bemerkungen
1	7	8	13	9	6	10	V.
2	10	12	14	10	6	10	
3	11	17	20	19	13	16	V.
4	8	13	13	15	12	12	
5	12	19	16	16	16	15	▲.
6	15	18	18	18	16	16	▲.
7	10	15	14	14	13	16	
8	10	12	10	10	10	12	

```
        5 6 7 8 9 10 11 12 13 14 15 16 17 18 19 20 21 22 23 24 25
 I  .  .  —  .  .  .  .  .  .  .  .
 II .  .  ———————  .
 III.  .  ——  .  .  .  .
 IV |  .       .  .  .  .  .  .  .  .        .  .  .  .
 V  |  .  ——————  .  .  .  .  .  .  .  .
```

1. Cf. I 4. Charakteristisch die geringe Reaktion nach erster Stunde, obwohl Exerzitium geschrieben wurde. Erst nach der zweiten Stunde grössere Ermüdung, als Ausdruck regerer

Beteiligung am Unterricht. Nach Religion Erholung, die nach Naturkunde wieder verschwindet.

```
     5  6  7  8  9 10 11 12 13 14 15 16 17 18 19 20 21 22 23 24 25
  I  . . . . .       ———       . .                              .
 II  . . . . .       ———         .
III  . . . .   . .
 IV
  V  .     ———     . . . . .
```

2. Begabung, Fleiss, Aufmerksamkeit mässig; von schläfrigem Wesen, etwas nervös. Ebenso wie No. 1 Nervositäts-Kurve. Deutlich erholende Wirkung der Religionsstunde. Der geringen Aufmerksamkeit entspricht die geringe Ermüdung.

```
     5  6  7  8  9 10 11 12 13 14 15 16 17 18 19 20 21 22 23 24 25
  I  . .           ——————————————         . . .
 II  . .           ——————————————
III  . .           ——————————————
 IV  .                 ————       .
  V  . . . . . .
```

3. Cf. IV 6. Höhere Ermüdungsgrade, der grossen Aufmerksamkeit entsprechend. S. 1, 2, 3 lassen einen gewissen Parallelismus in der Wirkung der Stunden erkennen.

```
     5  6  7  8  9 10 11 12 13 14 15 16 17 18 19 20 21 22 23 24 25
  I  . . .           ————————
 II  . . .           ————————
III  . . .           ————————
 IV  . . .           ————         . .
  V  . . .           ————
```

4. Cf. I 3.

```
     5  6  7  8  9 10 11 12 13 14 15 16 17 18 19 20 21 22 23 24 25
  I  .  .  .   .  .  .      ─────────────                        .
 II  .              .           ──────────       . . .
III  .  .  .  .  .  .  .        ──────────
 IV  .  .  .  .  .  .  .        ──────────             . . . . .
  V  .  .  .  .  .  .              ──────        . . . . . . .
```

5. Begabung und Fleiss gut, Aufmerksamkeit wechselnd; stark anämisch; Auswärtiger. Erhöhte Anfangszahl.

```
     5  6  7  8  9 10 11 12 13 14 15 16 17 18 19 20 21 22 23 24 25
  I  .                          .  ──────  .
 II  .  .  .  .  .  .              ──────  .
III  .  .  .  .  .  .              ──────  .
 IV  .                                ───    . . .
  V  .                                ───  . . . . . .
```

6. Cf. II 4. Erhöhte Anfangszahl: Auswärtiger; die geringen Ermüdungsanstiege entsprechen der mässigen Beteiligung am Unterricht.

```
     5  6  7  8  9 10 11 12 13 14 15 16 17 18 19 20 21 22 23 24 25
  I  .  .  .  .      ──────────────               .  .  .  .  .  .
 II  .  .  .  .  .      ─────────────
III  .  .           ─────────
 IV  .  .        ───────
  V  .  .  .        ─────────────           . . . . . . . .
```

7. Begabung, Fleiss, Aufmerksamkeit gut. Infolge guter Aufmerksamkeit relativ grössere Ermüdung.

| | 5 | 6 | 7 | 8 | 9 | 10 | 11 | 12 | 13 | 14 | 15 | 16 | 17 | 18 | 19 | 20 | 21 | 22 | 23 | 24 | 25 |

I . . . . —— . . . .

II . . . .

III . . . • . . . .

IV . . . . . . • . . . .

V . . . . —— . . . .

8. Cf. III 1. Die geringe Bewegung entspricht dem schläfrigen Wesen des Schülers.

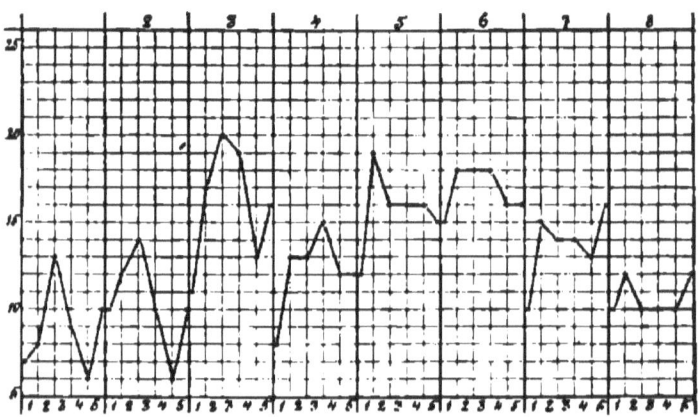

Sämmtliche 8 Kurven dieser so verschieden gearteten Schüler zeigen nach der ersten Stunde, in der ein Exercitium geschrieben wurde, Anstieg; am wenigsten No. 1, von einem nervösen und 2 sowie 8, von wenig eifrigen Schülern herrührend; bei No. 1 ist dies vielleicht Ausdruck der Morgen-Depression der Nervösen, die sich in verschlafenem Wesen und häufigem Gähnen kundgiebt (Abendarbeit). Höhere Anstiege bei S. 3, 4, 5, 7. Alle diese Schüler zeichnen sich durch Eifer aus; die stärkste Ermüdung hat S. 5, ein Auswärtiger, der seine Willenskraft wohl am meisten anspannen musste, um eine gute Arbeit zu liefern. Dass eine erste Stunde als solche durchaus nicht immer Anstieg bringt, lassen Tab. II (4), IV (1), V (1, 2, 5) erkennen.

VII. Donnerstag, 27. Februar.

Schüler	Vor dem Unterricht	Nach Lat. Ex.	Nach Zeichnen	Nach Geometrie	Nach Griechisch	Nach Geographie	Bemerkungen
1	6	10	10	10	10	8	V.
2	13	14	14	14	13	11	N.
3	9	10	12	13	13	11	
4	10	14	14	13	13	12	
5	10	15	14	13	15	12	
6	10	15	15	19	15	15	
7	10	15	15	15	15	14	
8	13	14	11	17	15	15	A.

	5	6	7	8	9	10	11	12	13	14	15	16	17	18	19	20	21	22	23	24	25
I	.	━	━	━	.	.	.	.	.	.	.	.	.	.	.	.	.	.	.	.	.
II	.	━	━	━	.	.	.	.	.	.	.	.	.	.	.	.	.	.	.	.	
III	.	━	━	.	.	.	.	.	.	.	.	.									
IV	.	━	━	.																	
V	.	━	.	.	.	.	.	.	.	.	.	.	.	.	.	.					

1. Cf. 1 4.

	5	6	7	8	9	10	11	12	13	14	15	16	17	18	19	20	21	22	23	24	25
I	.	.	.	.	.	.	.	.	—		.	.	.	.	.	.	.	.	.	.	.
II	.	.	.	.	.	.	.	.	—		.	.	.	.	.	.	.	.	.	.	.
III	.	.	.	.	.	.	.	.	—		.	.	.	.	.	.	.	.	.	.	.
IV	.	.	.	.	.	.	.	.	•		.	.	.	.	.	.	.	.	.	.	.
V																					

2. Cf. III 5. Nervositäts-Kurve.

	5	6	7	8	9	10	11	12	13	14	15	16	17	18	19	20	21	22	23	24	25
I	.	.	.	.	.	—				.	.	.	.	.	.	.	.	.	.	.	.
II	.	.	.	.	.	.	—				.	.	.	.	.	.	.	.	.	.	.
III	.	.	.	.	.	.	—					.	.	.	.	.	.	.	.	.	.
IV	.	.	.	.	.	.	—				.	.	.	.	.	.	.	.	.	.	.
V	.	.	.	.	.	.	—		.	.	.	.	.	.	.	.	.	.	.	.	.

3. Cf. III 1.

	5	6	7	8	9	10	11	12	13	14	15	16	17	18	19	20	21	22	23	24	25
I	.	.	.	.	.	—					.	.	.	.	.	.	.	.	.	.	.
II	.	.	.	.	.	—					.	.	.	.	.	.	.	.	.	.	.
III	.	.	.	.	.	—					.	.	.	.	.	.	.	.	.	.	.
IV	.	.	.	.	.	—			.	.	.	.	.	.	.	.	.	.	.	.	.
V	.	.	.	.	.	—			.	.	.	.	.	.	.	.	.	.	.	.	•

4. Cf. II 2.

```
     5  6  7  8  9 10 11 12 13 14 15 16 17 18 19 20 21 22 23 24 25
I   . . . . .  ─────────────  . . .              . .
II  . . . . .  ──────────  . .     . . . .
III . . . . .  ─────────  . . .   . . . . . . . .
IV  . . . . .  ──────────────  . . .  . . . . . . .
V   . . . . .  ──────  . . . . .
```

5. Cf. I 3.

```
     5  6  7  8  9 10 11 12 13 14 15 16 17 18 19 20 21 22 23 24 25
I          .  ─────────────  . . . . . . . . . .
II            ─────────────      . . . . . . .
III . . . .   ─────────────────  . . . . .
IV      . . . ──────────────  . . . . . . .
V   . . . . . ──────────  . . .
```

6. Cf. IV 6. Etwas stärkere Ermüdung als die anderen Schüler, vermutlich als Folge der sehr grossen Aufmerksamkeit.

```
     5  6  7  8  9 10 11 12 13 14 15 16 17 18 19 20 21 22 23 24 25
I   . . . . .  ──────────  . . . . . . . . . .
II  . . . . .  ─────────────  . . . . . . . . .
III . . . . .  ─────────────  . . . . . . . . .
IV  . . . . .  ──────────  . . . . . . . . . .
V   . . . . .  ───────────  . . . . . . . . . .
```

7. Cf. VI 7. Normalkurve (aufmerksamer Schüler).

	5	6	7	8	9	10	11	12	13	14	15	16	17	18	19	20	21	22	23	24	25
I										—											
II							....														
III									——	——	——	——									
IV								——	——												
V									——	——											

8. Cf. II 4. Kurve eines Auswärtigen; erst schläfrig, dann Erholung, hierauf regere Beteiligung und dadurch Ermüdung.

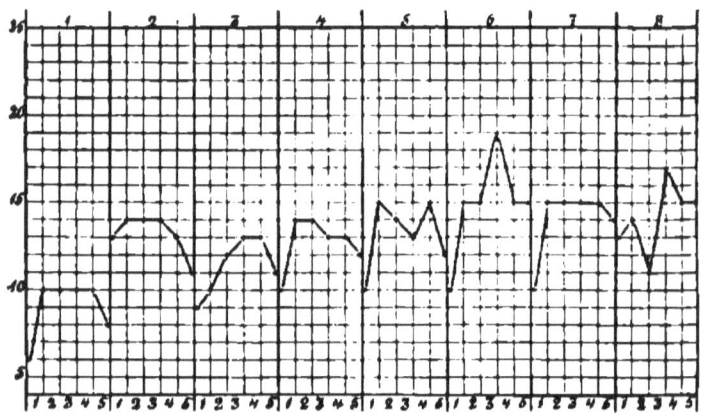

S. 2 und 8 haben erhöhte Anfangszahl, 2 ist nervös, 8 ist Auswärtiger. Rückgang unter die Anfangszahl bei S. 2, als Nervositätssymptom. Höchster Ermüdungsgrad bei S. 5, einem sehr aufmerksamen Schüler. Erhebliche Steigerung auch bei S. 5 und S. 7, zwei aufmerksamen Schülern.

VIII. Samstag, 29. Februar.

Schüler.	Vor dem Unterricht	Nach Griechisch	Nach Französisch	Nach Turnen	Nach Geometrie	Nach Religion	Bemerkungen
1	10	13	15	12	12	12	
2	8	3	10	10	10	6	V.
3	13	12	16	15	15	12	A.
4	14	17	18	15	15	—	A.
5	15	15	15	15	14	—	
6	10	10	10	11	8	12	
7	10	19	19	19	16	—	
8	18	18	16	16	16	15	N.

```
   5 6 7 8 9 10 11 12 13 14 15 16 17 18 19 20 21 22 23 24 25
I  . . . .       ━━━━━━━━━  . .     .       .   . . .
II . .   . .     ━━━━━━━━━━━━  . . .     .
III         .    ━━━━━━━  .           .             . .
IV          .    ━━━━━      .    .            .   .   .
V    . .         ━━━━━                   .       . . .
```

1. Cf. I 3; III 4; VI 4; VII 5.

82

```
      3  4  5  6  7  8  9 10 11 12 13 14 15 16 17 18 19 20 21 22 23
  I
  II
  III
  IV
  V
```

2. Cf. I 4; III 6; IV 4; VI 1.

```
      3  4  5  6  7  8  9 10 11 12 13 14 15 16 17 18 19 20 21 22 23
  I
  II
  III
  IV
  V
```

3. Cf. VI, 5. Erhöhte Anfangszahl. Auswärtiger.

```
      3  4  5  6  7  8  9 10 11 12 13 14 15 16 17 18 19 20 21 22 23
  I
  II
  III
  IV
  V
```

4. II 4; V 5; VI 6. Erhöhte Anfangszahl. Auswärtiger.

	3	4	5	6	7	8	9	10	11	12	13	14	15	16	17	18	19	20	21	22	23
I	.	.	.	.	.	.	.	.	•	.	.	.	.	.	.	.	.	.	.	.	.
II	.	.	.	.	.	.	.	.	.	.	.	•	.	.	.	.	.	.	.	.	.
III	.	.	.	.	.	.	.	.	.	.	.	.	.	•	.	.	.	.	.	.	.
IV	.	.	.	.	.	.	.	.	.	.	·····	.	.	.	.	.	.	.	.	.	.
V	.	.	.	.	.	.	.	.	.	.	.	.	.	.	.	.	.	.	.	.	.

5. II 3; IV 7; V 3. Erhöhte Anfangszahl. Katholisch, früh aufgestanden, um Kirche zu besuchen.

	3	4	5	6	7	8	9	10	11	12	13	14	15	16	17	18	19	20	21	22	23
I	.	.	.	.	.	.	.	•	.	.	.	.	.	.	.	.	.	.	.	.	.
II	.	.	.	.	.	.	.	.	•	.	.	.	.	.	.	.	.	.	.	.	.
III	.	.	.	.	.	.	.	.	—	.	.	.	.	.	.	.	.	.	.	.	.
IV	.	.	.	.	.	.	·······	.	.	.	.	.	.	.	.	.	.	.	.	.	.
V	.	.	.	.	.	——————	.	.	.	.	.	.	.	.	.	.	.	.	.	.	.

6. Gesichtsfarbe blass, Ernährungszustand gering, hochgradig nervös, an Psychose grenzender Zustand.

	3	4	5	6	7	8	9	10	11	12	13	14	15	16	17	18	19	20	21	22	23
I	.	.	.	.	.	.	.	————————————————	.	.	.	.
II	.	.	.	.	.	.	.	————————————————	.	.	.	.
III	.	.	.	.	.	.	.	——————————————	.	.	.	.	.
IV	.	.	.	.	.	.	.	.	—————————	.	.	.	.	.	.
V	.	.	.	.	.	.	.	.	.	.	.	.	.	.	.	.	.	.	.	.	.

84

	3	4	5	6	7	8	9	10	11	12	13	14	15	16	17	18	19	20	21	22	23
I	.																	.			
II																.....		.			
III																	.				
IV																.					
V															.....						

8. Cf. III 5; IV 1; V 1; VII 2. Hohe Anfangszahl, Rückgang nach dem Unterricht. Nervös.

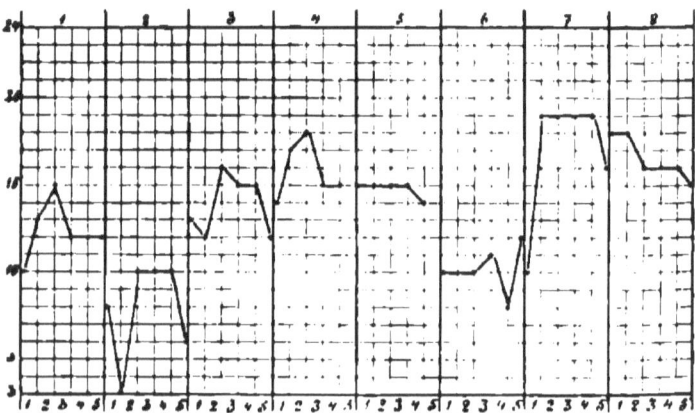

Anfangszahl gegen Norm erhöht bei S. 2, 8 (nervös), S. 13, 14 (Auswärtige), S. 5. (früh aufgestanden). Starker Rückgang unter die Anfangszahl bei S. 8. Fast unbewegte Kurve bei S. 5. (Übermüdung). Nach Turnen absolute Erholung in keinem Fall, relative bei S. 1, 3, 4, in allen 3 Fällen bedingt durch hohe Ermüdungszahl am Anfang der Turnstunde. Diese Stunde war zur Hälfte mit Spielen verbracht worden. Nach Geometrie geringe Ermüdung; die Stunde war von einem Accessisten gehalten.

IX. Dienstag, 3. März.

Schüler	Vor dem Unterricht	Nach Griechisch Ex.	Nach Ovid	Nach Lat. Grammatik	Nach Religion	Nach Naturkunde	Bemerkungen
1	6	12	11	12	12	12	
2	10	14	14	16	10	16	
3	12	14	16	16	16	15	
4	11	14	15	14	15	17	
5	12	13	15	15	12	16	
6	9	11	12	12	16	13	
7	14	15	16	16	13	16	A.
8	11	15	14	14	16	13	A.

```
       5  6  7  8  9 10 11 12 13 14 15 16 17 18 19 20 21 22 23 24 25
  I    . . . ━━━━━━━━━━━ . . . . . . . . . . . . . .
 II    . . . ━━━━━━━━ . . . . . . . . . . . . . . .
III    . . . ━━━━━━━━━━━ . . . . . . . . . . . . .
 IV    . . . ━━━━━━━━━━━ . . . . . . . . . . . . .
  V    . . . ━━━━━━━━ . . . . . . . . . . . . . . .
```

1. Cf. IV 5; V 2.

	5 6 7 8 9 10 11 12 13 14 15 16 17 18 19 20 21 22 23 24 25
I	. . . . . ————————
II	. . . . ————————————
III	. . . . . ————————————
IV	. . . . . * .
V	. . . . . ————————————

2. Cf. I 1; IV 3; V 4; VIII 7. Nach Religionsstunde vollkommene Erholung, (katholisch, daher von dieser Stunde dispensiert).

	5 6 7 8 9 10 11 12 13 14 15 16 17 18 19 20 21 22 23 24 25
I	. . . . ——— . . . .
II	. . . . ————— . . . .
III	. . . . . . ——————— . . . .
IV	. . . . ———————— . . . .
V	. . . . ——————— . . . .

3. Cf. IV 6; VI 3; VII 6. Erhöhte Anfangszahl. Ursache unbekannt.

	5 6 7 8 9 10 11 12 13 14 15 16 17 18 19 20 21 22 23 24 25
I	. . . . . ———————
II	. . . . . . ———————
III	. . . . . . ———————
IV	. . . . . . ———————
V	. . . . . . ———————————

4. Cf. VI 7; VII 7.

```
    | 5  6  7  8  9  10 11 12 13 14 15 16 17 18 19 20 21 22 23 24 25
  I |  . . . . . .  —  . . . . . . . . . . . . .
 II |  . . . . . . .  ——— . . . . . . . . . . .
III |  . . . . . . .  ——— . . . . . . . . . . .
 IV |  . . . . . . .  *  . . . . . . . . . . .
  V |  . . . . . . .  ———  . . . . . . . . . .
```

5. Cf. III 1; VI 8; VII 3.   Anfangszahl erhöht.   Schläfrig.
Nach Religionsstunde Erholung.   Grund wie No. 2.

```
    | 5  6  7  8  9  10 11 12 13 14 15 16 17 18 19 20 21 22 23 24 25
  I |  . . . .  ———  . . . . . . . . . . . . . . .
 II |  . . . .  ——  . . . . . . . . . . . . . . .
III |  . . .  ——————  . . . . . . . . . . . . . .
 IV |  . . .  ——————  . . . . . . . . . . . . . .
  V |      ——————  . . .
```

6. Cf. VIII 6. Die einzige Kurve, welche nach Religion beträchtlichen Anstieg zeigt.

```
    | 5  6  7  8  9  10 11 12 13 14 15 16 17 18 19 20 21 22 23 24 25
  I |  . . . . . . .  —  . . . . . . . . . . . .
 II |  . . . . . . . .  ——  . . . . . . . . . .
III |  . . . . . . .  ——  . . . . . . . . . . .
 IV |  . . . . . . . . . .  ......  . . . . . . .
  V |  . . . . . . . . .  ———  . . . . . . . . .
```

7. Cf. VI 5; VIII 3.   Hohe Anfangszahl.   Auswärtiger.

	5 6 7 8 9 10 11 12 13 14 15 16 17 18 19 20 21 22 23 24 25
I	. . . . ———— . . . .
II	. . . . ———— . . . .
III	. . . . ———— . . . .
IV	. . . . ———— . . . . '. .
V	. . . . ———— . . . .

8. Cf. II, 4; V, 5; VI, 6; VII, 8; VIII, 4. Auswärtiger. Anfangszahl ausnahmsweise nicht erhöht; macht gegen sonst frischeren Eindruck.

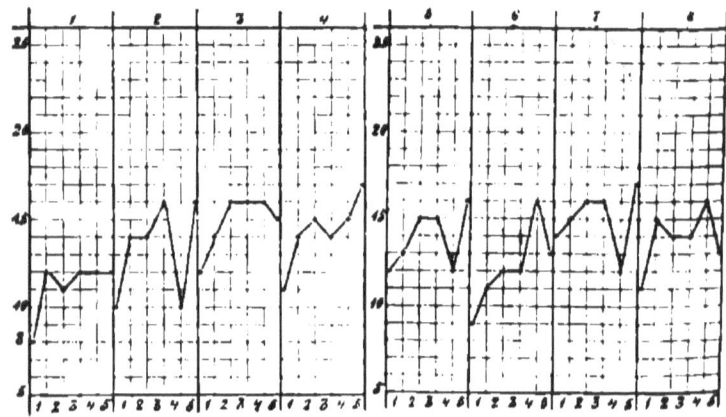

Höchste Anfangszahl bei S. 7 (Auswärtiger). Erhöhungen auch bei S. 3, 5 (Ende des Schuljahres?). Stärkste Ermüdungsgrade bei S. 7, 4, 3, (alle aufmerksam). Bemerkenswert die völlige Erholung von S. 2, 5 nach der Freistunde während Religion (als Katholiken dispensiert).

X. Donnerstag, 5. März.

Schüler	Vor dem Unterricht	Nach Lat. Ex.	Nach Zeichnen	Nach Algebra	Nach Griechisch	Nach Geographie	4 Uhr p. m.	Bemerkungen
1	10	17	19	17	19	19	17	
2	12	15	17	15	13	14	14	N.
3	11	14	12	16	13	16	12	
4	14	16	12	16	16	15	14	A.
5	10	16	16	15	15	14	15	
6	11	15	14	13	14	13	12	
7	17	16	15	15	15	12	19	A.
8	5	10	12	12	12	11	8	V.

	5 6 7 8 9 10 11 12 13 14 15 16 17 18 19 20 21 22 23 24 25
I	. . . . ▬▬▬▬▬▬▬▬▬▬▬▬ . . . . . .
II	. . . . ▬▬▬▬▬▬▬▬▬▬▬▬▬ . . . . .
III	. . . . ▬▬▬▬▬▬▬▬ . . . .
IV	. . . . ▬▬▬▬▬▬▬▬▬▬▬ . . . . . .
V	. . . . ▬▬▬▬▬▬▬▬ . . . .
VI	. . . . ▬▬▬▬▬▬▬▬▬ . . . .

1. Cf. I 1; IV 3; V 4; VIII 7; IX 2.

2. Cf. III 5; IV 1; V 1; VII 2; VIII 8.

3. Cf. VI 7; VII 7; IX 4.

4. Cf. II 4; V 5; VI 6; VII 8; VIII 4; IX 8.

5. Cf. IV 6; VII 3; VII 6; IX 3.

6. Cf. II 2; IV 8; VII 4.

7. Cf. VI 8; VIII 3; IX 7; X 9.

	5 6 7 8 9 10 11 12 13 14 15 16 17 18 19 20 21 22 23 24 25
I	———————— . . . .
II	———————— . . . .
III	—————————— . . . .
IV	———————— . . . .
V	——————— . . . .
VI	——— . . . .

8. Cf. X 10.

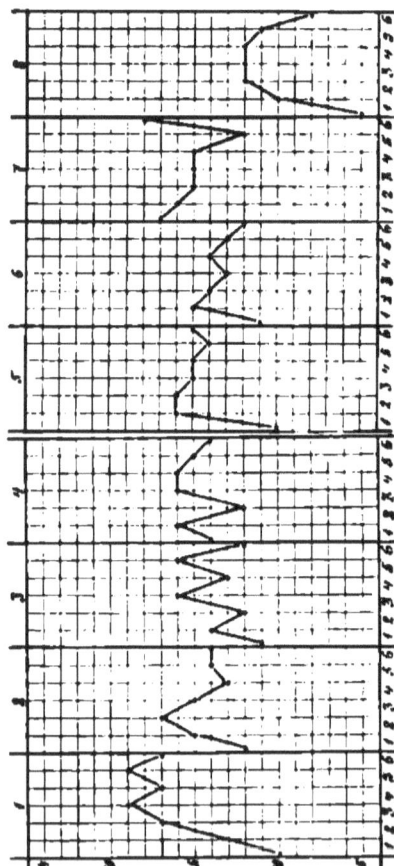

Erhöhte Anfangszahl bei No. 2 (nervös), 4 und 7 (auswärtig). Erholung nach Zeichnen bei S. 4 (sehr schlechter Zeichner). No. 4 und 7 sind ausgeprägte Übermüdungskurven: hohe Anfangszahl, hohe Endzahl; beidenfalls relativ erholend Zeichnen und Geographie; bei 7 am Nachmittag noch höhere Ermüdung als am Schulbeginn. Nachmittagsunterricht: Nach drei Stunden Pause nur bei No. 4 Anfangszahl 14 wieder erreicht, also keine wirkliche Erholung; fast erholt sind S. 3 und 6, dagegen nicht erholt S. 1, 2, 5, 7, 8.

XI.

Der Merkwürdigkeit wegen sollen unter No. 1–4 noch einige von dem auswärtigen Untertertianer VI. 5 am 24., 31., bezw.

25. Januar und am 3. Februar erhaltene Kurven mitgeteilt werden.

```
    10 11 12 13 14 15 16 17 18 19 20 21 22 23 24 25 26 27 28 29 30
I                         . . — .
II
III                            ———
IV   . . . . . . . . . — . . . . . . . . .
```
1. I. Griechisch, II. Mathematik, III. Französisch, IV. Latein.

```
    10 11 12 13 14 15 16 17 18 19 20 21 22 23 24 25 26 27 28 29 30
I                         *  .
II                     .  ...........
III                    .  ———
IV     . .  ——————      . . . . . . .
```
2. I. Griechisch, II. Mathematik, III. Französisch, IV. Latein.

```
    10 11 12 13 14 15 16 17 18 19 20 21 22 23 24 25 26 27 28 29 30
I     . .                         . . .
II
III   . .  .  —————             . . .
IV    . . . .   ——————————       . . . . .
```
3. I. Griechisch, II. Französisch, III. Zeichnen, IV. Mathematik.

```
    10 11 12 13 14 15 16 17 18 19 20 21 22 23 24 25 26 27 28 29 30
I
II
III                ———————
IV    . .  ————————           . . . . . . . . .
```
4. I. Latein, II. Griechisch, III. Mathematik, IV. Turnen.

Die betr. Stundenfolge ist bei Kurve 1 und 2 (Freitag, 24., resp. 31. Januar): Griechisch, Mathematik, Französisch, Latein; bei Kurve 3 (Samstag, 3. Januar): Griechisch, Französisch, Zeichnen, Mathematik:

bei Kurve 4 (Montag, 3. Februar): Latein, Griechisch, Mathematik, Turnen. Alle 4 Kurven zeigen, trotz des so verschiedenartigen Stundenplanes, relative Erholung nach der zweiten, erneute Ermüdung nach der dritten Stunde (vielleicht infolge des 10 Uhr-Frühstücks?)

Als Gegenstück ist eine von einem durchaus normalen Schüler gewonnene Kurve beigefügt. (5)

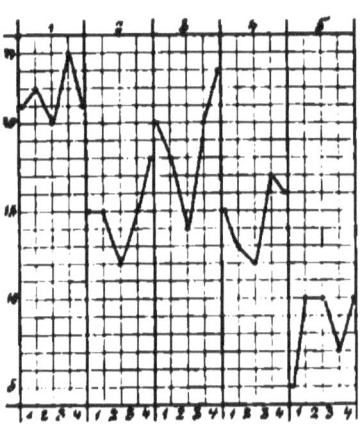

§ 8. Übersicht über die Messungen in Untertertia.

Eine Vergleichung der Ermüdungskurven von Untertertia mit denen von Quarta ergiebt in ersterer Klasse durchschnittlich geringere Ermüdungsgrade als in letzterer. In der Hauptsache dürfte die Erscheinung zweifellos nur der Ausdruck dafür sein, dass die Individualität der Lehrer nicht minder als der Stoff den Grad der Ermüdung bedingt.

Dass in Quarta für einzelne Tage und Schüler die Grenze des Normalen übersteigende Ermüdungsgrade vorkommen, lässt sich nicht bezweifeln; es betrifft dies (von Auswärtigen abgesehen) einige sehr aufmerksame und dabei körperlich nicht sehr starke Schüler. Von einer allgemeinen, durch den Unterricht an sich bedingten Überbürdung kann dabei keine Rede sein; die Erscheinung beruht auf dem Zusammentreffen von Umständen, die einer Beeinflussung durch äussere Massregeln ihrer Natur nach nicht zugänglich sein können. (Mehr darüber am Schluss des Ganzen). Erhöhte Anfangszahlen sind wie in Quarta bei Auswärtigen, Nervösen, zu früh Aufgestandenen und Indisponierten zu bemerken; ein Herabgehen der anfänglichen Ermüdung zeigt sich sodann häufig bei Nervösen, seltener bei Auswärtigen, kaum bei Indisponierten; letztere zeigen überhaupt in ihren Kurven fast gar keine Bewegung; sie sind nur wenig im Stand dem Unterricht zu folgen, können daher nicht merkbar mehr ermüden als am Schulbeginn. Im Ganzen zeigen sich die in Quarta gefundenen Besonderheiten durch die Ergebnisse in Untertertia durchweg bestätigt, wie die Einzelbetrachtung schon ergeben hat. Von Interesse dürfte besonders die Thatsache sein, dass nach von Accessisten gehaltenen Stunden die Ermüdung vielfach minimal, nach Freistunden (von Religion dispensierte Katholiken) aber null ist.

§ 9. Messungen in Obertertia.

I. Mittwoch, 12. Februar.

Bemerkungen	↘	↘	↘			↘
Nach Geschichte	8	10	10	12	14	14
Nach Xenophon	10	14	15	12	14	14
Nach Chemie	11	11	16	13	14	12
Nach Algebra	10	14	13	12	14	11
Nach „Cäsar"	9	12	10	14	11	15
Vor dem Unterricht	3	7	21	10	10	3
Schüler	1	2	3	4	5	6

	2 3 4 5 6 7 8 9 10 11 12 13 14 15 16 17 18 19 20
I	. ——————— . . . .
II	. ——————————— . . . . .
III	. —————————————— . . . .
IV	———————————————— . . . . .
V	. ———————————— . . . .

1. Begabung, Fleiss und Aufmerksamkeit gut; sonst nichts Besonderes zu bemerken. Normale Kurve.

	2 3 4 5 6 7 8 9 10 11 12 13 14 15 16 17 18 19 20
I	. . . . . ———————— . . . . . .
II	. . . . . —————————— . . . . .
III	. . . . . ———————— . . . . .
IV	. . . . . ———————— . .
V	. . . . . —————— . . . . .

2. Begabung, Fleiss und Aufmerksamkeit gut. Mässige Nervosität, geringe Anämie.

	2 3 4 5 6 7 8 9 10 11 12 13 14 15 16 17 18 19 20
I	———————— . . . .
II	—————————————— . . . .
III	——————————————— · —————— . . . .
IV	—————————————————
V	—————————————— . . . . . .

3. Begabung mässig, Fleiss u. Aufmerksamkeit gut; etwas anämisch.

	2 3 4 5 6 7 8 9 10 11 12 13 14 15 16 17 18 19 20
I	. . . ———— . . . .
II	. . . . . . ——— . . . . .
III	. . . . . . ———— . . . . .
IV	. . . . ———— . . . . .
V	. . . . . . ——— . . . . . .

4. Begabung, Fleiss, Aufmerksamkeit mittelmässig; Auswärtiger.

	2	3	4	5	6	7	8	9	10	11	12	13	14	15	16	17	18	19	20
I	.	.	.	.	.	.	.	.	.	—			.	.	.	.	.	.	.
II	.	.	.	.	.	.	.	.	.	—			.	.	.	.	.	.	.
III	.	.	.	.	.	.	.	.	.		—	—	.	.	.	.	.	.	.
IV	.	.	.	.	.	.	.	.	.		—	—	.	.	.	.	.	.	.
V	.	.	.	.	.	.	.	.	.		—	—	—	.	.	.	.	.	.

5. Begabung, Fleiss, Aufmerksamkeit gut; leichte Nervosität.

	2	3	4	5	6	7	8	9	10	11	12	13	14	15	16	17	18	19	20
I	.	————————————————	.	.	.	.	.	.
II	.	——————————————	.	.	.	.	.	.
III	.	————————————	.	.	.	.	.	.
IV	.	——————————	.	.	.	.	.	.
V	.	————————	.	.	.	.	.	.

6. Begabung gering, Fleiss und Aufmerksamkeit hinreichend; Konstitution schwächlich.

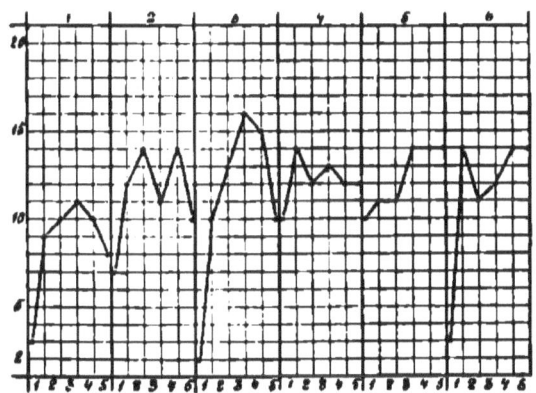

Am meisten normal erscheint Kurve 1; die höheren Ermüdungsgrade bei S. 3 und S. 6 dürften der mit mässiger Begabung verbundenen Aufmerksamkeit dieser Schüler entspringen, die nur unter höherem Kraftaufwand dem Unterricht zu folgen imstande sind. Die mässigen Ermüdungsgrade bei K. 4 entsprechen der mässigen Aufmerksamkeit dieses Schülers.

Bei K. 3 liegt fast Überanstrengung vor, (der Schüler ist bestrebt zu lernen, seine Kraft reicht aber nicht aus). Die erhöhte Anfangszahl (V. 7) bei K. 2 dürfte Folge von Nervosität sein.

II. Donnerstag, 13. Februar.

Schüler	Vor dem Unterricht	Aufsatz		Nach Xenophon	Nach Lat. Gramm.	Turnen	4 h.	Bemerkungen
		Nach Deutsch	Nach Deutsch					
1	2	14	16	11	11	11	11	V.
2	10	16	15	18	14	13	16	
3	10	14	14	13	15	14	14	
4	10	19	18	16	16	19	16	
5	10	13	15	16	16	16	15	
6	11	16	21	18	20	19	18	
7	10	14	15	11	12	14	12	
8	12	18	19	12	13	19	16	

```
    | 2 3 4 5 6 7 8 9 10 11 12 13 14 15 16 17 18 19 20
  I |  ─────────────────────────  . . . . . .
 II |  ─────────────────────────────
III |      ─────────────────────  . . . . . . .
 IV |      ─────────────────────  . . . . . .
  V |      ─────────────────  . . . . . . . .
 VI |      ───────────────────────  . . . . . .
```

1. Begabung sehr gut, Fleiss wechselnd, Aufmerksamkeit sehr gut.

2. Begabung, Fleiss und Aufmerksamkeit mässig; Gesichtsfarbe blass, Panniculus gering, Muskulatur schwach.

3. Begabung, Fleiss, Aufmerksamkeit gut.

4. Begabung, Fleiss und Aufmerksamkeit sehr gut.

100

	2	3	4	5	6	7	8	9	10	11	12	13	14	15	16	17	18	19	20
I	.	.	.	.		.				▬▬▬▬▬			.	.	.	.	.		
II	.								.	▬▬▬▬▬▬									
III	.	.	.	.					.	▬▬▬▬▬▬									
IV	.	.	.	.					.	▬▬▬▬▬▬			.	.	.				
V	.	.	.	.	.					▬▬▬▬▬▬									
VI	.	.	.	.		.				▬▬▬▬▬▬									

5. Begabung und Fleiss mittelmässig, Aufmerksamkeit wechselnd; Epileptiker, Stigmata.

	2	3	4	5	6	7	8	9	10	11	12	13	14	15	16	17	18	19	20	21
I	.	.	.	.	.	.	.	.	.		▬▬▬▬▬▬			.	.	.	.	.		
II	.	.	.	.	.	.	.	.	.		▬▬▬▬▬▬▬▬▬									
III	.	.	.	.	.	.	.	.	.		▬▬▬▬▬▬▬				.	.				
IV	.	.	.	.	.	.	.	.	.		▬▬▬▬▬▬▬▬▬					.				
V	.	.	.	.	.	.	.	.	.		▬▬▬▬▬▬▬▬▬					.				
VI	.	.	.	.	.	.	.	.	.		▬▬▬▬▬▬				.	.	.			

6. Begabung sehr gering, Fleiss und Aufmerksamkeit im Allgemeinen mittelmässig.

	2	3	4	5	6	7	8	9	10	11	12	13	14	15	16	17	18	19	20
I	.	.	.	.	.	.	.	.	.		▬▬▬▬▬▬			.	.	.	.	.	
II	.	.	.	.	.	.	.	.			▬▬▬▬▬								
III	.	.								▬▬			.	.	.	.	.	.	
IV	.	.	.	.	.					▬▬▬				.	.	.	.		
V	.	.								▬▬▬▬			.	.	.				
VI	.	.	.	.	.	.	.	.		▬▬			.	.	.	.	.		

7. Begabung und Fleiss gut, Aufmerksamkeit sehr wechselnd. Nervös. Auswärtiger.

	2 3 4 5 6 7 8 9 10 11 12 13 14 15 16 17 18 19 20
I	. . . . ———————— . .
II	. . . . ———————— .
III	. . . . * . . . .
IV	. . . . — . . . .
V	. . . . ———————— .
VI	. . . . ———————— . . .

8. Begabung und Fleiss mittelmässig, Aufmerksamkeit befriedigend.

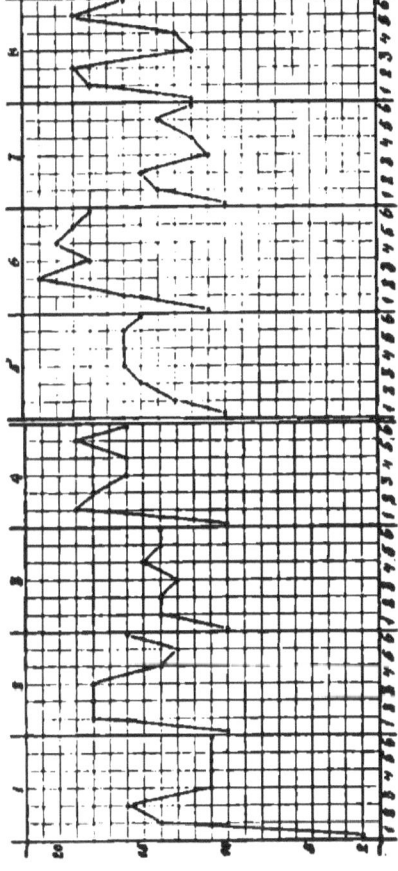

Durch besonders hohe Ermüdungssummen fallen S. 1 und 4 auf, beide sehr aufmerksame Schüler, sodann S. 2 und 6, an Begabung gering, denen es Mühe macht, dem Unterricht zu folgen. Besonders niedrige Ermüdungsgrade zeigt S. 7, ein zeitweise sehr aufmerksamer Schüler, der gern kleine Störungen im Unterricht herbeiführt. Die Anfangszahl ist erhöht bei S. 8; infolge mässiger Begabung hat dieser Schüler grosse Mühe dem Unterricht zu folgen (tritt aus der Klasse aus). Die höchsten Emüdungsgrade zeigt der aufmerksamste, die niedrigsten der unaufmerksamste Schüler der Klasse (1, resp. 7). Es könnte vielleicht auffällig erscheinen, dass am Ende der zweiten Aufsatzstunde die Ermüdung bei S. 2 und S. 4 nicht höher ist, als nach der ersten; doch erklärt sich dies wohl einfach daraus, dass die Schüler in der zweiten Stunde überwiegend einschrieben und dabei schon die Erholung einsetzte. Wie zu erwarten, hat die erste Aufsatz-Stunde überall deutliche Sensibilitätsabnahme bewirkt. Viel weniger anstrengend war die dritte Stunde (Xenophon).

Die Ermüdungen durch die Turnstunde erreichen in 6 Fällen den Betrag der Aufsatzstunde.

Nachmittags, nach drei Stunden Pause, ist die Ermüdung fast durchweg dieselbe wie 1 Uhr Vormittags, bei S. 2 relativ noch etwas höher, bei S. 4, 7, 8 etwas niedriger, nirgends aber ist völlige Erholung eingetreten; die relativ grösste Annäherung an die Anfangszahl zeigt S. 7, der sich überhaupt nicht besonders angestrengt hat.

III. Mittwoch, 19. Februar.

Schüler	Vor dem Unterricht	Nach Lat. Grammatik	Nach Algebra	Nach Chemie	Nach Xenophon	Nach Geschichte	Bemerkungen
1	5	6	13	10	8	10	V.
2	7	4	12	12	12	11	V.
3	10	16	16	14	12	13	
4	10	13	12	15	15	15	

```
    | 2  3  4  5  6  7  8  9 10 11 12 13 14 15 16 17 18 19 20
  I |   . . ━    . . . . . . . . . . . . . . .
 II |   . . ━━━━━━━━━━━━━━━━━━━━━━   . . . . . . .
III |   . . ━━━━━━━━━━━━━    . . . . . . . . .
 IV |   . . ━━━━━━━━━    . . . . . . . . . . .
  V |   . . ━━━━━━━━━━━    . . . . . . . . . .
```

1. Cf. II 7.

```
    | 2  3  4  5  6  7  8  9 10 11 12 13 14 15 16 17 18 19 20
  I |  . . ┄┄┄┄┄ .    . . . . . . . . . . . . . .
 II |  . . ━━━━━━━━━━━━━━━    . . . . . . . . . .
III |  . . ━━━━━━━━━━━━━    . . . . . . . . . .
 IV |  . . ━━━━━━━━━━━━    . . . . . . . . . . .
  V |  . . ━━━━━━━━━━━━    . . . . . . . . . . .
```

2. Cf. I 4. Merkwürdigerweise hat hier die erste Schulstunde erholend gewirkt.

```
    | 2  3  4  5  6  7  8  9 10 11 12 13 14 15 16 17 18 19 20
  I |  . . . . . . . . ━━━━━━━━━━━━━    . . . .
 II |  . . . . . . . . ━━━━━━━━━━━    . . . . .
III |  . . . . . . . . ━━━━━━━━    . . . . . .
 IV |  . . . . . . . . ━━━━    . . . . . . . .
  V |  . . . . . . . . ━━━    . . . . . . . . .
```

3. Begabung mittelmässig, Fleiss und Aufmerksamkeit befriedigend.

```
    | 2  3  4  5  6  7  8  9 10 11 12 13 14 15 16 17 18 19 20
  I |  . . . . . . . ━━━━━━    . . . . . . . .
 II |  . . . . . . . ━━━━    . . . . . . . . .
III |  . . . . . . . ━━━━━    . . . . . . . .
 IV |  . . . . . . . ━━━━━━    . . . . . . . .
  V |  . . . . . . . ━━━━━━━    . . . . . . . .
```

4. Begabung, Fleiss und Aufmerksamkeit befriedigend.

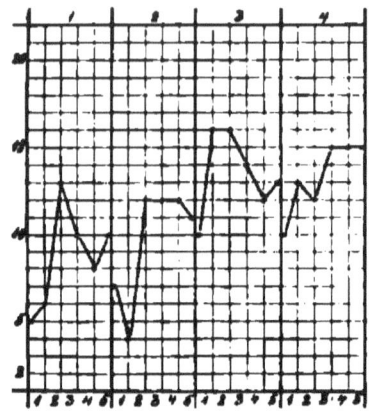

Anfangszahl erhöht bei S. 2 (Auswärtiger). Am meisten hat Mathematik, am wenigsten die Xenophonstunde angestrengt.

IV. Donnerstag, 20. Februar.

Schüler	Vor dem Unterricht	Nach Griech.	Nach Xenophon	Nach Latein	Nach Latein	Nach Turnen	4 h. p. m.	Bemerkungen
1	2	4	5	5	7	7	2	V.
2	15	14	19	13	16	17	18	A.
3	3	5.	5	8	10	12	10	V.
4	15	10	17	15	13	11	14	
5	2	3	10	6	8	9	9	V.

```
            2  3  4  5  6  7  8  9  10 11 12 13 14 15 16 17 18 19 20
     I     ─────
    II     ───────
   III     ─────────
    IV     ─────────────
     V     ─────────────
    VI     *
```

1. Begabung, Fleiss, Aufmerksamkeit befriedigend. Turnen hat dieselbe Ermüdung wie Latein erzeugt (1 ist guter Turner).

```
            2  3  4  5  6  7  8  9  10 11 12 13 14 15 16 17 18 19 20
     I                                      ····*
    II                                            ─────────────
   III                                   ·····*
    IV                                      ──────────
     V                                      ──────────
    VI                                      ──────────
```

2. Begabung gering, Fleiss und Aufmerksamkeit wechselnd. Auswärtiger.

```
            2  3  4  5  6  7  8  9  10 11 12 13 14 15 16 17 18 19 20
     I     . ─────
    II     . ─────
   III     . ─────────────
    IV     . ─────────────────
     V     . ─────────────────
    VI     . ─────────────
```

3. Cf. II 1. Turnen hat mehr ermüdet, als irgend eine andere Stunde. (Guter Turner).

	2	3	4	5	6	7	8	9	10	11	12	13	14	15	16	17	18	19	20
I	.	.	.	.	.	.	.	.	....						.	.	.	.	.
II	.	.	.	.	.	.	.	.	———————————							.	.	.	.
III	.	.	.	.	.	.	.	.	—————				.	.	.	.	.	.	.
IV	.	.	.	.	.	.	.	.	————			.	.	.	.	.	.	.	.
V	.	.	.	.	.	.	.	.	—	.	.	.	.	.	.	.	.	.	.
VI	.	.	.	.	.	.	.	.	————			.	.	.	.	.	.	.	.

4. Cf. II 6. Indisponiert (Gesichtsfarbe blass; giebt an, schlecht geschlafen zu haben).

	2	3	4	5	6	7	8	9	10	11	12	13	14	15	16	17	18	19	20
I	—	.	.	.	.	.	.	.	.	.	.	.	.	.	.	.	.	.	.
II	———————————					.	.	.	.	.	.	.	.	.	.	.	.	.	.
III	—————			.	.	.	.	.	.	.	.	.	.	.	.	.	.	.	.
IV	————————				.	.	.	.	.	.	.	.	.	.	.	.	.	.	.
V	———————————					.	.	.	.	.	.	.	.	.	.	.	.	.	.
VI	———————				.	.	.	.	.	.	.	.	.	.	.	.	.	.	.

5. Begabung gering, Fleiss gut, Aufmerksamkeit genügend. Auch hier steht die Ermüdung durch Turnen der durch die anderen Stunden kaum nach.

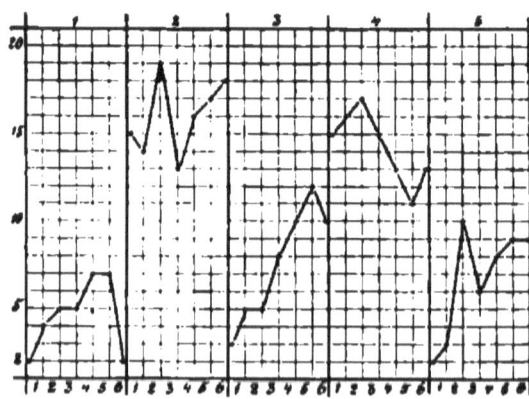

Anfangszahl erhöht bei S. 2 (Auswärtiger) und S. 4 (Indisposition). Turnermüdung bei S. 1, 3 grösser als durch alle anderen Fächer, ebenso gross bei S. 5. Erholung nach Turnen nur bei S. 4, erklärlich aus fast gänzlicher Unthätigkeit. Nach dreistündiger Pause Nachmittags 4 Uhr zeigt sich Erholung nur bei S. 1, mehr ermüdet als am Vormittag ist S. 4; sonst besteht fast genau der Ermüdungsgrad wie Vormittags 1 Uhr.

V. Donnerstag, 12. März.

Schüler	Vor dem Unterricht	Nach Griechisch	Nach Homer	Nach Caesar	Nach Latein	Nach Turnen	Bemerkungen
1	6	17	16	16	16	8	V.
2	14	16	16	16	18	19	A.
3	11	10	12	11	8	10	
4	14	11	11	15	12	21	N.
5	9	17	15	14	13	11	
6	11	16	11	18	15	16	
7	7	13	4	15	15	18	V.

```
      | 5  6  7  8  9  10 11 12 13 14 15 16 17 18 19 20
  I   | .  ─────────────
  II  |    ───────────────────────  . . . .
  III | .  ───────────────────────
  IV  |    ───────────────────  . . .
  V   | .  ──────── . . . . . . . . . . . .
```
1. Cf. IV 1.

108

	5	6	7	8	9	10	11	12	13	14	15	16	17	18	19	20
I	.	.	.	.	.	.	.	.	▬▬	▬▬	.	.	.	.	.	
II	.	.	.	.	.	.	.	.	▬▬	▬▬	.	.	.	.		
III	.	.	.	.	.	.	.	.	▬▬	▬▬	.	.	.	.		
IV	.	.	.	.	.	.	.	.	.	▬▬	▬▬	.	.			
V	.	.	.	.	.	.	.	.	.	▬▬	▬▬	▬▬	.			

2. Cf. IV 2.

	5	6	7	8	9	10	11	12	13	14	15	16	17	18	19	20
I	.	.	.	.	.	….✢	.	.	⁞	.	.	.	.	.	.	.
II	.	.	.	.	.	▬▬	▬▬	.	.	.	.	.	.	.	.	.
III	.	.	.	.	.	▬▬	.	.	.	.	.	.	.	.	.	.
IV	.	.	.	……✢	.	.	.	.	.	.	.	.	.	.	.	.
V	.	.	.	▬▬	▬▬	.	.	.	.	.	.	.	.	.	.	.

3. Cf. I 5.

	5	6	7	8	9	10	11	12	13	14	15	16	17	18	19	20	21
I	.	.	.	.	.	…….…✢	.	.	.	.	.	.	.	.	.	
II	.	.	.	.	.	.	.	✢	.	.	.	.	.	.	.	.	
III	.	.	.	.	.	.	.	▬▬	▬▬	▬▬	.	.	.	.	.	
IV	.	.	.	.	.	.	.	…….✢	.	.	.	.	.	.		
V	.	.	.	.	.	.	.	▬▬▬▬▬▬▬▬▬▬▬▬▬▬

4. Begabung gering. Fleiss und Aufmerksamkeit genügend. Anämisch, nervös, Konstitution mässig kräftig.

	5	6	7	8	9	10	11	12	13	14	15	16	17	18	19	20
I	.	.	.	▬▬▬▬▬▬▬▬▬▬▬	.	.	.
II	.	.	.	▬▬▬▬▬▬▬▬	.	.	.	.	.
III	.	.	.	▬▬▬▬▬▬	.	.	.	.	.	.
IV	.	.	.	▬▬▬	.	.	.	.	.	.	.	.
V	.	.	.	▬▬	.	.	.	.	.	.	.	.	.

5. Cf. I 1.

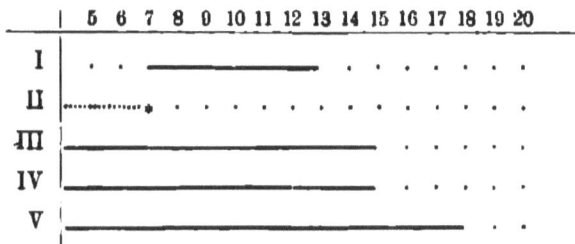

6. Cf. I 3.

7. Cf. IV 5.

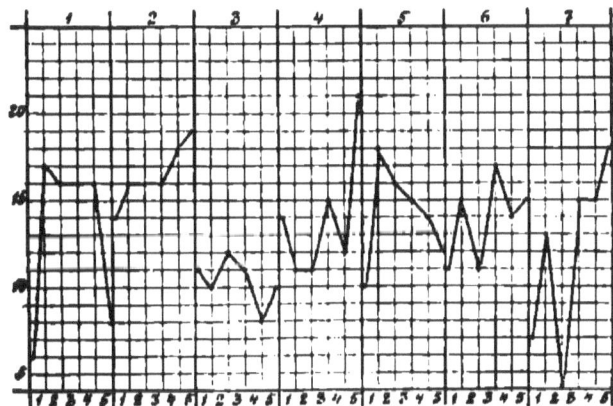

Anfangszahl erhöht bei S. 2 und S. 4, ersterer ein Auswärtiger, letzterer schwächlich, wenig begabt, den Anforderungen zu genügen ausser Stand, also relativ überbürdet. Bei Kurve 1 ist hervorzuheben die Erholung nach der Turnstunde, als seltene Ausnahme, es kontrastieren damit die gerade nach Turnen am stärksten ermüdeten Schüler 4 und 7.

Untersekunda.

Montag, 10. Februar.

Schüler	Vor dem Unterricht	Nach Algebra	Nach Physik	Nach Französisch	Nach Vergil	Nach Xenophon	Bemerkungen
1	10	15	12	15	11	11	
2	10	14	16	13	16	17	
3	9	11	13	17	12	15	
4	5	10	11	10	12	12	V.
5	10	8	12	11	10	12	

```
     5 6 7 8 9 10 11 12 13 14 15 16 17 18 19 20 21 22 23 24 25
 I   . . . . . ―――――――――――――― . . . . . . . . . .
 II  . . . . . ―――――――― . . . . . . . . . . . . .
 III . . . . . ――――――――― . . . . . . . . . . . .
 IV  . . . . . ――― . . . . . . . . . . . . . . .
 V   . . . . . ――― . . . . . . . . . . . . . . .
```

1. Begabung, Fleiss, Aufmerksamkeit befriedigend.

	5 6 7 8 9 10 11 12 13 14 15 16 17 18 19 20 21 22 23 24 25
I	. . . . . ————————— . . . .
II	. . . . . ——————————— . . . .
III	. . . . . ———————— . . . .
IV	. . . . . ——————————— . . . .
V	. . . . . . ————————————— . . . .

2. Begabung, Fleiss und Aufmerksamkeit gut.

	5 6 7 8 9 10 11 12 13 14 15 16 17 18 19 20 21 22 23 24 25
I	. . . . ———— . . . .
II	. . . . ——————————— . . . .
III	. . . . ——————————————— . . . .
IV	. . . . ———————— . . . .
V	. . . . ———————————————— . . . . . .

3. Begabung, Fleiss und Aufmerksamkeit sehr gut.

	5 6 7 8 9 10 11 12 13 14 15 16 17 18 19 20 21 22 23 24 25
I	———————— . . . .
II	———————— . . . .
III	———————— . . . .
IV	——————— . . . .
V	———————— . . . .

4. Begabung gering, Fleiss und Aufmerksamkeit gut.

	5	6	7	8	9	10	11	12	13	14	15	16	17	18	19	20	21	22	23	24	25
I							———														
II								———————												
III								———————												
IV								————												
V								———————												

5. Begabung befriedigend, Fleiss und Aufmerksamkeit im Allgemeinen genügend.

Grösste Ermüdungssumme bei dem unbegabten aber fleissigen Schüler 4, geringste bei dem bisweilen sehr unaufmerksamen S. 5, beträchtliche Ermüdung bei den aufmerksamen S. 2 und 3. Zusammengehalten mit anderen ähnlichen Beobachtungen könnte man fast sagen: Unter sonst gleichen Umständen wächst die Ermüdung mit dem Grade der Aufmerksamkeit, nimmt ab mit der Begabung. Dabei scheint es, als ob sich Begabte durch grosse und sehr rasche Erholungsfähigkeit auszeichneten, Unbegabte durch geringe und langsame.

Übersicht über die Messungen in Obertertia und Untersekunda.

Die Ergebnisse entsprechen ganz denen von Quarta und Untertertia; zur Vermeidung von Wiederholungen wird daher auf diese verwiesen.

Allgemeiner Teil.

Als Hauptergebnis aller Messungen dürfte sich herausgestellt haben, dass die ästhesiometrische Methode Griesbachs thatsächlich ein brauchbares Mittel ist, Ermüdungsgrade festzustellen und quantitativ zu vergleichen.

Weitere Schlüsse aus den erhaltenen Resultaten sind oben schon zum Teil mitgeteilt worden, andere folgen unten.

§ 10. Kennzeichen von Überbürdung.

Zeigt ein Schüler wiederholt hohe Anfangszahlen, so darf man ihn als relativ überbürdet bezeichnen; dauernd herabgesetzte Sensibilität ist also ein Zeichen von Überanstrengung, ob diese Überbürdung dann direkte Folge des Schulbetriebs ist (absolute Überbürdung) oder durch andere Momente (zu frühes Aufstehen bezw. ungenügenden Schlaf als Auswärtiger, Abendarbeit und folgende Morgendepression, zu spätes zu Bett gehen, Nervosität, unhygienische Lebensweise, unpassende Ernährung) bedingt ist, haben weitere Erhebungen festzustellen.

Wenn die Mehrzahl der Schüler einer Klasse erhöhte Anfangszahlen zeigt, ist man natürlich berechtigt, vor allem an den Schulbetrieb selbst zu denken und weitere Untersuchungen in dieser Richtung anzustellen.

Es soll jetzt kurz erörtert werden, ob sich bei den untersuchten Schülern Überbürdungssymptome gezeigt haben. Zunächst ist hervorzuheben, dass sich in Quarta durchschnittlich viel höhere Ermüdungsgrade herausstellten, als in den anderen Klassen, dass also, wenn überhaupt, vor allem in Quarta Überbürdung zu erwarten wäre. Nimmt man die im arithmetischen Hauptmittel aller Messungen gefundenen Zahlen als Norm an, also vor dem Unterricht 10 mm, Steigerung durch den Unterricht um 4—5 mm, so ergiebt sich eine Überschreitung der Anfangszahlen hauptsächlich bei Auswärtigen, sodann bei einigen nervösen Schülern; von einem allgemeinen Vorkommen hoher Anfangszahlen kann dagegen keine Rede sein.

Gegen das Ende des Schuljahres mehren sich allerdings die Erhöhungen, aber zweifellos nur vorübergehend, als Ausdruck einer periodisch gesteigerten Thätigkeit der Schüler. Auch die vorkommenden Ermüdungsgrade halten sich im allgemeinen in den normalen Grenzen: bei einzelnen Schülern treten freilich viel höhere Grade auf; es betrifft dies aber teils auswärtige, teils nervöse, besonders aufmerksame Schüler. Von den ausserordentlichen Ermüdungsgraden in Tafel VII muss natürlich abgesehen werden, da hier ein ausserhalb des gewöhnlichen Unterrichts fallendes Experiment (Ausfall der Pause) vorliegt. Immerhin darf nicht verkannt werden, dass wiederholt in Quarta Ermüdungsgrade sich zeigen, die die Norm übertreffen, offenbar

z. T. aus dem Grunde, weil die Messungen am Ende des Schuljahrs, der arbeitsreichsten Zeit, angestellt wurden, in der, falls überhaupt, am ersten hohe Ermüdungsgrade sich ausbilden können; andererseits muss in Betracht gezogen werden, dass auch die Persönlichkeit der Lehrer ein sehr wichtiger Faktor ist; zunächst liegt kein Grund vor, das Pensum der Quarta zu beschuldigen. Denn nicht der Umstand, dass überhaupt beträchtliche Ermüdungsgrade beobachtet wurden, ist entscheidend — dass ein Schüler nach dem Unterricht müde ist, ist ja weder neu, noch auffällig, noch zu beanstanden — sondern darum handelt es sich, ob abnorme Ermüdungsgrade bei der Mehrzahl der normalen Schüler dauernd und regelmässig aufgetreten sind.

Wenn sich bei unter anderen Verhältnissen vorgenommenen Messungen wieder eine besonders hohe Ermüdung in Quarta zeigt, muss allerdings mit der Möglichkeit gerechnet werden, dass Schüler vom Alter der Quartaner durch den jetzigen Unterricht zu sehr belastet sind.

§ 11. Ursachen von Überbürdung.

Im Anschluss hieran machen sich einige allgemeine Bemerkungen über die Ursachen von Überbürdung notwendig. Es dürfte kaum bezweifelt werden, dass bei der jetzigen Unterrichtsorganisation für Schüler von einer Beanlagung, wie sie das Gymnasium voraussetzen darf, eine Überlastung im Allgemeinen nicht leicht möglich ist.

Bekannte Thatsache ist aber, dass eine gewisse Anzahl der Schüler jene für höhere Berufe erforderliche Beanlagung nicht genügend besitzt; solchen macht es natürlich vielfach Schwierigkeit, ohne eine gewisse Überarbeitung mitzukommen, da sie durch erhöhte Thätigkeit die Mängel ihrer Begabung ausgleichen müssen. Diese Schüler vermag natürlich keine Form des höheren Unterrichtes vor einer gewissen Überbürdung ganz zu schützen.

Andererseits darf nicht ausser Acht gelassen werden, dass die Person des Lehrers unvergleichlich viel mehr ausmacht als der Stoff; beinahe möchte man auf Grund der gemachten Beobachtungen diese Wahrheit dahin zuspitzen, dass der Stoff gar Nichts, die Person Alles entscheidet.

Unter diesem Gesichtspunkt wird man begreiflich finden, dass auch die schönsten Verordnungen und das denkbar niedrigste auf dem Papier fixierte Mass von Anforderungen doch unter Umständen eine stärkere Inanspruchnahme der Schüler nicht aus der Welt zu schaffen im Stande wären.

§ 12. Mittel gegen Überbürdung.

Daher käme schliesslich alles darauf an, dass ungenügend beanlagte Schüler in ihrem eigenen Interesse von höheren Schulen fernbleiben und jeder Lehrer hinreichend mit hygienischen, physiologischen und psychologischen Thatsachen vertraut ist, um beurteilen zu können, was zu erreichen und was zu vermeiden ist.

Zu sehr ist man vielleicht geneigt, vom Mechanismus der Verordnungen und Einrichtungen alles, von dem Einzelnen wenig zu erwarten. Aber damit gut getroffene Verordnungen wirksam werden, muss der Geist, in dem sie abgefasst wurden, jeden, den es angeht, erfüllen. Die Forderung, von den Lehrern in der Lehramtsprüfung auch Kenntnisse in Schulhygiene zu verlangen, dürfte daher kaum zu weit gehen; der Einwand, dass das Verständnis dieses Faches medizinisches Studium voraussetze, ist unhaltbar; die Hygiene ist im wesentlichen eine naturwissenschaftliche Disziplin; ihre Hauptergebnisse kann und sollte eigentlich jeder Gebildete sich aneignen. Nicht weniger wichtig als die ja nicht allzuschwer zu erwerbende Kenntnis hygienischer Lehren dürfte dabei der Umstand sein, dass es vor allem nötig ist, das Interesse für hygienische Fragen wachzurufen und hygienische Denkweise zu erwecken; am zweckmässigsten wäre vielleicht eine Vorlesung über Schulhygiene, gehalten vom Vertreter der Hygiene oder der Pädagogik.[1]

§ 13. Unterrichtsmethode.

Von nicht geringer Bedeutung für die Überbürdungsfrage ist auch die Methode, nach der unterrichtet wird. (Hausaufgaben,

---

[1] In Giessen unter regster Beteiligung bereits erfolgreich geschehen.

Gedächtnisarbeit etc.) Wie schon die tägliche Erfahrung Jedermann zeigt, wirkt nichts so ermüdend, als eine unter Unlustgefühlen vor sich gehende Arbeit, z. B. das Anhören eines langweiligen Vortrags. Der Unterricht muss demnach darauf ausgehen, Lustgefühle zu erwecken, darf also vor allem nicht langweilig sein. Dass dies nicht bei jedem Stoff gleich gut möglich ist, dass eine Zoologiestunde den Schülern z. B. mehr Lust erweckt als eine Stunde Grammatik, ist selbstverständlich. Gerade aber bei solchen undankbaren Stoffen kann eine psychologische Methodik, die durch Heranziehung geeigneter Assoziationen das Interesse der Schüler für den behandelten Gegenstand wachruft, doch von grossem Wert sein.

Werden dabei durch Anwendung der fragenden Unterrichtsform, klare Disposition, möglichste Anschaulichkeit, die Schüler zur Selbstthätigkeit erregt, so dass die Stunde unter Lustgefühl, zum mindesten ohne Unlustgefühl verläuft, so ist durch eine solche Methodik offenbar nicht nur pädagogischen, sondern auch hygienischen Zwecken gedient. Jene Unterrichtsweise, die man kurz als Herbart'sche Methode bezeichnet, dürfte sich also nicht nur aus pädagogischen, sondern auch aus hygienischen Gründen empfehlen; sie dürfte besonders geeignet sein, ausgedehnte Haus- und Gedächtnis-Arbeit entbehrlich zu machen.

Die Vorzüge eines hygienisch betriebenen Schulwesens können aber erst dann zur vollen Geltung gelangen, wenn auch von Seiten des Elternhauses entsprechend verfahren wird. Dass hier noch nicht alles so ist, wie es sein könnte, weiss jeder Arzt; immer noch zeichnen sich viele Gebildete durch eine grosse Unkenntniss hygienischer Fundamentalregeln aus. Hier sollen nur einige Punkte kurz berührt werden: die Hygiene der Erholung (Musikstunden), des Schlafes (Schlafzeit), der Ernährung (Alkohol).

§ 14. Schlafzeit.

Bezüglich der Schlafzeit sind nicht übermässig viel Mängel zur Beobachtung gekommen, selbstverständlich von den Auswärtigen abgesehen. Inwieweit es möglich ist, zu verhüten, dass kleine Jungen von elf Jahren im Winter schon vor 6 Uhr aufstehen müssen, um die Kirche zu besuchen, mag dahingestellt bleiben. Abgesehen davon ist es sicherlich fehlerhaft, elfjährige Jungen, die um 7 Uhr aufstehen müssen, erst um 11 Uhr ins Bett zu schicken. Von den Untersuchten zeigten immerhin noch 28 % mangelhafte Schlafzeit, vorwiegend solche, die auch im Unterricht vielfach den Eindruck von „Schlafhauben" machten, eine Erscheinung, die sich hiermit sehr einfach erklärt.

§ 15. Musikunterricht.

Nicht so selten ist die Verfehlung, Schüler, die an sich schwächlich und nervös sind und dem Unterricht nur mit Mühe folgen, noch mit Musikstunden zu plagen. Ein Schüler, dem die Schule allein schon Schwierigkeiten macht, darf nicht noch mehr belastet werden, am allerwenigsten mit Musikstunden, die das Nervensystem so ausserordentlich in Anspruch nehmen und für sich bereits nervös zu machen imstande sind. Ob es dabei Zufall oder kausale Beziehung war, dass unter den musiktreibenden Schülern $2/3$ gerade zu den schwächsten ihrer Klasse gehörten, mag dahingestellt bleiben, aber bemerkenswert dürfte diese Thatsache doch erscheinen.

§ 16. Alkohol.

Häufiger noch scheint gegen Grundregeln der Ernährungshygiene verstossen zu werden. Hier soll nur ein Punkt herausgegriffen werden, der das am Abend genossene Getränk betrifft. Es kann wohl nicht als Beweis für allgemeine Kenntnis hygienischer Lehren gelten, wenn von elf- bis zwölfjährigen Schülern fast mehr als 50% am Abend regelmässig Bier oder sogar Wein als Getränk erhalten.

§ 17. Nervosität.

Dass alle diese Alkohol geniessenden Schüler für den Laien erkennbare nervöse Symptome gezeigt hätten, was nach den Darlegungen von SCAUSCANY vielleicht erwartet werden könnte, kann nicht gesagt werden. Immerhin waren solche innerhalb dieser Gruppe bei der Hälfte wahrnehmbar, von der anderen Gruppe dagegen bei keinem einzigen, ausgenommen ein Schüler, bei dem aber eine organische chronische Erkrankung (Herzaffektion) als Ursache verantwortlich zu machen ist. Dass Alkohol eine der Hauptquellen von Nervosität ist, darüber ist man heutzutage wohl einig; jedoch nicht in dem Sinn, dass er Nervosität erzeugen muss; eine gesunde Konstitution vermag dieses Nervengift zu überwinden. Die Beobachtungen lassen sich hiernach leicht erklären. Eine gewisse Schwierigkeit liegt dabei in der Diagnose auf Nervosität. Bei ausgeprägten Fällen wird kein Arzt im Zweifel sein. Aber bei leichteren Formen ist es oft schwer zu entscheiden, ob eine noch in physiologischer Breite liegende etwas erhöhte Erregbarkeit des Gefässsystems und dergl. vorliegt, oder ein pathologischer Zustand.[1]) Die hohen Prozente von Schuschny beruhen vielleicht z. T. darauf, dass auch leichte vasomotorische Erregbarkeit als Nervosität diagnostiziert wurde.

Am besten ist es zweifellos, dem noch in der Entwicklung begriffenen Organismus den Alkohol (Bier, Wein) ganz fernzuhalten; neben der erregenden Wirkung auf das Gehirn ist auch die auf die Genitalorgane dabei nicht ausser acht zu lassen, da sie den Anreiz zu Onanie zu liefern im Stande ist.

Dass der Alkohol ein nicht harmloses Gift ist, darüber besteht in der Wissenschaft kaum noch Streit, ebenso dass seine Schädlichkeit für Kinder bedeutend grösser ist als für Erwachsene und dass bei Kindern schon nachteilige Folgen eintreten können durch Dosen, die Erwachsene anstandslos vertragen. Bei regelmässigem Genuss ist die Schädlichkeit natürlich am grössten.

Bei Kindern bewirkt der Alkohol jedenfalls durch die von ihm erzeugten Kongestionszustände und durch seine unmittelbare Einwirkung auf die centralen Elemente häufig eine abnorme Entwicklung des Centralnervensystems. Es ist daher eine heutzutage wohl von allen Hygienikern erhobene und gebilligte Forderung, unerwachsenen Menschen überhaupt keinen Alkohol, in welcher Form auch, zu verabreichen. Die schädliche Wirkung hängt natürlich von der Konzentration ab, so dass Wein nachteiliger ist als Bier, aber harmlos ist auch Biergenuss nicht.

---

[1]) Auch das Rosenbach'sche Symptom scheint nicht pathognomonisch zu sein.

§ 18. Schulbeginn.

Hieran anschliessend soll noch ein weiterer Punkt der Schulhygiene, gegen den öfter gefehlt wird, Besprechung finden, nämlich die **Frage des Schulbeginns**. Wie schon bemerkt, haben die Messungen gezeigt, dass eine absolute (durch die Schule bedingte) Überbürdung nicht vorhanden war, dass aber einzelne Schüler Symptome von relativer Überbürdung aufwiesen, herabgesetzte Sensibilität, dauernd verringerte Aufmerksamkeit, Schlaffheit. Diese Erscheinungen traten etwas häufiger und stärker Ende Februar auf und sind allem Anschein nach auf leichte Erkrankungen an zu jener Zeit auf getretener Influenza zu beziehen.

Anders liegt die Sache bei einem Schüler der Untertertia, der sich durch grosse Schlaffheit, Unfähigkeit dem Unterricht zu folgen, herabgesetzte Sensibilität, Anämie und Nervosität auszeichnete. Die Ursache dürfte hier in zwei Fehlern liegen, die ihrer allgemeinen hygienischen und pädagogischen Bedeutung wegen besonders hervorgehoben werden sollen.

Erstens war dieser an sich schwächliche Junge schon vor dem 6. Jahr in die Schule geschickt worden, zweitens erhielt er Abends regelmässig als „Stärkungsmittel" für seine schwachen Nerven Wein. Nicht so selten kann man beobachten, dass ein Junge von seinen Eltern möglichst früh in die Schule geschickt wird, in der guten aber irrigen Meinung, dass er dann auch die Schule möglichst früh verlassen werde. Ob er die erforderliche Kraft hat, darnach wird häufig nicht gefragt oder es wird geglaubt, dass er bei seiner Begabung schon mitkommen werde. Die ersten Jahre geht vielleicht auch alles gut, aber allmählich mit den steigenden Anforderungen erlahmen die Kräfte, es wird Nachhülfe erforderlich, mit jeder neuen Klasse türmen sich die Schwierigkeiten höher empor: vorzeitig, ohne abgeschlossene Bildung, wird die Schule verlassen.

Alles wäre vielleicht anders gegangen, die Schule anstandslos absolviert worden, wenn der Schüler nicht zu früh in die Schule gekommen wäre. Die Beobachtung ist nicht selten, dass auch Schüler von relativ geringerer Begabung das Pensum einer Klasse zu bewältigen vermögen, falls sie nur etwas älter, reifer und kräftiger sind. Nicht eindringlich genug sollte davor gewarnt werden, die Kinder vorzeitig in die Schule zu schicken; der vermeintliche Zeitverlust wird reichlich ausgeglichen durch regelmässige Versetzungen und normale körperliche und geistige Entwicklung. Fast möchte man sagen: Will man sicher erleben, dass die Schule zu spät oder gar nicht absolviert wird, so muss man den Schüler nur recht früh hineinschicken. Dass es daneben auch Schüler giebt, die überhaupt für eine höhere Schule sich nicht eignen und auf jeden Fall Schiffbruch erleiden müssen versteht sich von selbst: solche pflegen auch schon in den unteren Klassen Schwierigkeiten zu finden.

§ 19. Unterricht in Hygiene.

Angesichts der zweifellos grossen Unkenntnis hygienischer Lehren und der Wichtigkeit dieser Wissenschaft für jeden Menschen erhebt sich die Frage, ob es nicht angebracht wäre, auch an den höheren Lehranstalten Unterricht in Hygiene zu erteilen. Vielleicht würde sich dafür gerade Prima eignen, da hier die für das Verständnis solcher Dinge nötige Reife vorausgesetzt werden kann. In objektiver Weise könnte hier z. B. auf die Schädlichkeit des Alkohols u. dergl. mehr eingegangen werden. Wer die Verhältnisse des Universitätslebens kennt, wird die grosse Bedeutung solcher richtig erteilter Aufklärungen nicht verkennen; mag auch der Erfolg nicht allzu gross sein, ganz wird er doch nicht fehlen. Dies wäre ein zweiter Grund, der die Erlangung hygienisch-physiologischer Kenntnisse bei den Lehrern wünschenswert erscheinen lässt. Allerdings wurde ja seither schon sogenannter hygienischer Unterricht vielfach erteilt, im Anschluss an die sogen. Anthropologie; dass dieser aber häufig nur eine Sammlung von platten Gemeinplätzen oder eine sonderbare Mischung von Wahrheit und Dichtung ist, beweisen viele dafür vorhandene Leitfäden zur Genüge; bei den meisten merkt man sofort, dass ihre Verfasser der Medizin fern stehen.

§ 20. Physiologie und Pädagogik.

Durch eine physiologisch-hygienische Vorbildung der Lehrer würde auch der Unterricht an sich gewinnen; mancher Lehrer würde wohl erstaunt sein zu sehen, wie oft eine als schlechter

Wille und dergl. gedeutete Unaufmerksamkeit physiologischen Ursachen mit zwingender Gewalt entspringt. Mancher Schüler, der für Tage oder Wochen, z. B. infolge körperlicher Wachstums-Zustände einer Erschlaffung und Nachlass aller Leistungen anheimfällt, wird vielleicht noch mit Strafpredigten, Verweisen, Arrest und dergl. gequält; das Richtige ist, solche Unaufmerksamkeit, sodald sie ihrem Wesen nach erkannt ist, einfach zu ignorieren und den betr. Schüler zu schonen; hat er die Erschlaffung überwunden, so holt er das Versäumte meistens rasch ein.

In vielen Fällen von auffallender Unaufmerksamkeit lässt sich ein sehr zureichender physiologischer Grund entdecken; in anderen Fällen ist sie das erste Zeichen einer Erkrankung; nicht selten haben unaufmerksame Schüler ein blasses oder ein kongestioniertes Gesicht, belegte Zunge, Foetor ex ore und dgl.; bei dauernder Unaufmerksamkeit besteht nicht selten verringerte Hörschärfe.

§ 21. Pausenordnung.

Ein Punkt, um den sich die schulhygienische Debatte auch schon vielfach bewegt hat, ist die Pausenordnung; es ist notwendig, auf Grund der Messungen hierzu einige Bemerkungen zu machen.

Bei der Deutung der Resultate und den graphischen Darstellungen wurde von der Anfangszahl als Grundlage ausgegangen und dabei angenommen, dass nach jeder Pause völlige Erholung bis zur Anfangszahl eingetreten sei. Inwieweit diese Annahme zulässig ist, wird sich jetzt zeigen.

Hauptsächlich in Quarta ist wiederholt wahrzunehmen, dass nach Erreichung besonders hoher Ermüdungsgrade die Ermüdungskurve auch weiterhin auf dem erreichten höheren Niveau verbleibt. Zur Erklärung dieser Erscheinung muss zunächst an die Thatsache erinnert werden, dass sich im Mittel aller Fälle für jede Stunde ungefähr derselbe Ermüdungsgrad ergab. Entweder hat also die Ermüdung durch die erste Stunde den Ausschlag gegeben und sich unverändert durch alle Stunden forterhalten — eine recht unwahrscheinliche Annahme, sonst müssten sich ja die Schüler eigentlich nur in der ersten Stunde leistungsfähig zeigen.

was aller täglichen Erfahrung widerspricht. Oder: die Pausen haben im allgemeinen jedesmal fast vollkommene Erholung bis zum Anfangszustand herbeigeführt, so dass die zweite Stunde im Mittel geradeso wirkte, wie die erste etc. Letztere Annahme hat jedenfalls mehr für sich und man ist zum Schluss berechtigt, dass die bestehende Pausenordnung im allgemeinen richtig ist. Jedoch zeigt die Beibehaltung von höheren, einmal erfolgten Ermüdungsgraden, dass stärkeren Ermüdungen gegenüber, also besonders nach Klassenarbeiten, die üblichen Pausen zur Restitution nicht ausgereicht haben. Es würde sich demnach empfehlen, nach Klassenarbeiten die Pausen zu verlängern, falls man nicht vorzieht, die Pausen überhaupt auf vielleicht 15 Minuten auszudehnen.

§ 22. Der Turnunterricht.

Für die Frage des Turnunterrichts haben die Messungen obwohl nicht speziell auf diesen Punkt gerichtet, gewisse Wahrnehmungen machen lassen, die hier nicht übergangen werden sollen. Es sind im Ganzen 90 Beobachtungen, die 12 Turnstunden betreffen. In der graphischen Tabelle sind die betr. Messungen dargestellt, unter Benutzung der Anfangszahl des betr. Tages bezw. Schülers und der nach der Turnstunde gewonnenen Zahl; es ist also völlige Erholung durch die Pause vorausgesetzt, eine im allgemeinen ja zweifellos zulässige Annahme. Ermüdung durch Turnen ist durch ausgezogene, Erholung durch punktirte Linien bezeichnet. Alle Ermüdungsgrade, die bloss 1 mm entsprechen, sind noch als Erholung gerechnet.

	Quarta						Untertertia			Obertertia		
	II	V	VI	VII	X	XI	III	V	VIII	II	IV	V
1	2	13	13	5	14	12	7	12	10	2	2	6
	10	24	19	19	22	19	10	14	12	11	7	8
2	8	11	7	6	12	13	10	10	8	10	15	14
	5	15	18	21	22	16	8	10	10	13	17	19
3	2	14	7	10	13	11	10	10	13	10	3	11
	6	18	14	16	19	13	13	15	15	14	12	10
4	10	15	3	11	13	14	10	10	14	10	15	14
	14	19	11	11	17	23	11	16	15	19	11	21
5	6	11	10	10	18	10	12	15	15	10	2	9
	3	20	16	12	19	14	10	15	15	16	9	11
6	6	10	5	13	11	12	6		10	11		11
	6	22	11	17	15	21	8		11	19		16
7	2	9	5	18	13	10			10	10		7
	3	15	10	19	25	18			19	14		18
8	6	12		16	12	11			18	12		
	5	10		16	19	16			16	19		
9					8	11						
					10	11						
10					13	10						
					13	16						

124

125

Bei dieser Annahme findet man unter 90 Schülern als erholt 21, d. h. ca. 23%. Rechnet man Ermüdung von 2 Millimetern noch als Erholung, so ergeben sich 32, d. h. 35,5%, erholte Schüler. Wenn man aber, in kaum zulässiger Weise, 3 Millimeter Ermüdung noch als Erholung ansieht, so findet man doch nur 37 erholte Schüler, d. h. 41%, noch nicht die Hälfte. Die Turnstunde hat also bei einem kleinen Teil der Schüler (hier bei 8, also 9%) völlige Erholung bewirkt, was man ebenso nach jeder anderen Stunde beobachten kann, bei einem anderen Teil, hochgerechnet 1/3 aller Schüler, relative Erholung, bei 2/3 aber ganz ausgesprochene Ermüdung. Es dürfte also nicht ganz zutreffend sein, dem Turnen, wie es vielfach noch geschieht, einen geistig regenerierenden Einfluss zuzuschreiben und zu glauben, dass man durch zwischen die Unterrichtsstunden eingeschobene Turnstunden den Schülern eine gute Gelegenheit zur Erholung geben könne. Gerade das Umgekehrte ist der Fall. Die Wirkung der Turnstunden würde noch in viel ungünstigerem Licht erscheinen, wenn nicht einige dieser Stunden überwiegend, viele aber in der zweiten Hälfte mit Spielen verbracht worden wären. So war z. B. die Turnstunde bei U.-T. III überwiegend Spielstunde gewesen und entsprechend reich an erholten Schülern; im Gegensatz dazu war bei O.-T. II z. B. nur geturnt worden und dabei gar keine Erholung, z. T. aber noch höhere Ermüdung als durch eine Stunde deutschen Aufsatz entstanden!

Turnstunden sind also in ihrer Wirkung für Ermüdung anderen Unterrichtsstunden völlig gleichzustellen; es kann dies im Grunde genommen nicht weiter verwunderlich erscheinen; diese Thatsache ist nur der Ausdruck für den engen Zusammenhang von Körper und Geist und entspricht dem von Mosso durch den Ergographen gelieferten Nachweis, dass geradeso wie körperliche Ermüdung eine geistige herbeiführt, auch geistige Ermüdung eine körperliche bedingt. Mit anderen Worten: Ermüdung ist ein allgemeiner Zustand des Körpers, der Nerven und Muskeln gleichmässig betrifft.

Die praktischen Konsequenzen liegen auf der Hand: Es muss als unhygienisch bezeichnet werden, Turnstunden zwischen andere Stunden zu legen. Insofern man Erholung herbeizuführen beabsichtigt, hat man vorgeschlagen, die Turnstunden möglichst in Spielstunden zu verwandeln.

§ 23. Spielstunden.

Hierzu muss jedoch bemerkt werden, dass den Messungen zufolge auch nach überwiegend mit Spielen verbrachten Stunden einzelne Schüler recht beträchtliche Ermüdungsgrade aufweisen, dass also auch das Spielen an sich nicht unbedingt erholend wirkt. Dabei zeigte sich, dass Schüler, die energisch sich am Spiel beteiligt haben, ermüdet, solche, die sich ziemlich passiv verhielten, erholt waren. Auch das ist eigentlich selbstverständlich, denn physiologisch betrachtet, ist energisches Spielen eine sehr bedeutende Arbeitsleistung. Es wäre also auch unhygienisch, Spielstunden zwischen den anderen Unterricht zu legen; auch das bietet keine

Garantie für wirkliche Erholung. Als bester Ausweg bietet sich die Verlegung aller körperlichen Übungen auf den Nachmittag, der dafür von allem rein geistigen, sog. wissenschaftlichen Unterricht freizumachen ist.

§ 84. Nachmittagsunterricht.

Dass der wissenschaftliche Nachmittagsunterricht hygienisch nicht sehr empfehlenswert erscheint, dürfte die Zusammenstellung einiger darüber gemachten Beobachtungen zeigen.

Von 31 Schülern, die am Nachmittag nach dreistündiger Pause gemessen werden konnten, (da am Neuen Gymnasium Vormittagsunterricht besteht) zeigten Erholung bis zur (physiologischen) Anfangszahl nur 2 Schüler, wie die Tabelle ergiebt (D 3, E 4). Es beziehen sich dabei Spalte A und B auf Untertertia (Donnerstag, 6. Februar, bezw. 5. März), C, D, E auf Obertertia (Donnerstag, 13. Februar, Montag, 17., Donnerstag, 20. Februar); die 3 unteren Spalten enthalten Anfangszahl des Tages, Endzahl vom Vormittag (1 h), Zahl um 4 h p. m. Hiernach waren nur ca. 7 % erholt.

	A			B			C			D			E		
	1	2	3	1	2	3	1	2	3	1	2	3	1	2	3
1	11	12	13	10	19	17	2	11	11	2	7	6	15	11	14
2	7	11	10	14	15	14	10	13	16	10	12	14	2	9	9
3	5	12	12	19	11	15	10	14	14	19	12	10	3	12	10
4	4	8	7	17	12	19	11	19	18	10	11	11	2	7	2
5				11	13	12	10	14	12	12	14	14	15	17	18
6				12	14	14	10	19	16	2	9	6			
7				5	11	8	10	16	15						
8				11	16	12	12	19	16						

Rechnet man noch 1 Millimeter Ermüdung als Erholung. wobei 12 mm als normal gelten sollen, was zweifellos nicht mehr ganz zutrifft, so sind 5 Schüler erholt, also 84 % nicht erholt.

Meistens zeigt sich die am Schluss des Vormittags vorhandene Ermüdung kaum verringert. Wenn also schon nach 3 Stunden Pause, wo die Verdauung so ziemlich beendet sein konnte, die Mehrzahl der Schüler noch nicht erholt war, so kann man sich denken, was eine Messung um 2 Uhr während der Höhe der Verdauungsthätigkeit ergeben müsste.

Der wissenschaftliche Nachmittagsunterricht erscheint als eine durchaus unhygienische Einrichtung; nach physiologischen Gesetzen muss es als unzulässig bezeichnet werden, das Gehirn energisch in Anspruch zu nehmen, während der Magen sich in Verdauungskongestion befindet; die dann vorhandene relative Anämie des Gehirns, subjektiv als Unlust zu geistiger Arbeit und Abspannung sich äussernd, macht dieses Organ dann für energische Thätigkeit ganz ungeeignet. Wird solche dennoch künstlich herbeigeführt, so ist eine Schädigung des Organismus sehr leicht möglich.

Die Natur pflegt sich gegen den Nachmittagsunterricht durch das Sicherheitsventil der Unaufmerksamkeit zu wehren; jeder Lehrer, der einmal Nachmittagsunterricht erteilt hat, weiss, welche bleierne Schwere dann über der ganzen Klasse lastet. Pädagogisch betrachtet muss man also den Nachmittagsunterricht als fast wertlos, hygienisch aber als nachteilig ansehen. Dass sich die Institution so lange gehalten hat, lässt sich nur aus der Macht der Tradition und aus dem Vorhandensein gewisser, aber ganz unpädagogischer Interessen erklären. Nebenbei möge noch die Bemerkung erlaubt sein, dass dieser Unterricht auch für den, der ihn zu erteilen hat, gewiss nicht förderlich, oft aber sicherlich recht nachteilig ist; denn die Schüler können sich der Schädigung bis zu gewissem Grade durch Verringerung der Aufmerksamkeit entziehen, der Lehrer kann es nicht. Da nach den Messungen 5 (abgekürzte) Stunden im Allgemeinen nicht mehr ermüden, als 4, so kann gegen den Vormittagsunterricht vom hygienischen Standpunkt aus wohl kaum ein Bedenken erhoben werden. Berücksichtigt man aber weiter, dass durch den Nachmittagsunterricht eine dreimalige Beanspruchung des Gehirns herbeigeführt wird, (Vormittag, Nachmittag, Hausaufgaben), dass also die Schüler, wie Verf. an einer Schule mit Nachmittagsunterricht beobachten konnte, eigentlich den ganzen Tag über aus der Arbeit nicht herauskommen, so kann man den Nachmittagsunterricht nur als äusserst unhygienisch bezeichnen. Es wird von den Schülern dann im

Grunde mehr verlangt, als von Erwachsenen, denn ein Beamter ist nach abgelaufener Dienstzeit im allgem. arbeitsfrei, der Schüler aber dann noch nicht, unter Umständen noch lange nicht. Es ist dann gar nicht erstaunlich, vielmehr sehr begreiflich, wenn die Arbeit den Schülern schliesslich Unlust und Widerwillen macht, denn es vermag doch nichts eine Sache so gründlich zu verleiden, als ein Übermass davon. So darf man vom Vormittagsunterricht auch insofern einen pädagogischen Gewinn erwarten, als dann die Freude an der Arbeit grösser, oder doch mindestens die Abneigung gegen sie geringer wird; manche vermeintliche Faulheit ist zweifellos nur die notwendige Folge einer relativen Überarbeitung.

Bei Einführung des Vormittagsunterrichtes dürfte es sich empfehlen, zugleich abgekürzte Stunden einzurichten, etwa von je 45 Minuten, mit 10—15 Minuten Pause; nach den am Neuen Gymnasium gemachten Erfahrungen ist diese Einrichtung durchaus zweckmässig. Gegen Schluss des Vormittags können die Stunden noch weiter verkürzt werden. Dass dabei die Gegenstände auch nach psychologischen Gesichtspunkten zu verteilen sind, versteht sich von selbst.

§ 25. Wirkung des Stoffes.

Im Anschluss daran erhebt sich nun die Frage, was die Messungen über die Beanspruchung der Schüler durch die verschiedenen Fächer ergeben haben, welche Fächer anstrengend sind, welche nicht. Vorweg muss bemerkt werden, dass auf Grund der Messungen hier schon die Fragestellung als nicht ganz richtig bezeichnet werden muss, insofern sich gezeigt hat, dass die Person des Lehrers unvergleichlich viel mehr ausmacht als der Stoff; man kann fast sagen, jedes Fach kann erholend oder ermüdend wirken: Alles kommt darauf an, wie es betrieben wird.

Diese Wahrheit erscheint ziemlich selbstverständlich, ist jedoch bis jetzt noch nicht genügend hervorgehoben worden, da immer noch vielfach von einem grossen spezifischen Einfluss der einzelnen Fächer geredet und geschrieben wird. Immerhin ist ein solcher nicht ganz in Abrede zu stellen, doch darf er nicht allzu hoch in Anschlag gebracht werden. Soweit man demnach von einem Einfluss des Stoffes noch reden darf, waren Stunden in Mathematik und Latein häufiger von hohen, in Religion und Zeichnen von mässigen Ermüdungsgraden gefolgt; die andern Fächer stehen in der Mitte, mit nach Individualität der Lehrer wechselnden Zahlen. Das Zeichnen pflegte gute Zeichner oft stark zu ermüden, schlechte gar nicht. Der Einfluss des Stoffes lässt sich besonders erkennen durch arithmetische Mittel, die aus an gleichnamigen Wochentagen gemachten Messungen gewonnen sind; der wechselnde Faktor der Schülerindividualität ist dann ausgeglichen, und es tritt die Wirkung der Fächer deutlicher hervor. (Cf. Darmstädter Zeitung 1896, No. 236, 239.) Die Unterschiede sind nicht sehr gross; nach Massgabe des durchschnittlichen Ermüdungsgrades, den das betr. Fach hervorgebracht hat, lässt sich ungefähr folgende Tabelle für die Wirkungskraft der betr. Fächer aufstellen, wenn man Mathematik $= 100$ setzt:

§ 26. Tabelle über Stoffwirkung.

Mathematik	100
Latein	91
Griechisch	90
Turnen	90
Geschichte	85
Geographie	85
Rechnen	82
Französisch	82
Deutsch	82
Naturkunde	80
Zeichnen	77
Religion	77

Bemerkenswert erscheint dabei die relativ hohe Stellung von Geschichte und Geographie, vielleicht weil die Schüler diesen Fächern im allgemeinen grosses Interesse entgegenbringen, daher sehr aufmerksam sind und so stärker ermüdet werden. Dass die Naturkunde, obwohl von ihr dasselbe gesagt werden könnte, tiefer steht, hängt vermutlich von der Wichtigkeit ab, die die Schüler den verschiedenen Fächern beilegen, wodurch bewusst und unbewusst die Intensität ihrer Arbeit beeinflusst wird. Dieses Moment dürfte wohl auch für den Wirkungswert einiger anderen Fächer die richtige Erklärung liefern; wahrscheinlich ist es von grosser Bedeutung, wenn auch nicht von ausschlaggebender, wie das

Verhältnis von Mathematik und Latein zeigt. An einem Realgymnasium würden die neueren Sprachen vielleicht höheren Wirkungsgrad als Latein ergeben.

§ 27. Schlussübersicht.

Am Schluss dieser Arbeit soll eine kurze Übersicht über einige der Resultate folgen:

1. Die Griesbach'sche Methode ist geeignet, Ermüdungsgrade zu messen.
2. Die physiologischen Normalen in der Gegend des Jochbeins sind bedeutend niedriger, als seither angegeben. Sie betragen vorn ca. 2—5, hinten 10 mm.
3. Manche Schüler zeigen schon vor dem Unterricht gegen die Norm erhöhte Zahlen. Es sind dies besonders Auswärtige und Nervöse, sodann gelegentlich Indisponierte.
4. Besonders hohe Ermüdungszahlen treten nach dem Unterricht bei sehr aufmerksamen Schülern auf, besonders niedrige bei unaufmerksamen. Nach anstrengenden Stunden, ganz besonders nach Klassenarbeiten zeigen sich wiederholt höhere Zahlen als nach für wenig anstrengend bekannten Stunden; dabei ist die Zahl der deutlich ermüdeten Schüler nach Klassenarbeiten grösser als nach anderen Stunden.
5. Die Begabung hat keinen sehr ausgesprochenen Einfluss auf die Grösse der Ermüdung. Jedoch scheinen unter sonst gleichen Umständen (gleicher Aufmerksamkeit) begabte Schüler weniger zu ermüden als minder begabte.
6. Auswärtige Schüler beginnen oft mit erhöhter Anfangszahl, die dann weiterhin gewöhnlich nur wenig Änderung erleidet (geringe Aufmerksamkeit infolge Schläfrigkeit, bedingt durch zu frühes Aufstehen). Werden sie aber (durch schriftliche Arbeiten z. B.) zu energischer Arbeit gezwungen, so zeigen sich öfters abnorm hohe Ermüdungsgrade (Übermüdung).
7. Nervöse Schüler beginnen ebenfalls oft mit erhöhter Anfangszahl, werden aber allmählich oft frischer, so dass niedrigere Zahlen auftreten, als am Schulbeginn (Morgendepression der Nervösen und Abendarbeiter), beteiligen sich dann lebhafter am Unterricht, so dass jetzt höhere Zahlen sich ausbilden und endigen nicht selten mit recht hohen Ermüdungszahlen (nervöse Erschöpfbarkeit).

8. Sehr aufmerksame Schüler, besonders solche von nicht sehr kräftiger Konstitution, zeigen häufig hohe Endzahlen. Erfolgte Übermüdungen scheinen bisweilen mehrere Tage zu ihrer Ausgleichung zu bedürfen (wiederholte hohe Anfangszahlen bei solchen Schülern).

9. Aus irgend einer Ursache (Katarrh, Erkältung, verdorbener Magen) indisponierte Schüler haben häufig eine erhöhte Anfangszahl, die durch fast alle Stunden hindurch unverändert beibehalten wird. (Der Erschlaffungszustand macht Aufmerksamkeitsanspannung und damit Ermüdung unmöglich.)

10. Für die Grösse der Ermüdung macht die Person des Lehrers viel mehr aus als der Stoff; die Wirkung der verschiedenen Stoffe, soweit vorhanden, ist wenig verschieden; z. B. Mathematik = 100, Latein = 91, Turnen = 90, Geographie und Geschichte = 85 u. s. w.

11. Turnstunden unterscheiden sich in Ermüdungswirkung nicht wesentlich von anderen Unterrichtsstunden und sind nicht im Stand erholend zu wirken.

12. Selbst Spielstunden wirken nicht unbedingt erholend, energisch spielende Schüler erreichen vielmehr hohe Ermüdungszahlen; erholt zeigen sich die unthätigen Schüler.

13. Turn- und Spiel-Stunden werden daher zweckmässig auf Schluss des Unterrichts oder besser Nachmittag gelegt.

14. Es empfiehlt sich dies um so mehr, als der Nachmittag von wissenschaftlichem Unterricht aus hygienischen und pädagogischen Gründen freizumachen ist.

15. Der Vormittagsunterricht bietet gegenüber dem Nachmittagsunterricht grosse hygienische Vorteile.

16. Der Nachmittagsunterricht ist pädagogisch fast wertlos, da er mit ermüdeten Schülern arbeitet, hygienisch bedenklich, da er eine zu starke Inanspruchnahme des Gehirns bedingt und zu wenig Zeit für Erholung neben den Hausaufgaben übrig lässt.

17. Die Erwerbung hygienischer Kenntnisse sollte Lehrern und Gebildeten in höherem Masse als seither ermöglicht werden. Für Lehrer dürfte Prüfung in Schulhygiene, Hören von Vorlesungen über Hygiene auf der Universität, praktisch-hygienische Schulung im Seminar empfehlenswert sein. Für Verbreitung hygienischer Kenntnisse unter den Gebildeten möchte Hygiene-Unterricht in Prima sich dienlich erweisen. Auch in den anderen

Schulen sollte solcher Unterricht an passender Stelle eingefügt werden.

18. Als Hauptresultat dürfte sich mit zweifelloser Sicherheit die Thatsache herausgestellt haben, dass ästhesiometrische Messungen ein vorzügliches, wenn nicht das wichtigste diagnostische Hilfsmittel bei Untersuchungen auf Überbürdung sind. Bei dem Mangel sonstiger entscheidender objektiver Symptome sollte daher diese Untersuchungsmethode niemals unterlassen werden. Urteilen über das Vorhandensein oder Fehlen von Überbürdung ohne diese Grundlage kann nur bedingter Wert zukommen.

SAMMLUNG VON ABHANDLUNGEN AUS DEM GEBIETE DER
PÄDAGOGISCHEN PSYCHOLOGIE UND PHYSIOLOGIE

HERAUSGEGEBEN VON

H. SCHILLER   UND   TH. ZIEHEN.

I. Band. 5. Heft.

DAS GEDÄCHTNIS.

VON

FRANZ FAUTH,
PROFESSOR AM KÖNIGL. WILHELMGYMNASIUM IN HÖXTER.

BERLIN,
VERLAG VON REUTHER & REICHARD
1898.

Alle Rechte, auch das der Übersetzung vorbehalten.

Druck von Paul Schettler's Erben in Cöthen.

Vorwort

In die ersten drei Hauptabschnitte dieser Schrift, welche die physiologisch-psychologische Grundlage des Folgenden enthalten, sich einzuarbeiten, ist nicht überall leicht. Wer diese Arbeit scheut, der möge gleich anfangen, von Seite 50 an zu lesen. Vielleicht interessiert ihn das von dort an gebotene praktische Leben so, dass er sich doch noch entschliesst, zu manchem den Schlüssel in den drei grundlegenden Abschnitten des Buches zu suchen. Leser, die das Ganze von Anfang bis zu Ende gründlich durcharbeiten, sind mir natürlich die liebsten. Wenn es mir aber nicht überall gelungen sein sollte, den schwierigen Stoff bis zur vollen Klarheit zu veranschaulichen, so bitte ich um Nachsicht.

Höxter. **Fauth.**

Inhalt.

	Seite
Der heutige Stand der Frage	2
II. Das unbewusst wirkende Gedächtnis	16
1. Das Nervensystem und seine Arbeit	16
2. Das Gedächtnis der sensibeln Nerven	18
3. Das Gedächtnis der motorischen Nerven	22
III. Das Gedächtnis des Bewusstseins	25
1. Psychologische Grundlage	25
2. Das Gedächtnis des bewussten Geisteslebens	35
1. Das Aufbewahren	35
2. Die Reproduktion	41
3. Das Wiedererkennen	44
3. Die Sprache und das Gedächtnis	46
IV. Verwertung des Gedächtnisses in der Schule	50
1. Vorbereitende Pflege des Gedächtnisses	50
2. Die verschiedenen Arten des Gedächtnisses in der Schule	59
3. Behandlung des Gedächtnisses im Unterricht	70
4. Das Gedächtnis im Sprachunterricht	78

Wie wichtig das Gedächtnis für das Schulleben ist, weiss jeder Schulmann. Welche Mühe geben wir uns, die Hauptsachen der Bildung dem Gedächtnis unserer Schüler einzuprägen, und wie unangenehm ist es uns, wenn wir nach längerem Unterricht sehen, dass so vieles von dem, was wir dem Gedächtnis der Schüler überliefert haben, wieder vergessen ist. Aber einen Nürnberger Trichter giebt es nicht, und wenn wir auf das Gedächtnis der Schüler Einfluss gewinnen wollen, müssen wir sein Wesen und seine Gesetze erforschen und uns darnach richten. Zwar ist in Preussen durch die Schulreform der Gedächtnisstoff bedeutend eingeschränkt, doch soll das keineswegs eine Missachtung des Gedächtnisses bedeuten. Eine einseitige Bildung des Verstandes mit Vernachlässigung des Gedächtnisses würde auch eine grosse Gefahr in sich bergen. Denn wie der Verstand den Entwurf und das Zusammenfügen des Baues unseres Wissens besorgt, so schafft das Gedächtnis die Steine für den Bau her. Wer aber über einen Gegenstand reden will, ohne die dazu gehörigen Einzelheiten im Kopfe zu haben, wird zum Schwätzer, und vor dieser Gefahr müssen wir unsere Schüler von vorn herein durch eine gesunde Pflege und Bereicherung des Gedächtnisses hüten.

Über das Gedächtnis ist schon viel geschrieben worden und wird noch viel geschrieben werden, nicht nur weil der Vorgang des Gedächtnisses ein sehr verwickelter und schwer zu beobachtender ist, sondern weil auch die gesamte Weltauffassung bei dieser Lehre ins Spiel kommt. Männer wie H. Lotze und Karl Vogt müssen schon von ihrem philosophischen Standpunkt aus über die Grundfragen des Gedächtnisses verschieden urteilen. Man kann die über das Wesen des Gedächtnisses heute geltenden Anschauungen unschwer in zwei Lager teilen. Auf der einen Seite stehen mehr die Naturforscher und Mediziner, die entweder, mit HERING zu reden, in dem Gedächtnis eine Funktion[1] der organisierten Materie sehen oder nach englischem Vorbild die Association der Empfindungen bezw. ihrer im Gehirn zurückbleibenden materiellen Erinnerungsbilder zur Lösung des Rätsels benutzen; auf der andern Seite treffen wir mehr Philosophen, die an das Dasein einer Psyche mit eigenartigen Gesetzen glauben. Am besten wäre es für uns, wenn wir beiden Parteien in gewisser Weise ihr Recht widerfahren lassen könnten, und wenn wir für uns Pädagogen den Gewinn hätten, die Resultate beider Richtungen verwerten zu können.

1. Der heutige Stand der Frage.

Als ich im Jahre 1888 mein Buch über das Gedächtnis veröffentlichte, stand die naturwissenschaftliche Lehre vom Gedächtnis noch nicht auf der heutigen Höhe. Die Lehren von JESSEN, DRAPER, HERING und RIBOT, welche ich damals zur historisch-kritischen Orientierung im Auszug mitteilte, waren noch zu skizzenhaft oder zu wenig eingehend begründet, um zeigen zu können, wieviel die Naturwissenschaft von ihrem Standpunkt aus zur Klärung der Frage zu thun imstande sei. Unterdessen hat diese naturwissenschaftliche Begründung bedeutende Fortschritte gemacht. Ihren gelungensten Ausdruck scheint sie mir in ZIEHENS Leitfaden der physiologischen Psychologie gefunden zu haben. An der Hand dieses Buches werden wir uns am sichersten über den heutigen Stand der Frage nach dieser Richtung hin orientieren.

Die Ansicht von ZIEHEN ist folgende:

Indem der aus der Aussenwelt kommende Reiz in unsern Sinnesorganen auf die Endigungen der sensibeln und sensorischen Nerven

---

[1] Andere Gelehrte erklären auch die Seele für eine Funktion des Körpers. Wenn aber zugleich gesagt wird, das Bewusstsein sei zwar eine Begleiterscheinung von biophysischen Vorgängen, keineswegs aber eine Resultierende derselben im mechanischen Sinn, so ist zwar der vulgäre Materialismus vermieden, aber die Schwierigkeit der Sache mehr verhüllt als gelöst. Wie die Materie mit ihren biophysischen Vorgängen Bewusstseinserscheinungen bei einem seelischen Etwas auslösen kann, das ist allenfalls noch vorstellbar, aber nicht, wenn jenes Etwas selbst nur eine Funktion (eine Thätigkeit) ist. Und da das Bewusstsein thatsächlich nur in jedem einzelnen Menschen erfahren wird, so bleibt die Frage: wem erscheint denn das Bewusstsein als Begleiterscheinung in uns? Denn der Begriff der Erscheinung erfordert unbedingt zweierlei, einmal etwas, das die Erscheinung ins Leben ruft, und etwas, dem die Erscheinung erscheint. Eine Erscheinung, die für sich selbst Erscheinung wäre, giebt es nicht. Das hat LOTZE längst klargelegt.

trifft, wird aus dem äussern Reiz eine Nervenerregung, ein physiologischer, d. h. ein physikalischer oder genauer ein chemischer Vorgang, welcher sich nun centripetal der Nervenbahn entlang fortpflanzt und schliesslich in der Hirnrinde eine Erregung auslöst. Parallel mit dieser materiellen Erregung zeigt sich nun auch ein psychisches Element, die Empfindung, welche bewusst ist. Psychisch und bewusst sind identisch.

Von der Hirnrindenerregung bleibt in der Hirnrinde eine Spur zurück. Die psychische Empfindung verschwindet fast momentan mit dem äussern Reiz, damit erlischt aber die Hirnrindenerregung nicht ganz, denn die Hirnrinde kehrt nicht wieder völlig in den frühern Zustand zurück, irgend eine materielle Veränderung, eine Spur bleibt bestehen; dieses Zurückbleiben der Spur geht aber ganz unbewusst vor sich, latent, und erst daraus, dass man später bei einem zweiten Sehen desselben Gegenstandes ihn wiedererkennt, schliessen wir, dass ein latentes Erinnerungsbild zurückgeblieben war. Man darf aber nicht glauben, dass etwa von der psychischen bewussten Empfindung etwas Psychisches zurück bliebe, es bleibt nur etwas Materielles, d. h. die materielle Spur zurück. Diese Spur nennen wir latentes Erinnerungsbild, und wir können sie uns als eine bestimmte Anordnung von in bestimmter Weise zusammengesetzten Molekülen der betreffenden in Erregung befundenen Ganglienzellen des Gehirns denken, als eine latente Disposition. Erst wenn wir denselben Gegenstand zum zweiten Male sehen, wird die bisher lediglich materielle Spur auch nun psychisch als Erinnerungsbild, oder, wie ZIEHEN auch sagt, als Vorstellung lebendig. Es muss dazu also die jetzt auf diese bestimmte Vorstellung abgestimmte Ganglienzelle durch eine neue ähnliche Empfindung, durch eine associativ verwandte Vorstellung einen neuen Impuls erfahren, damit das schlummernde, nur potentiell vorhandene Erinnerungsbild geweckt wird. Genauer ausgedrückt heisst es: erst eine neue der ersten ähnliche Empfindung oder die Ideenassociation, deren Wesen wir noch genauer erfahren, können das Residuum der früheren materiellen Erregung so verändern, dass zu demselben wieder ein psychischer Parallelvorgang, das bewusste Erinnerungsbild oder die Vorstellung hinzutritt. Man nimmt an, dass die ursprüngliche Empfindung und das Erinnerungsbild nicht an dieselben, sondern an verschiedene Elemente der Hirnrinde geknüpft sind, man unterscheidet Empfindungszellen und Erinnerungszellen. (Man vergl. die Ansicht von FLECHSIG wie sie in der Anm. S. 26 mitgeteilt ist.)

Wenn diese latenten Erinnerungsbilder wirklich nur materielle Dispositionen sind, so wird der Stoffwechsel der Ganglienzellen nicht ohne Einfluss auf diese molekulare Disposition bleiben, also falls nicht neue ähnliche oder gleiche Empfindungen diese Disposition wieder befestigen, wird dieselbe im Laufe der Zeit unvermerkt gelockert und schliesslich zerstört werden müssen. (Siehe dagegen die Anmerkung auf S. 17.) Den Empfindungen kommen drei Eigenschaften zu, sie haben eine Qualität, eine Intensität und einen Gefühlston (Lust oder Unlust).

An einem Beispiel macht ZIEHEN nun klar, wie diese Erinnerungsbilder meist zusammengesetzt sind. Wenn wir eine Rose sehen, löst diese nicht allein eine **Gesichtsempfindung** und ein **Erinnerungsbild** derselben, die **Gesichtsvorstellung** aus, sondern der Duft löst auch eine **Geruchsempfindung** und die weichen Blätter eine **Berührungsempfindung** aus, und auch von diesen Empfindungen bleiben Erinnerungsbilder, also eine Geruchsvorstellung und eine Berührungsvorstellung zurück. So werden von einem sinnlichen Gegenstand Partialvorstellungen in verschiedenen Hirnteilen, die aber durch Associationsfasern unter sich in Verbindung stehen, niedergelegt; diese **Partialvorstellungen stehen in associativer Verbindung** (HERBART nennt es Komplikation); daher werden beim Auftauchen der **einen Partialvorstellung durch Association die andern wachgerufen.** Die Gesamtheit der associativ verknüpften Partialvorstellungen bildet die **Gesamtvorstellung** des Gegenstandes. Die Vorstellung Rose ist also nichts Einfaches, sondern etwas Zusammengesetztes, dessen Einheit lediglich auf der gegenseitigen associativen Verknüpfung der Teile beruht.

Eine weitere Einheit für diese zusammengesetzten Sinnesvorstellungen ist in der Sprache gegeben. Wir begleiten also die eben beschriebene zusammengesetzte Vorstellung mit dem Aussprechen des Wortes Rose, d. h. mit einer eigentümlichen Kombination von Kehlkopf-, Lippen-, Zungen- und Gaumenbewegungen. Die Ursache dieser Sprachbewegungen sind Erinnerungsbilder mühsam gelernter Sprachbewegungen. Diese Sprachbewegungsvorstellungen, welche nachweislich im hintersten Teile der untersten Stirnwindung niedergelegt sind,[1]) stehen durch Associationsfasern in associativer Verknüpfung mit den Partialvorstellungen der sinnlichen Gegenstände. Diese Sprachbewegungsvorstellung ist deshalb besonders geeignet, für die drei Partialvorstellungen (Rose) eine höhere Einheit abzugeben, weil sie mit den drei Partialvorstellungen gleichmässig verknüpft ist, ohne selbst eine von einer speciellen Sinnesqualität unmittelbar abhängige Partialvorstellung zu sein. Dazu kommt aber auch noch das Erinnerungsbild des Gehörsinns, so dass wir mit der gesamten Vorstellung Rose auch eine Sprachhörvorstellung verknüpfen. Den Gesamtkomplex dieser fünf Vorstellungen bezeichnen wir als den **konkreten oder sinnlichen Begriff der Rose.** Dieser entsteht erst, wenn wir eine Anzahl Rosen gesehen haben und sie mit der einen sie umfassenden Sprachvorstellung Rose verknüpft haben. Der konkrete oder sinnliche Begriff hat also eine gewisse Allgemeinheit, und die Entwicklung sinnlicher

---

[1]) „Der Rindenabschnitt der linken Hörsphäre ist nur der notwendige Durchgangspunkt der akustischen Erregungen; höchst wahrscheinlich hat derselbe noch besondern Anteil an der spezifischen Qualität der betreffenden Sinneswahrnehmungen und an der Zusammenfassung der elementaren Empfindungen zu in sich einheitlichen und geschlossenen Komplexen, wie sie den Worten entsprechen — aber es können daneben auch alle anderen Grosshirnlappen an der Erregung teilnehmen und so die mannigfachsten Associationen herbeigeführt werden." FLECHSIG, Gehirn und Seele, Leipzig, Veit & Comp., 2. Auflage, 1896, Seite 59.

Begriffe ist eng an die Entwicklung der Sprache geknüpft. Je allgemeiner ein konkreter Begriff wird, um so komplexer ist er, um so mehr lose associativ verknüpfte Einzelvorstellungen schwingen beim Auftauchen desselben mit, und eine scheinbare Einheit wird nur durch die allen diesen Einzelvorstellungen associierte Wortvorstellung gegeben. Dem Denken eines allgemeinen sinnlichen Begriffes entspricht also ein über fast die ganze Grosshirnrinde ausgebreiteter physiologischer Prozess. Hieraus ergiebt sich, dass der Wortvorstellung (der motorischen und akustischen) gerade für die allgemeineren Begriffe eine höhere Bedeutung zukommt, als für die speciellen, indem die losen Vorstellungskomplexe der ersteren ohne das gemeinschaftliche Band der Wortvorstellung aus einander fallen würden.

Auch die Begriffe, welche eine Beziehung der konkreten Gegenstände unter einander ausdrücken, lassen sich nach ZIEHEN direkt auf Empfindungen zurückführen, so z. B. der Begriff der Ähnlichkeit. „Wenn anfangs die Wortvorstellung „Ähnlichkeit" für das Kind nur den speciellen Sinn hatte: „zwei bestimmte ähnliche Gegenstände", (hier ist aber dreierlei zu unterscheiden, einmal die beiden Gegenstände oder genauer gesagt, die Vorstellungen oder Anschauungen der beiden Gegenstände und drittens der Begriff oder das Gefühl der Ähnlichkeit, die sich beim Übergang von einer zur andern Vorstellung aufdrängt. Wem drängt sie sich auf? dem, der von einem zum andern übergeht. Fth.) so ändert sich mit zunehmender Erfahrung dieses, indem mehr und mehr und immer verschiedenere derartige Paare ähnlicher Erinnerungsbilder mitschwingen. Das Endresultat ist eine Wortvorstellung, die associativ mit zahllosen Paaren ähnlicher Erinnerungsbilder verknüpft ist, und daher ihren besondern Inhalt (Spielsachen, Bäume etc.) ganz verloren hat und ihre Charakteristik nur daraus empfängt, dass eben alle jene Erinnerungsbilder einander paarweise ähnlich sind." Solche konkrete Begriffe nennt ZIEHEN „konkrete Beziehungsbegriffe". Diese Beziehungsbegriffe sind zunächst noch konkret, (genauer gesagt, sie sind aus konkreten Fällen entstanden, der Begriff der Ähnlichkeit ändert sich in seiner Wesenheit nicht, ob er auf einen oder auf tausend Fälle angewandt wird, falls der erste Fall nur geeignet genug war, das charakteristische Wesen der Ähnlichkeit ins helle Licht zu stellen. Fth.) d. h. direkt Empfindungen entlehnt. Sprachlich zeigt sich dieses noch darin, dass die Wörter für Beziehungsbegriffe wie: „Verhältnis, Folge" etc. fast ausnahmslos konkreten Spezialfällen entlehnt sind.[1]

Abstrakte Begriffe sind für ZIEHEN solche, welche nicht direkt auf Empfindungen und Erinnerungsbilder derselben zurück zu führen sind. Unsere Vorstellungen entstehen nicht nur geweckt von Empfindungen, sondern auch, wenn Augen und Ohren und alle unsere andern Sinnesorgane ruhen, also jegliche Empfindung fehlt, spielt unsere Phantasie oder unser Denken und bringt in einer Weise, die wir alle genau kennen, die den Empfindungen entlehnten Teilvorstellungen in neue Verbindungen oder Komplexe, wie sie unter den Empfindungen

---

[1] Ich möchte noch hinzufügen, dass die meisten Begriffe der Sphäre des Gesichtssinnes entlehnt sind, auch wenn sie fürs Gehör gelten. Fth.

gar nicht vorkommen. Diese neuen Kombinationen von Teilvorstellungen nennt ZIEHEN Phantasievorstellungen oder Denkvorstellungen, die auch zu successiven Reihen zusammentreten können. Sie können auch wie die konkreten Begriffe Verallgemeinerungen erfahren. So werden von uns allgemeine Begriffe und Wörter gebildet, denen ein direkter Bezug auf einen ausserhalb unserer Person befindlichen Gegenstand fehlt. Solche Begriffe kann man **abstrakte Begriffe** nennen.

So führt die ganze bisher vorgeführte Entwicklung dahin, dass wir die einfache uns gegebene Reihe der Empfindungen, Vorstellungen, konkreter und abstrakter Begriffe nun weiter so zerlegen, dass wir zwei parallele Welten, eine der physischen und eine der psychischen Erscheinungen annehmen und unter den letzteren die Empfindungen als die **Wirkungen der physischen Erscheinungen** betrachten. Unterstützt wird diese Trennung durch die Beobachtung unserer Mitmenschen, welche über ihr Innenleben sprachliche Auskunft geben.

Vollendet wird diese ganze Lehre aber erst durch die Lehre von der **Ideenassociation**.

Die Ideenassociation arbeitet nach ZIEHEN mit zwei Elementen: von aussen empfängt sie **Empfindungen**, und in der Hirnrinde stehen ihr **Erinnerungsbilder** früherer Empfindungen zur Verfügung, wie oben schon aus einander gesetzt ist. ZIEHEN denkt sich das Schema des Vorgangs so: „Wir sehen zum erstenmal eine graue Wolke. Wir nehmen an, dass durch dieselbe in der Rinde unserer Sehsphäre eine Reihe von Sinnes-Ganglienzellen erregt wird, z. B. von einer Reihe a bis i die Zellen b, c, d und e. Nun wird in einer Ganglienzelle a, die wir die Erinnerungszelle nennen, nach der oben beschriebenen Weise ein latentes Erinnerungsbild niedergelegt. Diese Zelle a soll mit allen Sinneszellen a bis i in direkter oder indirekter Verbindung stehen. Mit diesen Zellen stehen aber auch andere Erinnerungszellen β, γ, δ, etc. in Verbindung. Aber das latente Erinnerungsbild ist nur darum nach a gelangt, „weil auf den nach a führenden Bahnen der Leitungswiderstand zufällig[1]) am geringsten war." Sehen wir nun zum zweitenmal eine Wolke, so taucht das Erinnerungsbild der früher gesehenen Wolke wieder in uns auf. Was ist aber das physiologische Substrat dieses Vorgangs? „Wir nehmen an, dass die Regenwolke bei dem zweiten Sehen andere Sinneszellen aus der obigen Reihe, z. B. g, h, i in Erregung versetzt. Wir nehmen an, dass durch die erstmalige Erregung die Ganglienzelle a und ebenso alle ihr zuführende Leitungsbahnen, sowohl die von b, c, d, e, als auch die von g, h, i zu ihr führen, in ganz bestimmter Weise **abgestimmt** sind, d. h. seit ihrer erstmaligen Erregung sind sie für jede ähnliche Erregung viel zugänglicher, für jede der ersten Erregung unähnliche Erregung viel unzugänglicher. (Man vergleiche dazu den spätern Abschnitt über das Gedächtnis der sensibeln und motorischen

---

[1]) Darf es diesen Begriff für die physiologische Psychologie als Erklärungsgrund geben? Fth.

Nerven. Fth.) So kommt es, dass das Sehen einer Wolke und nur dieses, welche Sinneszellen aus der Reihe auch immer erregt werden, stets gerade das Erinnerungsbild der Wolke der einen Erinnerungszelle α auftauchen lässt und nicht das irgend einer andern.[1]) Es findet also in der That eine „Auswahl" (?) unter den Bahnen statt, welche der in der Hirnrinde angelangten Erregung für ihre weitere Verbreitung offen stehen. Man kann aber auch dasselbe physiologische Schema anwenden, wenn man etwa annimmt, die Erinnerungsbilder würden nicht in besonderen Erinnerungszellen niedergelegt, sondern gleich in den ursprünglichen Empfindungszellen oder auch im Fasernetze der Hirnrinde. Infolge der latent zurückbleibenden Disposition wird die betreffende Zelle, wenn die Empfindung durch Reiz von aussen sich wiederholt, wieder in eine vollständige materielle Erregung gesetzt, die nun ausreicht, auch wieder einen psychischen Parallelvorgang hervorzurufen. Es taucht also „das Erinnerungsbild der früher gesehenen Wolke auf: wir erkennen die Wolke wieder."

Doch findet nicht bei jeder Empfindung, welcher eine ähnliche früher bereits vorausgegangen ist, dieses Wiedererkennen als ein besonderer Akt statt. Für gewöhnlich erkennen wir die uns bekannten Dinge gar nicht wieder, sondern nehmen sie einfach wahr. ERDMANN hebt mit vollem Recht hervor, dass beim Wiedererkennen die Empfindung und das Erregungsbild gleicher früherer Empfindungen nicht getrennt, sondern als ein einziger Prozess — HERBARTS „Verschmelzung" — auftreten.

Auch für den Fall, dass das ausgelöste Erinnerungsbild der auslösenden neuen Empfindung nicht ganz gleich, sondern nur ähnlich oder verwandt ist, gilt die geschilderte Thätigkeit der Association. Meist ist es so, dass dies Erinnerungsbild der neuen Empfindung weder ganz gleich, noch ganz ungleich ist. Unsere Empfindungen sind meist zusammengesetzt, und bei aller Eigenartigkeit der neuen Empfindung werden ihr höchst selten gewisse Ähnlichkeiten in den Teilen mit früheren Empfindungen fehlen.

Zu dieser Fortpflanzung der Erregung in der Hirnrinde nach dem Gesetz der Ähnlichkeitsassociation kommt nun eine zweite Art, nach welcher die Anreihung folgt, weil die sich auslösenden Vorstellungen schon oft gleichzeitig aufgetreten sind. Die Ähnlichkeit ist das Prinzip der inneren Association, die Gleichzeitigkeit ist das Prinzip der äusseren Association. Diese letztere Associationsart tritt häufiger auf, als die erstere.

---

[1]) Das passt überall da, wo das Gedächtnis unwillkürlich arbeitet. Es giebt aber auch Fälle, wo wir absichtlich mit dem Begriff der Ähnlichkeit arbeiten und aus dem ungezählten Heer der Ähnlichkeiten, die die Welt der Erscheinungen nach allen möglichen Seiten hin verknüpfen, und die sich uns, wenn es sich um einen unwillkürlichen Vorgang handelt, alle aufdringen könnten, nur bestimmte Ähnlichkeiten, die wir wollen, absichtlich in den Kreis des Bewusstseins wieder herbeiführen. Hier ist das agens offenbar nicht der materielle Zustand der Nervenmoleküle, sondern der bewusste Begriff der Ähnlichkeit. Fth.

Was ist nun das physiologische Substrat der äusseren Association? Wir nehmen drei Ganglienzellen a, b, c an, in denen drei Erinnerungsbilder als Vorstellungen niedergelegt sind, die sich gegenseitig ganz unähnlich sind. Nun sollen aber die Vorstellungen a und b, resp. die ihnen entsprechenden Empfindungen sehr oft gleichzeitig aufgetreten sein, nicht hingegen a und c oder b und c. Die drei Zellen sind unter einander durch Bahnen verbunden. So oft nun a und b zugleich erregt wurden, fand eine Miterregung der von a und b ausstrahlenden Bahnen statt, diese Erregung ist am grössesten auf der Bahn, die a und b direkt verbindet, sie ist also besonders ausgeschliffen und disponiert, eine Erregung von a vorzugsweise nach b, eine Erregung von b vorzugsweise gern nach a zu leiten. Ins Physische übertragen heisst es, an eine Vorstellung a wird sich als nächste Vorstellung die Vorstellung b anreihen.

Wenn mit einer Anfangsempfindung sich nach dem Gesetz der Ähnlichkeit eine Vorstellung verknüpft, so geht nun in den meister Fällen die weitere Anknüpfung der Vorstellungen nach dem Gesetz der durch Gleichzeitigkeit verknüpften Vorstellungen, seltener nach dem Gesetz der durch Ähnlichkeit verknüpften Vorstellungen vor sich. Als Beispiel bringt ZIEHEN die Vorstellung des Todes und die des Schlafes. Er meint, beide haben gemeinsam die Vorstellung der Ruhe, an diese Vorstellung sind bei den (zusammengesetzten) Vorstellungen des Todes und des Schlafes noch anderweitige einander nicht ähnliche Vorstellungen geknüpft; diese Gruppen sind aber durch die Macht der Gleichzeitigkeit an die Vorstellung der Ruhe geknüpft, und von dieser den beiden Gesamtvorstellungen gemeinsamen Vorstellung aus werden durch die Gleichzeitigkeit die anderen Vorstellungen ausgelöst, mag man nun vom Tode oder vom Schlafe ausgehen. (Wo hier der Irrtum steckt, werden wir sehen.) Was von gleichzeitig auftretenden Empfindungen gesagt ist, gilt auch von solchen, die unmittelbar auf einander folgen. Eine unmittelbare Succession wirkt ganz wie Gleichzeitigkeit. „Auch hier findet ja das Ausschleifen einer Bahn statt. Das Wort „Contiguität" fasst die Gleichzeitigkeit und die unmittelbare Succession in sehr zweckmässiger Weise zusammen."

Die oben gegebene Darstellung der Gleichzeitigkeitsassociation giebt nur den einfachen Fall, wo auf eine Vorstellung eine andere folgt. Aber wenn auch die Vorstellungen psychologisch eine Einheit sind, so sind sie es doch meist nicht physiologisch, da sie an viele über die ganze Hirnrinde zerstreute Elemente gebunden sind. Welche nun von den vielen physiologisch mit der Vorstellung a oder ihren Teilvorstellungen associativ verbundenen anderen Vorstellungen wird nun beim Wettbewerb thatsächlich auf a folgen? „Warum schliesst sich an das Erinnerungsbild eines Freundes einmal die Vorstellung einer Landschaft, die wir mit ihm gesehen, ein anderes Mal die Vorstellung der Stadt, in der er jetzt weilt, ein drittes Mal vielleicht die Bewegungsvorstellung zu ihm zu gehen?" Nur eine Vorstellung siegt (diese eine kann allerdings sehr zusammengesetzt sein), aber alle anderen bleiben latent, bleiben rein physiologische Dispositionen. Was giebt die Entscheidung? Nicht die

Apperception, wie WUNDT annimmt (davon werden wir noch Genaueres hören), sondern hauptsächlich giebt den Ausschlag erstens die Intensität der Vorstellung, die hauptsächlich davon abhängt, dass die Erinnerungsbilder erst vor kurzer Zeit sich gebildet haben und ihre Kraft noch besitzen. „Noch wichtiger als die Intensität ist der Gefühlston der Vorstellung für ihre Auswahl in der Ideenassociation." Zu diesen drei Faktoren, Stärke der associativen Verbindung, Intensität und Gefühlston kommt die augenblickliche Konstellation, welche beruht auf dem Grade, in welchem die grade angeregten Vorstellungen sich gegenseitig helfen und fördern. So unterliegt eine vorzugsweise von Hemmungen getroffene Vorstellung im Wettbewerb der Vorstellungen trotz grösserer Deutlichkeit, trotz lebhafteren Gefühlstones, trotz starker associativer Verbindung mit der Anfangsvorstellung a. Durch die Wirkung dieser 4 Faktoren ist unser Denken streng necessitiert. Einer willkürlich über die Vorstellungen herrschenden Apperception bedürfen wir nicht.

Diese 4 Faktoren verwendet nun ZIEHEN sehr geschickt bei der Lehre von der Aufmerksamkeit. Der Vorgang des Aufmerkens entsteht, wenn Schärfe und Intensität der Empfindung bei der associativen Verbindung gegenüber den weniger scharfen und intensiven Empfindungen zum Siege im Wettbewerb verhelfen. Auch hier ist der Vorgang in seinem ganzen Verlauf necessitiert. Die eigentümliche Empfindung einer aktiven Thätigkeit, welche wir beim Aufmerken haben, ist eine Bewegungsempfindung, sie entsteht durch die Innervation zahlreicher dem Fixieren dienender Muskeln. Durch diese Fixation wird die Schärfe und Intensität der Netzhautbilder und damit die Empfindung gesteigert. Die Empfindung mehr oder weniger starker Anspannung unserer Augenmuskeln ist selbst durchaus associativ entstanden, sie ist ausgelöst durch einen Reiz auf unsere Augen. Das Gefühl der Aufmerksamkeit, das wir dabei haben, ist nur eine Begleiterscheinung bei der sonst lediglich associativen Thätigkeit. Ebenso lösen Empfindungen durch ihren Gefühlston, sei es nun Lust oder Unlust, Bewegungen aus und bestimmen den Ablauf der Ideenassociation. Auch das ist eine Art des Aufmerkens, und auch hier giebt die durch die Bewegung erzeugte Bewegungsempfindung dem Aufmerken jenes eigentümliche Gefühl der Aktivität. Weiter kann auch die Konstellation die Erscheinung der Aufmerksamkeit hervorrufen. Die Vorstellungen, welche zuletzt da waren, und welche hemmend und fördernd auf andere Vorstellungen wirken, sind dabei die Ursache der Aufmerksamkeit. Bei dem sogenannten „Suchen" und bei der „gespannten Erwartung" haben wir typische Fälle des Einflusses der Konstellation. Die Gesichtsvorstellung des gesuchten und erwarteten Gegenstandes erfüllt mich fortwährend. Zahllose Empfindungen treten auf; trotz ihrer Schärfe und Intensität fesselt mich keine. Sobald hingegen nur in der Peripherie des Gesichtsfeldes der gesuchte Gegenstand, sei er auch noch so schwach und undeutlich, auftritt, bemerke ich ihn und richte[1]) meine Aufmerk-

---

[1]) Fällt ZIEHEN, indem er hier sagt: ich bemerke, ich richte, nicht aus der Konsequenz seiner Darstellung?

samkeit auf ihn. Derselbe bestimmt nun meine weiteren Bewegungen und Vorstellungen." Im weiteren Verlaufe sucht nun ZIEHEN auch den Unterschied zwischen dem willkürlichen Denken und dem unwillkürlichen Gedankenlauf als einen nicht prinzipiellen zu beseitigen. Er giebt zwar zu, dass bei dem sogenannten willkürlichen Denken die gesuchte Vorstellung schon implicite z. T. durch sehr komplizierte Associationen in den ersten die Associationsreihe einleitenden Vorstellungen und auch in den weiteren Vorstellungen enthalten ist, aber er meint doch auch hier wieder, es seien nur die Bewegungsempfindungen, welche das Denken begleiten, die dem Denken zuweilen den Schein der Aktivität und Willkür geben. Wir könnten trotzdem nicht denken wie wir wollten, sondern wir müssten denken, wie die grade vorhandene Association bestimmte.

Mit dieser ganzen Untersuchung hängt aufs engste zusammen die Erscheinung der Ichvorstellung. Das Ich ist für ZIEHEN ein eigentümlicher Komplex associativ verbundener Erinnerungsbilder. Durch Berührungs- und Bewegungsempfindungen bildet sich im Kind allmählich die Vorstellung des eigenen Körpers, d. h. des körperlichen Ichs. „Allmählich kommt hierzu auch in langsamer Entwicklung die Vorstellung meines geistigen Ichs, d. h. eine Gesamtvorstellung aller der Erinnerungsbilder, welche in meiner Hirnrinde vorhanden sind." So nehmen an der mit dem kurzen kleinen Wort Ich bezeichneten Ich-Vorstellung tausend und aber tausend Teilvorstellungen teil. „Freilich reduciert der reflektierende Mensch diese Kompliziertheit der Ich-Vorstellung wieder auf eine relative Einfachheit, indem er den äussern Objekten und andern Ichs sein eigenes Ich als das Subjekt seiner Empfindungen, Vorstellungen und Bewegungen gegenüber stellt." „Rein psychologisch betrachtet, ist dieses einfache Ich nur eine theoretische Fiktion. Die empirische Psychologie kennt nur jenes zusammengesetzte Ich."

Nach diesen Untersuchungen ist die Lehre vom Gedächtnis für ZIEHEN sehr einfach, sie lautet: „Wir wollen hier nur noch eine Seite der Ideenassociation besonders hervorheben: das Gedächtnis oder Erinnerungsvermögen, und ich will Ihnen an diesem Beispiel aus einander setzen, wie physiologisch-psychologisch überhaupt solche Seelenthätigkeiten aufzufassen und auf die Ideenassociation zurückzuführen sind. Damit wir uns eines Gegenstandes resp. einer Empfindung erinnern, ist offenbar zweierlei erforderlich: erstens muss das Erinnerungsbild des Gegenstandes intakt sein, und zweitens muss die Association als solche normal von statten gehen. Das letztere ist nur in Fällen von grosser Ermüdung und von Geisteskrankheit nicht der Fall: dann kann die Ideenassociation so verlangsamt und schliesslich sogar so vollständig gehemmt sein, dass kein Erinnerungsbild reproduziert wird. Das latente Erinnerungsbild ist intakt, aber der materielle Prozess, welcher das latente Erinnerungsbild in ein aktuelles verwandeln und damit das Erinnerungsbild in das psychische Leben rufen sollte, ist nicht kräftig genug, diese Aufgabe zu erfüllen. Dieses Vergessen ist ein vorübergehendes. Anders das Vergessen, welches durch Erlöschen der Erinnerungsbilder entsteht. Sie haben schon früher gehört, dass die latenten Erinnerungsbilder in den ersten fünf Minuten nach ihrem Niederlegen wenig oder gar nicht an Intensität und Schärfe verlieren. Dann aber beginnt die langsame Arbeit des Stoffwechsels, welche die materiellen Dispositionen allmählich verwischt, oder in das Psychische übersetzt: allmählich verlieren die Erinnerungsbilder an Intensität und an Schärfe. (Und doch giebt es Eindrücke aus frühester Jugend, die nie erlöschen! Das ist nach dieser Theorie kaum zu erklären. Fth.) Je seltener sie reproduziert werden, um so rascher tritt dies ein. Auch individuell kommen grosse Verschiedenheiten vor; bei dem einen Individuum werden die Dispositionen weniger fest und rascher verwischbar angelegt als bei dem andern. Wir schreiben dann dem einen ein „schlechtes", dem andern ein „gutes Gedächtnis" zu. Aber auch unter Berücksichtigung aller dieser Umstände bleibt Vergessen und Gedächtnis etwas ganz Relatives. Erwägen Sie, dass die Reproduktion einer Vorstellung in einem bestimmten Augenblick auch von der associativen Verwandtschaft zu der vorausgegangenen Vorstellung und von der Konstellation der latenten Vorstellungen abhängig ist! Sind diese ungünstig, so kann selbst das intensivste Erinnerungsbild latent bleiben. Wir pflegen dann zu sagen: „dieses oder jenes fällt mir gerade nicht ein." Wir sehen also, dass dies scheinbar so einfache Vermögen des Gedächtnisses sich auflöst in einen viel komplizierteren Vorgang, der jedoch in allen seinen Varianten uns nichts anderes zeigt als die uns bekannten Ideenassociationen und ihre Gesetze."

Wenn wir die ganze Darstellung von ZIEHEN noch einmal überblicken, so sehen wir, dass sie ein sehr geschickter Versuch ist, vom Standpunkt der empirischen Forschung aus in streng konsequenter Weise alle Erscheinungen des Seelenlebens als Wirkungen materieller Vorgänge zu erklären. Aber ich bin nicht überzeugt, dass es sich reinlich so durchführen lässt. Schon der alte Jenenser Führer im Kampf, Prof. HAECKEL, hatte in seiner Schöpfungsgeschichte erklärt, die sogenannte exakte Naturwissenschaft müsse durch naturphilosophische Erwägungen ergänzt werden. Manche Sachen sehen eben vom Standpunkt einer andern Weltanschauung ganz anders aus, als die empirische Naturbeobachtung sie sieht. Und das lässt sich gegen HAECKEL selbst geltend machen. So setzte HAECKEL seiner natürlichen Schöpfungsgeschichte als Motto voraus:

>Nach ewigen, ehrnen,
>Grossen Gesetzen
>Müssen wir alle
>Unseres Daseins
>Kreise vollenden.

Aber Goethe hatte diese Worte so ergänzt:

>Nur allein der Mensch
>Vermag das Unmögliche.
>Er unterscheidet,
>Wählet und richtet;
>Er kann dem Augenblick
>Dauer verleihen.

> Er allein darf
> Den Guten lohnen,
> Den Bösen strafen,
> Heilen und retten,
> Alles Irrende, Schweifende
> Nützlich verbinden.

So muss denn auch HAECKEL in derselben Schöpfungsgeschichte, in welcher er im Grossen die Teleologie aus der Schöpfung entfernt, sie im Kleinen wieder einführen, indem er Seite 201 sagt: Die monistische Philosophie wird die Perigenesis-Hypothese um so eher als Grundlage einer mechanischen Vererbungstheorie annehmen dürfen, als ich zugleich die Plastidule als beseelte Moleküle (ähnlich den „Monaden" von Leibnitz) betrachte und annehme, dass die Bewegungen derselben (Anziehung und Abstossung) ebenso mit Empfindungen (Lust und Unlust) verknüpft sind, wie die Bewegungen der Atome, aus welchen sie zusammengesetzt sind. Ohne die Annahme einer derartigen niederen (unbewussten) Empfindung und Willensbewegung in aller Materie bleiben uns die einfachsten chemischen und physikalischen Prozesse unverständlich, beruht doch auf ihrer Annahme die ganze Vorstellung von der Wahl-Verwandtschaft oder der chemischen Affinität. Die Plastidule unterscheiden sich aber von allen anderen Molekülen durch die Fähigkeit der Reproduktion oder des Gedächtnisses."

Wenn ich so die Bewegungen der Moleküle und ihre Wahlverwandtschaft aus den Empfindungen von Lust oder Unlust herleite, so lassen sich die Vorgänge wieder teleologisch ausdeuten. Wenn HAECKEL mit der Annahme einer Beseelung der Materie recht hat, und ich glaube, er hat in diesem Punkte recht, so müssen wir die materiellen Vorgänge, die die physiologische Psychologie als Ursache der psychischen Vorgänge ansieht, selbst wieder ihrerseits durch psychische Erscheinungen, die im Innern der Moleküle und Atome vor sich gehen, bedingt ansehen. So würden psychische Vorgänge doch wieder das letzte Wort haben. Und ZIEHEN selbst steht wieder auf dem Boden der Psyche, wenn er am Schluss seines Werkes, wo er überlegt, wessen wir eigentlich unbedingt gewiss sind, ob der materiellen Vorgänge, oder der psychischen, sich also ausdrückt: „Überall ist uns nur die psychische Reihe der Empfindungen und ihrer Erinnerungsbilder gegeben, und es ist nur eine universelle Hypothese, wenn wir zu dieser psychischen Reihe eine zu ihr in kausalem Verhältnis stehende materielle Reihe annehmen." „Diese sogenannte Materie ist uns, abgesehen von ihren hypothetischen ursächlichen Beziehungen zu diesen Empfindungen sonst ein vollständiges X." Dieses aufrichtige, auf scharfer Selbstbeobachtung beruhende Bekenntnis von ZIEHEN wollen wir festhalten, wenn wir vom Standpunkte der Psychologie aus gegen seine Lehre von dem Wirken der Erinnerungsbilder und der Association einige kritische Anmerkungen machen. Wenn ZIEHEN bei seiner Beschreibung des Erinnerungsvorganges darthut, wie von einem früheren Vorgang her eine materielle Disposition in der Hirnrinde zurückbleibt, wie durch Erneuerung des Reizes und die neue Empfindung (z. B. einer Wolke) diese latente materielle Disposition so erregt wird, dass sie die alte Empfindung wieder hervorruft, wenn er dann fortfährt: Es taucht also das Erinnerungsbild der früher gesehenen Wolke auf, „wir erkennen die Wolke wieder," so wird nur durch die Kürze des Ausdrucks der wichtigste Punkt des psychischen Vorgangs verschleiert. ZIEHEN könnte nach seinen Voraussetzungen konsequenter Weise nur zwei parallel verlaufende psychische Vorgänge, die erste Empfindung der Wolke und die zweite Empfindung der Wolke, annehmen. Die materielle Grundlage führt ihn bei der Erklärung davon, wie eins auf das andere so einwirkt, dass ein Wiedererkennen stattfindet, auch keinen Schritt weiter. Er wird zwar, wenn ich ihn an einer anderen Stelle richtig verstanden habe, geneigt sein, die Beziehung, welche im Wiedererkennen zwischen den beiden Empfindungen stattfindet, herzustellen durch den Hinweis darauf, dass die beiden materiellen Vorgänge in der Empfindungszelle und der Erinnerungszelle durch eine leitende Faser, in welcher der materielle Vorgang sich fortleite, verbunden seien. Aber das hilft nichts. Das giebt nur die Möglichkeit des Übergehens von einer Empfindung zur anderen. Beim Akt des Wiedererkennens muss nicht nur die eine Empfindung auf die andere folgen, sondern es muss auch ein Moment da sein, wo beide Empfindungen ohne zu verschmelzen zugleich da sind und das Bewusstsein der Gleichheit oder Ähnlichkeit erwecken? Dass kann aber nur geschehen durch einen vergleichenden Akt.[1]) Wer nimmt den vor? Wer hat das Gefühl der Ähnlichkeit? Wer hat überhaupt die Empfindung? Denn es ist doch nur eine Selbsttäuschung, zu der uns die solche abstrakte Substantive (wie z. B. Empfindung) bildende Sprache verleitet, wenn wir meinen, Empfindungen wären selbstständige Wesen.[2]) Empfindung ist eine seelische Thätigkeit. Wer ist empfindend? Was soll ich mich lange herum drücken? Ich kann mich wenden, wie ich will, ich komme, wenn ich sage: wir erkennen wieder, nicht herum um die Annahme eines empfindenden, vergleichenden einheitlichen bewussten Wesens, einer Psyche, die auch, um zwei Empfindungen vergleichen zu können, die Fähigkeit des Gedächtnisses hat, welche sie auf materiellen Unterlagen ausübt. Ich halte diesen Schluss für eben so wissenschaftlich, wie den von einer nur durch die Erfahrung gegebenen Empfindung aus auf das Vorhandensein einer Materie. Ja, mir hat es immer geschienen, als ob der Satz des Cartesius: cogito, ergo sum, ich bin ein denkendes Etwas, also bin ich, viel wissenschaftlicher wäre, als wenn man von einer Materie aus, die man erst von einer gegebenen psychischen Empfindung aus erschlossen hat, hinterher durch Rück-

---

[1]) Bei ZIEHEN ist (3. Aufl. Seite 43) der Vorgang, den ich im Sinn habe, beim Kinde bereits vorausgesetzt. Der Akt des Vergleichens wird also bei seiner ersten Bildung in der kindlichen Seele nicht erklärt, sondern als Thatsache angenommen.

[2]) „Wir leugnen entschieden, dass die Vorstellungen von selbst sich verschmelzen, verbinden, formen, von selbst eine die andere herbeiführt oder vertreibt, kurz, dass überhaupt die Vorstellungen selbstständig der Seele gegenüberstehen und das geistige Leben derselben bestimmen." Bartels, Pädagogische Psychologie nach HERMANN LOTZE. Jena. 1880. I. S. 95.]

schliesse diese bereits gegebene psychische Empfindung in ihrem Wesen verstehen will.

Dieses letztere Verfahren rächt sich aber auch, wenn man versucht, die zweite Art der Association und der sich daraus ergebenden Erinnerung aus der Gleichzeitigkeit zu erklären, mit der die Empfindungen zuerst auftraten. Weil die Empfindungen gleichzeitig auftreten, sollen sich nun in der Hirnzelle die Spuren so verbunden haben, dass diese durch Association später wieder die Empfindungen hervorrufen. Aber die Zeit als solche ist ein rein psychischer Vorgang, der für sich allein gerechnet nicht im stande ist, eine materiell vor sich gehende Verbindung zu erklären. Nur die Zustände oder Vorgänge, die auf materielle Qualitäten zurück zu führen sind, geben einen Erklärungsgrund für solche associative Verbindungen. Nur in dem Grade (aus andern Ursachen hervorgehenden Ausnahmen vorbehalten), als die Empfindungen diese qualitative Verwandtschaft aufweisen, als sie mit dem Auge angeschaut, mit dem Ohre gehört werden können u. s. w., associieren sich die Empfindungen, je weniger sie sich aber nach ihrer Qualität eignen, ein Ganzes zu bilden, um so schwerer associieren sie sich. Also nicht die Zeit allein, sondern was in der Zeit vor sich geht, das associiert die Empfindungen oder die Hirnzellen. In der Zeit gehen aber nicht nur materielle Vorgänge qualitativer Art vor sich, sondern auch psychische Vorgänge qualitativer Art, und während jene physikalischer oder chemischer Natur sind, sind diese ästhetischer und logischer Natur. Die Thätigkeit des Bewusstseins, welches durch ästhetische Empfindung zu einem Ganzen (z. B. Farben zu einem Bilde, Töne zu einer Melodie) verbindet, lässt sich ebensowenig durch rein materielle Vorgänge erklären (wenn es auch dadurch vorbereitet und bedingt ist), wie der logische Begriff der Ähnlichkeit und Gleichheit. Es muss ein Etwas ausser der Materie da sein, was die Harmonie des Ganzen empfindet, während die Teile erhalten bleiben, wie bei einem Dirigenten, der jeden einzeln Ton hört und ausserdem noch sich der Harmonie und Disharmonie bewusst wird. Auch hier müssen wir eine Psyche annehmen, in der diese Harmonie oder Disharmonie den Ort ihres Daseins hat.

Auch der Gefühlston, von dem ZIEHEN spricht, erfordert eine Psyche, welche das Gefühl fühlt, indem sie darin sich bewusst wird, wie ihre Natur durch den Reiz, den die Empfindung auf sie ausübt, gefördert oder gehemmt wird. Ich falle damit ja wieder in die alte Psychologie, wie ich sie von meinem Lehrer LOTZE gelernt habe, zurück, aber ich kann nicht anders, wenn ich auch noch so scharf nachdenke oder mich selbst beobachte. Auch über das streng „necessitiert sein" denke ich etwas anders, als die neuere Schule. Die Hauptsache bei dieser Frage ist, welcher Art die Voraussetzung ist, von der man ausgeht. Es kommt nämlich alles darauf an, wer entscheidet, was notwendig sein soll. Wenn ich einem andern sage: „Du, Du wirst das jetzt thun", und er antwortet mir: „Das ist mir gerade recht, das stimmt ganz mit meinem innersten Wunsche überein", so hört alle Notwendigkeit auf. Freiheit und Notwendigkeit kommen eben nur zu ihrer Verwirklichung, wenn sie gefühlt werden; sie sind Gefühle. Wer die innerste Natur eines andern erkannt hat und ihm die Möglichkeit giebt, nach den Gesetzen seiner Natur zu leben, der giebt ihm die Freiheit. Denn die Gesetze sind nur eine Abstraktion, die wir aus der Richtung gezogen haben, in welcher qualitativ bestimmte Kräfte leben wollen. So ist die grösste Notwendigkeit die grösste Freiheit. Man kann von Notwendigkeit und Freiheit also nur reden, wenn man fühlende Wesen vor sich hat. Unfühlende Wesen sind eben wie sie sind, weder notwendig noch frei. Die beseelten Wesen haben aber oft eine Natur mit verschiedenen Seiten, die auch mit einander in Konflikt geraten können. Da ist es die Aufgabe, die bestimmte, reale Natur zu erwecken, bei der wir das Gefühl vollkommener Freiheit haben. Da giebt es auch Kämpfe, und ich bin in diesem Fall entschieden, vor allem im Interesse der Pädagogik, nicht der Meinung, der Mensch dürfe unter allen Umständen sagen, so wie ich gehandelt habe, habe ich handeln müssen, mein Vorstellungsverlauf war necessitiert. Sehr oft hat der Mensch die Möglichkeit, den mechanischen Ablauf der Vorstellung zu hemmen und, wenn er in Gefahr kommt, etwas gegen sein besseres Wissen und Gewissen zu thun, sich Hülfe zu suchen, in sich oder bei andern.

Das was uns die assoziative Psychologie giebt, halte ich für ungemein wertvolles Material, das wir benutzen müssen. Aber ich glaube, wir kommen vorläufig auf dem Gebiet der praktischen Psychologie weiter, wenn wir die Annahme der physiologischen Psychologie über die Vorgänge in dem Gehirn noch ergänzen durch eine naive Benutzung dessen, was uns unser bewusstes Seelenleben unter der Voraussetzung, dass es eine Seele als Träger und einigenden Mittelpunkt hat, darbietet. Vor allem glaube ich, dass wir auf dem Gebiete der Pädagogik vorläufig dieser praktischen Seelenlehre nicht entraten können. Wenn wir unseren Schülern die Ansichten der associativen Psychologie ohne jede Ergänzung als Weltanschauung überliefern würden, so fürchte ich, dass wir die allerübelsten praktischen Erfahrungen machen würden. Die Pädagogik ist aber auch vor allem eine praktische Wissenschaft und eine Kunst. Deswegen sind die Verschiedenheiten in der wissenschaftlichen Erklärung der in Rede stehenden seelischen Vorgänge nicht so wichtig. Die Hauptsache ist, dass wir in der praktischen Anwendung uns verständigen. Eine kurze Darstellung meiner Anschauung vom Gedächtnis scheint mir nun vorbereitet zu sein.

II. Das unbewusst wirkende Gedächtnis.

1. Das Nervensystem und seine Arbeit.

Wenn wir auch mit ZIEHEN es für eine Unmöglichkeit halten, dass es unbewusste Vorstellungen giebt, so giebt es doch ein unbewusst wirkendes Gedächtnis, d. h. das Nervensystem hat die Kraft, Leistungen, die einmal da waren, latent festzuhalten, und sie später wieder in irgend einer Form hervortreten zu lassen.

Die Elemente, aus denen das Nervensystem zusammengesetzt ist, sind dreifacher Art: 1. Ganglienzellen, 2. faserige, röhrenförmige Gebilde als Fortsätze dieser Zellen, d. h. Nervenfasern, 3. eine aus Ganglienzellen und deren Fasern bestehende, einem grossen aber äusserst feinporigen Schwamm vergleichbare Zwischensubstanz, welche die Zellen, Fasern und Röhren in sich trägt. Die Nervenfasern sind über das ganze Nervensystem verbreitet und verbinden die an bestimmten Stellen abgelagerten Zellengruppen; die Leitung von den peripherischen Sinnesorganen zu dem Gehirn schreibt man den sensibeln Nerven, die umgekehrt verlaufende Leitung den motorischen Nerven zu, ausserdem giebt es doppelsinnig leitende Associationsfasern. Sensibele und motorische Leitungsbahnen sind an der Ursprungsstelle der Nerven wahrscheinlich von einander gesondert. Im Rückenmark stehen aber die Bahnen der sensibeln und motorischen Nerven in Verbindung. Dieses ermöglicht das Überspringen der Erregungen von sensorischen auf motorische Bahnen ohne Vermittelung des Gehirns. So entstehen Reflexbewegungen.

Die Arbeit, die in den Nerven vollzogen wird, denkt man sich so verlaufend:

Durch Licht, Wärme, Elektrizität, Magnetismus können ponderable Massen ihren Ort verändern. Da man in diesen Naturkräften nur Formen der Bewegung sieht, so können also die verschiedensten Arten von Bewegung Arbeit vollbringen, wobei stets Arbeit auf Kosten der Bewegung geleistet wird. Die Molekulararbeit jener Naturkräfte geht dabei in mechanische Arbeit über, z. B. der Dampf bewegt den Kolben. Es kann aber auch umgekehrt wie bei der Reibung, indem an Stelle der mechanischen Arbeit sich Wärme zeigt, mechanische Arbeit in Molekulararbeit übergehen. Die Molekulararbeit kann aber auch nach einer anderen Seite in chemische Arbeit (Disgregationsarbeit), d. h. in eine Distanzveränderung der Moleküle übergehen. Jede dieser drei erwähnten Arbeitsformen kann in die anderen übergehen, wobei jedoch die Summe dieser drei Formen von Arbeit unverändert dieselbe bleibt.[1]

---

[1] „Wenn eine gewisse mechanische Arbeit verloren geht, so wird, wie die darauf geleisteten Untersuchungen übereinstimmend gelehrt haben, ein entsprechendes Äquivalent von Wärme, oder, statt dieser, von chemischer Kraft gewonnen; umgekehrt, wenn Wärme verloren geht, gewinnen wir eine

Die Disgregation der Moleküle bildet einen Zustand, der solange dauert, als durch Molekulararbeit, wie Wärme etc. ihre Wiedervereinigung gehindert wird; es wird dabei grade soviel innere Arbeit fortwährend verrichtet, als zur Erhaltung des Gleichgewichtes erforderlich ist. Sobald dieses Gleichgewicht aufhört, beginnt wieder die Umsetzung der Formen der Arbeit, bis wieder ein stationärer Zustand eintritt. Insofern an disgregierten Molekülen eine gewisse Summe von Arbeit zur Verfügung steht, lässt sich jede Disgregation auch als **vorrätige Arbeit** bezeichnen. Man kann sie auch **innere** Molekulararbeit nennen, im Gegensatz zur **äusseren** Molekulararbeit der Wärme, der Elektrizität u. s. w.

Was so in **physikalischer** Beziehung von den Molekülen gilt, das gilt auch in **chemischer** Beziehung von den Atomen, wie man die weiter nicht zerlegbaren chemischen Moleküle nennt. Besonders wichtig ist dies, weil die lebenden Wesen durch die Regelmässigkeit der in ihnen vorgehenden chemischen Vorgänge an dem fortwährenden Wechsel von latent vorrätiger und wirklicher, von innerer und äusserer Arbeit grossen Anteil nehmen. Die in den Pflanzen aufgehäufte vorrätige Arbeit wird im tierischen Körper wieder in feste chemische Verbindungen umgewandelt, die in dieser angehäufte vorrätige Arbeit wird wieder in wirkliche Arbeit, wie Wärme oder äussere Muskelkraft umgewandelt.

Die Stätte, von welcher aus alle diese Arbeitsleistungen im tierischen Körper beherrscht werden, ist das **Nervensystem**. Es hält die Arbeit im Gange, reguliert und bestimmt sie. Die eigentliche **Kraftquelle** dieser materiellen Leistungen des Nervensystems liegt nicht in den Sinneseindrücken, sondern in den **chemischen Verbindungen der Nervenmassen**.[1]) In diesen ist die vorrätige Arbeit an-

---

äquivalente Menge von chemischer oder mechanischer Arbeitskraft; wenn chemische Kraft verloren geht, von Wärme oder Arbeit. So dass bei allen diesen Wechselwirkungen zwischen den verschiedenartigen unorganischen Naturkräften Arbeitskraft zwar in einer Form verschwinden kann, dann aber in genau äquivalenter Menge in anderer Form auftritt, also weder vermehrt noch vermindert wird, sondern immer in gleichbleibender Menge bestehen bleibt. Das dasselbe Gesetz auch für die Vorgänge in der organischen Natur gilt, so weit bisher die Thatsachen geprüft sind, werden wir später sehen. Daraus folgt: **dass die Summe der wirkungsfähigen Kraftmengen im Naturganzen bei allen Veränderungen in der Natur ewig und unverändert dieselbe bleibt.** Alle Veränderung in der Natur besteht darin, dass die Arbeitskraft ihre Form und ihren Ort wechselt, ohne dass ihre Quantität verändert wird. Das Weltall besitzt ein für alle Mal einen Schatz von Arbeitskraft, der durch keinen Wechsel der Erscheinungen verändert, vermehrt oder vermindert werden kann, und der alle in ihm vorgehende Veränderung unterhält." Helmholtz, Vorträge und Reden, 4. Auflage. 1. Seite 226.

[1]) Damit will ich natürlich nicht die chemischen Verbindungen als Quelle des **Bewusstseins** angesehen wissen. „Die Frage, ob es nur eine einzige chemische Verbindung giebt, an welche Bewusstsein geknüpft ist, muss noch als eine vollkommen offene bezeichnet werden. Das Protoplasma, welches wir für den Träger des Bewusstseins halten, variiert wohl mannigfach in seiner elementaren Zusammensetzung, ohne deshalb lebensunfähig zu werden. Da das Bewusstsein beim Menschen, wie es scheint, auch nicht sekundenlang bestehen bleibt, wenn die Zufuhr sauerstoffhaltigen Blutes zum Gehirn unterbrochen wird, so darf man schliessen, dass dem menschlichen Bewusstsein eine stete

gehäuft, die sich unter dem Einfluss äusserer Eindrücke in wirkliche Arbeit umsetzt, die sich als aktive oder hemmende, als positive oder negative zeigt. So ist die Ruhe der Nerven nur Schein, die Atome sind in fortwährender Bewegung, auch findet eine stete Ausscheidung und Ergänzung statt.

Das Nervensystem erhält sich aber nicht nur eine gewisse Kraft, sondern es erarbeitet sich auch unter Umständen die Disposition zu einer gewissen Richtung.

Von besonderer Wichtigkeit bei dieser Arbeit der Nerven sind die Ganglienzellen. Ist nämlich eine Erregung der Nerven zum Durchbruch gekommen, so dauert sie in der Ganglienzelle länger als in der Nervenfaser, die Zelle häuft die ihr zugeführten Reize an. Sie sind die Vorratsstätte künftiger Leistungen. Wird aber ein Erregungsvorgang häufig durch eine Ganglienzelle (oder eine Nervenfaser) in bestimmter Richtung geleitet, so wird sie zu dieser Leistung in bestimmter Richtung besonders befähigt, die hemmenden Kräfte, die sich zuerst in ihr regen, nehmen ab. Oft wiederholte Reizung führt also augenscheinlich eine Umwandlung der Nervensubstanzen innerhalb einer gewissen Richtung mit sich. So sammelt sich in den Ganglienzellen vorrätige Arbeit in Kraft und Richtung, bestimmt durch die ererbte Natur, sowie durch die erworbene Bildung des Nervensystems. So wird es uns verständlich, wie wir von einem Gedächtnis der Nerven sprechen können.

2. Das Gedächtnis der sensibeln Nerven.

Damit bestimmte Sinnesvorstellungen entstehen können, sind bestimmte Gebilde des Hirnstammes in specifische Verbindungen mit den äusseren Sinnesorganen gebracht. Dem gemäss ist das Gehirn und das sensible Nervensystem in seiner Erregung und in seiner Thätigkeit in erster Linie abhängig von den durch die Sinnesorgane (Auge, Ohr etc.) vermittelten äusseren Eindrücken. So wachsen, befestigen und kräftigen sich die äusseren Sinnesorgane (Auge, Ohr etc.) und ihrem Wachstum entsprechend die Nerven zu einer immer ausgesprocheneren und sicheren Gewohnheit.[1]

Oxydation und zwar vermutlich von Bestandteilen der Ganglienzellen parallel geht. Auch die Veränderungen des Bewusstseins durch minimale Mengen narkotischer Substanzen sprechen eher gegen als für die Annahme, dass der Chemismus des Bewusstseins (?) mannigfaltiger Variationen fähig sei, ohne dass der Bestand des letzteren gefährdet würde." FLECHSIG, Gehirn und Seele. Leipzig. Veit & Co. 1896. S. 37.

[1] „Die Erfahrungen der Ärzte beweisen, dass keineswegs alle Regionen des Gehirns geistig gleichwertig sind. Es kann gegenwärtig als sicher betrachtet werden, dass in der Hinterhauptgegend des Grosshirns ein Gebiet liegt, dessen Zerstörung die Gesichtsempfindung gänzlich aufhebt. Wir „sehen" mit

Zu dieser Entwicklung kommt aber auch noch der Einfluss des bewussten Geisteslebens auf das Nervensystem, das in seiner Gewohnheit also doppelt beeinflusst wird, von aussen und von innen. Der Zustand also, in welchem sich das sensible Nervensystem eines bestimmten Menschen befindet, und die Gewohnheiten, die er auf diesem Gebiete hat (man denke dabei beispielsweise an die Fähigkeit etwas zu sehen beim Maler, beim Schützen u. s. w.) hängt von dieser doppelten Einwirkung ab. In der

dem Hinterhauptteil des Grosshirns. In gleicher Weise lässt sich klinisch nachweisen, dass das Gehör an den Schläfenteil gebunden ist, der Geruch an die untere Grosshirnfläche, der Tastsinn an die obere Stirn- und vordere Scheitelgegend." FLECHSIG a. a. O. S. 16. Über das Wachstum des Gehirns giebt FLECHSIG folgende ungemein interessante Mitteilung: „Während die niedern Hirnteile, welche die ersten Angriffspunkte für die Triebe (Hunger etc.) darstellen (die absolute Herrschaft der niedern Triebe zieht sich weit in das Leben hinein; lange stehen die Sinnesorgane fast ausschliesslich im Solde derselben. nur Gelegenheit für ihre Befriedigung erspähend — und zahlreiche Individuen bringen es überhaupt nicht viel weiter) schon bei der Geburt ihre Entwicklung abgeschlossen haben, sind im Grosshirn auch bei dem völlig reifen Kinde (nach der Geburt) nur einige wenige Nervenleitungen fertig gestellt; und diese Leitungen verknüpfen ausschliesslich empfindliche Teile des Körper-Innern insbesondere die Muskeln, sowie einige Sinneswerkzeuge mit dem Centralhirn des Bewusstseins, der grauen Rinde des Grosshirns. Eine Sinnesleitung nach der andern, der für die zweckmässige Auswahl der Nahrung besonders wichtige Geruchsinn an der Spitze, der Gehörsinn zuletzt, dringt von der Körperoberfläche her gegen die Rinde vor; und hierbei zeigt sich nun deutlich, dass alle die Regionen der Hirnoberfläche, welche die Pathologie mit den Sinnesempfindungen in Beziehung bringt, nichts anderes sind, als die Endpunkte der Sinnesleitungen in der Grosshirnrinde, die innern Endflächen der Sinnesnerven. Die Zerstörung dieser innern Sinnesorgane ist es, welche „Rinden-Blindheit", „Rinden-Taubheit" u. s. w. zur Folge hat.

Nachdem die Sinnesleitungen des Kindes bis zu diesen Rindenorganen fertiggestellt sind, beginnen von da aus neue Bahnen sich in umgekehrter Richtung zu entwickeln. Die innern dringen gegen die niedern Hirnregionen, zum teil auch direkt gegen das Rückenmark hin vor, gegen die Ursprünge der Bewegungsnerven — und so bewaffnet sich eine innere Sinnesfläche nach der andern mit Leitungen, welche freie abstufbare Willensimpulse auf die motorischen Apparate, insbesondere auf die Muskeln der peripheren Sinneswerkzeuge übertragen (das ist wichtig für die Lehre von der Aufmerksamkeit, wie sie hier in einem spätern Abschnitt behandelt ist, Fth.), allen voran der Tastsinn, welchem sich beim Menschen Hunderttausende wohl isolierter Leitungen zur Verfügung stellen, um die tastenden Hautflächen zu bewegen. Schon diese starke Entwicklung der innern Organe des Betastens, des Begreifens beeinflusst sichtlich die Gesamtform des menschlichen Gehirns wie nicht minder seine geistige Leistungsfähigkeit.

Die innern Endflächen der äussern Sinne in der Hirnrinde treten aber auch in Beziehung zu den verschiedenen Angriffspunkten der körperlichen Triebe, durch Nervenleitungen, welche höchst wahrscheinlich eine wechselseitige Beeinflussung der Triebe und der äussern Sinneseindrücke ermöglichen. Sind in diese Leitungen, wie ich annehmen möchte, die Grosshirnganglien eingeschaltet, so nimmt hier das dem Gehörsinn zugehörige Rindencentrum eine beachtenswerte Sonderstellung ein, indem es nur spärliche Verbindungen mit den Grosshirnganglien erkennen lässt — und vielleicht beruht hierauf der idealere Charakter der Gehöreindrucke, welcher die Tonkunst von vorn herein zum natürlichen Vermittler der geistigen Gefühle bestimmt."

Jugend lassen sich die Einübungen, wie sie z. B. bei Künstlern, Geigenspielern, Malern etc. eine grosse Rolle spielen, leichter vornehmen, als im Alter. Der Anteil des Gehirns bei dieser Bildung ist ein verschiedener. Während man nicht mit Unrecht die gesamten übrigen Hirn- und Nervenmassen einen automatisch-maschinenmässig arbeitenden Apparat genannt hat, nahm man vor kurzem noch an, dass das Grosshirn als scheinbar unteilbares Organ der gesamten Intelligenz diene. Ranke sagte (Der Mensch. 1. Auflage I. S. 534): „Soweit wir bis jetzt urteilen können, ist es noch nicht gelungen, die höchsten psychischen Fähigkeiten, Wille und Bewusstsein im Gehirn weiter zu lokalisieren, als dass ihre ungestörten Kundgebungen an ein ungestörtes physiologisch-anatomisches Verhalten der grauen Rinde des Grosshirns gebunden erscheint." Doch gilt diese Anschauung für widerlegt, seitdem man in neuester Zeit den ganz verschiedenen Bau und die ganz verschiedene Funktion der einzelnen Gehirnteile erkannt hat. Man nimmt jetzt an, dass das Grosshirn niemals gleichmässig in ganzer Masse arbeitet, sondern stets in verschiedenen Kombinationen verschiedener Rindenparticen und der sie verbindenden Faserzüge.

Wie ist nun die ursprünglich mehr oder minder vorhandene Gleichgültigkeit der Funktion der elementaren Nerventeile durch die Sinnesorgane im einzelnen beeinflusst und bestimmt zu denken? Die verschiedene Erregbarkeit der Nerven durch die verschiedenen Sinne muss erklärt werden durch die ausserordentliche Anpassungsfähigkeit der Nervensubstanz an die Reize. Bei aller Übereinstimmung in dem allgemeinen Verlauf der Reizung wechseln doch offenbar die besonderen Molekularvorgänge in den einzelnen Sinnesnerven nach der Natur der ihnen zugeführten Reize; sie sind anders, je nachdem die Reize vom Auge, vom Ohr u. s. w. kommen, wobei nicht ausgeschlossen zu sein braucht, dass auch die Nervenelemente als solche schon verschieden wirken können. Die Frage nach der Ursache der Verschiedenheit ist für uns hier nicht sehr wichtig. Und die oft wiederholten Vorgänge von bestimmter Form lassen eine Disposition zurück zu diesen Vorgängen. Diese Disposition müssen wir auf eine Veränderung des Gleichgewichtszustandes in den komplexen Molekülen zurück führen. Das Molekulargleichgewicht ist so nach einer bestimmten Richtung ein labiles geworden. Damit stimmt die Erfahrung, dass die eigentümliche

Form der Empfindung auch nach dem Verlust des Sinnesorganes nur dann fortbesteht, wenn das Sinnesorgan vorher eine Zeit lang in Wirkung war. Blind- und Taubgeborene ermangeln jeder Licht- und Tonempfindung, während später Erblindete oder Taubgewordene die volle Lebhaftigkeit der Empfindung bewahren. Die Hauptursache für die Art der sinnlichen Empfindung ist also nicht der Nerventeil, der sie trägt, sondern die Form des Erregungsvorganges der Nerven, welche ihrerseits beeinflusst ist durch den Sinnesreiz und die vom Bewusstsein ausgeübte bildende Wirkung. So ist auch unser Bewusstsein bestimmt durch die Beschaffenheit der Prozesse, nicht durch die Zeit und den Ort der Prozesse. Für die den bewussten Sinnesempfindungen vorarbeitenden unbewussten Vorgänge der sensibeln Nerven können wir also den Schluss machen: Sie beruhen auf einem unbewusst arbeitenden Gedächtnis der sensiblen Nervenmasse und des Gehirns, auf der erarbeiteten Gewohnheit, die in der Beharrlichkeit chemischer und physikalischer Kräfte eine feste Grundlage hat.

Doch zwischen diesem mechanisch wirkenden Gedächtnis und dem Gedächtnis des bewussten Geisteslebens ist eine Kluft, es zeigen sich zu auffallende Verschiedenheiten zwischen beiden. Hier: zähes Festhalten an der einmal gewohnten und eingeübten specifischen Energie der Nervenmasse und nur allmähliches durch viele Übung langsam erzwungenes Übergehen von einer sensibeln Gewohnheit zu einer anderen; mechanische Herstellung einer Einheit des sensibeln Resultates, indem die einzelnen vorausgegangenen Zustände und Prozesse nicht einzeln erhalten werden, sondern in dem Gesamtresultat aufgehen. Auf diese Weise wird Auge und Ohr geübt und seine Fertigkeit erhöht, ohne dass von den einzelnen Übungen eine gesonderte Erinnerung übrig bliebe. Ja, diese gesonderte Erinnerung würde sogar die Sicherheit der Anwendung schädigen. Dort, bei dem bewusst arbeitenden Gedächtnis haben wir dagegen die Möglichkeit des raschen, unmittelbaren Einprägens der verschiedenartigsten Eindrücke und Verarbeitung des Mannigfaltigen zu einer Einheit, in welcher die einzelnen Teile bewusst erhalten werden. So hat der Kapellmeister eine bewusste Erinnerung der eigenartigen musikalischen Schönheit einer Partie seiner Partitur, und dabei hört er zugleich die Töne der einzelnen Instrumente, welche die Harmonie bilden. Ein lehrreiches Beispiel dafür, wie bewusstes, und wie mechanisches Gedächtnis arbeiten, giebt uns folgende Mitteilung von Ranke:

„Das enthirnte (d. h. der grauen Grosshirnrinde beraubte) Tier führt zahlreiche geordnete Einzel- und Gesamtbewegungen aus, welche uns lehren, dass die Gesamtheit der sensibeln Reize und der daraus folgenden Bewegungen, deren der höhere animale Organismus fähig ist, noch erfolgen kann, aber einfach unwillkürlich, reflektorisch, maschinenmässig, auch wenn die Grosshirnrinde ausser Thätigkeit ist. Bestimmte sensible Reize bringen dann regelmässig, unabänderlich die gleichen Bewegungen hervor, da der (bewusste) Wille, der sonst die Regelmässigkeit dieser Bewegungen modifiziert, ausgeschlossen ist. Nur ein Beispiel für viele, welche ich Gelegenheit hatte bei von BISCHOFF, der solche Experimente mit sicherm Erfolg auszuführen verstand, zu beobachten. Eine vor längerer Zeit „enthirnte", wieder vollkommen körperlich erhaltene Taube war neben einer andern normalen Taube so aufgestellt, dass beider Köpfe vom Experimentator abgewendet waren. Nun klingelte von BISCHOFF laut, beide Tauben drehten den Kopf nach dem Geräusche um. Nachdem sie ihre ursprüngliche Stellung wieder eingenommen hatten, ertönte die Glocke von neuem, die gesunde Taube wurde unruhig, drehte aber den Kopf nicht mehr und flog, als zum drittenmale die Glocke ertönte, weg." (Also Gedächtnis — d. h. in physiologischem Sinn, Mitwirkung von Erinnerungsbildern — Urteil, Schluss.) „Die enthirnte Taube verhielt sich aber ganz wie bei dem ersten Erklingen der Glocke, sie drehte wieder den Kopf dem Schalle zu und that das unabänderlich jedes Mal, so oft geläutet wurde." (Also gewohnheitsmässiges Verfahren der Reflexmaschine ohne bewusstes Gedächtnis.) „Bei dem Menschen kommen entsprechende Zustände des Ausschlusses der Grosshirnrinde im natürlichen Schlaf oder in Narkosezuständen vor. Auch der Mensch erscheint dann, bei Ausschluss des Willens und des Bewusstseins, als eine einfache Reflexmaschine, die z. B. im Schlafwandeln alle Bewegungen des wahren Lebens auszuführen vermag."

3. Das Gedächtnis der motorischen Nerven.

Wir haben schon bei der Besprechung des Gedächtnisses der sensibeln Nerven öfter die Thätigkeit der motorischen Nerven stillschweigend voraussetzen müssen, denn im Leben sind beide in ihrer Thätigkeit kaum zu trennen.

Als' die niedersten Äusserungen der motorischen Nerven kann man diejenigen automatischen Bewegungen ansehen, die ohne vorherige Erregung der Sinnesorgane ausschliesslich durch die in den motorischen Centren niederster Ordnung stattfindenden Prozesse verursacht werden. Als vorhandener Reiz wird ein Zustand oder eine Veränderung des Bluts (z. B. Oxydationsprodukte) angesehen. Diese niedern Bewegungen sind für die Entwicklung des Menschen auch deshalb von Wichtigkeit, weil an ihnen der

Mensch überhaupt die Möglichkeit der Bewegung merkt, und weil
sich die Seele dann weiter durch Bildung zu höheren Leistungen
entwickeln kann.
Die automatischen Centren sind vielfach auch die Centren
für die nächst höheren Bewegungen, die schon öfter erwähnten
Reflexbewegungen, die noch ohne Mitwirkung des Gehirns vor
sich gehen. Ganz ohne hemmenden Einfluss scheint allerdings das
Gehirn nicht zu sein, denn bei Wegnahme des Gehirns wird die
Reflexerregbarkeit gesteigert. Als Reflexbewegungen nennt Wundt
das Ein- und Ausatmen, Husten, Niesen, Erbrechen, Schlucken,
Lachen, Weinen, Schluchzen, gewisse Herzbewegungen, mimische
Reflexe, Schliessung des Auges, Verengerung der Pupille; Preyer
erwähnt als Reflexbewegungen des Kindes das Schreien, Niesen,
Schnaufen, Schnarchen, Gähnen, Husten, Schluchzen, Seufzen,
Atmen, Hungern, Erbrechen. Es bedarf nach ihm langer Er-
fahrung, bis die Reflexbewegungen unter die Herrschaft des
Willens kommen. Wir sehen hier den Wert, den in pädagogischer
Beziehung die Lehre von den Hemmungen der Erregungen niederer
Nervencentren durch die Einwirkung höherer Nervencentren hat.
Sie ist besonders für die Lehre von der Disziplin wichtig.
Von den Reflexbewegungen unterscheidet Preyer noch als
nächst höhere Stufe die Instinktiv-Bewegungen. Diese Bewegungen benötigen nach ihm das Vorhandensein von gewissen
Sinneseindrücken und wenigstens dreierlei Centren, die mit einander in Verbindung stehen. Niedere sensorische, höhere (d. h.
bewusste) sensorische und niedere motorische Centren müssen zusammenwirken, um die einfachste Instinkt-Bewegung zu Stande
kommen zu lassen. Denn diese Bewegungen entstehen nur, nachdem zuerst eine Empfindung und dann ein Gefühl, das den
motorischen Impuls lieferte, vorausgegangen ist. Aber das Ziel, das
alle Instinkt-Bewegungen doch thatsächlich haben, wird als Ziel
nicht vom Ausführenden erkannt, es bleibt als Ziel unbewusst,
auch die mechanische Ausführung der Instinkt-Bewegung ist unbewusst und erblich. Zu den Instinkt-Bewegungen des Menschen-
kindes rechnet Preyer das Greifen, Saugen, Beissen, Kauen,
Knirschen, Lecken, die Kopfhaltung, das Sitzen, Stehen, Gehen.
Alle die erwähnten unbewusst verlaufenden Bewegungen
setzen ein Gedächtnis der motorischen Nerven für die Bewegung voraus. Hier müssen wir wieder heranziehen, was wir
oben über die Molekulararbeit gesagt haben. Wir hatten dort

gesehen, wie sich in den Ganglien vorrätige Arbeit anhäuft. Diese zur Disposition gestellte Kraft ist auch die Quelle der Thätigkeit in den motorischen Nerven, soweit sie Kraftleistung ist: die Richtung wird beeinflusst durch das Bewusstsein, oder durch die Richtung, nach welcher durch Übung das Gleichgewicht der Moleküle ein labiles geworden war. Wir haben also hier dieselbe Erscheinung, wie bei den sensibeln Nerven.

Hier kommen wir, wollen wir die Ursache dieses unbewussten Gedächtnisses überhaupt weiter verfolgen, zu der Frage, was sind Moleküle oder Atome, deren Arbeitskraft und deren Arbeitsrichtung erhalten werden kann? Wir stehen hier vor einem Rätsel, an der Grenze des naturwissenschaftlichen Erkennens. Die Philosophie macht wenigstens einen Versuch, das Rätsel mit Worten näher zu bestimmen. Sie nimmt übersinnliche Wesen an, die von Punkten des Raumes aus durch ihre Kräfte ein bestimmtes Mass der Ausdehnung beherrschen, ohne es doch im eigentlichen Sinne zu erfüllen. Doch denkt sich die Philosophie nicht wie die Alten gleichartige, sondern vielmehr wesentlich verschiedene Urbestandteile in dieser Weise zu den kleinen Gebilden der Atome geeinigt. Jedes von diesen soll unzertrennlich sein, weil zwischen ihren Teilen eine Wahlverwandtschaft herrsche, die durch keine andere überboten werden könne. Jedes würde zugleich eine bestimmte Grösse und Gestalt besitzen, weil nur bei begrenzter Anzahl der Teile und bestimmter Lagerung derselben ihr gegenseitiger Zusammenhang Festigkeit genug besitze, um jeder Entreissung eines einzelnen zu widerstehen.

Wir kommen aber auch hier nicht weiter, als zur Annahme von Kräften, die nach einer gewissen Richtung wirken, auf welche sie ihre eigentümliche Qualität hinweist, zur Annahme, dass die Kräfte so untereinander in Verbindung stehen oder in solche Verbindung gebracht werden, dass sie aus gewisser Richtung auf sich wirken lassen und in gewisser Richtung auf andere einwirken können. Was eine Kraft ist, die auf einen Reiz hin in gewisser Richtung wirkt, erleben wir nur an unserem Willen, daher haben manche Philosophen (auch Naturphilosophen wie HAECKEL), um den menschlichen Erkenntnistrieb zu befriedigen, eine Beseelung der Atome angenommen. Es bleibt eben alte Wahrheit, der Mensch ist das Mass aller Dinge. Wir mögen uns drehen und wenden, wie wir wollen, das Erkennen hat ein Ende, und wir stehen vor einer weiter nicht erklärbaren Thatsache, vor der

Erhaltung einer Kraft und ihrer durch Übung erworbenen Richtung, d. h. der Beziehungen, in welcher die Kräfte unter einander stehen.¹) Wir müssen also bekennen, dass die letzten Gründe des materiellen Gedächtnisses, des sensibeln und motorischen, mit einem Schleier dem menschlichen Erkennen verhüllt sind. Wir können hier nur die Thatsache des Gedächtnisses der Materie konstatieren.

Dieses unbewusste Gedächtnis ist zum Teil dem bewussten Einfluss des Geisteslebens unterworfen, zum Teil ist es Wirkung der von aussen kommenden Reize, zum Teil ist es ererbt. Bei den sensibeln Gewohnheiten überwiegt die Einwirkung des von aussen kommenden Reizes, bei den motorischen Gewohnheiten die Einwirkung des von innen treibenden Geistes. Beide Arten der Gewohnheit sind aber zu einem einheitlichen Geflecht verbunden, so dass eine Einwirkung hin und her stattfindet. Dieses gesamte Gedächtnis der Materie bildet die sichere und der umbildenden Einwirkung zugängliche Unterlage der ganzen Entwicklung des menschlichen Lebens. Auf dieser Unterlage fussend verfolgt der Geist des Menschen seine Ziele; vergisst er, sich diese Unterlage zu sichern, so baut er in der Luft. Sie ist die sichere Unterlage des Lebens nicht nur des Menschen, sondern der Menschheit.

III. Das Gedächtnis des Bewusstseins.

1. Psychologische Grundlage.

Indem wir zum Gedächtnis des Bewusstseins übergehen, erinnern wir nochmals daran, dass schon die Besprechung des Versuches, das bewusstlose Geistesleben in seiner Thätigkeit und Association zu erklären, uns auf die Annahme einer Psyche geführt hat, deren eigentümliche Natur es ist, Bewusstsein haben zu können. Schon E. v. HARTMANN hatte vergeblich versucht, das

---

¹) Ob man einmal dahinkommen wird, das Gesetz der Erhaltung der Kraft dahin zu erweitern, dass man das Umsetzen materieller Kraft in psychische Kraft mit hineinziehen kann, und auf dem psychischen Boden das Umsetzen von Vorstellen und Denken in Fühlen, das Umsetzen von Fühlen in Wollen, und das Umsetzen von Wollen in materielle Kraft, und ob man eine stichhaltige Parallele zwischen mechanischer Kraft, chemischer Kraft, Wärme und zwischen Wollen, Denken und Fühlen wird finden können, das ist noch ein Rätsel der Zukunft, das wir nur andeuten wollen. Anzunehmen ist diese Lösung nicht, denn einmal gilt gerade hier Du Bois-Reymonds ignorabimus, und andererseits ist es eine Eigenheit der bewussten Seele, nicht einen Zustand durch einen anderen zu verdrängen, sondern das Verschiedenartige zu einer Einheit zusammen zu fassen, in welcher das Einzelne erhalten bleibt.

Gehirnbewusstsein als Summationsphänomen zu erklären. Hatte doch LOTZE schon allen solchen Versuchen von vornherein das Siegel der Unmöglichkeit aufgedrückt, indem er darauf hinwies, dass in der Natur zwar aus zwei Bewegungen bald Ruhe, bald eine dritte mittlere entstehe, dass dagegen unsere Vorstellungen immer denselben Inhalt bewahrten. Nie schmölzen die Bilder zweier Farben, die Empfindungen zweier Töne zu einem Mittlern, die Vorstellungen von Lust und Leid zu gleichgültiger Ruhe zusammen. Das Bewusstsein hielte im Gegenteil das Verschiedene auseinander in dem Augenblicke selbst, in welchem es seine Vereinigung suche, es bewege sich vergleichend zwischen ihnen und würde sich dabei der Grösse und der Art des Überganges bewusst. Dieses thätige Element welches von einem zum andern übergehend beides bestehen liesse, aber sich der Grösse, Art und Richtung seines Übergehens bewusst werde, dieses eigentümliche Band zwischen dem Vielfachen könne unmöglich selbst ein Vielfaches sein. Diese besondere Weise, Mannigfaches zu verknüpfen, fördere die strenge Einheit des Verknüpfenden.

Diese Selbständigkeit des Bewusstseins ist aber doch nur eine relative, das Bewusstsein ist bedingt. Wir unterscheiden physische, anatomische und physiologische Bedingungen des Bewusstseins.[1]) Die physischen Bedingungen sind die von aussen kommenden materiellen Eindrücke, die eine gewisse Reizgrösse haben müssen, damit sie ins Bewusstsein treten können, und eine gewisse Zeit dauern müssen, um nicht unter die Zeitschwelle des Bewusstseins zu sinken oder nicht die Ermüdungsschwelle desselben zu übersteigen. Diesen von aussen kommenden materiellen Eindrücken entspricht die innere materielle Bedingung, an welche das Zustandekommen des Bewusstseins geknüpft ist, das innere körperliche Gemeingefühl.[2]) Ein Schwinden dieses Gemeingefühls schädigt ganz besonders das Erinnerungs-

---

[1]) Man vergleiche dazu wieder die am Anfang der Abhandlung gegebene Skizze von ZIEHENS physiologischer Psychologie, welche die Bedingungen des Bewusstseins im Gehirn in ihrer Art klarlegt.

[2]) „Indem hier (d. h. in dem dem Tastsinn zugeschriebenen Gebiet im Gehirn) dicht neben den Ursprungen weitaus der meisten psycho-motorischen Bahnen die Endstationen sämtlicher Leitungen liegen, welche, neben den objektivierten Tastempfindungen, die Körpergefühle, die Lageempfindungen der einzelnen Körperteile etc. vermitteln, haben wir einen Bezirk vor uns, an welchen die wesentlichste Grundlage des Selbstbewusstseins, das Bewusstwerden des Körpers geknüpft ist. Es dürfte demgemäss zweckmässig sein, dieser grossen, alle übrigen Sinnescentren an Ausdehnung weit übertreffenden Rindenzone die Bezeichnung „Körperfühlsphäre" zu erteilen, wodurch dieselbe gegenüber den lediglich äussern Eindrücken aufnehmenden Sinnescentren, wie die Hörsphäre scharf charakterisiert wird. FLECHSIG, S. 21.

vermögen. Sind z. B. die Bewegungsnerven unfähig thätig zu sein, so kann es vorkommen, dass der Kranke seine ganze Vergangenheit vergisst, sofern sich diese auf äussere Bewegungen bezieht. Er kann sich diese nicht mehr vorstellen. Zu den anatomischen Bedingungen gehört in erster Linie ein gesundes von sauerstoffhaltigem Blut umspültes Gehirn. Über die Bedeutung des Gehirns für das Zustandekommen des Bewusstseins ist die Untersuchung immer noch im Fluss. Die einen meinen, dass die psychische, bewusste Thätigkeit in gleicher Weise an die gesamte graue Grosshirnrinde gebunden sei, die andern meinen, die psychischen bewussten Thätigkeiten seien in der Grosshirnrinde lokalisiert. RANKE war, wie bereits S. 20 gesagt, in der 1. Auflage seines Werkes* über den Menschen der Ansicht, dass die Wissenschaft auf dem Wege sei, diese beiden Ansichten zu vereinigen, dass es Rindenfelder gebe, welche bestimmten Bewegungs- und Sinnesfunktionen vorstehen, aber dass diese Rindenfelder nicht, wie man gemeint habe, räumlich wie auf einer Landkarte von einander abgegrenzt seien, dass sie sich vielmehr ohne scharfe Grenzen in einander schieben, und dass weit von einander abgelegene Teile der Hirnrinde die gleiche Funktion hätten. Doch sei es noch nicht gelungen, die höchsten psychischen Fähigkeiten, Wille und Bewusstsein, im Gehirn weiter zu lokalisieren, als dass ihre ungestörten Kundgebungen an ein ungestörtes physiologisch-anatomisches Verhalten der grauen Rinde des Grosshirns gebunden erscheinen.[1]

---

[1] „Von allen diesen Gebieten ist nach der Meinung zahlreicher neuerer Forscher nur die graue Rindensubstanz der Grosshirnlappen, die Grosshirnrinde fähig, Bewusstsein zu vermitteln. Dieser Satz ist indes keineswegs endgiltig erwiesen; laut und eindringlich spricht die pathologische Erfahrung nur dafür, dass die Vorstellungsfähigkeit, das Vorstellen der Aussenwelt und des Körpers — nicht aber alles elementare Empfinden und alles „Fühlen" — an die Grosshirnhalbkugeln gebunden ist, und dass hier verschiedenen Qualitäten von Vorstellungen, wie Gesichts-, Gehörsvorstellungen u. a. m. räumlich getrennte Gebiete entsprechen." FLECHSIG. Besonders interessant sind aber die Untersuchungen von FLECHSIG (S. 22) über die Lokalisierung des Denkens im Gehirn im Unterschied von der Lokalisierung der anschauenden Sinnesthätigkeit. Da meine ganze Unterscheidung zwischen dem anschauenden und dem logischen Gedächtnis damit zusammenhängt, so waren mir FLECHSIGs Bemerkungen besonders wertvoll. Ich will sie hier mitteilen und bitte, die Leser sich ihrer zu erinnern, wenn im folgenden dieses Thema wieder berührt wird.
Nur etwa ein Drittteil der menschlichen Grosshirnrinde steht in direkter Verbindung mit den Leitungen, welche Sinneseindrücke zum Bewusstsein bringen und Bewegungsmechanismen, Muskeln anregen; zwei Drittel haben direkt hiermit nichts zu schaffen; sie haben eine andere, eine höhere Bedeutung.
Welcher Art dieselbe ist, lässt schon die mikroskopische Untersuchung bis zu einem gewissen Grade erkennen. Während jedes Sinnescentrum der

Sind die genannten Bedingungen Bedingungen des Bewusstseins, so sind sie auch Bedingungen des Gedächtnisses, soweit dieses ein bewusstes ist. Also sind materielle Reize, kommen sie von aussen oder innen, sowie ihre Verbindung, ferner ein gesundes Gehirn notwendig für ein normales Erinnerungsleben. Wollen wir nun näher wissen, wie das bewusste Gedächtnis arbeitet, so müssen wir uns, der Selbstbeobachtung folgend, zunächst die verschiedenen möglichen Arten des Bewusstseins ansehen, denn jede Art des Bewusstseins hat ihre besondere Bedeutung für das Gedächtnis. Die verschiedenen Arten des Bewusstseins erleben wir aller Wissenschaft zum Trotz, indem wir Empfindungen empfinden, Anschauungen anschauen, Vorstellungen vorstellen, Gedanken denken, Gefühle fühlen, das Gewollte wollen.

Das Bewusstsein als Empfindung, als Denken,
als Gefühl, als Wille.

Schon aus der Darlegung von ZIEHEN haben wir ersehen, wie wichtig die Association für das Gedächtnis ist. Nur was verbunden war, wird erinnert. Wollen wir die Arbeit des Gedächtnisses gründlich verstehen, so müssen wir vor allem feststellen, welche Art von Verbindungen das bewusste Geistesleben aufweist.

Hirnrinde einen besonderen charakteristischen Bau besitzt, der bei einzelnen deutlich erinnert an die Nerven-Ausbreitungen je in dem zugeordneten äusseren Sinneswerk, tragen die höheren Centren — welche ich der Verständlichkeit halber von vorn herein als geistige bezeichnen will, als „Denkorgane" gegenüber den „inneren Sinnen" — ein mehr einheitliches Gepräge, einen gleichmässigen Typus der mikroskopischen Struktur, obwohl sie sich über die verschiedensten Regionen der Hirnoberfläche ausbreiten. Sie bilden einesteils das eigentliche Stirnhirn, den hinter der freien Stirnfläche, unmittelbar über den Augen gelegene Hirnteil, ferner einen grossen Teil der Schläfen- und Hinterhauptslappen, ein mächtiges Gebiet im hinteren Scheitelteil und endlich die tief im Innern des Hirns verstreckte Insula Reilii. Also mehrere grosse wohlgesonderte Bezirke giebt es im menschlichen Gehirn, welche nicht direkt mit Sinneseindrücken von aussen her oder aus dem Körperinnern, noch mit Bewegungsimpulsen zu thun haben, deren Thätigkeit somit ganz nach innen gerichtet erscheint.

Aber dieselben bieten noch weitere Besonderheiten, welche von vorn herein auf ihre höhere, auf ihre geistige Bedeutung hinweisen. Noch einen Monat nach der Geburt sind die geistigen Centren unreif, gänzlich bar des Nervenmarks, während die Sinnescentren schon vorher — ein jedes für sich, völlig unabhängig von den andern — herangereift sind. Erst wenn der innere Ausbau der Sinnescentren zum Abschluss gelangt ist, beginnt es sich allmählich in den geistigen Centren zu regen, und nun gewahrt man, wie von den Sinnescentren her sich zahllose Markfasern in die geistigen Gebiete vorschieben, und wie innerhalb eines jeden der letzteren Leitungen, die von verschiedenen Sinnescentren ausgehen, mit einander in Verbindung treten, indem sie dicht

a. Die reine Empfindung, soweit wir eine solche haben können, besitzt als solche nur eine gewisse Stärke und eine gewisse Beschaffenheit, d. h. Intensität und Qualität. Mit der Stärke der Empfindung hängt noch zusammen das Gefühl, dessen grosse Bedeutung für das Gedächtnis wir immer mehr erkennen.

Was die Qualität der Empfindungen betrifft, so weisen die Sinne je eine in sich zusammenhängende Mannigfaltigkeit von Qualitäten auf (Töne, Farben etc.), so dass man Reihen, Skalen aufstellen kann. Bei den unteren Sinnen muss man diese Möglichkeit allerdings mehr voraussetzen, dass sie Stufenleitern haben, da es noch nicht gelungen ist, Geruchs- und Geschmacksskalen aufzustellen. Auch im Leben ist die Thätigkeit der Sinne eine zusammensetzende. Und jede Empfindung richtet sich nach dem, was gleichzeitig oder vorher oder nachher empfunden wird. Die Helligkeit z. B., in der ein Netzhauteindruck empfunden wird, hängt nicht nur von seiner eigenen Lichtstärke, sondern auch von der Lichtstärke seiner Umgebung ab. So redet man auch von einem Gegensatz, einem Kontrast der

neben einander in der Hirnrinde enden. Die geistigen Centren sind also Apparate, welche die Thätigkeit unserer inneren (und somit auch äusseren) Sinnesorgane zusammenfassen zu höheren Einheiten. Sie sind Centren der Association von Sinnes-Eindrücken verschiedener Qualität, von Gesichts-, Gehör-, Tast-Eindrücken etc.; und sie erscheinen insofern auch als Träger einer „Cogitation" wie die lateinische Sprache prophetisch das Denken bezeichnet hat; sie können also spezieller auch Associations- oder Cogitations-Centren heissen.

Diese aus dem anatomischen Bau sich unmittelbar ergebende, sich geradezu aufzwingende Hypothese könnte so lange für unzureichend begründet gelten, als sie nicht die Probe der klinischen Erfahrung bestanden hat; diese aber ergiebt thatsächlich zahllose Beweise für ihre Richtigkeit.

Die Erkrankung der Associations-Centren ist es vornehmlich, was geisteskrank macht; sie sind das eigentliche Objekt der Psychiatrie. Sie finden wir verändert bei denjenigen Geisteskrankheiten, deren Natur uns am klarsten ist, weil das Mikroskop Zelle für Zelle, Faser für Faser deutlich die zugrunde liegenden Veränderungen erkennen lässt; und so können wir direkt nachweisen, welche Folgen es für das geistige Leben hat, wenn sie zu mehreren oder zu vielen oder auch sämtlich desorganisiert sind. In ein wirres Durcheinander geraten die Gedanken, neue fremdartige Gebilde erzeugt der Geist, wenn sie krankhaft gereizt werden, und völlig verloren geht die Fähigkeit, die Vergangenheit zu nützen, die Folgen der Handlungen vorauszusehen, wenn sie vernichtet werden. Sie sind die Hauptträger von dem, was wir Erfahrung, Wissen und Erkenntnis, was wir Grundsätze und höhere Gefühle nennen, zum Teil auch der Sprache; und so wird all' dies Können mit einem Schlag hinweggefegt, wenn z. B. Gifte die geistigen Centren ihrer Erregbarkeit berauben." a. a. O. S. 22.

„Bei den komplizierteren geistigen Leistungen wirken wohl alle geistigen und Sinnescentren zusammen, da sie untereinander durch zahllose Nervenfasern verbunden sind. Der grösste Teil des menschlichen Grosshirnwerkes besteht aus nichts anderem, als aus Millionen wohlsortierter, insgesamt Tausende von Kilometern messender Leitungen, welche die Sinnescentren unter einander, die Sinnescentren mit den geistigen Centren und diese wieder unter einander verknüpfen; — und nur aus dieser Mechanik resultiert die Einheitlichkeit der Grosshirnleistungen." a. a. O. S. 26.

Dem kann man zustimmen, insofern durch diese Leitungsbahnen allein die Einheit des Seelenlebens materiell ermöglicht wird, d. h. also die Einheitlichkeit der Grosshirnleistungen, aber zur Einheit des Bewusstseins können wir damit noch nicht gelangen.

Empfindung. Je nach der Umgebung verschwindet der Kontrast oder kehrt er wieder. Man hat die Kontrastorscheinungen auch Urteilstäuschungen genannt. Gerade diese Kontrasterscheinungen zeigen, dass wir ein **absolutes Mass** bei unseren Empfindungen nicht besitzen. Farben und Helligkeit bestimmen wir nur in **Beziehung zu einander**. Jeder Eindruck wird von Haus aus in Beziehung zu einem andern geboren, die isolierte Betrachtung tritt erst künstlich hinterher ein.

Diese **verbindende Thätigkeit** der Empfindungen zeigt sich auch bei dem **Anschauen**, **Wahrnehmen** und **Vorstellen**, ja sie nimmt zu. Anschauungen, Wahrnehmungen, Vorstellungen sind **Ganze**, die aus **Teilen** bestehen.

Das zeigt sich ganz besonders bei den Vorstellungen und Anschauungen des **Raumes** und der **Zeit**. Die Raumvorstellung ist für uns die Vorstellung eines Ganzen, das eine unendliche Anzahl von Teilen in sich fasst, die nach allen möglichen Raumrichtungen hin untereinander in Verbindung stehen, indem ein Teil immer den Teil in der Anschauung hervorruft, der im Raum an ihn zu grenzen scheint. Ähnlich ist es mit der Vorstellung der Zeit; auch sie ist stets die Vorstellung eines grösseren oder geringeren Ganzen, dessen Inhalt eine Zahl von Teilen ist, wie sie das Bewusstsein zusammenfassen kann, von Teilen, die durch Association so unter sich zusammenfliessen, dass jeder Teil Anfang, Mitte oder Ende einer Reihe bilden kann nach dem Schema *abc* — *bcd* — *cde* — *def* u. s. w, allerdings mit der Beschränkung, dass die Reihe nicht wie beim Raume wieder in sich zurückläuft.

Mit den geschilderten Raum- und Zeitvorstellungen ist aber der Eindruck, den die Sinnenwelt auf uns macht, noch nicht erschöpft. Den Raumvorstellungen verwandt ist die Zusammenordnung der Anschauungen zu **Dingen**, den Zeitvorstellungen verwandt ist die Vorstellung der **Thätigkeit**, welche in den Dingen und von den Dingen geschieht. Die von uns räumlich ausser uns objektivierten Empfindungen finden wir erfahrungsmässig stets so in Gruppen vereinigt, dass diese Gruppen von Eigenschaften, wie wir sie nennen, sich nicht nur in sich überall zu einem Ganzen zusammenschliessen, sondern sich auch als Ganze gegen andere ebenso auftretende Gruppen **abschliessen** oder **beziehend** verhalten. Diese Dinge sind selbst wieder so untereinander geordnet, dass ganze **Systeme** und **Bilder** entstehen, welche wieder Ganze bilden, die nicht nur Teile in sich hegen, sondern auch selbst wieder eingeordnete Teile von grösseren Ganzen bilden.

Die letzte Gesamtheit aller Ganzen bildet das **Weltbild**. Ein Ding, welches nicht Teil dieses Weltbildes wäre, also herausfiele und doch für uns da sein sollte, giebt es nicht.

Die Dinge erscheinen uns aber nicht nur als ruhende Bilder, sondern auch als **bewegte**, sie verändern sich in der Zeit. Unsere Anschauung der Veränderung führt uns dahin, dass wir nicht nur trotz der Veränderung die Dinge als beharrende Ganze auffassen, sondern dass wir, durch die Veränderung dazu geführt, sie in Beziehung mit anderen Dingen als ein Ganzes auffassen, so dass wir sie die Ver-

Änderung von jenen erleiden sehen, oder sie auf die andern verändernd einwirken sehen. Der Zusammenhang, welcher uns so verschiedene Dinge unter dem Gesichtspunkt der Veränderung doch als ein Ganzes ansehen lässt, ist der von Ursache und Wirkung. Also sind Ursache und Wirkung Teile eines verbindenden Vorganges, der den Eindruck eines Ganzen macht. Wie bei dem Gesamtbild der ruhenden Dinge, so ist es auch hier. Die einzelnen Veränderungsprozesse sind wieder Teile grösserer Vorgänge, die sich immer wieder durch den Zusammenhang von Ursache und Wirkung zu grösseren Ganzen zusammenfassen. Ein abgeschlossenes Bild bietet erst das gesamte wirkliche Weltleben.

Das Resultat unseres Überblickes über die Welt der Empfindungen ist also das, dass wir überall einen Zusammenhang von Ganzen und Teilen finden, und zwar so, dass jede gesunde Empfindung, Anschauung, Wahrnehmung, Vorstellung ihrem Wesen nach auf andere hinweist. Diese Art der Verbindung ist demnach ein von der Natur auf uns alle ausgeübter Zwang, den wir nicht erklären können, dem wir aber überall Folge leisten müssen.

b. Die Gegenstände, welche wir bis jetzt als in unser empfindendes, anschauendes und vorstellendes Bewusstsein fallend und in ihrem Zusammensein betrachtet haben, führen doch nur ein solches Zusammensein, wie es der scheinbar zufällige Lauf der Welt mit sich bringt. Warum und wie die einzelnen Teile associationsweise aneinanderhaften, wissen wir nicht; wir empfinden gewissermassen nur eine ästhetische Notwendigkeit ihres Zusammenseins, indem sozusagen die Schönheit des Ganzen, oder das Lustgefühl am Ganzen uns antreibt, zum Teil den Teil zu ergänzen. Aber das ist alles weit entfernt von der zwingenden Notwendigkeit der Gründe, die beim Denken die Dinge verbindet. Das Denken begnügt sich nicht mit der zufälligen Verbindung, in der Empfinden, Anschauen und Vorstellen ihm die Dinge zuführten, es kritisiert vielmehr das Zusammensein in seiner scheinbaren oder wirklichen Zufälligkeit. Das zufällige Zusammensein hebt es auf, und das durch eine Vergleichung der einzelnen Fälle des sachlichen Inhalts gerechtfertigte, thatsächliche Zusammensein lässt es nicht nur bestehen, sondern es giebt ihm erst die rechte Bestätigung durch Berufung auf die Abhängigkeit des Besonderen von seinem Allgemeinen. Diese beherrschende, einende Macht des Allgemeinen weist die Logik nach in der Lehre von der Bildung der Begriffe, der Urteile, der Schlüsse. Den Teilen also, welchen wir im Bewusstsein des Empfindens, Anschauens und Vorstellens begegneten, entsprechen hier die besonderen Fälle, die Beispiele u. s. w. Dem Wesen und der Macht des Ganzen, das wir dort fanden, entspricht hier der Begriff und die Herrschaft des Allgemeinen, des Gesetzes, der Regel.

c. Alle bis jetzt besprochenen Erscheinungen des Seelenlebens, Empfindungen, Vorstellungen, Gedanken werden begleitet von Gefühlen der Lust oder Unlust, in denen wir die genannten Inhalte auf uns beziehen und den Wert erfahren, den sie für unser Dasein haben. Es bietet uns so das Leben zwei parallel laufende Reihen, die eine mit intellektuellem Inhalt, mit Vorstellungen und Gedanken, die andere ausgefüllt mit den warmen Tönen der Gefühle. Wie aber die Vorstellungen und Gedanken nicht immer reinlich geordnet auftreten, so ist es auch mit den Gefühlen. Die Ordnung der Gefühle bedarf ebenso gut einer absichtlichen Thätigkeit, wie die des intellektuellen Inhaltes unseres Lebens. Die Ordnung der Gefühle ist mehr eine künstlerische Thätigkeit, und zwar steckt diese in jeder Menschenseele, sie geht darauf aus, das Mannigfaltige in der Einheit der Harmonie zum Gefühl der Lust zusammenzufassen. Darnach setzt das Gefühl, wenn es seinem Wesen gemäss ausgebildet sein soll, stets eine Mannigfaltigkeit voraus.

Die Gefühle sind nicht dazu bestimmt, vereinzelt aufzutreten, das zeigt schon die Bedeutung, die der Kontrast für die Bildung der Gefühle hat. „Es giebt kein Gefühl, dem nicht ein kontrastierendes Gefühl gegenüber stände. Jedes Gefühl wird daher durch sein Gegengefühl in seiner eigenen Stärke gehoben und sinkt gegen den Indifferenzpunkt herab, wenn das Bewusstsein des kontrastierenden Zustandes undeutlicher wird." (WUNDT.) Alle Gefühle sind relativer Natur, d. h. sind „bestimmte Proportionsverhältnisse, welche die sie tragenden Vorstellungsreihen in ein harmonisches Gleichmass setzen (HERBART) und zwar nicht für sich allein, sondern im Verhältnis zum Vorstellungsinhalt unseres Bewusstseins." (WUNDT.)

Der Art nach sind die Gefühle verschieden als sinnliche, ästhetische, logische und sittliche Gefühle. Bei allen zeigt sich als das Wesen des Gefühls die Zusammenfassung des Mannigfaltigen in dem Lustgefühl der Harmonie, und diese Eigentümlichkeit zeigt sich zunehmend nach der Stufenleiter der sinnlichen, ästhetischen, logischen und sittlichen Gefühle. Das Wesen der Gefühle ist es geradezu, von der Zusammenfassung, von der Harmonie zu leben. Seiner eigensten Natur nach treibt so das Gefühl auf Verbindung, auf Association. Die hohe Bedeutung des Gefühls für das Gedächtnis leuchtet hiermit ein.

Mit dem zunehmenden Reichtum der Gefühlswelt wachsen zwei Kräfte, welche die Gefühle unterstützen, die Kraft der Association und die Kraft der Analogie.

Die Empfindungen sind ja, wie wir gesehen haben, stets mit einander associiert. Wenn nun ein Gefühl mit einer Empfindung verknüpft ist, so hat es an dieser Empfindung, wie sie auch auftreten mag, eine Stütze. Und die Konstanz und Regelmässigkeit der auftretenden und unter sich associierten Empfindungen kommt den Gefühlen zu gute.

Die Analogie der Gefühle ist ein besonderes Mittel, die Gefühle wärmer und intensiver zu machen. So können die Gefühle von den sinnlichen bis zu den sittlichen als analoge empfunden werden, und so stärken und heben sie sich durch ein Ineinanderfliessen. Wie sinnliche Gefühle z. B. verwandt sind, geht aus dem Sprachgebrauch hervor, wenn wir von schneidenden und brennenden Geschmäcken, von kalten und warmen Farben u. s. w. reden.

d. Die vierte Art des bewussten Lebens ist der Wille. Vom Willen ist als niedere Stufe zu unterscheiden der Trieb. Als wirklicher Wille tritt der Trieb dann auf, wenn wir der aus uns vorbrechenden Bewegung uns nicht nur hingeben, sondern ihr zustimmen, oder der geschehenden eigenmächtig entgegentreten. Man darf aber nicht Wollen mit dem Vollbringen des Gewollten verwechseln. Der Wille kann nur jene inneren psychischen Zustände erzeugen, welche Anfangspunkte der weiteren Wirkung sind, die sich an die auftauchende Vorstellung dann mechanisch anknüpft. Der Mechanismus bleibt derselbe, ob die Handlung willkürlich oder unwillkürlich ist, und die willkürliche unterscheidet sich von der unwillkürlichen nur durch die ausdrückliche Billigung, die dem Auftreten ihres mechanischen Ausgangspunktes zu teil geworden ist.

Damit ein Wille zustande komme, muss abgesehen von 1. dem körperlichen Mechanismus und seinem Trieb vorhanden sein: 2. eine bestimmte Vorstellung, auf welche der Wille als das Objekt sich richtet, 3. ein Gefühl, welches den Willen veranlasst, auf dieses Objekt sich zu richten, 4. der Wille als Kraft, welcher in der vorgestellten und vom Gefühl gebilligten Richtung sich bewegt und zwar als verbindender oder trennender, verwerfender oder billigender, schaffender oder vernichtender Wille. So vereinigen sich denn schliesslich mehrere einzelne Bewegungen zu einer beabsichtigten zweckmässigen Gesamtwirkung. Die motorischen Nervenelemente sind dabei überall mit den sensibeln Nervenelementen so verbunden, dass es gemischte Organe giebt für die einzelnen Systeme von Leistungen im menschlichen Körper.

Wo bewusste und willkürliche Bewegungen auftreten, da sind sie auch systematisch geordnet, und zwar so, dass der bewusste Wille alle Mittel, die er anwendet, als eine Kette einzelner abgestufter und auf einander berechneter Willensakte erfasst, die in ihrer Gesamtheit zum erwünschten Ziele führen, in welchem der Wille schon im voraus alle einzelnen Mittel in der Vorstellung zusammenfasste, um sie dann hinterher als verwirklichte in einem einheitlichen Wertgefühl zu erleben. So haben wir auch in dieser Seelenthätigkeit, dem bewussten Willen, die bewusste Zusammenfassung einer Vielheit zu einer Einheit.

Der Wille hängt aufs engste mit dem angeborenen oder erworbenen Charakter des Menschen zusammen. Die Gefühle, welche den Willen hervortreiben, setzen die ganze Seele als Massstab voraus. Diese feste Gesamtheit der Seele, welche die empfindende, vorstellende, denkende, wollende Natur der Seele dem Gefühlsleben als einen einheitlichen Unter- und Hintergrund darbietet, nennen wir eben den Charakter des Menschen. So geht aus dem gesamten Charakter des Menschen durch Vermittlung der Triebe und der treibenden bewussten Motive, d. h. durch die in ihrem Wert gefühlten Vorstellungen die Willensthätigkeit des Menschen hervor. Wie die verschiedenen Seiten des Trieblebens und Seelenlebens zu der Einheit des Charakters zusammenfliessen, lässt sich durch die Lehre von der Association nicht erklären, sie bleibt ein Rätsel, das wir erleben. Aber obwohl die Charaktereinheit vielfach ein Ideal ist, dem wir mit grösserem oder geringerem Erfolg zustreben, so streben wir doch alle bewusst oder unbewusst darnach und fühlen den Wert dieser Einheit.

Eine besondere Art der Willensthätigkeit ist die für die Lehre vom Gedächtnis besonders wichtige Aufmerksamkeit. Das Bewusstsein hat die Gesamtheit der Vorstellungen, auf die es sich bezieht, keineswegs zu jeder Zeit in gleicher Weise gegenwärtig, sondern es ist bald diesen, bald jenen Teilen mehr zugewandt. So wie wir in unserm äussern Blickfeld bald diesen, bald jenen Punkt fixieren, so fixieren wir auch durch die Aufmerksamkeit bald diesen, bald jenen Teil unseres inneren bewussten Anschauungsfeldes. Den Eintritt einer Vorstellung in das gesamte innere Blickfeld nennt WUNDT Perception, ihren Eintritt in den kleinen inneren Blickpunkt nennt er Apperception. Die Verschiedenheit und die sich steigernde Vervollkommnung der Apperception ist für uns besonders anziehend; sie ist auch pädagogisch wertvoll.

Der Blickpunkt der Apperception wird von uns willkürlich erweitert oder verengert, auf diesen oder jenen Teil des Blickfeldes gerichtet, bald von dem äusseren Blickfeld in das innere geistige, bald von dem inneren in das äussere. Aber der Grad, mit dem wir so appercipieren, hängt viel weniger von dem äussern Sinnesreiz ab, als von der subjektiven Thätigkeit des Willens. Die der Apperception dienende Aufmerksamkeit ist eine vom Willen ausgehende Thätigkeit.

Mit der Aufmerksamkeit sind sinnliche Gefühle verknüpft, Spannungsgefühle, die wir beim Aufmerken ganz deutlich empfinden. Diese Spannungsgefühle sind Innervationsgefühle der arbeitenden Muskeln. Die Selbstbeobachtung lässt vermuten, dass diese Empfindung eine Bewegungsempfindung ist, entstanden durch die Innervation zahlreicher Muskeln beim Sehen, namentlich der Accommodationsmuskeln. Es findet bei der Aufmerksamkeit eine Anpassung der Sinne an den Eindruck statt, und von dieser Anpassung hängt die sinnliche Schärfe der Apperception ab. Dass wir auch dann, wenn wir Erinnerungsbilder vermittelst der Aufmerksamkeit appercipieren wollen, diese Spannungsgefühle haben, hängt auf jeden Fall damit zusammen, dass auch die Erinnerungsbilder in gewisser Weise eine Thätigkeit der den Erinnerungsbildern entsprechenden Sinnesorgane erzeugen und verlangen, dass begleitende Innervationen der Accommodationsmuskeln sich einstellen.

Die Zeit, welche bei der Apperception nötig ist, damit ein Gegenstand vom allgemeinen Blickfeld des Bewusstseins in den besonderen Blickpunkt der Aufmerksamkeit tritt, und die Zeit, welche nötig ist, um den Willen als thätige Kraft auszulösen, wird Reaktionszeit genannt. Diese Zeit kann verkürzt werden durch die vorbereitende Spannung, während bei völlig unerwarteten Eindrücken die physiologische Zeit verlängert wird. Ist z. B. die Art der willkürlichen Bewegung, welche sich mit dem Eindruck verbinden soll, schon vorher bekannt und eingeübt, so fällt die Entwicklung des Willensimpulses völlig mit der Apperception zusammen. Wie gross also der Wert der Wiederholung ist, welche die Reize bekannt macht und die physiologische Zeit immer mehr verkürzt, sieht man nun. Die Wiederholung erhält ihre wirkende Kraft durch das unbewusst wirkende Gedächtnis.

Fragen wir zum Schluss, welches ist das Ziel, welches der Wille bei der Aufmerksamkeit verfolgt, und wodurch wird sie angeregt, nach diesem Ziel zu streben.

Ist die Aufmerksamkeit auf eine einfache Sinnesempfindung ge richtet, ohne dass dabei die Nebenabsicht vorliegt, sie mit andern zu vergleichen, so kann die Absicht nur die sein, dieser Empfindung nach Qualität oder Quantität voll bewusst zu werden, damit die Seele den Eindruck voll und ganz habe. Damit dieser Eindruck so erfolgen kann, werden die Sinne durch die Aufmerksamkeit in die dem Reiz entsprechende richtige Verfassung gesetzt, ihm adaptiert. Dieses Verlangen wird immer mächtiger und reger, je mehr die Aufmerksamkeit sich zusammengesetzten und geistigen Gegenständen zuwendet. Die Absicht des aufmerksamen Geistes ist die: die einzelnen Eindrücke als Teile in ein Ganzes einzureihen, als Besonderes unter ein Allgemeines zu fassen, sie in der Harmonie unter dem Gefühl der Lust zu geniessen, sie als Mittel zu einem Zweck zu verwerten. Die Seele treibt so mit einer Art von Naturgewalt durch die Aufmersamkeit zur Apperception, d. h. zum vollen allseitigen Aneignen des Gegenstandes im Bewusstsein.

2. Das Gedächtnis des bewussten Geisteslebens.

Durch das Gesagte ist die Lehre vom bewussten Gedächtnis vorbereitet. Wir besprechen das bewusste Gedächtnis nach den Gesichtspunkten: 1. der Aufbewahrung des Gedächtnisinhaltes, 2. der Reproduktion des Vergessenen, 3. der Wiedererkennung des Reproduzierten.

1. Das Aufbewahren. Wir haben im Vorhergehenden gesehen, wie alle psychischen Erscheinungen in uns an materielle Vorgänge im Gehirn geknüpft sind. Doch kann man nicht annehmen, dass mit einer Aufbewahrung dieser Vorgänge im Nervensystem schon von selbst alle nötigen entsprechenden seelischen Zustände oder Thätigkeiten gegeben wären. Wenn ich z. B. einen vergleichenden Denkakt ausführe, indem ich schliesse a ist grösser als b, so ist der im Gehirn vorausgehende oder begleitende Akt nicht der vergleichende und schliessende Denkakt, so dass Vergleichung und Schluss im Gehirn unbewusst materiell zurückbleiben könnten. Wie diese die psychischen

Zustände begleitenden materiellen Zustände beschaffen sind, wissen wir ja nicht, und wir werden es vielleicht niemals wissen. Wir kennen weder ganz scharf umrissen ihre Art, noch ihren Ort, obwohl man sich ihre Lokalisation jetzt systemartig ausgebreitet denkt und an ihrem Vorhandensein nicht zu zweifeln ist. Wir können aus ihrer Beschaffenheit allein auch niemals auf die Eigenart des parallelen psychischen Vorganges einen sichern Schluss machen.[1]

[1] Wo die neueren Forscher auf dem Gebiete der Medicin sich die Gedächtnisspuren, und wie sie sich ihre Wirksamkeit denken, geht aus folgenden Sätzen von FLECHSIG a. a. O. S. 27:

„Da mit Zerstörung der „geistigen" Centren (siehe Anm. auf Seite 27) regelmässig das Gedächtnis in grosser Ausdehnung leidet, so haben wir in ihnen zweifellos einen grossen Teil der nervösen Elemente zu suchen, an welche die Erinnerungsfähigkeit für Sinneseindrücke gebunden ist — und es würde sich nur fragen, ob und inwiefern wir mit unsern physikalischen und chemischen Hülfsmitteln hier direkt irgend welche Spuren früherer Sinneseindrücke nachweisen können. Dass die Gedächtnisspuren überhaupt materieller Natur sind, geht schon aus der einfachen Thatsache hervor, dass chemische Agentien, wie Alkohol u. a. m., sie vorübergehend oder dauernd verschwinden machen, letztere ausnahmslos dann, wenn durch das Gift die Ganglienzellen und Nervenfasern der Rinde in grösserer Menge aufgelöst werden.

Wir verlegen die Gedächtnisspuren hauptsächlich in die Ganglienzellen, weil nur diese erfahrungsmässig fähig sind, Reize aufzuspeichern, sich mit Spannkräften nach Art von Reservestoffen zu laden, aber wir können es einer Zelle nicht ansehen, ob sie wirklich Erinnerungsspuren birgt, oder von welcherlei Qualität dieselben sind, ob eine Zelle etwa Anteil hat an der Vorstellung der Sonne oder eines Akkords."

Über die Gedächtnisspuren eines gehörten Wortes äussert sich FLECHSIG S. 60 so:

„Es liegt wohl selbstverständlich am nächsten, anzunehmen, dass die Gedächtnisspuren eines gehörten Wortes überall da zurückbleiben, wohin die der Wahrnehmung zu Grunde liegende Erregung dringt. Zunächst würde man hier an Ganglienzellen der Associationsneurone der Hörsphäre zu denken haben. Sie würden mit ihren Verbindungen unter einander gewissermassen den Körper der Gedächtnisspuren eines Wortklanges darstellen; aber von diesem Körper aus erstrecken sich unzählige Arme und Füsse hinaus in andere Rindenregionen, insbesondere in die Associationscentren. Dass die Associationsfasern selbst für das Wiederaufleuchten der Erinnerung im Bewusstsein von unmittelbarer Bedeutung sind, mag zweifelhaft erscheinen, zur Auslösung sind sie sicher unentbehrlich — ob man aber Auslösung und Bewusstwerden hierbei wird sondern können, entzieht sich noch völlig der Beurteilung. Wichtig erscheint mir die Frage, ob etwa auch die Centralneurone der Associationscentren für sich instande sind, Erinnerungsbilder zu reproducieren ohne Mitwirkung der Sinnescentren. Jedenfalls könnten diese Bilder nur lückenhaft sein, da ja ausserhalb der Sinnessphäre kaum ein einigendes Band gefunden werden kann, das alle zu einem Wortklang in Beziehung stehende Centralneurone zu einheitlicher bezw. gleichzeitiger Thätigkeit verknüpfen könnte. Da indes die Erinnerungsbilder in der That vielfach nur schattenhaft und jeder specifischen Energie bar die ursprünglichen Eindrücke wiedergeben, so liegt de facto kein Hindernis vor, die Centralneurone bis zu einem gewissen Grade selbständig, d. h. ohne Teilnahme der Sinnescentren Erinnerungsbilder vermitteln zu lassen. Für die associative Auslösung derselben sind die Centralneurone wohl zweifellos von ganz hervorragender Bedeutung — vermutlich auch für die Bildung jener höchsten Vorstellungskomplexe, an welchen zahllose Einzelassociationen beteiligt sind.

Unser Seelenleben besteht nicht aus Bestandteilen, die stets bis auf die Wurzel neu erzeugt werden müssten, sondern wie die Sprache ihre Fülle an Worten auf gewisse flektierbare Urbestandteile zurückführt, so wiederholen und verknüpfen sich im ganzen Seelenleben stets gewisse Grund- und Urbestandteile. So werden wir auch annehmen dürfen, dass den sich stets wiederholenden einfachen Urbestandteilen der geistigen Thätigkeit auch stets dieselben einfachen, specifischen, kombinierbaren, materiellen Bewegungen im Gehirn zur Seite gehen, verschieden allerdings nach den geistigen Arten des Empfindens, Denkens, Fühlens, Wollens. Wenn man das nicht annähme, so wäre überhaupt schwer erklärbar, wie Übung entstände, die nur möglich ist, wenn dasselbe Element dieselbe Thätigkeit wiederholt ausübt. Was wir über diese Übung und Gewohnheit der unbewussten arbeitenden Materien wissen, ist oben schon gesagt. Wir dürfen annehmen, dass die die sinnlichen Empfindungen (der Farbe, Töne etc.) begleitenden materiellen Zustände des Sinnhirns dem Empfinden seine klare sinnliche Wärme und so auch eine gewisse ästhetische Gestaltungskraft gebe. Dazu wird die Fähigkeit auch bei der Erinnerung in den Nerven zurückbleiben; durch Übung kann sie auch gesteigert werden, und so kann sie die Bildung der sinnlichen Empfindung bei der Erinnerung unterstützen.[1]) Auch

Erwägt man, dass die Sicherheit und stete Bereitschaft des Gedächtnisses ganz wesentlich beruht auf der Auslösbarkeit der Einzelvorstellungen von den verschiedensten Wahrnehmungen und Erinnerungsbildern aus, so erhellt ohne weiteres, wie tief das Gedächtnis gestört werden muss, wenn die Associationscentren mit ihren Contralneuronen etc. leiden, wie dann optische Erregungen nicht mehr die Spuren von akustischen erreichen können u. dergl. m.

Die Bedeutung der Associationscentren für das Denken wird sonach sowohl in der Verknüpfung disjunkter und disparater Wahrnehmungen, wie in der Auslösung und Kombination ihrer Erinnerungsspuren bestehen — und hierin ist ja zweifellos die wesentlichste Grundlage aller geistigen Thätigkeit gegeben."

Indem FLECHSIG dann den Menschen auf sein Gehirn hin mit dem Tiere vergleicht, kommt er zu dem Schluss: „der Mensch verdankt seine geistige Überlegenheit in erster Linie seinen Associationsneuronen. Die anatomische, wie die vergleichend anatomische Betrachtung weist demgemäss in Verbindung mit den klinischen Erfahrungen mit aller Entschiedenheit darauf hin, dass die Associationscentren die Hauptträger des geistigen Lebens sind, dass sie somit als geistige Centren, als Denkorgane bezeichnet werden dürfen und müssen."

[1]) „Da beim Menschen Erinnerungen nicht regelmässig in grösserer Zahl schwinden, wenn ausschliesslich Sinnescentren erkranken, — können wir diesen letztern nicht die Fähigkeit zuschreiben, für sich allein neben den Sinneseindrücken auch sämtliche Erinnerungsbilder zu vermitteln; sie haben aber wohl zweifellos in den Vorstellungen, wie wir sie im ausgebildeten Bewusstsein finden, den wesentlichsten Anteil an dem, was sinnlich scharf und deutlich erscheint, d. h. das Gepräge specifischer Energie an sich trägt." FLECHSIG a. a. O. S. 22.

die gewöhnlich vorkommenden Verbindungen der Sinnesempfindungen werden durch Einübung des psychologischen Mechanismus, der ihnen im Gehirne zu Grunde liegt, eine Erleichterung bei der Wiederholung finden.[1]) Dahin gehört die Wirkung der Association, die ZIEHEN so stark betont. Funktioniert das Gehirn kräftig und normal, so ist in der Unterstützung durch sinnliche Färbung auch dem logischen Denken, das im allgemeinen an den gesunden Zustand der grauen Rinde der Grosshirnhemisphären gebunden scheint, bei der Verarbeitung der Empfindungen zu Vorstellungen ein Dienst erwiesen. Sinnlich kräftig erinnerte Eindrücke werden nicht nur in ihrer ästhetischen Zusammengehörigkeit, sondern auch in ihrer logischen Einheit oder Verschiedenheit gewiss leichter erkannt, als nur mühsam erfasste, blasse Erinnerungsbilder. So benutzt denn auch unser Denken besonders in der Einrichtung der Sprache diese sinnliche Erleichterung mit anerkanntem Vorteil. Wie Störungen in leitenden Bahnen Trugschlüsse, falsche Doppelbilder, Unklarheiten hervorrufen, zeigen die Geisteskrankheiten. Dass auch im gesunden Leben eine vorübergehende nicht normale Beschaffenheit der specifischen Gehirnteile, wie Blutarmut oder Kongestion, das Denken erschweren, kann man an sich und andern beobachten. Also auch hier kann man annehmen, dass die specifische Disposition, welche das Gehirn durch das Denken erfährt, wenn sie normal in den durch das gesunde Geistesleben eingeübten Bahnen zurückbleibt, die Wiederholung eines Denkaktes erleichtert.

Einen ähnlichen vorbereitenden und erleichternden Dienst, wie dem Empfinden und Denken, leistet die Thätigkeit des Gehirns und der sensibeln und motorischen Nerven auch dem Fühlen. Gewiss werden nicht nur die sinnlichen, sondern auch die höheren geistigen Gefühle, wenn sie intensiv auftreten, von körperlichen

---

[1]) „Man darf die Sinnesflächen der Grosshirnrinde auch als Wahrnehmungscentren bezeichnen. An diesen Wahrnehmungen ist aber nicht nur bemerkenswert die sinnliche Schärfe, sondern auch das Zusammenfliessen mehr oder weniger zahlreicher elementarer Empfindungen zu „einheitlichen" psychischen Gebilden, so dass bereits hier die „verknüpfende Thätigkeit der Seele" hervortritt." „Der anatomische Ausdruck der den Sinnessphären zukommenden besondern Befähigung zur Verknüpfung der elementaren Empfindungen dürfte in ihrem grössern Reichtum an Horizontalfasern zu suchen sein." FLECHSIG a. a. O. S. 22. „Was wir mit Sicherheit wissen, ist, dass die in den Hirnelementen niedergelegten Gedächtnisspuren unter einander mehr oder weniger in festen Beziehungen stehen; das Gedächtnis ist organisch gegliedert, schon vermöge der Gliederung seiner psychischen Grundlage, in unzählige wohlgesonderte Einzelstücke, und die Gedächtnisspuren selbst sind nur Besonderheiten in deren Organisation." FLECHSIG. S. 26.

Zuständen und Gefühlen vorbereitet und begleitet. Dass die Dispositionen zu diesen körperlichen Gefühlen bleiben und so das geistige Gefühlsleben in seiner Entstehung, seiner Klarheit und Wärme fördern, ist wohl anzunehmen.[1]) Besonders die Geisteskrankheiten beweisen, wie innig körperliche und seelische Zustände mit einander verflochten sind.

Auch dass unsere Willensakte von körperlichen Zuständen getragen und unterstützt werden, das ist nicht zu bezweifeln. Auch hier belehrt uns die Psychologie der Geisteskrankheiten mit ihren Beispielen von Willensschwäche der Melancholiker und unnatürlichen Willenskräfte der Tobsüchtigen, von der engen Verknüpfung des Willens mit körperlichen Zuständen.

Vorbereitung und Erleichterung der geistigen Reproduktion, soweit sie sich eines gewissen körperlichen Mechanismus bedient, durch zurückbleibende Disposition der gesunden eingeübten specifischen Nerven- und Gehirnmaterien, dürfen wir also überall annehmen.

Hat aber der Geist nicht die Fähigkeit, wenn es sein muss, auch ohne diese materielle Erleichterung die einmal geschaffenen geistigen Gebilde zu erhalten? Können die geistigen Vorstellungen, wenn sie einmal da gewesen und dann aus dem Bewusstsein verschwunden sind, nicht unbewusst zurückbleiben, wie HERBART meint?

Die Frage wird durchsichtiger, wenn man nicht vergisst, dass Vorstellungen keine selbständige Wesen sind, die gewissermassen im unbewussten Dunkeln einen Spuk treiben können, dass vielmehr die Seele das vorstellende Wesen ist. Wer stellt nun vor, wenn der Reiz noch nicht die Höhe des Bewusstseins erreicht hat? Niemand! Alles, was wir von Wirkung der Kräfte

---

[1] „Die Sinne erscheinen hier zunächst nur als untergeordnete Gehilfen der körperlichen Triebe, wie Handlanger, welche für die Gefühle im voraus Ausdrucksmaterial herbeischleppen. Aber von der Sorgfalt ihrer vorbereitenden Arbeit, von ihrem scharfen Erfassen des Wirklichen hängt doch zum guten Teil die künstlerische Vollkommenheit der Phantasiegebilde ab; und die Phantasie arbeitet um so einheitlicher, je sorgfältiger das sinnliche Material von vornherein mit klaren, scharfen Gefühlswerten versehen und so nach Gefühlskategorien geordnet wird." „Dass auch an den erhabensten künstlerischen Schöpfungen sinnliche Gefühle einen wesentlichen Anteil haben, unterliegt keinem Zweifel, nur die Durchtränkung der Anschauungen mit Gefühlen schafft wirkliche Kunstwerke. Es erscheint mir in dieser Hinsicht nicht ohne Interesse, dass der Schädel Beethovens neben einer ungeheuren Entwicklung in der Gegend der hintern grossen Associationscentren eine gute Ausbildung der Körperfühlsphäre anzeigt." FLECHSIG a. a. O. S. 30.

aufweisen können, die der Geburt der Empfindung und Vorstellung vorausgehen, lässt sich in die dem entstehenden individuellen Bewusstsein vorausgehenden materiellen Veränderungen des Nervensystems und der gegebenen Natur der Seele zusammenfassen. Aber man wird meinen, es verhielte sich anders mit der Frage, wenn die Seele einmal die Vorstellungen erzeugt habe. Diese Vorstellungen blieben bestehen und würden nur aus dem Bewusstsein verdrängt durch andere stärkere Vorstellungen, um dann als unbewusste Vorstellungen hinter der Schwelle des Bewusstseins zu lauern und sich mit Hülfe von verwandten Vorstellungen wieder hinüber drängen zu können. Aber diese Thätigkeit hat noch niemand beobachtet! Unbewusste Vorstellungen sind ein Widerspruch, und das Gefühl des Drängens, das sie scheinbar ausüben, ist anders zu erklären. Es verdrängen nicht Vorstellungen einander wie selbständige Wesen, sondern sie folgen auf einander, weil die Reize, welche von aussen kommen, oder die im Wesen der Seele lagen, auf einander folgen, indem die Gefühlszustände der Seele wechseln, und die Willenskraft anschwillt oder ermattet.

Durch die fortgesetzte geistige Thätigkeit der Seele kann ihre Kraft, Teile zu einem Ganzen, das Besondere zu Allgemeinem zu verbinden, gestärkt werden. Und wenn auch nicht Vorstellungen als fertige Bilder wie in einem Vorratskasten zurückbleiben können, so kann doch wohl die Fähigkeit des Geistes zurückbleiben, das einmal Geordnete, sei es ästhetisch, sei es logisch, später leichter als das erste Mal zusammen zu fassen, und die appercipierende Thätigkeit der Seele wird durch Verfestigung der Gefühle, welche jede geistige Thätigkeit antreiben und begleiten, immer sicherer in ihrer Richtung. So entsteht eine geistige Gewohnheit.

Ebenso kann man durch die Erfahrung sich wohl allgemeine Stimmungen und Zustände der Seele als zurückbleibend vorstellen, die dann jeden Augenblick bereit sind, wieder als individuelle Gefühle oder Willenskräfte aufzutreten, sobald irgend ein äusseres oder inneres Objekt einen Reiz auf das Bewusstsein ausübt. Die Annahme solcher in der Seele, dem Gesamtcharakter zurückbleibender Zustände als psychischer Dispositionen hat für unser Vorstellen keine grössere Schwierigkeit, als die Annahme vom Zurückbleiben körperlicher Dispositionen, sobald man nur mit dem Gedanken ernst macht, dass die Seele ein reales Wesen ist, das sich nicht in ein Summationsphänomen verflüchtigen lässt.

2. Die Reproduktion. Die unwillkürliche Reproduktion ist ein Akt der Erinnerung, der durch einen von aussen kommenden Reiz eingeleitet wird, im Gegensatz zu der willkürlichen Erinnerung, die von dem Geist selbst ausgeht. Für die Frage der Reproduktion ist der Unterschied nicht sehr wichtig, da die Mittel der Reproduktion, sobald sie einmal angeregt ist, in beiden Fällen die gleichen sind. Doch finden wir die Gesetze der Reproduktion am deutlichsten bei der willkürlichen Reproduktion, bei welcher gewisse im Bewusstsein vorhandene Zustände, die als unfertig empfunden werden, die Veranlassung sind, dass wir mit Absicht das Fehlende dazu reproducieren.

a) So entsteht, wenn es sich um einfache zu erinnernde Sinnesempfindung handelt, das Verlangen in der Seele, durch Reproduktion der gewohnten Anpassung der Nerven die Empfindung (z. B. blau) rein und voll zu haben. Da nun jede Empfindung im Zusammensein mit andern Empfindungen erlebt wird, so regt sich in der Aufmerksamkeit das Streben, die Empfindung im einmal gegebenen Zusammenhang mit anderen Empfindungen dazu zu reproduzieren. Das zeigt sich besonders bei den qualitativ mannigfaltigen Empfindungen, bei denen jede Art aus verschiedenen Qualitäten besteht, welche in einer abgestuften Weise in einander übergehen oder sich mannigfaltig zusammensetzen können. Daher die grosse Reproduktionsfähigkeit für Gesichts- und Gehörempfindungen, die schwache Reproduktionskraft für Gerüche und Geschmäcke. Die Fähigkeit zum Reproducieren hängt offenbar ab von der Fähigkeit, das Einzelne zu einem gegliederten Ganzen zu verbinden. Soweit es der Aufmerksamkeit von Anfang an gelingt, dem Ganzen noch einen Teil hinzuzugliedern, soweit ist auch die spätere Reproduktion gesichert. Dinge, die absolut isoliert in unserm Bewusstsein schweben, wie es im Traumleben vorkommen kann, können wir hinterher nicht in das gewöhnliche zusammenhängende Bewusstsein zurückrufen.

Eine gewisse Rolle spielen bei der Reproduktion der Empfindungen und Anschauungen Raum und Zeit, welche, wenn sie bei der ersten Entstehung der Empfindungen und Anschauungen kräftig appercipiert sind, die Reproduktion unterstützen. Was ich im Raume genau an der Stelle mir vorstellen kann, wo ich es zuerst gesehen (man vergleiche Chamisso's „Schloss Boncourt"), oder was ich genau nach Jahr, Tag und Stunde mir vorstellen kann, wann ich es zuerst erlebt, das kann ich auch sicherer und allseitiger ins Gedächtnis zurückrufen. Umgekehrt erschwert oft die Unfähigkeit, uns die räumliche oder zeitliche Zugehörigkeit eines Dinges vorzustellen, die Reproduktion. Wie bei der Bildung von Raum- und Zeitvorstellungen Innervationsgefühle, Lokal- und Temporalzeichen mitwirken, so werden sie gewiss auch durch ihre Fähigkeit zur Gliederung die Erinnerung unterstützen. Mehr können wir ihnen aber nicht zugestehen, und die qualitativen Verbindungen, die in Raum und Zeit vor sich gehen, sind für die Erinnerung die wichtigsten.

b) Wie beim Empfinden und Anschauen die frei wirkende ästhetische Lust am Ganzen zur Reproduktion treibt, so ist bei der Reproduktion des Denkens die treibende Kraft die logische und mathematische Notwendigkeit, die im Begriff des Allgemeinen steckt. Denselben Weg, den die Apperception bei der Herstellung des logischen Bewusstseins gegangen ist, geht auch die logisch arbeitende Reproduktion, nur mit dem Unterschied, dass bei der Apperception der Begriff das Resultat der Thätigkeit ist, während die Reproduktion von dem Wertgefühl des Begriffs ihren Ausgangspunkt nimmt. Also ein besonderer Fall, der gerade im Bewusstsein ist (z. B. ein Satz, auf den eine grammatische Regel ihre Anwendung findet), treibt das logisch arbeitende Bewusstsein an, durch das Mittel des Gefühls für den Wert des Allgemeinen zu diesem besonderen Fall alle in den Umfang des Allgemeinen (der Regel) hingehörenden besonderen Fälle (Sätze), welche schon einmal im Bewusstsein waren, wieder zu reproducieren. Die Reproduktion der Empfindungen, Anschauungen und Vorstellungen, sowie die Reproduktion der logischen Begriffe sind natürlich fast immer aufs engste mit einander verbunden, so dass sie sich gegenseitig unterstützen. Auf diese rege Verflechtung von Sinnesempfindungen und Denkprozessen weisen ja auch die Verbindungen der Gehirncentren schon hin, wie wir sie kennen gelernt haben. Eine solche gemischte Reproduktion finden wir z. B. in der angewandten Mathematik, während die Mathematik in der Planimetrie mehr ein anschauendes Gedächtnis, in der Algebra mehr ein logisches Gedächtnis in Anspruch nimmt.

c) Der Wert der Gefühle für die Reproduktion liegt nicht nur darin, dass sie die eigentlichen Kräfte sind, welche die Reproduktion hervorrufen, indem sie von vorgestellten Gefühlen zu wirklichen Gefühlen zu werden streben, sondern auch für die Richtung, in welcher die Reproduktion arbeitet, sind sie die

Wegweiser.¹) Je mehr der Mensch sein Gefühlsleben sichtet und ordnet, um so klarer wird der Gang seines reproducierenden Geistes hinterher sein.

Die niederen Gefühle haben ihre Reproduktionskraft hauptsächlich in der Stärke, der Intensität des sinnlichen Gefühls der Lust oder Unlust: die höheren Gefühle sind objektiver und verdanken ihre Reproduktionskraft mehr der harmonischen Gliederung der mit ihnen verknüpften Vorstellungen.²) Diese Kraft wird noch verstärkt durch die Fähigkeit der Gefühle, sich durch analoge Gefühle zu verstärken. Darin beruht die Macht der Anschauung, des Gleichnisses, des Beispiels u. s. w. für die Reproduktion.

d) Gegenüber der mechanischen und unbewussten Ausführung von Bewegungen ist es Sache des Willens, die Bewegungen nach einem selbstgebilligten Ziele zu kombinieren oder zu isolieren. Ist eine solche Kombination oder Isolierung von Bewegungen (z. B. bei der Technik des Klavierspieles) längere Zeit von dem bewussten Willen mit bestimmten Zielen ausgeführt, so kann sie schliesslich durch die Übung mechanisch und unbewusst vor sich gehen, was die bekannte Erscheinung hervorruft, als ob die unbewusste Thätigkeit des Gedächtnisses mit einem bewussten Ziele handelte.

Bei bewusster Willensthätigkeit werden die einzelnen Glieder der Handlung durch die Vorstellung des Zieles zusammengehalten. Die Vorstellung des Zieles repro-

---

¹) „Man darf hierbei (bei der Frage nach den physischen Kräften, welche die Gedächtnisspuren wieder zu Bewusstseinserscheinungen werden lassen) nicht einen andern wichtigen Faktor vergessen. Lebhaft Phantasie oder Nachdenken erregend wirken äussere Eindrücke besonders dann, wenn sie gewisse Gefühle und hiermit Triebe auslösen. Aber auch direkt von innen heraus wirken Geschlechtstrieb, Hunger, Durst, Angst und viele andere körperliche Gefühle wie mit einem Zauberstab weckend auf die ihnen genehmen, inhaltsverwandten Vorstellungen." „Der Kontrolle der logischen, sittlichen und ästhetischen Gefühle werden alle Resultate der Hirnthätigkeit erst dadurch unterworfen, dass sie durch das Bewusstsein hindurchgehen, wodurch allein letzteres als höchste und edelste Erscheinungsform der Energie charakterisiert wird. — Die körperlichen, die sinnlichen Gefühle sind wohl zweifellos sämtlich an die Sinnessphären und die mit ihnen durch Projektionsfasern verbundenen subcorticalen Centren geknüpft. Dass auch sie Erinnerungsbilder zurücklassen, und dass diese Erinnerungsbilder eine ganz hervorragende Rolle bei der Ideenbewegung spielen, ist nicht zu bezweifeln. Die höhern geistigen Gefühle lassen sich vorläufig nicht weiter lokalisieren. Sie sind aber zweifellos genau so an die Hirnsubstanz gebunden (wahrscheinlich an die Associationscentren) wie die niedern." FLECHSIG a. a. O.

²) „Die „aufgelegte Stimmung" wirkt freilich nur ideenweckend, wenn die Associationscentren reiche und leicht bewegliche Gedächtnisspuren in sich bergen — die Vorbedingung aller genialen Komposition." FLECHSIG a. a. O. S. 100.

duciert daher auch wieder die früher zur Erreichung des Zieles angewandten Mittel, seien dieselben nun wieder durch Vorstellungen oder durch das Denken als Glieder einer Handlung (wozu jede materielle oder geistige Thätigkeit gehört) zusammengehalten. Eine feste Verknüpfung von Zielen finden wir im Charakter des Menschen, und der Charakter, welcher in der Ausbildung dieser Ziele seine eigene Ausbildung findet, ist so der Grund des Gedächtnisses und Reproduktion. Die treibenden Gefühle aller Thätigkeit, also auch der reproducierenden Thätigkeit, liegen in diesem rätselhaften Wesen des Charakters. Charakter ist gewissermassen Gedächtnis, beide sind in der Art ihrer Beharrlichkeit, welche bei Festhaltung der Ziele dennoch eine Entwicklung zulässt, ein Rätsel, das Rätsel des Geistes.

3. Das Wiedererkennen. Der Franzose RIBOT (die Erkrankungen des Gedächtnisses) und andere sind der Ansicht, als fände bei dem innern Aufbau des geistigen Lebens nur eine Lokalisation in der Zeit statt. Diese Ansicht beruht auf einer unvollkommenen Beobachtung, denn: Lokalisation ist die gesamte Thätigkeit der Apperception, welche den Teilen ihre Stelle im Ganzen anweist, sei es nun, dass es sich um Farbenbilder, Tonbilder etc. handelt, um Raum- oder Zeitanschauungen, um den Zusammenhang der Eigenschaften eines Dinges, oder um die Kette von Ursachen und Wirkungen.

Ebenso findet eine Lokalisation beim Denken statt, indem der besondere Fall an der richtigen Stelle dem allgemeinen Begriff, dem Gesetz, der Regel eingereiht wird. Nicht minder dürfen wir von einer Lokalisation in der Stufenleiter der Gefühle und in der Kette der Handlungen reden, wo die Erreichung des Zieles davon abhängt, ob das Mittel an der richtigen Stelle lokalisiert, eingereiht ist. Richtig lokalisieren heisst in gewisser Weise: Erkennen. Denn wir erkennen die Natur eines Dinges richtig, wenn wir verstehen, es in ein Ganzes, in ein Allgemeines, in eine Stufenleiter von Werten, in eine Kette von zielbewussten Handlungen an der richtigen Stelle einzureihen. Je mehr und je richtiger wir so lokalisieren, um so mehr wächst unser gesunder geistiger Besitz. Von dieser richtigen Verwertung der Thätigkeit der Aufmerksamkeit, von dem Erkennen hängt aber naturgemäss auch das richtige Wiedererkennen ab.

Das Wiedererkennen stimmt teils mit dem erstmaligen Erkennen überein, teils unterscheidet es sich von ihm. Das Wiedererkennen ist so ein Akt des Vergleichens zwischen dem ersten und dem zweiten, dritten etc. Erkennen. Diese vergleichende Thätigkeit des Wiedererkennens hat auf die Apperception des Gegenstandes, den man wiedererkennt, unstreitig einen Einfluss. Sobald man einen Gegenstand wiedererkennt, sieht er oft für uns ganz anders aus als in dem Moment vor dem Wiedererkennen. Die wiedererkennende Apperception verändert oder korrigiert das eben noch Fremde sofort in dem Sinn der ersten Apperception, an die man sich nun erinnert. So erscheint uns das Gesicht eines Freundes, den wir lange nicht gesehen, und den wir zuerst als einen Fremden betrachteten, nach dem Wiedererkennen sofort in dem Lichte der alten vertrauten Apperception. Wir tragen die alten in der Erinnerung auftauchenden und bekannten Züge nun in das etwas veränderte Gesicht hinein und machen es uns so durch die Apperception bekannter. Je gründlicher und allseitiger die neue Apperception in den Spuren der alten Apperception wandelt und wandeln kann, je mehr sie erkennt, inwieweit sie das rein sinnliche Bild in das alte einreihen kann, wie sich der neue Ort zu dem alten Ort, die Gegenwart zu der Zeit des ersten Erkennens, wie sich die jetzigen Eigenschaften zu den alten, die jetzige Wirkungsweise zu der früheren, die jetzige Begriffseinreihung zu der früheren, der jetzige Wert zum früheren Wert verhält, um so gründlicher ist das Wiedererkennen.

Damit etwas Altes als ein Neues erkannt, d. h. damit es wiedererkannt wird, muss natürlich auch eine gewisse Verschiedenheit zwischen dem Neuen und dem Alten da sein. Die mindeste Verschiedenheit, welche gefordert werden muss, ist die Verschiedenheit der Zeit. Da die Zeit die innere Anschauungsform jeder Thätigkeit, also auch des Erkennens ist, so wird ein geistiger Inhalt, der sich mit einem andern gänzlich deckt, der auch der Zeit nach von ihm nicht zu unterscheiden ist, für die Erkenntnis völlig mit jenem zusammenfallen und gar nicht als ein neuer erkannt werden können. Die Verschiedenheit an den Dingen, welche das Leben mit sich zu bringen pflegt, erleichtern demnach bis zu einem gewissen Grade das Wiedererkennen. Ein solcher Unterschied ist z. B. schon der zwischen dem sinnlichen Bild und zwischen dem blossen Erinnerungsbild, dazu kommen dann die Unterschiede der räumlichen Lokalisation und andere. Wenn es sich um reine Gedanken, um ganz abstrakte Begriffe handelt, die gar nicht lokalisiert sind, so kann von einem Wiedererkennen schwer die Rede sein: man kann da nur von einem Wiedererkennen reden, wenn es sich um angewandte Begriffe handelt.

3. Die Sprache und das Gedächtnis.

Schon in der Skizze der Ansicht von ZIEHEN haben wir die Erklärung gefunden, dass die Sprache die Erinnerung bedeutend erleichtert. Das ist allerdings in viel grösserem Massstabe der Fall, als man gewöhnlich annimmt.

Der Organismus der Sprache weist drei Bestandteile auf: den geistigen Inhalt, das Wortbild, die ausführende Sprachbewegung. Wie nebenher auch noch andere Sinne mitwirken können, um die Erinnerungsfähigkeit des Wortes zu steigern, hat ZIEHEN auseinandergesetzt. Diese drei Teile sind auf das engste mit einander verknüpft, und zwar muss die Verknüpfung zwischen Begriff und Wortbild liegen in der Analogie der Gefühle, welche den geistigen Inhalt und das Wortbild begleiten.

Entsprechend den drei Faktoren Begriffe, Wortbild, Bewegung, nimmt man (man vergleiche KUSSMAULS klassisches Werk über die Störungen der Sprache) für die Sprache auch drei Centralgebiete im Gehirn an, die durch Bahnen mit einander verbunden sind, so dass eine Erregung auf dem einen Gebiete auf associativem Wege eine Erregung auf dem andern Gebiete hervorruft. Durch diese sowohl geistige wie materielle Verknüpfung ist die Sprache ganz besonders geeignet, das Gedächtnis zu unterstützen.

Der Sprachmechanismus wird durch die Thätigkeit der sensibeln motorischen Nerven unbewusst in Bewegung gesetzt. Als Begleiterin der Verbindung der Vorstellung des zu erzeugenden Lautes mit dem durch die Sprachbewegung erzeugten Laut dürfen wir uns das Sprachmuskelgefühl denken. Je sicherer und rascher der eingeübte Sprachmechanismus arbeitet, desto mehr schwinden diese leisen Muskelgefühle aus dem Bewusstsein. Ja eine auf die Ausführung der Artikulationsbewegungen gerichtete Aufmerksamkeit würde die Sicherheit und Schnelligkeit des Sprechens beeinträchtigen. Je unbewusster die Nerven und Muskeln arbeiten, um so sicherer arbeiten sie. Wir versenken uns ganz in den geistigen Inhalt und die Lautbilder und vergessen das Sprechen als Bewegung. Aber diese nützliche Übung muss auch auf jeden Fall vorgenommen werden. Denn wenn auch die mechanische und unbewusste Verbindung zwischen Vorstellung und Bewegung uns durch die Natur in einem angeborenen Reflexmechanismus geschenkt ist, so wirkt dieser beim Menschen (beim Tiere ist es anders, da wirkt er gleich nach der Geburt mit Sicherheit) doch nur durch Übung sicher und rasch, und vor allem die Reihenfolge der artikulierenden Bewegungen, wie sie die Sprache dem Gedanken folgend fordert, ist uns nicht durch die Natur allein gegeben, sondern ist Sache der längeren Bildung, d. h. eines leitenden, koordinierenden und hemmenden Willens. Um dieses unbewusste Artikulationsgedächtnis sicher auszubilden, dazu bedarf es vor allem eines mit Bewusstsein und Überlegung ausgeführten lauten, mechanischen Redens. Die Art der zeitlichen Reihenfolge wird bestimmt durch das Bewusstsein, d. h. das Artikulationscentrum (das niederste der drei Sprachcentren) steht hier unter der Macht des zweiten Centrums, des Laut- und Schriftbildercentrums. Dieses mittlere Centrum hat also eine doppelte Aufgabe, es stellt die Verbindung her nach der einen Seite mit dem mechanischen Artikulationscentrum, nach der anderen Seite mit dem Begriffscentrum; nach unten verwertet es die zeitliche Lokalisation, nach oben zu macht es seine ästhetisch wirkende Lokalisationskraft geltend. Auch dieses auf Herstellung der Empfindung und Anschauung der Sprachbilder und Sprachlaute hinarbeitende Centrum ist nach seiner materiellen Unterlage ein unbewusst wirkendes Centrum. Denn die materiellen Zustände, in welche die sensorischen Nerven der einzelnen Sinnesapparate bei Erzeugung der Laut-, Schrift- oder Tastbilder versetzt werden, entziehen sich unserem Bewusstsein ebenso, wie die Zustände der motorischen Nerven während der Bewegung. Aber das erfahren wir, dass diese Seite des Sprechens infolge von Übung leichter und sicherer vor sich geht. Und je gegliederter und geordneter diese Sprachbilder sind, um so leichter werden sie reproduciert und zwar in der einmal geübten Folge.

Bei dem Memorieren können sich hier Auge und Ohr bedeutend gegenseitig unterstützen. Die Lautsprache hat an den unbewussten Erregungen der Gehörnerven ein dem Nervensystem durch Übung leicht einprägbares Mittel der Fixierung. Der parallele Vorgang in den Gesichtsnerven unterstützt dieses bedeutend.

Solange eingeübte Laute, Wörter oder Schriftzeichen mechanisch von uns erzeugt werden, erhebt sich ihr Associationsgesetz nicht über ein allgemeines Nacheinander oder Übereinander; erst in dem Augenblick, wo sie als absichtliche Zeichen oder als ästhetisch gehörte oder angeschaute Bilder vom Geiste benutzt werden, bilden sie ein gegliedertes Ganze mit Teilen. Dann erscheint z. B. der Raum eines Schriftstückes begrenzt als Abschnitt, als Seite, als Kapitel, die Zeit der Rede gliedert sich nach Minuten, Stundenteilen u. s. w. Aber erst wenn auf der dritten und höchsten Sprachstufe die Bedeutung der geistigen Inhalte der Rede hinzutritt, wenn das Wort, die Schrift als sinnliche Wiederspiegelung eines geistigen Lebens erscheinen, tritt erst in seiner ganzen erfassbaren Vollkommenheit das zusammenfassende und so die Erinnerung kräftig stützende Associationsgesetz des Ganzen in Kraft. Es gesellt sich dann zur erinnernden Kraft der äusseren Sprachform, die der inneren geistigen Sprachform. Die Wortbilder sind nun nicht mehr Erregungen einer Nervenmasse, welche die sinnliche Kraft des Lautes erzeugt, sondern sie sind mit Bewusstsein erlebte sinnliche Zustände der Seele, sie sind durchgeistet. Jetzt laufen die Worte in der Erinnerung ab, nicht nur nach dem Grade der den sensiblen und motorischen Nerven durch Sprachübung eingeübten Geläufigkeit, sondern auch nach der Kraft der geistigen bewussten Erinnerung. Zwar wirkte das Geistige auch schon in der rein lautlichen Erscheinung durch die Macht der sinnlichen Schönheit, und es ist bekannt, wie der ästhetische Wohllaut der Sprache, die Musik der Worte, z. B. eines Schillerschen Gedichts, wie ferner Reim und Rhythmus gegenüber der Prosa sich bei manchen Personen dem Gedächtnis leicht einprägt. Aber die bedeutendste Stütze hat das Gedächtnis der Sprache doch an dem allseitig appercipierten Sinn. Zwar ist die Verknüpfung der äussern Sprachform (d. h. der charakterisch gewählten Laute) mit der innern Sprachform (d. h. demjenigen jedesmaligen Ausschnitt aus dem ganzen geistigen Inhalt einer Vorstellung, welcher durch den Laut versinnlicht wird) nicht immer so eng, wie man wohl annimmt, aber infolge der Sprachgewohnheit ist doch das eigentümliche Gefühl, das eine äussere Sprachform hervorruft, für uns zugleich Erwecker und Erreger der innern Sprachform. Bei onomatopoetischen Ausdrücken zeigt sich das sofort. Äussere und innere Sprachform sind durch die Gewohnheit des Sprechens für uns so sehr ein einheitliches Ganzes geworden, dass, wenn der eine Teil ins Bewusstsein tritt, sofort durch das dabei sich einstellende Gefühl, welches die ganze Verbindung zu begleiten pflegt, auch der andere Teil ins Bewusstsein herbeigenötigt wird, und dies gilt nicht nur für einzelne Wörter, sondern die verbindende Macht zeigt sich noch mehr bei ganzen Sätzen und Konstruktionen. Ein ausgesprochenes Wort, sofern es als ein Satzteil (Subjekt, Prädikat etc.) auftritt, erregt sofort auch das Gefühl, welches den ganzen Satz zu begleiten pflegt, und dieses Gefühl treibt den ganzen Satz in das Gedächtnis. Das ist die Wirkung des Sprachgefühls. So entsteht durch die Reihenfolge der Satzteile und durch das Zusammenwirken sinnlicher und geistiger Faktoren jene feste sinnlich-geistige Einheit der Sprache, die wir alle aus Erfahrung kennen.

Zum Schluss zeigt sich bei der Sprache auch noch die denkende Thätigkeit des Gedächtnisses. Wörter und Satzteile sind nicht nur Zeichen für besondere geistige Inhalte, wie sie im Augenblicke gerade vorliegen, sondern sie sind auch wieder umfassende Formen für das allgemeine geistige Leben. Das, was durch die äussere Sprachform bezeichnet wird, ist nicht eine unendliche Fülle von geistigen Erscheinungen, von denen jede der andern ungleich etwas ganz Eigenartiges ausdrückt, sondern alles wiederholt sich innerhalb gewisser Arten und Gattungen. Das zeigt sich schon beim Alphabet. Weiterhin macht die äussere Sprachform den Anspruch, auch durch eigentümliche Bezeichnung eines besonderen Falles das Allgemeine und Begriffliche zu vertreten. So bezeichnet z. B. „der Baum" das Einzelne und zugleich die Gattung. Diese Macht der Sprache erkennt der Geist und er benutzt sie. Welche Macht der Bildung in dieser formalen Kraft der Sprache und ihres Gedächtnisses, die in der Etymologie und in der Flexion bedeutend ausgenutzt wird, liegt, sieht man leicht ein, wenn man bedenkt, dass es keinen Teil des ganzen geistigen Lebens giebt, der nicht durch die Formen der Sprache gedeckt und beherrscht wird. Die Sprache enthält so die auf alle mögliche Weise kombinirbaren Zauberformeln, denen sich alle Schätze des Geistes, auch die scheinbar in der Erinnerung schlummernden, erschliessen. (FAUTH, das Gedächtnis).

IV. Verwertung des Gedächtnisses in der Schule.

1. Vorbereitende Pflege des Gedächtnisses.

Wenn wir uns eines Mittels bedienen wollen, müssen wir in erster Linie dafür sorgen, dass es in unverletztem, zweckdienlichem Zustand ist. So müssen wir, sollen wir uns auf unser Gedächtnis verlassen können, vor allem dafür Sorge tragen, dass es ein gesundes Gedächtnis ist. An einer gründlich durchgearbeiteten Hygiene des Gedächtnisses fehlt es noch, und hier müssen wir uns darauf beschränken, die wichtigsten Gesichtspunkte anzudeuten. Dass durch Unachtsamkeit oder Vernachlässigung auch ein gutes Gedächtnis zurückgehen kann, ist bekannt. Wenn wir die Gedächtniskraft brach liegen lassen, schwindet sie. Zwar das geistige Gedächtnis behält oft Dinge aus der frühesten Jugend unverlierbar, aber das Gedächtnis der Nerven und Muskeln, also auch das technisch arbeitende Gedächtnis und das Sprachgedächtnis beruhen auf fortgesetzter Übung und auf Erhaltung der körperlichen Gesundheit. Bekannt ist auch, dass der Missbrauch mit alkoholischen Getränken[1]), mit narkotischen Reizmitteln, dass geschlechtliche Verirrungen Gedächtnisschwäche erzeugen. Und wie verderblich wirken erst manche schwere Krankheiten etc. Ribot hat dafür in seinem hoch interessanten Werk über die Krankheiten des Gedächtnisses schlagende Beispiele gegeben.

Als gesunde Grundlage für das Gedächtnis ist vor allem das gesunde Nervensystem, das Gehirn anzusehen. Wir wissen ja, dass Geisteskrankheiten mit ihren zuweilen tief eingreifenden Gedächtnisstörungen Gehirnkrankheiten sind. Die Ärzte, welche wissen, wie leicht sich diese Krankheit vererbt, mahnen daher stets zur Vorsicht in dieser Beziehung bei der Eingehung einer Ehe. Wie in einer Uhrfeder eine gewisse mechanische Kraft aufgespeichert wird, und wie diese Kraft nach der Beschaffenheit der Uhrfeder

---

[1]) „Schon der gewohnheitsmässige Alkoholmissbrauch zeigt uns das abschreckende Bild des in seinen edelsten Hirnteilen entarteten Menschen." FLECHSIG, S. 31. „Wenn gegenwärtig die gewonnene Einsicht hauptsächlich sich geltend macht im Kampf gegen den Alkohol, der ja nur allzuhäufig zum furchtbarsten Feind des Grosshirns wird, so ist hiermit noch lange nicht genug gethan. Allgemeine Aufklärung über die Hygiene des Gehirnlebens thut not." FLECHSIG, S. 35.

sich richtet, so ist auch die Gedächtniskraft abhängig von der Güte des Gehirns. Damit ist aber der Vergleich zu Ende. Denn eine Uhrfeder ist ein mechanisch wirkendes Ding, dessen Kraft nicht zunimmt, obwohl sie abnehmen kann. Dagegen ist die ererbte Kraft des Gehirns einer Entwicklung fähig. Diese Entwicklung ist entweder ein natürliches Wachstum, oder sie ist die Frucht einer absichtlichen Bildung.

Soll das Nervensystem, das Gehirn ordentlich ernährt werden, so ist zu beachten, dass der richtige Nahrungsstoff ihm zugeführt wird, und dass er in der richtigen Form ihm zugeführt wird, so dass ihm ausreichendes und gesundes Blut zuströmt. Leiden die Gehirnzellen an Blutarmut, so können sie nicht arbeiten. Blutarme quälen sich lange, bis sie ihrem Gehirn etwas eingeprägt haben. Hier darf man vor allem keine künstlichen Reizmittel anwenden; wenn sie auch in gesunden Tagen eine gewisse Erfrischung hervorrufen können (Thee, Kaffee, Tabak u. a. gehören hierher), so werden sie doch für ein krankes Nervensystem zum Gift, wenn sie auch vorübergehend stimulieren.

Auch dem Gehirn benachbarte Partien können, wenn sie erkrankt sind, Gedächtnisstörungen hervorrufen. Ich habe selbst beobachtet, wie Polypen oder Anschwellungen in der Nase in dieser Weise störend wirken.

Für die reichliche Zuführung von normalem Blut zum Gehirn ist die Vorbedingung gesunde Verdauung und gesunder Blutkreislauf. Ein nüchterner Magen macht den Menschen überhaupt schwach, empfindlich und reizbar. Wenn ein Kind nüchtern in die Schule kommt, dort vielleicht noch in einem kühlen Schulzimmer sitzen muss, so fehlt bald die Kraft zur nötigen Aufmerksamkeit, und das Gedächtnis wird schlecht arbeiten. Wie die Nahrung für ein Kind beschaffen sein muss, darüber muss man je nach dem individuellen Fall den Arzt fragen.

Für die gesunde Verdauung und den unbehinderten Blutkreislauf ist das Verhalten vor und nach dem Essen von Wichtigkeit. Geistige Beschäftigung während des Essens sollte nicht gestattet sein, auch nicht ein starkes Getränk kurz vor der Arbeit. Essen, Verdauen muss, wie das Schlafen, vom Körper ohne Nebenbeschäftigung verrichtet werden; ebenso duldet auch Denken und Auswendiglernen keine weitere körperliche Thätigkeit nebenher. Vor allem darf bei der Verdauung der beginnende

Kreislauf der Säfte nicht durch irgend eine störende Thätigkeit gehindert werden. Alle Körperstellung, die das hindert, wie hocken, krumm sitzen, ist zu verbieten. Hierher gehören auch die Sprichwörter: plenus venter non studet libenter und post coenam stabis, seu mille passus meabis. Eine mässige Bewegung im Freien ist für den zur Verdauung nötigen Säfteumtausch und Säfteumlauf am vorteilhaftesten, zu gleicher Zeit werden so die abgenutzten Körperstoffe durch Lungen, Nieren und Haut fortgeschafft.

Sollen Geist und Körper gesund bleiben, so bedürfen sie nach ihrer Thätigkeit auch einer gewissen angemessenen Ruhe. Und wenn auch Abwechselung der Natur des Gedächtnisses zu widersprechen scheint, so ist doch Abwechselung von Arbeit und Ruhe eine Bedingung des Gedächtnisses. In den Nervenzellen liegt die durch die Ernährung des Körpers erzeugte Arbeitskraft aufgespeichert, die jederzeit bereit ist in Thätigkeit überzugehen. Diese aufgespeicherte latente Kraft wird nun durch die Arbeit aufgezehrt; wenn sie aufgebraucht ist, zeigt sich das an durch das Gefühl der Müdigkeit, indem die abgearbeiteten Organe sich einer weiteren Anstrengung widersetzen. Ist aber ein Organ thatsächlich ermüdet, so muss die entsprechende Thätigkeit so lange eingestellt werden, bis durch die Erholung, während welcher besonders die Ernährung in höherem Masse vor sich gehen kann, neue Arbeitskraft angesammelt ist. So zeigt sich der Erfolg einer Memorierübung oft am Schlusse derselben weniger deutlich, weil er durch das Gefühl der Ermüdung verschleiert wird. Ist dann der Körper ausgeruht, so tritt der Erfolg erst ins Licht. So habe ich beobachtet, dass Knaben sich abends an einer Memorierarbeit scheinbar vergebens und bis zur völligen Ermüdung abgequält hatten, so dass der Erfolg kaum zu bemerken war, ja bei fortgesetzter Übung eher abnahm als zunahm. Am andern Morgen, wenn der Körper sich erholt hatte, war dann das Gedächtnis scheinbar erst während des Schlafes Herr des zu Erlernenden geworden. Also müssen Arbeit und Ruhe gerade im Interesse des Gedächtnisses mit einander abwechseln.

Über den Grad der Ermüdung, welchen verschiedene geistige Thätigkeiten in derselben Zeit hervorrufen, geben die Versuche, über welche Ebbinghaus in der Zeitschrift für Psychologie und Physiologie der Sinnesorgane Band XIII p. 452 berichtet, interessanten Aufschluss: „In kurzer Zusammenfassung ist also das

Ergebnis unserer Ermüdungsfrage dieses. — Bei der elementarsten Gedächtnisleistung, dem sofortigen Reproducieren relativ einfacher Eindrücke, ist eine Beeinträchtigung der Leistungsfähigkeit durch den fünfstündigen Vormittagsunterricht nicht nachweisbar. Falls sie überhaupt besteht, ist sie durch die allmähliche Anpassung der Schüler an die Forderungen der gewählten Methode kompensiert worden. — Bei dem wiederholten Hantieren mit einer mässig grossen Anzahl fest eingeprägter Associationen, wie es die Rechenmethode verlangt, ist eine allmähliche Abschwächung der Leistung in den späteren Unterrichtsstunden deutlich zu erkennen. Eine bestimmte Grösse für sie lässt sich wegen der Verwicklung der sonst noch mitspielenden Einflüsse zur Zeit nicht angeben. Als sehr erheblich kann sie jedoch nicht betrachtet werden: auch ist ein Unterschied zwischen höheren und niederen Klassen in dieser Hinsicht nicht nachzuweisen. — Bei der freieren und wichtigeren Geistesthätigkeit endlich, die in der Auffassung und Verarbeitung einer Mehrheit von Eindrücken zu einem Ganzen besteht, lässt sich zwar, wieder wegen der Verwickelung der Umstände, über Ermüdung oder Nichtermüdung bei den höheren und mittleren Klassen noch kein Urteil abgeben. Was aber mit grosser Deutlichkeit hier hervortritt, ist ein ganz gleichmässig zunehmendes Zurückbleiben der untersten Klassen (im Durchschnittsalter von 10 bis 12 Jahren) hinter dem, was man nach den Leistungen der höheren von ihnen erwarten sollte. Einerlei also, ob diese selbst viel oder wenig ermüden, jene ermüden ohne Zweifel erheblich stärker als sie." Also je komplicierter die geistige Thätigkeit ist, um so anstrengender ist sie.

Da hauptsächlich während der Ruhe im gesunden, traumlosen Schlafe sich neue Arbeitskraft ansammelt, so sieht man ein, wie schädlich Nachtarbeit und Nachtwachen dem Gedächtnis sind, und dass es heissen muss: Früh ins Bett und früh wieder heraus, sobald der Körper gestärkt ist. Die Zeitdauer des nächtlichen Schlafes muss allerdings für die einzelnen Lebensalter und die einzelnen Körperkonstitutionen und Individualitäten verschieden sein; aber man nimmt als Mass etwa folgendes an: für Säuglinge 16—20 Stunden, für jüngere Kinder 10—12, für solche im Alter der Geschlechtsreife 9 Stunden, für Jünglinge 8—9, für Erwachsene 7—8, für Greise 5—6 Stunden. Gesunde Kinder erwachen nach ungestörtem Schlafe bekanntlich meist rasch und vergnügt, schwächliche langsam und verdriesslich. Doch giebt es auch hier individuelle Ausnahmen. Auf jeden Fall ist es gesünder, nach dem Erwachen sofort aufzustehen und sich anzukleiden, als sich noch einmal einem unruhigen Halbschlaf hinzugeben. Dieser hat selten eine gute Wirkung auf die erste geistige Arbeit des Tages. Geistig angestrengte Leute leiden leicht an mangelhafter Blutcirkulation, an kalten Füssen, und infolge davon ist der Kopf oft heiss, der Schlaf schlecht. Darum soll man darauf sehen, dass beim Zubettegehen der Kopf nicht heiss ist, dass die Füsse warm sind. Dann stellt sich rasch ein gesunder Schlaf ein, der Geist und Gedächtnis stärkt.

Aber auch während der Arbeit selbst soll man rechtzeitig für Unterbrechung der Thätigkeit und für Erholung sorgen, damit die abgearbeiteten Organe sich wieder kräftigen. Man soll daher in grossen, weder zu hell, noch zu matt erleuchteten und in gleichmässig erwärmten Räumen arbeiten; man soll während des Arbeitens manchmal aufstehen, tief atmen, sich eine kleine Bewegung machen, oder in die frische Luft gehen. So werden Schüler, die in den Pausen hinausgeschickt werden, nicht nur durch die Anregung im Freien frischer, sondern sie bringen auch mit und in ihren Kleidern ein gut Teil frische Luft in das Schulzimmer mit herein. Darum sollen die Schüler, wenn es die Witterung nur irgend erlaubt, in den Pausen hinausgeschickt werden. Müssen die Schüler während der Arbeit sitzen, so muss auf richtige Körperhaltung ein ganz besonderes Gewicht gelegt werden. Richtige Bänke zu finden, ist nicht immer leicht, aber die Schul-Hygiene ist auf diesem Gebiet ja sehr thätig.[1])

Zu den nötigen Unterbrechungen der Arbeit rechne ich vor allem die Sonntagsruhe. Aus eigener Erfahrung ist mir bekannt, welch eine wohlthuende Wirkung nach angestrengter geistiger Arbeit in der Woche gerade die konsequent durchgeführte Sonntagsruhe hat. Ähnlich wirkt, nur in grösserm Massstabe, die oft so heiss ersehnte Ferienruhe. Ich fühle nach eigener Erfahrung eine ganz bedeutend stärkere Erfrischung des Geistes, besonders auch eine grössere Fähigkeit, neue Eindrücke aufzunehmen und festzuhalten, wenn ich in den Ferien zugleich einen Ortswechsel vornehme. Es scheint mir, als wenn während

---

[1]) Man vergleiche zu diesem ganzen Abschnitt: SCHILLER, Der hygienische Unterricht in den pädagogischen Seminarien, Zeitschrift für Schulgesundheitspflege, 5. Jahrgang, 1892.

der Ruhe nicht nur alte körperliche Schlacken aus dem Körper fortgeschafft würden, sondern auch alte Vorstellungs- und Gefühlsreste, welche einem neuen geistigen Leben Platz machen. Die Fähigkeit zur Arbeit und die Notwendigkeit einer Erholung ist übrigens bei den einzelnen Menschen und nach den Verhältnissen verschieden, doch muss der Grundsatz festgehalten werden, dass ein Organ, sobald es müde ist, Ruhe haben muss, und zwar so, dass entweder der ganze Organismus sich der Ruhe hingiebt, oder dass das eine Organ ausruht, während ein anderes in Thätigkeit tritt. Abwechslung in der Arbeit ist also ein wichtiger Grundsatz, der auch für die Pflege des Gedächtnisses gilt. Diese Abwechslung muss individuell geregelt werden. Ist es schon im allgemeinen, besonders nach sehr angestrengter Thätigkeit nötig, zu einer andern Beschäftigung überzugehen, so ist das im einzelnen je nach Alter, Geschlecht, Jahreszeit, Begabung oft geradezu eine Pflicht. Diese Pflicht sollte keiner, dem es übertragen ist, für eine grössere Anzahl von Menschen einen Arbeits- oder Stundenplan zu entwerfen, vergessen. Wir dürfen hier mit besonderer Freude auf das erste Heft dieser Sammlung hinweisen, auf die instruktive Schrift von H. Schiller über den Stundenplan.

Die Fähigkeit des Menschen zur Arbeit hängt allerdings viel von der Gewohnheit des Betreffenden ab. Damit kommen wir zu einem neuen für die Hygiene des Gedächtnisses sehr wichtigen Gesichtspunkt, zur Erziehung. Die Zeit der Erziehung des Gedächtnisses ist in erster Linie die Jugend. In der Kinderzeit ist die Aufnahmefähigkeit des Gedächnisses am grössten. Die Organe des Körpers, vor allem das Gehirn ist noch bildsam und empfänglich für Eindrücke, noch nicht von alten, hindernden Eindrücken besetzt. FLECHSIG hat jetzt nachgewiesen, wie das Gehirn bei dem neugeborenen Kinde überhaupt noch unvollständig ist, wie gewisse Bahnen und Centren entweder noch gar nicht vorhanden, oder noch nicht ausgewachsen sind. Die geistige und die körperliche Entwicklung gehen da in Parallele vor sich. Aber gerade diese Zartheit und Jungfräulichkeit der Organe macht auch eine gewisse Vorsicht recht nötig. Also müssen die zugemutete Arbeit und die Verarbeitungsfähigkeit im richtigen Verhältnis zu einander stehen. Da heisst es, nicht zu früh das Gedächtnis anstrengen, nicht zu viel verlangen, nicht zu rasch weitergehen. Ich verweise hier wieder auf die betreffenden

Abschnitte in Schillers Arbeit über den Stundenplan. Vor allem schwächliche Kinder warten besser ein Jahr länger, ehe sie in die Schule eintreten, als dass sie mit ungenügender Arbeitskraft sich an die Aufgaben derselben machen. In übertriebenem Aufgeben von Memorierarbeiten sündigen nicht selten gerade junge Lehrer. Ich habe seiner Zeit in Sexta nicht mehr als durchschnittlich sieben Wörter täglich zum Memorieren aufgegeben und habe damit gute Erfahrung gemacht. Elf oder gar vierzehn halte ich da für zu viel. Allerdings kommt es dabei auch auf die richtige Ausnützung der Gedächtnisstärke durch die Etymologie an. Wird dem Kinde von vornherein zu viel Gedächtnisstoff auferlegt, so arbeitet es verdrossen, und infolge davon haftet erst recht nichts. Auch ist für die feste Einprägung im Gedächtnis, grade so wie für das Denken, eine gewisse, durch physiologische Ursachen geforderte Zeit nötig, die zwar durch Übung abgekürzt, aber doch niemals ganz beseitigt werden kann.

Eine geregelte Gedächtnisarbeit verlangt ein stufenweises Aufsteigen zu Schwererem. Es ist das begründet in dem Verhältnis, welches das unbewusste Gedächtnis zum bewussten hat. Das Bewusstsein des Menschen kann auf einmal nur einen gewissen abgegrenzten Inhalt umfassen und dem Gedächtnis überliefern. Ist dieser Stoff bewältigt, sind z. B. beim Erlernen eines Instruments gewisse Fertigkeiten den Fingern des Kindes so eingeübt, dass diese hinterher unbewusst die nötigen Bewegungen ausführen können, dann erst ist es an der Zeit, zu einer neuen Stufe der betreffenden Technik überzugehen und auf Grund des bereits Eingeübten dem Gedächtnis neue, schwierigere Arbeit zuzumuten. Diese stufenmässige Anordnung der Arbeit ermöglicht uns schliesslich zu ungeahnten Leistungen aufzusteigen. Es ist aber dabei nötig, nicht nur die neue Arbeit nach der Seite der aufzuwendenden Kraftleistung richtig zu bemessen, sondern vor allem auch nach Seite ihrer neuen Richtung, ihrer neuen Verbindungen. Das gilt immer, wenn man in der Wissenschaft zu einem neuen Abschnitt übergeht, z. B. bei der Sprache von der Wortlehre zur Satzlehre, vom „Her-übersetzen" zum „Hin-übersetzen" etc. Die alten Richtungen, die bisherigen Gewohnheiten und Gedankenverbindungen, der ganze bereits erworbene geistige und körperliche Gedächtnisschatz eines Kindes müsste dem Erzieher genau bekannt sein. Ebenso muss er den Blick vorwärts auf den neu anzueignenden Wissensstoff lenken, um so mit Klarheit die zukünftige Apperception bereits vorzubereiten und zu erleichtern. Daher versucht man jetzt die Sprach-Lehrbücher so einzurichten, dass die stilistischen Eigentümlichkeiten der Syntax, welche erst auf den mittleren Klassen gelehrt werden, bereits unbewusst auf Sexta und Quinta an einzelnen Beispielen und Wendungen eingeübt werden. Übertrieben darf das allerdings auch nicht werden.

Bei dieser Vorbereitung ist auch schon auf das zu erweckende Interesse des jungen Kindes, d. h. auf die Aufmerksamkeit als auf die Hauptbeförderin eines gut arbeitenden Gedächtnisses Rücksicht zu nehmen. Überall heisst es da: Herstellung gesunder, natürlicher körperlicher und geistiger Verbindung, Sammlung, Koncentration. Alte gute Gewohnheiten, die das Kind in die Schule mitbringt, z. B. lautes, kräftiges Sprechen, sind zu fördern, schlechte sind sobald als möglich auszurotten. Je früher sie beseitigt werden, um so leichter geht es noch.[1]) Das Geheimnis heisst: Aus der Zerstreuung heraus, in die Einheit, in die Sammlung hinein! Nach dem, was wir oben auseinandergesetzt, ist klar: Nur was durch die Aufmerksamkeit zu einer Einheit in irgend einer Weise körperlich oder geistig verschmolzen wird, das haftet in der Gewohnheit, in der geistigen Erinnerung als Anschauung, als Teil eines Ganzen, als Begriff, als besonderer Fall eines allgemeinen Gesetzes. Damit diese einigende Verarbeitung vor sich geht, muss der Lehrer mit aller Kraft in der Aufmerksamkeit den Willen der der Schule übergebenen jungen Kinder in Anspruch nehmen. Dazu können die Schüler allerdings erst auf den obern Stufen mit bewusster Zustimmung herangezogen werden, indem man sie über den Wert der Aufmerksamkeit und des betreffenden Unterrichtsstoffes aufklärt: auf den untern Stufen kann die Aufmerksamkeit aber auch schon durch unbewusste Einwirkung geweckt werden. So weckt z. B. alles nur Angedeutete, alles in Fragen, Gleichnisse etc. Gehüllte die Aufmerksamkeit der Schüler. Es spannt die Erwartung an. So sprechen erfahrene Lehrer, um die Schüler zur Aufmerksamkeit zu zwingen, leise; verweigern, die zum Nachschreiben vorgesprochenen Sätze zu wiederholen, damit die Schüler sich von vornherein an Aufmerksamkeit gewöhnen.

---

[1]) Man vergleiche das in dieser Sammlung als Heft 2 erschienene Büchlein von GUTZMANN: „Die praktische Anwendung der Sprachphysiologie beim ersten Leseunterricht."

Bekannt ist, wie beim militärischen Kommando zur Weckung der Aufmerksamkeit ein avertierender Teil vorausgeschickt wird. Die Aufmerksamkeit ist, wie jede Willenskraft, auch beim Kinde der Entwicklung fähig, nicht nur werden die Nerven zur Adaption der Sinne geübt und gestärkt, sondern auch die Fähigkeit des Geistes, rasch vieles zu umfassen, wird gesteigert werden können. Man erkennt das daraus, dass durch häufiges Extemporieren beim Übersetzen, durch oftmaliges vom Blatt Spielen, diese Fähigkeit sehr gesteigert wird. Zu der Fähigkeit, den Inhalt eines grössern Satzes rasch aufzulassen, trägt Übung gar viel bei. Rothfuchs hat darauf in seinem Buch „Beiträge zur Methodik des altsprachlichen Unterrichts" aufmerksam gemacht. (Man vergleiche den interessanten § 37.) Kein Schüler, der sich auf ein Examen vorbereitet, soll sich diese gesunde Übung entgehen lassen. Was für die Soldaten und die Heerführer die Manöver und Schlachten, das sind für die Schüler die Extemporalien und Prüfungen. Da heisst es Geistesgegenwart üben und mit gespanntester Aufmerksamkeit das Geforderte so rasch als möglich ausführen. Das lässt sich aber nur durch methodisch geübte Aufmerksamkeit erreichen. Diese in Zucht genommene Aufmerksamkeit ist ein gut Stück des Charakters, und Charakterlosigkeit gebiert ihrerseits ein zerfahrenes und so auch die Grundlagen des Gedächtnisses schädigendes Wesen.

Die das Gedächtnis so sehr schädigende Zerstreutheit kann auch schon ihre Ursache in körperlichen Schäden, mangelhaft ausgebildeten Sinnesorganen, Taubheit, Kurzsichtigkeit etc. haben. Man kann an gewissen Geisteskrankheiten beobachten, wie sehr eine Spaltung des körperlichen Gemeingefühls zur Schädigung des Gedächtnisses führt, so dass manche Personen, wie Ribot in seinem Buch über die Krankheiten des Gedächtnisses erzählt, eine Art von innerlichem Doppelleben führen. Mag nun aber die Zerstreutheit körperliche oder geistige Ursachen haben, wir Lehrer wissen, wie sehr sie dem Gedächtnis schadet. Darum muss schon ein guter Stundenplan, auch wenn er die nötige Abwechslung bringt, doch durch Beobachtung der Koncentration der Fächer eine innere Sammlung fördern. (Man vergleiche Schiller, „die einheitliche Gestaltung und Vereinfachung des Gymnasialunterrichts." Halle 1891.)

In der Pflege der Aufmerksamkeit müsste schon das Elternhaus der Schule vorarbeiten. Wie oft müssen wir aber die Gründe der Zerstreutheit in dem Leben des Elternhauses suchen. Was in frühester Jugend da versäumt ist, ist oft schwer nachzuholen. Die Mutter sollte da schon bei den ersten Spielen und Beschäftigungen des Kindes den zerstreuten Träumereien wehren. Später ist es dann die Pflicht der Eltern, die Kinder bei der Arbeit zu überwachen, und sie nicht nur vor den zahlreichen Zerstreuungen, welche besonders die grossen Städte darbieten, vor dem Besuch von Theatern, Konzerten, Unterhaltungslokalen u. s. w. zu bewahren, sondern auch die zerstreuen den Vergnügungen im Hause einzuschränken. Auch das Übermass von Lesen, besonders von aufregenden Indianer- und Abenteurergeschichten, von schlechten Romanen muss verhindert werden. Auch die Tanzstunde, die nach anderer Seite ihr Gutes hat, hat schon manchem Schüler in dieser Beziehung geschadet. Je länger die Kinder Kinder bleiben, um so ruhiger entwickeln sie sich. Sie suchen ihre Erholung am besten in Bewegung und Spiel in freier Luft, am Durchstreifen von Wald und Wiese, von Berg und Thal. Mit frischem Geist und gestärkter Gedächtniskraft kehren die Kinder von solchen Ausflügen zur Tagesarbeit zurück. Und die Erinnerung an eine in dieser Weise verbrachte Jugend gehört zu den schönsten Schätzen des spätern Lebens. Für mich ist es noch heute ein Genuss, mich daran zu erinnern, wie wir als Knaben an den Spicheren Höhen, in den Wäldern und Schluchten unsere Spiele trieben, Festungen bauten und uns balgten.

2. Die verschiedenen Arten des Gedächtnisses in der Schule.

a) Wenn auch die Bedingungen für ein gut arbeitendes Gedächtnis schon beim Kinde in der oben geschilderten Weise erkannt und gefördert werden, so hängt der Erfolg doch immer noch von der Begabung ab. Die Gedächtniskraft ist meist von Haus aus bei den Menschen verschieden, abgesehen von den besonderen Einflüssen, welche die Ermüdung am Tagesschluss, am Semesterschluss hat. Infolge organischer, ererbter Anlage lernen z. B. manche sehr rasch alles Mechanische; Fingerfertigkeit, Mundfertigkeit zeichnen solche Naturen aus. Auffallend ist auch das Gedächtnis für das Künstlerische bei manchen Personen. Hier erleichtert offenbar eine besondere Bildung der Sinne das Behalten von Farben, Tönen u. s. w. Andere behalten mit erstaunender Leichtigkeit Zahlen oder Thatsachen der Geschichte, andere grammatische oder mathematische Formeln. Auf den Gymnasien wird das Schülermaterial als begabter angesehen, welches für alles Sprachliche ein besonderes Gedächtnis hat. Nach dem, was uns die neuere Gehirnphysiologie über die Lokalisation der geistigen Thätigkeiten im Gehirn sagt, ist verständlich, wie einer nicht nur für sinnliche Gegenstände, sondern auch für Begriffe etc. ein besonders gutes Gedächtnis im Gegensatz zu andern haben kann.

Dass bei der Ausbildung einzelner Seiten des Gedächtnisses, d. h. der betreffenden Centren im Gehirn, diese sich auf Kosten der andern Thätigkeiten im Gehirn stärken und bereichern, ist nun auch verständlich. Man kann an sich und in der Schule z. B. beobachten, wie längere Beschäftigung mit systematischen, begrifflichen, philosophischen Dingen das Anschauungsgedächtnis herabdrückt und umgekehrt. Daher kommt es auch, dass solche Menschen, welche geistig angestrengt mit Begriffen und Gesetzen arbeiten, ein schlechtes Vokabelgedächtnis haben. Helmholtz sagt von sich (Vorträge und Reden, I, S. 6): „Freilich zeigte sich ein Mangel meiner geistigen Anlage darin, dass ich ein schwaches Gedächtnis für unzusammenhängende Dinge hatte. Als erstes Zeichen davon betrachte ich die Schwierigkeit, deren ich mich noch deutlich erinnere, rechts und links zu unterscheiden; später als ich in der Schule an die Sprachen kam, wurde es mir schwerer als andern, die Vokabeln, die unregelmässigen Formen der Grammatik, die eigentümlichen Redewendungen mir einzuprägen. Der Geschichte vollends, wie sie uns damals gelehrt wurde, wusste ich kaum Herr zu werden. Stücke in Prosa auswendig zu lernen, war mir eine Marter." Und was hat dieser Mann in Auffindung und Feststellung von universalen Gesetzen geleistet!!

Wenn man auf die Herkunft der Schüler sieht, so wird man, allerdings mit manchen Ausnahmen, beobachten können, dass Schüler, welche zuhause in gebildeten Verhältnissen leben, ein besseres Gedächtnis für begriffliche Dinge haben, Kinder aus einfachen, ländlichen Verhältnissen leichter Mechanisches, Unzusammenhängendes (Lieder, Vokabeln, Wortreihen etc.) auswendig lernen. Das mit Bewusstsein arbeitende Gedächtnis arbeitet verhältnismässig rasch, manchmal sogar blitzesschnell, aber das mechanisch arbeitende Gedächtnis wird nur langsam durch viele Wiederholung und Übung Herr des Stoffes. Geistige Eindrücke sind oft für's ganze Leben unverlierbar, mechanisch Eingeübtes bröckelt dagegen unwiderstehlich zusammen, wenn die Übung aufhört. Und je später die Übung im Leben begonnen ist, um so rascher verschwindet ihr Erfolg. Ich habe von meinem 40. Lebensjahr ab mehrere Jahre Cello gespielt; nachdem ich jetzt eine Reihe von Jahren nicht wieder geübt habe, ist mir die ganze Technik verloren, während ich das in der Jugend erlernte Klavier trotz ebenso langer Unterbrechung noch heute spielen kann. Es ist bekannt, dass die berühmtesten Violinspieler von sich sagen: wenn ich einen Tag nicht übe, so merke ich es, wenn ich es mehrere Tage unterlasse, so merken es meine Freunde, wenn ich es 14 Tage versäume, merkt es das Publikum. Man sieht daraus die Bedeutung und Wichtigkeit der Übung für das mechanische Gedächtnis. Da zu den gewöhnlichsten Thätigkeiten des Schullebens wie Sprechen, Lesen, Schreiben der Unterbau des mechanisch arbeitenden Gedächtnisses unerlässlich ist, ist diese mechanische Übung in den untern Schulklassen auch von der allergrössten Wichtigkeit. Aber auch in den obern Klassen sollte sie nicht gering geschätzt werden. Diese schulgemässe Einübung der Sinne und Nerven ist ein nie aus dem Auge zu lassendes Ziel. Auch die künstlerische Ausbildung der Schüler in der Bildung des Auges und Ohres, für welche heute noch oft zu wenig geschieht, kann nur durch konsequente, methodische Übung der in Frage kommenden Nerven und Muskeln erreicht werden. Richtig sehen und richtig hören ist nicht so leicht, und wenn man den komplizierten Apparat des Auges und Ohres samt den ihnen entsprechenden Gehirnpartien kennt, wird man begreifen, wie eine Jahre lange Übung hier erst die gewünschte Frucht zeitigt.

Diese mechanische Übung erfordert aber nicht nur viel Zeit, sondern sie wird auch erschwert, einmal oft durch vorhandene falsche Gewohnheit, sodann auch durch das Bewusstsein der Menschen. Sobald sich durch einen Zweifel, durch Unruhe oder Angst der Strom des Bewusstseins auf das sonst unbewusst arbeitende mechanische Gedächtnis hinlenkt, verliert es seine mechanische Sicherheit. Man geht rascher ohne Nachdenken eine gewohnte Treppe hinunter, als wenn man sich der Stufenzahl absichtlich erinnert. Die Schüler sagen die Strophen des Liedes: „Befiehl du deine Wege", sicherer auf, wenn sie den unbewussten Mechanismus in sich arbeiten lassen, als wenn sie die Anfänge der

Verse sich zusammensuchen nach den Worten des Spruches: Befiehl dem Herrn deine Wege u. s. w. Umgekehrt greift zuweilen auch das unbewusste Gedächtnis störend in das bewusste Arbeiten ein. Wenn eine eingeübte Wortstellung oder Konstruktion im Text einmal anders vorkommt, als eingeübt ist, wird der ungeübte Schüler meist mechanisch erst die eingeübte und im gewohnten Sprachgefühl sich geltend machende Stellung und Konstruktion lesen.

Auch der Unterschied zwischen dem anschauenden und dem begrifflichen Gedächtnis macht sich im Schulleben geltend. Man kann auf der einen Seite Schüler beobachten, die mehr Sinn und Gedächtnis für Geometrie haben, auf der andern solche, denen die Algebra leichter fällt. Manche prägen sich Geschichte mit ihren Thatsachen besonders leicht ein, andere sind befähigter, Regeln und Gesetze in ihrem begrifflichen Zusammenhang zu behalten. Der eine kann eine Aufgabe nur an der Tafel lösen, der andere entwickelt sie schon leicht aus dem Kopfe. Wer nicht ein leicht anschauendes Gedächtnis und Anlage für das Sprachgefühl besitzt, vielmehr alles durch das Studium der Grammatik sich aneignen muss, ist mit seinem Gedächtnis auf dem heutigen Gymnasium schlimm daran. Seitdem die Übungsbücher z. B. auch in der Kasuslehre so eng an die Lektüre, (an Nepos und Cäsar) angeschlossen sind, dass sie zwar schöne zusammenhängende Stücke enthalten, die einen guten Stil zu bilden versprechen, aber auch wieder ganze Stücke, in denen kaum eine Kasusregel zur Anwendung kommt, sind die logisch arbeitenden Naturen mit ihrem Gedächtnis übel daran und ihre Extemporalien zeigen Unsicherheit über Unsicherheit. Hier ist dringend Abhilfe nötig. Soll der Anschluss an die Schönheit der Lektüre bestehen bleiben, so müssen die Anforderungen an grammatisch fehlerloses Latein herabgestimmt werden. Ich habe bei den alten Lehrbüchern für die Grammatik entschieden günstigere Resultate gesehen.

b) Einer ganz besonderen Besprechung bedarf das mechanische Gedächtnis, welches die Grundlage des sogenannten Memorierens ist.

Das eigentliche Memorieren ist heut etwas in Ungunst gekommen, da man früher dem Gedächtnis öfter zu viel äusseren Memorierstoff zugemutet hatte. Zur Bestätigung des Wertes des Memorierstoffes, den ich schon in der Einleitung dieser Arbeit betont, weise ich noch hin auf das Wort von RADESTOCK (die

Gewöhnung p. 70): „Wenn man zuweilen sich über „das examinierbare Wissen" überhaupt abschätzig äussert, so sollte man doch bedenken, dass erst nach Erwerbung eines reichen Materials zahlreiche Verbindungen gewonnen werden können und „der grosse Blick" sich auszubilden vermag! LAZARUS sagt: Wie die Götter der Epikureer im Zwischenraum der Welten, so wohnen die Gedanken zwischen den einzelnen Elementen, d. h. in ihrer Verbindung. Wohl wahr! aber ehe man diese Verbindung herstellen und dem Gedanken seinen Wohnsitz anweisen kann, muss man erst die Elemente zur Verknüpfung durch Erfahrung und Lernen gewonnen haben."

Über das Memorieren haben wir Untersuchungen von DÖRPFELD, EBBINGHAUS und HOPPE. Nach DÖRPFELD (Beiträge zur pädagogischen Psychologie) heisst Memorieren: die erworbenen Vorstellungen möglichst reproduktionsfähig machen, so dass sie frei, schnell und auch vielseitig reproduciert werden können. Er meint, es gäbe nur zwei Arten des Memorierens, eine, welche die Vorstellungen nach ihrem Inhalte verknüpfe und eine, welche die Vorstellungen nach dem äusseren Moment der Gleichzeitigkeit verbinde. Man könne so unterscheiden ein judiciöses und ein mechanisches Memorieren. Aus unserer Auseinandersetzung über die Arten des Gedächtnisses ersieht man, dass wir mit dieser Einteilung nicht ausreichen, weil wir bei schärferem Eindringen unterscheiden mussten 1. mechanisches Gedächtnis. 2. Gedächtnis der Anschauungen. 3. begriffliches Gedächtnis. DÖRPFELD will mit Unrecht dem judiciösen Gedächtnis den Vorrang zusprechen, weil es zu dem mechanischen Gedächtnis hinzutrete und so dessen Vorteile mit seiner eigenen Kraft verbinde. Auch habe es den Vorteil, dass es einer Repetition nicht bedürfe. Das letztere trift aber nur zu, wenn es sich um einfache Thatsachen handelt, die von vorn herein klar feststehen. Sobald es sich um verwickelbare Dinge handelt, die eine grössere Vielheit von Dingen umfassen (z. B. eine Rede), kann das sogen. judiciöse Memorieren der Repetition auch nicht entbehren. Das Wort mechanisches Memorieren bedarf auch noch einer Aufklärung. Das Memorieren selbst ist nichts Mechanisches, da alles Memorieren durch das Bewusstsein geht. Dinge, die uns völlig unbewusst bleiben, können wir auch nicht mechanisch memorieren. Aber der Unterschied ist der, dass gewisse Dinge sich so den Nerven einprägen, dass, wenn das eine Ende einer Reihe von Tönen,

Farben etc. gegeben ist, die anderen mechanisch ins Bewusstsein treten, ja dass sie Bewegungen ausführen können, ohne dass das Bewusstsein diese Vorgänge begleitet. So ist z. B. unser Gehen vielfach ein mechanisch verlaufender Vorgang, bei dem sich die einzelnen Bewegungen unbewusst aus dem Gedächtnis lösen.

Das Memorieren selbst aber verbindet entweder vermittelst sich wiederholender einzelner Anschauungen diese zu einem Ganzen, oder vermittelst sich wiederholender einzelner besonderen Fälle diese zu einem Begriff oder zu einem Komplex von Begriffen. Ein Beispiel für den ersten Fall ist das Einprägen der Karte von Europa, indem die einzelnen Länder als Teile der ganzen Karte, sowie sie als Bilder zu einander liegen, so oft in der Anschauung durchlaufen werden, bis sie ein fest gegliedertes Ganze werden. Ein Beispiel für das begriffliche Memorieren ist die logische Durchnahme von einzelnen Beispiel-Sätzen in einem sprachlichen Übungsbuch, bis die zu grunde liegende Regel, zu welcher die Sätze die Beispiele sind, mit ihrem Gesetz sich dem begrifflichen Gedächtnis fest eingeprägt hat.

Beide Arten dieses Memorierens lassen sich nicht so vergleichen, als ob die eine Art unbedingt die andere überträfe. Jede Art muss angewandt werden, wie es der Gegenstand seiner Natur nach verlangt. Beide Arten können allerdings verknüpft werden und sich gegenseitig stützen, sie können aber auch isoliert angewandt werden. Sie werden allerdings meistens verbunden erscheinen, da im Leben fast alle Dinge gesetzlich oder begrifflich geordnet sind, und fast alle Begriffe erst aus einzelnen Anschauungen abstrahiert werden. In der Schule wird man natürlich stets versuchen, den Begriff durch die Anschauung vorzubereiten und zu stützen. Die Fähigkeit zur mechanischen Reproduktion tritt aber, um das nochmals zu wiederholen, erst ein, wenn auf dem Wege des anschauenden Memorierens oder des begrifflichen Memorierens die Nerven und Muskeln lange genug geübt sind.

Hier stellt sich auch die Frage nach dem unabsichtlichen Memorieren ein, wie es z. B. Perthes in seinen Schulbüchern verwerten will. Eine jetzt verbreitete Meinung ist, je mehr eine Methode das unabsichtliche Memorieren erleichtere, um so besser sei sie, da sie mit möglichst wenigem Aufwand von Kraft möglichst viel erreiche. Man will diese Methode besonders beim Rechnen und beim Sprachunterricht anwenden. Wie ist es überhaupt möglich, dass bewusstes, absichtliches und unabsichtliches

Memorieren neben einander herlaufen können? Die Möglichkeit beruht darin, dass unsere Aufmerksamkeit Grade hat, die sich verbinden lassen. Die Aufmerksamkeit kann einem Teile eines Vorganges voll, einem andern Teil desselben Vorganges nur halb, einem dritten Teil noch weniger zugewandt sein. So sehen wir das, was direkt im Blickpunkt liegt, mit voller Aufmerksamkeit und Schärfe, was rechts und links davon liegt in immer mehr abnehmendem Grade. Wie weit man diese niedern Grade des Bewusstseins zugleich mit den höhern für das Gedächtnis verwerten kann (also z. B. dem Sextaner durch die Wahl der Worte und der Konstruktion schon unbewusst Sinn für Stilistik beibringen kann), das ist Sache der Erfahrung. Ich erwarte nicht zu viel von dieser Methode, weil sie bei aller Vorsicht doch leicht zerstreuend wirkt, denn auch die niederen Grade des Bewusstseins fordern Arbeitskraft und eine gewisse Koncentration. Wichtig sind für unsere Frage die schönen Untersuchungen, welche Ebbinghaus in seinem Buch über das Gedächtnis veröffentlicht hat. Auch er hat gefunden, dass Zerstreutheit oder Aufmerksamkeit die Zeit des mechanischen Lernens verlangsamt bezw. abkürzt. Dagegen hat er nach später veröffentlichten (oben Seite 52 citierten) Untersuchungen bemerkt, dass beim mechanischen Memorieren sich kein Unterschied zwischen schlechteren und besseren Schülern zeigt; ja, so weit sich ein geringer Unterschied offenbarte, waren die schwächern Schüler im Vorteil, da sie im mechanischen Memorieren mehr leisteten als die anderen. Schiller macht mit Recht darauf aufmerksam, dass bei dem Memorieren von geistigen, zusammengesetzten Gedankenkomplexen sich das Übergewicht der begabteren Schüler beim Auswendiglernen wohl gezeigt haben würde.

Ebbinghaus hat auch gefunden, dass die Aufmerksamkeit (die ja ein Willensakt ist) beim Memorieren einem gewissen periodischen Schwanken unterworfen ist.[1]) Ich selbst habe bei

---

[1]) Müller u. Schumann, Zeitschr. für Psych. und Physiol., VI, 291: „Man wird nicht fehlgreifen, wenn man sich folgende Vorstellungsweise bildet. Wird uns eine sinnlose Silbenreihe behufs Erlernung zu öfter wiederholten Malen schnell vorgeführt, so haben wir für die Zeit jeder Vorführung nur ein bestimmtes Quantum von Aufmerksamkeitsenergie zur Verfügung, das wir nun je nach Willkür oder sonstigen Anlässen in dieser oder jener Weise auf die verschiedenen Silben oder Takte verteilen. Lassen wir einem Teile der Silbenreihe ein grosses Quantum dieser Energie zuteil werden, so hat das laute Ablesen der übrigen Teile für die Einprägung der letzteren nur sehr geringen Erfolg. Eine völlig gleichmässige Verteilung der Aufmerksamkeitsenergie auf alle Silben scheint den Gesetzen unserer Aufmerksamkeit zu widersprechen, doch dürfen da individuelle Verschiedenheiten bestehen".

Schülern von besonders schwacher Willenskraft, welche stark angespornt worden waren, sogar ein in Wochenperioden auf- und abschwankendes Oscillieren der Aufmerksamkeit und der Sammlung beobachtet. Im Sommer und nach längeren Ferien kann man ausserdem stets ein längeres Pausieren der Arbeitskraft beobachten. Über die Schwankungen der Willenskraft hat Dr. RIEGER (Experiment. Untersuchungen über die Willensthätigkeit, Jena.) Kurven mitgeteilt, die in gewisser Weise das bestätigen, was die Kurven von EBBINGHAUS über das Schwanken der Memorierfähigkeit zeigen. Es scheint ein bestimmtes Gesetz vorzuliegen, wonach z. B. sechs Verse eines Gedichtes auswendig zu lernen, nicht etwa dreimal so viel Zeit erfordert, wie zwei Verse, sondern erheblich mehr. Daraus folgert für den Pädagogen die Regel, immer nur mässige Portionen auf einmal auswendig lernen zu lassen. Nach EBBINGHAUS' Untersuchungen wächst die Anzahl der nötigen Wiederholungen, welche für das Lernen von Reihen mit zunehmend grösserer Silbenzahl nötig sind, sehr schnell mit der Zunahme der Silbenzahl. Gross war der Unterschied je nach dem Memorieren von sinnlosen und sinnvollem Material. Der Vorteil, welcher dem sinnvollen Material durch das vereinigende Band des Sinnes, des Rhythmus[1]) des Reimes und der Zugehörigkeit zu einer bestimmten Sprache zuteil wurde, setzte die zum Memorieren nötige Zeit auf $^1/_{10}$ der Zeit herab, welche bei sinnlosem Material nötig war. Dadurch wird der Unterschied zwischen dem mechanischen und dem geistigen Gedächtnis evident erwiesen. In der Schule benutzt man diesen

---

[1]) G. E. MÜLLER u. SCHUMANN, Experimentelle Beiträge zur Untersuchung des Gedächtnisses. Zeitschrift für Psychologie und Physiologie der Sinnesorgane. Band 6, Seite 280 ff.: „Thatsächlich ist die Zusammenfassung der Silben zu Takten von durchgreifender Bedeutung für das Auswendiglernen". „Allgemein hat sich gezeigt, dass nur wenige Silbenreihen, von denen die einen mit rhythmischer Gliederung, die andern mit möglichstem Ausschluss einer solchen Gliederung erlernt werden, genügen, eine jede, geübte oder ungeübte, Versuchsperson von der hohen Erleichterung, welche die rhythmische Gliederung der Silben für das Erlernen bietet, zu überzeugen". Interessant ist die Notiz: „Wir haben an drei Versuchspersonen deutscher Nation gefunden, dass eine Silbenreihe bei trochäischem Rhythmus etwas schneller erlernt wurde, als bei jambischem Rhythmus. Dieses Resultat erklärt sich wohl aus der Thatsache, dass in der deutschen Sprache die Mehrzahl der zweisilbigen Wörter den Accent auf der ersten Silbe haben, und überhaupt die deutsche Sprache, wie es C. BEYER (in seiner Deutschen Poetik, 2. Aufl., I. S. 307) gelegentlich einmal ausdrückt, einen trochäischen Grundcharakter besitzt und mithin uns Deutschen die trochäische Betonung eines Silbenpaars geläufiger ist, als die jambische". S. 294: „Wie wir wissen, sind die Übergänge von einem Takt zum andern an und für sich sozusagen die schwachen Stellen einer zu erlernenden Silbenreihe". MÜLLER und SCHUMANN haben nachgewiesen, dass die Tendenz des Rhythmus sogar rückwärts wirkende Associationen erzeugt.

bekannten Vorteil der Memoriertechnik, indem man Genusregeln etc. in Reime bringt.

Wichtig ist die Frage, wie sich vorausgehendes fleissiges Memorieren noch in der Arbeitsersparnis bei späteren Repetitionen zeigt. Wurden 16silbige (sinnlose) Silbenreihen durch aufmerksame Wiederholungen dem Gedächtnis eingeprägt, so wuchs die ihnen dadurch zuteil werdende innere Festigkeit, gemessen an der grösseren Bereitwilligkeit, die sie nach 24 Stunden ihrer Reproduktion entgegenbrachten, innerhalb gewisser Grenzen annähernd proportional der Anzahl jener Wiederholungen. Für je drei Wiederholungen, die Ebbinghaus auf die Einprägung einer Reihe mehr verwandte, ersparte er nach 24 Stunden beim Wiederlernen derselben Reihe durchschnittlich und ungefähr eine Wiederholung, und dabei war es einerlei, wieviel Wiederholungen im ganzen auf die Einprägung der Reihen verwandt waren, doch nahm diese Ersparnis ab, je mehr gespart werden sollte, ganz konnte die Arbeit nicht erspart werden. Daraus folgt, dass, wenn man an einem bestimmten Tage ein Pensum aus dem Gedächtnis vortragen soll, es zwar wünschenswert ist, es an diesem Tage noch einmal zu repetieren, dass aber diese Repetition durch das frühere fleissige Lernen bedeutend abgekürzt werden kann.

Ergänzt wird dieses Resultat von Ebbinghaus durch Untersuchungen, welche A. Jost im psychologischen Institut in Göttingen angestellt hat, und die er im XIV. Band der Zeitschrift für Psychologie und Physiologie der Sinnesorgane veröffentlicht hat. Er fand dabei, welche grosse Bedeutung eine ausgedehnte Verteilung von Wiederholungen gegenüber einer Kumulierung von Wiederholungen hat. „Haben wir einen gedachten Stoff uns auf längere Zeit fest einzuprägen, so ist es, falls sich unsere Resultate bestätigen, unökonomisch, die Sache Stück für Stück zu lernen, sondern es ist zweckmässig, den ganzen Stoff möglichst gleichmässig im Gedächtnis fest werden zu lassen, also die Wiederholungen eines einzelnen Teiles ausgiebig zu verteilen." Wenn ich es recht verstehe, so heisst das, an einem Beispiel erläutert, es ist unpraktisch, ein Gedicht von etwa 4 Versen ein Kind so lernen zu lassen, dass man am ersten Tag das Kind den ersten Vers so oft wiederholen lässt, bis es den Vers fest im Gedächtnis hat, am zweiten Tag den zweiten, am dritten den dritten, am vierten den vierten; man muss vielmehr gleich am ersten Tag alle vier Verse mit weniger Wiederholungen wie bei der ersten Art lernen lassen, am zweiten

Tage wieder alle vier Verse wiederholen lassen u. s. w. Auch nach meiner Erfahrung hat eine gleichmässig auf mehrere Tage verteilte Wiederholung eines nicht zu grossen, aber gegliederten Ganzen einen grösseren Wert als ein Memorieren, das die auf die vier Tage verteilten Wiederholungen alle auf einen Tag häuft.

Auch über das Vergessen hat Ebbinghaus Versuche an sich gemacht. Er hat beobachtet, dass eine Stunde nach Schluss seines Memorierens das Vergessen bereits so weit vorgeschritten war, dass über die Hälfte der ursprünglich aufgewandten Arbeit erneuert werden musste, ehe die Reihen reproduciert werden konnten, nach acht Stunden betrug das zu Ersetzende fast $2/3$ des ersten Aufwandes. Allmählich aber verlangsamte sich der Prozess. Nach 24 Stunden haftete immer noch etwa $1/3$, nach sechs Tagen $1/4$, und nach Ablauf eines vollen Monats noch reichlich $1/5$. Daraus geht hervor, dass man, wenn man Arbeit ersparen will, baldigst repetieren muss, dass man, wenn man etwas stets gegenwärtig im Gedächtnis erhalten will, in nicht zu langen Pausen den Gegenstand von Zeit zu Zeit repetieren soll. Aus diesem Grunde haben sich manche ein Memorierbuch angelegt mit Memorierschätzen, die sie öfter sich ins Gedächtnis zurückrufen.

Interessant sind die Beobachtungen, die Ebbinghaus darüber gemacht hat, wie die Glieder einer Reihe sich im Verhältnis zu der unmittelbaren oder unterbrochenen Aufeinanderfolge mit einander im Gedächtnis verbinden. Er hat dabei gefunden, dass bei wiederholter Erzeugung von Silbenreihen sich nicht nur die einzelnen Glieder mit den unmittelbar an sie anschliessenden Gliedern verbinden, sondern dass sich auch Verknüpfungen über Zwischenglieder hinweg bilden[1]; dass das auch bei der Anschauung geschieht, wissen die Maler, die in ihren Bildern die einzelnen Farben abstimmen nicht nur mit Rücksicht auf die Wirkung, die die unmittelbar daneben stehenden Farbentöne auf sie haben, sondern auch mit Rücksicht auf Farbentöne, die am andern Ende

---

[1] Auch Müller und Schumann haben a. a. O. S. 316 als Resultat ihrer Versuche mitgeteilt, dass bei der richtigen Reproduktion eines Gliedes einer Silbenreihe nicht blos die Association wirksam ist, welche dieses Glied mit dem ihm unmittelbar vorhergehenden Gliede verknüpft, sondern ausserdem auch diejenigen Associationen mitwirken, die dieses Glied mit den nur mittelbar vorhergehenden Gliedern verbinden. Sie zeigen aber auch, dass bei der Association unmittelbar auf einander folgender Silben die rhythmische Beziehung eine hervorragende Rolle spielt, dass ausserdem die Vorstellung davon, an der wievielten Stelle eine betreffende Silbe in einer Reihe stehe, d. h. der Einfluss der absoluten Stelle in mannigfacher Weise beim Lernen sich geltend macht.

des Bildes sich befinden. Mit der Entfernung nimmt natürlich sowohl bei der Anschauung, als auch bei der zu memorierenden Reihe die Verbindungskraft ab. Die Kraft dieser ab- und zunehmenden Verbindung benutzen wir bei dem Memorieren aller Reihen, auch bei Sätzen, die wir auswendig lernen. So sind die ersten Teile eines Satzes mechanisch, räumlich, zeitlich, sinnlich, begrifflich nach dem Memorieren noch im Bewusstsein, aber in verschiedenem Grade, je nachdem wir uns von ihnen entfernen und zum Schlusse des Satzes kommen; den Teil, den wir gerade aussprechen, haben wir fest im Bewusstsein, die vorhergehenden wie die kommenden Teile lockerer, aber in Verbindung ist doch alles. Das muss auch der Fall sein, da die individuelle Form, in der z. B. ein Wort am Satzanfang erscheint (z. B. nach seinem Genus, Numerus, Casus etc.) oft beeinflusst wird durch ein Wort am Schluss des Satzes, das wir mehr ahnen und fühlen, als schon klar im Bewusstsein haben. Unserem Gedächtnis wird so durch häufige Übung ein gewisses Satzgefühl eingeprägt, das uns befähigt, mit ziemlicher Sicherheit eine Periode anzufangen und ohne Straucheln zu vollenden. Diese verbindende Kraft des Bewusstseins und des Gedächtnisses ist durch Übung einer Steigerung fähig. Man vergleiche den Satz, mit dem der Sextaner seine Sprachübungen im Latein anfängt mit einer horazischen Periode, die in Prima memoriert wird, und die gerade eine besondere Feinfühligkeit für Verbindung der Satzglieder verlangt.

Die Bemerkung von EBBINGHAUS, dass die Verstärkung der über ein Zwischenglied in einer memorierten Reihe hinweg stattfindenden Associationen der Glieder in den erprobten Fällen keineswegs im Verhältnis zu der Anzahl der Wiederholungen geschah, zeigt thatsächlich, dass das Bewusstsein mit seiner in seinem Brennpunkt vor sich gehenden Verknüpfung der eigentliche Faktor der Gedächtniskraft ist. EBBINGHAUS bemerkte an sich, dass die verknüpfende Wirkung der Wiederholungen für die Association der mittelbar auf einander folgenden Silben, die er sich einzuprägen suchte, erheblich schneller abnahm, als bei den unmittelbar auf einander folgenden Silben. Je mehr die Zahl der Wiederholungen steigt, desto enger wird die Verknüpfung der unmittelbar auf einander folgenden Glieder, desto stärker wird die Tendenz jedes Gliedes, bei seiner eigenen Wiederkehr ins Bewusstsein dasjenige Glied sofort nach sich zu ziehen, was ihm bei den vorgenommenen Wiederholungen stets zunächst gefolgt war. Soll also diese unmittelbare Aneinanderkettung von Gliedern nicht gewünscht werden, so darf diese Art der Einprägung nicht stattfinden, oder hinterher müssen die Glieder durch eine Einprägung ausser der Reihe locker gemacht werden.[1] Die Schüler haben die Neigung, eine Abteilung unregelmässiger Verba aus der Grammatik sich so einzuprägen, wie sie der Reihe nach abgedruckt sind; wenn man die Verba dann aber ausser der Reihe abfrägt, so können sie schwer die einzelnen finden, und sie sollen sie doch einzeln können. Man muss daher die Schüler ausdrücklich auffordern, die einzelnen Verba auch ausser der Reihe zu lernen.

3. Behandlung des Gedächtnisses im Unterricht.

Was ergiebt sich nun für ein Bild, wenn wir das über das anschauende und das begriffliche Gedächtuis Gefundene einmal für den Unterricht zusammenstellen? Die Grundbedingung für eine gesunde, reichhaltige Gedächtnisarbeit ist, wie wir bei der Besprechung des Wesens und der hygienischen Bedingungen des Gedächtnisses gesehen haben, die Aufmerksamkeit. Nur durch die willkürliche oder unwillkürliche Aufmerksamkeit der Schüler werden die Sinne der Schüler in die Verfassung gebracht, welche zu einer richtigen Perception und Apperception der von dem Lehrer vorgetragenen Stoffe nötig ist, so dass diese dem Gedächtnis überliefert werden können.

Wir haben erkannt, dass die Aufmerksamkeit ein Willensakt ist; die Bildung der Aufmerksamkeit hängt also mit der Willensbildung eng zusammen.

Spencer sagt: Nicht durch Vorschrift, sondern nur im Handeln, das oft durch das bezügliche Gefühl hervorgerufen wurde, kann eine moralische Gewohnheit gebildet werden. Den Willen der Schüler kann man in der Schule nur an ganz bestimmten Aufgaben, die einen Willensakt fordern, bilden. Eine solche Aufgabe ist schon die Notwendigkeit des Stillsitzens. Mannigfaltiger sind dann die Willensaufgaben, welche die körperlichen Bewegungen stellen, wobei Nerven und Muskeln dem Willen in einer bestimmten Richtung unterwürfig gemacht werden müssen. Rein körperlich wird das in der Schule meist nur beim Spielen und Turnen vorkommen. Das bildende Element

---

[1] Dass dabei infolge der früheren Associationen Hemmungen entstehen, haben auch die Versuche von Müller und Schumann (a. a. O. p. 318) bewiesen.

bei zusammengesetzten Bewegungen liegt hauptsächlich in der Kombination oder Isolierung einzelner Bewegungen, in ihrer Beschleunigung oder Verlangsamung. Die Natur des menschlichen Körpers bietet da ein grosses Material zu allen möglichen Bewegungen. Der Mensch macht daher in der Kindheit oft den Eindruck eines tastenden, suchenden Wesens, während das Tier gleich nach der Geburt mit instinktiver Sicherheit seine Bewegungen ausführt. Das Material wird beim Kind durch Versuche (wozu z. B. die lallenden Sprechversuche des Kindes gehören) gesichtet und allmählich in die gewünschten Verbindungen gebracht.

Die erste Aufgabe jeder Bewegungsbildung ist, diejenigen Vorstellungen, welche auf Grund des angeborenen Trieb- und Bewegungsapparates bestimmte Bewegungen erzeugen, so herzustellen, dass sie in ihrer Verbindung die beabsichtigte, zweckmässige Gesamtwirkung verursachen. Ist so eine unzweideutige Richtung hergestellt, so muss die Willenskraft in Überwindung von allerhand Hemmnissen gestählt werden. Dadurch wird auch, indem die Willensentschlüsse nun grössere und wichtigere Willenskomplexe bilden, der Charakter des Schülers gebildet, und zwar kann das erfolgen nicht nur bei der Körperhaltung und beim Turnen, sondern auch bei den mehr geistigen Anforderungen, die an die Thätigkeit der Sinne, an das Sehen und Hören, und an das Sprechen gestellt werden.

Es kann diese Willenskraft auch durch direkte Einwirkung auf die Aufmerksamkeit der Schüler gestärkt werden. Die Schüler müssen da angehalten werden, alles Zerstreuende in ihrer Haltung zu unterlassen, die Augen und gewissermassen auch die Ohren in ihrer Thätigkeit fest auf den Lehrer zu richten, der so stehen muss, dass ihn alle Schüler sehen können, und dass er das Gesicht, besonders das Auge jedes Schülers beobachten kann. An der Spannung des Auges kann der Lehrer sehen, ob der Schüler sein Interesse der Sache zuwendet, und ob die Aufmerksamkeit mit Spannung auf ihn gerichtet ist, oder nicht. Stellt der Lehrer eine Frage, so muss sie an die ganze Klasse gerichtet sein, hinterher erst darf der Name eines Schülers, der antworten soll, folgen. Er muss so unausgesetzt in engster, gespannter Fühlung mit dem Geiste der Klasse bleiben und muss die geistigen Zügel stets fest in der Hand halten. Das ist die Grundbedingung jedes erfolgreichen Unterrichts auch für das Gedächtnis.

Bei der Bildung der Aufmerksamkeit und bei dem Einprägen tritt als ein besonders wichtiger Faktor auch das Gefühl hervor. Zur fruchtbringenden Aufmerksamkeit gehört stets ein Gefühl der Lust. Es ist bekannt, dass man das, was man ungern treibt, zerstreut treibt, dass es infolge davon sich auch schlecht dem Gedächtnis einprägt. Ein unfreundlicher, mürrischer Lehrer wird auch bald nur unzufriedene, mürrische und unaufmerksame Schüler vor sich haben und sich so um die beste Frucht seiner Arbeit bringen. Dagegen erweckt Lust des Lehrers auch die Lust des Schülers und erweckt so die Aufmerksamkeit. Man kann so dem Schüler förmlich den Mund wässerig machen nach dem, was man ihm vortragen will, und wenn die Sache dann zu aller Befriedigung zum Vorschein kommt, kann man sicher rechnen, dass sie haftet.

Die sinnliche Grundlage für die Gefühle ist gewissermassen die Erregung, welche jeder mit gehöriger Intensität auftretende Eindruck hervorruft. Merkt der Schüler an der gesteigerten kräftigen Stimme des Lehrers diese Intensität, so wird auch er in diese sinnlich gehobene Stimmung versetzt. Das ist zwar nicht immer am Platz, aber wo es am Platz ist, da ist es von grosser Wirkung. Ein Lehrer, welcher so versteht, durch sein Feuer gewisse Gegenstände mit einem besonders gesteigerten Gemeingefühl, mit einer eigenartigen gehobenen Stimmung der Schüler zu verbinden, sie in wirkliche körperliche Erregung und in seelische Begeisterung zu versetzen, sorgt trefflich für das Gedächtnis. In der Erregung arbeitet das Gedächtnis, wie der ganze Geist kräftiger. Auch wer imstande ist, vor einem examinierenden Auge die Schüler so in Feuer zu setzen, wird besseren Erfolg haben, als wer zaghaft zu Werke geht.

Sollen höhere Gefühle erweckt werden, so hilft da besonders die in sachgemässer Gliederung anwachsende Steigerung, der Kontrast, die Analogie. Ein Vortrag, der durch die steigende Wirkung der zusammengestellten geschichtlichen Thatsachen auf einen ergreifenden Schluss hinausläuft, der das kontrastierende Verhalten zweier Gegner im Drama (Wallenstein — Oktavio), die Analogie im Wirken hervorragender Persönlichkeiten (Paulus — Augustinus — Luther) benutzt, prägt sich besonders gut ein. — Aber auch das gesunde Verhältnis beim Wertschätzen, das ruhige Mass der Gefühle ist eine wichtige Aufgabe eines guten Lehrers. Übertreibung der Gefühlswärme ist ebenso schädlich, wie Kälte, Langeweile, Mangel an Abwechselung. Das eine wie das andere macht keinen Eindruck und haftet nicht. Diese Vorschriften sind wichtig, denn das Gefühlsleben durchzieht den ganzen Unterricht, es zeigt sich in seiner Wirkung bei der Bildung der Farben- und Tongefühle, d. h. beim Anschauen und Hören, bei dem Gefühl für Harmonie und Rhythmus, die vieles im Gedächtnis festnageln, bei den für die Erinnerung so wichtigen Gefühlen für Identität, für Symmetrie und Proportion, sehr ausgedehnt bei den so wichtigen Sprachgefühlen, die die Grundlage eines grossen Teiles unseres Gedächtnisses sind, und zuletzt nicht am wenigsten bei den sittlichen und religiösen Gefühlen. Über alle diese Gefühlstöne muss der Lehrer an der richtigen Stelle massvoll zu verfügen wissen.

Besonders wichtig für das Gedächtnis ist aber im Unterricht die Associationsfähigkeit und Analogie der Gefühle. Die Gefühle, welche sich mit gewissen einzelnen Empfindungen und Vorstellungen associiert haben, treten auch gewissermassen wie Leitmotive wieder auf, wenn diese Empfindungen an anderen Stellen des Unterrichts und in anderen Verbindungen erscheinen. Lesen wir z. B. die Iphigenie, so muss am Schlusse im Schüler wieder eine ähnliche Stimmung entstehen, wie die, welche sich am Anfang des Stückes bei der Unterredung zwischen Thoas und Iphigenie an das Versprechen des Königs knüpft, durch das er ihr zusagt, sie zu entlassen, wenn sich ihr eine Möglichkeit der Heimkehr biete. Diese Verknüpfung der beiden Scenen durch dieselbe Stimmung schafft einen Rahmen, der die Handlung einschliesst und so dem Gedächtnis fest einprägt. Oder wenn einmal das Problem der Freiheit, der Schuld, der persönlichen Zurechnung anschaulich besprochen worden ist, so muss das entsprechende Gefühl die Erinnerung daran stets wieder hervorrufen, mag ein analoger Gedankengang nun bei der Durchnahme eines Dramas (Wallensteins Monolog), oder im Religionsunterricht vorkommen.

Das sind Mittel in der Hand eines gewandten Lehrers, nicht nur um das Interesse lebendiger zu machen, sondern auch um durch gesteigerte Beziehungen das Gebäude des Wissens in sich zu befestigen. Die Verstärkung des Gefühlstones einer Stimmung durch das Heranziehen analoger Gefühle, wie z. B. bei jeder Veranschaulichung geistiger Vorgänge durch sinnliche Bilder (Wiedergeburt; Erweckung; der gute Hirte) und Beispiele macht die Stimmung wärmer und intensiver. Gerade im Sprachunterricht zeigt sich das, wie wir unten noch sehen werden.

Will also der Lehrer mit diesen Mitteln dem Gedächtnis der Schüler zu Hilfe kommen, so muss er selbst ein reiches, warmes, gut geordnetes Gefühlsleben zur stetigen Verfügung haben. Die Durcharbeitung des eigenen Gefühlslebens in künstlerischer, wissenschaftlicher und sittlicher Beziehung gehört daher zur Selbstbildung des Lehrers.

Gehen wir nun zum anschauenden Gedächtnis selbst über, so sehen wir auch da die Wichtigkeit der Gliederung und Association in den Unterricht.

Die Grundlage bildet die Kräftigung der sinnlichen Anschauung. Besonders in den ersten Morgenstunden, wo die Nerven und Sinnesorgane noch frisch sind und keine Reste alter Anschauungsthätigkeit sie belagern,[1] geht die Anschauung am raschesten und intensivsten vor sich. Besonders morgens früh habe ich diese sinnliche Kraft z. B. beim Gehör an mir selbst empfunden. Bevor ich zur Schule gehe, überlese ich nochmals meinen Stundenplan, ich thue das aus Gewohnheit manchmal halblaut. Wenn ich nun schon auf dem Weg zur Schule bin, so höre ich öfters plötzlich den Klang meiner Stimme im Ohr, wie sie den Lektionsplan, eine Stunde nach der andern, abliest. Dieses leichte Anschlagen der Sinne am Morgen wird von faulen Schülern wohl missbraucht. Sie überlesen das zu Lernende rasch vor dem Unterricht, sei es zuhause oder sogar im Schulzimmer, und so behalten sie die sinnlichen Erinnerungsbilder einige Zeit und geben sich dann vor dem Lehrer den Anschein, als hätten sie wirklich memoriert; kommen sie im Anfang der Stunde daran, so wissen sie die Aufgabe notdürftig, sie muss aber mit dem Verblassen der sinnlichen Nachbilder bald aus dem Gedächtnis entschwinden. Jede sinnliche Veranschaulichung hilft so dem Gedächtnis.

Nach dem, was wir oben über das Wesen des anschauenden Gedächtnisses gesagt haben, sieht man ein, dass die Hauptsache für das anschauende Gedächtnis im Unterricht doch bleibt eine Verbindung der Teile zu einem lebendigen und harmonischen Ganzen. Hat man z. B. im deutschen Unterricht ein Drama durchgenommen, die Gliederung des Ganzen in Aufzüge und Scenen, die zeitliche, örtliche und geistige Verbindung der einzelnen Akte veranschaulicht, die Teile der Handlung vom erregenden Moment an bis zur Katastrophe klar gelegt und die organische Verknüpfung der einzelnen Teile zu einem lebensvollen Ganzen vorgeführt, so kann es einem Schüler, der mit Aufmerksam-

[1] Dass die Erinnerungsbilder nicht in den Sinnen selbst abgelagert werden, das nimmt auch die moderne physiologische Psychologie an

keit und innerer Anschauung der Sache gefolgt ist, nicht mehr schwer fallen, den ganzen Inhalt des Dramas unter den angegebenen Gesichtspunkten am Schlusse dieses Unterrichts frei aus dem Gedächtnis zu reproducieren. Ich habe in den letzten Jahren in dieser eingehenden Weise Wallenstein und Iphigenie durchgenommen und konnte mit dem Erfolg zufrieden sein.[1]) Wie auch sonst der Schüler lernt, Teil mit Teil zu verketten, kann man im Unterricht beobachten, und man kann sehen, dass wenn der Schüler den Anfang eines Abschnittes findet, er auch dann leicht über das weitere Gefüge dieses Abschnittes verfügen kann, wenn es ihm klar gelegt ist. Da, wo der Übergang von einem Abschnitt zu einem andern sich bietet, liegt gewöhnlich eine Schwierigkeit für das Gedächtnis, und bei Versanfängen oder neuen Satzanfängen stocken die Schüler am meisten. Sie lieben es dann, den vorhergehenden Teil noch einmal zu wiederholen, um dann wie mit einem Ruck über die schwierige Stelle hinweg zu kommen. Was anschaulich gar nicht verbunden war (auch nicht mechanisch memoriert ist), lässt sich gar nicht als Ganzes reproducieren, wie Träume, wenn sie nicht an ein Teil unseres bewussten Lebens angeknüpft sind, für uns mit ihrem Inhalt verloren gehen; sie sind so, als hätten wir sie gar nicht gehabt.

Die Aufgabe des Lehrers für das anschauliche Gedächtnis ist also vor allem, den Stoff in seine Teile zu gliedern und die Verbindung anschaulich nachzuweisen. Handelt es sich dabei um sinnlich anschauliche oder hörbare Dinge, so ist es Pflicht des Lernenden, dabei die Sinne recht intensiv wirken zu lassen, so dass eine Reproduktion eines vorher Gesehenen oder Gehörten ein zweites Sehen oder Hören wird.

Über die verschiedene Befähigung einzelner Menschen für ein visuelles oder auditives Gedächtnis geben MÜLLER u. SCHUMANN a. a. O. S. 295 ff. folgende Mitteilungen: „Versuchsperson P. erklärte auf Befragen, dass er die Silbenreihen visuell lerne, und zwar in solchem Masse, dass er zuweilen nicht wisse, ob er die Reihen vom Papier oder aus dem Gedächtnis abgelesen habe." „Versuchsperson Sch. gab, ohne die Aussagen von P. zu kennen, nach etwa dreiwöchentlicher Übung an, dass er anfangs ganz visuell gelernt habe, jetzt aber fast ganz nach dem Gehör lerne."

---

[1]) Man vergleiche dazu die in den neuen Preussischen Lehrplänen vom Jahre 1891 Seite 16 und 17 dem Lehrplan des Deutschen beigefügten methodischen Bemerkungen.

„S. endlich hat niemals etwas vom visuellen Lernen in sich gespürt." Man hat auch beobachtet, dass ein visuelles Gedächtnis in ein akustisches übergeht. Für die Praxis ist es wichtig, zu konstatieren, für welche Art von Gedächtnis eine Anlage da ist. Auch hat man beobachtet, dass sich Vokale rascher einprägen als Konsonanten. „Da die Vokale für das visuelle Gedächtnis gar keinen Vorzug vor den Konsonanten besitzen, so beweist das Vorkommen des schnelleren und festeren Haftens der Vokale bei einem Individuum mit voller Sicherheit, dass dieses Individuum sich beim Lernen nicht wesentlich nur auf sein visuelles Gedächtnis stützt." Ja, man darf wohl auf ein Vorwiegen des akustischen Gedächtnisses schliessen. „Sehr schnelles und ganz ungezwungenes Aussprechen längerer Wörter mit umgekehrter Ordnung der Buchstaben beweist das Vorhandensein eines ausgeprägt visuellen Wortgedächtnisses." Man lese die weiteren interessanten Untersuchungen a. a. O. nach.

So sehen wir die Teile einer Landkarte im Gedächtnis förmlich vor uns, wir lesen ganze Seiten eines vielgebrauchten Buches mit seinen Paragraphen gleichsam im Gedächtnis herunter, wir hören Melodien im Geiste u. s. w. Je mehr das Schulbuch da durch anschauliche Gliederung auch im Druck übersichtlich ist, um so besser für das Gedächtnis. So bietet die neue Ausgabe von ZAHN-GIEBE's Biblischer Geschichte einen entschiedenen Vorteil vor der alten, weil sie anschaulich gliedert und die Abschnitte durch, auch im Druck markierte, kurze Überschriften kennzeichnet. Unsere Grammatiken könnten auf diesem Gebiete noch manche Verbesserung vertragen.

Wichtig ist hier auch noch, dass die Verknüpfung dadurch kräftiger wird, dass ein Sinn dem andern zu Hilfe kommt, dass Auge und Ohr sich helfen. Das ist besonders wichtig für den Sprachunterricht, den wir noch besonders besprechen.

Damit haben wir daran erinnert, dass es für dieses Gedächtnis nicht nur eine anschauliche Gliederung des Nebeneinander, sondern auch des Nacheinander giebt. Diese beiden Mittel richtig zu verbinden, hauptsächlich durch Beherrschung der Mittel, welche die Sprache uns an die Hand giebt, auch anschauliche Bilder in der Seele der Schüler hervorzurufen, ist eine Kunst, die nicht jedem zu Gebote steht. Um so mehr ist es notwendig, dass der Lehrer sich auf seinen Vortrag gründlich vorbereite, damit in seiner Rede ein Teil so nach dem andern gesprochen wird, dass es wirklich gegliederte und lebendige Bilder giebt. Wer dabei noch ausserdem durch ein schönes, gewissermassen plastisch wirkendes Organ unterstützt wird, darf froh sein. Soll der Vortrag des Lehrers aber die Erinnerungskraft der Schüler allseitig unterstützen, so muss er nicht nur zurückgehen auf den Zusammenhang der Teile und des Ganzen, sondern er muss auch überall, wo es angeht, sich stützen auf den durch das Denken hergestellten Zusammenhang von Besonderem und Allgemeinem. Handelt es sich dabei um Regeln oder Gesetze, wie z. B. in der Grammatik, in der Naturwissenschaft, in der Mathematik, so muss der Lehrer versuchen, das Vorzutragende so zu formulieren, dass das den Stoff beherrschende Gesetz, von welchem der Merkmalkreis beherrscht wird, scharf hervorspringt. Bei der Grammatik handelt es sich um Darbietung von schlagenden Beispielen, bei der Naturwissenschaft um klare Herausschälung dessen, was in den verschiedenen Erscheinungen das Identische ist, bei der Mathematik um möglichst präcise Fassung der Begriffe. Meist liegt aber die Sache so, dass wir nicht rein logische oder begriffliche Dinge im Unterricht vor uns haben, sondern dass Anschauung und Denken eng mit einander verknüpft sind. Aber auch da thut die klare begriffliche Durcharbeitung des Stoffes ebensoviel zur Einprägung für das Gedächtnis, wie andererseits die Anschauung. Wenn ich z. B. mit meinen Schülern den Laokoon lese oder des Cartesius Grundlagen der Philosophie, so ist es die Aufgabe, den Schülern einmal einen klaren Einblick in die Welt der vorkommenden Begriffe, der ästhetischen sowohl wie der logischen und psychologischen zu geben, dann aber auch den logischen Aufbau im einzelnen nachzuweisen. So steht z. B. der erste Teil der Abhandlung des CARTESIUS in allen einzelnen Teilen unter dem Hauptgedanken: an der Sicherheit der Grundlage unserer gewöhnlichen Erkenntnis lässt sich zweifeln. Erst von dem Satz an „cogito, ergo sum", nimmt die Begriffsreihe eine andere logische Wendung. Dadurch prägt sich der begriffliche Inhalt in seiner Verkettung dem Gedächtnis so fest ein, dass die Schüler am Schluss des Unterrichts imstande sind, mit einiger Nachhülfe meinerseits das ganze System von Begriffen, das hier aufgebaut ist, aus dem Gedächtnis wieder aufzubauen. So hatte ich in einem Sommer die Abhandlung des CARTESIUS in Prima durchgenommen, auch den Stoff unter dem Thema: „Cogito, ergo sum, eine Widerlegung des Materialismus" verarbeiten lassen. Im Winter, als G. R. STAUDER

die Anstalt revidierte, war zu meiner und des Revisors Freude
der Inhalt noch im Gedächtnis der Schüler. Ich muss allerdings
bemerken, dass ich die Schüler vorher an Lesestücken aus dem
Lesebuch, z. B. an Abhandlungen wie „Die Temperamente, von
SCHLEIERMACHER" oder „Das Gedächtnis, von FORTLAGE" u. s. w. in:
kleinen Kreise in die philosophische Gedankenwelt eingeführt habe,
und ich habe gefunden, dass die Schüler dieser Welt, wenn man
nur induktiv genug verfährt, das höchste Interesse entgegenbringen.
In Oberprima schliesse ich diesen Unterricht mit der Lektüre von
SCHILLERS philosophischen Aufsätzen ab, auch hier stets so, dass
der Inhalt einer Abhandlung dem Gedächtnis völlig eingeprägt wird.

4. Das Gedächtnis im Sprachunterricht.

Bei dem grössern Teil unserer höheren Lehranstalten bildet
der Sprachunterricht noch den wichtigsten Unterricht; er bedarf
daher noch einer besonderen Besprechung. Wir haben schon
gezeigt, wie die drei Seiten des Gedächtnisses (mechanische —
anschauliche — begriffliche) durch die Sprache in einen festen
organischen Zusammenhang gebracht werden, durch Artikulation,
die Lautbilder und die Begriffe.

Die Muskelgefühle, welche die bei der Artikulation aus-
geführten Bewegungen in uns hervorrufen, sind zwar sehr unbestimmt,
dennoch können sie so sehr unser verfügbares Eigentum durch
Übung werden, dass wir in der Gewohnheit mit unbewusster
Sicherheit über sie verfügen können. Über diese Macht der
Gewohnheit sagt KUSSMAUL (Die Störungen der Sprache S. 34): „Die
vergleichende Sprachkunde giebt Beispiele genug, was Übung und
Gewöhnung bedeuten. Es giebt ganze Nationen oder einzelne
Stämme einer Nation, denen die Aussprache des r oder l, h oder
ch, des dentalen th, der Diphtonge oder irgend anderer Buch-
staben die grösste Schwierigkeit bereitet, obwohl die Organe zur
Artikulation derselben ihnen nicht abhanden gekommen sind.
Und wie die Koordination der artikulatorischen Centralstationen, so
steht auch die Association der Vorstellungen mit Vorstellungen
und ihre Verknüpfung mit Gefühlen und Strebungen unter der
Macht der Erziehung und Gewöhnung." Je mehr wir die Sprech-
übungen häufen, desto unbewusster geht die Artikulation vor sich.
Die Association der Wortbilder mit der Artikulation ist zum
Schluss so stark, dass sogar beim lebhaften Denken öfter leise
Artikulationsbewegungen unbewusst mit ausgeführt werden.

Bekanntlich sieht man in dieser Verknüpfung eine Ursache dafür, dass auch das Denken öfter eine gewisse Verlangsamung erfährt. Bei den sprachlichen Übungen¹) in der Schule muss wegen ihrer grossen Wichtigkeit die Übung in der Artikulation stets im Auge behalten werden. Dahin gehören alle Deklamationsübungen, von dem einfachen Lesen im Lesebuch bis zur Aufführung dramatischer Stücke. Lautes Lesen und Lernen, dabei scharfe Präcision der Vokale und der Konsonanten in ihrer Eigenheit, klare Hervorhebung der ganzen Worte und der Satzglieder, Kontrolle der Artikulation durch das Gehör, alles das muss geübt werden, damit die gesunde sinnliche Unterlage für das Gedächtnis bei der Sprache gewonnen werde. Die weitreichende Macht dieser Mittel zeigt sich ganz besonders in der gebundenen Rede, wo die innere Sprachform, der geistige Inhalt, an der äusseren Sprachform, am Rhythmus, an der Wärme und der abgestuften Kraft des Klanges eine feste sinnliche Stütze hat. Zwar wird in der Sprache der Geist durch die Form gebunden, an ein tönendes Wort gefesselt, aber er wird dadurch auch in sich geschlossener, gegliederter und darum für das Gedächtnis behältlicher. Deckt das Wort den Sinn, giebt es diesem eine reizvolle Anschauung durch seinen Laut, dann erleichtert es durch die Analogie der Gefühle, welche sich zwischen innerer und äusserer Sprachform herstellt, die Reproduktion. Wohlklingende, kräftige, hinreissende Verse sind entschieden leichter zu lernen, als zerhackte, langweilige Prosa.

Aber nicht nur die Anschauungen, sondern auch höhere Begriffe treten dem Geist durch die Sprache näher. Eine ganze Masse von Begriffen wird durch die Flexion auf die einfachste Weise ausgedrückt; wir haben ein ganz deutliches Gefühl für die

---

¹) Für den ganzen folgenden Abschnitt lese man als Ergänzung: Meyer, „Die Pflege der deutschen Aussprache als Pflicht der Schule" und „Zur Würdigung der Deklamation" in seinem trefflichen Werke: „Vermischte Aufsätze über Unterrichtsziele und Unterrichtskunst an höheren Schulen. Berlin bei Gärtner."
Vergl. Fauth: „Die Notwendigkeit der Übung im lauten, freien und zusammenhängenden Sprechen aus der Natur unserer Sprache erwiesen." Zeitschrift für deutschen Unterricht. 5. Jahrgang. S. 801. Auch H. Gutzmanns interessante Schrift in dieser Sammlung „Die praktische Anwendung der Sprachphysiologie beim ersten Leseunterricht" gehört hierher. S. 41 heisst es: „Wir müssen zweierlei Arten des Gefühls, die beim Sprechen und Lesen in Betracht kommen, unterscheiden, einmal das allgemeine Hautgefühl und andererseits das Muskelgefühl . . . Ob das Muskelgefühl der Sprachwerkzeuge gerade an sich von vornherein gross genug ist, um viel zur sprachphysiologischen Ausbildung beizutragen, muss bisher etwas fraglich erscheinen. Um so wichtiger ist seine sorgfältige Ausbildung."

logische Kraft, die in Endungen wie — ung, — keit oder — heit u. s. w. liegen, ebenso erkennen wir sofort den Unterschied, ob ein Wort mit ver — oder zer — etc. anfängt. Dadurch, wie überhaupt durch die Etymologie der Wörter haben wir nicht zu unterschätzende begriffliche Gedächtnisstützen, die sich ein gewandter Lehrer beim Unterricht, besonders bei der Ordnung des zu memorierenden Stoffes im Interesse seiner Schüler nicht entgehen lassen wird. Auch die Thatsache, dass alle Kinder die schwache Flexion bevorzugen, weist darauf hin, dass man beim Auswendiglernen von Vokabeln die Macht der Wurzeln und der Flexion mit Hilfe der Logik verwerten soll. Wörterbücher, die statt auf Etymologie zurückzugehen, nur Übersetzungen ad hoc bringen, sind auch vom Standpunkt der Pflege des Gedächtnisses nicht zu empfehlen. Vor allem müssen aber die Verfasser der für den Sprachunterricht geschaffenen Schulbücher mit dieser Seite der Sprache wohl vertraut sein. Perthes und andere haben sich dieser Gedächtnisstütze in ihren Schulbüchern bedient.

Alle diese geistigen, in der Sprache niedergelegten Begriffe und Formen müssen durch Übung sich immer mehr von dem einzelnen sinnlichen Ausdruck, an dem der Schüler sie gewissermassen anschaut, loslösen, so dass sie als verwendbare Gedächtnisstützen frei in der Seele zum Ergreifen daliegen. So leben sie in dem Gedächtnis nun als Formen des Geistes, bereit, jeden Inhalt, den sie decken können, in sprachliche Fesseln zu schlagen, ihn dem Bewusstsein vorzuführen und dem Menschen in der Sprache zur Verfügung zu stellen. Der bildende Einfluss dieser formalen Gedächtniskraft der Sprache ist unberechenbar. Auch A. Lange (Seelenlehre, Encyklopädie des gesamten Erziehungs- und Unterrichtswesens) ist der Ansicht, dass die Reproduktion einer Vorstellung durch eine ähnliche hauptsächlich auf Verwandtschaft der Formen beruhe. Diese Bemerkung ist besonders wichtig für den Sprachunterricht. Das erkennt Lange, wenn er den Wert des Unterrichts in den klassischen Sprachen so zu veranschaulichen sucht: „Wenn Homer, um den unwilligen und widerstrebenden Rückzug des Ajax zu schildern, mit epischer Breite den Rückzug eines Löwen ausmalt, der von einem Gehöfte, das er überfallen wollte, durch die Übermacht der Wächter zurückgescheucht wird, oder wenn Schiller die glänzende Laufbahn Wallensteins in flüchtiger, aber nicht minder wirksamer Anspielung einem Meteor vergleicht, das weithin durch den

Himmel seinen Glanzweg zieht, so dienen die Vorstellungen
des Löwen, des Meteors, wie unzählige andere in der Poesie,
zunächst dazu, ein lebhaftes Phantasiebild in der Seele wachzurufen, an welches sich eine Fülle von Empfindungen anknüpft. Die geistige Form dieser Phantasiebilder ist aber
der Form des Hauptgegenstandes verwandt, und dient daher,
diesen lebhafter hervorzuheben und mit einer grösseren Fülle
erregter Gefühle zu umgeben. In ähnlicher Weise sucht der
Redner durch Bilder, Gleichnisse, Beispiele, die Wirkung
seiner Worte zu verstärken, und selbst bei der Behandlung abstrakter Gegenstände spielen Vergleiche und Veranschaulichungen
eine grosse Rolle; sind doch selbst unsere abstrakten Begriffe
durchweg mit Worten bezeichnet, die ursprünglich nur Bilder
waren. Hier kann man freilich wieder sagen, das Übersinnliche
werde durch Sinnliches ausgedrückt, allein wenn in diesem Sinnlichen nicht schon das Übersinnliche als Form und Idee des
Gegenstandes enthalten wäre, so könnte durch denselben auch
niemals Übersinnliches ausgedrückt werden. — Eine Bemerkung
von grosser Tragweite lässt sich hier anknüpfen. Wenn nämlich
die von der Seele einmal aufgenommenen Formen alle dazu beitragen, unabhängig von dem Stoff, in welchem sie ihn ausprägen,
neue Formen, die sich im Geist bilden, in ihrer Entstehung zu
fördern und gleichsam zu nähren, so folgt daraus notwendig eine
ungemeine Wichtigkeit jeder Art von Bildung, welche den jugendlichen Geist mit einer Fülle edler, sinnvoller und bezie-
hungsreicher Formen ausstattet, ohne zunächst viel nach dem
Stoff und dem materiellen Nutzen desselben zu fragen. Ja, man
sieht leicht, dass jeder zu früh auf das Materielle zielende Unterricht notwendig — eben weil hier die Formen zur Nebensache
herabsinken — eine Verarmung des Geistes und eine Verringerung
der Fassungskraft für Höheres und Schwierigeres herbeiführen
muss. Die grosse Rolle, welche eine vernünftige Erziehung der
Poesie, der Mythologie, der figurenreichen, wenn auch historisch
vielleicht unzuverlässigen Erzählung einräumt, wird hier glänzend
gerechtfertigt: nicht minder die reine Mathematik mit ihren
Formen ganz anderer Art, die nur zum geringen Teil und nur
von einer kleinen Anzahl Schüler einmal unmittelbar angewandt
werden, während sie alle in der Seele, wenn auch unbewusst,
fortwirken, alles Ähnliche und Verwandte fördern helfen und in
ihrer Gesamtheit nichts anderes sind, als das entwickelte Fassungs-

vermögen für mathematische Formen selbst. Es zeigt sich hier mit einem Wort der Grund, warum in einer nicht gar zu knapp angelegten Jugendbildung das „Nützliche" schädlich wird und der Geist aus einer formalen Bildung an sehr entlegenen Stoffen schliesslich auch für die Bewältigung der unmittelbarsten Lebensaufgaben die grösste Kraft schöpfen kann." Eindringlicher und schöner kann man den Wert der formalen Bildung nicht schildern, der sich stützt auf die im Gedächtnis niedergelegten und hauptsächlich aus dem Sprachunterricht gewonnenen Formen für alles natürliche und geistige Leben, wie auf das Maschengewebe eines zum geistigen Fischfang bestimmten Netzes.

Werfen wir einen Blick auf die Entwickelung des Kindes beim Sprechen, so erkennen wir auch daraus, dass die Stufenfolge für den Sprachunterricht naturgemäss sein soll: Artikulationsversuche, sinnliche Anschauung, Vorstellung, Begriff.

Um über die mögliche Methode des Sprachunterrichts im Interesse des Gedächtnisses Winke zu erhalten, denken wir uns durch das ganze Gefüge der Sprache einmal einen Längendurchschnitt und einen Querdurchschnitt gemacht. Nach ihrem Längendurchschnitt erscheint die Sprache gewissermassen als ein von unten nach oben aufgebauter, gegliederter Organismus. Dem Gang dieses Baues folgen die Grammatiken in ihrer Anwendung. Dieser Gang ist kein historischer, sondern ein systematischer, obwohl bei dem Bau der Grammatiken an einzelnen Stellen jetzt auch mit Geschick die Geschichte der Sprache verwendet wird. Dieser Aufbau, wie ihn die Grammatiken bringen, wird vom anschauenden Gedächtnis leicht behalten, und die Reihenfolge der Deklinationen, Konjugationen, der Syntax etc. prägt sich wie ein fest gegliedertes Bild bis zur Unverlierbarkeit ein. Auf jeder dieser einzelnen grammatischen Stufen muss nun der Unterricht so lange verweilen, bis sie ganz beherrscht wird. Und hier kommt alsdann, den Querdurchschnitt des Sprachgebäudes benutzend, auch das begriffliche Gedächtnis zu seinem Recht. Denn jede einzelne Stufe z. B. eine Deklination kann, wenn man sie in ihrem Leben erfasst, in der Form einer Regel, eines sprachlichen Gesetzes ausgedrückt werden. Für jede Regel bietet die Stufe in ihrer Breite eine Fülle von Beispielen: diese Beispiele müssen als Fälle der Regel so oft von dem Schüler behandelt werden, bis die Regel sich fest eingeprägt hat; so wird der Lehrer z. B. so lange Wörter, die nach via gehen, durchdekli-

nieren lassen, bis das Gesetz dieser Deklination dem Schüler
in Fleisch und Blut übergegangen ist. Mit Hilfe dieses Gesetzes
kann er jedes Wort, das nach dieser Deklination geht, dann
später, mag es isoliert, oder im Zusammenhang der Lektüre
an ihn herantreten, erkennen und deklinierend benutzen. Die
Regel ist so der gedächtnismässige Schlüssel zu der Schatzkammer jeder Stufe mit ihrer Sprachfülle und zugleich das Mittel
zur Herrschaft über diese Sprachschätze.[1]) Sieht man die Sache
genauer an, so sieht man, dass die Regel nicht nur das Leben
der fremden Sprache ausdrückt, sondern dass in ihr auch, soweit
es sich um fremdsprachlichen Unterricht handelt, das parallele
oder abweichende Verhalten der fremden Sprache zu unserer
Muttersprache ausgedrückt ist. Eingeführt wird der Schüler, nachdem die Regel in ihrer Form gegeben ist, in die Anschauung des
Inhalts der Regel am besten durch Beispiele, d. h. durch die
Methode der Induktion im „Her-übersetzen".

Dieser Weg hat den Vorteil, dass der Schüler die Regel nicht
nur am leichtesten und raschesten erkennt und ihren Inhalt
anschaut, sondern dass auch durch das Interesse, welches wir
stets an allem haben, was wir scheinbar selbst finden, die Aufmerksamkeit in der Schule bedeutend geweckt wird.

Es wäre aber durchaus verkehrt, stets nur bei der Induktion
zu verharren. Sie ist nur da, um dem Schüler die Augen für den
Inhalt der Regel zu öffnen und ihn dafür zu interessieren. Das Einprägen ist Sache der Deduktion. Und da, wo eine Regel sofort durch
Deduktion erfasst werden kann, ist die Induktion, die suchend durch
viele Fälle hindurchläuft, Zeitverlust, zumal in den oberen Klassen.

Bei der Induktion, die sich mehr für die Anfangsklassen
eignet, braucht es längere Zeit, bis die Aufmerksamkeit scharf auf
das Begriffliche der einzelnen Fälle gerichtet ist, bis das Gemeinsame
von dem Verschiedenen und Individuellen sich gesondert hat, bis
die Regel begrifflich erkannt ist. Wollte man z. B. die Grammatik
des Griechischen und Lateinischen nur durch Induktion aus der
Lektüre herausschälen und sie auf diese Weise den Schülern einprägen, welche Zeit würde das kosten! Grammatik muss daher,
nachdem bei den Anfängen des grammatischen Unterrichts die

---

[1]) „Dass ein planvoller und lange genug sich hinziehender Sprachunterricht
überhaupt die Erkenntnis vermittle wie das, was als „Regel" auftritt, ein
innerhalb der Sprache waltendes Princip sei, wie sich in Logik oder Psychologie,
in Konsequenz oder Analogie die Grundlagen der Erscheinungen finden, das
sollte nicht zweifelhaft bleiben." Münch, Vermischte Aufsätze S. 51.

Induktion ihre Schuldigkeit gethan hat, und wenn auch der trockene Weg hier und da durch den reizvolleren Weg der Induktion an der Hand der Lektüre unterbrochen wird, doch hauptsächlich auf deduktivem Wege durch „Hin-übersetzen" eingeprägt werden. Ich habe auch in der letzteren Zeit schon mehrfach klagen hören über die Wirkung, welche die Forderung der neuen Lehrpläne hat, es sollen die Übungsaufgaben für das Übersetzen aus dem Deutschen im engen Anschluss an die Lektüre gegeben werden. Soweit ich sehen kann, hat das die Folge, dass die Sicherheit in der Syntaxis ornata etwas gewachsen ist, dass aber die Sicherheit in grammatischen Dingen der Formenlehre, der gewöhnlichen Casus- und Moduslehre abgenommen hat. Man sehe sich einmal in den betreffenden Übungsbüchern die Stücke an, die eng an Nepos oder Cäsar angegliedert sind, und man wird in ihnen viel zu wenig Übungssätze für die Grammatikparagraphen, an die sie angeschlossen sind, finden, als dass rasch eine grammatische Sicherheit erzielt werden könnte. Diese Übungssätze müssten gehäuft vorkommen. Mit Unsicherheit in den Hauptdingen der Grammatik ist aber jene Gewandtheit im lateinischen Stil zu teuer erkauft. So entsteht vor allem eine Kluft zwischen den einzelnen Klassenresultaten und dem Mass von grammatischer Sicherheit, welches in der Reifeprüfung noch verlangt wird; beides zu erreichen ist heute sehr schwer. Erst wenn wir eine Methode haben, die wirklich beides umsichtig mit einander vereint, können wir zufrieden sein. Anschauendes Gedächtnis und logisches Gedächtnis müssten verbunden werden. Die Anschauung guter lateinischer Lektüre ist ja wohl instande, ein lateinisches Sprachgefühl, d. h. ein Gefühl für die Eigenart der Lateiner im Ausdruck und in der Verbindung der Ausdrücke im Satz zu erzeugen, aber dieses Sprachgefühl bleibt schwankend, wenn nicht die Grammatik mit ihrer Logik hinzukommt. Erst indem die Grammatik die einelnen, das Sprachgefühl erzeugenden Regeln systematisch dem Geist des Lernenden vorführt und im „Hin-übersetzen" übt, erzeugt sie ein im Gedächtnis haftendes, durch Vergleichung und Übung abgerundetes, sicher arbeitendes Sprachgefühl. Was das Leben durch Vorführung von unendlich vielen Fällen allmählich erreicht, das muss in der Schule die deduktive Methode der Grammatik durch zielbewusstes, rasches Verfahren in möglichst kurzer Zeit erreichen. Nur möchte ich hier wieder vor einer Übertreibung warnen. Übungsbücher, die sich viel mit knifflichen Ausnahmen abgeben, statt die

Hauptpunkte der Grammatik in gehäuften Beispielen zu bringen und sie so zum unverlierbaren Eigentum des Gedächtnisses zu machen, sind vielleicht gute Bücher für Lehrer, aber nimmermehr für Schüler.

Eine praktische auf Erfahrung gegründete und mit Umsicht und Einsicht verfahrende Methode, die sowohl der Induktion als der Deduktion, aber jeder an ihrem Ort, gerecht wird, tritt uns entgegen in Rothfuchs' pädagogischen Arbeiten: 1. Beiträge zur Methode des altsprachlichen Unterrichts, 2. Bekenntnisse aus der Arbeit (Marburg, Elwert, 1893 und 1892). Man vergleiche auch: Jäger, Lehrkunst u. Lehrhandwerk. Seite 21 ff.[1])

Das Denken im Sprachunterricht wollen wir also nimmer gering schätzen, es bildet sich im fortwährenden Vergleichen und Urteilen. Da weht gesunde, klärende Luft. Nur muss der Unterricht auch weitergehen. Die Grammatik muss auslaufen in die Lektüre, welche das dem logischen Gedächtnis Eingeprägte nun in anschaulicher Verbindung zeigt. So erzeugt die Lektüre auf

---

[1]) Zur Bestätigung für mein Urteil über die Induktion will ich nur folgendes Wort (Beiträge zur Methodik p. 135) von Rothfuchs anführen. „Welche Rolle spielt hierbei die „Induktion"? Ich kann bei diesem Worte ein Misstrauen nie unterdrücken. Kann denn der Geograph alle Länder bereisen, um sie kennen zu lernen? Wo Analogie zum Ziele führt, ist Induktion ein zeitraubender Umweg. Soll etwa der Tertianer nur die griechischen Deklinations- und Konjugationsformen sich einprägen, die ihm jedesmal die Lektüre zuführt? Dann müsste man erst die gesamte griechische Literatur durchlesen, ehe man die Grammatik beherrschte. Schreiber dieser Zeilen ist, wie viele andere, noch in der Grammatik der griechischen Sprache zuhause; — gelesen haben wir wohl nur einen verhältnismässig kleinen Teil ihrer Literatur. Wie ist uns dann unsere grammatische Sicherheit gekommen? Gewiss nicht durchs Lesen, sondern nur dadurch, dass uns die griechischen Flexionsformen in den mittleren Klassen durch gute Schulmeister eingeprägt („eingepaukt", sit venia nobili verbo!) wurde! Durch „Anschauung im Satze" hätte es wahrlich lange dauern sollen! Und mit dem Latein in VI und V steht es ähnlich. Es giebt in unserer Zeit Götzen auf jedem Gebiet. In der hohen Politik ist es bekanntlich der Erfolg. In der Didaktik fürchte ich, wird es hier und da die Induktion durch Anschauung. Allerdings muss das Verständnis der grammatischen Bedeutung durch den Zusammenhang des Satzes erschaut werden, die Formen selbst aber lässt man lernen, üben, wiederholen. Hierdurch und durch viel mündliches Hinübersetzen wird der Knabe sicher, durch unnötige Induktion leicht schläfrig. Der alte Schulmeister, der in zwei Jahren die Sextaner und Quintaner in der lateinischen, die Tertianer in der griechischen Formenlehre sicher machte, indem er stündlich Formen bilden liess, bald von der deutschen, bald von der fremden Sprache ausgehend, vorwärts und rückwärts, herüber und hinüber fragend, und in der Reibung mannigfaltigen Wechsels kräftig anregend. — der Schulmeister von dazumal und glücklicherweise auch noch von heute, der so den Knaben die Formenlehre in Fleisch und Blut zu treiben wusste (und dabei von „Induktion" weder viel verstand noch empfand, dagegen sich innerlich empörte, wenn er einen Schüler „indūco" sprechen hörte) — dieser Schulmeister aus unserer Knabenzeit, dessen Art heute noch nicht ausgestorben ist, — er fehlt unserem altsprachlichen Unterricht nicht! Sonst, fürcht' ich, wird vieles verfehlt."

Grund des anschauenden Gedächtnisses hinterher die Feinheit und sinnliche Schönheit bei dem Sprachgefühl, nachdem vorher die Grammatik auf Grund des logisch arbeitenden Gedächtnisses die Sicherheit des Sprachgefühls geschaffen hat.[1])

Eine besondere Aufgabe hat die Aufmerksamkeit und das Gedächtnis bei der Verbindung der einzelnen aufsteigenden Unterrichtsstufen. Da ist die Gefahr der Zerreissung des Zusammengehörigen besonders gross bei dem Übergang von einem Lehrer zum andern, von einer niederen Klasse zu einer höheren. Deshalb muss es eine besondere zielbewusste Aufgabe des Anstaltleiters sein, die Klassenpensen mit den betreffenden Lehrern genau durchzuarbeiten und darauf hinzuwirken, dass alles in einander greift, dass nirgends Lücken im Zusammenhang des ganzen durch die verschiedenen Klassen hindurchlaufenden Unterrichts entstehen. Soviel Lücken, soviel tote Stellen im Gedächtnis. Wie manchmal wird da gefehlt. Nicht nur müssen die Übungsbeispiele, die Memorierpensen u. s. w. auf allen Stufen, wenn dieselbe Sache sich im Unterricht wiederholt, dieselben sein, sondern auch ein Wechsel der Übungsbücher ist soviel als möglich zu vermeiden, da andere Verfasser stets andere Methoden haben. Besonders auf der untern Stufe, wo es noch viel auf mechanisches Memorieren und festes Einüben der Formen bis zur Unverlierbarkeit ankommt, muss Zusammenhang in der Methode bestehen. Dieselbe Sache (z. B. die lateinischen unregelmässigen Verba) muss in derselben Weise durch die Klassenstufen so lange wiederholt und eingeübt werden, bis sie dem Gedächtnis durchaus fest und unverrückbar eingeprägt ist. Auch auf den obern Klassen muss dieser Gesichtspunkt von Zeit zu Zeit zu seinem Rechte kommen. Eine Hauptsache dabei ist, wie schon gesagt, Mass halten. Wer zu viele Formen, zu viele Feinheiten einprägen will, erreicht gar nichts. Daher freue ich mich über die Vorschrift der Lehrpläne bei dem lateinischen Unterricht: VI. „Formenlehre mit strengster Beschränkung auf das Regelmässige". V. „Die unregelmässige Formenlehre mit Beschränkung auf das Notwendige". Und bei den methodischen Bemerkungen heisst es nochmals: „Darnach ist von VI an die Auswahl des zu Lernenden und der Übungen zu bemessen; dieselbe wird überall auf das Regelmässige zu beschränken sein". Nur durch diese Beschränkung auf das Regelmässige können wir-

---

[1]) Man vergleiche hierzu die neuen Preussischen Lehrpläne.

heute noch ein einigermassen sicher arbeitendes Sprachgefühl der fremden Sprachen innerhalb dieses engeren Rahmens erreichen. In meinem grössern Werk über das Gedächtnis schrieb ich 1881: „Das Sprachgefühl nimmt ab, wenn nicht durch eine einsichtige Hand von oben her die Regelzahl eingeschränkt wird". Dass das in den neuen Lehrplänen geschehen ist, gereicht mir zur grossen Freude. Bis dahin hatte sich im Unterricht das Verhältnis des logischen und des anschauenden Gedächtnisses gegen früher verschoben. Früher hatten die Alten bei der Fülle der lateinischen Stunden durch einen fortlaufenden Strom von Induktion dem anschauenden Gedächtnis ein so sicheres Sprachgefühl eingeprägt, dass es für sie eine Lust wurde, die Kunst des Lateinschreibens auszuüben. Dasselbe suchte man später bei verminderter Stundenzahl durch einen gehäuften grammatischen Unterricht mit Anmerkungen über Anmerkungen, die lauter stilistische Feinheiten enthielten, zu erreichen; aber so geschult auch das Denken dabei wurde, die Stundenzahl reichte bei dieser Methode doch zur Herstellung eines sichern Sprachgefühls nicht aus. Wird heute wirklich (nicht bloss auf dem Papier der Lehrpläne) der grammatische Unterricht auf das Notwendige beschränkt, werden diese wenigen Regeln, nachdem durch Induktion für ihren Inhalt die Augen geöffnet sind, hinterher in deduktiver alter Weise gründlich eingeprägt, und dann durch reichliche Lektüre der Geist mit Anschauung getränkt, so kann an dieser Lektüre wieder wirklich Freude entstehen und im beschränkten Rahmen auch ein beschränktes aber sicheres Sprachgefühl sich wieder entwickeln, das auch der Muttersprache zu gute kommt.

Wir haben schon oben darauf hingewiesen, wie ein solcher Sprachunterricht in der fremden Sprache durch seine typischen Formen auf die Sprache als solche ungemein befruchtend wirkt. Ich möchte diesen Abschnitt schliessen mit den Worten aus meinem grösseren Werke: Wenn so der Sprachunterricht zugleich anziehend und formal bildend betrieben wird, wenn Anschauung und Denken zugleich bereichert und gestärkt wird, so giebt es trotz aller neuerdings erhobenen Angriffe nichts, was dieser bildenden Kraft des Sprachunterrichts gleich käme. Denn bei der Art, wie sich unser geistiges Leben im Laufe der tausendjährigen Kultur entwickelt hat, wird jedes geistige Gut dem Menschen vermittelt durch die Sprache, welche mit ihren Zauberformeln seine geistigen Schätze vermehrt und erschliesst.

Sprechen heisst geistig arbeiten. Die Sprachfähigkeit wird aber durch nichts so entwickelt, als durch einen Unterricht, in dem die Muttersprache in ihrer Eigenart einer fremden Sprache gegenübergestellt wird, weil so das Wesen der Muttersprache erst recht zum Bewusstsein kommt und so wirklich geistiges Eigentum wird. Das letzte Ziel alles Unterrichts also, der nicht reiner Fachunterricht sein soll, ist den Menschen denken und anschauen lehren durch Entfesselung der Kräfte, welche ihm in seiner Muttersprache zur Beherrschung alles geistigen Lebens geboten sind. Für jeden Menschen ist seine Muttersprache die Sprache. Wenn wir also unsere heutigen höheren Schulen, die ja nicht reine Fachschulen sein sollen, richtig verstehen, so muss in ihrem Centrum die S p r a c h e (für uns also die deutsche Sprache) stehen.

Auf dieses Centrum hin müssen alle Unterrichtsfächer, mögen sie nun Naturwissenschaft, Geschichte, Religion, Mathematik oder Sprachunterricht sein, hinarbeiten. Nicht nach der Stundenzahl und nicht mit ihrer Grammatik soll die Muttersprache das Centrum des Unterrichts sein, aber sachlich, so dass diese Sprache alle die ausgebildeten Kräfte an sich zieht und appercipiert, welche sich in den verschiedensten Unterrichtsfächern sammeln. Das ganze Gut der Bildung soll sich schliesslich in diesem Sprachgedächtnis vereinen und dem Centrum des Geistes zu immerwährend bereitliegendem Besitz des Geistes einverleibt werden." Diese ideale Forderung habe ich auch, als ich seiner Zeit zu Vorschlägen für die Reform des deutschen Unterrichts bei der Schaffung der neuen Lehrpläne herangezogen wurde, geltend gemacht, und es ist mir eine grosse Freude, dass diese allseitige Bedeutung des Unterrichts in der Muttersprache in den Lehrplänen thatsächlich ihren klaren Ausdruck gefunden hat.

Eine Lösung des Geheimnisses vom Gedächtnis und eine Universalmethode habe ich in der vorliegenden Arbeit nicht geben können und wollen; aber ich glaube doch, dass das, was ich über das Wesen des Gedächtnisses habe sagen können, vielleicht insofern ausreicht, als jeder Lehrer sich hinreichend unterrichten kann, um für den vorkommenden Fall sich seine Methode, soweit das Gedächtnis dabei ins Spiel kommt, schaffen zu können.

SAMMLUNG VON ABHANDLUNGEN AUS DEM GEBIETE DER
PÄDAGOGISCHEN PSYCHOLOGIE UND PHYSIOLOGIE

HERAUSGEGEBEN VON

H. SCHILLER   UND   TH. ZIEHEN.

I. Band. 6. Heft.

DIE
IDEENASSOZIATION DES KINDES.

I. ABHANDLUNG

VON

TH. ZIEHEN,
PROFESSOR AN DER UNIVERSITÄT IN JENA.

BERLIN,
VERLAG VON REUTHER & REICHARD
1898.

Alle Rechte, auch das der Übersetzung vorbehalten.

Druck von Paul Schettler's Erben, Hofbuchdruckerei in Cöthen.

Historische Vorbemerkungen.

Eine wissenschaftliche Untersuchung der Ideenassoziation ist seltsamer Weise noch kaum versucht worden, obwohl sie in praktischer wie in theoretischer Hinsicht die grössten Vorteile verspricht: in praktischer, insofern eine wissenschaftliche Pädagogik geradezu darauf angewiesen ist, ihre Lehren auf die empirische Psychologie zu stützen, und in theoretischer, insofern uns die Entwicklungsgeschichte der Ideenassoziation Aufklärung vieler Probleme bezüglich der Ideenassoziation des Erwachsenen verspricht. Verständlich wird diese Verspätung der wissenschaftlichen Untersuchung der kindlichen Ideenassoziation nur dadurch, dass auch die wissenschaftliche Untersuchung der Ideenassoziation des Erwachsenen erst vor etwa 20 Jahren begonnen wurde und erst in den letzten Jahrzehnten eifriger gefördert worden ist. GALTON[1]) war es, welcher i. J. 1879 zum ersten Mal mit Hilfe einer einfachen experimentellen Methode den Ablauf der Ideenassoziation bei dem Erwachsenen festzustellen versuchte. Vier Jahre blieben seine Versuche unbeachtet. WAHLE erwähnt selbst 1885 in seinen wertvollen „Bemerkungen zur Beschreibung und Einteilung der Ideenassoziation"[2]) die Galton'schen Versuche nicht einmal.

In Deutschland stellte erst TRAUTSCHOLDT 1880 auf Veranlassung WUNDT's experimentelle Untersuchungen über die Assoziation der Vorstellungen an. Er arbeitete nach einer viel zuverlässigeren

---

Anm. Die zweite Abhandlung wird im 2. Band dieser Sammlung veröffentlicht werden.
[1]) Psychometric experiments. Brain 1879 July.
[2]) Vierteljahrsschr. f. wiss Philos. 1885.

1*

Methode als GALTON und versuchte bereits eine Einteilung der Vorstellungsassoziationen zu geben.[1]) Eine weitere Verbesserung der Methodik verdanken wir KRAEPELIN, welcher vorzugsweise den Einfluss der Übung und den Einfluss einiger Arzneimittel auf die Ideenassoziation untersuchte.[2]) Von KRAEPELIN's Schülern hat BETHMANN[3]) namentlich den Einfluss geistiger und körperlicher Arbeit, ASCHAFFENBURG[4]) den Einfluss der Erschöpfung untersucht. Dem letzteren verdanken wir auch zahlreiche Normalversuche, d. h. Beobachtungen an Erwachsenen unter gewöhnlichen Versuchsbedingungen. Gleichzeitig mit KRAEPELIN's Hauptarbeit erschienen MÜNSTERBERG's[5]) Studien zur Assoziationslehre. Auch seine Untersuchungen beziehen sich wie alle vorgenannten ausschliesslich auf den Erwachsenen. In Frankreich verdanken wir RIBOT[6]) und BOURDON[7]) einige Untersuchungsreihen. Das Hauptverdienst des ersteren liegt darin, dass er zum ersten Mal auf die individuellen Verschiedenheiten im Ablauf der Ideenassoziation hinwies und auf Grund derselben bestimmte Typen aufstellte. Auch DUGAS stellte ähnliche Versuche an.[8]) In Amerika haben neuerdings MARY WHITON CALKINS[9]) und JASTROW[10]) über dieselben Fragen experimentelle Studien veröffentlicht.

Die Hauptaufmerksamkeit zogen einige Spezialfragen auf sich. Namentlich wurde die Frage nach dem Vorkommen sogenannter mittelbarer Assoziationen aufgeworfen und von verschiedenen Forschern (SCRIPTURE,[11]) HOWE.[12]) SMITH,[13]) WUNDT,[14])

---

[1]) Philosoph. Studien Bd. I. 1883 S. 213.
[2]) St. Petersb. Med. Wchschr. 1889 und „Über die Beeinflussung einfachster psychischer Vorgänge durch einige Arzneimittel". Jena. G. Fischer 1892.
[3]) Psychol. Arb. Bd I, Heft 1. 1895.
[4]) Psychol. Arb. Bd. I, Heft 2 und 3, und Bd. II, Heft 1. Letztere Arbeit ist mir erst nach Fertigstellung dieser Abhandlung bekannt geworden.
[5]) Beitr. zur exper. Psych. 1892. Heft IV. Die Assoziation successiver Vorstellungen Ztschr. f. Psych. und Phys. Bd. I, 1890.
[6]) Revue philosoph. Bd. 31, 1891, Bd. 35, 1893 und Bd. 40, 1895.
[7]) Enquête sur les idées générales, Revue philosoph. Bd. 32, 1891. Vgl. auch STETSON, Types of imagination. Psych. Rev. 1896.
[8]) Recherches expérimentelles sur les différents types d'images. Rev. philos. Bd. 39, 1895.
[9]) Association. Psych. Review Feb. 1896 und Bd. 1, 1895 und Bd. I, 1892.
[10]) Community and association of ideas: a statistical study. Psychol. Review Bd. I, 1894. Vgl. auch KIRKPATRICK, Mental images. Science Bd. 22, 1893.
[11]) Philosoph. Stud. Bd. VII.
[12]) Mediate Association. Amer. Journ. of Psych. Bd. 6, 1894.
[13]) Mediate Association. Mind. N. S. Bd. III, 11, 1894 und Zur Frage der mittelbaren Assoziation. Diss. Leipzig 1894.
[14]) Sind die Mittelglieder einer mittelbaren Assoziation bewusst oder unbewusst. Philosoph. Stud. Bd. 10, Heft 2. 1894.

Bergström,[1]) Müller und Schumann[2]) u. a.) experimentell bearbeitet. Auch das gegenseitige Verhältnis der Ähnlichkeits- und Gleichzeitigkeitsassoziation wurde vielfach erörtert.

Sehr viel spärlicher sind die experimentellen Untersuchungen, welche über den Ablauf und die Geschwindigkeit der kindlichen Ideenassoziation angestellt wurden. In den Werken von Preyer,[3]) Perez,[4]) Compayré,[5]) Tracy,[6]) Shinn,[7]) Sully[8]) und Baldwin[9]) findet man durchweg nur wenige Beobachtungen, wie sie der Zufall brachte. Eine geflissentliche und methodische experimentelle Untersuchung wird man in allen diesen Werken vergeblich suchen. Einzelne speziellere Arbeiten von Scripture,[10]) Queyrat,[11]) Binet und Henri,[12]) Janke[13]) streifen die Ideenassoziation des Kindes nur ganz oberflächlich.

Bei dieser Sachlage ist es fast verständlich, dass die Pädagogik noch heute meist von den veralteten und überholten psychologischen Lehrsätzen ausgeht, welche Herbart[14]) u. a. über die Ideenassoziation aufgestellt haben. Die Ideenassoziation des Kindes ist mit Hilfe der experimentellen Methode noch nicht erforscht, und die Ergebnisse der Untersuchungen über die Ideenassoziation des Erwachsenen sind unverwertet geblieben, teils weil sie in pädagogischen Kreisen unbekannt blieben, teils weil man nicht ohne Grund die Übertragung dieser Ergebnisse auf das Kindesalter für unstatthaft hielt. Die folgenden Untersuchungen sind bestimmt, allmählich diese Lücke auszufüllen.

---

[1]) The relation of the interference to the practice effect of an association. Amer. Journ. of. Psych. Bd. VI, 3, 1894.
[2]) Experim. Beiträge zur Untersuchung des Gedächtnisses. Zeitschr. für Psych. und Phys. etc. Bd. 6, 1894.
[3]) Seele des Kindes. 4. Aufl. Leipzig 1895.
[4]) Les trois premières années de l'enfant 1876, L'éducation dès le berceau 1880. L'enfant de trois à sept ans 1886. Le développement des idées abstraites chez l'enfant. Rev. philos 1895.
[5]) L'évolution intellectuelle et morale de l'enfant 1893.
[6]) The psychology of childhood. 2. Ed. 1894.
[7]) Notes on the development of a child. Berkeley 1893—94.
[8]) Untersuchungen über die Kindheit. Übersetzung von Stimpfl. Leipzig 1897.
[9]) Mental development in the child and the race. New-York 1897. 2. Ed. Deutsche Ausgabe, übers. von Orthmann. Berlin 1898.
[10]) Test on school children. Educat. Review. Bd. V, 1. 1893.
[11]) L'imagination et ses variétés chez l'enfant. Paris. 1893. Derselbe L'abstraction et son rôle dans l'éducation intellectuelle. Paris 1895.
[12]) De la suggestibilité naturelle chez les enfants. Rev. philos. Bd. 38, 1894, S. 337. Vergl. auch Revue philos. Bd. 37, S. 348.
[13]) Der Vorstellungsschatz des 6jährigen Kindes. Kindergarten 1894.
[14]) Auf individuelle Verschiedenheiten machte übrigens Herbart schon aufmerksam (vgl. z. B. Hartenstein'sche Ausg. Bd. VII, S. 673, sowie ebenda S. 651).

Versuchsbedingungen und Versuchsmethoden.

In diesem ersten Teil meiner Untersuchungen werde ich mich auf diejenigen experimentellen Beobachtungen beschränken, welche ich an Kindern im Alter von 8—14 Jahren angestellt habe. Die meisten Kinder, welche ich beobachtet habe, sind Schüler der hiesigen Seminarschule.[1]) Dem liebenswürdigen Entgegenkommen des Herrn Prof. Rein und der Lehrer der Seminarschule verdanke ich die Gelegenheit zu diesen Untersuchungen. Durchweg handelt es sich um Knaben. Die Gesamtzahl der dort eingehend beobachteten Kinder beläuft sich auf 45. Die Untersuchungen bezogen sich — soweit ich sie wenigstens in diesen Abhandlungen verwerte — auf folgende Punkte:

I. Feststellung des Vorstellungsschatzes des einzelnen Kindes.
II. Feststellung des Vorstellungsablaufs bei gegebener Anfangsvorstellung.
III. Feststellung der Geschwindigkeit des Vorstellungsablaufs.
IV. Feststellung des Vorstellungsablaufs und seiner Geschwindigkeit unter besonderen Bedingungen (Ermüdung u. s. f.).

Ich werde im Folgenden zunächst die Ergebnisse meiner Untersuchungen nach diesen vier Richtungen gesondert mitteilen. Allenthalben werde ich analoge Untersuchungen an Erwachsenen und schwachsinnigen Kindern, welche ich in grosser Zahl angestellt habe, zum Vergleich heranziehen. In der vorliegenden Abhandlung werde ich vorzugsweise meine Untersuchungen über das zweitgenannte Problem mitteilen und die Untersuchungen über die drei anderen Probleme nur soweit kurz berühren, als es zum Verständnis dieser ersten Abhandlung unerlässlich ist.

I. Feststellung des Vorstellungsschatzes der einzelnen Kinder.

Der Schatz des einzelnen Kindes an Individualvorstellungen[2]) entzieht sich selbstverständlich jeder Feststellung. Jedes einzelne Objekt hinterlässt, sofern es eine Empfindung hervorgerufen hat, auch ein Erinnerungsbild und damit eine Individualvorstellung. Sehr wohl durchführbar, wenn auch sehr mühsam ist hingegen

---
[1]) Dieselbe besteht aus 3 Klassen. In jeder Klasse bleiben die Kinder 2 Jahre. Die dritte Klasse ist die niedrigste, die erste die höchste.
[2]) Über den Begriff der Individualvorstellung bitte ich die unten folgenden Vorerörterungen zu vergleichen.

eine Inventaraufnahme der Allgemeinvorstellungen des Kindes auf den verschiedenen Altersstufen. Bei einer solchen ist zu berücksichtigen, dass logisch sehr verschiedene Vorstellungen hinsichtlich ihres psychologischen Inhalts nahezu zusammenfallen können. Die Vorstellungen „rot" und „Röte" treten in logischen Systemen weit getrennt auf, während ihr psychologischer Inhalt sich so weit deckt, dass man psychologisch nur von einer einzigen Vorstellung sprechen kann. Die Verschiedenheit des sprachlichen Ausdrucks beruht nicht auf einer Verschiedenheit des Inhalts, sondern auf einer Verschiedenheit der grammatischen Beziehung zu anderen Vorstellungen. Bei den folgenden Untersuchungen habe ich solche Vorstellungen vorläufig als identisch betrachtet.

Ich behalte die Mitteilung dieser psychologischen Inventaraufnahmen einer späteren Abhandlung vor, da ich dieselbe bis jetzt noch nicht in ausreichendem Umfang durchführen konnte. Hingegen muss ich wenigstens die Ausbildung der einfachsten Farben-, Raum-, Zahlen- und Zeitvorstellungen kurz mitteilen, da diese Vorstellungen bei den folgenden Assoziationsversuchen die grösste Rolle spielen.

Die Farbenvorstellungen[1]) wurden einfach in der Weise geprüft, dass dem Kinde Pigmentfarben vorgelegt wurden. Von der Verwendung reiner Spektralfarben sah ich geflissentlich ab, weil das Kind diese grösstenteils überhaupt niemals gesehen hat. Statt dessen verwendete ich die natürlichen Farben und zwar rot, gelb, grün, blau, weiss, schwarz, grau, braun in Beispielen, wie sie häufiger vorkommen. Die Objekte selbst (Blatt etc.) legte ich nicht vor, weil die richtige Bezeichnung in diesem Fall nicht für den Besitz der Farbenvorstellung, sondern nur für den Besitz der Assoziation des Farbenwortes beweisend gewesen wäre. Allen Kindern wurden dieselben Farben vorgelegt. Wurde eine Farbe falsch oder garnicht bezeichnet, so legte ich dem Kind eine zweite, dritte Nuance derselben Farbe vor. Wurde bei fortgesetzten Proben keine oder keine richtige Bezeichnung gegeben, so nannte ich dem Kinde die richtige Farbe und einige andere. Zuweilen wählte das Kind nun die richtige Bezeichnung aus. In solchem

---

[1]) Die Litteratur enthält nur sehr wenig. Vgl. Cuignet, Annales d'oculistique Vol 66; Uffelmann, Handbuch der privaten und öffentlichen Hygiene des Kindes, Leipzig 1881; Binet, Perceptions des enfants, Rev. philos. 1890; A. Garbini, Evoluzione del senso cromatico nella infanzia, Arch. per l'Antropol. e l'Etnolog. 1894; Fasc I u. 2, sowie die bekannten Werke von Preyer und Compayré.

Falle hatte offenbar im Wesentlichen nur eine Unsicherheit der Wortvorstellung für die Farbe bestanden. Oft nannte ich auch umgekehrt dem Kind zuerst das Wort für eine Farbe und verlangte, dass es mir Gegenstände von der genannten Farbe nennen solle. Alle diese Methoden, um den Besitz einer Vorstellung festzustellen, werden am besten kombiniert. Selbstverständlich sind die Proben öfter zu wiederholen.

Falsch oder garnicht bezeichnet wurden von meinen Kindern nur die Farben grau, grün und braun. Grau wurde von siebzehn Schülern (grösstenteils solchen der 3. Klasse) garnicht oder unrichtig bezeichnet. Als Ersatzworte wurden „hellgrün", „hellblau", „hell" (von zwei Kindern), „weiss" (von zwei Kindern), „bläulich" und „weissblau" gebraucht. Ein Kind brauchte für hellbraun, dunkelbraun und andere braune Nuancen die Bezeichnung grau, wusste hingegen für grau selbst keine anzugeben. Dunkelgrün wurde von drei Kindern für blau ausgegeben. Dazu ist jedoch zu bemerken, dass die gewöhnlichen grünen Pigmente grösstenteils auch blaue Strahlen reflektieren. Immerhin war das dunkelgrün in den von mir verwendeten Nuancen so weit rein-grün im gewöhnlichen Sinn, dass schwerlich ein Erwachsener es als blaugrün bezeichnet hätte. Braun wurde von acht Kindern nicht korrekt bezeichnet. Sechs Kinder bezeichneten dunkelbraun und mittelhelles braun richtig, aber hellbraun als gelb, obwohl die vorgelegten Nuancen des Hellbraun von keinem Erwachsenen als gelb bezeichnet worden wären. Zwei Kinder bezeichneten jede Nuance des Braun als grau. Ich werde später über solche Untersuchungen ausführlicher berichten und hebe hier nur noch hervor, dass bei schwachsinnigen bezw. geistig etwas zurückgebliebenen Kindern ein grösserer Defekt der Farbenvorstellungen zu den häufigsten Symptomen gehört.[1]

Die Raumvorstellungen der zu den Assoziationsversuchen verwendeten Kinder wurden nach den verschiedensten Methoden geprüft. Im Ganzen war ich über die Schärfe der räumlichen Vorstellungen auf das Höchste erstaunt. Der Raumsinn ist bei dem Kind viel früher entwickelt als der Farbensinn. Ein Meter wurde von den meisten Kindern sehr richtig angegeben. Nur bei zwei Kindern (Weiss und Rabe) waren die Vorstellungen räumlicher Masse fast ganz unentwickelt. Es ist selbstverständlich, dass die

---

[1] Vgl. Ziehen, Psychiatrie, Berlin 1894, S. 51 u. 404.

Unterrichtsmethode auf diese Entwicklung von grossem Einfluss ist (Zeichnen statt Malen, weisse statt farbiger Kreide u. s. f.).

Die Zahlen- und Zeitvorstellungen habe ich gleichfalls in der verschiedensten Weise geprüft. Zunächst werden vorgelegte gleiche Gegenstände mit dem Auge gezählt (optisches Zählen). Wenn dies nicht gelingt, lässt man das Kind unter successivem Berühren der einzelnen Objekte die Zählung versuchen (taktiles Zählen). Endlich lässt man sich aus einer grösseren Zahl von Objekten eine bestimmte kleinere abzählen und dann zusammen geben. Erst wenn das Kind diese Probe richtig besteht, darf man annehmen, dass das Kind nicht nur die successive Vorstellung des Zählens, sondern auch die Simultanvorstellung der Zahl hat. Es würde mich viel zu weit führen, wenn ich diese Fragen und meine Versuche hier näher beschreiben wollte, zumal ich zu diesen Prüfungen grösstenteils nicht dieselben Kinder, wie zu den Assoziationsversuchen verwendet habe.

Die Zeitvorstellungen der Seminarschüler habe ich vorläufig nur insoweit untersucht, als ich das Vorhandensein der Zeiteinteilungsvorstellungen und ihre Beziehungen prüfte. Hierbei ergab sich, dass — aus begreiflichen Gründen — die Zahlenbeziehung zwischen Stunde und Minuten fast allen Kindern geläufig ist. Nur drei Kinder gaben das Verhältnis falsch an (Stöcker, Schäfer und Henniger). Die Stundenzahl des Tages wird sehr oft falsch angegeben. Vielen Kindern ist der Tag noch kein Zeitmass, sondern nur der Gegensatz zur Nacht, so z. B. sämtlichen Schülern der dritten (untersten) Klasse, wie sie vor 2½ Jahren zusammengesetzt war. Daneben kommen in der dritten Klasse auch Antworten vor, der Tag habe 19, 21, 60, 23 Stunden. In der zweiten Klasse habe ich nur von einem Schüler während der letzten 2½ Jahre eine unrichtige Antwort bekommen (Schirmer). Die Zahl der Tage im Jahr ist fast allen Kindern bei ihrem Eintritt in die dritte Klasse unbekannt. So erhielt ich vor 2 Jahren bei einer Prüfung in der dritten Klasse keine einzige richtige Antwort. Jetzt — am Schlusse des Schuljahres — habe ich neuerdings festgestellt, dass noch 9 Kinder, darunter 3 der zweiten Klasse, noch keine annähernde Vorstellung von der Zahl der Tage im Jahr haben. Die Antworten dieser Schüler schwankten zwischen 20 und 160 Tagen. Im Hinblick auf die folgenden Assoziationsversuche führe ich sie namentlich auf: Ring (160), Perner (60), K. Woche (200), O. Weiss (30), G. Seiler (52), B. Hüttig (20),

Meyer (133). Im Übrigen verweise ich auf die später folgenden Abhandlungen dieser Untersuchungen. Für die jetzige Untersuchung kam es mir nur darauf an, einen ganz kurzen und oberflächlichen Überblick über das intellektuelle Niveau und einzelne Vorstellungsgruppen derjenigen Kinder zu geben, auf welche sich die folgenden Untersuchungen beziehen; manche Thatsachen, welche sich bei den Assoziationsversuchen ergeben werden, bleiben ganz unverständlich, wenn man nicht die soeben kurz hervorgehobenen Lücken auch im Bereich der einfachsten Allgemeinvorstellungen in Betracht zieht.

II. Feststellung des Vorstellungsablaufs bei gegebener Anfangsvorstellung.

Die Anfangsvorstellung kann entweder direkt durch eine Objektempfindung oder indirekt durch eine Wortempfindung geweckt werden. Im ersten Fall lasse ich das Kind ein Objekt sehen, hören oder fühlen etc., im zweiten Fall rufe ich dem Kind das Wort zu. Bei meinen Untersuchungen an Kindern habe ich ausschliesslich die letztere Methode verwendet, da sie eine unendlich viel grössere Auswahl erlaubt. Das Kind hat seinerseits möglichst rasch ebenfalls durch das Wort diejenige Vorstellung zu bezeichnen, welche sich an die durch das zugerufene Wort geweckte Vorstellung zunächst anschloss. Fast allen Kindern liess sich diese Aufgabe ohne Schwierigkeit begreiflich machen. Die meisten verstanden schon vollkommen, was sie sollten, wenn ich ihnen einfach sagte: „sag' mir, was dir zuerst einfällt". Zuweilen bedurfte es noch einer ausdrücklichen Mahnung, keine Zwischenvorstellungen wegzulassen. Ob die Kinder sämtlich stets dieser Bedingung genügt haben, werde ich bei Besprechung der Ergebnisse speziell erörtern.

Die Auswahl der Reizworte — so will ich die zugerufenen Worte bezeichnen — war zunächst völlig willkürlich. Im Ganzen habe ich allgemeine konkrete Vorstellungen in dem von mir definierten psychologischen Sinn bevorzugt,[1]) doch wurden in jede Versuchsreihe auch einige Beziehungsvorstellungen (z. B. Ähnlichkeit), Successionsvorstellungen (z. B. Gewitter), spezielle konkrete Vorstellungen (Nomina propria) etc. aufgenommen. In

[1]) Leitfaden der phys. Psychol. 4. Aufl. 1898. S. 166.

vielen Versuchsreihen musste ich, um einwandfrei die Geschwindigkeit der Assoziationen chronoskopisch messen zu können, mich auf einsilbige Reizworte beschränken. Zu diesem Zweck verwendete ich ein Lexikon der einsilbigen Worte, welches ich mir zusammengestellt habe. Es umfasst 1144 Worte. Etwa 200 scheiden wegen Doppelsinnigkeit, Seltenheit etc. aus. Im Interesse des Vergleichs wurden den meisten Kindern dieselben Reizworte zugerufen. Auch wurde in der Regel bei verschiedenen Kindern die gleiche Reihenfolge der Reizworte eingehalten, da die vorausgegangenen Reizworte für die Reaktion auf das augenblickliche Reizwort nicht gleichgültig sind.

Die Antwort des Kindes wurde — ebenso wie das Reizwort selbst — stets wörtlich, also einschliesslich z. B. einer etwa verwendeten Copula etc. protokolliert. Fast stets knüpfte ich sofort daran die Frage, ob das Kind bei seiner Antwort sofort an ein bestimmtes Objekt gedacht habe oder nicht. Antwortete das Kind z. B. auf „Frosch" mit „Laubfrosch", so frug ich, ob das Kind an einen bestimmten Frosch und Laubfrosch gedacht habe, und erhielt z. B. zur Antwort: „ja an den Frosch, den Ring's (eine bekannte Familie) vor 3 Wochen gehabt haben". In anderen Fällen antwortete das Kind, es habe „an alle Frösche" oder „an keinen bestimmten" gedacht u. s. f. Fast stets erhielt ich eine korrekte Antwort auf diese Frage.

Fast alle Versuche wurden Vormittags 9—11 Uhr nach einbezw. zweistündigem Unterricht angestellt. Versuche, welche ich zu anderer Zeit anstellte, um den Einfluss der Ermüdung etc. festzustellen, habe ich in dieser Abhandlung nicht verwertet. Das Kind stand während des Versuchs vor mir. Alle Versuche fanden in demselben Zimmer statt. Am liebsten hätte ich dem Kinde während des Versuches die Augen verbunden, um den Einfluss gleichzeitiger Gesichtsempfindungen auszuschliessen. Ich nahm jedoch hiervon Abstand, weil Vorversuche ergaben, dass der Augenschluss in ganz unerwarteter Weise die Assoziation stört. Selbstverständlich wurde stets darauf geachtet, ob gleichzeitige Empfindungen die Assoziation beeinflussten, und jeder derartige Einfluss sofort im Protokoll vermerkt. Die in dieser Abhandlung verwerteten Versuche erstreckten sich bei dem einzelnen Kind niemals über mehr als 20 Min., meist nur über 10—15 Min. Innerhalb dieser Zeit spielt die Ermüdung, wie meine Ermüdungsversuche ergeben, keine Rolle.

Da meine Versuche sich auf 2¼ Jahr erstrecken, konnte ich die Ideenassoziation der verschiedenen Altersstufen auch bei demselben Kinde in mehreren Fällen verfolgen.

An der Spitze eines jeden Protokolls wurde nicht nur Name und Alter des Schülers und die Zeit des Versuches vermerkt, sondern auch die derzeitige Beschaffenheit der Schulleistungen, das soziale Milieu, aus dem das Kind stammt, wie auch die Erlebnisse der letzten Stunden und Tage. Namentlich legte ich Gewicht darauf, festzustellen, welche Vorstellungen in der vorausgegangenen Unterrichtsstunde geweckt worden waren.

Zur Illustration der Versuchsanordnung lasse ich ein einzelnes Protokoll folgen.

O. G., 12 J. 9 Mon. Vater Schneider. Schulleistungen sehr wechselnd, mittelmässig. 7. III. 1898, 9 Uhr Vormittags. Vorher 1 Std. Unterricht (Lektüre und Erklärung eines Gedichts über den Rattenfänger von Hameln).

Reizwort:	Antwort:
Schiff	*Bahn* (dachte an ein Schiff, das er vor einigen Jahren auf der Unstrut gesehen, bei der Antwort an die Wagen auf dem einen Bahnhof der Stadt Jena)
Gold	*Silber* („wo wir in der Silberhütte waren im letzten Sommer")
Bett	*Tisch* (dachte bei Bett an sein eigenes, bei Tisch an den Tisch, an dem ich schreibe)
grün	*blau* (dachte an den grünen Tisch, an dem ich schreibe, und an den blauen Deckel seiner Hefte)
schlecht	*Strasse* (dachte an den Magdelstieg, eine hiesige Strasse; schlecht sei dieselbe, weil sie ungepflastert sei)
Tinte	*rot* (dachte an die Tinte, die ein bestimmter Lehrer öfter benutzt)
Freiheit	*ein Hund* („wenn ein Hund immer eingesperrt wird, will er die Freiheit haben"; dachte dabei an keinen bestimmten Hund)
grau	*schwarz* (ohne bestimmte Beziehung)
Fleisch	*rot* (dachte an irgendwelches „rohe Rindfleisch")
Schmetterling	*schwarz*; („manche sehen schwarz aus"; erst nachträglich fiel ihm speziell der Trauermantel ein)
ähnlich	*das Papier* (dachte an die einzelnen ähnlichen Papierblätter, welche vor mir liegen)

Messer	*Stahl* (dachte an das „Tischmesser zuhause")
Buch	*schwarz* (dachte an ein auf einem Nebentisch liegendes schwarzes Buch)
Blatt	*Papier* (dachte an das vor mir liegende Papier)
Brot	*das ich esse* (dachte an das heute von ihm verzehrte Frühstücksbrot)
weiss	*das Blatt* (dachte an das vor mir liegende Papierblatt: zugleich Deutbewegung)
schwer	*Eisen* (dachte an das Centnergewicht, welches benutzt wird, wenn er Kohlen holt; letzteres hat er zuletzt vor 8 Tagen gethan; er hat das Gewicht nie selbst gehoben, sondern nur gesehen)
Lehre	*Lehrling* (dachte an einen bestimmten von 2 Lehrlingen eines benachbarten Glasermeisters, den er vorgestern Abend zuletzt gesehen hat)
Lehrer	*Herr Stichling* (Klassenlehrer, bei welchem er soeben Unterricht gehabt)
Vater	*mein Vater*
Schnee	*es ist welcher gefallen* (dachte an den gestrigen)
Blut	*wenn ein Tier geschlachtet wird* (dachte an eine Kuh, bei deren Schlachten er vorgestern zugesehen)
Ratte	*wie der Rattenfänger die Ratten in die Weser lockt*
Schnee	*weiss* („der jetzt liegt")
Blut	*rot* („im Schlachthaus")
Schrank	*braun* (dachte an einen in dem Versuchszimmer stehenden Schrank)
süss	*Zucker* (dachte „überhaupt an den Zucker")
Post	*in Jena* (dachte an die Postleute, die er täglich sieht)
Deutschland	*ist ein Reich* (dachte inzwischen an den Kaiser)
Bett	*in dem ich liege*
Sahne	*von der Milch* (ohne nähere Bestimmung)
Saale	*fliesst am Paradies vorbei* (letzteres ist eine Promenade an der Saale; er geht jeden Abend dorthin)
Wunde	*im Krieg die Soldaten* (dachte an den Krieg 70/71, von dem er bei Kaisers Geburtstag vor 5½ Wochen gehört)
Blut	*rot* (im Schlachthaus)
Forst[1])	*in der Nähe vom Magdelstieg*

[1]) Der Forst ist ein Berg bei Jena, zu welchem unter vielen anderen Wegen auch der Magdelstieg hinaufführt.

Hoffnung	*wenn jemand Hochzeit hat* (hat vor 2 Tagen der Hochzeit seiner Schwester beigewohnt)
Herr L....	*ist ein Lehrer*
Löwe	*Heinrich der Löwe* (ist vor 1½ Mon. im Geschichtsunterricht behandelt worden)
frei	*Jerusalem wurde von den Türken freigemacht* (vor einigen Tagen im Geschichtsunterricht behandelt)
Ofen	*es ist heiss* (hat an den Ofen im Versuchszimmer gedacht; unmittelbar danach dachte er: es ist aber nicht heiss; in der That war mangelhaft geheizt)
Fliege	*im Sommer* (ohne weitere bestimmte Beziehung)
Stadt	*Jena*
Pferd	*ein Zugtier* (ohne bestimmte Beziehung)
Turm	*Kirchturm* (dachte an den Turm der hiesigen Hauptkirche)
bitter	*unreife Zwetschen* (ohne bestimmte Beziehung)
Musik	*die Militärkapelle* (dachte an die Militärmusik im Kasernenhof)
Kaiser	*regiert übers Land*
fahren	*ein Pferd auf der Bahn* (dachte sofort an ein Pferd, welches er auf einem Eisenbahnwagen auf einer Schulreise in den Harz im Juni 1897 sah)
Kuh	*wird geschlachtet* (dachte sofort an die vorgestern gesehene)

Ergebnisse.

Selbstverständlich verzichte ich darauf, alle Protokolle in extenso wiederzugeben, sondern beschränke mich auf eine ausführliche Darlegung der Resultate, welche sich aus den mir vorliegenden Zusammenstellungen ergeben.

Zunächst ergiebt sich die gewiss auffällige Thatsache, dass die Kinder den wesentlichen Versuchsbedingungen durchweg musterhaft genügt haben. Speziell habe ich äusserst selten beobachtet, dass ein Kind eine Zwischenvorstellung übersprang, obwohl ich mit peinlichster Sorgfalt mich stets hierüber zu vergewissern suchte. Nur bei 2 Kindern beobachtete ich ein „Auswählen", d. h. diese beiden Kinder zögerten oft relativ lange mit der Antwort, und ein näheres Befragen ergab, dass sie erst eine oder mehrere Vorstellungen verschwiegen, also unter den assoziierten Vorstellungen eine ihnen geeignet erscheinende abgewartet oder ausgewählt hatten. Chronoskopisch giebt sich dies sofort in einer ganz ungewöhnlichen Verlängerung der Assoziationszeit zu erkennen. Auffällig war mir die Seltenheit dieses Auswählens deshalb, weil man bei Erwachsenen, welche im psychologischen Versuch nicht geübt sind, ein solches Auswählen sehr viel häufiger beobachtet. Die beiden Knaben, welche sich von dem Auswählen nicht frei machen konnten, habe ich zu weiteren Versuchen nicht verwendet und die Ergebnisse der ersten Versuche nicht weiter verwertet.

Unter den Ergebnissen selbst beanspruchen diejenigen das Hauptinteresse, welche sich auf die **Form** der Ideenassoziation beziehen. Die Hauptfrage, deren Beantwortung wir von unseren Versuchen erwarten können, lässt sich kurz folgendermassen formulieren: zeigt die Ideenassoziation des Kindes im Vergleich mit derjenigen des Erwachsenen ein Überwiegen oder Zurücktreten einzelner bestimmter Assoziationsformen?

Zur Beantwortung dieser Frage bedarf es einer eingehenden Vorerörterung über die **Formen** der Ideenassoziation.

Die Ideenassoziation tritt in 2 Hauptformen auf: als springende Ideenassoziation und als Urteilsassoziation. „Rose" — „rot" ist eine springende Ideenassoziation, „die Rose ist rot" eine Urteilsassoziation. Andere Formen der Ideenassoziation als diese beiden existieren nicht. Ich werde in Folgendem zwei Vorstellungen, welche in springender Ideenassoziation aneinandergereiht werden, durch einen einfachen Strich verbinden, zwei durch Urteilsassoziation verknüpfte Vorstellungen hingegen durch eine wagerechte Schleife. $V_1 - V_2$ bezeichnet eine springende, $V_1 \smile V_2$ eine Urteilsassoziation. Die unterscheidenden Merkmale zwischen beiden Assoziationsformen sind folgende:

a. Die Urteilsassoziation ist stetig; V_1 ist noch nicht verschwunden, wenn V_2 auftritt.

b. Die Urteilsassoziation beruht auf einer engeren Gleichzeitigkeitsverknüpfung.

c. Die beiden Vorstellungen einer Urteilsassoziation stimmen in ihren räumlich-zeitlichen Individualkoeffizienten überein.[1]

---

[1] An Stelle der völligen Übereinstimmung oder „Deckung" tritt oft auch eine andere feste Beziehung der räumlich-zeitlichen Individualkoeffizienten der beiden Vorstellungen. Vgl. S. 23, Anm.

Unter diesen Unterscheidungsmerkmalen ist das letztgenannte weitaus das wichtigste, weil es ausnahmslose jeder Urteilsassoziation und niemals einer springenden Assoziation zukommt. Jeder Empfindung kommt eine spezielle Stelle in Raum und Zeit zu, d. h. ihre Lage in Raum und Zeit ist bestimmt. Diese räumliche und zeitliche Bestimmtheit habe ich kurz als den Individualkoeffizienten bezeichnet. Dieser räumlich-zeitliche Individualkoeffizient geht auch auf die Vorstellung über. Bei der springenden oder disparaten Ideenassoziation nun stehen die Individualkoeffizienten zweier auf einander folgenden Vorstellungen in keiner gesetzmässigen Beziehung. Die springende Vorstellungsfolge: Rose — rot lässt offen, ob die räumlich-zeitlichen Individualkoeffizienten von Rose und rot sich decken. Anders bei der Urteilsassoziation: die Rose ist rot. Hiermit verbindet sich stets die Vorstellung, dass die Individualkoeffizienten der ersten Vorstellung „Rose" und der zweiten Vorstellung „rot" sich decken. Die Rose steht nicht etwa an einem Ort und zu einer Zeit und das Rote an einem anderen Ort und zu anderer Zeit, sondern beide an demselben Ort und zur selben Zeit. Ich erblicke hierin ein psychologisches Hauptmerkmal der Urteilsassoziation, welches bislang viel zu wenig beachtet worden ist. Man könnte hiergegen einwenden, dass bei allgemeinen Begriffen, welche doch besonders oft zu einem Urteil zusammentreten, von einer Deckung der Individualkoeffizienten deshalb nicht die Rede sein könne, weil den allgemeinen Begriffen die Individualkoeffizienten fehlen. Indes ist dieser Einwand nicht stichhaltig. Den allgemeinen Begriffen fehlt ein bestimmter Individualkoeffizient, aber nicht ein Individualkoeffizient überhaupt. Wenn wir allgemein uns eine Rose vorstellen, lassen wir unbestimmt, wo und wann sie blüht, stellen uns aber doch vor, dass sie irgendwo und irgendwann blüht. Wenn wir urteilen: die Rose ist rot, so denken wir eben dabei, dass dies „irgendwo" und „irgendwann" sich für Rose und rot deckt. In diesem Sinne kommt auch den allgemeinsten und abstraktesten Begriffe ein allerdings unbestimmter Individualkoeffizient zu, und auch für Urteilsassoziationen der allgemeinsten und abstraktesten Begriffe ist daher die Deckung der räumlich-zeitlichen Individualkoeffizienten ein wesentliches Merkmal. Sie ist geradezu der psychologische Inhalt der Kontinuierlichkeit oder der engeren Verknüpfung in der Urteilsassoziation.

Die weitere Einteilung der Ideenassoziationen begegnet grossen Schwierigkeiten, wie die zahlreichen verfehlten Einteilungsversuche (TRAUTSCHOLD, KRAEPELIN, ASCHAFFENBURG u. a.) beweisen. Namentlich liegt die Verführung nahe, von logischem Gesichtspunkte aus die springenden Assoziationen und die Urteilsassoziationen weiter einzuteilen. Offenbar ist eine solche logische Einteilung für die Psychologie schon deshalb unbrauchbar, weil die Logik bei ihren Sätzen von dem Inhalt ganz abstrahiert, der letztere aber für die Psychologie das Wichtigste ist. Blau und Bläue sind für den Logiker grundverschieden, während, wie erwähnt, psychologisch beide Vorstellungen fast zusammenfallen. Die Einteilung, welche ich im Folgenden gebe, knüpft eng an den Thatbestand der in Rede stehenden Versuche an. In diesen ist zunächst das Reizwort gegeben und zwar der Versuchsperson in Form einer sprachlichen Gehörsempfindung E_a^s. Der Index s bezeichnet die sprachliche Natur der Empfindung, der Index a ihre Sinnesqualität (die akustische); fehlt der Index s, so ist stets eine Objektvorstellung gemeint. Diese wird wiedererkannt, d. h. die Gehörsvorstellung V_a^s tritt auf. Diese Gehörsvorstellung V_a^s soll nun — so bezweckt es der Versuch — die Objektvorstellung V_1[1]) wecken und an diese soll sich eine andere Objektvorstellung V_2 assoziativ anreihen, welche das Kind ausspricht. Thatsächlich wird dieser Verlauf nicht stets eingehalten, weil die Versuchsperson zuweilen V_2 nicht an V_1, sondern direkt an V_a^s anknüpft. So wird z. B. auf das Reizwort „Schlacht" mit „Macht" geantwortet. Offenbar ist in diesem Fall die Assoziation nicht an die Objektvorstellung „Schlacht", sondern an das Klangbild „Schlacht", also an V_a^s und nicht an V_1 erfolgt. Ich will solche Assoziationen als verbale Assoziationen[2]) bezeichnen. Die verbalen Assoziationen treten zuweilen auch in der Form einer Urteilsassoziation auf. So erhielt ich z. B. auf das Reizwort „Bett" die Antwort „wird mit tt geschrieben" u. ähnl. m.

Die verbalen Assoziationen näher zu verfolgen und weiter einzuteilen erscheint hier überflüssig. Um so dringender ist eine weitere Einteilung der Objektassozationen, welche ich den verbalen Assoziationen gegenüberstelle. Um zu einer solchen zu

---

[1]) V_1 bezeichne ich auch als Reizvorstellung.
[2]) TRAUTSCHOLDTS Wortassoziationen stellen nur einen Teil meiner verbalen Assoziationen dar.

gelangen, muss man sich vergegenwärtigen, dass unsere ersten Vorstellungen ausnahmslos räumlich und zeitlich bestimmte Individualvorstellungen sind. Meine erste Vorstellung Rose bezieht sich zunächst auf eine bestimmte Rose zu einer bestimmten Zeit und an einem bestimmten Ort. Mit anderen Worten zunächst haben alle meine Vorstellungen einen räumlich und zeitlich bestimmten Individualkoeffizienten. Aus diesen räumlich und zeitlich bestimmten Individualvorstellungen entwickeln sich allmählich räumlich und zeitlich unbestimmte Individualvorstellungen, d. h. Vorstellungen von einem Objekte, dessen räumliche Individualkoeffizienten den zeitlichen einzeln, gesetzmässig und eindeutig zugeordnet sind, etwa im Sinn einer stetigen Kurve bezw. Funktion der analytischen Geometrie[1]). Wenn ich eine bestimmte Rose mir zu unbestimmter Zeit und an unbestimmtem Ort vorstelle, so besteht die individuale Bestimmtheit darin, dass ich mir vorstelle, dass für jeden Zeitpunkt x das vorgestellte Objekt „Rose" nicht etwa an vielen Orten y_1, y_2, y_3 etc. zu finden ist, sondern nur an einem Ort y und dass jede Veränderung des y sich stetig und gesetzmässig mit einer Veränderung des x vollzieht. Diese räumlich und zeitlich unbestimmten Individualvorstellungen entsprechen durchaus den sog. Nomina propria. Aus den räumlich und zeitlich bestimmten und namentlich aus den räumlich und zeitlich unbestimmten Individualvorstellungen gehen die allgemeinen Vorstellungen hervor, d. h. Vorstellungen, deren Individualkoeffizienten unbestimmt sind und einander nicht gesetzmässig eindeutig zugeordnet sind. Dieser Unterschied ist offenbar nicht nur logisch, sondern auch psychologisch. Unsere Worte — darauf beruht ihre Bedeutung — drücken bei den Erwachsenen mit Ausnahme der Nomina propria durchweg Allgemeinvorstellungen aus. Um ihnen nachträglich wieder Individualwert zu geben, fügen wir den bestimmten Artikel oder ein Pronomen zu. Für die Einteilung der Assoziationen, sowohl der Urteilsassoziationen wie der springenden Assoziationen, ergeben sich sonach vier Möglichkeiten:

1. Eine Individualvorstellung weckt eine Individualvorstellung (reine Individualassoziation).

---

[1]) Viele dieser „räumlich und zeitlich unbestimmten Individualvorstellungen" behalten doch eine räumliche Bestimmtheit, weil die relative Lage bezw. Einordnung ihrer Grundempfindungen bezw. Objekte im Raum unveränderlich ist, so z. B. die Vorstellung einer bestimmten Wiese, eines bestimmten Turms, wie überhaupt aller relativ unbeweglichen Objekte.

2. Eine Individualvorstellung weckt eine Allgemeinvorstellung (Individual-Allgemein-Assoziation).
3. Eine Allgemeinvorstellung weckt eine Individualvorstellung (Allgemein-Individual-Assoziation).
4. Eine Allgemeinvorstellung weckt eine Allgemeinvorstellung (reine Allgemein-Assoziation).

Ich will die Individualvorstellungen durch Vorausstellung des Index i, die Allgemeinvorstellungen durch Vorausstellung des Index ∞ [1]) bezeichnen. Sonach ergeben sich von diesem Standpunkt 4 bezw. 8 Formen der Assoziationen:

$$i V_1 - i V_2 \quad \text{und} \quad i V_1 \sim i V_2$$
$$i V_1 - \infty V_2 \quad i V_1 \sim \infty V_2$$
$$\infty V_1 - i V_2 \quad \infty V_1 \sim i V_2$$
$$\infty V_1 - \infty V_2 \quad \infty V_1 \sim \infty V_2$$

Bei Berücksichtigung der Thatsache, dass die Individualvorstellung räumlich und zeitlich unbestimmt oder räumlich und zeitlich bestimmt (i_{rz} V) sein kann, ergeben sich weitere Unterformen. Dieselbe akustische Wortvorstellung V_A^n weckt oft je nach der psychischen Vergangenheit des Individuums bald eine Individual- bald eine Allgemeinvorstellung. Wenn ich einem Kind, das erst eine Hyacinthe gesehen hat, zurufe „Hyacinthe", so weckt das Reizwort[2]) als Reizvorstellung (V_1) eine Individualvorstellung, während dasselbe Wort bei dem Kind, das schon mehrere Hyacinthen gesehen hat, bald die Individualvorstellung einer einzelnen der früher gesehenen Hyacinthen, bald die Allgemeinvorstellung aller früher gesehenen Hyacinthen weckt. Es ist daher in vielen Fällen ganz unerlässlich, wenn man die Form der Ideenassoziation sicher bestimmen will, durch Fragen festzustellen, welche Reizvorstellung — ob eine Individual- oder eine Allgemeinvorstellung — durch das Reizwort geweckt worden ist. Ich komme im Lauf der Einzeldarstellung auf diese Frage noch eingehend zurück.

Die Individualvorstellungen selbst sind bald einfach, bald zusammengesetzt. Einfach nenne ich sie, wenn sie aus einer einzigen Empfindungsqualität[3]) hervorgegangen sind, zusammen-

---

[1]) Den logischen Begriff der unendlichen Urteile ignoriere ich dabei vollständig.
[2]) Wähle ich als Reizwort ein Nomen proprium, so tritt notwendig als V_1 eine Individualvorstellung auf.
[3]) Über den Begriff der Empfindungsqualität siehe meinen Leitfaden 4 Aufl. S. 50.

gesetzt, wenn an ihrer Entstehung mehrere Empfindungsqualitäten beteiligt sind. Die zusammengesetzten Individualvorstellungen bestehen also aus mehreren assoziativ verknüpften einfachen Vorstellungen. Die letzteren heissen, sofern sie zu einer zusammengesetzten Individualvorstellung zusammentreten, auch einfache Partialvorstellungen. Ich will die Vorstellungen oder Erinnerungsbilder

des Gehörssinns	als	V_a
„ Gesichtssinns	„	V_o
„ Berührungssinns	„	V_t
„ Wärmesinns	„	V_w
„ Kältesinns	„	V_k
„ Geruchssinns	„	V_r
„ Geschmackssinns	„	V_g
„ Lage- und Bewegungssinns	„	V_m
der positiven Gefühlstöne	„	V_+
„ negativen Gefühlstöne	„	V_-

und die zusammengesetzten Vorstellungen nach dem Schema $V_{(a, o, t\ u.\ s.\ f.)}$ bezeichnen. Die Beifügung einer Klammer bedeutet also stets eine qualitative Zusammengesetztheit. Für die Ideenassociation, für die disparate sowohl wie für die Urteilsassoziation, ergeben sich daher von diesem Gesichtspunkt aus folgende Hauptformen:

1. Eine einfache Individualvorstellung weckt eine einfache Individualvorstellung und zwar

a) eine homosensorielle einfache Individualvorstellung, d. h. eine Vorstellung desselben Sinnesgebiets resp. derselben Sinnesmodalität (homosensorielle Vorstellungsverknüpfung),

b) eine heterosensorielle einfache Individualvorstellung, d. h. eine Vorstellung eines andern Sinnesgebiets resp. einer andern Sinnesmodalität (heterosensorielle Vorstellungsverknüpfung).

2. Eine einfache Individualvorstellung weckt eine zusammengesetzte Individualvorstellung (totalisierende Vorstellungsverküpfung) und zwar

a) eine zusammengesetzte Individualvorstellung, deren Partialvorstellung sie selbst ist,

b) eine zusammengesetzte Individualvorstellung, deren Partialvorstellung sie selbst nicht ist.

3. Eine zusammengesetzte Individualvorstellung weckt eine einfache Individualvorstellung (partialisierende Vorstellungsverknüpfung) und zwar

a) eine einfache Individualvorstellung, welche zu ihren Partialvorstellungen gehört,

b) eine einfache Individualvorstellung, welche nicht zu ihren Partialvorstellungen gehört.

4) Eine zusammengesetzte Individualvorstellung weckt eine andere zusammengesetzte Individualvorstellung und zwar

a) eine zusammengesetzte Vorstellung, welche in ihr als (zusammengesetzte) Partialvorstellung enthalten ist.

b) eine zusammengesetzte Vorstellung, in welcher sie selbst als (zusammengesetzte) Partialvorstellung enthalten ist.

c) eine zusammengesetzte Vorstellung, welche in keinem Partialverhältnis zu ihr steht.

Da die Einfachheit und Zusammengesetztheit sich von den Individualvorstellungen auf die Allgemeinvorstellungen überträgt, so ergeben sich für die Verknüpfung der Allgemeinvorstellungen untereinander dieselben Spezialfälle. Endlich ist offenbar auch die Verknüpfung von Individualvorstellungen mit Allgemeinvorstellungen und von Allgemeinvorstellungen mit Individualvorstellungen in denselben 4 Formen denkbar und in der That auch allenthalben nachzuweisen.

Als einfache Beispiele führe ich für die aufgezählten Formen folgende an: 1a grün — gelb, 1b weiss — süss, 2a grün — Wiese, 2b grün — Zucker, 3a Wiese — grün, 3b Zucker — schwarz, 4a Blume — Wiese, 4b Wiese — Blume, 4c Wiese — Stadt.

Auch hiermit sind die Komplikationen der Vorstellungsverknüpfung, wie bei der enormen Mannigfaltigkeit unseres Denkens garnicht anders zu erwarten ist, noch nicht erschöpft. Ausser den aufgeführten Vorstellungsgebilden giebt es, wie ich an anderer Stelle ausführlicher erörtert habe, sog. Successionsvorstellungen, d. h. ebenso wie die gleichzeitigen Empfindungen eines oder mehrerer Sinnesgebiete zu einer zusammengesetzten Empfindung (z. B. einer Landschaft) zusammentreten und zusammengesetzte Vorstellungen hinterlassen $V_{(n_1, o_2, \text{etc.})}$[1] auf optischem,

---

[1] Oder kürzer $V_{(o)}$.

$V_{(a_1, a_2 \text{ etc.})}$[1]) auf akustischem Gebiet, $V_{(a, o \text{ etc.})}$ auf gemischten Sinnesgebieten, ebenso entstehen zusammengesetzte Vorstellungen, deren — hetero- oder homosensorielle, einfache oder zusammengesetzte — Grundempfindungen eine successive Reihe bilden. Dahin gehören z. B. die Vorstellungen „Gewitter", „Reise" und zahllose andere. Namentlich drücken die meisten Verben, insoweit sie eine Thätigkeit bezeichnen, Successionsvorstellungen aus. Ich will zur Bezeichnung solcher Vorstellungen die Indices der einzelnen successiven Vorstellungen durch ein Pluszeichen verbinden; so könnte z. B. $V_{(R + o)}$ in abgekürzter Weise die Vorstellung Gewitter ausdrücken. Bei der vorliegenden ersten Untersuchung habe ich, um die Zahl der Komplikationen zunächst zu beschränken, diese zusammengesetzten Successionsvorstellungen von den zusammengesetzten Simultanvorstellungen nicht getrennt. Erst in den folgenden Abhandlungen soll diese interessante Unterscheidung weiter berücksichtigt werden.

Eine weitere Vorstellungsgruppe bilden die sog. Beziehungsvorstellungen, wie z. B. gleich, ähnlich, grösser, Ursache u. s. f. Auch diese sind bald individuell, bald allgemein, bald einfach, bald zusammengesetzt, bald simultan zusammengesetzt, bald successiv zusammengesetzt. Es ergeben sich daher zahlreiche neue Formen der Vorstellungsverknüpfung, je nachdem eine der vorher aufgeführten Vorstellungen mit einer individuellen oder allgemeinen oder zusammengesetzten Beziehungsvorstellung verknüpft wird oder umgekehrt.

Der Vollständigkeit wegen erwähne ich endlich noch die Phantasievorstellungen. Ich kann, da ich bei meinen einfachen Assoziationsversuchen bei Kindern bemerkenswertherweise äusserst selten auf solche gestossen bin, hier von denselben ganz absehen. Ebenso kann ich aus demselben Grund von den Vorstellungen psychischer Zustände absehen, da auch diese nur ganz ausnahmsweise — selbst bei Zuruf der verführerischsten Reizworte — bei dem Kind auftreten.

Auch bei dieser Beschränkung des Assoziationsgebiets bleibt eine schier unerschöpfliche Zahl allgemeiner Variationen der Ideenassoziation. Es wäre offenbar ganz zwecklos, in einem Klassifikationsschema alle diese Variationen aufzuzählen. Diese Vorbemerkungen bezwecken vielmehr nur

---

[1]) Oder kürzer als $V_{(u)}$.

1. eine einheitliche abkürzende Nomenklatur für diese Vorstellungsverknüpfungen aufzustellen und
2. die Hauptrichtungen der Vorstellungsassoziation festzustellen.

Jeder, der selbst einschlägige Untersuchungen angestellt hat, wird das Desiderat einer zweckmässigen abkürzenden Nomenklatur empfunden haben. Zur Illustration der Brauchbarkeit der vorgeschlagenen Nomenklatur und der Anordnung des Versuchsprotokolls gebe ich die ersten Zeilen eines solchen für eine Untersuchung eines bestimmten Kindes wieder und füge die vorgeschlagenen Bezeichnungen bei.

K. W. $10^1/_2$ J. 3. Kl. Mässige Schulleistungen. Vater Fleischer. 21. II. 1898. $9^1/_4$ Uhr.

Reizwort:	Antwort:	
Blut	*rot* (unbestimmt)	$\infty V_{(ot)} - \infty V_o$
Sonne	*ist gelb* (zeitlich unbestimmt)	$i V_{(o)} \infty i V_o$
Himmel	*blau*	$i V_{(o)} - i V_o$
schön	*rot* (dachte an ein bestimmtes rotes Buch)	$i V_{(ot)} - i V_o$
Schlange	*lang* (dachte, wie er sagt, zugleich daran, dass die Eltern es ihm gesagt hatten, und an ein bestimmtes Bild, das er vor einiger Zeit gesehen)	$? \infty V_{(o)} - \infty V_o$ i_π
Pferd	*Fuchs* (dachte bei Fuchs an einen bestimmten Fuchs, den sein Vater gehabt hatte)	$\infty V_{(ot)} - i V_{(ot)}$

u. s. f.

Selbstverständlich ist stets durch Befragen festgestellt worden, welche Assoziationsform vorlag. So dachte der bez. Knabe bei Tisch an keinen bestimmten Tisch, bei Ball aber an einen bestimmten Spielball. Die Antwort „Karte" auf „Post" (im weiteren Verlauf der Reihe) war, wie der Knabe selbst angab, eine einfache Wortergänzung u. s. w. Die Indices, welche die Sinnesmodalität der Grundempfindung angeben, sind meist ohne weiteres gegeben. Sinnesmodalitäten, welche offenbar nur sehr wenig an der zusammengesetzten Vorstellung beteiligt sind, habe ich weggelassen. In zweifelhaften Fällen muss man sich auch hierüber durch spezielle Fragen orientieren.

Im Folgenden bespreche ich die Ideenassoziation des Kindes innerhalb der angegebenen Grenzen mit Hülfe der soeben erörterten Nomenklatur und nach den angegebenen Hauptrichtungen.

1. **Springende Assoziationen und Urteilsassoziationen.**
Wie bei dem Erwachsenen ist auch bei dem Kinde das Prozentverhältnis der springenden Assoziationen zu den Urteilsassoziationen in hohem Masse abhängig von der Anweisung, welche man zu Beginn des Versuchs dem Kind giebt, und von der Auffassung, welche das Kind für diese Anweisung adoptirt. Die wörtlich gleichlautende Anweisung wird von dem einen Kind dahin gedeutet und aufgefasst, dass es Urteilsassoziationen, von dem andern dahin, dass es disparate Assoziationen bilden solle. Im Allgemeinen herrscht die Tendenz zu letzterer Auffassung vor, wenigstens wenn ich das Kind so anweise, wie ich es gewöhnlich that: „Sage mir, was dir zuerst einfällt, wenn ich sage…!" Um so interessanter sind einzelne Kinder, welche innerhalb einer Versuchsreihe zwischen beiden Assoziationsformen wechseln. Als Beispiel führe ich folgendes Protokoll an:

P. T. Fast 11jährig. 2. Kl. Vater Schlosser. 18. II. 98.

Reizwort:	Antwort:
Fleisch	wir essen mittags
Schule	wir gehen früh morgens
rot	Farbe
Stiefel	ist ein Schuh
Pferd	wir reiten drauf
Kirsche	wir essen die
Musik	wenn ein Fest ist
Nase	die Nase riecht
Schlaf	in der Nacht
Sonne	ist am Tage
Buche	Baum
Jena	Stadt
gelb	Farbe

u. s. f.

Die Antworten sind wörtlich nachgeschrieben. Die von mir zur Aufklärung beigefügten Fragen und die erfolgten Antworten habe ich weggelassen, da sie für die jetzt in Rede stehende Frage gleichgültig sind.

Ich schliesse hieraus, dass noch in dem Alter von 8—14 Jahren psychologisch die disparate Assoziation und die Urteilsassoziation nicht so scharf geschieden sind wie bei dem Erwachsenen. Damit bestätigt sich die von mir vertretene Ansicht, dass überhaupt beide nicht prinzipiell verschieden sind, sondern im Wesentlichen identisch sind. Meine Protokolle erlauben sogar die Entwicklung der beiden Assoziationsformen noch genauer zu verfolgen. Vergleicht man nämlich die Protokolle der Knaben von verschiedenen Altersstufen oder auch die Protokolle eines und desselben Knaben in verschiedenem Alter, z. B. in einem Zwischenraum von zwei Jahren, so ist zunächst unverkennbar, dass im allgemeinen die Urteilsassoziationen zunehmen. Zugleich aber ergiebt sich, dass diese Zunahme in direkter Abhängigkeit steht von der Zunahme der Verknüpfungen solcher Vorstellungen, welche — einerlei ob individuell oder allgemein — in ihrem räumlich-zeitlichen Individualkoeffizienten übereinstimmen. Es findet im Lauf der Entwicklung des Kindes eine Selektion statt. Anfangs werden promiscue Vorstellungen mit ungleichem und Vorstellungen mit gleichem Individualkoeffizienten aneinander gereiht. Durch Nachahmung und Erziehung wird ein allmähliches Überwiegen der Verknüpfungen von Vorstellungen mit gleichen Individualkoeffizienten herbeigeführt, und Hand in Hand damit stellt sich die Urteilsform ein, für welche diese Übereinstimmung des Individualkoeffizienten von so erheblicher Bedeutung ist (s. oben).[1]

Im Verlauf einer Versuchsreihe tritt eine Urteilsassoziation gewöhnlich nicht isoliert auf, sondern, wenn einmal eine Urteilsassoziation aufgetreten ist, so folgen meist noch mehrere, zuweilen bis zu 10 nach. Diese Erscheinung möchte ich als Perseveration der Assoziationsform bezeichnen. Sie ist auch in der Ideenassoziation des Erwachsenen nachweisbar. Stärker tritt sie bei manchen physiologischen Erschöpfungszuständen hervor. Sehr ausgeprägt finde ich sie ferner bei den sog. Erschöpfungspsychosen, d. h. bei denjenigen Geisteskrankheiten, welche sich auf dem Boden einer schweren Erschöpfung (z. B. durch Blutverlust, nach schweren fieberhaften Krankheiten, nach körperlicher oder geistiger Überarbeitung) entwickeln, sowie bei fast allen Formen des

---

[1] Selbstverständlich ist die Copula-Verknüpfung nicht die einzige Urteilsverknüpfung. Die Copula drückt die völlige oder teilweise Deckung des Individualkoeffizienten der Subjektvorstellung und Prädikatvorstellung aus. Wo die Individualkoeffizienten sich nicht decken, sondern in anderer Beziehung stehen, brauchen wir andere Zeitwörter. Nur für das einfache Urteil ist die Deckung des Individualkoeffizienten charakteristisch, in den komplexen Urteilen tritt an Stelle der Deckung eine feste Beziehung der Individualkoeffizienten. Die Bezeichnung Verbum transitivum drückt eine dieser festen Beziehungen sehr glücklich aus.

angeborenen Schwachsinns.¹) Aus meinen Protokollen ergiebt sich auch, dass die Perseveration der Assoziationsform des Kindes mit dem Alter oft allmählich abnimmt. Eine psychophysiologische Erklärung dieser Perseveration lässt sich leicht geben, wenn man den Faktor der Konstellation berücksichtigt. Ist das Wörtchen „ist" einmal geweckt, so wirkt die Konstellation in der Weise zu seinen Gunsten, dass es sich an das nächste Reizwort sehr oft wieder anschliesst; damit ist aber zugleich auch die Auswahl der Antwortvorstellung beschränkt auf Vorstellungen mit gleichem Individualkoeffizienten. Anderen Formen der Perseveration werden wir im Verlauf dieser Untersuchungen noch öfters begegnen.

2. Objektassoziationen und Verbalassoziationen.

Zu meinem Erstaunen ergiebt sich, dass auf den von mir untersuchten Altersstufen Verbalassoziationen in dem oben angegebenen Sinn sehr selten sind. Häufig fand ich sie nur bei einem einzigen Knaben, E. Sch. Bei diesem machen sie fast 24% aller Assoziationen aus und traten speziell unter dem Bild orthographischer Assoziationen auf. Ich dachte anfangs, dass der Knabe die ihm gestellte Aufgabe falsch verstanden habe, aber der weitere Verlauf der Versuchsreihe widerlegte diese Annahme. Ich lasse ein einzelnes Protokoll wörtlich folgen:

Reizwort:	Antwort:
Schiff	*wird mit ff geschrieben*
Gold	*wird gross geschrieben*
Blatt	*wird mit tt geschrieben*
grün	*ein Blatt* (unbestimmt)
Tinte	*schwarz*; (dachte an die Kaisertinte zuhause)
Tisch	*schwarz*; (dachte an'einen schwarzen Tisch zuhause)
grau	*ein Buch ist grau* (unbestimmt)
Fleisch	*kann man essen* (unbestimmt)
Schmetterling	*haben allerhand Farben* (unbestimmt)
Freiheit	*mancher Deutsche ist frei* (auf Befragen fügt er hinzu: die Fürsten, wir stehen unter dem Kaiser)
ähnlich	*wird klein geschrieben und mit einem h geschrieben*

¹) Bei denselben Psychosen findet man auch — ebenso wie bei dem Kind — ein relatives Überwiegen der disparaten Assoziationen. Es ist wohl kaum notwendig zu bemerken, dass neben diesen Analogien auch tiefgreifende Unterschiede bestehen.

Messer	*wird gross geschrieben*
Buch	*sind Buchstaben* (dachte an sein Lesebuch)
Blatt	*ist weiss* (dachte an sein Schreibheft)
Brot	*kann man essen* (unbestimmt)
weiss	*das Blatt* (dachte an das Blatt, auf das ich schreibe)
schwer	*Eisen* (dachte an eine Wage, jedoch an keine bestimmte)
Lehrer	*lehrt* (unbestimmt)
Vater	*wird gross geschrieben*
Schnee	*weiss* (unbestimmt)
Blut	*rot* (unbestimmt)
Schrank	*braun* (dachte an einen Schrank im Untersuchungszimmer)
süss	*Zucker* (unbestimmt)
Post	*führt Packete fort* (unbestimmt)
Deutschland	*gross* (dachte daran, dass das deutsche Reich grösser als Italien ist, wie vorgestern der Lehrer ihnen gesagt hatte)
Bett	*weich* (unbestimmt)
Saale	*breit* (dachte nicht an eine bestimmte Stelle)
Forst[1])	*hoch* (dachte an den Turm bei Jena)
Hoffnung	*man hofft etwas* (dachte daran, „wie bei Robinson das Schiff unterging")
Herr L[2])	*ist ein Oberlehrer*
Löwe	*lebt im Freien* (dachte sofort an ein Bild, das er vor 2—3 Wochen gesehen)
frei	*wird gross geschrieben*
Ofen	*im Ofen ist Feuer* (unbestimmt)
Fliege	*hat 6 Beine* (dachte daran, dass er im letzten Sommer bei einer am Fenster sitzenden Fliege die Beine gezählt hatte)
Stadt	*besteht aus vielen Menschen* (dachte nur an Jena)
Glas	*wird geschmolzen* („hab's vor 2 Jahren einmal gehört")
Pferd	*zieht den Wagen* (unbestimmt)
Turm	*hoch* (dachte an den hiesigen Kirchturm)
bitter	*wird mit tt geschrieben*

---

[1]) Ein auf einem Berg gelegenes Kriegerdenkmal in Turmform.
[2]) Der leitende Lehrer der Seminarschule.

Musik   *wird gross geschrieben*
Kaiser   *regiert das Reich* (dachte an den deutschen Kaiser)
fahren   *die Kinder fahren im Wagen* (unbestimmt).

Ausdrücklich bemerke ich, dass ich nur zu Anfang die gewöhnliche Anweisung gegeben habe und spätere Zwischenanweisungen hier — wie stets — vermieden habe. Der Knabe ist 12²/₃ Jahre alt und besucht die 2. Klasse. Sein Vater ist Schuster. Seine Schulleistungen stehen im Ganzen eher etwas über dem Durchschnitt. Ausserdem aber gab mir sein Klassenlehrer an, dass er früher mehrere Jahre die Dorfschule besucht hat, in welcher auf Orthographie besonderes Gewicht gelegt wurde. Auch hier ist aufgefallen, dass er in der Orthographie auffallend gut Bescheid weiss.

Bei allen anderen Kindern waren verbale Assoziationen sehr selten. Im Ganzen belaufen sie sich nicht einmal auf 2 %. Individuelle Verschiedenheiten sind unverkennbar. Bei dem Erwachsenen sind Verbalassoziationen jedenfalls zahlreicher. Am zahlreichsten findet man sie bei der Manie, einer Geisteskrankheit, deren Hauptsymptome eine krankhafte Heiterkeit und eine Beschleunigung der Ideenassoziation sind. Unter den Verbalassoziationen der von mir untersuchten Kinder ist die „assoziative Wortergänzung", welche Trautscholdt's Assoziationen successiver Schalleindrücke de facto entspricht, am häufigsten. Das Reizwort wird als das erste Glied eines zusammengesetzten Wortes behandelt und das ergänzende zweite Glied hinzugefügt. Hierher gehören z. B. die Assoziationen:

                   Bett = federn
                   Post = karte
                   Post = adresse
              Freiheit = skriege
                Herz = förmig[1])

u. s. f.

Bei den Erwachsenen sind solche assoziative Wortergänzungen wesentlich häufiger. Übrigens sind diese Verbalassoziationen meist nicht rein, d. h. eine inhaltliche Assoziation läuft in der Regel neben der Wortassoziation her. Ich habe mich oft vergeblich bemüht, im Einzelfall zu entscheiden, wie weit diese und jene beteiligt war. Bei den älteren Knaben waren die assoziativen Wort-

---

[1]) Selbstverständlich wurde stets durch spezielles Befragen festgestellt, ob der Knabe wirklich das zusammengesetzte Wort meinte.

ergänzungen etwas häufiger. Bei einem 14jährigen Knaben stieg ihre Zahl auf 15 %. Offenbar ist die Zunahme dieser speziellen Verbalassoziationen mit dem Alter einfach auf die Zunahme des Schatzes an zusammengesetzten Wörtern zurückzuführen. Geläufige Wortverbindungen (wie Hand und Fuss, Hoffnung — Liebe etc.), welche bei dem Erwachsenen oft zu Assoziationen Anlass geben, habe ich nur in sehr geringer Zahl beobachtet.

Reimassoziationen (Schlange — Zange) fanden sich nur sehr selten, jedenfalls sehr viel seltener als bei dem Erwachsenen. Ebenso sind auch anderweitige reine Wortassoziationen nach dem Gleichklang (Alliteration etc.) spärlich (z. B. Lehrer — leer). Oft lässt sich hingegen nachweisen, dass der Gleichklang zwar nicht allein massgebend für die Assoziation gewesen ist, aber doch die spezielle Auswahl unter den assoziativ verwandten Vorstellungen beeinflusst hat. Hierfür finden sich fast bei jedem Knaben einzelne Beispiele (Fisch — Tisch, Krieg — Sieg, Schelle — Schule, Schlüssel — Schluss u. s. f.). Die Zahl dieser gemischten Gleichklangsassoziationen ist individuell sehr verschieden. Am zahlreichsten (25 %) fand ich sie bei einem knapp 8 jährigen Knaben. R. T. Ich lasse ein Versuchsprotokoll vom 6. 1. 1897 folgen:

Reizwort:	Antwort:
Himmel	*Hände*
Stuhl	*Stube*
Lehrer	*leer*
Gans	*Cigarren*
Uhr	*Stube*
Tisch	*Stube*
Haus	*Hunde*
Pferd	*Wagen*
Rechnen	*Rennen*
Buch	*Uhr*
Katze	*Maus*
Brot	*Butter*
Suppe	*Fleisch*
Weihnachten	*Nüsse*
Hunger	*Brot*
Jena	*Brücke*

u. s. f.

Es ist mir nicht gelungen, eine Beziehung dieser Eigentümlichkeit zu anderen psychischen Eigentümlichkeiten oder zum sozialen Milieu des Knaben festzustellen. Bemerkenswert ist, dass mit dem Alter die Zahl dieser gemischten Gleichklangassoziationen abgenommen hat; sie beträgt jetzt nur noch 14 %. Ob überhaupt mit dem Alter eine solche Abnahme eintritt, ist mir noch zweifelhaft. Jedenfalls spielt die in Rede stehende Assoziationsform auch bei dem Erwachsenen noch eine grosse Rolle.

3. Individual- und Allgemeinassoziationen.

Hierher rechne ich die S. 8 unterschiedenen 4 Assoziationsformen. Bei dem Erwachsenen überwiegt die 4. Form ($\infty V_1 - \infty V_2$) sehr erheblich, d. h. das Reizwort weckt eine Allgemeinvorstellung, und an letztere wird wiederum eine Allgemeinvorstellung assoziiert. Es giebt Erwachsene, bei welchen über 90% aller Assoziationen der 4. Form angehören. Als Durchschnitt möchte ich nach meinen Erfahrungen einen Prozentsatz von 80% ansehen. Die zweitgrösste Häufigkeit kommt bei den meisten Individuen der 1. Form (i V_1 — i V_2) zu: das Reizwort weckt eine Individualvorstellung, und an die letztere wird wiederum eine Individualvorstellung angereiht. Fast ebenso häufig begegnet man der 2. und 3. Form (i V_1 — ∞V_2 und ∞V_1 — i V_2). Das Häufigkeitsverhältnis der 1., 2. und 3. Form unterliegt übrigens so grossen individuellen Schwankungen, dass eine allgemeine Regel kaum aufzustellen ist.

Ich muss hier vor einem Irrtum warnen, welchen die Einmengung logischer Gesichtspunkte in die Psychologie verschuldet hat. Die Assoziation: „Wiese — grün" oder „Wiese — ist grün" ist logisch die Verknüpfung zweier allgemeinen Begriffe. Psychologisch kann sie jeder der 4 angeführten Assoziationsformen angehören. Zunächst liegt auf der Hand, dass ich mir unter Wiese sowohl eine bestimmte Wiese als auch im allgemeinen „Wiesen" vorstellen kann, aber auch das Adjektiv ist psychologisch zweideutig. Ich kann mir nämlich unter „grün" die Allgemeinvorstellung „grün" denken, zuweilen denke ich mir aber auch ein nach Qualität, Intensität, Ausdehnung bestimmtes Grün, z. B. eben das Grün einer bestimmten Wiese oder eines bestimmten Tisches. Im letzteren Falle tritt die Allgemeinbedeutung, welche das Wort bei dem Erwachsenen hat, gar nicht in Kraft. Bei dem Erwachsenen kommt dem Adjektiv eine solche Individualbedeutung in der Assoziation relativ selten zu, bei dem Kind hingegen, wie meine Beobachtungen lehren, sehr häufig. Über diesen Punkt bedarf es also stets spezieller aufklärender Fragen. Bei einiger Geduld gelangt man fast stets zum Ziel.

Ferner hat man sich vor dem alten Schulirrtum der spekulativen und auch der nicht-physiologischen empirischen Psychologie zu hüten, dass die Allgemeinvorstellungen neben und ausserhalb der Individualvorstellungen eine Sonderexistenz führen. Eine solche Auffassung ist mit der Hirnphysiologie und Hirnpathologie, und speziell auch mit der Psychiatrie ganz unverträglich. Die physiologische Psychologie sieht daher in den Allgemeinvorstellungen nur Komplexe von Individualvorstellungen. Das Wort „Wiese" muss bei dem Kind, das bis jetzt nur eine Wiese gesehen hat, eine Individualvorstellung wecken. Bei dem Kind, das bereits mehrere Wiesen gesehen hat, kann es die Allgemeinvorstellung Wiese, d. h. den Komplex der Individualvorstellungen oder eine spezielle Individualvorstellung, also eine einzelne Vorstellung des Komplexes wecken. Offenbar stehen sich beide Vorgänge sonach vom Standpunkt der physiologischen Psychologie nicht unvermittelt gegenüber, sondern sind durch Übergänge verbunden. Die Energie[1]) der Erregung der einzelnen Individualvorstellungen kann nämlich innerhalb weiter Grenzen schwanken. Wenn alle Individualvorstellungen in gleicher Energie geweckt werden, so ist der Grenzfall der reinen Allgemeinvorstellung gegeben. Wenn nur eine einzige Individualvorstellung V_a geweckt wird, alle anderen V_b, V_c u. s. f. aber nicht oder, anders ausgedrückt, mit einer Energie $= 0$, so liegt der andere Grenzfall der reinen Individualvorstellung vor. Nun können aber auch ausser V_a noch ein oder mehrere oder alle anderen Individualvorstellungen des Komplexes mit geringerer Energie geweckt werden. So ergiebt sich eine stetige Reihe von Übergangsstufen zwischen der reinen Allgemeinvorstellung und der reinen Individualvorstellung, je nachdem die Energie der „mitschwingenden"[2]) Vorstellungen V_b, V_c u. s. f. sich mehr der Energie von V_a oder mehr der Null nähert. Gewissenhafte Selbst- und Fremdbeobachtung drängt diese Wahrheit geradezu auf. Für die Antwortvorstellung lässt sich eine ganz analoge Überlegung durchführen. Auch diese

---
[1]) Siehe Leitfaden 4. Aufl. S. 144 u. 175.   [2]) S. ebenda S. 107.

muss nicht stets eine reine Individual- oder eine reine Allgemeinvorstellung sein, sondern zuweilen klingen neben einer stärkeren Individualvorstellung eine oder mehrere oder alle anderen desselben Komplexes schwächer mit.

Auf Grund meiner Untersuchungen behaupte ich nun Folgendes: Im Allgemeinen herrscht bei dem Kind zunächst die 1. Form der Ideenassoziation i V_1 — i V_2 (bezw. auch i V_1 ↭ i V_2) absolut vor und wird allmählich mit zunehmendem Alter durch die 4. Form verdrängt. Dies Verdrängen findet so statt, dass im Sinne der soeben gegebenen Erörterung die Energie der miterregten Individualvorstellungen desselben Komplexes relativ zu- und die Energie der bevorzugten Individualvorstellung abnimmt. Mit diesem Ausgleich der Energien nimmt die Bedeutung des Worts für die Assoziation zu. Im Folgenden will ich diese Sätze im Einzelnen beweisen und erörtern und namentlich auch einzelne Erweiterungen und Einschränkungen zur Sprache bringen.

Die Thatsache, dass das Kind nicht in demselben Umfang in allgemeinen Begriffen denkt wie der Erwachsene, ist allbekannt, wenn auch meines Wissens nie exakt zahlenmässig nachgewiesen worden. Ich war daher auf ein relatives Überwiegen der Individualvorstellungen von Anfang an gefasst. Das Mass dieses Überwiegens hatte ich jedoch nicht im Entferntesten geahnt. Ebenso teilten alle diejenigen, denen ich meine Versuche demonstrierte, mein Erstaunen. In diesem Punkt ist die Ideenassoziation des Kindes in der That toto coelo von der des Erwachsenen verschieden. Die meisten jüngern Kinder knüpfen fast an jedes Reizwort eine Individualvorstellung und an diese wiederum eine Individualvorstellung, und in sehr vielen Fällen sind beide Individualvorstellungen auch räumlich bestimmt. Unter den zahlreichen Versuchsprotokollen führe ich zunächst ein einzelnes als Beispiel an.

W. S. 3. III. 1898. 9 J. 5 Mon. Guter Schüler.

Reizwort: Antwort:

Tisch   *Teller* (dachte an den mit Tellern besetzten Mittagstisch zuhause, jedoch nicht an einen bestimmten Tag)

Meer   *Schiff* (dachte an das in der Schule besprochene mittelländische Meer)

Jena   *Kahla* (dachte an eine bestimmte Reise im vorigen Jahr)

weiss	*rot* (dachte an die Fahne der Burschen zu Wenigenjena)[1])
Hoffnung	*Glück* („dass man glücklich ist", ohne bestimmte Beziehung)
rot	*Buch* (dachte an ein rot eingebundenes Buch über den Krieg 70/71)
Baum	*Obst* (dachte an den Apfelbaum auf dem Spielplatz)
Asche	*Haufen* (dachte an den Aschenhaufen bei einem vor Kurzem stattgehabten Hausbrand in der Nachbarschaft)
Axt	*Holz* (dachte an die Axt und das Holz zuhause)
Bach	*Kahn* (dachte an ein Kahnspielzeug, mit dem er 1895 auf einem bestimmten Bach, dem sog. Ziegelmühlenbach, gespielt hat)
Forst	*Wald* (dachte an den hiesigen Forst,[2]) ohne bestimmte zeitliche Beziehung)
Fisch	*Tisch*[3]) („der kommt auf den Tisch"; dachte dabei aber ausdrücklich an ein Fischessen im vorigen Jahr)
Frosch	*quakt* (dachte an den Frosch, den Könbergs, eine befreundete Familie, im vorigen Jahr hatten)
Fuss	*Schuh* (dachte an seine Füsse und Schuhe)
Wiese	*Gras* (dachte an die Wöllnitzer Wiese)
Schnee	*lauen* (dachte nur an den Schnee, oben auf dem Eisplatz,[4]) der jetzt getaut ist)
Löwe	*König* („ist der Wüstenkönig", dachte nur an das Gedicht)
Freiheit	*Licht* (dachte an ein Gedicht über 1813, in dem es heissen soll: das Licht der Freiheit ging auf)
Ball	*-schuh* (dachte an die Ballschuhe seiner Schwester; er meinte das zusammengesetzte Wort)
Bank	*Bücher* („dachte an meine Bank oben in der Klasse; die Bücher liegen drüber")
Bild	*Rahmen* (dachte an ein bestimmtes eingerahmtes Bild, „wo die Arbeiter von der Fabrik drauf sind")

[1]) Dorf bei Jena. [2]) Siehe Anm. S. 27.
[3]) Dieselbe Assoziation beobachtete ich auch bei einem anderen Knaben.
[4]) Ein bestimmter Platz bei Jena.

blank	*rein* („bei dem Fleischer drüben steht der Spruch: blank und rein muss alles sein")
blau	*Normanne* (die Normannen sind eine hiesige Burschenschaft mit blauen Mützen; der Knabe dachte speziell nur an einen Normannen, welcher ihm wegen seiner Kleinheit und seiner wechselnden Tracht aufgefallen war)
Blatt	*grün* („wir hatten jeder eins von einem Birnbaum in der Schule". scil. im Anschauungsunterricht)
Brust	*Gewehr* (dachte an einen bestimmten Vetter, der ein Spielgewehr hat)
braun	*Schrank* (dachte an einen bestimmten braunen Schrank zuhause)
Haus	*Thür* (dachte nicht an das zusammengesetzte Wort, bei Haus dachte er an seine Wohnung, bei Thür an eine bestimmte Stubenthür)
Treppe	*Galender* (dachte an die Treppe in seiner elterlichen Wohnung und deren Geländer; Galender ist eine korrumpierte Form)
Schmetterling	*bunt* (dachte an einen im Jahre 1895 in seinem Besitz gewesenen Schmetterling und dessen Buntheit)
Geld	*20 Markstück* (dachte an ein bestimmtes 20 Markstück, welches sein Vater wegen besonderer Prägung aufhob)
Uhr	*Kette* (dachte an die Uhr und Kette seines älteren Bruders; das zusammengesetzte Wort „Uhrkette" schwebte ihm nicht vor).

Offenbar sind bei diesem Knaben fast alle Vorstellungen, welche im Lauf der Untersuchung geweckt worden sind, sowohl die V_1's wie die V_2's, Individualvorstellungen. Das Reizwort weckt nicht die allgemeine Vorstellung, die es bei dem Erwachsenen vertritt, sondern eine Individualvorstellung aus dem Komplex der allgemeinen Vorstellung. Nur bei der Assoziation Gold — 20 Markstück könnte man zweifeln, ob Gold im Sinn einer Individualvorstellung gedacht wurde. Ich glaube, dass bei dieser und mancher ähnlichen Assoziation die Wortvorstellung Gold direkt, d. h. mit Umgehung der Allgemeinvorstellung Gold, die Individualvorstellung jenes bestimmten goldenen 20 Markstücks geweckt hat, dass also in diesen und ähnlichen Fällen meist **gar keine**

Assoziation zweier Objektvorstellungen stattgefunden hat, sondern nur die Assoziation einer Objektvorstellung (jenes 20 Markstücks) an eine Wortvorstellung (das Wort Gold): es würde also hier das V_2 dem V_1 der übrigen Assoziationen entsprechen. Ich kann mich bei dieser Auffassung nicht nur auf die direkte Auskunft der Kinder, sondern auch auf die grössere Geschwindigkeit der Assoziation in diesen Fällen[1]) berufen. Es schiebt sich also nicht, wie es zunächst scheinen könnte, bei diesen „unvollständigen Assoziationen" eine Allgemeinvorstellung ein. Im Gegensatz hierzu ist die Assoziation des Erwachsenen „Gold — Münze" in der Regel eine vollständige Assoziation, d. h. die Wortvorstellung Gold weckt die Allgemeinvorstellung Gold und diese die Allgemeinvorstellung Münze und letztere die akustische Wortvorstellung und Sprechbewegung[2]) Münze. Auch einzelne bestimmte klinische Erfahrungen beweisen uns, dass hier die Allgemeinvorstellung nicht übersprungen wird. Übrigens kommt die besprochene Abkürzung der Assoziation bei dem Kind auch im Bereich des zweiten Glieds vor. So ist z. B. die Assoziation „Blut — rot" gerade bei dem Kind oft insofern unvollständig, als das Reizwort Blut zunächst die Vorstellung Blut und zwar meist die Individualvorstellung eines bestimmten Bluts (z. B. „als vorgestern die Kuh im Schlachthaus geschlachtet wurde" oder „als ich mich neulich in den Finger schnitt") hervorruft und diese nunmehr nicht erst die Allgemeinvorstellung rot oder die isolierte Individualvorstellung jenes bestimmten Rot, sondern vermöge der in ihr enthaltenen Individualvorstellung jenes bestimmten Rot direkt die Wortvorstellung und Sprechbewegung weckt. Bei dem Erwachsenen kommt nach meiner Erfahrung diese zweite Form der unvollständigen Assoziation gleichfalls sehr häufig vor. Im Allgemeinen muss man stets an eine unvollständige Assoziation denken, wenn die eine der beiden Vorstellungen in der andern irgendwie enthalten ist. Es genügt mir an dieser Stelle auf das Vorkommen solcher unvollständigen Assoziationen hingewiesen zu haben. Zweifelhafte Fälle sind stets vor der Verrechnung ausgeschieden worden. Ich hoffe später diese Frage noch ausführlicher zu behandeln. Jetzt kehre ich zu

---

[1]) Vgl. die folgende Abhandlung.
[2]) Das Verhältnis der akustischen Wortvorstellung zur Sprechbewegung lasse ich hier geflissentlich unerörtert und verweise nur auf meinen ausführlichen Artikel Aphasie in EULENBURGS Realencyclopädie, 3. Aufl., sowie die kürzeren Artikel Agraphie, Alexie und Aphasie in GADS propädeutischem Lexikon und die diesen beigegebenen Figuren.

der Thatsache zurück, dass bei dem Knaben W. S. fast alle Assoziationen sich auf Individualvorstellungen aufbauten. Demgemäss gehören sie fast alle der 1. Assoziationsform i V_1 — i V_2 (bezw. i V_1 ≈ i V_2) an.

Ausser dem eben genannten Schüler der 3. Klasse habe ich in derselben Klasse noch bei 13 anderen ein ebenso erhebliches Überwiegen rein individueller Vorstellungsverknüpfungen gefunden. Ich habe mich gegen diesen Befund, den mir die fortgesetzten Versuche geradezu aufdrängten, selbst auf das Äusserste gesträubt. Namentlich habe ich immer wieder die Möglichkeit erwogen, ob die Kinder nicht nachträglich erst die Individualvorstellung angeknüpft hätten. Indes musste ich gegenüber den sich häufenden Beobachtungen und gegenüber den unzweideutigen Angaben der Kinder diese Zweifel aufgeben. Die Kinder unterschieden sehr wohl, ob eine Vorstellung ihnen „gleich" oder „erst nachher" gekommen war; die spärlichen Fälle, wo letzteres zutraf, habe ich selbstverständlich ausgeschieden. Jede Suggestion ist peinlich vermieden worden. Endlich kann ich anführen, dass dieselben Kinder hin und wieder auch angaben, sie hätten an nichts Bestimmtes gedacht; sie wussten also ihren psychischen Zustand in dieser Beziehung ganz richtig zu beurteilen. Ebenso wenig kann daher auch bei diesem Ausfall der Versuche davon die Rede sein, dass sie etwa ihre Aufgabe fälschlich dahin aufgefasst hätten, sie sollten ein Beispiel nennen. Einige Male habe ich sogar beobachtet, dass innerhalb einer Versuchsreihe dasselbe Reizwort bald eine individuelle, bald eine allgemeine Vorstellung auslöste.

Sehr wertvoll und interessant war es mir daher auch, dass bei einzelnen Knaben im Gegensatz zur Majorität in ganz auffälliger Weise die individuellen Vorstellungsverknüpfungen gegenüber den allgemeinen zurücktraten. Ich führe ein solches Protokoll im Folgenden an:

Alfred Katzer, fast 10jährig, 3. Klasse.

Reizwort: Antwort:
Tisch   *Stuhl* (unbestimmt)
Meer   *Krea*; (hatte Meer als mehr == plus aufgefasst)
Jena   *Stadt*
weiss   *rot* (unbestimmt)
Hoffnung   Assoziation bleibt aus
rot   *braun* (unbestimmt)
Baum   *Strauch* (unbestimmt)

Asche	Feuer (unbestimmt)
Art	da haut man Holz damit (unbestimmt)
Bach	Saale
Forst	Assoziation bleibt aus
Fisch	Bach (dachte an die Fische, die sein Vater öfter in der Saale fängt)
Frosch	Kröte (unbestimmt)
Fuss	Hände (unbestimmt)
Wiese	Gras (unbestimmt)
Schnee	Regen (unbestimmt)
Eis	Schnee (unbestimmt)
Löwe	Wolf (dachte an ein bestimmtes Bild)
Freiheit	gut (unbestimmt)
Ball	Fritz (Fritz ist sein Bruder, mit dem er oft Ball spielt)
Bank	Pult (dachte an Bank und Pult in der Schule)
Bild	keine Assoziation
blank	keine Assoziation
blau	keine Assoziation
Blatt	grün (unbestimmt)
Brust	Herz (unbestimmt)
Post	-karte (unbestimmt, meinte das zusammengesetzte Wort)
braun	gelb (unbestimmt)
Haus	Stall (unbestimmt)
Treppe	Stufen (unbestimmt)
Musik	keine Assoziation
Hose	Weste (unbestimmt; er selbst trägt keine Weste)
Vater	Mutter (dachte an seine eigenen Eltern)
u. s. f.	

Im Ganzen sind bei diesem Knaben knapp 15% aller Assoziationen in beiden Gliedern individuell bestimmt. Das häufige Ausbleiben aller Assoziationen und die enorme Vergrösserung der Assoziationszeit legten mir den Verdacht nahe, dass es sich um einen minder begabten Schüler handle. Die Lehrer haben diesen Verdacht vollauf bestätigt. Auch meine übrigen Erfahrungen in der 3. Klasse stimmen hiermit überein: gerade bei den besser begabten Schülern überwiegen im Ganzen die rein individuellen Assoziationen in auffällig hohem Mass. Die vorzeitige Annäherung an den Typus des Erwachsenen, wie sie A. K. und einige andere darbieten, ist meist mit intellektueller Minderwertigkeit verknüpft. Dabei will ich selbstverständlich nicht behaupten, dass dieser

Zusammenhang notwendig ist: ich schliesse nur aus meinen Beobachtungen, dass er relativ häufig ist. Auch meine Beobachtungen an debilen Kindern (grösstenteils aus dem hiesigen Trüper'schen Institut) stehen hiermit in Einklang. Schon in der 2. Klasse nimmt die Prozentzahl der rein-individuellen Assoziationen ab. Noch markanter ist diese Abnahme bei den Schülern der 1. Klasse. Hier ist die Annäherung an den Typus des Erwachsenen ganz unverkennbar. Gerade auch in dieser frappanten stufenweisen Abnahme der Individualassoziationen erblicke ich einen schlagenden Beweis, dass es sich bei den beobachteten Individualassoziationen nicht um nachträgliche Zuthaten, Kunstprodukte, oder, wie der spekulative Psycholog es sonst etwa nennen möchte, handelt.

In der folgenden Tabelle stelle ich die Prozentzahlen der rein individuellen Assoziationen (i V_2 — i V_2 bezw. i V_1 $\sim$ i V_2) für alle in dieser Richtung untersuchten Knaben zusammen:

3. Klasse.	W. S.	9 Jahre	5 Mon.	95 %	(sehr guter Schüler)
	O. W.	9 „	11 „	84 %	
	A. K.	10 „	— „	15 %	(debil)
	B. H.	7 „	— „	45 %	
	K. W.	9 „	4 „	97 %	
	Pe.	9 „	— „	89 %	
	G. S.	8 „	11 „	80 %	
	Me.	10 „	2 „	90 %	
	He.	8 „	1 „	56 %	
2. Klasse.	Tr. W.	12 „	6 „	71 %	
	W. W.	11 „	11 „	71 %	
	E. Schl.	12 „	8 „	45 %	
	A. R.	12 „	6 „	94 %	(sehr guter Schüler)
	L. D.	13 „	— „	83 %	
	P. K.	11 „	8 „	71 %	
	O. G.	12 „	8 „	77 %	
	Fa.	12 „	— „	70 %	
	H. H.	12 „	6 „	86 %	
1. Klasse.	C. H.	14 „	4 „	40 %	
	M. Z.	14 „	6 „	48 %	
	F. C.	14 „	— „	64 %	
	H. M.	14 „	— „	65 %	
	O. Sch.	14 „	— „	73 %	
	O. B.	14 „	9 „	92 %	
	R. B.	14 „	— „	54 %	

Bei der Berechnung habe ich speziell die Versuche des letzten Vierteljahrs zu Grunde gelegt. Es ist daher möglich gewesen, für jeden Knaben ein bestimmtes Alter anzugeben. Auch habe ich innerhalb dieses Zeitraums bei jedem Knaben dieselbe Liste von Reizworten verwendet. Ausgeschieden habe ich vor der Berechnung alle diejenigen Versuche, in welchen das Reizwort ein Nomen proprium war und sonach für V_1 eine Individualvorstellung erzwungen worden war. Ebenso habe ich alle diejenigen Versuche gestrichen, in welchen zweifelhaft war, ob das Kind eine Individual- oder Allgemeinvorstellung gehabt hatte. Die vorher erwähnten unvollständigen Assoziationen wurden je nach dem Charakter der Hauptvorstellung, wofern dieser unzweideutig festzustellen war, der reinen Individual- oder der reinen Allgemeinassoziation zugerechnet. Die Gesamtzahl der Streichungen ist übrigens so unerheblich, dass sie das Resultat nicht wesentlich verändert hat. Endlich habe ich auch die verbalen Assoziationen weggelassen. Das Ergebnis für den schon erwähnten E. Sch. hätte sich bei Einrechnung derselben wesentlich anders gestaltet, bei allen anderen hätte es sich nur wenig verschoben. Auf eine zahlenmässige Feststellung der einzelnen übrigen Assoziationsformen bei jedem einzelnen Knaben habe ich verzichtet, da sich bislang hierbei noch keine sicheren gesetzmässigen Beziehungen ergeben haben.

Um Einblick in die Methode der Berechnung zu geben, gebe ich als Paradigma das folgende Versuchsprotokoll wieder und füge am Rand die Assoziationsform in den von mir vorgeschlagenen Buchstabenabkürzungen bei.

Rod. Boehmke, fast 14jährig, 1. Klasse, Vater †, Bauunternehmer. Schulleistungen sehr gut.

Reizwort:	Antwort:	
Schiff	*Wasser* (dachte sofort an Kriegsschiffe auf einer Photographie und das daselbst dargestellte Meer)	$i\,V_1 - i\,V_2$
Geld	*Silber* (ohne bestimmte Beziehung)	$\infty V_1 - \infty V_2$
Bett	-*Federn* (dachte an das zusammengesetzte Wort[1]), keine bestimmte inhaltliche Beziehung)	$\infty V_1{}' = \infty V_2{}'$

---
[1]) Vgl. übrigens die Erörterungen S. 28.

Tisch	Holz (dachte an den Küchentisch in der Wohnung seiner Mutter und an dessen Holz)[1]	$iV_1 — iV_2$
grau	schwarz (dachte bei grau an einen bestimmten, grauen Hund, bei schwarz an eine ihm gerade in die Augen fallende Tafel)	$iV_1 \ldots iV_2$ nicht zu rechnen, weil V_2 nicht an das Reizwort, sondern an eine Nebenempfindung angeknüpft wurde[2]
schlecht	gut (ohne bestimmte Beziehung)	$\infty V_1 — \infty V_2$ (vielleicht auch: $\infty V_1{}^s — \infty V_2{}^b$)[3]
Tinte	rot (dachte nur sofort an die rote Tinte in der Schulklasse, mit welcher der Lehrer zuweilen schreibt)	$iV_1 — iV_2$
Freiheit	Kerker (dachte sofort an die Erzählung von Paulus im Kerker, wie sie ihm in der vorigen Woche im Unterricht vorgetragen worden war)	$iV_1 — iV_2$
Fleisch	Kalbfleisch („gestern gab's bei uns welches"; giebt ausdrücklich an, sofort daran gedacht zu haben)	$\infty V_1 — iV_2$ (vielleicht auch eine unvollständige Individualassoziation)

[1] Ausdrücklich bemerke ich, dass bei diesen und ähnlichen Urteilen jedenfalls V_1 und V_2 oft zeitlich ganz oder teilweise zusammenfallen; V_2 tritt schon als Partialvorstellung von V_1 mit V_1 auf und löst nun direkt die Wortbezeichnung aus. Vgl. die obigen Ausführungen über unvollständige Assoziationen.
[2] Ich pflege in diesen Fällen V_1 mit V_2 durch eine Punktreihe (an Stelle des Striches oder der Klammer) zu verbinden.
[3] Es ist nämlich sehr wohl möglich, dass der Knabe oft die Wortverbindung „schlecht und gut" gehört hat, und dass die Assoziation vom Inhalt ganz oder wenigstens zum Teil unabhängig ist. Unsere ganze Erziehung schafft zahllose derartige Vorstellungspaare, bei welchen ursprünglich die Assoziation auf inhaltlichen Beziehungen beruhte, aber allmählich die verbale Assoziation mehr und mehr sich vorgedrängt hat. Diese Umwandlung inhaltlicher Assoziationen in verbale bezw. gemischte Assoziationen vollzieht sich übrigens nicht nur im Leben des Einzelnen, sondern auch in der Sprachentwicklung eines ganzen Volkes.

Schmetterling	*Fliege* (dachte bei Schmetterling an einen Schwalbenschwanz, den er im vorigen Sommer auf dem Malakoff — einem Ausflugsort bei Jena — gesehen, bei Fliege an eine beliebige Fliege)	$iV_1 - \infty V_2$
ähnlich	*Ähnlichkeit* (ohne bestimmte Beziehung, später erst fiel ihm als Beispiel das Eichen- und Buchenholz ein, welches er öfter bei einem Nachbar sieht)	$\infty V_1 - \infty V_2$
Messer	*Gabel* (dachte sofort an die Messer und Gabeln zuhause)[1]	$iV_1 - iV_2$
Buch	*Papier* (dachte bei Buch an ein Buch über den Krieg 70/71, bei Papier an kein bestimmtes Papier)	$iV_1 - \infty V_2$
Blatt	*Baum* (dachte sofort an eine Fichte bei Lichtenhain, die ihm aufgefallen war; bei Blatt scheint er nicht bereits an ein oder mehrere bestimmte Blätter gedacht zu haben)	wahrscheinlich $\infty V_1 - iV_2$
Brot	*Mehl* (beides ohne bestimmte Beziehung)	$\infty V_1 - \infty V_2$
weiss	*schwarz* (dachte sofort an das Papier, auf dem er mich schreiben sieht, und an eine in seinem Gesichtskreise befindliche Tafel)	$iV_1 \ldots iV_2$ nicht zu rechnen, weil Nebenempfindungen die Vorstellungsreproduktion beeinflussten.
schwer	*leicht* (dachte sofort bei leicht an Federn, jedoch nicht an bestimmte, bei schwer hingegen erst nachträglich an Eisen)	$\infty V_1 - \infty V_2$
Lehrer	*Kinder* (dachte sofort an einen bestimmten Lehrer, Herrn N., der besonders beliebt war, bei Kinder an die Kinder seiner Klasse)	$iV_1 - iV_2$

---

[1] Vgl. hierzu auch die folgenden Erörterungen.

Vater	*Mutter* (dachte sofort und nur an seine Eltern)	$i V_1 - i V_2$
Blut	*Wasser* (bei Blut dachte er nicht an irgend etwas bestimmtes, bei Wasser an die Lache, einen Nebenarm der Saale[1]; als thatsächlich ist zu bemerken, dass das von den Kindern nachweislich öfter besuchte Schlachthaus, welches auch sonst in den Assoziationen auf Blut eine grosse Rolle spielt, an dieser Lache liegt)	$\infty V_1 - i V_2$
Schnee	*Eis* (beides ohne bestimmte Beziehung)	$\infty V_1 - \infty V_2$
Schrank	*Brotschrank* (dachte sofort an den Brotschrank zuhause)	schwerlich $\infty V_1 - i V_2$, sondern wahrscheinlich eine unvollständige Individualassoziation.
süss	*sauer* (dachte sofort an Zucker und Essig, aber an beides ohne bestimmte, d. h. individuelle Beziehung)	$\infty V_1 - \infty V_2$
Post	*-Adresse* (dachte an das zusammengesetzte Wort und die entsprechende Vorstellung und zwar an letztere ohne bestimmte Beziehung)	$\infty V_1{}^s = \infty V_2{}^s$
Deutschland	*Freiheitskriege* (dachte an die Besprechung derselben vor 3 Wochen im Unterricht)	wahrscheinlich $i V_1 - i V_2{}^2)$
Bett	*-Stelle* (dachte sofort und nur an seine eigene Bettstelle)	$i V_1{}^s - i V_2{}^s$
Saale	*Wasser* (dachte sofort an eine Stelle der Saale, wo er im Sommer gewöhnlich schwimmt)	$i V_1 - i V_2$

[1] Das Beispiel wirft, wie ich nebenbei bemerke, zugleich ein scharfes Licht auf den Unterschied zwischen Individualvorstellung und **Individualobjekt**.
[2] Deutschland ist eine sehr zusammengesetzte aber doch individuelle Vorstellung.

Forst	*Bäume* (dachte an eine neben dem Forstturm gelegene Fichtengruppe)	$i\,V_1 - i\,V_2$
Hoffnung	*Zukunft* (beides unbestimmt)	$\infty V_1 - \infty V_2$
Herr L.	*Herr N.* (beides sind hiesige Lehrer)	$i\,V_1 - i\,V_2$
Löwe	*Tiger* (dachte bei Löwe zunächst an nichts Bestimmtes, bei Tiger sofort an die Beschreibung einer Tigerjagd[1]), welche er zuhause gelesen; erst nachträglich fiel ihm auch das Gedicht, der Löwenritt, ein).	$\infty V_1 - i\,V_2$

Leider muss ich es mir im Hinblick auf Raummangel versagen, dies Untersuchungsprotokoll bis zu Ende oder gar noch andere analoge Untersuchungsprotokolle für denselben Knaben und alle anderen Knaben mitzuteilen. Zur Illustration der von mir eingeschlagenen Methode wird das Mitgeteilte genügen. Ich hoffe auch, dass ihre Vorteile gegenüber den seither üblichen Massenversuchen, bei welchen die kritische Prüfung des psychologischen Thatbestandes bei der einzelnen Assoziation vernachlässigt wird, ohne besondere Erläuterung in die Augen springen. Dabei gebe ich sehr gern zu, dass man bei mancher einzelnen Assoziation verschiedener Meinung sein kann. Die Hauptthatsache, dass die Prozentzahl der rein individuellen Assoziationen mit dem Alter im Ganzen abnimmt, wird durch solche einzelne Deutungen nicht erschüttert. Dafür sprechen auch die Versuche, welche ich bei demselben Schüler in grösseren Zwischenräumen angestellt habe. Es ist nur zu betonen, dass die Abnahme der Individualassoziationen keineswegs in gleichem Massstab erfolgt; es finden sich daher auch unter den jüngern Schülern einzelne mit einem relativ niedrigen und unter den älteren einzelne mit einem relativ hohen Prozentsatz rein individueller Assoziationen.

Korrekt wird unsere Auffassung des psychologischen Thatbestandes schliesslich erst dann, wenn wir eine weitere sehr bedeutsame Komplikation in Erwägung ziehen, welche ich bei Verwertung der Protokolle stets ganz besonders gewürdigt, aber

---

[1]) Die Lektüre dieser Jagd hat ganz individuelle optische und andere Vorstellungen geweckt.

im Interesse der Verständlichkeit bei der Darstellung an diesem Orte bis jetzt ignoriert habe. Ich habe seither die Individualvorstellung nur als die räumlich und zeitlich unbestimmte Vorstellung betrachtet. Thatsächlich ist, wie schon in den Vorbemerkungen betont, die Individualisation auch einer räumlichen und zeitlichen Bestimmung fähig. Ich kann mir einen Menschen oder einen Gegenstand nicht nur vorstellen als „zu jeder Zeit an einem bestimmten Ort befindlich", sondern auch als „an einem bestimmten Ort befindlich" oder „zu einer bestimmten Zeit befindlich" oder als „zu bestimmter Zeit an einem bestimmten Ort befindlich". Zu der allgemeinen eindeutigen Beziehung des räumlichen zum zeitlichen Individualkoeffizienten kann die räumliche und zeitliche Bestimmtheit hinzukommen. Beide zusammen machen den speziellen von mir sog. Individualkoeffizienten aus. Es frägt sich daher, wie weit bei meinen Assoziationsversuchen auch räumlich und zeitlich bestimmte Individualvorstellungen (i_r, V) aufgetreten sind. Die Assoziation „Schnee — weiss" ist z. B. oft eine allgemeine Assoziation, d. h. das Kind denkt an keinen bestimmten Schnee. Oft hingegen ist die Assoziation räumlich bestimmt, d. h. das Kind giebt an, dass es speziell an den Schnee auf den Bergen denkt. Kommt endlich die zeitliche Bestimmung hinzu, so denkt es z. B. an den Schnee, „der heute im Hof gefallen ist". Die meisten Individualvorstellungen sind, da sie sich auf relativ unbewegliche Objekte (vgl. S. 18, Anm. 1) beziehen, insofern räumlich bestimmt. Ich werde daher diese räumliche Bestimmtheit im Folgenden nicht speziell behandeln. Die zeitliche Bestimmtheit fehlt hingegen oft. So ist z. B. die Assoziation „Blut — Schlachthaus" bald nur räumlich bestimmt: das Kind denkt an das Blut, welches es öfter im Schlachthaus — unbestimmt wann — gesehen hat. Nicht selten giebt aber auch das Kind bestimmt an, es habe an das Schlachten im Schlachthaus an einem bestimmten Tag, z. B. vorgestern, gedacht. Es bedarf also einer besonderen Untersuchung des Vorkommens der Assoziation räumlich und zeitlich bestimmter Individualvorstellungen.

Die Prozentzahl solcher räumlich und zeitlich bestimmter Individualvorstellungen und Individualassoziationen ist von der Individualität und vom Alter abhängig. Ich stelle die Ergebnisse der eben bereits verwerteten Versuchsreihe im Folgenden zusammen.

		zeitlich bestimmte Individualassoziation		der Individualassoziationen
3. Klasse.	W. S.	23 %	= 24 %	
	O. W.	21 %	= 25 %	
	A. K.	0 %	= 0 %	
	B. H.	29 %	= 64 %	
	K. W.	26 %	= 27 %	
	Pe.	25 %	= 28 %	
	G. S.	24 %	= 30 %	
	Me.	33 %	= 37 %	
	He.	24 %	= 43 %	
2. Klasse.	F. W.	23 %	= 32 %	
	W. W.	11 %	= 15 %	
	E. Schl.	12 %	= 27 %	
	A. R.	20 %	= 21 %	
	L. D.	28 %	= 34 %	
	P. K.	20 %	= 28 %	
	O. G.	21 %	= 26 %	
	Fa.	25 %	= 36 %	
	H. H.	3 %	= 3 %	
1. Klasse.	C. H.	16 %	= 40 %	
	M. Z.	7 %	= 15 %	
	F. C.	11 %	= 17 %	
	H. M.	12 %	= 18 %	
	O. Schm.	7 %	= 10 %	
	O. B.	18 %	= 20 %	
	R. B.	11 %	= 20 %	

Andere Versuchsreihen ergaben ganz analoge Ziffern.

Unverkennbar ist zunächst, dass räumlich und zeitlich bestimmte Assoziationen sehr viel seltener sind als nur räumlich bestimmte. Nur ausnahmsweise — bei dem Schüler B. H. — ist über die Hälfte aller Individualassoziationen auch zeitlich bestimmt, meist nur ein Drittel oder ein Viertel oder nur ein Fünftel. Zweifellos nimmt ferner die Zahl der zeitlich bestimmten Individualassoziationen mit dem Alter im Vergleich zur Gesamtzahl der Individualassoziationen ab. Das Verhältnis der zeitlich und räumlich bestimmten Assoziationen zu den nur räumlich bestimmten scheint sich mit dem Alter nur wenig zu ändern; im Ganzen scheint der Quotient langsam abzunehmen. Von erheblichem Einfluss ist auch hier die Individualität. Ich habe mich wieder und immer wieder überzeugt, dass die angeführten Zahlen nicht nur für die zufällig herausgegriffene Versuchsreihe, sondern durchweg für das Individuum auf einer bestimmten Altersstufe gültig sind, solange nicht besondere Einflüsse (wie z. B. Ermüdung) einwirken auf welche die individuelle Reaktion nachweislich sehr verschieden ist. Wählt man andere Versuchsreihen, so ändern sich — mit der Auswahl der Reizworte — natürlich auch die absoluten Zahlen und die absoluten Prozentsätze, aber die Reihenfolge der Schüler bezüglich des Prozentsatzes der Individualassoziationen und speziell auch der räumlich und zeitlich bestimmten Individualassoziationen bleibt im Ganzen erhalten. Ich betrachte es daher z. B. als eine charakteristisch individuelle Eigentümlichkeit, wenn bei dem Schüler A. K. Individualassoziationen so sehr spärlich, zeitlich bestimmte Individualassoziationen garnicht auftreten.

Auch mit der Berücksichtigung der zeitlich bestimmten Individualassoziationen ist der psychologische Thatbestand noch nicht in ganz adäquater Weise ausgedrückt. Es bedarf noch die S. 31 angeregte Frage der speziellen Nachprüfung und Erörterung, wie weit Übergangsformen zwischen den Individual- und Allgemeinassoziationen vorkommen. Solche müssen sich schon bezüglich der zeitlichen Bestimmung ergeben und ergeben sich auch thatsächlich. Der Knabe reproduziert auf das Reizwort nicht eine, sondern mehrere zeitlich bestimmte Individualvorstellungen. So dachte z. B. ein Schüler bei dem Reizwort schwer an das eiserne Gewicht, welches er allwöchentlich einmal auf derselben Wage sieht, wenn er Kohlen abholt. Hier ist offenbar der zeitliche Individualkoeffizient nicht völlig unbestimmt, aber auch keineswegs eindeutig bestimmt. Nicht ganz so oft ist der räumliche Individualkoeffizient weder eindeutig bestimmt noch völlig unbestimmt, sondern mehrdeutig bestimmt. So denkt z. B. ein Knabe bei dem Reizworte blau an die Normannenmütze eines bestimmten Studenten, welchen er mehrmals, bald hier bald dort auf der Strasse gesehen. Wird endlich auch die Beziehung des räumlichen zum zeitlichen Individualkoeffzienten mehrdeutig (statt eindeutig oder ganz unbestimmt), so ergiebt sich eine auf mehrere bestimmte Individuen bezügliche Individualvorstellung,[1]) welche fliessend in die Allgemein-

---

[1]) Für die Psychologie der Logik ergaben sich sehr interessante Komplikationen dadurch, dass diese Pluralitätsvorstellungen sehr wohl auch einer räumlich-zeitlichen Individualisation fähig sind. Mit anderen Worten ist stets zu erwägen, ob erstens die Beziehung von r zu z, zweitens r selbst und drittens z selbst eindeutig bestimmt ist. Diese 3 Erwägungen sind völlig selbständig nebeneinander durchzuführen.

vorstellung übergeht. So denkt ein Schüler bei Blut, wie er ausdrücklich angiebt, an mehrere bestimmte Tiere, die er hat schlachten sehen. Soll eine solche Assoziation psychologisch (nicht logisch!) als individuell oder als allgemein betrachtet werden? Ich glaube, dass es zwecklos wäre, hier über das Problem sich zu ereifern und dass es genügt, das Vorkommen solcher Übergangsformen festzustellen. Ich habe sie in meinen Versuchsreihen nicht häufig getroffen. Ihre Gesamtzahl beträgt höchstens 5%. Bei den obigen Berechnungen habe ich sie zu den Individualassoziationen gezählt. Aber auch innerhalb der Allgemeinvorstellungen finden sich Abstufungen. Die Vorstellung mehrerer bestimmter ähnlicher Individuen leitet zur Allgemeinvorstellung unbestimmt vieler ähnlicher Individuen, zur „psychologischen Artvorstellung", die „psychologische Artvorstellung" zu immer allgemeineren Gattungsvorstellungen hinüber. Dementsprechend kommt auch den Assoziationen bei unserer Versuchsanordnung die Allgemeinheit in sehr ungleichem Masse zu. Eine speziellere Untersuchung dieser Abstufungen im Verlauf der kindlichen Entwicklung behalte ich mir noch vor. Alter und Individualität spielen auch bei der Häufigkeit dieser Abstufungen eine grosse Rolle.

4. Partial- und Totalassoziationen. Homosensorielle und heterosensorielle Assoziationen.

Aus den Vorbemerkungen ergiebt sich, dass in dieser Richtung 9 Assoziationsformen denkbar sind. Schon ein flüchtiger Überblick über längere Versuchsreihen bei Erwachsenen ergiebt, dass in der That alle 9 Formen vorkommen. Die genaue Analyse eines einzelnen Protokolls wird sich bei Benutzung der vorgeschlagenen Abkürzungen z. B. folgendermassen gestalten:

O. Schm.

Reizwort:	Antwort:	Abgekürzt:
Hut	*blau*	$V_{(\bullet, t)} - V_{(0)}$
Kreide	*weiss*	$V_{(\bullet, t)} - V_{(0)}$
Katze	*Mäuse*	$V_{(0, t)} - V_{(0, t)}$
Butterbrod	*Käse*	$V_{(0, y)} - V_{(0, g)}$

u. s. f.

Selbstverständlich bieten diese Ermittlungen mitunter grosse Schwierigkeiten. Vor allem ist oft schwer festzustellen, wieviel Sinnesgebiete bei der einzelnen Objektvorstellung des einzelnen

Kindes beteiligt sind. Ich habe stets dasjenige Sinnesgebiet, welches bei einer zusammengesetzten Vorstellung überhaupt und ganz speziell im Augenblick des Versuchs besonders beteiligt schien, fettgedruckt angegeben. Bei manchem allgemeinen Begriff, sowie namentlich bei manchem Beziehungsbegriff, lässt sich überhaupt nicht mehr mit Sicherheit feststellen, welche Sinnesgebiete vorzugsweise bei ihrer Entstehung beteiligt gewesen sind. Ich habe daher in dieser Abhandlung für das soeben angeregte Problem lediglich Versuche mit konkreten Begriffen, deren Ursprung aus Empfindungen unzweifelhaft zu ermitteln war, verwendet.

Im Einzelnen ist noch Folgendes zu beachten. Auch solche Vorstellungen, welche nur aus Grundempfindungen eines einzigen Sinnesgebietes hervorgegangen, können zusammengesetzt sein. Das Kind, welches Mäuse nur gesehen, aber niemals befühlt oder gerochen hat, verbindet doch infolge einer assoziativen Analogie, welche unter die Rubrik der Phantasiethätigkeit fällt, mit der Gesichtsvorstellung der Maus auch eine Berührungsvorstellung oder eine Vorstellung der Berührbarkeit; es „erwartet", wie Cornelius es neulich treffend ausgedrückt hat, unter bestimmten Bedingungen eine Berührungsempfindung. Der Begriff der Körperlichkeit, d. h. des „Objekts" beruht bei dem Kinde und auch noch bei vielen Erwachsenen auf dieser hinzuphantasierten Berührungsvorstellung. Dazu kommt ferner durch Assoziation von Bewegungsvorstellungen die Vorstellung der stereometrischen Körperlichkeit, d. h. des stereometrischen Objekts. Unbedingt sind diese assoziierten Phantasievorstellungen bei der Frage, ob eine Vorstellung zusammengesetzt ist oder nicht, mit zu berücksichtigen. Ich habe sie daher bei dieser Untersuchung den primären Erinnerungsbildern gleichgestellt. Ich betrachte also die Vorstellung „Maus" bei dem Kind in jedem Fall als zusammengesetzte Vorstellung.

Die assoziierten Bewegungsvorstellungen habe ich, sofern sie nicht wesentlich an der Entstehung der Vorstellung beteiligt waren, sondern nur für die räumliche Anordnung der Empfindungen bestimmend waren, unter den Indices nicht mit vermerkt.

Die Entscheidung, ob eine Vorstellung a Partialvorstellung einer anderen b ist, darf nicht von logischem Gesichtspunkte aus gefällt werden. Es kommt garnicht darauf an, ob a stets in b enthalten ist, sondern es genügt, dass a ein oder mehrere Male in b enthalten war. In der Vorstellungsassoziation

„Vater¹) — arbeitet" ist psychologisch Vater eine räumlich und zeitlich unbestimmte Individualvorstellung, welche aus zahlreichen räumlich und zeitlich bestimmten Grundempfindungen entstanden und mit ebenso zahlreichen Phantasievorstellungen (s. o.) verknüpft worden ist. Unter den zahlreichen räumlich und zeitlich bestimmten Grundempfindungen kommt auch die Gesichtsempfindung „des Vaters bei der Arbeit" wiederholt vor. Die Vorstellung „arbeitet" ist also eine Partialvorstellung, allerdings keine einfache, der zusammengesetzten Vorstellung Vater. In vielen Fällen ergiebt übrigens ein sorgfältiges Befragen, dass die Assoziation thatsächlich verlaufen ist: „Vater" — „Vater bei der Arbeit", dass also eine individualisierende und keine partialisierende Assoziation vorgelegen hat.

In der 4. Form dieser Abteilung (Assoziation einer zusammengesetzten Vorstellung an eine zusammengesetzte) ergiebt sich insofern noch eine Komplikation, als, wie schon hervorgehoben, zusammengesetzte Vorstellungen unter sich wieder im Verhältnis der Partialvorstellung zur zusammengesetzten Vorstellung stehen können. Dahin gehören z. B. die Assoziationen: Bein — Körper, Stadt — Häuser u. s. f. Ich habe daher innerhalb der 4. Form nochmals drei Unterformen unterschieden, je nachdem die eine zusammengesetzte Vorstellung eine Teilvorstellung der anderen ist oder nicht und je nachdem im ersteren Fall die einfacher zusammengesetzte die höher zusammengesetzte reproduziert oder umgekehrt.²) Vgl. S. 21.

Selbstverständlich ist endlich eine Verwechslung des psychologischen Verhältnisses der Individualvorstellung zur Allgemeinvorstellung mit dem Verhältniss der Partial- zur Totalvorstellung zu vermeiden. Sie liegt besonders nah, wenn es sich um das Verhältnis einer zusammengesetzten Partialvorstellung zu einer höher zusammengesetzten Totalvorstellung handelt. Die Vorstellungen „Fühler" und „Schmetterling" oder „weiss" und „Schmetterling" etc. stehen untereinander im Verhältnis der Partialvorstellung zur Totalvorstellung.³) hingegen „Kohlweissling"

---

¹) Der Knabe (O. Schm.) gab ausdrücklich an, sofort nur an seinen Vater gedacht zu haben.
²) Auch diese Unterscheidung bietet zuweilen Schwierigkeiten. So kann man z. B. bei der Assoziation „Schrank — Bücher" zweifeln, ob die Vorstellung der Bücher schon im Schrank enthalten war, ob also der Zuruf Schrank bei dem Kind bereits speziell die Vorstellung eines mit Büchern gefüllten Schranks geweckt hat. Assoziationen, welche in diesem Punkt nicht völlig aufzuklären sind, bleiben am besten ausser Berechnung.
³) Im 1. Beispiel ist die Zusammensetzung eine räumliche, d. h. der Fühler ist ein Teil des räumlichen Nebeneinander des Schmetterlings, im 2. Beispiel

und „Schmetterling" oder „Schmetterlingsfühler" und „Fühler" etc. in dem Verhältnis der Individual- zur Allgemeinvorstellung. Der wesentliche Unterschied zwischen beiden Verhältnissen ist psychologisch folgender: Die Allgemeinvorstellung entsteht aus der Individualvorstellung dadurch, dass erst der zeitliche und räumliche Individualkoeffizient, dann auch die gesetzmässige und eindeutige Zuordnung des räumlichen zum zeitlichen Individualkoeffizienten und schliesslich auch die den Empfindungsmerkmalen entsprechenden Inhaltsmerkmale der Vorstellung eines nach dem anderen fortfallen. Umgekehrt entsteht die zusammengesetzte Vorstellung aus einfachen bezw. die höher zusammengesetzte aus niedriger zusammengesetzten dadurch, dass eine Verschmelzung von Vorstellungen bezw. Empfindungen mit gleichen bezw. ähnlichen (d. h. benachbarten) räumlichen und zeitlichen Individualkoeffizienten erfolgt.[1]) Physiologisch bedarf dieser Unterschied noch der Aufklärung.

Eine Uebersicht über die Berechnungsweise giebt die nachstehende Tabelle. In derselben ist das Verhältnis der Individual- zur Allgemeinvorstellung völlig ignoriert worden, da dieses bereits im vorigen Abschnitt ausführlich besprochen worden ist. Hingegen ist im Übrigen der psychologische Thatbestand bei jeder einzelnen Assoziation auf das Sorgfältigste ermittelt und berücksichtigt worden. Die einfache Verwertung der Wortassoziation als solcher führt — ich kann es nur immer wieder wiederholen — zu zahlreichen Irrtümern.

1 u. Eine einfache Vorstellung löst eine andere einfache
 und zwar homosensorielle Vorstellung aus . . . . 3.4 %
1 b. Eine einf. Vorst. löst eine andere heterosensorielle
 Vorstellung aus . . . . 0 %
2 a. Eine einf. Vorst. löst eine zusammengesetzte Vorst. aus,
 deren Partialvorstellung sie selbst ist . . . . . 11.9 %
2 b. Eine einf. Vorst. löst eine zusammenges. Vorst. aus,
 deren Partialvorstellung sie selbst nicht ist . . . 0 %

ist die Zusammensetzung eine qualitative, d. h. Weiss ist eine der Empfindungsqualitäten der Gesamtempfindung Schmetterling. Ich spreche daher im Folgenden auch von räumlich zusammengesetzten und qualitativ zusammengesetzten Vorstellungen.

[1]) Eine auch für die Psychologie des Kindes sehr interessante und wichtige Stellung nehmen innerhalb der Totalvorstellungen die Kollektivvorstellungen ein. Wenn sie aus gleichartigen oder ähnlichen Partialvorstellungen bestehen, ist ihre psychologische Genesis in einzelnen Punkten auch mit derjenigen der Allgemeinvorstellungen vergleichbar. S. oben S. 46.

3a. Eine zusammengesetzte Vorstellung löst eine einfache
Vorstellung aus, welche zu ihren Partialvorstellungen
gehört 26,5%
3b. Eine zusammenges. Vorst. löst eine einf. Vorst. aus,
welche nicht zu ihren Partialvorstellungen gehört . 0%
4a. Eine zusammengesetzte Vorst. löst eine niedriger
zusammengesetzte Vorstellung aus, welche qualitativ
oder räumlich zu den Partialvorstellungen der ersten
gehört 6,7%
4b. Eine zusammenges. Vorst. löst eine höher zusammengesetzte Vorst. aus, zu deren Partialvorstellungen sie
selbst gehört 1,6%
4c. Eine zusammenges. Vorst. löst eine andere zusammengesetzte Vorst. aus, welche zu ihr in keinem Partialverhältnis steht 50,0%

Es beziehen sich diese Zahlen auf 26 Schüler und eine einzige Versuchsreihe. Auf jeden Schüler kamen ca. 30 psychologisch aufklärbare konkrete Assoziationen. Jedem wurden dieselben Reizworte zugerufen.

Bemerkenswert ist zunächst, dass einfache Vorstellungen niemals einfache heterosensorielle Vorstellungen ausgelöst haben. Auch in den übrigen Versuchsreihen finde ich solche heterosensorielle Verknüpfungen wie „süss — weiss", „Farbe — Geruch" etc. nur äusserst selten. Etwas häufiger sind sie bei dem Erwachsenen, immerhin gehören sie auch bei diesem zu den Seltenheiten. Die psycho-physiologische Erklärung liegt auf der Hand. Allerdings sind die Partialvorstellungen der verschiedenen Sinnesgebiete mit einander im konkreten Begriff verknüpft. In der That wird also an sich sehr oft die Partialvorstellung eines Sinnesgebiets eine zu derselben Totalvorstellung gehörige Partialvorstellung eines anderen Sinnesgebietes reproduzieren, aber, da gleichzeitig auch andere Partialvorstellungen derselben Totalvorstellung reproduziert werden und auch die durch das Reizwort unmittelbar ausgelöste erste Partialvorstellung nicht verschwindet, ergiebt sich als V_2 eine Totalvorstellung statt einer heterosensoriellen Partialvorstellung.

Nicht weniger bemerkenswert ist die relative Seltenheit der Form 1 gegenüber der Form 2. Eine einfache Vorstellung löst 3—4 mal so oft eine zusammengesetzte Vorstellung und zwar eine zusammengesetzte Vorstellung, deren Partialvorstellung sie ist, als eine andere und zwar homosensorielle Partialvorstellung aus. Die

Assoziation „rot — grün" ist viel seltener als die Assoziation „rot — Blut" u. s. f. Bei dem Erwachsenen scheint sich dieser Unterschied ein wenig mehr auszugleichen, doch möchte ich in Anbetracht der grossen individuellen Variationen hierüber noch nicht definitiv urteilen. Die psychophysiologische Erklärung liegt auf der Hand. Das Kind wird sehr oft an einem roten Gegenstand die Farbempfindung Rot in konkreter Verbindung mit anderen Partialempfindungen erleben, dagegen relativ selten einen rot und grünen Gegenstand bezw. einen grünen Gegenstand auf rotem Grund oder einen roten Gegenstand auf grünem Grund in übereinstimmender Weise sehen; ebenso wird ihm auch relativ selten gesagt werden: rot und grün sind Farben. Die assoziative Verwandtschaft zwischen Grün und Wiese ist daher bei dem Kind viel grösser als die assoziative Verwandtschaft zwischen grün und rot und daher das Überwiegen der ersteren Assoziation.

Das Ausbleiben der sub 2 b aufgezählten Assoziationen ist ohne weiteres verständlich. Nur ganz ausnahmsweise habe ich sie zuweilen bei Erwachsenen im Zustand grosser Ermüdung beobachtet. Vorgetäuscht wird sie, wenn die Antwortvorstellung nicht an die Reizwortvorstellung, sondern an eine Nebenempfindung oder an eine der Reizwortvorstellung vorausgegangenen Vorstellung (Nebenvorstellung) assoziert wird. Solche Fälle sind selbstverständlich von Anfang an ausgeschieden worden.

Eine zusammengesetzte Vorstellung löst am allerhäufigsten eine zusammengesetzte Vorstellung aus, zu welcher sie in keinem Verhältnis der Partialität oder Totalität steht. Hierher gehören 59% aller Assoziationen an eine zusammengesetzte Vorstellung. Nächstdem folgt die Assoziation einer einfachen Partialvorstellung an ihre Totalvorstellung mit 31%. Sehr viel seltener wird eine zusammengesetzte Vorstellung reproduziert, welche eine Partialvorstellung der Reizvorstellung ist. Hierzu gehören nur ca. 8% aller Assoziationen an eine zusammengesetzte Vorstellung. Noch viel seltener reproduziert eine zusammengesetzte Vorstellung V_1 eine zusammengesetzte Vorstellung V_2, deren Partialvorstellung sie selbst (V_1) ist. Hierher gehören z. B. Assoziationen wie Fuss — Bein, Brust — Körper u. s. f. Ihre Zahl beträgt nur 2%. Ich gebe übrigens gern zu, dass die Unterscheidung der beiden letztgenannten Formen von der Assoziation zweier unabhängigen Totalvorstellungen 4 c oft sehr schwierig ist. Die Assoziation „Himmel — Sterne" ist psychologisch vieldeutig. Nachweislich denkt das Kind schon bei Himmel zuweilen an den gestirnten Himmel. In diesem Fall wäre V_2 eine Partialvorstellung von V_1 und somit die Assoziation zur Form 4a zu rechnen. Wenn hingegen das Kind unter Himmel sich nicht den bestirnten Himmel, sondern den Tageshimmel gedacht hat, wird dieselbe Wortassoziation als Assoziation zweier Totalvorstellungen im Sinn der Form 4c zu deuten sein. Auch hier ist es unerlässlich, Assoziation für Assoziation und Vorstellung für Vorstellung den individuellen psychologischen Thatbestand festzustellen.

Reproduktion einer fremden einfachen Partialvorstellung durch eine zusammengesetzte Vorstellung (3b) scheint überhaupt bei den untersuchten Kindern nicht vorzukommen.

Noch viel instruktiver als eine solche Berechnung einer einmaligen über viele Knaben sich erstreckenden Versuchsreihe ist die Berechnung und Vergleichung aller Versuchsreihen für den einzelnen Knaben. Ich habe noch nicht die Musse gefunden, für alle Knaben die äusserst mühsame und zeitraubende Berechnung durchzuführen und werde daher diese Ergebnisse erst später mitteilen können. So viel geht jedenfalls aus den mir bereits vorliegenden Berechnungen hervor, dass die oben aus einer Versuchsreihe abgeleiteten Prozentzahlen für die Mehrzahl der von mir untersuchten Knaben gelten. Die individuellen Variationen beziehen sich namentlich auf folgende Punkte. Bei einzelnen Knaben, so namentlich bei O. Böhmke, A. Katzer und auch bei L. Deutsch sind die homosensoriellen Assoziationen von Partialvorstellungen auffällig häufig, häufiger als die Assoziationen der zugehörigen Totalvorstellungen an die einfache Partialvorstellung. Eine Beziehung zur Intelligenz im allgemeinen scheint nicht im Spiele zu sein, da z. B. Böhmke sehr gute, Katzer sehr schlechte Schulleistungen — vom Fleiss ganz abgesehen — aufweist. Man wird sich hier also mit der Annahme individueller Eigentümlichkeiten behelfen müssen. Sehr schwankend ist auch die relative Häufigkeit der Formen 3a und 4c. Einzelne Knaben zeigen die Form 3a ausserordentlich selten, so z. B. Böhmke, Rosenberg, Hase, Weiss, Schlosser, Seiler. Die Form 4c ist nur bei einem einzigen, Büchner, ganz auffällig schwach vertreten.

Bei einzelnen Schülern habe ich auch die erforderlichen Berechnungen für alle Versuchsreihen während $2^1/_4$ Jahre schon ausgeführt, um den Einfluss des Alters auf die Häufigkeit der jetzt besprochenen Formen festzustellen. Danach ist das Alter insofern von Einfluss, als die Form 3a mit dem Alter relativ häufiger, die Form 4c hingegen relativ seltener wird. So kam z. B. bei W. S. bei einer Versuchsreihe im Januar 1897 keine einzige Assoziation nach 3a vor, während im März 1898 auf 4 Assoziationen nach 4c durchschnittlich bereits eine nach 3a kamen. Freilich ist diese Verschiebung nicht bei allen Kindern, die ich verfolgt habe, gleichmässig eingetreten. Die Tendenz zu dieser Verschiebung habe ich bis jetzt bei keinem Knaben vollständig vermisst; am schwächsten ist sie bei H. P.

Die folgenden Protokolle geben ein Beispiel für die allmählige Verschiebung der Häufigkeit der einzelnen Assoziationsformen im Laufe von 2 Jahren.

Fritz Woche, zur Zeit des ersten Versuchs $10^3/_4$ jährig, mittelbegabt, guter Schüler.

	Reizwort:	Antwort:	
10. 6. 1896.	rot	gelb	$V_o — V_o$
	Jena	Weimar	$V_{(o t)} — V_{(o t)}$[1]
	Sonne	Mond	$V_{(o ● t)}$[2] $— V_{(● t)}$
	Wasser	Fische	$V_{(o t)} — V_{(● t)}$
	gelb	Geld	$V_o — V_{(o t ●)}$
	Esel	Pferd	$V_{(● t ●)} — V_{(● t ●)}$
	Kutscher	Kutsche	$V_{(● t ●)} — V_{(o t ●)}$
	Saale	Wasser	$V_{(o t)} — V_{(o t)}$
	weiss	schwarz	$V_o — V_o$
	Schule	Kinder	$V_{(● t)}$[3] $— V_{(o ● t)}$
	Tisch	Stühle	$V_{(● t)} — V_{(● t)}$
	Buch	Schule	$V_{(o t)} — V_{(● t)}$
	Heft	Kinder	$V_{(o t)} — V_{(o ● t)}$
	Stock	Männer	$V_{(o t m)} — V_{(o t ●)}$
	schwarz	weiss	$V_o — V_o$
	Haus	Mauer	$V_{(● t)} — V_{(● t)}$

[1] Auch wenn der Knabe, wie in diesem Fall, nie in Weimar war, ist Weimar doch nicht nur eine Sprachvorstellung, da sich optische Phantasievorstellungen mit dem Wort verbunden haben.

[2] Ich habe den Index t hinzugefügt, da der Knabe entschieden schon die Vorstellung der Körperlichkeit mit der Vorstellung Sonne verbindet und diese Vorstellung der Körperlichkeit — wenigstens in diesem Alter — stets eine Berührungsvorstellung involviert. Durch gesperrten Druck habe ich eine im Einzelfall etwa dominierende Partialvorstellung hervorgehoben.

[3] Der Knabe dachte an das Schulhaus.

blau	grün	$V_o - V_o$
Lehrer	Schüler	$V_{(o a t)} - V_{(o a t)}$
Schreiben	Lesen	$V_{(o t m)} - V_{(o t m)}$
Stern	Sonne	$V_{(o)}{}^1) - V_{(o t w)}$
Wiese	Feld	$V_{(o)} - V_{(o)}$
blau	grün	$V_o - V_o$
Meer	Fluss	$V_{(o t)} - V_{(o t)}$
Mühle	Schleuse	$V_{(o t a)} - V_{(o t)}$
Gras	Getreide	$V_{(o t)} - V_{(o t)}$
Brod	Wurst	$V_{(o t g)} - V_{(o t g)}$
Milch	Wasser	$V_{(o t g)} - V_{(o t)}$
Frosch	Kröte	$V_{(o a t)} - V_{(o t)}$
Krieg	Sieg	$V_{(...)} - V_{(...)}{}^2)$
Brust	Körper	$V_{(o t)} - V_{(o t m)}$
Mutter	Vater	$V_{(o t a)} - V_{(o t a)}$
Stein	Gras	$V_{(o t)} - V_{(o t)}$
Farbe	grün	$V_o{}^3) - V_o$
Pflanze	Getreide	$V_{(o t)} - V_{(o t)}$
Berg	Gebirge	$V_{(o t)} - V_{(o t)}$
Forst	Bäume	$V_{(o t)} - V_{(o t)}$
Buche	Lärche	$V_{(o t)} - V_{(o t)}$
Kaufmann	Gemütshändler	$V_{(o t a)} - V_{(o t a)}$
1.7.1896. Esel	Pferd	$V_{(o t a)} - V_{(o t a)}$
Nadel	Zwirn	$V_{(o t)} - V_{(o t)}$
Tisch	Stuhl	$V_{(o t)} - V_{(o t)}$
rot	-Wurst	$V^s - V^s$
Jena	Weimar	$V_{(o t)} - V_{(o t)}$
Forst	Fuchsturm	$V_{(o t)} - V_{(o t)}$
Schwalbe	Staar	$V_{(o t)} - V_{(o t)}$

[1]) Wie Befragen ergeben hat, fehlt hier die Vorstellung der Körperlichkeit fast ganz.

[2]) Ich gestatte mir diese Bezeichnung einzuführen für Vorstellungen, deren Beziehungen zu Empfindungen so verwickelt und vielfach sind, dass eine kurze Bezeichnung nicht gegeben werden kann. Dabei bemerke ich überhaupt, dass diese Bezeichnungen stets nur die wichtigsten Grundempfindungen der einzelnen Vorstellung wiedergeben. Die zahlreichen Grundempfindungen der sekundär in der Vorstellung enthaltenen Vorstellungen 2. Ordnung können nicht mitberücksichtigt werden. Es fällt mir auch nicht im Entferntesten ein, meine Bezeichnungen über das Gebiet der einfacheren konkreten Begriffe hinaus ausdehnen zu wollen.

[3]) Die Allgemeinheit der Vorstellung Farbe bleibt hier unberücksichtigt, weil es sich in diesem Abschnitt nur um die Zusammensetzung, nicht um die Allgemeinheit, d. h. die Zusammenfassung des Ähnlichen handelt.

grün	blau	$V_o - V_o$
Uhr	Gerät	$V_{(o\,s\,a)} - V_{(o\,t)}$
Himmel	blau	$V_{(\bullet)} - V_o$
weiss	schwarz	$V_o - V_o$
Sopha	Tisch	$V_{(o\,t)} - V_{(\bullet\,t)}$
Rock	Mantel	$V_{(o\,t)} - V_{(o\,t)}$
gelb	blau	$V_o - V_o$
Hose	Rock	$V_{(o\,t)} - V_{(o\,t)}$
Abend	Morgen	$V_{(\ldots)} - V_{(\ldots)}$
Sonntag	Wochentag	$V_{(\ldots)} - V_{(\ldots)}$
Sonne	Mond	$V_{(n\,t\,w)} - V_{(\bullet\,t)}$
Tasche	Uhr	$V_{(o\,t)} - V_{(o\,t\,s)}$
Gold	Silber	$V_{(o\,t)} - V_{(n\,t)}$
Knabe	Jüngling	$V_{(\ldots)} - V_{(\ldots)}$
Saale	Weser	$V_{(\bullet\,t)} - V_{(\bullet\,t)}$
Feuer	Flamme	$V_{(o\,w)} - V_{(o\,w)}$
Glocke	Uhr	$V_{(o\,\bullet\,t)} - V_{(o\,t\,a)}$
Schelle	Hiebe	$V_{(t\,m\,o)} - V_{(t\,m\,o)}$
Donner	Wolken	$V_{(a)} - V_{(o)}$
Regen	Sonnenschein	$V_{(o\,t)} - V_{(o\,w)}$
Kirche	Pfarrer	$V_{(\bullet\,t)} - V_{(o\,n\,t)}$
Schule	Schüler	$V_{(\bullet\,t)} - V_{(\bullet\,a\,t)}$
Berg	Forst	$V_{(\bullet\,t)} - V_{(\bullet\,t)}$
Weihnachten	Ostern	$V_{(\ldots)} - V_{(\ldots)}$

An demselben Vormittag wurden nach einer Pause von 17 Minuten, während welcher der Knabe am Unterricht teilnahm, dieselben Reizwörter dem Knaben nochmals zugerufen, um die Schwankungen innerhalb kurzer Zeiträume kennen zu lernen. Es ergab sich folgende Reihe:

Reizwort:	Antwort:	
Esel	Wagen[1])	$V_{(\bullet\,t\,a)} - V_{(o\,t\,a)}$
Nadel	Zwirn	
Tisch	Stühle	$V_{(\bullet\,t)} - V_{(o\,t)}$
rot	grün	$V_o - V_o$
Jena	Weimar	
Forst	Fuchsturm	
Schwalbe	Staar	

[1]) Die Abweichungen von der ersten Reihe sind durch gesperrten Druck hervorgehoben.

grün	Feld	$V_o - V_{(o)}$
Uhr	Gerät	
Himmel	blau	
weiss	schwarz	
Sopha	Tisch	
Rock	Hose	$V_{(o\,t)} - V_{(o\,t)}$
gelb	Spiegel	$V_o - V_{(o\,t)}$
Hose	Rock	
Abend	Morgen	
Sonntag	Kirche	$V_{(\ldots)} - V_{(o\,s)}{}^1)$
Sonne	Mond	
Tasche	Uhr	
Gold	Silber	
Knabe	Schule	$V_{(\ldots)} - V_{(o\,t)}$

Es hatten sich also innerhalb der genannten Frist bereits 8 unter 21 Assoziationen verändert. Die durchschnittliche Assoziationszeit war, wie die chronoskopische Messung ergab, für die bez. 21 Assoziationen in der zweiten Reihe um 21 Hundertstelsekunde kleiner als in der ersten (vgl. die 2. Abhandlung). Die Häufigkeit der einzelnen Assoziationsformen hat sich nicht merklich verschoben, ein Ergebnis, welches ich in vielen anderen Fällen ganz ebenso feststellen konnte, so lange der Faktor der Ermüdung nicht in erheblichem Masse zur Wirkung kam.

	Reizwort:	Antwort:	
4.2.1897.	laufen	Bahn	$V_{(m\,o)} - V_{(o\,A\,t)}$
	Pfingsten	Ostern	$V_{(\ldots)} - V_{(\ldots)}$
	rot	Rose	$V_o - V_{(o\,t\,r)}$
	Hose	Rock	$V_{(o\,t)} - V_{(o\,t)}$
	Schuhe	Füsse	$V_{(o\,t)} - V_{(o\,t\,m)}$
	Knopf	Rock	$V_{(o\,t)} - V_{o\,t}$
	Thür	Stube	$V_{(o\,t)} - V_{(o\,t)}$
	Eis	Saale	$V_{(o\,t\,k)} - V_{(o\,t)}$
	süss	Honig	$V_g - V_{(o\,t\,g)}$
	Deutschland	Preussen	$V_{(\ldots)} - V_{(\ldots)}$
	Kaiser	König	$V_{(\ldots)} - V_{\ldots}$
	Grossherzog	Weimar	$V_{(\ldots)} - V_{(\ldots)}$
	Bayern	Königreich	$V_{(\ldots)} - V_{(\ldots)}$

[1] Der Knabe dachte nicht nur an das Gebäude, sondern an die ganz gottesdienstliche Handlung.

stumpf	Messer	$V_1 — V_{(o\,1)}$
Strumpf	Fuss	$V_{o\,1} — V_{(o\,1\,m)}$
Zahl	50	$V_{(\ldots)} — V_{(\ldots)}$
Schlachten	70 auf 71	$V_{(\ldots)} — V_{1\ldots)}$
durchschauen	Fernrohr	$V_{(o\,m)} — V_{(o\,1)}$
Pause	Viertelstunde	$V_{(\ldots)} — V_{(\ldots)}$
rechnen	Einmaleins	$V_{(\ldots)} — V_{(\ldots)}$
schön	Rosenstrauss	$V_1 — V_{(o\,1\,r)}$
Winter	Januar	$V_{(\ldots)} — V_{(\ldots)}$
Schlaf	früh	$V_{(\ldots)} — V_{(\ldots)}$
braun	Strumpf	$V_o — V_{(o\,1)}$
Hoffnung	Geburtstag	$V_{(\ldots)} — V_{(\ldots)}$
Sterne	Himmel	$V_{(o)} — V_{(o)}$
gelb	Rose	$V_o — V_{(o\,1\,r)}$
Schnee	im Winter	$V_{(o\,k)} — V_{(\ldots)}$
werfen	Schneeball	$V_{(o\,m)} — V_{(o\,1\,k)}$
Weste	Rock	$V_{(o\,1)} — V_{(o\,1)}$
Esel	tragen	$V_{(o\,1\,a)} — V_{(o\,m)}$
Ferien	Pfingstferien	$V_{(\ldots)} — V_{(\ldots)}$
grün	gelb	$V_o — V_o$
Tisch	Stühle	$V_{(o\,1)} — V_{(o\,1)}$
Ostern	Weihnachten	$V_{(\ldots)} — V_{(\ldots)}$
blau	Himmel	$V_o — V_{(o)}$
Schrank	Sachen	$V_{(o\,1)} — V_{(o\,1)}$
Eis	Wasser	$V_{(o\,1\,k)} — V_{(o\,1)}$
grün	Wald	$V_o — V_{(o\,1)}$
Baum	Äpfel	$V_{(o\,1)} — V_{(o\,1\,g)}$
Religion	Vaterunser	$V_{(\ldots)} — V_{(\ldots)}$
Kirche	Pfarrer	$V_{(o\,1\,a)} — V_{(o\,a\,1)}$
Lehrer	Schüler	$V_{(o\,a\,1)} — V_{(o\,a\,1)}$
traurig	freudig	$V_- — V_+$
Musik	Gesang	$V_{(a\,o)} — V_{(a\,o)}$
Klavier	Geige	$V_{(a\,o\,1)} — V_{(a\,o\,1)}$[1]
Buch	Tagebuch	$V_{(o\,1)} — V_{(o\,1)}$
Thür	Stube	$V_{(o\,1)} — V_{(o\,1)}$
Saale	Elbe	$V_{(o\,1)} — V_{(o\,1)}$
Sonntag	Feiertag	$V_{(\ldots)} — V_{(\ldots)}$

---

[1] Für einen Knaben, der selbst Klavier spielt, wäre $V_{(a\,o\,1\,m)}$ eventuell einzusetzen.

	gross	*klein*	$V_{(\bullet)} - V_{(\bullet)}$[1]
	Weihnachten	*Ostern*	$V_{(\ldots)} - V_{(\ldots)}$
	Eier	*Hühner*	$V_{(o \, t \, g)} - V_{(o \, t)}$
	Strasse	*Weimar*	$V_{(\bullet \, t)} - V_{(\bullet \, t)}$
	Grossherzog	*Herzog*	$V_{(\bullet \, t)}{}^2) - V_{(\ldots)}$
	Jena	*Residenzstadt*	$V_{(\bullet)} - V_{(\ldots)}$
	Vogel	*Rabe*	$V_{(o \, t \, a)} - V_{(\bullet \, t \, a)}$
	gelb	*blau*	$V_o - V_o$
	Uhr	*Wanduhr*	$V_{(o \, t \, a)} - V_{(o \, t \, a)}$
	Herr L.	*Herr D.*	$V_{(\bullet \, t \, a)} - V_{(\bullet \, t \, a)}$
	Freitag	*Sonnabend*	$V_{(\ldots)} - V_{(\ldots)}$
	schön	*Blumenstrauss*	$V + V_{(\bullet \, t \, r)}$
	Rose	*gelb*	$V_{(o \, t \, r)} - V_o$
18. 2. 1898.	*Buch*	*Schrift*	$V_{(o \, t)} - V_{(o)}$
	gelb	*Lineal*	$V_o - V_{(o \, t)}$
	Wiese	*grün*	$V_{(o)} - V_o$
	Fleisch	*Rinder*	$V_{(o \, t \, g)} - V_{(\bullet \, t)}$
	Schuh	*Lehrer*	$V_{(\bullet \, t)} - V_{(\bullet \, a \, t)}$
	rot	*Blut*	$V_o - V_{(o \, t)}$

[1]) Selbstverständlich liegt es mir völlig fern, hier auf eine Erörterung über die Entstehung dieser Vorstellungen aus Grundempfindungen im Einzelnen einzugehen.

[2]) Dem kurzsichtigen Einwand gegenüber, die vorgeschlagenen Transskriptionen seien überflüssig, will ich nochmals ihren ausserordentlichen Vorteil und Hand in Hand damit den Unterschied zwischen logischer und psychologischer Untersuchung an einem Beispiel hervorheben. Rein == logisch betrachtet ist die Vorstellung Grossherzog eine Allgemeinvorstellung und die Beziehung zu ihren Grundempfindungen ist gleichgültig. Eine besondere Transskription ist daher ganz überflüssig. Die sog. Algebra der Logik (siehe z. B. Boole's Universe of discourse oder E. Schröder's Vorlesungen über die Algebra der Logik) beschäftigt sich daher auch fast ausschliesslich mit der Beziehung der Begriffe zu einander, nicht mit ihrem psychologischen Inhalt. Sobald man diesen berücksichtigt, bedarf die Wortvorstellung Grossherzog einer Analyse; es ist festzustellen, was sich die Versuchsperson bei dem Wort vorgestellt hat. Dachte sie nur an den Titel oder im allgemeinen an den höchsten Beamten des Staats oder an den jetzt regierenden oder einen anderen bestimmten Grossherzog und, wenn letzteres, stellte sie sich diesen optisch vor — nach einem Bild oder auf Grund einer selbst erlebten Gesichtsempfindung — u. s. f. Diese Analyse haben meine Vorgänger in der Erforschung der Ideenassoziation meist unterlassen oder höchst flüchtig nur hier und da angedeutet. Für den Psychologen ist sie einfach unerlässlich. Durch sie wird erst der psychologische Inhalt, der psychische Thatbestand festgestellt. Natürlich kann man diese Feststellung auch durch lange Sätze geben, ebenso wie man Mathematik schliesslich auch ohne abkürzende Bezeichnungen treiben kann, aber der Vorteil solcher abkürzenden Bezeichnungen liegt doch zutage. Sie geben eine kurze präzise Feststellung des Thatbestandes, die im Einzelfall zutreffende Bedeutung der Wortvorstellung. So nötigt die von mir eingeschlagene psychologische Erforschung der Ideenassoziation geradezu zu solchen Transskriptionen.

	Stiefel	an die Füsse	$V_{(o\,t)} - V_{(o\,t\,m)}$
	Pferd	zum Ziehen	$V_{(o\,t)} - V_{(o\,t\,m)}$
	Kirsche	gelb	$V_{(o\,t\,g)} - V_o$
	Musik	Zitherkonzert	$V_{(a)} - V_{(o\,m)}$
	Deutschland	Frankreich	$V_{(\ldots)} - V_{(\ldots)}$
	Kreide	weiss	$V_{(o\,t)} - V_o$
	Buche	Buchnüsse	$V_{(o\,t)} - V_{(o\,t)}$
	Nase	glatt	$V_{(o\,t)} - V_{o\,t}$
	Schlaf	im Bett	$V_{(\ldots)} - V_{(o\,t)}$
	Sonne	warm	$V_{(o\,t\,w)} - V_w$
	rot	Blut	$V_o - V_{(o\,t)}$
	Stiefel	schwarz	$V_{(o\,t)} - V_o$
	gelb	Bier	$V_o - V_{(o\,t\,g)}$
23.2.1898.	Jena	Residenzstadt	$V_{(o\,t)} - V_{(\ldots)}$
	Saale	Fluss	$V_{(o\,t)} - V_{(o\,t)}$
	Schnee	weiss	$V_{(o\,k)} - V_o$
	Hase	laufen	$V_{(o\,t)} - V_{(o\,m)}$ [1]
	Tisch	essen	$V_{(o\,t)} - V_{(o\,m\,t\,g)}$
	Pfeife	schön	$V_{(o\,t)} - V_f$
	Forst	wenig Waldung	$V_{(o\,t)} - V_{(\ldots)}$
	Schuhe	warm	$V_{(o\,t)} - V_w$ [2]
	rot	Blut	$V_o - V_{(o\,t)}$
	Fuss	Schuh	$V_{(o\,t\,m)} - V_{(o\,t)}$
	Wald	grün	$V_{(o\,t)} - V_o$
	Freiheit	die alten Deutschen	$V_{(\ldots)} - V_{(\ldots)}$
	Himmel	blau	$V_{(o)} - V_o$
	Strasse	Pflaster	$V_{(o\,t)} - V_{(o\,t)}$
	Kuchen	schmeckt schön	$V_{(o\,t\,g)} - V_f$
2.43.1898.	Tisch	grün	$V_{(o\,t)} - V_o$
	Meer	tief	$V_{(o\,t)} - V_m$
	Jena	Universitätsstadt	$V_{(o\,t)} - V_{(\ldots)}$
	weiss	Schnee	$V_o - V_{(o\,t)}$
	Hoffnung	Luther	$V_{(\ldots)} - V_{(\ldots)}$
	rot	Blut	$V_o - V_{(o\,t)}$
	Baum	grün	$V_{(o\,t)} - V_o$
	Asche	Vesuv	$V_{(o\,t\,w)} - V_{o\,t}$
	Art	Holzhauer	$V_{(o\,t)} - V_{(o\,t)}$

[1] Der Knabe hatte nur die optische Vorstellung des über den Abhang laufenden Hasen.
[2] Der Knabe dachte daran, dass der Schnee warm hält (z. B. Pflanzen).

Bach	*spielend*	$V_{(\omega t)} - V_{(...)}$
Forst	*-thurm*	$V^* \to V^*$
Fisch	*Haifisch* [1])	$V_{(\omega t)} - V_{(\omega t)}$
Frosch	*Laubfrosch*	$V_{(u\,a\,t)} - V_{(o\,t)}$
Fuss	*Schuhe*	$V_{(o\,t\,m)} - V_{(o\,t)}$
Wiese	*Gräser*	$V_{(o)} - V_{(\omega t)}$
Schnee	*hält warm*	$V_{(o t)} \cdot V_{\pi}$
Eis	*zum Kälten*	$V_{(o\,k)} - V_{(...)}$
Löwe	*König der Tiere*	$V_{(\omega a\,t)} - V_{(...)}$
Freiheit	*die alten Deutschen*	$V_{(...)} - V_{(...)}$
Ball	*Fussball*	$V_{(o\,t)} - V_{(o\,t\,m)}$
Bank	*zum Ruhen*	$V_{(o\,t)} - V_{(o\,t\,m)}$
Bild	*Luther*	$V_{(o\,t)} - V_{(...)}$
blank	*Geld*	$V_o - V_{(o\,t)}$
blau	*Himmel*	$V_u - V_{(u)}$
Blatt	*grün*	$V_{(\omega t)} - V_u$
Brust	*Herz*	$V_{(o\,t)} - V_{(o\,t)}$
Post	*Brief*	$V_{(\omega t)} - V_{(u\,t)}$
braun	*Möbel*	$V_o - V_{(\omega t)}$
Haus	*gross*	$V_{(\omega t)} - V_m$
Treppe	*Wendeltreppe*	$V_{(\omega t)} - V_{(\omega t)}$

Die Zahl der Assoziationen im Juni und Juli 1896 beträgt 90. Unter diesen findet sich nur 1 verbale Assoziation. V_1 war 14 mal eine einfache Partialvorstellung. Unter diesen 14 Assoziationen waren 11 homosensoriell, d. h. an die einfache Partialvorstellung wurde eine andere desselben Sinnesgebiets angefügt, und nur 3 mal löste die einfache Partialvorstellung eine zusammengesetzte Vorstellung aus, welcher sie selbst angehört. Von den 75 zusammengesetzten Vorstellungen lösten nur 2 eine ihrer einfachen Partialvorstellungen aus, 3 eine untergeordnete und 2 eine übergeordnete zusammengesetzte Partialvorstellung; alle übrigen lösten eine andere zusammengesetzte Vorstellung aus, welche in keinem Partialverhältnis zu ihnen steht.

Bereits im Jahre 1897 hat sich das Verhältnis etwas verschoben. Hier stehen mir für F. W. 64 Assoziationen zur Verfügung. V_1 war in 13 Fällen eine einfache Partialvorstellung. Als V_2 ergab sich jetzt nur 4 mal eine andere einfache Partial-

---

[1]) Gemeint ist der Haifisch, von dem der Knabe unlängst hatte erzählen hören.

vorstellung (und zwar wiederum stets eine homosensorielle), hingegen 9mal eine zusammengesetzte Vorstellung, in welchem das bez. V_1 enthalten ist. Von 51 zusammengesetzten Vorstellungen löste abermals nur eine einzige eine ihrer einfachen Partialvorstellungen aus. An je 4 wird eine unter- oder übergeordnete zusammengesetzte Vorstellung angereiht. Die überwiegende Mehrheit kommt auch hier den Assoziationen solcher Vorstellungen zu, die in keinem direkten Partialverhältnis stehen.

Es ist nun höchst interessant, damit das Ergebnis der Untersuchungen des Jahres 1898 zu verfolgen. Ich verfüge auch für dieses Jahr über 64 Assoziationen, von welchen eine als reinverbal in Wegfall kommt. V_1 war in 10 Fällen eine einfache Partialvorstellung. An dies V_1 knüpfte sich nur einmal eine homosensorielle einfache Partialvorstellung, dagegen 9 mal eine zusammengesetzte Vorstellung. Von den 53 zusammengesetzten Vorstellungen, welche als V_1 in der Reihe vorkommen, haben jetzt 18 eine einfache Partialvorstellung ausgelöst. Eine übergeordnete zusammengesetzte Vorstellung wurde in 1, eine untergeordnete in 6 Fällen assoziiert. Die Assoziationen von Vorstellungen, welche in keinem direkten Partialverhältnis stehen, bilden zwar noch immer die Majorität (mit 27), aber ihre relative Abnahme ist ganz unverkennbar.[1]

Schliesslich bliebe noch festzustellen, ob die Partialvorstellungen eines einzelnen Sinnesgebietes in besonderer Häufigkeit reproduziert werden. Bekanntlich hat Charcot[2] nachgewiesen, dass bei vielen Erwachsenen die Partialvorstellungen eines Sinnesgebietes überwiegen, und demnach den type auditif, visuel, moteur etc. unterschieden[3]. Nach meinen bisherigen Untersuchungen ist mir unzweifelhaft, dass die Kinder im Alter von 8—14 Jahren in noch höherem Prozentsatz als die Erwachsenen dem Type visuel angehören. Auffällig selten sind affektive Partialvorstellungen, wie schön, gut, „schmeckt gut", „nicht gut", „thut weh", etc. Selbst wenn man geflissentlich Reizworte wählt, welche die Assoziation einer affektiven Partialvorstellung sehr

---

[1] Die Darstellung, welche Sigwart von der Entwicklung des Vorstellungslebens des Kindes giebt (Logik, Freiburg 1889, Bd. 1, S. 49 ff.), giebt diese und die früher berichteten Thatsachen nicht richtig wieder. Vgl. auch Steinthal, Abriss der Sprachwissenschaft. Berlin 1871. Bd. I, S. 390 ff.

[2] Oeuvres, T. III, Leç. 13.

[3] Vgl. auch Dugas, Rev. phil. Bd. 39 und Arréat, Mémoire et imagination. Paris 1895.

nahe legen, (wie z. B. Zucker, Wunde, Veilchen etc.), erhält man als Antwortvorstellung gewöhnlich eine optische Vorstellung. Die Bestätigung, Verallgemeinerung und Deutung dieser Beobachtungen muss ich weiteren Untersuchungen vorbehalten.

5. Gültigkeit der Assoziationsgesetze.

Trotz der verschiedenartigen inhaltlichen Beziehungen zwischen den assoziierten Vorstellungen ist die Ursache der Assoziation stets die Kontiguität in dem weiteren Sinne, welche ich ihr in meinen Vorlesungen gegeben habe. Eine reine unzweifelhafte Ähnlichkeitsassoziation habe ich unter den Tausenden von Assoziationen niemals beobachtet.[1]) Allerdings sind die assoziierten Vorstellungen V_1 und V_2 oft inhaltlich ähnlich, aber die Ursache ihrer Assoziation ist nicht diese Ähnlichkeit, sondern die Gemeinsamkeit von Partialvorstellungen und daher die Kontiguität.

Wunderbar bleibt nur, dass räumlich und zeitlich weit entlegene Vorstellungen zuweilen vor viel näher gelegenen bevorzugt werden, doch auch alle diese scheinbar weit abgelegenen Assoziationen erklären sich in befriedigender Weise, wenn man ausser dem Faktor der durch Kontiguität bedingten assoziativen Verwandtschaft die übrigen von mir aufgezählten für die Assoziation massgebenden Faktoren berücksichtigt. Unter diesen Faktoren spielt der Gefühlston der Vorstellungen in der kindlichen Assoziation eine besonders wichtige Rolle. Bei dem Erwachsenen überwiegen einzelne assoziative Verwandtschaften durch häufige Kontiguität so sehr, dass die zugehörigen Vorstellungen fast stets reproduziert werden. Bei dem Kind sind die assoziativen Verwandtschaften noch lockerer, der Gefühlston spielt eine grössere Rolle. So erkläre ich es mir z. B., dass Erinnerungsbilder der Schulreisen relativ sehr oft die Stelle V_2 einnehmen. Häufig sind es an sich positiv betonte Vorstellungen dieser Reisen, also Erinnerungsbilder der angenehmen Reiseerlebnisse, zuweilen jedoch auch Reiseerinnerungen, die an sich ganz trivial, d. h. gefühlsunbetont sind, aber durch Irradiation ebenfalls einen positiven Gefühlston empfangen haben. Ebenso erklärt sich auch das ungemein häufige Auftauchen von Vorstellungen aus der Lektüre, namentlich z. B. aus der Erzählung von Robinson und aus dem Geschichtsunterricht.

---
[1]) Von den Verbalassoziationen sehe ich hierbei ab.
[2]) Vgl. Leitf. d. phys. Psych. 4. Aufl. S. 170 ff.

Dem gegenüber spielt die Deutlichkeit und Konstellation der Vorstellungen eine viel geringere Rolle. Ich habe mich stets zu vergewissern gesucht, welche Vorstellungen das untersuchte Kind in den unmittelbar vorausgegangenen Unterrichtsstunden aufgenommen hatte. Es war mir höchst auffällig, wie selten die Antwortvorstellung sich aus diesen rekrutierte. Oft habe ich geflissentlich Reizwörter gewählt, welche die Anknüpfung einer im Unterricht unmittelbar vorausgegangenen Vorstellung sehr nahe legten, sehr oft jedoch vergebens: eine undeutliche, weit zurückgelegene Vorstellung wurde wegen ihres Gefühlstons bevorzugt. Dass die Konstellation überhaupt bereits wirksam ist, lässt sich allerdings allenthalben verfolgen. Eine Vorstellung — Reiz- oder Antwortvorstellung — wirkt nicht selten noch auf die nächsten Assoziationen (bis zu 5) nach. So folgen z. B. die Assoziationen Meer — Kahn, Jena — Thurm, weiss — Buch, Hoffnung — Ofen. Bei „Meer und Kahn" dachte der Knabe an Robinson's Kahn. Die Assoziation Hoffnung — Ofen erklärte er mit den Worten: „Robinson hatte auch einen." So erklärt es sich auch, dass dieselbe Antwortvorstellung zuweilen in einer Reihe drei bis viermal in kurzen Zwischenräumen wiederkehrt. Diese Perseveration ist oft bereits mehr verbal, als inhaltlich.

Ausserordentlich schwer ist es natürlich, in jedem Einzelfall festzustellen, weshalb die einzelne Vorstellung als V_2 ausgewählt worden ist. Dazu ist der psychophysiologische Mechanismus schon bei dem 8jährigen Kind viel zu kompliziert. Hierzu kommt, dass das Kind oft sich der Kontiguität nicht mehr erinnert. Ich will hierfür nur ein sehr charakteristisches Beispiel anführen. Der Knabe W. S. assoziierte „Freiheit — Licht" und gab an, er habe an ein im Unterricht besprochenes Gedicht vom Jahre 1813 gedacht, in welchem es hiesse: „Das Licht der Freiheit ging auf". Bald danach assoziierte ein anderer Schüler derselben Klasse ebenfalls „Freiheit — Licht", vermochte aber in keiner Weise anzugeben, wie er auf Licht gekommen war. Nachweislich hat er vor längerer Zeit dasselbe Gedicht gleichfalls gehört. Wir müssen uns darauf beschränken, in jedem einzelnen Fall die wirksamen assoziativen Faktoren nachzuweisen, sind aber nicht imstande — wie es Herbart vorschwebte — diese Faktoren zu addieren oder in einer anderen Form mathematisch zu verrechnen; daraus ergiebt sich aber auch die Unmöglichkeit, den assoziativen Wert für jede Vorstellung zu bestimmen und die Auswahl der einen bevorzugten Vorstellung zu erklären. Dass dieser Thatbestand nicht zur Annahme eines neuen Seelenvermögens nötigt, habe ich an anderer Stelle genugsam erläutert.

In den folgenden Abhandlungen werde ich meine im wesentlichen bereits abgeschlossenen Untersuchungen über das 3. und 4. der S. 3 aufgestellten Probleme — Geschwindigkeit der kindlichen Assoziation und Beeinflussung der kindlichen Assoziation durch Ermüdung und andere Faktoren — mitteilen. Ich hoffe, bei dieser Gelegenheit auch in vielen Punkten die heutigen Mitteilungen ergänzen und vielleicht auch in Einzelheiten berichtigen zu können. Ich bin mir dieser Ergänzungsbedürftigkeit vollkommen bewusst. Das ganze Gebiet ist so ausgedehnt und so wenig betreten, dass es sich bei dieser ersten Arbeit in der That nur um eine bis zu gewissem Masse vorläufige Erforschung handeln kann. Dazu kommt, dass die Arbeitskraft eines Einzelnen, auch wenn er sie ganz dieser einen Aufgabe widmen wollte und könnte, nicht im Entferntesten ausreicht. Es bedarf hier des Zusammenarbeitens und Zusammentragens vieler einzelner Forscher. Dem Lehrer öffnet sich hier ein gewaltiges Gebiet wissenschaftlicher Thätigkeit. Die Psychologie darf von solchen Forschungen dieselbe Förderung erwarten, wie sie in überreichem Mass die Anatomie, Zoologie und Botanik von der Entwicklungsgeschichte schon lange erfahren haben. Vor allem darf sie auch auf diesem Wege eine Befreiung von der unnatürlichen, aber bis jetzt kaum erschütterten Bevormundung der Logik hoffen. Freilich wird eine wirkliche Förderung nur dann möglich sein, wenn diese Forschungen stets die physiologischen Begleiterscheinungen berücksichtigen. Wer solche Assoziationsstudien anstellen wollte, ohne stets den hirnphysiologischen Mechanismus vor Augen zu haben, würde ebensowenig zu brauchbaren Ergebnissen gelangen, wie z. B. derjenige, welcher analytische Geometrie nur mit Buchstabengrössen treiben wollte, ohne sich um die durch die Gleichungen dargestellten räumlichen Gebilde zu kümmern. Dass die vorstehenden Untersuchungen allenthalben dem physiopsychologischen Parallelismus und den hirnphysiologischen Thatsachen Rechnung getragen haben, bedarf wohl kaum eines besonderen Nachweises.

Wo bleibt aber der Nutzen für die Pädagogik? Ich gestehe gern, dass dieser praktische Gesichtspunkt bei der Anstellung dieser und der folgenden mühseligen Untersuchungen für mich weder der wesentlichste noch gar der einzige gewesen ist. Andererseits scheint mir jedoch unzweifelhaft, dass eine wissenschaftliche Pädagogik, weil sie sich auf der Psychologie des Kindes aufbaut, auch von jedem Fortschritt dieser Psychologie Nutzen ziehen kann und muss. Die Assoziation der Vorstellungen ist einer Übung und Selektion fähig. Die Gestaltung der Ideenassoziation, welche sich bei den untersuchten Knaben ergeben hat, ist bereits das Produkt einer solchen Übung und Selektion, teils in, teils ausserhalb der Schule. Es ist zweifellos, dass bei nicht wenigen Knaben eine Assoziationsarmut und Assoziationslangsamkeit vorliegt, welche einer pädagogischen Beeinflussung sehr wohl zugänglich ist, und auch die einzelnen Assoziationsformen sind oft in einer Weise ungünstig vertreten, dass eine pädagogische Selektion dringlich ist. Wie ein solcher Assoziationsunterricht — sit venia verbo — praktisch zu gestalten ist, bezw. wie etwa die Schulung der Assoziation im Bereich der seither eingeführten Fächer besser zu ihrem Rechte kommen könnte, muss der Pädagogik überlassen bleiben.

www.ingramcontent.com/pod-product-compliance
Lightning Source LLC
Chambersburg PA
CBHW051159300426
44116CB00006B/376